# 大清一統志

第十六册

浙江（一）

上海古籍出版社

# 浙江（一）

# 目録

# 浙江全圖

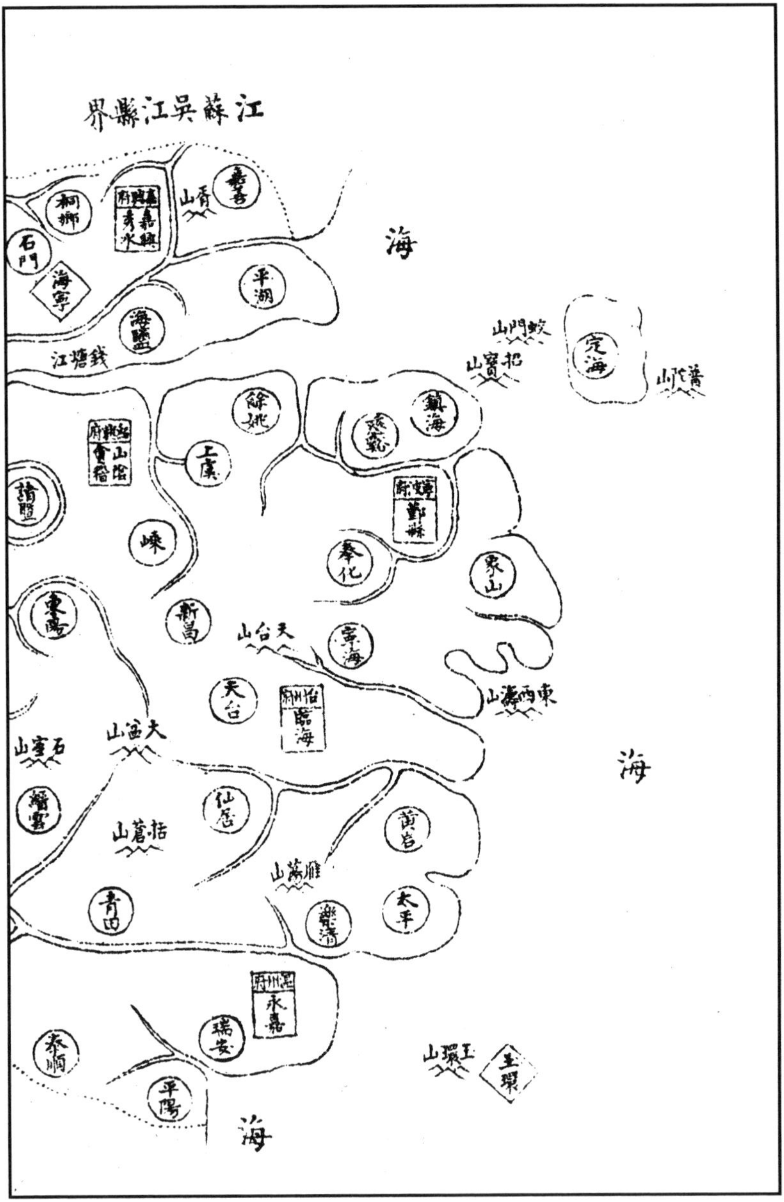
江蘇吳江縣界
海
海
海
嘉善
桐鄉
嘉興府
嘉興
秀水
石門
海寧
平湖
海鹽
錢塘江
餘姚
上虞
紹興府
山陰
會稽
諸暨
嵊
慈谿
鎮海
寧波府
鄞縣
奉化
象山
定海
東陽
新昌
天台山
寧海
天台
台州府
臨海
大盆山
石室山
縉雲
括蒼山
仙居
黃岩
雁蕩山
太平
青田
樂清
溫州府
永嘉
瑞安
泰順
平陽
玉環山
玉環

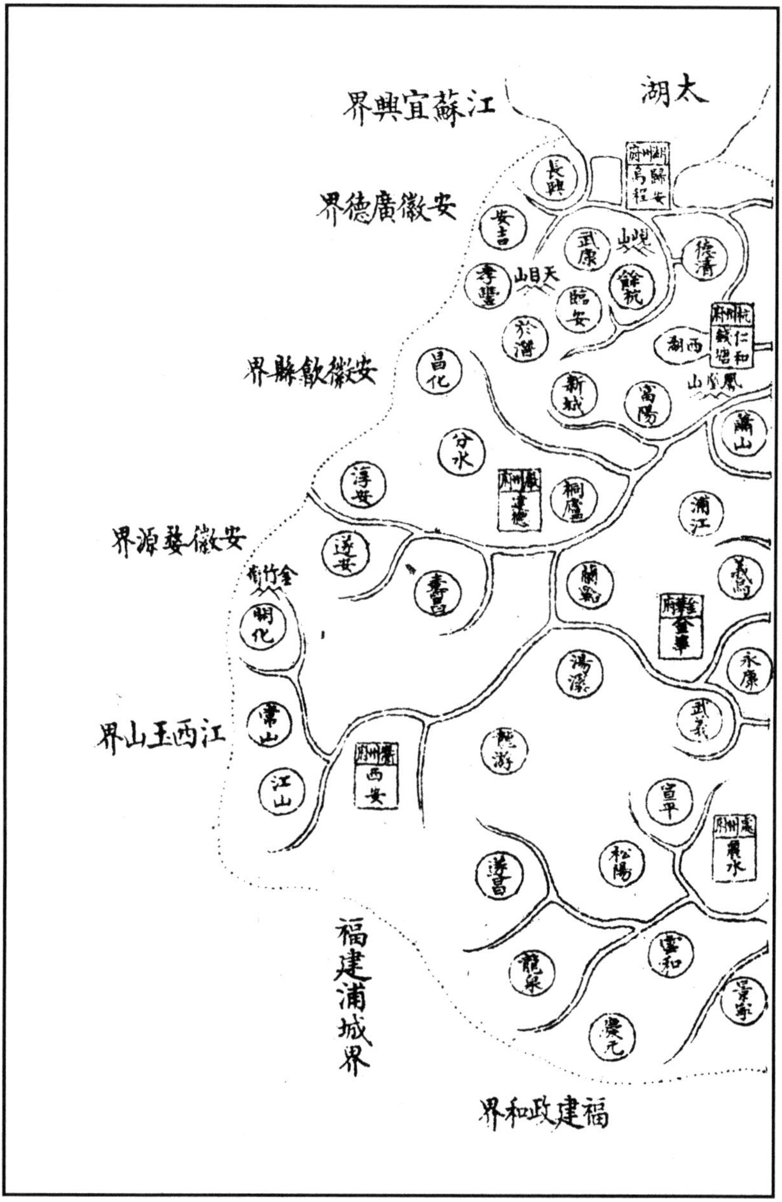
太湖
江蘇宜興界
湖州府
歸安
烏程
長興
安徽廣德界
安吉
武康
峴山
德清
天目山
孝豐
餘杭
臨安
杭州府
仁和
錢塘
於潛
西湖
安徽歙縣界
昌化
新城
富陽
鳳凰山
蕭山
分水
嚴州府
建德
桐廬
淳安
浦江
安徽婺源界
遂安
壽昌
蘭谿
義烏
金竹嶺
開化
金華府
金華
湯谿
永康
常山
江西玉山界
武義
衢州府
西安
龍游
江山
宣平
處州府
麗水
遂昌
松陽
福建浦城界
雲和
龍泉
景寧
慶元
福建政和界

# 浙江統部表

| | | 杭州府 |
|---|---|---|
| 秦漢 | 秦置會稽郡，兼鄣郡、閩中郡地。漢揚州郡、會稽郡及丹陽郡地。後漢分屬吴、會稽、丹陽二郡。 | 秦會稽、鄣二郡地。漢會稽郡，又丹陽郡地。後漢分屬吴郡。 |
| 三國吴 | 置臨海、吴興、東陽、新都四郡，兼爲吴郡地。 | 分置東安郡，兼吴興郡地。 |
| 晉 | 吴郡、吴興、會稽、東陽、新安、臨海六郡。東晉增置永嘉郡，俱屬揚州。 | |
| 宋 | 置東揚州，領會稽等五郡，而浙西仍屬揚州。永光初罷東揚州。 | |
| 齊梁陳 | 齊屬揚州，梁又分置東陽州，旋罷。陳復置。 | 陳禎明二年分置錢唐郡。 |
| 隋 | 初改置吴、杭二州，後改置會稽、餘杭、東陽、永嘉、遂安五郡及吴郡之地。 | 餘杭郡 開皇初廢郡，置杭州，大業初改。 |
| 唐 | 貞觀初屬江南道，開元中分屬江南東道，乾元初分置浙江東、西二道。 | 杭州 武德時復名州。貞觀初屬江南道，開元時屬江南東道，乾元時屬浙西道，景福時號武勝軍，尋移鎮海軍來治。 |
| 五代 | 錢鏐建吴越國。 | 杭州 吴越錢鏐建國，號西府。 |
| 宋 | 初屬兩浙路，後分浙東、西爲兩路。 | 臨安府 建炎三年建都，升府，爲浙西路治。 |
| 元 | 初立兩浙都督府，尋改建江浙行中書省。 | 杭州路 行中書省治。 |
| 明 | 浙江布政使司 洪武元年置浙江行中書省，九年改。 | 杭州府 布政司治。 |

續表

| | 嘉興府 | 湖州府 |
|---|---|---|
| | 秦會稽郡地。後漢分屬吳郡。 | 秦會稽、鄣二郡地。漢會稽、丹陽二郡地。後漢分屬吳郡。 |
| | 吳郡地。 | 吳興郡孫皓置，治烏程。 |
| | | 吳興郡 |
| | | 吳興郡 |
| | | 吳興郡梁置震州，太平元年州廢。 |
| | 吳、餘杭二郡地。 | 開皇初廢，尋置湖州。後又廢，以其地屬吳、餘杭二郡。 |
| | | 湖州武德四年復置，天寶元年復爲吳興郡。乾元初復爲湖州，屬浙江西道。 |
| | 秀州晉天福五年吳越錢元瓘置，治嘉興。 | 湖州 |
| | 嘉興府政和中賜名嘉禾郡，慶元元年升爲嘉興府，嘉定元年升軍，屬浙西路。 | 湖州屬兩浙路。寶慶元年改安吉州。 |
| 海寧州元貞初升置鹽官州，後改名，屬杭州路。 | 嘉興路屬江浙行省。<br>崇德州元貞初升縣置州，屬嘉興路。 | 湖州路復州名，升路，屬江浙行省。 |
| 降縣屬府。 | 嘉興府洪武初屬直隸，尋改屬浙江布政司。<br>降縣屬府。 | 湖州府洪武初屬直隸，尋改屬浙江布政司。 |

續表

| | 寧波府 |
| --- | --- |
| | |
| | |
| | |
| | |
| | |
| | |
| | 明州 開元末分越州置，治鄮縣。天寶初改餘姚郡，屬江南東道。乾元初復爲州，屬浙江東道。 |
| | 明州 |
| | 慶元府 紹興中升慶元府，屬浙東路。 |
| 長興州 元貞初升縣置州，屬湖州路。 | 慶元路 屬浙江行省。 昌國州 至元中升縣置州，屬慶元路。 |
| 安吉州 正德初升縣置州，屬湖州府。 初改長安州，尋降長興縣，屬府。 | 寧波府 洪武初爲明州府，後改名，屬浙江布政司。 降縣，屬寧波府，旋改定海衛。 |

續表

| 紹興府 | 台州府 |
| --- | --- |
| 會稽郡 秦會稽郡地。後漢移郡來治。 | 秦閩中郡地。漢會稽郡地。 |
| 會稽郡 | 臨海郡 分會稽郡置，治臨海，尋徙章安。 |
| 會稽國 東晉改郡爲國。 | 臨海郡 |
| 會稽郡 初置東揚州，復罷。 | 臨海郡 |
| 會稽郡 梁置東揚州，後罷。陳從置。 | 臨海郡 |
| 會稽郡 開皇初改名吴州，大業初改名越州，尋復改會稽郡。 | 廢入處州。 |
| 越州 置州屬江南東道。乾元初浙江東道治。 | 台州 初置海州，復治臨海，旋改名，屬江南東道。乾元初屬浙江東道。 |
| 越州 吴越號爲東府，爲浙東路治。 | 台州 |
| 紹興府 紹興元年升府。 | 台州 屬浙東路。 |
| 紹興路 屬江浙行省。<br>餘姚州 元貞初升縣置州，屬紹興路。 | 台州路 屬江浙行省。<br>黄巖州 元貞初升縣置州，屬台州路。 |
| 紹興府 屬浙江布政司。<br>降縣屬府。 | 台州府 屬浙江布政司。<br>降縣屬府。 |

續表

| 金華府 | 衢州府 |
| --- | --- |
|  | 會稽郡地。 |
| 東陽郡 孫晧置，治長山。 | 東陽郡地。 |
| 東陽郡 |  |
| 東陽郡 初置東揚州，後罷。 |  |
| 東陽郡 梁置婺州，兼置縉州。陳改置金華郡。 |  |
| 東陽郡 初屬金華郡，置婺州。大業初復改東陽郡。 |  |
| 婺州 武德四年置，天寶初復曰東陽郡，屬江南東道。乾元初復曰婺州，屬浙江東道。 | 衢州 武德初分婺州地置，治信安，旋廢。垂拱初復置。天寶時爲信安郡，屬江南東道。乾元初復爲州，屬浙江東道。 |
| 婺州 | 衢州 |
| 婺州 屬兩浙路。 | 衢州 屬浙東路。 |
| 婺州路 屬江浙行省。 蘭溪州 元貞初升縣置州，屬婺州路。 | 衢州路 屬江浙行省。 |
| 金華府 改名，屬浙江布政司。 降縣屬金華府。 | 衢州府 洪武初置龍游府，尋改名，屬浙江布政司。 |

續表

| 嚴州府 | 温州府 |
|---|---|
| 秦會稽、鄣二郡地。漢會稽、丹陽二郡地。後漢分屬吴、丹陽二郡。 | 秦閩中郡地。漢初爲東甌國地，武帝時爲會稽郡地。 |
| 新都郡 吴郡地。孫權於建安中分丹陽立新都郡。 | 屬臨海郡。 |
| 新安郡 太康初更名。 | 永嘉郡 東晉置，治永寧。 |
| 新安郡 | 永嘉郡 |
| 新安郡 | 永嘉郡 |
| 遂安郡 仁壽初分吴、新安二郡置睦州，大業中改郡。 | 廢。 |
| 睦州 武德初復置。萬歲通天初移治建德縣，天寶初爲新定郡，屬江南東道。乾元初復爲州，屬浙江東道。 | 温州 上元初置，治永嘉，屬江南東道。乾元初屬浙江東道。 |
| 睦州 屬吴越。 | 温州 |
| 建德府 宣和中改嚴州。咸淳初升置，屬浙西路。 | 瑞安府 咸淳初升府，屬浙東路。 |
| 建德路 屬江浙行省。 | 温州路 屬江浙行省。<br>瑞安州 元貞初升縣置州，屬温州路。<br>平陽州 元貞初升縣置州，屬温州路。 |
| 嚴州府 改名，屬布政司。 | 温州府 屬浙江布政司。<br>降縣屬府。<br>降縣屬府。 |

續表

| 處州府 | 玉環廳 |
| --- | --- |
| 秦屬閩中郡。漢初爲東甌國地。武帝時爲會稽郡地。 | 回浦縣地。 |
| 臨海、東陽二郡地。 | |
| 永嘉、東陽二郡地。 | |
| | |
| | |
| 永嘉郡開皇初置處州，治括倉，尋改括州，後又改。 | |
| 處州初曰括州，屬江南東道。大曆中又改，屬浙江東道。 | |
| 處州 | 温州、樂清縣地。 |
| 處州屬浙東路。 | |
| 處州路屬江浙行省。 | |
| 處州府屬浙江布政司。 | 太平縣地，屬台州。洪武二十年廢。 |

# 大清一統志卷二百八十一

## 浙江統部一

在京師南三千三百里。東西距八百八十里，南北距一千二百九十里。東至寧波府大海六百餘里，西至安徽徽州府界二百八十里，南至福建建寧府界九百六十里，北至江蘇蘇州府界三百三十里。東南至福建福寧府界一千一百三十里，西南至江西廣信府界七百五十里，東北至江蘇松江府界三百七十里，西北至安徽廣德州界三百二十里。

### 分野

天文斗分野，星紀之次。新唐書天文志：初，南斗九度，餘千四十二，秒十二太。中，南斗二十四度。終，女四度。自廬江、九江，負淮水，南盡臨淮、廣陵，至於東海。又逾南河，得漢丹陽、會稽、豫章，西濱彭蠡，南涉越門，訖蒼梧、南海，逾嶺表，自韶、廣以西，珠、崖以東，爲星紀之分也。古吴、越、羣舒、廬、桐、六、蓼及東南百越之國。南斗在雲漢下流，當淮、海間，爲吴分。牽牛去南河寖遠，自豫章迄會稽，南逾嶺徼爲越分。

### 建置沿革

禹貢揚州東境。春秋時屬吴、越二國，後并於越。戰國屬楚。周顯王四十六年，楚伐越，大敗其王無疆，盡取其地，至浙江北。秦爲會稽郡及鄣郡、閩中郡地。境内皆會稽地，惟杭州府西境、嚴州府西境及湖州府西境爲鄣郡地，台州府、温州府、處州府爲閩中郡地。漢爲會稽郡東、西、南三部都尉，漢書地理志：西部都尉治錢塘，南部都尉治回浦。虞預會稽典録：陽朔元年，徙東部都尉治鄞，有寇害，復徙句章。及丹陽郡地。元封五年，置十三部刺史，分屬揚州。後漢爲會稽、吴、丹陽三郡地。永建四年，移會稽郡治山陰，而分浙西爲吴郡。三國屬吴，又增置臨海、吴興、東陽及新都晉太康初改新安。四郡。晉亦屬揚州。東晉又分置永嘉郡。宋元嘉三十年，分浙東五郡爲會州，省揚州。孝建元年，分浙東會稽、東陽、新安、永嘉、臨海五郡置東揚州，而浙西吴郡、吴興仍屬揚州。大明三年，以東揚州爲揚州。時以揚州爲王畿，故東揚州直云揚州。八年，復曰東揚州。永光元年，仍省入揚州。齊因之。梁普通五年，又分置東揚州，太平元年罷。陳天嘉三年復置東揚州。領會稽、東陽、臨海、永嘉、新安、新寧及晉安、建安，共八郡。貞明二年，割揚州吴郡置吴州，割錢唐縣爲郡，屬焉。隋平陳，置吴、杭二州總管府，隋書地理志：改東揚州曰吴州，廢錢唐郡置杭州。及婺、處、睦等州。大業初改爲會稽、餘杭、東陽、永嘉、遂安五郡，及吴郡、宣城郡地。時嘉、湖二府地皆屬吴郡，惟孝豐、名、原鄉省入綏安〔二〕，爲宣城郡地。

唐武德四年，復改諸郡爲州。置越州總管府，七年改爲都督。貞觀元年，屬江南道。開元二十一年，分屬江南東道。領杭、湖、越、明、台、婺、衢、睦、温、括十州。乾元初，分置浙江東、西二道。唐書方鎮表：至德二載，置江東防禦使，治杭州。乾元元年，於昇州置浙江西道節度使，領昇、潤等十州，杭、湖二州屬焉。於越州置浙江東道節度使，領越、睦、衢、婺、台、明、處、温八州。二年，廢浙江西道節度使，置觀察使。大曆五年，廢浙江東道節度使，置觀察使。十四年，合浙江東、西二道，置都團練觀察使。建中元年，分浙江東、西爲二道。二年，合二道觀察於潤州，置節度使。尋賜號鎮海軍。貞元三年，復分二道，於蘇州置浙江西道觀察使。元和二年，升浙江西道觀察使爲鎮海軍節度使。四年，廢節度使，以觀察使領鎮海軍事。二年，廢浙江西道觀察，復置鎮海軍節度使。六年，浙西觀察罷領鎮海軍事。十三年，廢鎮海軍節度使，復置觀察使。咸通三年，置鎮海軍節度使，八年罷。十一年，復置鎮海軍節度使。中和三年，升浙江東道觀察使爲義勝軍節度使。光啓三年，改義勝軍爲威勝軍。文德元年，置忠國軍節度使，治湖州。龍紀元年，置杭州防禦使。景福元年，賜號武勝軍。二年，升爲蘇杭等州觀察使，尋廢，徙鎮海軍節度使治杭州。乾寧三年，改威勝軍爲鎮東節度。五代史：時拜錢鏐爲鎮海鎮東軍節度使。按：自乾元初分置浙江東、西二道，大曆十四年合，建中元年分，二年又合，貞元三年又分，自此東、西二道遂不復合矣。唐書地理志開元十五道，以浙江十郡盡屬江南東道，而無浙江之目。至方鎮表云乾元二年分置浙江東道、西道，是浙江道之名自乾元始，浙江十郡之不屬江南，亦自乾元始。

五代爲吴越國，增置秀州。

宋至道三年，屬兩浙路。熙寧中，分浙東、西爲兩路。宋史地理志：熙寧七年分，尋合爲一。九年又分，十年復合。南渡後，復分西路領臨安、嘉興二府，安吉、嚴二州；東路領紹興、慶元、瑞安三府，婺、台、衢、處四州。元置浙江等處行中書省。至元十三年，立兩浙都督府於杭州。二十一年，自揚州遷江淮行省治此，改曰江浙行省，領杭州、湖州、嘉興、建德、慶元、衢州、婺州、紹興、温州、台州、處州等十一路。又元史地理志：至元十三年，平江南，立兩浙都督府，有安撫、宣慰等司及總督府。後又分江南浙西道肅政廉訪使，領杭州、湖州、嘉興、建德四路，浙東道宣慰司都元帥府，領慶元、衢州二路，浙東海右道肅政廉訪使，領婺州、紹興、温州、台州四路，統屬於中書省。後爲方國珍、張士誠等所據。明洪武元年，置浙江行省處於杭州。九年，改爲浙江等處承宣布政使司。初領杭州、嚴州、明州、龍游、金華、紹興、温州、台州、處州九府。十五年，以直隸嘉興、湖州二府隸焉。本朝因之，爲浙江省。雍正六年，設温台玉環廳同知，共領府十一、廳一：杭州府、嘉興府、湖州府、寧波府、紹興府、台州府、金華府、衢州府、嚴州府、温州府、處州府、玉環廳。

## 形勢

東瀕海，南極閩，西接重山，北限五湖。其名山則有會稽、天目、四明、天台、括蒼、金華，其大川則有浙江、浦陽江、苕溪、太湖、運河、海。其重險則有仙霞、獨松、昱嶺，倚高阻深，置亭列障。東南之重鎮，吴越之名區。省志。

## 文職官

總督。統轄福、浙，駐劄福建。舊時專設浙江總督，康熙八年裁，九年復設。二十三年改併福浙總督。雍正五年專設浙江總督，兼管巡撫事。十二年仍併福浙總督。乾隆元年分設浙江總督，三年併爲閩浙總督。

巡撫兼督南、北新二關。駐杭州府。舊以巡撫兼鹽政，别遣六部司員分督南、北新二關。康熙五十五年，二關歸巡撫兼管。雍正七年歸織造兼管。乾隆五十八年，改織造爲鹽政，二關仍歸巡撫管理。

提督學政。駐杭州府。

鹽政兼理織造，駐杭州府。舊設巡鹽御史、督理織造各一員，雍正初停差巡鹽，以巡撫兼理。乾隆五十八年改織造，設鹽政，織造即歸鹽政兼管。司庫、庫使二員，筆帖式二員。

布政使司布政使，駐杭州府。經歷，理問，兼糧道庫大使。照磨，廣濟庫大使。舊有副使，裁。

按察使司按察使，兼理驛務，駐杭州府。經歷，照磨，司獄，督糧道。駐杭州府。

分巡杭嘉湖兵備道。兼管海防事，駐杭州府。舊設海防兵備道，駐海寧縣，乾隆十九年裁。

分巡寧紹台兵備道。兼管海防事，駐寧波府。舊設海關監督，康熙六十一年裁，歸巡撫委寧紹台道兼收。

分巡金衢嚴道。駐衢州府。

分巡溫處道。駐溫州府。

鹽運使司鹽運使，駐杭州府。康熙四十九年，浙江驛傳道裁併鹽運兼管，爲鹽驛道。乾隆四十四年裁去驛務，歸按察使司管理，改爲鹽道。五十八年改鹽法道爲運使。運副寧紹分司，駐杭州府。運判嘉松分司，駐杭州府，舊有同知，裁。經歷，庫大使，將盈。批驗所大使四員，杭州、嘉興、紹興、松江。鹽場大使三十二員。舊設二十五場，仁和、許村、袁浦、青村、下砂、下砂二、錢清、三江、曹娥壩、石堰、鳴鶴、清泉、大嵩、穿山、西路、鮑郎、海砂、蘆瀝、橫浦、長林、長亭、杜瀆、黃巖、永嘉、雙穗，乾隆間添設七場，龍頭、東江、金山、玉泉、崇明、浦東、黃灣。

杭州府知府，同知四員，捕盜、理事俱駐府城。海防二員，一駐府城，一駐海寧。通判，府學教授，訓導，經歷，知事，兼織染局事。照磨，司獄，稅課大使四員。一駐府城，三分駐城南、城北、江漲。城南兼管浙江驛，江漲兼管吴山驛。知州，海寧，舊爲縣，乾隆三十八年升州。州判，乾隆三十九年改縣丞設，移駐長安鎮。州學學正，乾隆三十九年改教諭設。訓導，吏目。乾隆三十九年改典史設。舊有赭山巡檢，嘉慶十六年裁。知縣八員，錢塘、仁和、富陽、餘杭、臨安、於潛、新城、昌化。縣丞四員，錢塘、仁和、富陽、餘杭。主簿二員，錢塘、仁和。俱雍正十三年增設。縣學教諭八員，訓導八員，縣屬税課大使三員，錢塘屬西溪、安溪奉口，仁和屬横塘臨平。巡檢，仁和屬塘棲鎮。舊有錢塘屬浙江驛丞、富陽屬會江驛丞二員，乾隆間裁。典史八員。

嘉興府知府，同知二員，海防、理事俱駐平湖縣乍浦。舊有總捕一員，駐秀水縣王江涇。又東、西兩塘協辦同知二員，俱乾隆七年裁。通判，駐秀水縣王江涇，乾隆七年改同知設。府學教授，訓導，經歷，照磨，駐秀水縣濮院。司獄，驛丞。西水。知縣七員，嘉興、秀水、嘉善、海鹽、石門、平湖、桐鄉。縣丞六員，嘉興、秀水、海鹽、平湖、桐鄉，俱駐本城，嘉善駐斜塘鎮。主簿五員，嘉興、秀水、石門、平湖，俱駐本城，嘉善駐楓涇鎮。縣學教諭七員，訓導七員，巡檢三員，平湖屬白沙灣、乍浦鎮，桐鄉屬青鎮。舊有石門屬皁林驛丞，乾隆二十一年裁。典史七員。

湖州府知府，同知，駐烏程縣烏鎮。通判，駐烏程縣南潯鎮。府學教授，訓導，經歷，舊有照磨，乾隆三十九年裁。司獄。知縣七員，烏程、歸安、長興、德清、武康、安吉、孝豐。按：安吉舊爲州，乾隆三十八年降縣。縣丞五員，烏程、歸安、武康、安吉，俱駐本城，長興駐夾浦鎮。舊設六員，乾隆二十四年裁孝豐一員。主簿四員，烏程、長興、德清，俱駐本城，歸安駐菱湖鎮。縣學教諭七員，安吉一員，乾隆三十八年改學正設。訓導七員，巡檢七員，烏程屬南潯、大錢湖口，歸安屬璉市〔二〕、埭溪，長興屬四安，德清屬新市，孝豐屬天目山。按：埭溪一員，乾隆三十九年增設。典史七員。安吉一員，乾隆三十八年改吏目設。

寧波府知府，同知，通判，府學教授，訓導，經歷，司獄，驛丞。駐鄞縣四明驛，兼管巡檢事。知縣六員，鄞、慈谿、奉化、鎮海、象山、定海。縣丞四員，鄞、慈谿、奉化、鎮海。縣學教諭四員，訓導六員，巡檢十員，鄞縣屬小溪，慈谿屬松浦，奉化屬塔山，鎮海屬長山、穿山、管界，象山屬石浦、趙嶴，定海屬沈家嶴、岑港。典史六員。

紹興府知府，同知，舊駐府城，嘉慶十六年移駐蕭山縣赭山鎮。按：赭山鎮舊屬杭州府海寧州，是年改屬。通判二員，海防、南塘水利。府學教授，訓導，經歷，照磨，司獄。知縣八員，山陰、會稽、蕭山、諸暨、餘姚、上虞、嵊、新昌。縣丞六員，山陰、會稽、蕭山、諸暨、餘姚、上虞。縣學教諭八員，訓導八員，巡檢八員，山陰屬柯橋，會稽屬曹娥壩，蕭山屬漁浦、河莊，餘姚屬廟山、三山、中村，上虞屬梁湖。按：河莊一員，嘉慶十六年由赭山移設。典史八員，驛丞。蕭山屬西興水，舊有會稽屬東關一員，雍正年間裁。

台州府知府，同知，駐寧海縣亭旁。通判，府學教授，訓導，經歷。知縣六員，臨海、黃巖、天台、仙居、寧海、太平。縣丞四員，臨海、黃巖、太平、寧海。縣學教諭六員，訓導六員，巡檢三員，臨海屬前所，黃巖屬長浦，太平屬松門。典史六員。

金華府知府，通判，府學教授，訓導，經歷。知縣八員，金華、蘭谿、東陽、義烏、永康、武義、浦江、湯溪。縣丞四員，金華、蘭谿、東陽、永康。縣學教諭八員，訓導八員，典史八員。

衢州府知府，同知，駐江山縣峽口寨。通判，府學教授，訓導，經歷，照磨，司獄。知縣五員，西安、龍游、江山、常山、開化。縣丞五員，西安駐梓樹潭，龍游、江山、常山、開化俱駐本城。縣學教諭五員，訓導五員，巡檢四員，西安屬全旺，龍游屬湖鎮，常山屬草坪，開化屬金竹嶺。典史五員，驛丞。江山屬廣濟水馬，兼管清湖巡檢事。舊有西安屬上坑埠水馬、龍游屬亭步水馬二員，乾隆年間裁。

嚴州府知府，同知，府學教授，訓導，經歷。知縣六員，建德、淳安、桐廬、遂安、壽昌、分水。縣丞二員，建德、桐廬。縣學教諭六員，訓導六員，典史六員。舊有建德屬富春、桐廬屬桐江驛丞二員，俱乾隆年間裁。

温州府知府，同知，通判，府學教授，舊有訓導，乾隆四十三年移駐玉環廳。經歷。兼司獄事。舊有司獄，乾隆三十二年裁。知縣五員，永嘉、瑞安、樂清、平陽、泰順。縣丞四員，永嘉駐南溪，樂清駐大荆，瑞安、平陽俱駐本城。按：瑞安一員乾隆二十四年增設。縣學教諭五員，訓導五員，巡檢四員，永嘉屬西溪，瑞安屬大嶴衛，樂清屬盤石衛，平陽屬蒲門所。按：盤石衛一員，乾隆三十二年增設，舊有樂清屬窑嶴嶺驛丞，乾隆年間裁。典史五員。

處州府知府，同知，府學教授，訓導，經歷。兼司獄事。舊有括蒼水驛丞，乾隆年間裁。知縣十員，麗水、青田、縉雲、松陽、遂昌、龍泉、慶元、雲和、宣平、景寧。縣丞二員，麗水駐碧湖，龍泉駐本城。縣學教諭十員，訓導十員，典史十員。

玉環廳同知，雍正六年設。訓導，乾隆四十三年由温州府學移駐。巡檢。雍正六年裁温州府驛丞設。

## 武職官

將軍，駐杭州府。副都統，舊有滿洲二員、漢軍一員，雍正七年移滿洲一員駐平湖縣乍浦，乾隆十六年裁漢軍一員。

協領九員，滿洲八，蒙古一。佐領二十三員，滿洲十六，蒙古七。防禦二十員，滿洲十六，蒙古四。驍騎校三十二員。滿洲二十四，蒙古八。

乍浦水師營副都統，駐平湖縣乍浦，雍正七年由杭州移設。協領五員，佐領十一員，滿洲八，蒙古三。防禦八員，滿洲六，蒙古二。驍騎校十六員。滿洲十二，蒙古四。

撫標中軍參將，兼左、右二營，駐杭州府。守備二員，千總三員，二駐本營，一防長安鎮。把總八員，外委千總二員，外委把總八員，額外外委十一員。

提督，駐寧波府，中、左、右、前、後五營。參將，中軍兼中營。遊擊四員，左、前、後三營，俱駐本營，右營水師駐鄞縣大嵩所。按：水師舊分隸中、左二營，乾隆六年專隸右營。守備五員，三駐本營，一駐大嵩所，一防應家棚汛。千總十員，七駐本營，二駐大嵩所，一防穿山汛。把總二十員，十四駐本營，二駐大嵩所，四分防霩衢、崑亭、湖頭渡、鹽場等汛。外委千總十員，外委把總二十員，額外外委二十員。

黃巖鎮總兵，駐黃巖縣，中、左、右三營。遊擊三員，中、左二營駐本營，右營駐臨海縣海門衛。守備三員，千總六員，二駐本營，三駐海門衛，一防寧海汛。把總十二員，六駐本營，六駐海門衛。外委千總六員，外委把總十二員，額外外委九員。

定海鎮總兵，駐定海縣，中、左、右三營。遊擊三員，守備三員，千總六員，一駐本營，五分防青龍港、岑港、十六門、沈家門、南洋等汛。把總十二員，二駐本營，十分防北洋、火燒門、竹山、大沙、小沙、甬東、大展、毛洋、蘆花舵、北墠、白泉潭頭、瀝港等汛。外委千總六員，外委把總十四員，額外外委十員。

溫州鎮總兵，駐溫州府，中、左、右三營。遊擊三員，中、左二營駐本營，右營駐永嘉縣安村寨。守備三員，千總六員，二駐本營，二駐安村寨，二巡温江海口。把總十二員，四駐本營，一駐安村寨，二巡查所屬海汛，五分防三盤海、鳳凰海、曹村、蔣嶺、梅頭等汛。外委千總六員，外委把總十二員，額外外委九員。

處州鎮總兵，駐處州府，中、左、右三營。康熙四十九年改副將設。遊擊三員，中、右營俱駐本營，左營駐龍泉縣。守備三員，一駐本營，二分防雲和、遂昌二汛。千總六員，三駐本營，一駐龍泉縣，二分防景寧、遂昌二汛。把總十二員，五駐本營，一駐龍泉縣，六分防青田、縉雲、雲和、慶元、松陽、宣平等汛。外委千總六員，外委把總十二員，額外外委九員。

衢州鎮總兵，駐衢州府，中、左、右三營。雍正十二年改副將設。遊擊二員，中營駐本營，左營駐常山縣。都司，右營駐江山縣。乾隆二十三年改遊擊設。守備三員，一駐本營，二分防龍游、華埠二汛。千總六員，三駐本營，一駐江山縣，二分防蘭谿、華埠二汛。把總十二員，二駐本營，十分防龍游、常山、開化、安仁埠、龍游溪口、草坪、柴都、球溪口、杜澤、鳳林等汛。外委千總六員，外委把總十二員，額外外委九員。

以上黄巖等五鎮俱聽提督節制。

杭州城守營副將，駐杭州府，兼轄錢塘水師營。都司，中軍，舊設守備，乾隆四十六年裁。千總二員，一駐本營，一防北新關。把總四員，分防海寧、餘姚、臨安、於潛等汛。外委千總二員，外委把總四員，額外外委五員。

嘉興營副將，駐嘉興府，左、右二營。康熙五十年改遊擊設。都司，中軍，雍正七年設。守備二員，左營防海鹽縣，右營防乍浦所。千總三員，分防澉浦所、王江涇、嘉興等汛。把總八員，二駐本營，六分防桐鄉、嘉善、平湖、石門、濮院、新城等汛。外委千總四員，外委把總七員，額外外委五員。

湖州營副將，駐湖州府，左、右二營，兼轄安吉營。都司，中軍。守備二員，左營防雙林汛，右營防四安鎮汛。千總四員，分防新市鎮、含山、馬要菁山、妙喜等汛。把總七員，一駐本營，六分防菱湖鎮、德清、長興、武康、烏鎮、南潯鎮等汛。外委千總二員，外委把總四員，額外外委二員。

紹興營副將，駐紹興府，左、右二營。都司二員，左營駐本營，右營駐餘姚縣。守備二員，一駐本營，一防臨山衛汛。千總四員，分防蕭山、三江所、觀海衛、北溪等汛。把總十員，一駐本營，九分防諸暨、餘姚、上虞、嵊、新昌、瀝海所、滸山所、梁衕、周港等汛。外委千總四員，外委把總九員，額外外委六員。

乍浦水師營參將，駐平湖縣乍浦，雍正九年改遊擊設。守備二員，千總二員，把總四員，外委千總三員，外委把總四員，額外外委三員。

太湖營遊擊，駐江南吴縣甪頭〔三〕。守備，駐烏程縣大錢。千總，駐烏程縣伍浦。把總二員，分防吴縣西山、長興縣夾浦港。外委千總一員，外委把總三員，額外外委二員。

錢塘水師營都司，駐杭州府。千總二員，分防鼈子門海口、新城二汛。把總三員，分防塘棲鎮、錢塘江、富陽等汛。外委千總二員，外委把總三員，額外外委四員。

寧波城守營都司，駐寧波府。守備，千總二員，一駐本營，一防奉化汛。把總四員，一駐本營，三分防慈溪、横溪、新驛等汛。外委千總，外委把總三員，額外外委二員。

安吉營守備，駐安吉縣。千總，駐遞鋪。把總二員，分防孝豐、梅溪二汛。外委把總，額外外委。

以上杭州等四協、乍浦等五營，俱隸提督管轄。內太湖營兼隸江南太湖副將管轄。

台州營副將，駐台州府，左、右二營。都司二員，左營駐本營，右營駐臨海縣前所寨。守備二員，一駐前所寨，一防桃渚寨汛。千總六員，分防小雄寨、黃巖、天台、洋嶼、桃渚寨、關頭寨等汛。把總十一員，三駐本營，一駐前所寨，七分防三石、吴江口址、金清港、太平、仙居、墾埠、浬浦、赤勘等汛。外委千總六員，外委把總九員，額外外委七員。

太平營參將，駐太平縣。守備，駐松門衛。千總，防東嶴寨汛。把總四員，一駐本營，三分防隘頑寨、江下、金清等汛。外委千總二員，外委把總三員，額外外委二員。

寧海營參將，駐寧海縣。守備二員，一駐本營，一防健跳汛。千總四員，分防海遊寨、西廓海口、越溪寨、胡陳等汛。把總八員，分防西墊、柘浦〔四〕、大胡、溪下、竇嶴〔五〕、大横渡、曼嶴、東嶴等汛。外委千總二員，外委把總六員，額外外委四員。

以上台州一協、太平等二營俱隸黃巖鎮管轄。

象山營副將，駐象山縣，左、右二營，兼轄昌石營。都司二員，左營駐本營，右營與守備一年一换，輪防錢倉寨。守備二員，左營舊與右營都司輪防錢倉寨，乾隆五十九年移駐石浦，以右營輪防。千總四員，二駐本營，二分防錢倉寨、爵溪二汛。把總六員，分防朱溪、關頭、湖頭、海口、泗洲頭、西周等汛。外委千總二員，外委把總六員，額外外委四員。

鎮海水師營參將，駐鎮海縣。守備，千總二員，一駐本營，一防鎮海關口汛。把總四員，一駐本營，三分防笠山城、鎮海關口、龍山所等汛。外委千總二員，外委把總五員，額外外委三員。

昌石營都司，駐象山縣昌國衛，雍正九年改守備設。守備，千總，駐石浦所。把總三員，二駐本營，一防石浦所。外委千總，外委把總二員，額外外委。

以上象山一協、鎮海等二營俱隸定海鎮管轄。

樂清營副將，駐樂清縣，兼轄大荆、盤石二營。都司，中軍，雍正九年改守備設。千總二員，分防大嵩、後所二汛。把總四員，一駐本營，三分防蒲寨、清江渡南岸等汛。外委千總二員，外委把總四員，額外外委三員。

瑞安水師營副將，駐瑞安縣，左、右二營。都司，中軍，兼右營，雍正九年改守備設。守備，右營。千總四員，二駐本營，二分防官山、江岸二汛。把總四員，分防瑞邑塘工、墨城〔六〕、宋埠、飛雲南岸等汛。外委千總二員，外委把總五員，額外外委三員。

平陽營副將，駐平陽縣，左、右二營，康熙四十九年改總兵移處州協設。都司二員，左營駐本營，右營駐金鄉寨。守備二員，一駐本營，一防蒲莊寨汛。千總四員，分防蒲莊寨、墨城、金鄉寨、舥艚等汛。把總八員，二駐本營，六分防江口、宋埠鎮、下關橋墩、北港、矴埠頭等汛。外委千總三員，外委把總六員，額外外委四員。

玉環營參將，駐玉環廳。守備二員，一駐本營，一防坎門汛。千總二員，分防後坎門、寨城内外二汛。把總四員，分防楚門、大成嶴、寨城内外等汛。外委千總，外委把總五員，額外外委三員。

温州營都司，駐温州府，乾隆十九年改遊擊設。守備，千總二員，把總四員，三駐本營，一防泰順汛。外委千總二員，外委把總四員，額外外委三員。

大荆營都司，駐樂清縣大荆寨，乾隆十九年改遊擊設。守備，防大芙蓉汛。千總二員，一駐本營，一防蔡嶴汛。把總四員，分防水漲、横山、巽坑、大芙蓉等汛。外委千總二員，外委把總四員，額外外委三員。

盤石營都司，駐樂清縣盤石衛，舊設參將、守備，雍正六年移駐玉環營。千總，把總二員，外委千總，外委把總，額外外委。

以上樂清等三協、玉環等四營俱隸温州鎮管轄。

金華營副將，駐金華府，左、右二營。　都司二員，左營駐本營，右營駐永康縣。　守備二員，千總四員，分防蘭谿、武義、金華、湯江港等汛。　把總八員，三駐本營，五分防義烏、浦江、東陽、永康、湯江港等汛。　外委千總二員，外委把總六員，額外外委四員。

麗水營都司，駐麗水縣，雍正九年改守備設。　千總，駐碧湖汛。　把總，外委千總，外委把總二員，額外外委。

以上金華協、麗水營俱隸處州鎮管轄。

嚴州營副將，駐嚴州府。　都司，中軍，舊設左、右營二員，雍正七年撥右營一員入嘉興協，改左營爲中營。　守備二員，千總四員，二駐本營，二分防淳安、壽昌二汛〔七〕。　把總八員，二駐本營，一巡江洋等處隘口，五分防建德、分水、威平鎮〔八〕、遂安、桐廬等汛。　外委千總二員，外委把總四員，額外外委三員。

浙閩楓嶺營遊擊，駐江山縣廿八都，兼轄福建、浙江兩省交界地方。　左、右二哨，右哨專防福建地界，詳載福建統部武職官。　千總，左哨防江山縣。　把總二員，左哨俱防江山縣。

衢州營都司，駐衢州府，舊設守備，乾隆九年裁。　千總，把總二員，外委千總，外委把總二員，額外外委。

以上嚴州協、楓嶺等二營俱隸衢州鎮管轄，内楓嶺營兼隸福建建寧鎮管轄。

海防兵備道中軍守備，千總二員，把總五員。俱駐海寧州。杭嚴衛守備，乾隆二十五年裁嚴州衛，歸併杭州衛。千總八員。台州衛守備，千總四員。寧波衛守備，千總三員。處州衛守備，千總三員。紹興衛守備，千總三員。温州衛守備，千總四員。海寧所千總二員。衢州所千總。金華所千總二員。嘉湖衛守備。乾隆二十五年裁湖州衛，歸併嘉興衛。嘉興所千總二員。湖州所千總二員。嚴州所千總二員。嘉興白糧領運千總二員。湖州白糧領運千總二員。

## 户口

康熙五十二年原額人丁二百七十一萬六百四十九，乾隆三十七年停編丁。今滋生男婦共二千七百三十五萬二千十四名口，計五百五萬七千四百七十四户。又各衛所屯運男婦共五萬九千二百九十六名口，計九千七十九户。

## 田賦

田地山塘蕩河等共四十六萬四千一百六十八頃七十三畝七分零，額徵地丁等銀二百八十一萬六千五百四十五兩九錢八分八釐，米一百三十六萬九百七十石四斗七升六合零。

## 稅課

北新關額徵正稅銀一十萬七千六百六十九兩，銅斤水脚銀一萬五千三百八十四兩六錢五分五釐有奇，盈餘銀六萬五千兩。南新關額徵正稅銀三萬二百四十七兩五錢五分有奇。浙海關額徵正稅銀三萬二千一百五十八兩二錢三分三釐有奇，銅斤水脚銀三千七百五十兩，盈餘銀四萬四千兩。鹽課正引票引共八十萬五千三百九十道，額徵課銀二十九萬二千六百八十四兩二錢五分七釐有奇。又寧波府屬之定海縣不行鹽引，額徵包課銀四十二兩一錢四分五釐有奇。

## 校勘記

〔一〕惟孝豐名原鄉省入綏安　按，此語頗有訛誤。考隋書地理志，宣城郡領綏安縣，隋平陳，「省大德、故鄣、安吉、原鄉四縣入焉」。所謂「孝豐名」不與。又本志湖州府建置沿革謂明成化二十三年始分安吉縣地置孝豐縣，則隋時尚無孝豐縣之名。疑此「孝豐」當改作「故鄣」，「名」蓋「安吉」之訛脱。

〔二〕歸安屬璉市　「璉」，原作「連」，據乾隆志卷二一五浙江省文職官（下同卷簡稱乾隆志）改。按，此蓋避清高宗皇太子永璉諱改，今改回。

〔三〕駐江南吴縣用頭　「用」，原作「角」，據乾隆志改。按，本志蘇州府古蹟有用里，即用頭，在吴縣西南，是也。

〔四〕柘浦　「柘」，原作「招」，乾隆志作「拓」，皆誤，據雍正浙江通志卷九三兵制、卷九八海防改。

〔五〕竇嶴　「竇」上原衍「應」字，據乾隆志及雍正浙江通志卷九八海防删。本志台州府關隘有竇嶴巡司，在寧海縣東南八十里，是也。

〔六〕墨城　原作「黑城」，據乾隆志及雍正浙江通志卷九四兵制改。

〔七〕二分防淳安壽昌二汛　「淳安」，原作「浮安」，據乾隆志及雍正浙江通志卷九三兵制改。

〔八〕威平鎮　「威」，原作「咸」，據乾隆志改。按，威平鎮即永平鎮，在淳安縣西六十里威平洞口。

# 大清一統志卷二百八十二

## 浙江統部二

### 名宦

#### 漢

魏相。濟陰定陶人。爲揚州刺史。事蹟詳江南統部內。按：漢書地理志會稽郡領縣二十六，吴、曲阿、毘陵、陽羨、無錫、丹徒、婁七縣爲今蘇、松、常、鎮四府地。丹陽郡領縣十三，於潛、故鄣二縣在今浙境。此元封初分揚州刺史部，領五郡一國時地形也。至順帝永建四年，分會稽爲吴郡。後漢書郡國志吴郡領城十五，在今浙者有海鹽、烏程、餘姚、由拳、富春五城。是兩漢之揚州刺史，浙省總在部內。但漢時名宦已詳載江南統部，則浙省無庸複見。今僅録魏相一人，以志浙省名宦之始，其餘不復再及。

#### 三國　吴

蔣欽。九江壽春人。由別部司馬遷西部都尉。會稽冶賊吕合、秦狼等爲亂〔一〕，欽與督軍校尉吕岱將兵討平之。徙討越中郎將，岱亦拜昭信中郎將。

## 晉

周莚。陽羨人。卓犖有才幹，拜吳興太守。王敦作難，加冠軍將軍，都督會稽、吳興、義興、晉陵、東陽軍事，率水軍三千討沈充，未發，聞其叔札開城納敦，憤咤慷慨，形於詞色。尋遇害。

王舒。瑯琊臨沂人，丞相導之從弟。蘇峻作逆，舒由會稽内史假節都督行揚州刺史事，顧衆等起義軍以應舒，舒遣子允之以精鋭三千邀賊，破之。陶侃立行臺，上舒監浙江東五郡軍事。賊平，封彭澤縣侯。

## 南北朝　宋

劉牢之。彭城人。孫恩陷會稽，時牢之拜前將軍，都督吳郡諸軍事，率衆軍濟浙江。恩懼，逃於海。牢之還鎮，恩復入會稽。牢之進號鎮北將軍，都督會稽五郡，率衆屯上虞，威名益振。

蔡興宗。濟陽考城人。世祖時都督東陽、新安、永嘉、臨海五郡諸軍事，以法繩會稽豪右及貴戚家，罷諸逋負，解遣雜役，復修三吳鄉射禮。

## 隋

賀若弼。雒陽人。高祖拜弼爲吳州總管，委以平陳之事。開皇九年，大舉伐陳，帝勞之曰：「克定三吳，卿之功也。」

唐

李栖筠。趙人。代宗時，平盧行軍司馬許杲恃功，擅留上元，有窺江、吴意。拜栖筠浙江都團練觀察使圖之。栖筠至，張設武備，遣辯士厚齎金帶抵杲軍賞勞，使士歆愛，奪其謀。杲懼，悉衆渡江。又增學廬，表宿儒河南褚沖、吴何員等，超拜學官爲之師，身執經問義，遠邇趨慕，至徒數百人。又奏部豪姓多徙貫京兆、河南，規脱傜科，請量産出賦，以杜姦謀，詔可。尋拜御史大夫。

韓滉。京兆長安人。大曆十二年，拜浙江東西都團練觀察使，尋加鎮海軍節度使。滉安輯百姓，均其租稅，未及踰年，境内稱治。涇師之亂，滉以兵三千人臨金山，江南、兩浙轉輸粟帛，府無虚月，朝廷賴焉。興元二年，特封晉國公。上以滉浙江東節度素著威名，加江淮轉運使，尋加度支、諸道轉運、鹽鐵等使。

楊於陵。弘農人。貞元末，爲浙東觀察使。越人饑，請出米三十萬石贍貧民，政聲流聞。

薛戎。寶鼎人。貞元末，累遷浙東觀察使。所部州觸酒禁者罪當死，橘未貢先鬻者死，戎弛其禁。戎爲吏不尚約束詭名譽，故居官無灼灼可驚者，已罷則懷之。

薛苹。寶鼎人。憲宗時爲浙東觀察使，以治行徙浙西。廉風俗，守法度，治身儉薄，一袍十餘年不易，因加賜朱紱，然後解去。除散騎左常侍。

元稹。河南人。穆宗時徙浙東觀察使。明州歲貢蚶，役郵子萬人，不勝其疲，稹奏罷之。

李德裕。趙郡人。穆宗時爲浙西觀察使。儉於自奉，留州所得，盡以贍軍。除淫祠一千一十所，又奏罷銀盝子粧具，及條繚綾諸物。文宗時改鎮海軍節度、蘇常杭潤觀察使。太和九年授太子賓客分司，明年復浙西觀察使。凡三鎮浙西，前後十餘年。

陸亘。蘇州吴人。文宗時，爲浙東觀察使。温州濱海，經賊亂，奪官吏半禄代民租，後相沿更以爲奸。亘還官全廩，繩贓罪，吏畏而賴之。亘文明嚴重，所到以善政稱。

王式。太原人。懿宗時，爲浙東觀察使。時劇賊仇甫亂，式至，擒甫斬之。餘姚民徐澤專魚鹽之利，慈溪民陳瑊冒名仕至縣令，皆豪縱，州不能制，式窮治其姦，皆榜死。

裴璩。聞喜人。乾符四年爲浙江鎮海節度使，平王郢之亂。五年，曹師雄寇湖州，璩遣兵擊破之。

皇甫政。貞元中爲浙東觀察使。修治水利，開鑿玉山、朱儲二斗門，以時蓄洩，民甚德之。

宋

翟守素。任城人。太平興國初，錢俶獻浙右地。詔守素爲兩浙諸州兵馬都監，安撫諸郡，人心甚悅，即以知杭州。

范旻〔二〕。大名宗城人。太平興國初，權知兩浙諸州軍事。上言錢俶在國，徭賦煩苛，請蠲其弊，從之。

楊克讓。同州馮翊人。太平興國初，爲兩浙西南路轉運使。泉州民嘯聚爲盜，克讓在福州，即率其屯兵至泉州，與王明、王文寶共討平之。

樂史。宜黄人。太宗時，累官兩浙巡撫使。釋逋負，賑饑民。

孫冕。新淦人。咸平中，爲兩浙轉運使。治獄不濫，斷訟如神，吏畏而民愛之。

任中正。濟陰人。真宗時，擢兩浙轉運使。民饑，中正不俟詔發官廩賑之。

陳堯佐。閬中人。仁宗時，爲兩浙轉運副使。錢塘江篝石爲隄，再歲輒壞，堯佐請下薪實土乃堅久，卒如其議。

段少連。開封人。仁宗時，爲兩浙轉運副使。舊使者所至郡縣，簿書不暇殫閲，往往委之吏胥。少連令郡縣上簿書，悉緘識，遇事間指取一二自閱，摘其非是者按之，餘不及閱者，全緘識以還。由是吏不能爲奸。秀州獄死無罪人，時少連在杭，吏畏恐聚謀，僞爲死者服罪款，未及綴屬，少連已挐舟入城訊獄，吏具服請罪。時鄭向守杭，無治才，訟者不服，往往徑趨少連，少連一言處決，莫不盡其理。

葉清臣。長洲人。仁宗時爲兩浙轉運副使。太湖有民田，豪右據上游，水不得洩，而民不敢訴。嘗建請疏盤龍滙、滬瀆港入於海，民賴其利。

張夏。雍丘人。仁宗時，爲兩浙漕使。杭州江潮爲患，故隄率用薪土，被衝輒壞。夏令作石隄，上自六和塔，下至東青門，延袤十二里，杭民德之。

鍾離瑾。合肥人。提點兩浙刑獄。衢、潤州饑，聚餓者食之，頗廢農作，請發米二萬斛賑給。

田瑜。壽安人。慶曆中，爲兩浙轉運按察使。杭州龍山隄歲決，水冒民居，輒賦芻塞之。瑜與民約，每芻十束，更輸石一尺，率五歲得石百萬，爲石隄，隄固而歲不調民。

沈立。歷陽人。仁宗時，爲兩浙轉運使。蘇、湖水，民艱食，縣戒强豪民發粟以賑，立亟命還之，而勸使自稱貸，須歲稔，官爲責償。茶禁害民，山場榷場多在部内，歲抵罪者輒數萬，而官僅得錢四萬。立著茶法要覽，如行通商法，三司使張方平上其議，罷榷法如所請。後知越州、杭州。

孫瑜。博平人。仁宗時，爲兩浙轉運使。先是，郡縣倉庾以斗斛大小爲奸，瑜奏均其制，黜吏之亡狀者，民大喜。有言其變新器非便，下遷知曹州。尋有言瑜所作量法均一，誠便者，乃還其原資。

王鼎。館陶人。提點兩浙刑獄，累遷淮南兩浙制置發運使。前使者多漁市南物，持遺京師權貴。鼎一無所市，獨悉意精吏事。凡調發綱吏，度漕路遠近先後爲成法，於是勞逸均，吏不能爲重輕。

李復圭。徐州豐人。爲兩浙轉運使。浙民以給衙前役多破産，復圭悉罷遣歸農，令出錢助長，召人承募，民便之。瀕海人賴蛤沙地以生，豪家量受税於官而占爲己有。復圭奏蠲其税，分以予民。

沈括。錢塘人。熙寧中，爲兩浙察訪。言本路歲上供帛九十八萬，民苦倍償，而發運司復以移用財貨爲名，增預買紬絹十二萬。詔罷所增之數。

侯叔獻。宜黄人。慶曆間，累官兩浙常平使者，兼都水監。建議置提舉淤田司，引水灌田四十萬頃。

韓晉卿。安丘人。元祐中，爲兩浙轉運使。差役法復行，諸道處畫多倉卒失序，獨晉卿視民所宜，而不戾法指。

張康國。揚州人。紹聖中，提舉兩浙常平。豪猾望風斂服。發倉救荒，江南就食者活數萬口。

陳遘。永州人。宣和二年，方臘亂，以龍圖閣直學士經制七路，治於杭。劾越州王仲嶷糾市民造金茶器，減值買軍糧券，而以私錢取之，仲嶷坐黜。杭經巨寇後，河渠堙塞，邦人以水潦爲病。遘以冬月檄真、揚、潤、楚諸郡，凡守牐綱卒悉集治所，用其力治河，不兩月畢，杭人利焉。

翟汝文。丹陽人。爲浙東安撫使。建炎改元，上疏言：「上供常數，當議裁損。如浙東和預買絹歲九十七萬六千匹，而越州乃二十萬五百匹，杭州去年已減十二萬匹，獨越州尚如舊，今乞視户等第減罷。」

韓世忠。延安人。建炎三年，苗、傅之亂，帝以世忠爲江、浙制置使。自衢、信追擊至漁梁，與賊遇，世忠挺戈而前，賊驚潰，俱追擒之。

王珏。臨川人。紹興初，提點浙西茶鹽。秀州歲以錢給亭民煮鹽，時積至十九萬七千餘緡不給，珏盡償之。開華亭海河三百餘里，鹽滋得流通，且溢以溉田。後兼提點刑獄。

劉安止。歸安人。建炎初，爲兩浙轉運判官。苗、劉之變，安止自毘陵馳詣京口、金陵，見吕頤浩、劉光世，勉以忠義，退而具軍需以佐勤王。

李迨。東平人。紹興五年，除兩浙路轉運使。言：「祖宗都大梁，歲漕東南六百餘萬斛，而六路之民無飛挽之擾，蓋所運者官舟，所役者兵卒故也。今駐蹕浙右，漕運地理不若中都之遠，而公私苦之，何也？以所用之舟，大半取於民間，往往鑿井沈舟，以避其役。如溫、明、虔、吉等處所置造船場，乞委逐州守臣措置，募兵卒牽挽，使臣管押，庶幾害不及民，可以漸復漕運舊制。」

陳桷。平陽人。紹興六年，爲兩浙西路提刑。乞置鄉縣三老以厚風俗，宮室車馬、衣服器械俱定爲差等，重侈靡之禁。

顔師魯。龍溪人。紹興中，爲浙東提舉，尋改浙西。役法敝甚，民遇役輒破家。師魯下教屬邑，預正流水籍，稽其役之序，寬比限，免代輸，咸便安之。鹽課歲百鉅萬，本錢久不給，亭竈私鬻，禁不可止。師魯撙節縮，盡償宿負，戒官吏無侵移，比旁路課獨最。農民有墾曠土成田未及受租者，奸豪多爲己利，師魯奏但當正其租賦，不應繩以盜種，失劭農重本意。奏可，遂著爲令。

趙子潚。宋宗室。初爲衢州推官，以功進秩，高宗時，除兩浙轉運副使。朝廷遣人檢沙田蘆場，欲概增租額，子潚以承買異冒占，力止之。時田之並太湖者被水患，詔子潚往案視，還言宜疏濬諸浦，以達江海。從之，水患用息。明州守趙善繼，治郡殘酷，子潚率諸監司劾罷之。

李寶。河北人。嘗陷金，拔身從海道來歸。金主亮渝盟，由海道襲浙江，授寶浙西路馬步軍副總管，督海州捍禦，屢敗敵兵。後除靖海軍節度使、沿海制置使。

朱倬。閩縣人。高宗時，梁汝嘉制置浙東，表攝參謀。有羣寇就擒，屬倬鞫問，獨竄二人，餘釋不問，曰：「吾祖尉崇安日，獲寇二百，坐死者七十餘人，吾祖謂此饑民剽食耳，烏可盡繩以法，悉除其罪。吾其可愧吾祖乎？」

劉穎。西安人。孝宗時，提舉浙西常平茶鹽。還澱水湖〔三〕，以泄吳松江，一水禁民侵築，民田賴之。就遷提刑，以洗冤澤物爲任，間詣獄，察不應繫者縱遣之。

朱熹。婺源人。淳熙中，浙東大饑，除提點浙東常平茶鹽公事。始拜命，即移書他郡，募米商，蠲其徵。及至，則客舟之米已輻輳。日鈎訪民隱，按行境内，單車屏徒從，所至人不及知。郡縣官吏憚其風采，至自引去，所部肅然。凡丁錢、和買、役法、榷酤之政，有不便於民者，悉釐而革之。於救荒之餘，隨事處畫，必爲經久之計。又下社倉法於諸路。

羅點。崇仁人。淳熙間，除浙西提舉。規畫荒政凡數十奏，躬行畎畝，施惠甚溥。

程大昌。休寧人。孝宗時，除浙東提點刑獄。會歲豐，酒税踰額，有挾朝命請增額者，大昌力拒之，乃止。

張杓。綿竹人。孝宗時，提舉浙西常平。督理荒政，有執政姻黨閉糴，杓首治之。帝奬其不畏彊禦，遷兩浙轉運判官。

鄭興裔。開封人。淳熙初，爲浙西提刑。上檢驗格目，詔頒之諸路提刑司。凡檢覆必給三本，一申所屬，一申本司，一給被害之家。後兼沿海制置使，蠲常賦，撤私税，闔境便之。

詹體仁。浦城人。光宗時，提舉浙西常平務。開漕渠，濬練湖，置斗門以備旱潦，浙人賴之。

劉爚。建陽人。寧宗時，提點浙西刑獄。巡按不避寒暑，多所平反。

王居安。黄巖人。寧宗時，提點浙西刑獄。葛懌者，用戚屬恩補官，豪於貲，憾父之孽，既去而誣以盗，株連瘐死者數人，懌乃未嘗一造庭。居安一閲得實，立捕繫論罪，械送他州。

汪綱。黟縣人。寧宗時，提點浙東刑獄。慮囚至婺，有奴挾刀欲戕其主，不遇而殺其子，譎讕妄牽連，徑出斬之。釋衢囚之冤者。台盗鍾百一非真盗(四)，尉覬賞，躐申制司。綱謂：「治盗雖尚嚴，豈得鍛鍊以成其罪？」於是得減死。禱雨龍瑞宫，有物蜿蜒朱色，盤旋壇上者三日，綱曰：「吾欲雨而已，毋爲異以惑衆。」言未竟，雷雨大至，歲以大熟。

范應鈴。豐城人。開禧間，爲浙東提點刑獄。開明磊落，守正不阿，所至無留訟滯獄。

吴潛。寧國人。端平中，提點浙西坑冶，權兵部尚書，浙西制置使，轉浙東安撫使。淳祐間，授沿海制置大使，判慶元府。

條具軍民久遠之計，告於政府，奏皆行之。

吴淵。潛弟。理宗時提點浙西刑獄。會衢、嚴盜起，警報至，調遣將士招捕之，殲其渠魁，散其支黨。

陳塤。鄞縣人。理宗時，提點浙西刑獄。歲旱盜起，捕斬之，盜懼徙去。安吉州俞垓與丞相李宗勉連姻，恃勢黷貨，塤親按臨之。弓手戴福以獲潘丙功爲副尉，宗勉倚之爲腹心，恣横貪害。塤至，福風聞而去。塤貽書宗勉曰：「治福所以報丞相也。」

包恢。建昌人。理宗時，提點浙西刑獄。是時海寇爲亂，恢單車就道，調許、澉浦分屯建砦，一日集諸軍討平之。

李芾。衡州人。理宗時，爲浙東提刑，移浙西。浙西多盜，羣穴太湖中，芾跡得其出没，按捕之，盜駭散。

高斯得。邛州蒲江人。理宗時，遷浙東提點刑獄。劾知處州趙善瀚〔五〕、知台州沈塈等七人，倚勢厲民。疏上不報。改江西轉運判官，斯得具辭免，上奏曰：「祖宗以來，未有監司按吏一不施行者，臣身爲使者，劾吏不行，反叨易節，若貪榮冒拜，與頑鈍無恥無異，乞併臣鐫罷，以戒奉使無狀者。」章上，七人竟罷去。

徐鹿卿。豐城人。嘉定間，提點浙東刑獄，兼提舉常平。罷浮鹽，經界𪊧地，先撤相家所築。史彌遠之弟通判温州，利韓世忠家寶玩，籍之，鹿卿奏削其官。居官廉約清峻，毫髮不妄取。

胡穎〔六〕。湘潭人。爲浙西提點刑獄。榮王府十二人行劫，穎悉斬之。一日輪對，理宗曰：「聞卿好殺。」意在折獄。穎曰：「臣不敢屈太祖之法以負陛下，非嗜殺也。」帝爲之默然。

王積翁。長溪人。除浙西安撫使幹辦公事。奉旨決獄，全活甚衆。改秩知富陽縣，治行爲諸邑最。秩滿，除兩浙轉運司主管文字。力請寬版曹催科之限，東南諸郡咸便之。

汪立信。六安人。景定初，提點浙西刑獄。明年冬即嘉興治所，講行荒政。

常楙〔七〕。臨邛人。度宗時，爲兩浙轉運使。禁戢吏奸，不以急符督常賦。海鹽歲爲鹹潮害稼，楙請於朝，捐金發粟，復輟己帑，修築新塘三千六百二十五丈，名曰海晏塘。是秋風濤大作，塘不浸者尺許，民得奠居，歲復告稔，邑人德之。後改浙東安撫使。值水災，捐楮以賑，復請糴於朝，民食不至乏絶。兩浙及會稽、山陰死者暴露〔八〕，與貧而無以爲斂者，乃以十萬楮置普惠庫，取息造棺以給之。

## 元

**張礎**。通州人。至元十四年，爲江南浙西道提刑按察副使。宣慰使實哩貪暴，掠良民爲奴，礎劾黜之。遂安縣民聚衆負險爲亂，命礎與同知浙西道宣慰司劉宣領兵捕之。宣即欲進兵，礎曰：「江南新附，守吏或失撫字，宜遣人招諭，以全衆命。」宣不可，礎曰：「諭之不來，加誅未晚。」遂遣人諭之，逆黨果自縛請罪，礎釋之，宣乃嘆服。「實哩」舊作「失里」，今改正。

**劉宣**。太原人。至元中，同知浙西宣慰司事。在官五年，威惠並著。

**陳祐**。一名天祐，寧晉人。至元十四年，遷浙東道宣慰使。時江南初附，軍士俘温、台民男女數千口，祐悉奪還之。未幾，行省榷民商酒税，祐請曰：「兵火之餘，傷殘之民宜從寬恤。」不報。遣祐檢覆慶元、台州民田，還至新昌，爲盜所害。

**華善**。蒙古人。至元中，爲江南浙西道提刑按察使。浙西，宋故都，民衆事繁，在職惟務鎮静，人服其知大體。「華善」舊作「和尚」，今改正。

**史弼**。博野人。至元十九年，爲浙西宣慰使。二十一年，黄華反建寧，春復霖雨，米價踊貴，弼即發米十萬石，平價糶之，而後聞於省。省臣欲增其價，弼曰：「吾不可失信，願輟吾俸以足之。」省不能奪，益出十萬石，民得不饑。

**蒙固台**。蒙古人。至元中，拜江浙行省左丞相。時浙西大饑，乃弛河泊禁，發府庫官貨抵其值，貿粟以賑之。浙東盜起，蠲田租以紓民力。二十三年，奏販鬻私鹽者皆海島民，今征日本，可募爲水工。從之。役既罷，請以戰艦付海漕。又言省治在杭州，其兩淮、江東財賦軍實，既南輸至杭，復北輸至京，往返勞頓，不便，請移省治於揚州。帝從其請。「蒙固台」舊作「忙兀台」，今改正。

陳思濟。柘城人。至元中，同知兩浙都運司事。胥吏侵漁，民困於賦役，悉蠲除之。二十三年，同知浙東道宣慰司事。時浙西大水，民饑，浙東倉廩殷實，即轉輸以賑之，全活者衆。浙東復旱，禱於名山，雨大澍，民賴以甦。

雷膺。渾源人。至元二十三年，授江南浙西道提刑按察使。時蘇、湖多雨傷稼，百姓艱食，膺請於朝，發廩米二十萬石賑之。江淮行省以發米太多，議存三之一，膺曰：「布宣皇澤，惠養困窮，行省臣職耳，豈可效有司出納之吝耶？」行省不能奪，悉給之。

陸垕。江陰人。至元中，遷浙西廉訪使。所至以黜贓吏、洗冤獄爲己任。嘗上章奏免儒役，及舉行浙西助役法。

王都中。福寧州人。世祖時，除浙東道宣慰副使。金華有毆殺人者，吏受賕以爲病死。都中摘屬吏覆按，得其情，獄具，縣長吏而下皆以贓敗。餘姚有豪張甲，居海濱爲不法，擅制一方，吏無敢涉其境。都中捕繫之，痛繩以法。後除兩浙都轉運鹽使。鹽亭竈户舊制三年一比附推排，任事者恐斂怨，久不舉行。都中請於行省，徧歷三十四場，驗其物力高下，以損益之，役既平而課亦足，公私便之。擢浙東道宣慰使、都元帥。天曆初，被省檄整點七路軍馬，境内安宴。

董士選。藁城人。世祖時，以中書左丞與平章政事徹爾往鎮浙西。至部，察病民事，悉以帝意除之，民大悦。浙多湖泊，廣蓄洩以備水旱，率爲豪民占以種藝，水無所居積，故數有水旱。士選與徹爾力開復之。「徹爾」舊作「徹里」，今改正。

徹爾。蒙古人。大德元年，爲江浙行省平章事。江浙税糧甲天下，平江、嘉興、湖州三郡當江浙什六七，而其地極下，水鍾爲震澤，震澤之注，由吳松江入海，歲久江淤塞，豪民利之，封土爲田，水道不通，敗諸郡禾稼。徹爾發卒數萬人疏之，凡四月畢工。「徹爾」改見前。

史奐卿。真定人。至元間，授浙東宣慰副使。屢破山賊，功最一時。遷江浙等處行中書省右丞。至則除火餘官屋之傭若干緡，减江東户課。

徐琰〔九〕。東平人。至元末，爲浙西肅政廉訪使。即宋太學舊址改建西湖書院，琰有文學重望，東南人士重之。

貝降。蒙古人。大德元年，遷浙東廉訪副使。令行禁止，豪强攝伏。同寅有貪穢者，貝降抗疏劾之，遂免其官。「貝降」舊作「拜降」，今改正。

托克托。蒙古人。成宗三年，拜榮禄大夫、江浙等處行中書省平章政事。始至，嚴飭左右毋預公家事，且戒其掾屬曰：「僕從有私囑者，慎勿聽。軍民諸事，有關利害者言之。當言不言，爾責也；言而不聽，我咎也。」聞者悚慄。時朱清、張瑄以海運致位參知政事，多行不法，恐事覺，以金珠賂托克托，求蔽其罪。托克托大怒，繫之有司，遣使者以聞。帝喜，賜黄金五十兩寵賚之。有豪民白晝殺人，托克托立命有司按法誅之，豪猾屏息，民賴以安。「托克托」舊作「脱脱」，今改正。

托卜嘉。蒙古人。至元十五年，爲浙西按察使。性淳靖，喜怒不形，知民疾苦，而能以善道之。旱嘗致禱，即雨。歲饑，請於朝，發廩以賑之。睦同僚，興學校。加大中大夫，士民刻石紀其政績。「托卜嘉」舊作「禿不甲」，今改正。

高睿。河西人。除浙西道肅政廉訪使。鹽官州民有連結黨與持郡邑短長，自目曰「十老」，吏莫敢問，睿至，悉按以法，闔境快之。

田滋。開封人。大德二年，遷浙西廉訪使。有縣尹張彧者，被誣以贓，獄成，滋審之，但俛首泣而不語。滋以爲疑，明日齋戒，詣城隍司禱曰：「張彧坐事有冤狀，願神相滋明其誣。」守廟道士進曰：「曩有王成等五人，同持誓狀，到祠焚禱，火未燼而去，燼中得其遺藁，今藏於壁間，豈其人耶？」視之果然。明日詣憲司，詰成等不服，因出所得火中誓狀示之，皆驚愕服辠，張彧得釋。

哈喇哈遜。蒙古人。大德二年，拜江浙行省左丞相。凡七日，綱舉七十餘事，民風吏習翕然爲變。「哈喇哈遜」舊作

「哈喇哈孫」，今改正。

吳元珪。廣平人。大德六年，拜江浙行省參知政事。初朱清、張瑄以財雄江南，徧以金帛連結當路，而江浙省臣爲尤甚，惟元珪一無所污。皇慶元年，拜江浙行省左丞。江淮漕臣言江南殷富，蓋由多匿腴田，若再行檢覆之法，當益田畝累萬計。元珪曰：「江南之平幾四十年，户有定籍，田有定畝，一有動摇，其害不細。」執其論固争，月餘不能止，移疾去。延祐二年，召還。復以爲言，詔並遵舊制。

高昉。大名人。至大間，由江浙行省參知政事進平章政事。江左繁富，中外徵求百至，昉熟知利病，務簡静不擾，以是民用安輯。

喀爾托克托。蒙古人。仁宗初，拜江浙行省左丞。下車，進父老問民利病，咸謂杭城故有便河，通於江滸，堙廢已久，若疏鑿以通舟楫，物價必平。僚佐或難之。喀爾托克托曰：「吾陛辭之日，密旨許以便宜行事。民以爲便，行之可也。」不一月而成。「喀爾托克托」舊作「康里脱脱」，今改正。

趙宏偉。潁川人。仁宗初，爲浙東廉訪副使。聞郡人許謙得朱熹道學之傳，延致爲師，於是人知嚮慕。

敬儼。易水人。皇慶元年，除浙東道廉訪使。有錢塘退卒詐服僧衣，稱太后旨，建婺州雙溪石橋，因大興工役病民。儼命有司發其奸贓，杖遣之，仍請奏罷其役。郡大火，焚數千家，儼令發廪以賑貧餒，取憲司廢堂材木及諸路學廪之羨者，建孔子廟。

張思明。輝州人。皇慶元年，再授兩浙鹽運使。歲課充贏，僚屬請上增數，思明曰：「贏縮不常，萬一以增爲額，是我希一己之榮，遺百世之害。」天曆元年，起爲江浙行中書省左丞。會陝西大饑，中書撥江浙鹽運司歲課十萬錠賑之。吏白周歲所入已輸京師，當回咨中書。思明曰：「陝西饑民猶鮒在涸轍，往復踰月，是索之枯魚之肆也。其以下年未輸者，如數與之，有罪，吾當坐。」朝廷韙之。

鄧文原。綿州人。延祐五年，僉江南浙西道肅政廉訪司事。吴興民夜歸，巡邏者執之繫亭下，其人遁去。有追及之者，刺其脅仆地。明旦，家人得之以歸，比死，其兄問：「殺汝者何如人？」曰：「白帽青衣長身者也。」其兄愬於官。有司問值初更者曰張福兒，執之使服焉，械繫三年。文原録之曰：「福兒身不滿六尺，未見其長也。刃傷右脅，而福兒素用左手，傷宜在左，何右傷也？」鞫之，果得真殺人者，而釋福兒。桐廬人戴汝惟家被盗，有司得盗，獄成，送郡。夜有焚戴氏廬者，而不知汝惟所之。文原曰：「此必有故也。」乃得其妻葉氏與其弟謀殺汝惟狀，而於水涯樹下得屍，與漬血斧俱在焉，人以爲神。

韓鏞。濟南人。天曆元年，僉浙江廉訪司事。擊奸暴，黜貪墨，而特舉烏程縣尹干文傳治行爲諸縣最〔一〇〕。所至郡縣，爲之肅然。

曹鑑。宛平人。天曆元年，調江浙財賦府副總管。屬淮、浙大水，民以菑告，鑑損其賦什六七，勢家因而詭免者，鑑覈實，諭令首輸。

布延特穆爾。蒙古人。天曆間，拜江浙行省平章政事。持身廉介，人不敢干以私。「布延特穆爾」舊作「卜顔鐵木兒」，今改正。

吕思誠。平定州人。文宗時，僉浙西廉訪司事。達實特穆爾時爲南臺御史大夫，與江浙省臣有隙，嗾思誠劾之。思誠曰：「吾爲天子耳目，不爲臺臣鷹犬也。」不聽。已而聞行省平章索吉貪墨，浙民多怨之，思誠奏疏其罪，流之海南。「達實特穆爾」舊作「達識帖睦邇」，「索吉」舊作「左吉」，今俱改正。

王克敬。大寧人。泰定中，轉兩浙鹽運司使。首減紹興民食鹽五千引。温州逮犯私鹽者，以一婦人至，怒曰：「豈有逮婦人千百里外，與卒吏雜處者？污教甚矣。自今毋得逮婦人。」建議著爲令。元統初，爲江浙行省參知政事。江浙大旱，諸民田減租，惟長寧寺田不減〔一一〕，遂移牘中書，以爲不可忽天變而毒疲民。嶺海猺賊竊發〔一二〕，朝廷調戍兵之在行省者往討之。會提調軍馬官缺，故事，漢人不得與軍政，衆莫知所爲。克敬抗言行省任方面之寄，豈可拘法坐視，乃調兵往捕，軍行給糧亦如之。

貢師泰。宣城人。泰定間，除紹興路總管府推官。詳讞之明，爲諸郡第一。至正十五年，授兩浙都轉鹽運使。剔其積蠹，通其利源，大課以集，國用資之。復除江浙行省參知政事。

策丹。蒙古人。順帝初，爲浙西肅政廉訪使。時有以駙馬爲浙行省丞相，其宦竪恃公主勢，坐杭州達嚕噶齊位，令有司强買民間物，不從輒毆之。有司來白，策丹即逮之，械以令衆，自是丞相府無敢爲民害者。「策丹」舊作「自當」，「達嚕噶齊」舊作「達魯花赤」，今俱改正。

余闕。蒙古人。元統間，僉浙東道廉訪使事。發奸摘伏，聰察若神，州縣聞闕至，貪墨吏多解印綬去。

扎實。大食國人。至元三年，除僉浙西肅政廉訪使事。即按問都轉鹽運使、海道都萬户、行宣政院等官贓罪，浙右郡縣無敢爲貪者。復以浙右諸僧寺私蔽猾民，有所謂道人、道民、行童者，類皆瀆常倫，隱徭役，乃建議請勒歸本族，俾供王賦。朝廷是之，即著以爲令。「扎實」舊作「贍思」，今改正。

伯勒齊爾布哈。蒙古人。至正二年，拜江浙行省左丞。行至淮東，聞杭城大火，疾馳赴鎮，即下令録被災者二萬三千餘户，户給鈔一錠，焚死者亦如之，給月米二斗，幼穉給其半。又請日減酒課織坊元額，軍器、漆器權停一年，泛税皆停。又大作省治，民居附其旁者，增直買其基，募民就役，則厚其傭直。又請歲減江浙、福建鹽課十三萬引。或遇淫雨亢旱，輒出禱於神祠，所禱無不應。在鎮二年，雖兒童婦女，無不感其恩。「伯勒齊爾布哈」舊作「别兒怯不花」，今改正。

多爾濟。蒙古人。至正四年，遷江浙行省左丞。時杭城屢經災燬，伯勒齊爾布哈先爲相，庶務寛紓，多爾濟繼之，咸仍其舊，民心翕然。汀州寇竊發，多爾濟調遣將士招捕之，威信所及，數月即平。居二年，方面晏然。「多爾濟」舊作「朵爾只」，今改正。「伯勒齊爾布哈」改見前。

**蘇天爵**。真定人。至正七年，拜江浙行省參知政事。江浙財賦居天下十七，事務最繁劇，天爵條分目別，鉅細不遺。九年，復爲兩浙都轉運使。時鹽法弊甚，天爵拯治有方，所辦課鈔，及期而足。

**强通**。蒙古人。至正十年，遷平章江浙行省。時盜起汝、潁，蔓延江浙，强通分遣僚佐，往督師旅，曾不踰時，以次克復。既乃令長吏按視民數，凡詿誤悉置不問。招徠流離，俾安故業，發官粟以賑之。十四年，托克托統兵南征，一切軍資咸取具於江浙。强通規措有方，陸運川輸，千里相屬。十七年，出鎮海寧州。距杭百里，地濱海磽瘠，民甚貧，居二年，盜息而民阜。在江浙七年，涉歷艱險，勞績甚著。「强通」舊作「慶童」〔一三〕，今改正。「托克托」改見前。

**董摶霄**〔一四〕。磁州人。浙東宣慰副使。理冤獄，革弊政。至正間，以平賊復城功爲參知政事。

**舒穆嚕伊遜**。蒙古人。至正十一年，以守温州功授浙東宣慰副使，遷行樞密院判官，總制處州。山谷盜賊，殄殲無遺。拜江浙行省參知政事。「舒穆嚕伊遜」舊作「石抹宜孫」，今改正。

**欲嚕特穆爾**。蒙古人。至正十二年，江南諸郡盜賊充斥，拜平章政事，行省江浙。至鎮，引僚屬，集父老，詢守備之方，招募民兵數千人，號令明肅。統師次建德，獲首賊何福，斬於市，遂復淳安等縣。俘獲萬餘人，復業者三萬餘家。尋以疾卒於軍中。「欲嚕特穆爾」舊作「月魯帖木兒」，今改正。

**樊執敬**。鄆城人。至正時，授江浙行省參知政事。賊犯餘杭，衆皆潰去，賊呼執敬降，執敬怒叱曰：「逆賊，守關吏不謹，汝得至此，恨不碎汝萬段，何謂降耶！」乃奮力砍賊，因中槍而死。

**欲嚕布哈**。蒙古人。至正時，拜江南行御史臺中丞。由海道趨紹興，爲政寬猛不頗。既而除浙西肅政廉訪使，會張士誠據浙西，僭王號，度弗可與並處，令姪同壽具舟載妻子而匿身木櫃中，蔽以藁秸，脱走至慶元。士誠遣鐵騎百餘追至曹娥江，不及而返。「欲嚕布哈」舊作「月魯不花」，今改正。

## 明

單安仁。濠人。明初爲浙江按察副使。時悍帥横斂民曰寨糧，安仁一寘於法。尋進按察使。

李質。德慶人。太祖命爲江浙行省參知政事。質以承流宣化爲己任，綱紀畢張。在任三年，惠流兩浙。

熊鼎。臨川人。洪武初，爲浙江按察僉事，分部台、温。時經方氏竊據後，僞官悍將二百人，暴横甚，鼎盡遷之江、淮間，民始安枕。尋奏治温之倡邪教者，散其衆爲農。寧海强民陳德仲以憾支解黎異，妻屢訴，無爲白之者。鼎一日覽其牒，忽有青蛙立案上，鼎曰：「蛙非黎異乎？果異，止勿動。」果勿動。乃逮德仲，鞫實，正其罪。惠政甚著。

王濂。定遠人。洪武初，爲浙江按察僉事。治行著聞，大風晝晦，詔求直言，濂具陳民瘼，太祖爲緩徵。

劉丞直。贛縣人。洪武初，爲浙江按察僉事。時方國珍初降，丞直按部，懲其尤梗法者，一道肅清。

安然。祥符人。洪武五年，授浙江布政使。崇禮教，斥奸頑。十一年，海嚙江岸，親率夫丁，伐石築隄，後得安居。

王鈍。太康人。洪武中，爲浙江布政使。視事十年，有美政。時天下牧伯以久任著績者，惟鈍與雲南張紞二人，太祖常稱於朝，以勸庶僚。

解敏。洪武中舉進士，授御史，擢浙江按察僉事。持法無私，貪殘斂跡，聲稱赫然。

王良。祥符人。建文時，爲浙江按察使。燕王即帝位，遣使召良，良執使者將斬之，衆劫之去。良集諸司印九於私第，與妻決，妻先死，遂積薪自焚，印俱毁。

夏原吉。湘陰人。永樂初，户部尚書。浙西大水，詔原吉往治，役夫十餘萬，濬吴淞下流入於海。度地爲閘，以時蓄洩，水患遂息。歲大饑，奏發粟三十萬石，給牛種。有請召民佃退淤田益賦者，原吉馳疏止之。姚廣孝還自浙西，稱原吉曰古之遺愛也。

李素。平谷人。永樂中，爲浙江按察司副使。發奸摘伏，下無遁情。用刑平而恕，於民不擾。仁宗召爲右副都御史。

周新。南海人。永樂中，爲浙江按察使。理冤釋滯，鋤奸植善，一方稱神明，屬吏莫不改行。後被誣見法，朝野莫不痛之。

胡軫。豐城人。永樂間，任浙江都轉鹽運使運同。持身廉儉，一毫不妄取於人，常俸不給，至鬻園蔬足之。請托不行，商旅被惠。升浙江按察副使提學，士人宗之。

林碩。閩縣人。永樂中，以御史巡按浙江。政尚嚴肅。宣德初，擢浙江按察使。千户湯某，結中官裴可烈爲奸利，碩將繩以法，反爲所誣，逮入京。帝親鞫問，碩詞直，帝爲動容，復碩官，切責可烈。碩在浙久，人德其惠。

吴訥。常熟人。洪熙元年，巡按浙江。以振風紀、植綱常爲務，風裁凛然。

馬謹。新樂人。正統中，以御史按浙。貪猾屏跡，疏賑四府饑。以廉直入爲驗封郎中。

軒輗。鹿邑人。正統中，爲浙江按察使。一布袍，補綴殆遍，居常蔬食，妻子親操井臼，僚屬化之，一方大治。景帝立，以右副都御史巡撫浙江。閩賊吴金八等流劫青田諸縣，輗與孫原貞討平之。

周忱。吉水人。正統間，巡撫直隸、江南，兼嘉、湖二府。築海鹽捍海塘，一郡七縣，海不爲患。

陶成。鬱林人。正統中，爲浙江按察僉事。有智略，遇事敢任。倭犯桃渚，成密布釘板海淖中，倭至，艤舟躍岸，釘洞足背，倭畏之。秩滿進副使。處州賊葉宗留等攻蘭谿，成督兵進屯武義，立木城以守，誘賊黨爲內應，前後斬首數百，招降者二千餘人。後賊復熾，焚木城，成力戰不支，遂被害，士民立祠祀之。

陳璇。鳳陽人。正統中，爲浙江按察使。時兩司官市物於民，率給直十之一，吏又緣爲奸。璇痛革其弊，同列不能堪，譖之都御史洪英，罷其官。浙人數千號泣擁馬不得行，且詣闕言治狀，璇得還任。天順中，致仕歸，止圖書數篋。

張驥。安化人。正統中，巡撫浙江。初，慶元人葉宗留與麗水陳鑑湖以盜礦爲業，七年，遂爲亂，散掠浙江、江西、福建境上，而遂昌賊蘇牙、俞伯通剽蘭谿，與相應。驥遣金華知府石瑁擊斬牙等，撫定其餘黨。時鑑湖已殺宗留，驥命麗水丞丁寧率老人王世昌等〔一五〕，入賊巢招之，鑑湖遂偕其黨六十餘人出降，還所掠人口無算。蘇記養等寇金華，亦爲官軍所獲，賊勢遂衰。景帝嗣位，召還，道卒，浙民思慕之。

李俊。定興人。正統十三年，差董浙江銀冶。會處州賊起，敕俊勦捕，敗之街亭橋。越三日，賊首來劫，鎮守太監李德懼欲走，俊叱止之。明年，賊圍處州，俊募敢死士八百人爲守，臨城射殪衣紅者一人，出城擊破之，賊因請降。都御史張楷不受，賊復驚變，俊灑泣誓衆，衆感奮出死力大破之。事解，脱胄，髮盡禿。

孫原貞。德興人。累遷浙江左布政使。正統末，閩、浙盜起，景帝即位，原貞圖上方略，命參議軍事，深入擒其魁。時温州餘賊猶未滅，命都指揮李信爲都督僉事，調軍討之，遂拜原貞爲兵部左侍郎，參信軍務，鎮守浙江。俘斬賊首陶得二等，勦平餘寇。奏析麗水、青田二縣地，增設雲和、宣平、景寧三縣，建官置戍，盜患遂息。浙江官田賦重，原貞請均於民田輕額者，賦得平。進兵部尚書，鎮守如故。

楊瓚。蠡縣人。正統末，擢浙江右布政使，與平陶得二之亂。景泰二年，瓚以湖州諸府，官田賦重，請均之民田賦輕者，而嚴禁詭寄之弊，與鎮守侍郎孫原貞督之，田賦稱平。

黄裳。曲江人。正統末，巡按兩浙。見民遭水患，奏請賑恤。後殁於土木。

耿定。和州人。浙江布政司參議。正統末，處州盜起，領兵勦捕，率先督戰，死於兵。時按察司僉事王晟亦被害。

梁桊〔一六〕。泰和人。天順間，任浙江左布政使。興利除害，民仰之如神明，尊之如父母。

劉大夏。華容人。天順間，浙江左布政使。勤撫字，緩催科，移檄郡縣，務在節用愛人，不得興無名工作。郡縣起解銀兩，例有秤頭火耗，嚴禁吏胥，一毫不取。

孫珂。福山人。景泰間，以御史按浙。適歲大比，珂監其事，宿弊頓革。行部一尚威嚴，人莫敢犯，所至伸冤抑、除奸豪。

杜謙。昌黎人。景泰間，浙江右布政使，轉左。在浙十有三年，其建制多可爲經久計。爲政以忠厚仁恕爲本，有惠利於人，浙之士民稱頌之。

楊瑄。豐城人。成化初，遷浙江副使。按行海道，禁將校私縱戍卒。立操法，修定海及霩衢、健跳二所。捍海塘海鹽隄岸二千三百丈，民得奠居。爲副使十餘年，政績卓然。進按察使，斷獄嚴明不苛。西湖水舊溉諸縣田十六萬頃，時堙塞過半，瑄濬復之。疾亟，猶與同官論濬湖事，語不及私。

楊繼宗。陽城人。成化中，爲浙江按察使。時諸大吏供億率責辦民間，鎮守中官日費萬千，繼宗悉裁罷之。數忤中官張慶，慶兄敏在司禮，每於帝前毁繼宗。帝曰：「得非一錢不私之楊繼宗乎？」敏乃不敢害。聞母喪，立解印，徒跣號哭，出止驛亭，盡籍廨中器物付有司，惟攜一僕、書數卷而還。

王恕。三原人。成化間，巡撫南畿，兼杭、嘉、湖等處。時中官王敬乘傳東南，搜索奇玩，所至驚懼，恕上疏力言其弊。久之敬等俱收捕下獄，中外稱快。

張敷華。安福人。成化時，爲浙江參議，監温、處二府銀礦。盜起至數千人，守臣欲勦之，敷華曰：「此可撫而弭也。」從數騎馳諭，賊皆聽命，執其魁十二人，餘悉解散。居浙十餘年，歷右參政、右布政使。廉惠之聲，聞於遠邇。

楊峻。進賢人。成化中，歷浙江按察使。有報父仇論死者，峻嘉其孝出之。晉左布政使。鎮守中官恣横，峻面數其罪，取鐵絙欲與駢鎖詣京師，乃稍戢。

舒清。德興人。成化間，由工部主事抽分浙江榷政。爲民築隄以禦水患，號舒公隄。居官清約如寒素。

彭韶。莆田人。成化時，以刑部侍郎巡視浙江，整理鹽法。韶以商人苦抑配，爲定折價額，蠲宿負，憫竈户煎辦徵賠折閲之困，繪八圖以獻，因條利病六事，悉允行。

韓鎬。盧氏人。弘治初，爲浙江右參議。歲饑，金華、衢州尤甚，貧民奪富家粟，盜乘之肆掠。鎬聞，即抵義烏，夜遣人諭之，比明悉遁去。乃發粟賑濟，嚴立保伍相司察，所部肅然。遷進右布政使。海鹽捍海塘圮者數千丈，衆議築之，以屬鎬，不三月而成。

邵寶。無錫人。弘治時，爲浙江按察使，再遷右布政使。鎮守中官議開處州銀礦，寶力言其擾民，得不償失，卒寢其事。

孫需。德興人。弘治時爲浙江按察使。需既厲清節，又善剗宿弊，浙人稱爲「前劉後孫」。前劉者，劉大夏，曾爲布政使，有治行也。

張憲。德興人。弘治中，爲浙江右布政使。捕寘鎮守中官左右於理，公帑無毫髮私。

張鸞。咸寧人。弘治中，浙江按察副使〔一七〕，巡視海道。六年，倭寇遠遁，海疆肅清。

王璟。沂水人。弘治十四年，以僉都御史理兩浙鹽政。因賑，奏行荒政十事，多所全活。

方良永。莆田人。正德時，爲浙江左布政使。時錢寧用事〔一八〕，以鈔二萬鬻於浙，易銀三萬餘兩，諸司憚寧，欲抑配於民。良永争之不得，乃疏陳其狀，請正典刑。寧爲密召還所遣使者，而以鈔直還民。

席書。遂寧人。正德八年，按察浙江。擒治豪右，逐貪酷吏，釋冤獄，臬政一新。

韓邦奇。朝邑人。正德時，爲浙江僉事，轄杭、嚴二府。宸濠蓄異志，嘗命内豎假飯僧，聚千人於杭州天竺寺，邦奇立散遣之。其儀賓托進貢假道衢州，邦奇復持不可。數裁抑中官，爲所搆，被逮，長吏欲爲治裝，揮去之。

梁材。應天金吾右衛人。正德中，爲浙江右參政，尋進按察使。宸濠反，鎮守中官畢真約爲内應，材與巡按張縉等劫持真，奪其兵衛，兩浙以安。

黨以平。禹州人。正德間，爲浙江温處兵備道。温、處兵素驕，因餉不給，嘯聚爲亂。以平單騎諭之，衆皆首伏，懲其魁傑，即日解散。督府捕海賊五百人，欲以爲功，訊之皆海中漁者，爲賊所掠，悉縱之。升浙江左、右布政使。

陶琰〔一九〕。絳州人。正德中，以右都御史巡視浙江。時寧、紹瀕海地颶風大作，海隄毁者三百里，居民漂没萬數。琰出帑，按行賑捄，委官築隄捍水，自蕭山至會稽，凡五萬餘丈。姚源賊犯華埠〔二〇〕，督兵擊敗之，斬其渠魁，遂城開化、常山、遂安、蘭谿四縣，境内大安。

朱裳。沙河人。嘉靖初，爲浙江按察副使。日啜菜羹，妻操井臼。迎父就養，同列知其貧，共製衣一襲爲壽，父亦堅拒不納。後再爲浙江布政使，革奸釐弊，民吏振肅。

何瑭。武陟人。嘉靖初，爲浙江提學副使。以士習浮靡，務敦尚本實，諸生翕然宗焉。

朱紈。長洲人。嘉靖中，巡撫浙江及福建濱海諸府。先是，倭船至閩、浙互市，諸大姓及商賈多負其直，倭大怨恨，内地奸民遂煽誘爲亂。紈首禁通番，犯者寘重典，海濱始肅。既率諸將連破賊，甚著威名。會紈數詆諸大姓庇賊，諸大姓銜之，以紈戮佛郎機國人行劫者，嗾御史陳九德劾其擅殺〔二一〕，罷職聽勘，仰藥死。紈死，罷巡視大臣不設，後海寇大作，人咸思紈云。

阮鶚。桐城人。嘉靖間，浙江提學副使。得人爲盛。浙方苦倭寇，撫官檄諸司畫地防守，鶚守武林門，列營關外，令士女分道入，得免追迫蹂躪之苦。擢僉都御史，巡撫浙江。賊多方攻擊，鶚隨機應之，擒斬殆盡，自是兩浙始得休息。民思鶚德，相與立祠。

胡宗憲。績溪人。嘉靖間，由餘姚縣擢御史，按浙江。超擢巡撫，升任總督。時歙人汪直據五島，煽諸倭入寇，徐海、陳東、麻葉等巢柘林、乍浦、沙窪，宗憲皆以計使自相擒獻，賊悉蕩平。

游居敬。南平人。嘉靖間，浙江按察使僉事，歷按察使、左右布政使。時患倭寇，調主客兵數萬計，庫無羨贏，居敬立辦無誤。議者欲練土著，汰客兵，兵當鬨而噪，督撫令居敬前諭之，皆解散。在任衣粗食糲，漆枕櫛匣，尚青衿時物，清節爲浙省之冠。

俞大猷。晉江人。嘉靖三十一年，倭擾浙東，詔大猷爲寧、台諸郡參將。以舟師却賊於昌國衛，賊轉掠紹興諸縣，大猷連戰破之。升秩去。三十五年，復爲浙江總兵。平賊徐海，浙西倭患遂息。餘衆踞舟山，大猷乘夜雪攻之，賊多死，其逸出者盡殲之，浙東亦安。胡宗憲許汪直通市，大猷力争不可，及直誘入下吏，其黨遂叛，大猷急攻之。宗憲被劾，委賊大猷，逮繫詔獄。朝廷知其冤，尋復用。

戚繼光。登州人。嘉靖中，以參將守台、金、嚴三郡。時倭寇方警，繼光見衛所軍不習戰，而義烏兵剽悍可用，召募三千人，教閲之。又以南方多藪澤，不利馳逐，乃因地形制陣法，節短而數明，舟艦器械，悉爲更置。自是戰無不利，戚家軍名聞天下。倭大舉寇台州，繼光九戰皆捷，俘斬千餘人，焚溺無算，倭自是不敢犯。

譚綸。宜黄人。嘉靖中，爲台州知府。以禦倭功，進海道副使。益募浙東良家子教之，而盡罷客兵。倭自象山突至台州，綸與戚繼光連擊破之，加右參政。以憂去。

盧鏜。汝寧衛人。嘉靖時，爲參將，分守浙東。屢破倭賊，擢副總兵。與胡宗憲共圖大盜徐海，殲之。宗憲招汪直，鏜亦使人説倭令擒直，直由是與倭貳，卒伏誅。進江浙總兵。當倭難作，諸將多望風潰敗，獨鏜敢戰，名亞俞、戚。

王世貞。太倉人。嘉靖間，浙江參政，治吴興三郡。吴越新罹兵火，供億繁興，世貞請汰内府内官大小監冗食，及錦衣衛寄籍者，事雖不行，竟得改折漕糧十五萬。

蕭廩。萬安人。萬曆間，以御史按浙。吏牘山積，立決如神。雪冤獄以百數，黜墨吏，新宋濂、方孝孺諸祠，又請祀王守仁於學宫。累升副都御史，巡撫浙江。先是，浙兵譟轅門，羣不逞效尤爲奸，大剽城市，廩時餉而法馭之，惡不敢生。

趙炳然。劒州人。以兵部右侍郎巡撫浙江。時寇亂甫平，財匱力絀，炳然廉以率下，悉更諸政令不使者，仍奏減軍需之半，民户祝之。

婁至德。項城人。嘉靖時，爲浙江參政，進右布政使。酌定賦役，爲書十卷，曰兩浙賦役成規，民大便之。

陳儒。吉水人。嘉靖間，浙江按察副使，巡視寧紹海道。首案文武贓吏，捕縣丞藍佐、指揮楊淮，寘之法，軍民惕然。後改督學，以崇經術、禁浮靡爲己任。

薛應旂。武進人。嘉靖間，爲浙江提學副使。鑒衡百不失一。

龐尚鵬。南海人。嘉靖末，以御史巡按浙江。浙民素苦徭役，爲舉行一條鞭法，民大喜。時通政吕希周、御史嚴杰、知府潘仲驂等，並里居恣横，乃悉收治其子弟僮奴，奏黜爲民，吏民震慴。及去，浙人立祠奉祀。

張淳。桐城人。萬曆時，爲杭嚴副使。浙東有召募兵數千當汰，軍中洶洶，將爲亂，撫按患之。淳曰：「是憍悍者，留則有用，散則叵測，不若汰其老弱而留其壯勇，則留者不思亂，汰者不能亂矣。」從之，事遂定。

甘士价。信豐人。萬曆間，巡撫兩浙。躬行儉約，創武林書院，講明正學。歲大祲，請留漕米數十萬石，捐助分賑，悉自擘畫，巡行郡縣，形神勞悴，以是得疾。卒時，筐篋無存，斂以澣衣，士民號慟之聲連街達陌。聞於朝，立祠歲祀。

劉一焜。江西人。萬曆間，巡撫浙江。時中官吕貴督織造，多所侵擾，一焜疏駁，且禁治其爪牙，貴爲斂威。築龕山海塘千二百丈，濬復餘杭南湖，民賴其利。

張佳胤。銅梁人。萬曆十年，杭州兵變，詔佳胤以兵部右侍郎巡撫浙江。甫入境，杭民復亂，佳胤至，諭營兵討亂民自贖，而密捕兵之首惡者斬之，二亂遂定。

陸完學。武進人。萬曆間，任杭嚴兵備道副使。歲饑，米價騰踴，或議減價，完學獨謂：「吾正欲昂價以來之。」杭不産米，悉資外輓，若減價，則商裹足矣。」越數日，商舟踵至，價果平。歷任浙江巡撫。修築海塘，浙民得免水患。

傅好禮。固安人。萬曆中，以御史巡按浙江。歲大祲，督屬吏賑恤，請蠲田租，停織造，折漕糧，留鹽課分賑，皆報可。行部湖州，見民饑尤甚，用便宜發帑易粟賑之，自請服擅發罪，詔特宥焉。與撫臣合陳恤民十二事，皆允行，民困大蘇。

李邦華。吉水人。萬曆四十二年，巡按浙江。澄清吏治，部内肅然。織造中官劉成卒，中官呂貴謀代之，邦華上疏力諫，兼斥中官進奉之弊，及左右大奄之黨貴者，直聲震朝野。

竇子偁。合肥人。萬曆間，爲浙江按察使。清貞剛斷，斥絶請託，一時奸横斂跡。進右布政使，例有羡餘，子偁曰：「朝廷正苦餉不足，安得有所爲羡餘哉？」卒歸公帑。

杜喬林。華亭人。萬曆間，遷浙江右參政，分巡温、處。海寇劉香老入犯，圍府城，喬林募勇士晝夜捍禦，三戰皆捷。

侯峒曾。嘉定人。天啓間，任浙江布政司左參政，分守嘉湖道。政務繁劇，不資幕客，治官書，達旦不寐。嚴行保甲，匪類潛蹤。定漕卒之亂，軍民畏服。

許豸。侯官人。崇禎間，浙江僉事，分巡寧、紹。築郡城，殲海寇陳奇老等。改督學政，釐正文體，得人爲盛。時有權璫鎮浙，豸抗不爲禮，士有儒服郊迎者，立撻之。

蔡懋德。崑山人。崇禎初，遷浙江右參政，分守嘉興、湖州。劇盜屠阿丑衆千餘，出没太湖，當事議勦之。懋德曰：「此可計擒也。」悉召瀕湖土豪，免其罪，簡壯士與同發，遂擒阿丑。

## 本朝

佟國器。漢軍正藍旗人。順治二年，爲嘉湖兵備道。偕諸將勦擒吴日生、朱天定，並招降白腰黨陸汧等，巨寇悉平。進按察使。時浙東初定，叛獄繁多，國器平情讞鞫，全活甚衆。後遷江西巡撫，調任浙江。招降海寇廖明旗，勦平阮六等。卒後，浙人追思祀之。

李際期。孟津人。順治二年，任浙江參議，督理學政。時值鼎新，際期立意振興學校，培養人材，所貢拔皆一時名流，士風丕振。擢參政，兵備寧、台。釐奸剔弊，振紀肅綱，勵精案牘，訟無冤抑。

朱思義。漢軍正黄旗人。順治五年，爲巡海道僉事。時浙東初平，將士縱恣，思義嚴抑之，告訐者不得逞，民賴以安。卒於官，人皆惜之。

熊維傑。漢軍鑲白旗人。順治八年，爲浙江按察使。性峭直，不苟言笑，然善撫其民，爲政簡而周，剛而不劌。時兵民雜處，兵出擾民，有司不敢問，維傑出，有來訴者，必立馬受，爲之申理，民望見其旗輒相慶。

張儒秀。漢軍鑲白旗人。順治九年，任浙江左布政使。公明威斷，有開銷軍儲、移解馬價二事，此其尤著者。

趙國祚。漢軍鑲紅旗人。順治十五年，任浙江總督，兼節制江西廣信一府。凡鹽筴、兵政、民隱、賊情，及地方阨塞，無不悉心究畫。值米價騰貴，發帑平糶，並移檄鄰省，無得遏糴，士民德之。

朱昌祚。漢軍鑲白旗人。順治十八年，以工部侍郎巡撫浙江。時浙中寇盜未息，昌祚多設方略，且導以歸順之利，賊黨多解散。巡按御史既撤，重案悉歸巡撫，逮繫數千人，昌祚數月間審結，得釋者甚衆。疏請蠲免温、台等郡無徵銀糧，沿海居民避海寇内徙者，發帑給田以贍之。大軍征海，昌祚厚犒諸將，約以秋毫無犯，并嚴飭有司，不得因軍興之際，苛徵於民，浙人咸德之。

趙廷臣。漢軍鑲黄旗人。康熙元年，以兵部右侍郎總督浙、閩。時海濱尚多未靖，廷臣親赴定海，由寧、台、温三路，出洋搜緝，海宇悉定。軍興後，度支不足，廷臣疏請復二十四監鼓鑄，泉貨遂通。

范承謨。漢軍鑲黄旗人。康熙八年，以副都御史巡撫浙江。既至，三月不視事，人初易之。一日出片紙，盡列兩浙豪惡姓名，捕寘之法，聞者股慄。衢、台、處三郡，山田沙磔不可治，而賦如故，田主多流亡，累及鄰族，長吏坐逋課去者相望，承謨特疏免之。嘉、湖二郡，苦白糧役重，承謨復爲奏減。杭、嘉大饑，出官庫銀易米平糶，又許最貧者得附老弱例，肩鹽自給，全活無算。遷浙閩總督。爲耿逆所害。後贈太子少保、兵部尚書，謚忠貞。

色伯哩。滿洲人。康熙八年，以都同知提督浙江軍務，駐寧波。紀律嚴明，與士卒同甘苦，文武協和，愛養百姓。時耿逆反於閩，浙中盜賊四起，色伯哩與總督李之芳密籌方略，調兵四援。之芳督軍衢州，色伯哩督軍台州，勦除逆氛，招撫流亡，浙賴以安。以勤勞卒於任，兵民立祠祀之。「色伯哩」舊作「塞白理」，今改正。

劉昌臣。武陵人。康熙十一年，任浙江糧儲道。除革一切輸運旗丁奸弊。耿逆叛閩，大兵駐衢進勦，昌臣署藩篆，夙夜措，轉餉不絕。復署臬司，讞獄務得其情。以勞卒官，士民巷哭。

李之芳。武定州人。順治中，以御史視浙鹽。多所興革，商民賴之。康熙十二年，擢兵部侍郎，總督浙江。明年三月，耿逆反，之芳檄諸路將士分守要害，而身率兵趨衢州，以遏賊衝。賊衆數萬攻衢，礮聲震地，勢熾甚，左右請少避，之芳不顧，麾將士力戰却之。時温、處、金、嚴諸郡皆已從賊，之芳以計招降僞將韓斌、王得功，生擒賊首汪磐、繆國英等。十五年八月，督諸軍奪仙霞關，大兵遂長驅入閩。捷聞，進兵部尚書。浙東既定，疏請蠲免金、衢、嚴、温、處五郡舊賦，賑撫流民百二十餘萬，保浙之功，之芳爲最。

傅喇塔。宗室。康熙十三年，奉命爲寧海將軍，討耿精忠。進師台州，連復太平、樂清、青田三縣。會康親王於衢州進擊，殺賊七千餘人，破賊營二十八，復雲和。大兵至福建，精忠降，傅喇塔卒於軍。賜謚惠獻。乾隆五年，入祀浙江賢良祠。

陳丹赤。侯官人。康熙中，分巡温處道。耿精忠亂，温州總兵祖宏勳叛應之，丹赤被執不屈，遇害。贈通政使，謚忠毅。

楊應魁。漢軍鑲紅旗人。康熙十三年，爲台紹副使。賊帥曾養性等水陸號十萬，陷黄巖，土寇乘間蜂起，寧、紹道梗。衆議欲棄台州，會應魁馳至，力持不可，曰：「台、寧、紹之門户也。台失，則浙東非我有矣。」悉力拒戰，遂復仙居，誅王從龍，賊大敗遁去。大兵下黄巖，應魁涕泣爲民請命，全活無算。卒於官，民哀思不忘。

石琳。滿洲人。康熙二十年，爲浙江布政使。時耿逆初平，浙東衢郡被兵尤甚，户口多逃亡，而丁賦猶責之里甲，琳覈實請免之。軍興既久，通省供億浩繁，逋欠叢積，琳悉爲釐定，力除一切陋規，尤禁加耗。常曰：「革民間一分火耗，便可增一分正供。」時以爲名言。

王國安。漢軍正白旗人。康熙二十一年，授浙江巡撫。浙自耿逆亂後，官私凋敝，國安鋤暴惡，革苛徵，立冬收冬兑之令，杜運丁需索。松江沿海六鹽場，官收竈解，課一派十，國安一準徵收地丁之例，官收官解，不得爲奸。兵興後，守卒驕横，貸子錢，收民廬舍、子女，國安按法禁絶。時延見鄉三老，問所疾苦，親巡闤闠，偏歷村落，籍記奸匪，有犯者須臾縛至，莠民悚息。尋升浙閩總督。

趙士麟。雲南河陽人。康熙二十三年，以副都御史巡撫浙江。胥卒以私債逼民人，積成大案，士麟移文將軍，令繳券約，捐資代償。時奸胥豪右多縱恣不法，廉得其狀，悉置之法。杭城内河淤塞數百年，士麟下令疏濬，水道復通。又繕城隍，葺學校，善政具舉。未幾移撫江蘇，兵民肖像祀之。

張鵬翮。遂寧人。康熙二十八年，巡撫浙江。屏絶各官餽遺，革除一切陋規，事無巨細，親爲裁決。涖浙六載，兵民相安。

查木楊。滿洲人。康熙三十三年，鎮守浙江將軍。朔望集兵民宣講聖諭，嚴禁八旗兵卒放債剥民，及縱攘竊者，令牧馬毋踐禾稼、墳塋。卒於官，士民建祠祀之，謚敏恪。

顔光斅。曲阜人。康熙三十三年，以檢討督學浙江。性孤介，人不敢干以私。拔取真才，不遺餘力。所刻試牘，風行海内，垂數十年，士人誦習，不異於初。

姜檮。保德州人。康熙中，以鴻臚少卿督學浙江。文取清真，間不足額，則訪録前代忠孝理學之裔以補之。有薦於朝者曰：「姜檮一錢不要，一情不聽。」蓋公論也。四十二年，聖祖南巡，御書「廉静」二字以賜之。

張泰交。陽城人。康熙四十二年，巡撫浙江。居官清正仁恕，表率羣僚，尤留意兵民重務，編保甲，謹斥堠，俾絶盜源。修江塘，易土以石，立廟鎮之。開書院於紫陽山，與諸生講論經史大義，并倡行鄉約，士民翕然向風。卒於官，浙人肖像祀於孤山。

徐元夢。滿洲正白旗人，姓舒穆禄。康熙時，巡撫浙江。杭州等七府旱災，疏請蠲賑，並截留漕米平糶，緩徵應完額賦，以紓民力。萬松嶺書院，尚無嘉名，元夢奏請，獲賜「浙水敷文」扁額，并内府書籍法帖，以廣文教。在浙四年，甚多惠政。

郭世隆。漢軍鑲紅旗人。康熙間，總督浙、閩。浙江協餉以歲歉難徵，世隆疏撥鄰省帑銀三十萬濟之，民力得紓。海關監督請移寧波城外之關於鎮海，增設紅毛館，世隆持不可，商稱便。祀浙江名宦祠。

趙申喬。武進人。康熙四十年，爲浙江布政使。受事三日，首革南糧布袋之弊。私徵私餽，一切禁止。就擢浙江巡撫。藩庫有羨餘二千兩，封識以授代者。自藩署移撫廨，器什惟襆被一肩、書數簏而已。江潮逼近杭城，舊塘傾圮，申喬躬親相度，易土以石，鎔鐵貫其中，築子塘護焉。在官不延幕客，案牘皆手理，屬吏服其公清，俱不敢欺。

彭始摶。鄭州人。康熙中，以檢討督學浙江。衡文一本經史，所甄拔多老成積學，校閲精勤，無間晝夜，逾年，鬚髮盡白。聖祖南巡，御書「公明盡職」四字以賜之。任滿還，歸舟莫辦，附糧艘至京，浙士思之，建祠西湖。

朱軾。高安人。康熙五十六年，巡撫浙江。以清吏治、厚風俗爲急務，革除一切供億，自奉淡泊，以身率下，獎廉斥貪，持以和平，定民間嫁娶，刊布禮書，除榷政之不便者。海塘爲潮所嚙，時築時圮，而海寧、上虞二縣尤甚。軾悉心籌畫，修築石塘三千七百餘丈。重建敷文書院，集諸生肄業，親加訓課，遠邇向風。

段志熙。濟源人。康熙間，任浙江布政使。以兄任寧台道，凡浙中山川風土，民生利弊，靡不洞悉。首革藩庫陋規，收發賦餉，躬親驗兑，胥吏不得爲奸。遇水旱，多方賑恤，務獲安全。杭城民廬稠密，向多火災，形家言北關拱宸橋圮，水不制火，志熙即捐俸倡修。又開濬大小諸河，修築海塘三千七百餘丈，皆民不勞而事集。尤加意學校，爲敷文書院肄業諸生，捐置廩餼千金，士風振起。

**李衛**。銅山人。雍正初，巡撫浙江。行順莊，革里書圖甲，請帑金三十萬糴米蜀中，分貯常平、永濟諸倉，以備平糶。晉總督，仍兼巡撫，並轄江蘇諸府州督捕事。太湖素爲盜藪，衛廉得其姓名居址，潛遣兵役躡之，無得脱者，自是東南少盜。

**何世璂**。山東新城人。雍正元年，督學浙江。剔除弊竇殆盡，不以苛刻爲明，整飭士習，丕振儒風。

**方覲**。江都人。雍正六年，擢浙江按察使。嘗謂盜之不弭，吏爲之市也。嚴立科條，盜遂衰止。辨色而起，夜則秉燭治官書，案牘紛拏，咄嗟立辦，老吏無所竄其手。

**嵇曾筠**。無錫人。雍正時，以江南河道總督來浙總理海塘。乾隆元年，授浙江巡撫，旋改總督兼鹽政。建海寧石塘七千四百餘丈，海患始息。入覲以海塘功晉一階，又以總督鹽務勞加太子太保。

**潘世榘**。陽湖人。雍正進士，乾隆初，遷浙江布政使。浙省勢豪多侵湖私墾，致壞隄閘，病田莫甚。世榘奪侵者，悉令剷除挑復，嚴有司親勘不實律，由是旱澇無虞。衢、嚴等屬水災，力請發帑撫恤，並給籽本，分别加賑，民甚德之。又禁絶紳衿及在籍吏員與地方官干謁往來，吏治以肅。卒，謚敏惠，祀賢良祠。

**喀爾吉善**。滿洲正黄旗人。乾隆十一年，總督浙、閩。首劾浙江巡撫常安貪狀，上嘉其爲督撫所少者。條奏更改浙江海塘防汛文武員弁凡六事，皆因時制宜，悉如議行。温、台旱災，積儲空虚，籌運臺穀以濟，並先撥厦門、莆田兩縣倉米運浙，民困得蘇。又建築紹興所屬宋家樓等處石塘四百丈，土塘二十丈，幫築土戧護焉，帑不糜而工舉。十六年、二十二年，上南巡，俱有御製詩賜獎之。卒於任。敕祀賢良祠，謚莊恪。

竇光鼐。諸城人。乾隆中，三督浙江學政。陳各屬虧空之弊，劾平陽令黄梅貪，置諸法。教士以講求傳註，反諸身心，體聖賢立言之旨。以經史、昭明文選、唐宋大家古文彙爲月課，註册考功過。浙人至今思之。

李長庚。同安人。嘉慶初，浙江提督。忠勇善戰，洋盜聞其來輒遁。逆賊蔡牽横海上，仁宗睿皇帝特命長庚爲水師總統，大小百餘戰，殲賊殆盡，蔡逆僅以三舟遁。長庚追至黑水洋，中礮死之。事聞，仁宗震悼，特封三等伯，予專祠，賜謚忠毅。

## 校勘記

〔一〕會稽冶賊呂合秦狼等爲亂　「冶」，原作「治」，據乾隆志卷二一五浙江名宦（下同卷簡稱乾隆志）及三國志卷五五吴書蔣欽傳改。

〔二〕范旻　「旻」，原作「珉」，據乾隆志及宋史卷二四九范質傳改。按，本志避清宣宗諱改字也。今回改。

〔三〕還溉水湖　「溉水湖」，當作「溉山湖」，中華書局點校本宋史卷四〇四劉穎傳據宋史河渠志等改作「溉山湖」，是也。

〔四〕台盜鍾百一非真盜　「百一」，原作「亘」，乾隆志同，據宋史卷四〇八汪綱傳改。「真」，汪綱傳作「共」。

〔五〕劾知處州趙善澣　「澣」，乾隆志同，宋史卷四〇九高斯得傳作「瀚」。按，雍正浙江通志卷一一五職官宋代有趙善瀚，注云：「一作澣。」蓋流傳異文耳。

〔六〕胡潁　「潁」，原作「穎」，據宋史卷四一六胡潁傳改。下文同改。

〔七〕常懋　「懋」，宋史卷四二一本傳作「楙」。

〔八〕兩浙及會稽山陰死者暴露　「露」，原闕，據宋史卷四二一常楙傳補。
〔九〕徐琰　「琰」，原作「炎」，據乾隆志及雍正浙江通志卷一四七名宦改。按，本志避清仁宗諱改字也。今回改。
〔一〇〕而特舉烏程縣尹干文傳治行爲諸縣最　「傳」，原作「傅」，據乾隆志及元史卷一八五韓鏞傳改。按，干文傳於元史卷一八五亦有傳。
〔一一〕惟長寧寺田不減　「寧」，原作「安」，據乾隆志及元史卷一八四王克敬傳改。按，本志避清宣宗諱改字也。今回改。
〔一二〕嶺海猺賊竊發　「賊」，原作「賦」，據乾隆志及元史卷一八四王克敬傳改。
〔一三〕强通舊作慶童　「童」，原作「重」，據乾隆志及元史卷一四二慶童傳改。
〔一四〕董摶霄　「摶」，原作「搏」，據乾隆志及元史卷一八八董摶霄傳改。
〔一五〕驥命麗水丞丁寧率老人王世昌等　「寧」，原作「安」，據乾隆志及明史卷一七二張驥傳改。按，本志避清宣宗諱改字也。今回改。
〔一六〕粱棨　「棨」，原作「棨」，據乾隆志及雍正浙江通志卷一四八名宦改。按，棨字叔車，國朝獻徵録卷八四有傳。
〔一七〕浙江按察副使　「副使」，原作「使司」，據乾隆志及雍正浙江通志卷一四八名宦改。
〔一八〕時錢寧用事　「寧」，原作「安」，據乾隆志改。按，本志避清宣宗諱改字也。今回改。
〔一九〕陶琰　「琰」，原作「炎」，據乾隆志及明史卷二〇一陶琰傳改。按，本志避清仁宗諱改字也。今回改。
〔二〇〕姚源賊犯華埠　「姚源」，原作「姚原」，據乾隆志改。按，江西姚源人王浩八正德間起事，聲震江浙，明史卷一八七何鑒等傳中頗有記録。
〔二一〕嗾御史陳九德劾其擅殺　「陳九德」，原作「陳九得」，據乾隆志及明史卷二〇五朱紈傳改。

# 杭州府圖

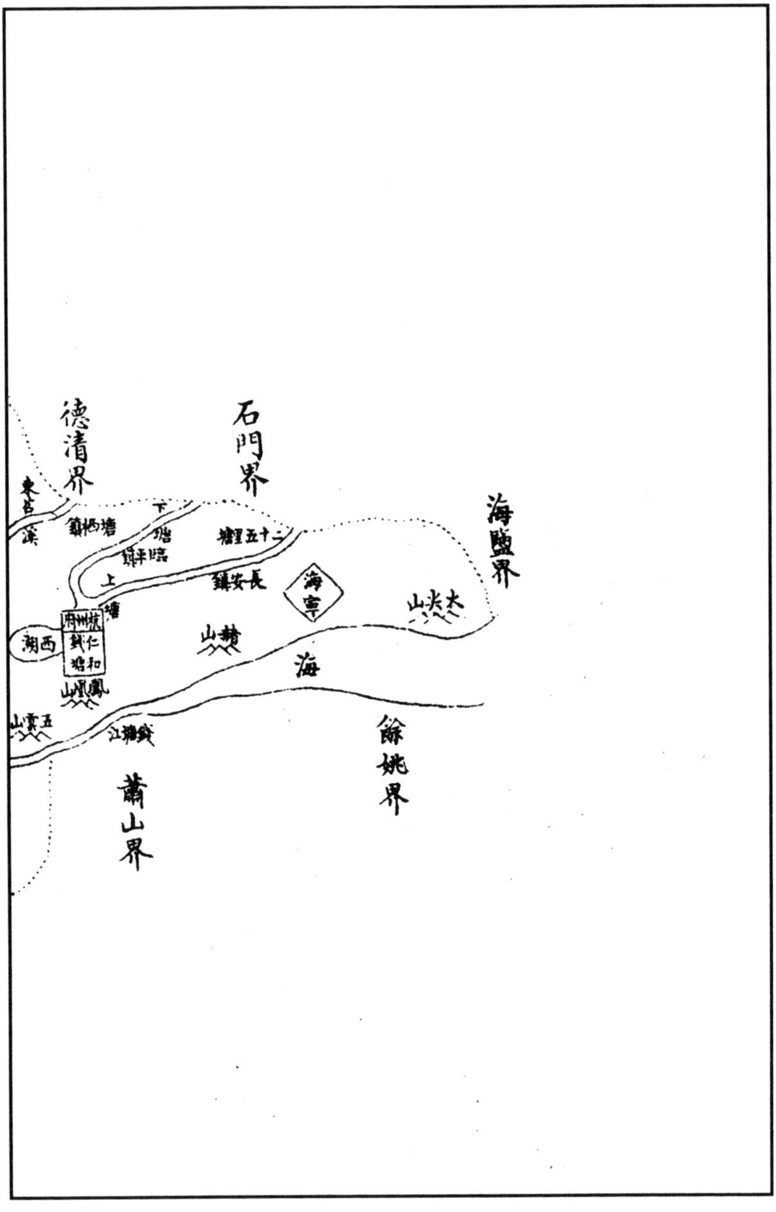
德清界
石門界
海鹽界
東苕溪
塘栖鎮
下塘
臨平鎮
二十五里塘
上塘
長安鎮
海寧
太尖山
杭州府
仁和
錢塘
西湖
赭山
海
鳳凰山
五雲山
錢塘江
餘姚界
蕭山界

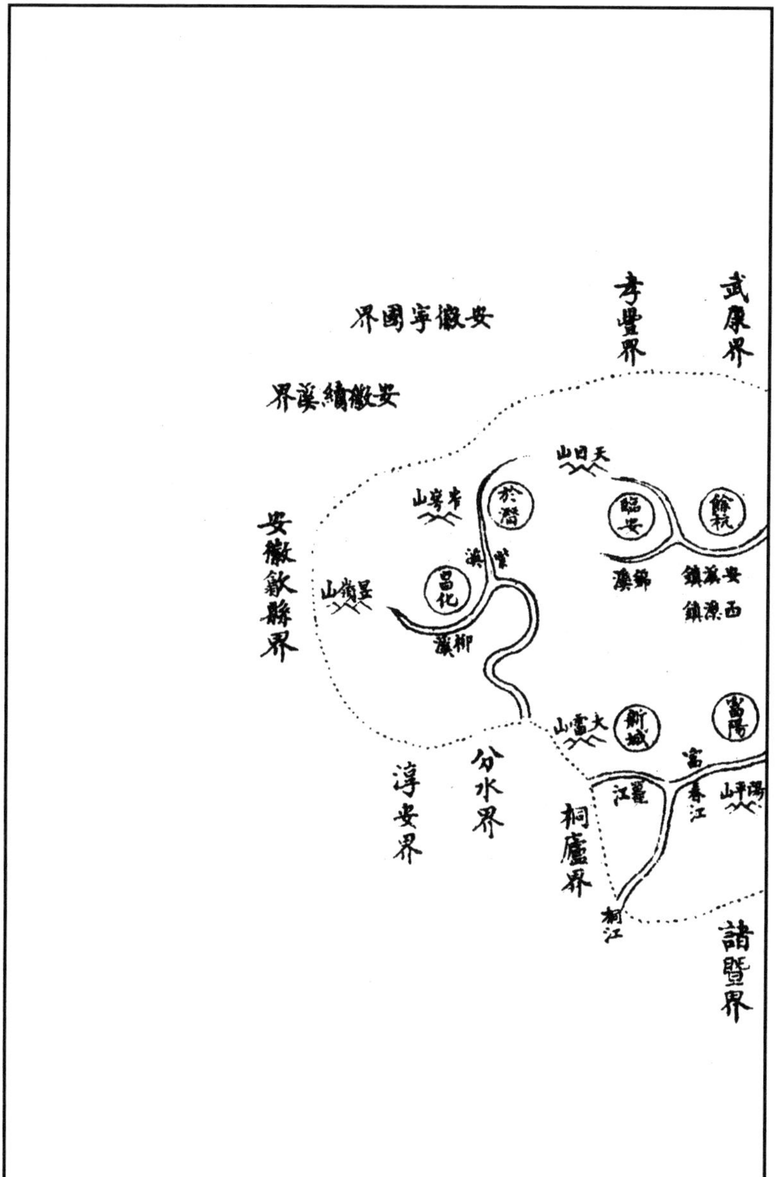
武康界
孝豐界
安徽寧國界
安徽績溪界
安徽歙縣界
天目山
於潛
臨安
餘杭
昌化
昱嶺山
紫溪
柳溪
錦溪
安溪鎮
西溪鎮
大雷山
新城
富陽
富春江
淳安界
分水界
桐廬界
桐江
諸暨界

# 杭州府表

| | 杭州府 | 錢塘縣 |
| --- | --- | --- |
| 秦漢 | 秦會稽、鄣二郡地。漢會稽郡，又丹陽郡地。後漢順帝分屬吳郡。 | 錢唐縣 秦置，屬會稽郡。漢爲西部都尉治，後漢省入餘杭。 |
| 三國吳 | 孫策置吳郡都尉，孫權分置東安郡，尋罷爲吳郡地，兼吳興郡地。 | 錢唐縣 吳復置，屬吳郡。 |
| 晉 | | 錢唐縣 |
| 宋 | | 錢唐縣 |
| 齊梁陳 | 陳禎明初置錢唐郡。 | 錢唐縣 陳爲錢唐郡治。 |
| 隋 | 餘杭郡 初廢郡置杭州，治餘杭。大業初改郡治錢唐。 | 錢唐縣 初屬杭州，大業三年爲郡治。 |
| 唐 | 杭州 餘杭郡 復置州，屬江南東道。乾元初分置浙江西道。景福元年爲鎮海節度使治。 | 錢塘縣 州治。 |
| 五代 | 杭州 吳越建都，號爲西府。 | 錢塘縣 |
| 宋 | 臨安府 初仍曰杭州餘杭郡，淳化五年改寧海軍節度，建炎三年建行在，升府爲浙西路治。 | 錢塘縣 府治。 |
| 元 | 杭州路 至元中改路，爲行中書省治。 | 錢塘縣 路治。 |
| 明 | 杭州府 改府，爲浙江布政使司治。 | 錢塘縣 府治。 |

續表

| 仁和縣 | 海寧州 | 富陽縣 | 餘杭縣 |
| --- | --- | --- | --- |
| | 海鹽縣之鹽官地。 | 富春縣<br>秦置，屬會稽郡，漢因之。後漢屬吴郡。 | 餘杭縣<br>秦置，屬會稽郡。漢因之，後漢屬吴郡。 |
| | 鹽官縣<br>吴置，屬吴郡。 | 富春縣<br>吴黄武中置東安郡，爲郡治，旋罷，仍屬吴郡。 | 餘杭縣<br>吴屬吴興郡。 |
| | 鹽官縣 | 富陽縣<br>成安二年更名。 | 餘杭縣 |
| | 鹽官縣 | 富陽縣 | 餘杭縣 |
| | 鹽官縣<br>陳永定二年置，海寧郡，尋廢。 | 富陽縣<br>陳屬錢唐郡。 | 餘杭縣 |
| | 鹽官縣<br>屬餘杭郡。 | 富陽縣<br>屬餘杭郡。 | 餘杭縣<br>初爲杭州治，大業初屬餘杭郡。 |
| | 鹽官縣<br>武德四年屬東武州，旋省縣。貞觀中復，仍屬杭州。 | 富陽縣<br>屬杭州。 | 餘杭縣<br>屬杭州。 |
| 錢江縣<br>梁龍德二年吴越置，與錢塘俱爲杭州治。 | 鹽官縣 | 富春縣<br>吴越更名。 | 餘杭縣 |
| 仁和縣<br>太平興國四年更名。 | 鹽官縣<br>屬臨安府。 | 富陽縣<br>太平興國三年復名，後屬臨安府。 | 餘杭縣<br>屬臨安府。 |
| 仁和縣<br>路治。 | 海寧州<br>元貞初升州，天曆二年更名，屬杭州路。 | 富陽縣<br>屬杭州路。 | 餘杭縣<br>屬杭州路。 |
| 仁和縣<br>府治。 | 海寧縣<br>洪武二年降縣，屬杭州府。 | 富陽縣<br>屬杭州府。 | 餘杭縣<br>屬杭州府。 |

| 臨安縣 | 於潛縣 | 新城縣 |
| --- | --- | --- |
| 餘杭縣地，後漢建安中分置臨水縣，屬吳郡。 | 於朁縣 漢置，屬丹陽郡。後漢曰於潛。 | 富春縣地。 |
| 臨水縣 吳屬吳興郡。 | 於潛縣 吳屬吳越郡。 | 吳置新城縣，尋廢。 |
| 臨安縣 太康元年更名。 | 於潛縣 | 新城縣 太康末復置，尋廢。咸和九年又置，屬吳郡。 |
| 臨安縣 | 於潛縣 | 新城縣 |
| 臨安縣 梁、陳間省。 | 於潛縣 陳屬錢唐郡。 | 新城縣 陳屬錢唐郡。 |
| | 於潛縣 屬餘杭郡。 | 省入錢唐，後復置。 |
| 臨安縣 武德七年復置臨水縣，屬潛州，旋廢。垂拱四年復置，屬杭州。 | 於潛縣 武德七年置潛州，旋廢，屬杭州。 | 新城縣 武德七年省入富陽，永淳元年復置，屬杭州。 |
| 安國縣 梁開平二年吳越改名，兼置衣錦軍。 | 於潛縣 | 新登縣 吳越改名。 |
| 臨安縣 太平興國四年改軍名順化，尋廢軍復縣，屬臨安府。 | 於潛縣 屬臨安府。 | 新城縣 太平興國四年復改名，屬臨安府。淳化五年置南新縣，熙寧中省入。 |
| 臨安縣 屬杭州路。 | 於潛縣 屬杭州路。 | 新城縣 屬杭州路。 |
| 臨安縣 屬杭州府。 | 於潛縣 屬杭州府。 | 新城縣 屬杭州府。 |

| 昌化縣 |
| --- |
| 漢於潛縣地。 |
| |
| |
| |
| |
| |
| 唐山縣垂拱二年析於潛縣置紫溪縣,後又析置武隆縣,尋省武隆入紫溪。長安四年復置武隆,神龍元年更名唐山。大曆三年廢。長慶初復置,屬杭州。 |
| 唐山縣梁時吳越更名金昌,後唐時復故。晉時改橫山,又改吳昌。 |
| 昌化縣太平興國三年改名,屬臨安府。 |
| 昌化縣屬杭州路。 |
| 昌化縣屬杭州府。 |

# 大清一統志卷二百八十三

## 杭州府一

浙江省治。東西距一百九十五里，南北距七十三里。東至赭山海口六十里，西至嚴州府桐廬縣界一百三十五里，南至紹興府蕭山縣界二十八里，北至湖州府德清縣界四十五里。東南至蕭山縣界二十八里，西南至金華府浦江縣界三百四十里，東北至嘉興府石門縣界一百二里，西北至安徽寧國府寧國縣界二百八十里。自府治至京師三千二百里。

### 分野

天文斗分野，星紀之次。

### 建置沿革

禹貢揚州之域。春秋爲越西境，戰國屬楚。秦置錢塘、餘杭、富春、海鹽縣，屬會稽郡。漢爲會稽郡，咸淳臨安志：漢高帝六年，屬荆國。十二年，屬吴國。景帝三年，復屬會稽郡。西部都尉治。後漢永建四年，分屬吴郡。按：漢書地理志、後漢郡國志，於潛屬丹陽郡。丹陽即秦之鄣郡也。至三國吴寶鼎元年，分餘杭、臨安、於潛屬吴興郡。晉及宋、齊、梁因之。陳禎明元年，置錢塘郡，屬吴州。隋廢郡，置杭州。仁壽中，置總管府。大業初，府罷。三年，改曰餘杭郡。唐武德四年，復置杭州。開元時，屬江南東道。天寶元年，改餘杭郡。乾元元年，復爲杭州，屬浙江西道。按：貞觀元年分天下爲十道，是時浙江諸州俱屬江南道。至開元二十一年，分天下爲十五道，杭州屬江南東道。景福元年，賜號武勝軍，尋廢。光化初，移鎮海節度使來治。唐書方鎮表：至德二載，置江東防禦使，治杭州。乾元元年，置浙江西道節度副使，兼餘杭軍使。二年廢。龍紀二年，置杭州防禦使。景福元年，賜號武勝軍，二年廢。光化初徙鎮海軍節度使治杭州。五代時，錢鏐建吴越國。鏐都杭州，稱西府。宋仍曰杭州餘杭郡。淳化五年，改寧海軍節度，屬兩浙路。大觀元年，升爲帥府，領兩浙西路兵馬鈐轄。建炎三年，爲行在所，升臨安府爲浙西路治。元至元十三年，立兩浙都督府。十五年，改杭州路。元史世祖紀：至元二十二年，改元帥招討司爲上、中、下三萬户府，杭爲中萬户府。明初改杭州府，鄭曉吾學編：周王橚，洪武三年封吴，國錢塘，七年置杭州護衛。後以財賦重地不可封，改封周。爲浙江布政使司治。本朝因之，爲浙江省治。領州一，縣八。

錢塘縣。附郭。在府治西偏。東西距四十五里，南北距一百四十里。東至清泰、望江二門與仁和縣分界，西至餘杭縣界四十五里，南至富陽縣界七十里，北至湖州府德清縣界七十里。東南至紹興府蕭山縣界二十八里，西南至富陽縣界六十五里，東北至仁和縣界四里，西北至餘杭縣界四十里。秦置錢唐縣，屬會稽郡。漢爲會稽西部都尉治。後漢省入餘杭縣。三國吴復置，屬吴郡。晉、宋、齊、梁因之。陳禎明初於縣置錢唐郡。隋仍廢爲縣，屬杭州，大業三年，爲餘杭郡治。唐改「唐」曰「塘」，爲杭州治。

五代及宋初因之。南宋爲臨安府治。元爲杭州路治。明爲杭州府治。本朝因之。

仁和縣。附郭。在府治東北偏。東西距六十里，南北距七十三里。東至海寧州界六十里，西至錢塘門與錢塘縣分界，南至紹興府蕭山縣界二十八里，北至湖州府德清縣界四十五里。東南至蕭山縣界二十八里，西南與錢塘縣分界，東北至嘉興府石門縣界一百二里，西北至德清縣界七十里。漢會稽郡錢唐縣地。五代梁龍德二年，吴越割錢塘、鹽官兩縣地各半及富春縣之長壽、安吉二鄉置錢江縣，與錢塘並爲杭州治。宋太平興國四年，改曰仁和。元、明不改，本朝因之。

海寧州。在府東少北一百七里。東西距一百三十里，南北距七十里。東至嘉興府海鹽縣界八十三里，西至仁和縣界四十七里，南至紹興府蕭山縣界四十里，北至嘉興府石門縣界三十里。東南至紹興府餘姚縣界六十里，西南至蕭山縣界五十四里，東北至海鹽縣界七十八里，西北至湖州府德清縣界四十八里。漢海鹽縣之鹽官地。三國吴置海昌都尉於此，後改置鹽官縣，屬吴郡。晉、宋、齊、梁因之。陳永定二年，於縣置海寧郡，尋廢。隋屬餘杭郡。唐武德四年，屬東武州，七年省入錢塘縣，貞觀四年復置，仍屬杭州。五代因之。宋屬臨安府。元屬杭州路，元貞元年升鹽官州，天曆二年改海寧州。明洪武二年，降州爲縣，仍屬杭州府。本朝因之。乾隆三十八年，升爲州。

富陽縣。在府西南九十里。東西距五十五里，南北距一百十五里。東至錢塘縣界二十五里，西至新城縣界三十里，南至紹興府諸暨縣界八十五里，北至餘杭縣界三十里。東南至紹興府蕭山縣界四十五里，西南至金華府浦江縣界一百四十里，東北至錢塘縣界五十里，西北至臨安縣界四十五里。秦置富春縣，屬會稽郡。漢因之。後漢屬吴郡。三國吴黄武五年，置東安郡，七年，郡廢，仍屬吴郡。晉咸安二年，改曰富陽。宋、齊因之。陳屬錢唐郡〔一〕。隋屬餘杭郡。唐屬杭州。五代吴越時，復曰富春。宋太平興國三年，仍曰富陽，建炎中，屬臨安府。元屬杭州路。明屬杭州府。本朝因之。

餘杭縣。在府西北七十里。東西距四十三里，南北距八十四里。東至錢塘縣界二十六里，西至臨安縣界十七里，南至富陽縣界二十五里，北至湖州府武康縣界五十九里。東南至錢塘縣界三十里，西南至臨安縣界二十五里，東北至武康縣界六十五里，西北至湖州府安吉縣界七十五里。秦置餘杭縣，屬會稽郡。漢因之。後漢屬吴郡。三國吴寶鼎元年，改屬吴興郡。晋以後因之。隋開皇中，於縣置杭州，大業三年，屬餘杭郡。唐屬杭州。五代因之。宋屬臨安府。元屬杭州路。明屬杭州府。本朝因之。

臨安縣。在府西北一百里。東西距五十三里，南北距一百十里。東至餘杭縣界十八里，西至於潛縣界三十五里，南至新城縣界四十里，北至湖州府孝豐縣界七十里。東南至富陽縣界三十五里，西南至新城縣界二十五里，東北至餘杭縣界二十五里，西北至於潛縣界五十里。秦餘杭縣地。漢因之。後漢建安十六年，分置臨水縣，屬吴郡。三國吴寶鼎元年，屬吴興郡。晋太康元年，改曰臨安。宋、齊因之，後省。唐武德七年，復置臨水縣，屬潛州。八年，省入於潛。垂拱四年，復置臨安縣，屬杭州。五代梁開平二年，吴越改曰安國縣，并置衣錦軍。宋太平興國四年，改順化軍，尋廢軍，復爲臨安縣。建炎三年，屬臨安府。元屬杭州路。明屬杭州府。本朝因之。

於潛縣。在府西北一百七十里。東西距六十里，南北距一百十五里。東至臨安縣界三十里，西至昌化縣界三十里，南至嚴州府分水縣界六十里，北至安徽寧國府寧國縣界五十五里。東南至新城縣界四十里，西南至昌化縣界三十里，東北至湖州府安吉縣界九十里，西北至昌化縣界五十五里。秦鄣郡地。漢置於朁縣，屬丹陽郡。後漢曰於潛。三國吴寶鼎元年，分屬吴興郡。晋以後因之。陳屬錢唐郡。隋爲於潛縣，屬餘杭郡。唐武德七年，于縣置潛州。八年，州廢，還屬杭州。五代因之。宋屬臨安府。元屬杭州路。明屬杭州府。本朝因之。

新城縣。在府西南一百二十里。東西距九十五里，南北距九十里。東至富陽縣界二十里，西至於潛縣界七十五里。南至嚴州府桐廬縣界二十里，北至臨安縣界七十里。東南至富陽縣界二十一里，西南至嚴州府分水縣界二十五里，東北至臨安縣界二十五里，西北至於潛縣界七十七里。秦富春縣地。漢因之。三國吴析置新城縣，屬東安郡，尋省入桐廬。晋太康末復置，尋又廢。咸和九年又置，屬吴郡。宋、齊因之。陳屬錢唐郡。隋省入錢唐，後復置。唐武德七年，省入富陽。永淳元年復置，屬杭州。五代時，吴越改曰新登縣。宋太平興國四年，復名新城。建炎三年，屬臨安府。元屬杭州路。明屬杭州府。本朝因之。

昌化縣。在府西二百十里。東西距九十里，南北距一百三十五里。東至於潛縣界十五里，西至安徽徽州府歙縣界七十五里，南至嚴州府淳安縣界七十五里，北至安徽寧國府寧國縣界六十里。東南至嚴州府分水縣界五十里，西南至淳安縣界七十里，東北至於潛縣界三十里，西北至徽州府績溪縣界八十里。漢於潛縣地。唐垂拱二年，析置紫溪縣。萬歲通天元年，又析置武隆縣。聖曆三年，省武隆入紫溪。長安四年，復置武隆縣，神龍元年改曰唐山，大曆三年皆廢。長慶初，復置唐山縣，屬杭州。五代梁時，吴越改曰金昌。後唐同光初，復曰唐山。晉天福七年，改曰横山，又改曰吴昌。宋太平興國三年，改曰昌化縣。建炎三年，屬臨安府。元屬杭州路。明屬杭州府。本朝因之。

## 形勢

川澤沃衍，有海陸之饒。隋書地理志。西界浙江，東奄左海。唐杜牧集。江海上游，東南巨屏。宋范仲淹謝表。包絡山川，左江右湖，控引島蠻，蘇軾表忠觀碑。南跨吴山，北兜武林，左帶長江，右隣湖曲。山停水聚，元氣融結。楊孟瑛開西湖路疏。據東南之都會，號繁盛之樂土。山川秀麗，井邑浩穰。葛澧錢塘賦。

## 風俗

水行山處，以船爲車，檝爲馬。吴越春秋。郡中争厲志節，習經者以千數，道路但聞絃誦之聲。

後漢書張霸傳。珍異所聚，故商賈並湊。隋書地理志。衣冠萃止，儒術爲盛。杜佑通典。人性柔慧，尚浮屠之教，俗奢靡而無積聚，宋史地理志。家文雅而人英茂。趙與篡建學記。

## 城池

杭州府城。周三十五里有奇。西南屬錢塘縣治，東北屬仁和縣治。門十。東南曰候潮，曰望江，正東曰清泰，南曰鳳山，皆近江；正西曰湧金，西南曰清波，西北曰錢塘，皆近湖；北曰武林，東北曰慶春，曰艮山。又水門四，其濠東起永昌壩，並清泰至慶春門，長一千丈九尺，自慶春歷艮山、武林至錢塘門，長二千六百二十三丈。隋創，元末改築，明代累修。本朝康熙二十四年、雍正五年重修，乾隆年間屢修。又順治七年，增築滿洲駐防營於城内西北隅，周十里，凡五門，乾隆年間修。

海寧州城。周七里有奇。門五，濠廣五丈，南臨海無濠。元末因宋址築。本朝雍正五年修，乾隆二十年重修。

富陽縣城。周六里。門四，環城有濠，東南臨江。明嘉靖中築。本朝康熙、雍正中修，乾隆三十一年重修。

餘杭縣城。周三里有奇。門四，南臨苕溪。明嘉靖中築。本朝雍正六年修，乾隆三十一年重修。

臨安縣城。周五里。門四，有濠。唐末吴越依太廟山築，號衣錦城，後圮。明嘉靖中設土垣。

於潛縣城。周五里。門三。元末築，有濠。

新城縣城。周三里。門四。明嘉靖中築，有濠。本朝雍正五年修。

昌化縣城。周七里。門三，有濠。元末築。明隆慶中立東、西二關。本朝康熙三十六年修。

## 學校

杭州府學。在府治東。宋紹興中建，本朝屢修。入學額數二十五名，商籍二十名。

錢塘縣學。在縣治東北。明洪武三年建，本朝順治十三年修，康熙、雍正年間屢修。入學額數二十五名，商籍十五名。

仁和縣學。在縣治北。明天順三年改建。本朝順治、康熙、雍正年間屢修。入學額數二十五名，商籍十五名。按：他省商籍俱於乾隆四十三年裁併，惟杭郡以人材較多，蒙恩特許入學如舊。

海寧州學。在州治東南。宋紹興中建。本朝康熙間屢修。入學額數二十五名。

富陽縣學。在縣治東。明洪武元年建。本朝康熙間屢修。入學額數二十名。

餘杭縣學。在縣治東北。明嘉靖三十年遷建。本朝順治十八年重修。入學額數二十名。

臨安縣學。在縣治東南。宋咸平中建。本朝順治間重建，康熙九年修。入學額數二十名。

於潛縣學。在縣治南。明萬曆四十一年改建。本朝康熙、雍正年間屢修。入學額數十六名。

新城縣學。在縣治東北。明崇禎五年改建。本朝康熙、雍正年間屢修。入學額數十六名。

昌化縣學。在縣治東。宋熙寧中建。本朝康熙十六年修。入學額數十六名。

敷文書院。在仁和縣萬松嶺。舊名萬松書院，明弘治中參政周木因故報恩寺址建，王守仁有記。本朝康熙十年、五十四年屢修。聖祖仁皇帝御題「浙水敷文」扁額。雍正五十一年，世宗憲皇帝賜帑銀一千兩，以資膏火。乾隆四年，高宗純皇帝加賜帑銀一千兩，十六年、二十二年、二十七年、三十年、四十五年、四十九年高宗六次臨幸，俱有御製題敷文書院詩。

崇文書院。在錢塘縣棲霞嶺之陽。明萬曆中建。本朝康熙四十四年，聖祖仁皇帝御題「正學闡教」扁額。

紫陽書院。在府城内紫陽山麓。本朝康熙四十二年建。

安瀾書院。在海寧州治東北。本朝嘉慶七年建。

桃源書院。在於潛縣桃源山。本朝嘉慶六年建。又舊志載錢塘縣有天真書院，在天真山麓，明萬曆中建，以祀王守仁。敬一書院，在孤山，本朝康熙二十四年建。海寧州有黄岡書院，在州東三十六里。正學書院，在州治東，康熙十三年知縣許三禮建。餘杭縣有龜山書院，在縣治南，宋崇寧間楊時知縣事，有遺愛，因立書院以祀。今並廢。

## 户口

原額人丁三十二萬二千三，今滋生男婦大小三百一十八萬九千八百三十八名口，計五十萬六千四百七十户。又屯運男婦六千九百四十名口，計一千四百六十四户。

## 田賦

田地、山蕩、塘漊等共四萬二千八百四十三頃二十六畝五分零，額徵地丁銀三十三萬八千六兩六錢八分零，米十七萬六千七百四十九石三斗八升零。

## 山川

吳山。在府城内西南隅。舊名胥山，上有子胥祠。唐元和十年刺史盧元輔作胥山銘。本朝康熙三十八年，聖祖仁皇帝南巡，御製登吳山詩。吳山東麓地居府城之中，乾隆十六年，高宗純皇帝南巡，恭建行宫於此。高宗六次臨幸，有御書「觀風浙水」、「雅宜仙致」、「熙春仙館」、「明秀澄觀」、「琅玕瀟照」、「韻玉館」諸扁額。乾隆十六年，有御製三月三日至杭州行宫駐蹕七言八韻、巡幸杭州恭依皇祖詩韻七言律詩。二十二年，有御製至杭州行宫駐蹕五言八韻、再依皇祖巡幸杭州詩韻詩。二十七年，有御製三月朔日至杭州駐蹕七言律、恭依皇祖巡幸杭州詩三疊韻、回駐杭州詣皇太后行宫問安即事有作七言律詩。三十年，有御製至杭州詣皇太后行宫問安有作七言律、恭依皇祖巡幸杭州詩四疊韻，又韻玉館五言律詩。四十五年，有御製至杭州即事成什七言律、恭依皇祖巡幸杭州詩五疊韻，又韻玉館疊乙酉詩韻詩。四十九年，有恭依皇祖巡幸杭州詩六疊韻，又題琅玕瀟照再疊乙酉韻詩、五依皇祖吳山詩韻詩。曹學佺名勝志：由崖而上，奇石崚嶒，名瑞石山。上有瑞石洞，本朝乾隆二十二年、二十七年、三十年、四十五年高宗巡幸，並有御製詩。左爲紫陽洞，乾隆四十五年，有御製詩七絶一首。側爲橐駝峯，旁有巨石嵌空，名飛來石，乾隆二十二年、二十七年、三十年、四十五年並有御製詩。後有青衣洞，有泉曰青衣泉。遡山西上，有寶月山。東北爲蛾眉山，又東爲淺山，正東爲金地山。金地之支，爲竹園山，宋臨安尹趙與篹建閣其上，扁曰「竹山」。淺山之支，爲七寶山，有青霞洞。七寶之支，即瑞石山也。諸山蔓衍相屬，總曰吳山。又有雲居山，在吳山西，上有雲居寺，又名聖水寺，爲中峯駐錫。

定山。在錢塘縣東南四十里。酈道元水經注：縣東有定巳諸山〔二〕，皆西臨浙江。樂史太平寰宇記：定山在縣南四十七里，突出浙江數百丈。江濤至此輒抑聲，過此便雷吼霆怒。上有可避濤處，行者賴之。舊志：一名獅子山。

浮山。在錢塘縣東南四十五里。咸淳志：蘇軾守杭日，開河奏云「潮水自海門東來，勢若雷霆，而浮山峙於江中，與漁浦諸山相望，犬牙錯入，以亂潮水，洄洑激射，其怒百倍，沙磧轉移，狀若神鬼」。今號浮山頭，最爲險處。

龍山。在錢塘縣南五里。一名卧龍山，又名龍華山。天目分支，沿江蜿蜒而東，結脈於此。宋淳熙十二年，大閱於龍山。南下爲包家山，有冷水峪，多桃花，爲春日遊覽之勝，名桃花關。又有育王山，即龍山峯之最高者。有登雲臺，乃錢氏郊天之所，宋圜丘亦在焉。有靈化洞，深百餘步。

南屏山。在錢塘縣西南三里。峯巒聳秀，環立若屏，中穿一洞。上有石壁，刻宋司馬光書。本朝乾隆三十年，高宗純皇帝臨幸，有御製策馬由南屏復至天竺詩。北有浄慈寺，寺前一峯曰雷峯，上有塔，吴越王妃建。本朝乾隆四十五年，高宗純皇帝南巡，有御製詠雷峯塔七律詩。其西爲九曜山，去城五里餘。山西南爲太子灣，以宋莊文、景獻二太子欑園而名。

大慈山。在錢塘縣西南十里九曜山西。圓岡雙峙，勢若覆釜。上有越王臺。

赤山。在錢塘縣西南十二里。舊志：自太子灣而西有玉峯山，又西南即赤山，與九曜山相接。自西湖出江干，取途於此，俗名赤山埠。西走富陽，南出江灘。

秦望山。在錢塘縣西南十二里。陳顧野王輿地志：秦始皇東遊，登此山瞻望，欲渡會稽，故名。後唐同光中，錢氏於山建上清宫。咸淳志：近東南有羅刹石，横截江濤，商船海舶，經此多爲風浪掀覆，因呼爲羅刹。每歲仲秋既望，必迎潮設祭。後改名鎮江石，五代梁開平中爲潮沙漲没。

五雲山。在錢塘縣西南二十里。高千丈，繞山盤曲而上，凡七十二灣，石磴千餘級。山半有伏虎亭，至巔平岡，名月輪山。江三折當其前，有天井二，大旱不竭。

焦山。在錢塘縣西南四十里。高一千二百丈，周二十里。縣境諸山，此爲最高。

界石山。在錢塘縣西南四十九里。浙江經其下。舊志有白巖山，在縣西南五十里。高九百二十丈，周十五里。有蜂房巖、寶鑑池、蓮花峯諸勝。

黄梅山。在錢塘縣西南五十里。高八百丈，周十里。山多植竹，里人取以造紙。

西山。在錢塘縣西南六十里。高七百丈，周二十里。其西即富陽縣廟山。巨石壁立如城，突出江心，潮勢至此方殺。

靈隱山。在錢塘縣西十五里。水經注：靈隱山在四山之中，有高崖洞穴，左右有石室三所。又有孤石壁立，大三十圍，其上開散，狀似蓮花。昔有道士長往不歸，因以稽留爲山號。寰宇記：許由、葛洪皆隱此山。山南有一石，狀似人形，兩髻分明，俗謂之女兒山。府志：山在縣西十二里。一名靈苑，又名仙居。其山如引兩臂，南垂臙脂嶺，北垂駝巘嶺。其南澗水出自白雲峯，北澗水出自西源峯，經合澗橋，出靈隱浦，入西湖，謂之錢源。按：漢志錢塘縣有武林山，武林水所出。水經注、李吉甫元和志、寰宇記諸書皆止稱靈隱，而不詳武林。葉紹翁四朝見聞録謂武林即靈隱，自後多主其説。或以城内小阜今名祖山者爲武林，非是，詳見下。

集慶山。在錢塘縣西。山前路折而南，曰飛來峯，曰上、中、下三竺。三面阻山，中路直闢，若函谷然。長松夾道，唐刺史袁仁敬所植，凡九里，名九里松。

粟山。在錢塘縣西十七里。隋書地理志：錢塘縣有粟山。寰宇記：山下飛泉二里，有石杵，濶二丈，長一丈四尺，吴大帝刻字尚存。縣志：下有石人嶺，峻拔凝立，宛如人狀。

丁家山。在錢塘縣西，瀕湖，水影山光，上下相接。又名蕉石鳴琴。本朝乾隆十六年、二十七年、四十五年高宗純皇帝南巡，俱有御製題丁家山詩。

**孤山**。在錢塘縣西二里。裏外二湖之間，一嶼聳立，旁無聯附，爲湖山勝絶處。亦曰孤嶼，又名瀛嶼。本朝康熙四十二年，聖祖仁皇帝南巡，臣民恭建行宫於此。雍正五年，改寺，賜名聖因。乾隆十六年，高宗純皇帝巡幸江、浙，就寺址中界爲二，復建行宫，御書額曰「明湖福地」，曰「月渡雲岫」，曰「繡壁空青」，有御製聖因行宫即景、自紹興一日渡江至聖因行宫諸詩，又有西湖行宫八景，曰四照亭、竹凉處、緑雲逕、瞰碧樓、貯月泉、鷺香庭、領要閣、玉蘭館詩各一首。二十二年，有御製駐蹕聖因行宫詩。二十七年，有御製至聖因行宫駐蹕，並再題西湖行宫八景詩。三十年，復御書額曰「鏡沼澄懷」，又有御製至聖因行宫駐蹕並西湖行宫八景重詠詩。四十五年，有御製四題西湖行宫八景詩。四十九年，有御製至聖因寺行宫駐蹕並西湖八景詩。山之北麓，宋處士林逋隱居於此。舊多梅，爲逋手植，梅徑猶存。乾隆二十七年，御製孤山看梅七言律詩。四十五年，御製孤山後寫望用林逋韻七言律詩。山上有寺，乾隆三十年、四十五年俱有御製孤山寺用張祜詩韻詩。

**巨石山**。在錢塘縣西北。隋書地理志：錢塘縣有石甑山。咸淳志：石甑山，巍石如甑，上有七層古塔，妙絶人工。有落星二石，吴越號壽星寶石山，後改爲巨石山。舊志：山在西湖北，一名寶石山，塔曰寶叔塔，一作寶所塔，吴越臣吴延爽所建。下爲寶稷山，又名寶石山。南麓有纜船石，相傳秦始皇東遊汎海，艤舟於此。亦名石佛山。巨石之北曰霍山。

**履泰山**。在錢塘縣西北十二里葛嶺西。其上爲棲霞嶺，其北爲古劍關。左曰寶雲山，右曰仙姑山，兩山夾立，若劍門然。宋置巡司於此。水流其間曰桃溪。按：履泰山即棲霞嶺，西湖遊覽志有此名，實無山也。或因下有履泰將軍廟，故訛載耳。

**方山**。在錢塘縣北四十里。一名金印山。盤曲而上，凡九灣，石磴百級，至頂乃方正，故名。

**祖山**。在仁和縣武林門内里許。一名虎林山。土阜陂陀，高可三丈，廣不滿百步。上有壽聖寺，俗稱祖山寺。宋楊至質虎林山記：耆舊言錢氏有國時，此山夐在郭外，叢薄蒙密，異虎出焉，故名虎林。吴音承訛轉「虎」爲「武」耳。四朝見聞録云：虎林，即靈隱山，因避唐諱，改爲武林。淳祐志斷之以爲，漢志明載武林山，武林水所出，決非城内之山，自漢已名武林，亦非避唐諱爲「武」，蓋此坡爲城中勝地，或者自寓武林之名於此耳。

鳳凰山。在仁和縣南十里，與錢塘縣接界。自唐以來，州治在山右，宋建行宮，山遂環入禁苑。其頂砥平，可容萬馬，有宋時御教場。山下有洗馬池。元末張士誠築城，始截山於城外。舊志：山左瞰大江，有金星洞、郭公泉，其西岡石筍林立，錢鏐名曰排衙石，刻詩石上，亦名排衙山。本朝乾隆三十年、四十五年高宗純皇帝臨幸，有御製登鳳凰山詩，又題御教場七言絶句、排衙石口號七言絶句，又於山上建澄觀臺及船室，各有御製詩，并御書「江湖曠覽」扁額。四十九年，有御製登鳳凰山澄觀臺詩、澄觀臺疊乙酉詩韻、詠排衙石詩〔三〕。

石膏山。在仁和縣西北五十七里。杜佑通典：錢塘有石膏山。咸淳志：山出石膏，色若雪。一名稽留山。

獨山。在仁和縣北三十里，亦名金鼇山。上常有雲霧，横溪水繞其下。

三峯山。在仁和縣北四十里。東、西、南三峯鼎峙，相去各半里。又東峯之北半里有石青山，突起坂中，形如覆掌，上有巨石如屏。

龍珠山。在仁和縣北四十里。咸淳志：形圓如珠，與臯亭、黄鶴衆山相望，一名巧山。曹學佺名勝志：俗傳錢王七夕登山乞巧於此。又名珠山。

臯亭山。在仁和縣東北二十里。唐書地理志：錢塘有臯亭山。咸淳志：山高百餘丈，雲出則雨，有水甕及桃花塢。元史巴延傳：至元十三年，進軍臨平鎮，次臯亭山。即此。「巴延」舊作「伯顔」，今改正。

黄鶴山。在仁和縣東北三十八里。咸淳志：巔有龍池，一名渥洼。北塢有龍洞，石裂爲路，深險不可迫視。山腰有黄鶴仙洞，深窈而黑。

母山。在仁和縣臯亭山東北，西與黄鶴山相接。本名鳳凰山，於羣山中最爲高聳，直上五百丈，綿亘十五里，張翼左右，如母顧子。亦名母顧山。

佛日山。在仁和縣母山東北。峯石秀麗，左有池，亦名渥洼池，其水清冽。

石姥山。在仁和縣東北四十二里。有石端聳如人立。咸淳志：有嶺南接運河塘、赤峯嶺，西有真珠塢，其西爲烏頭山，峯銳而秀。

桐扣山。在仁和縣東北五十里。下有石鼓湖。異苑：晉武帝時，臨平湖岸圮，出一石鼓，打之無聲。張華曰：「可取蜀中桐材，刻作魚形，扣之則鳴矣。」於是如言，聲聞數十里。

臨平山。在仁和縣東北五十四里。平曠逶迤，無崇岡修阜，其嶺一名丘山。唐置臨平監於山下。咸淳志：上有塔，有龍洞、礪洞，有天井在山頂，雖旱不涸。下有藕花洲，即鼎湖也。山下又有磨劍池，有淬石，俗傳錢王磨劍於此。

超山。在仁和縣東北六十里。縣境東北諸山，多皐亭、黄鶴之支隴，此獨超然突峙，因名。有龍洞，可禱雨。宋郡守趙抃題其石崖曰海雲洞。

花山。在海寧州東五十里。坦衍蟠薄，如岡如陀，多松竹。其東二里有黄山。又東半里曰菩提山，相傳即干寶故居，頂有靈泉。

妙果山。在海寧州東六十里。其尾爲袁花山，因鑿斷判於妙果，名龍尾山，袁花塘經其下。

大尖山。在海寧州東六十里。南臨大海，北距智河，上有峯，高九十九丈，最爲險要。本朝建烽堠墩臺於上。有小尖山，在石墩山東。乾隆二十七年、三十年、四十五年、四十九年高宗純皇帝臨幸四次，有御製登尖山觀海及尖山禮大士詩。山有觀海閣，御書「海潤天空」扁額。觀音殿，御書「補陀應現」扁額。其南爲塔山，以上有塔，故名，俱有御製視塔山誌事詩。

金牛山。在海寧州東八十三里。寰宇記：昔吴、楚間有金牛出自毘陵，奔來此山而没。舊志：在縣東，接海鹽界。高三百丈，周十九里。山側有洞，深不可測。

**石墩山**。在海寧州東少南五十四里。爲海上要地，下有小港，外通大洋，設寨防守。

**黄灣山**。在海寧州東南六十五里。本名盈山，形勢峭拔，旁近大海，有黄灣浦，與嘉興府海鹽縣澉浦相接，北通硤石、袁花諸鎮，舊立寨於此。

**談家山**。在海寧州東南七十里。又東二里爲烏龍山，壁立昂起。上有烏龍井，大旱不竭。相近有白鶴山。

**巖門山**。在海寧州西南四十里。山上有塔，宋設鹽場于此。其東十三里有蜀山，隋志鹽官有蜀山，是也。宋嘉定中湖決淪入海。

**雷山**。在海寧州西南四十三里。高七丈，周回一里。奔潮盪激，漸徙入海，山形圓小，翠鬱可嘉。

**葛嶴山**。在海寧州西南四十三里。高六丈，周回三里。又南八里有盤山，高七丈。

**贊山**。在海寧州東北六十里。高五丈，周回二里。深潭奧渫，俗稱錢王磨劍之池。

**硤石山**。在海寧州東北六十里。一名紫微山。唐中書舍人白居易嘗登此，因以其官名之。兩山相夾，中通河流，東有硤石鎮。

**沈山**。在海寧州東北六十里硤石鎮，東接海鹽縣界，土人呼爲東山。舊志：宋時臨海、南陽二郡太守沈景葬此，因名。或以爲審食其葬處，故名審山，誤也。昔海鹽令周顒至此〔四〕，謂其林境清灑，亞於鍾山，故山北亦名北亞山。

**觀山**。在富陽縣東。孤峯高聳，横截大江，爲縣東水口。三國時，孫氏建道觀於山上，因名。亦曰石頭山。隋書地理志：富陽有石頭山。寰宇記石頭山有觀濤所，是也。下有四亭，曰逸雲、耕春、澄江、虚泉。

**吴鼻山**。在富陽縣東五里。亦名湖鼻山，俗名大嶺山。山勢峭峻，下瞰大江，路狹而險。宋乾道中，邑令陸楠鑿路攔石，以護往來。寶慶中縣令趙汝捍易爲石壁。

赤亭山。在富陽縣東九里。周四十里。孤圓聳秀，江流其下，羣峯環拱，望如華蓋。寰宇記：嚴光釣於赤亭山，即此。一名鷄籠山，一名赤松山，俗傳赤松子嘗憩此。

靈峯山。在富陽縣東南四十里。高出衆峯，絶頂平衍，有田數畝，泉源不竭。

陽平山。在富陽縣南十五里。一名陽城山。後漢孫鍾種瓜其上，有異兆，鍾卒，子堅因葬鍾於此，常有紫雲蔓延數十里。又天鍾山，亦在縣南十五里，上多奇石，有石泉奔流，瀑布懸崖，傾注如匹練。亦名小天竺。

亭山。在富陽縣南十八里。晉孫暠建亭其上，因名。山頂石穴出白泉，迸流而下，爲龍門灣，又分數派，懸流飛瀑，泉石奇勝。

靈巖山。在富陽縣南三十里。一名湖南山。峯巒秀麗，巖壑幽奇，巖下有池名龍潭，中有龍子，狀若蝘蜓，歲旱禱之則雨。宋嘉定中，賜名仁惠祠。

湖洑山。在富陽縣西南五十里。元和志：山甚幽邃，重疊險遠，每時有擾攘，人皆逃避於此。舊志：山廣一百三十里，上有石樓、石城。

中屠山。在富陽縣西南五十餘里。高三百丈。陳剛中記曰：峯巒重疊，端若拱揖。湍水怪石，千巧萬狀。中有平田，如設萬席。此中屠剛違新莽之禍，中屠蟠晦黨錮之名，避地結廬，于今千載，子孫家焉。

貝山。在富陽縣西三十里，西屬新城縣界。山頂有湖，流爲步溪，南入江。又西爲紫微山，在江中。

小隱山。在富陽縣北一里。爲縣治主山。宋陽夏公謝絳遷居於此，子景初、景温築書室於山之平，今故基雙松猶存。

樟巖山。在富陽縣北五里。高出衆峯，巖有大樟，故名。又曰横山。山有石巖，龍藏其中，西北有穴，久晴則起霧如陶煙，乃雨候也。

姥岑山。在富陽縣北二十五里。山腹有水沼，赤萍生其中，山下有廟，俗號爲姥岑王，歲旱禱必雨。又白龍山，在縣北二十里，勢若屏風，與姥岑相連。

西巖山。在富陽縣北三十里。當篠嶺大路之西。咸淳志：巖下有洞，洞口有池，早晚與潮應，有葛洪煉丹鼎。山下有石，扣之鏘然，人號石鼓。舊志：山巖峭壁屹峙，瀑布飛流其間，自左而下，地平如掌，峯環水繞，奇秀插天。

安樂山。在餘杭縣東三里。相傳吴越王之子嘗於此築庵養疾而愈，故名。有舊倉城，其麓爲桃源山，有水源流入官河。

鳳凰山。在餘杭縣東南五里。奇石森立，澗水迴環。

青障山。在餘杭縣東南三十里。停辭溪出此。

稽亭山。在餘杭縣南九里。咸淳志：相傳秦皇東遊至此，登望會稽，故名。

由拳山。在餘杭縣南二十八里。晉書：郭文辭家入餘杭大辟山中。元和志：由拳山，晉隱士郭文舉所居。旁有由拳村，出好藤紙。寰宇記：由拳山，本餘杭山，一名大辟山，又名青障山。高峻爲最，在縣南十八里。舊志：一名郭公山。

大滌山。在餘杭縣西南十八里，與臨安縣分界。高六百九十餘丈，周五十里。咸淳志：此山清幽，大可以洗滌塵心，故名。穹崇千尺，迴壓羣巒。時有卿雲簫吹，往來清越。崖間多靈芝異草，人所不識。中峯曰白鹿山，上有許邁丹竈遺跡。有大滌棲真石室，白茆、歸雲、鳴鳳、龍蜕諸洞，丹泉、翠蛟、撫掌、桃花、洗藥、飛玉諸泉，道書第三十四洞天，名曰大滌元蓋之天。按：晉書郭文傳，文辭家遊名山，入吴興餘杭大辟山中，窮谷無人之地。則大滌舊名大辟，唐以後乃易今名。羅隱詩「蒼蒼大滌山」是也。寰宇記即以由拳山當之，恐未確。又據干寶搜神記，由拳即嘉興縣名。吴大帝時，郭暨猷自由拳來隱居於此。是姓郭之隱士，不止一文，而由拳之得名又別有所自矣。

黃山。在餘杭縣西南二十五里。左大滌，右天柱，岡脈超出雲表。上有伏虎巖，即郭文舉爲虎探骨處。

天柱山。在餘杭縣西二十里，與大滌山相峙。道書謂五十七福地，四面陡絶，中突一峯，聳翠參天。其前則青檀山，不甚高，而泉石奇秀，爲諸山甲。其連麓者爲九鎖山，紆迴曲折，其上即洞霄宮也。按：傳記所載，天有八柱，其三在中國，一在舒州，一在壽陽，一在餘杭者是已。洞霄以爲主山，故古名天柱觀。

舟航山。在餘杭縣西北二十五里。舊志：古老云，禹治水，維舟此山。東坡詩「看山識禹功」蓋謂是也。

將軍山。在餘杭縣西北四十里。廣千餘畝。又西北五里有齊亨山，高千餘丈，上接徑山，有天井、龍潭，瀑布數十丈。

徑山。在餘杭縣西北五十里，南去臨安縣三十里。高三千餘丈，周五十里。乃天目山之東北峯，以山徑通天目而名。有東西二徑，盤折而上，各高十里許，七峯羅列，最爲幽勝。其地最高，浙西諸山皆在其下。宋高、孝二宗皆嘗遊於此。七峯者，左曰晏坐、曰朝陽，右曰鵬摶、曰淩霄、曰御愛，北曰天顯，前曰堆珠，而淩霄最高秀，爲山之主峯。又有喝石、玉芝諸巖，泠凡、石壁諸塢，千丈、積雪諸坑，明月、洗硯諸池，甘露、龍鼻諸泉。其風嘯嶺則在山南塔下，爲臨安大道，東有直嶺，通邑城。

高陸山。在餘杭縣西北七十五里，南界臨安，北界安吉。雙溪之源出焉。

仇山。在餘杭縣北十五里。下有仇溪。咸淳志：舊有仇王廟，因名。又謂之白鹿山。宋晉陽太守嚴昆葬此，有白鹿繞墓，刺史孔嚴表聞於朝，因名。

獨山。在臨安縣東四里。爲南、錦二溪會合之處，俗謂之水口山。錢鏐號爲鎮水山。

姥山。在臨安縣東二十里。高一千五百丈，周二十里。又公山，在縣東二十里。高二千一百丈，周二十八里。

衣錦山。在臨安縣南一里。唐書地理志：臨安有石鏡山。寰宇記：有石鏡在山之東峯，徑二尺二寸，其光如鏡之鑒物，分毫不差。舊志：錢鏐少時遊此，顧其形，服冕旒如王者狀。其後唐昭宗升衣錦營爲衣錦城，并改石鏡山名衣錦山。鏐遊衣錦城，宴故老，山林皆覆以錦，號其幼所嘗戲大木曰衣錦將軍。其相接者曰功臣山，本名大官山，昭宗詔改名。

九仙山。在臨安縣西南十二里。相傳葛洪、許邁棲隱之地。蘇軾有宿九仙山詩，自注云：「九仙，左元放、許邁、王、謝之流也。」舊志：山巔有望江石，登之可見浙江。又有瀑布瀉下，如萬斛珠，即仇溪之源也。

垂霤山。在臨安縣西南十二里。一名懸霤山。晉書許邁傳：餘杭郡垂霤山，近延陵之茅山，是洞庭西門，潛通五岳，陳安世、茅季偉常所遊處，於是立精舍於茆嶺之洞室。

臨安山。在臨安縣西南十八里。一名安樂山。晉書：郭文自王導園中逃歸臨安，結廬山中。及蘇峻反，破餘杭而臨安獨全，人以爲知幾。寰宇記：縣取此山爲名。南有郭文舉宅墓。

玲瓏山。在臨安縣西十二里。咸淳志：兩山屹起，盤屈凡九折，上通絶頂，名九折巖。南行百步，有亭名三休。蘇軾登玲瓏山詩：「三休亭上工延月，九折巖前巧貯風。」

天目山。在臨安縣西北五十里，與於潛縣接界。山有兩目，在臨安者曰東天目，在於潛者曰西天目，即古浮玉山也。山海經：浮玉之山，北望具區，東望諸毗，苕水出於其陰。郭璞地記：天目山垂兩乳長，龍飛鳳舞到錢塘。水經注：於潛縣北天目山，極高峻，崖嶺竦疊，西臨後澗，山上有霜木，皆是數百年樹，謂之翔鳳林。東面有瀑布，下注數畝深沼，名曰蛟龍池。元和志：山在於潛縣北六十里。有兩峯，峯頂各一池，左右相對，名曰天目。道書第三十四洞天。天目山周一百里，名太微玄蓋洞天。舊志：東西兩目，延袤五百五十里。東天目在臨安縣西北五十里，高三千九百丈，有大仙、將軍、寶珠等峯，洗眼、浮玉、白龍、煉丹等池，瀑布、玉劍等泉。西天目在於潛縣北四十五里，高二千五百丈。有十二龍潭、三十六洞，其峯有翔鳳、天柱、玉柱、香爐、象鼻，其巖有獅子、響水、紫微、芝草，其水有冷水谷、龍穴，其石有石城、石門、石室、石鼓、石版。泉石之勝，冠於東南。

井戈山。在臨安縣西北六十里，通安吉縣。蹊徑縈紆，深窈難行，如負戈入井，因名。

雙林山。在臨安縣北十二里。一名寶林山。上有天掌、驪珠、蛾眉、雲筆諸峯，及瀉玉巖、浣雲池，又有萬菊軒、迎暉亭，凡八景。

安國山。在臨安縣治東北。一名太廟山。爲縣治主山，錢鏐建城於此。

金鵞山。在於潛縣南一里。又南六里爲地風山，風多自石穴中起，西溪經其下。又縣南二十九里有金樓山，一名霞山。

馬頭山。在於潛縣南四十五里。以形似名。高一千二百丈，周四十五里。泉甘土肥，可以樹藝。又五里爲閣湖山。

白雲山。在於潛縣南五十里，亘嚴州府分水縣境。望之參天，稍陰翳則白雲瀰漫，遇冬先雪。

白山。在於潛縣南五十八里。水經注：白山峻極，北臨紫溪。舊志：山上有浮石純白，故名。

青山。在於潛縣西南二十里。寰宇記：山有石穴，冬夏常暖，石色如黛，故名。

岩峊山。在於潛縣西二里。東臨西溪，有絶壁，高四十餘丈，可坐千人，晉謝安嘗登此。

西菩山。在於潛縣西十三里。九嶺交陳，雙峯對峙，中有飛泉三疊，怪石萬狀。其西有煉丹巖，石色赭赤，屹立萬仞，巖下有石室。

石柱山。在於潛縣東北五里。爲縣主山。上有石，天然成柱，高二丈，濶二丈，有古篆十數字。

百丈山。在新城縣南五里。一名卓筆峯。鼉江繞其北。其西有緑衣山，舊名烏衣山，高三百餘丈，周八十五里。

仙坑山。在新城縣西二十里。產茶。下有蜕龍洞，洞門九重，其深莫測。中有躍龍池，昔人得龍蜕骨於此。相近又有壕山，一名峭山，周七十里，有巖洞泉池之勝。

大雷山。在新城縣西八里。高峙羣峯之表，爲縣主山。上有龍池。又西二里有天柱山，一名皇甫山。唐大中間，歲旱，一老人曰：「何不禱於此？」農夫追問之，曰：「皇甫真君也。」因名。下有龍池。

石羊山。在新城縣西四十里。高一百五十丈，下有徐凝墓。

龍丘山。在新城縣西五十里。寰宇記：南新縣有龍丘山。即此。

三九山。在新城縣西五十一里。中有仙洞。寰宇記：南新縣有三九山，在縣西。即此。

漁洲山。在新城縣西六十五里。上有合靈池，巖上三池，深皆莫測。

鄭家山。在新城縣西北四十里。有石馬、雨花諸巖。下有新婦洞，有泉可溉田。寰宇記：南新縣有新婦洞，在縣東，有潭深八九尺。即此。

釋子山。在新城縣北二十里。有靈耀寺，晉悟空大師嘗與郭文舉築庵於上，故名。

北山。在新城縣北三十里。一名三貝山，俗名官山。頂有龍池，宋晁无咎有遊北山記。

柳相山。在昌化縣東南三十里。高一千八百丈，延袤一百二十里。柳溪徑其麓，東接於潛紫溪，南入分水縣界。

仁山。在昌化縣南二十五里。下有溪流九曲。又南五里爲石筍山，巨石如筍。

金山。在昌化縣南三十五里。上有玉嶺，石壁削立百餘丈，泉瀑飛流。下有石穴，曰龍孔泉，可資灌溉。又南五里有石室山，高千丈，有石如室。

佛跡山。在昌化縣南五十里。高千丈，延袤三十七里。崖石峭峻，登者必窮日始至其嶺。

福泉山。在昌化縣西南五十里。高千丈，周五十里。其最高峯曰銅坑，甚深窈，亦名銅坑山。東接分水，南帶淳安，西亘績溪，絶頂有龍池三。

百丈山。在昌化縣西三十里。高一千五百丈，周回二十里。張勃吴録：於潛縣有瞀山。水經注：紫溪水出縣西百丈山。即潛山也。吴興地記曰：堯時洪水，此山潛水中，不没者百丈，因名。舊志：百丈山上有玉仙洞。又有太公潭，相傳以周泰伯採藥於此，因名。今山多出靈藥。其北即大鵠山。

昱嶺山。在昌化縣西七十里。西去安徽徽州府一百二十里。嶺高七十五丈，山勢險阻，舊置關於此。

龍塘山。在昌化縣西七十里。由十八里曲嶺而上，怪石森立。上有龍洞，有龍池二，一廣二百餘畝，一廣十餘畝。

晚山。在昌化縣西北十里。寰宇記：山悉松木，真墨所出。咸淳志：高一百四十丈，周圍三十餘里。晉許游所居，山下溪灘號許游灘。

千頃山。在昌化縣西北六十里。高一千六百丈，綿亘六十里。嶺有龍潭，廣數百畝，有魚金銀色。左有欒利峯，壁立孤峭。其連屬者曰大鵠山，勢凌霄漢，上有龍池，濶三百畝，與千頃山皆接安徽寧國縣界。又西北二十里有龍池山，曲徑盤旋，巔有龍塘，頗奇勝。

唐山。在昌化縣治北。延袤五里許，爲縣治之障。又武隆山，在縣治西北里許。唐置武隆、唐山二縣，取此二山爲名。又青山，在縣治前雙溪南岸。延袤四里，其狀如屏，亦名南屏山，亦名官山。

風篁嶺。在錢塘縣西南高峯前。嶺最高峻，修篁怪石，風韻蕭爽，因名。龍井在其下。秦觀記曰：舊名龍泓，葛洪煉丹於此。其地産茶最勝。爲本朝高宗純皇帝御製龍井八詠之一，乾隆二十七年、三十年、四十五年、四十九年俱有御製詩。

慈雲嶺。在錢塘縣清波門外方家峪。本朝乾隆四十五年，高宗純皇帝臨幸，有御製慈雲嶺詩一首。

葛嶺。在錢塘縣西北十二里西湖北。相傳葛洪煉丹於此。有初陽臺。宋高宗即其地創集芳園，咸淳二年賜賈似道第於西湖葛嶺，即此。本朝乾隆四十五年，高宗純皇帝臨幸，有御製葛嶺詩、初陽臺詩。四十九年，有御製葛嶺詩。

棲霞嶺。在錢塘縣葛嶺西。一名劍門嶺。舊多桃花，開時爛然如霞，故名。上有棲霞洞。本朝乾隆二十二年、二十七年、三十年、四十五年、四十九年，高宗純皇帝臨幸，俱有御製過棲霞嶺詩。嶺西有金鼓洞，乾隆四十五年、四十九年高宗純皇帝臨幸，有御製金鼓洞詩。

萬松嶺。在仁和縣南鳳山門外。唐白居易詩「萬株松樹青山上」，即此。本朝乾隆四十九年，高宗純皇帝臨幸，有御製萬松嶺詩。

黄犢嶺。在仁和縣東北六十里。唐丘隱士每乘黄犢采藥，故名。

篠嶺。在富陽縣北二十五里，路通餘杭。明初李文忠自富陽北趨餘杭，道出於此。

桐嶺。在富陽縣北三十五里，接餘杭縣界。南宋時設千户守禦於此。宋末，土人石氏兄弟立鄉寨曰保安寨，並死國難。明嘉靖中薛綱亦屯兵嶺上以拒倭。

獨松嶺。在餘杭縣西北七十五里。有關在其上。嶺路險狹，東南直走臨安，西北則道安吉，趨廣德，爲江、浙二境要隘。

石屋嶺。在臨安縣西北十二里。一名闌干嶺。縣志：吴越王妃戴氏家於瑯壁，歲一過此，設石闌以衛，故名。

浮雲嶺。在於潛縣東南四十里。高二百五十丈，接新城縣界。

蘆嶺。在於潛縣西三十里。迤南曰金鷄，迤北曰羅紋，謂之三嶺，皆與昌化縣接界。

千秋嶺。在於潛縣西北五十五里。天目山支麓也，接安徽寧國縣界。五代梁乾化三年，淮南將李濤出千秋嶺，攻吴越衣錦軍，即此。宋南渡後，亦置兵戍守，有千秋關。

水凝嶺。在於潛縣東北九十里。高三百丈，接安吉縣界。

青牛嶺。在新城縣西北八十里。一名寶福山。山有多福寺，上接天目，秀拔萬仞，爲縣境諸山之宗，通於潛大路。

紫微嶺。在昌化縣東一里。又縣西三十里爲黄花嶺，五十里爲車盤嶺，皆路出安徽徽州。

南高峯。在錢塘縣西十二里。東抱西湖，南俯浙江，舊有塔在其上。峯頂有鉢盂潭、潁川泉，大旱不涸，大雨不盈，潭側有白龍洞。

北高峯。在錢塘縣西。即靈隱山最高處。石磴數百級，曲折三十六灣，奇勝與南高峯相埒。本朝乾隆十六年、二十二年，高宗純皇帝臨幸，俱有御製詩。

飛來峯。在錢塘縣靈隱山東南。輿地志：晉咸和中，西僧慧理登此山嘆曰：「此是中天竺國靈鷲山之小嶺，不知何年飛來。」因號其峯曰飛來。亦名靈鷲峯。本朝康熙二十八年，聖祖南巡，有御製詩。乾隆十六年、二十二年、三十年、四十五年、四十九年，高宗翠華經過，俱有御製詩。

月桂峯。在錢塘縣天竺山西南，風篁嶺北。元巴延平宋，登此峯以覽臨安形勝。

蓮花峯。在於潛縣北。天目山支隴，奇巒層叠，二十餘里，多松杉。

理公巖。在錢塘縣靈隱山西。陸羽記云：昔慧理宴息於下，後有僧於巖上周回鐫小羅漢佛菩薩像。又靈隱山南有玉女巖，即女兒山。

西巖。在臨安縣西三十里。有洞，其水一日潮再至，與海潮相應。白居易詩：洞口靈池應海潮。

皇甫巖。在於潛縣東十五里。後漢皇甫嵩嘗破妖賊許生於此，故名。

大鳴巖。在於潛縣北三十里。四圍甃石如小城，相傳吴越錢氏嘗屯兵於此。巖頂平廣，可十餘畝，有池濶四丈，雖旱不竭。

滴水巖。在昌化縣西七十五里。石壁環列如城，巖水注下，資以灌溉。

水樂洞。在錢塘縣南高峯西煙霞嶺下。咸淳志：巖石蟠峙，有洞虛坳，泉清甘，聲如金石。熙寧二年，守鄭獬名曰水樂。本朝乾隆十六年高宗純皇帝臨幸，有御製水樂洞用蘇軾韻詩。二十二年、三十年並有御製詩。

石屋洞。在錢塘縣南高峯下，水樂洞後。高敞如屋，周圍鐫羅漢及諸佛像。洞色蒼翠，其竇深窈若螺形，極底有泉。

風水洞。在錢塘縣南二十里。咸淳志：洞極大，流水不竭，頂上有一洞，立夏清風自生，立秋則止，故名。中多石子，紅點如丹，持出即隱，置於内如故。

紫雲洞。在錢塘縣棲霞嶺上。西湖遊覽志：倚空如懸，陰凉徹骨。本朝乾隆二十二年、二十七年、三十年、四十五年、四十九年，高宗純皇帝宸輿經過，俱有御製詩。

黄龍洞。在錢塘縣棲霞嶺後。宋淳祐間，有僧慧開字無門，説法吴興之黄龍山，後棲保寧寺〔五〕，偶卓錫於此，有石硌岈不合如礪，忽然出泉，色紺而冽，澄若重淵，人以爲龍隨錫至，故名。一名無門洞。本朝乾隆二十二年、二十七年、三十年、四十五年，高宗宸輿經過，俱有御製詩並黄龍石佛詩。

呼猿洞。在錢塘縣靈隱山下。廣丈許，高二尺。宋僧智一善嘯，嘗養猿於山間，臨澗長嘯，衆猿畢至，好事者每來施食。又鄭顛仙廬亦在洞口。

龍泓洞。在錢塘縣天竺山理公巖北。有石洞，世傳徹浙江下通蕭山，有採石乳者入洞，聞波浪聲。洞爲高宗純皇帝御製龍井八詠之一，乾隆二十七年、三十年、四十五年、四十九年，高宗宸輿經過，俱有御製詩。

烟霞洞。在錢塘縣西十六里。洞中舊有石刻羅漢六，吴越王别刻十二，共成十八。旁有佛手巖，奇石玲瓏下垂，其尤異者，有石笋五支，如手節下指，故名。

金星洞。在仁和縣鳳凰山介亭下。洞生金星草，因名。宋蘇軾有銘。

玉仙洞。在臨安縣南四十里。洞深二十餘丈，峻壁擁石高十丈餘，左青右黄，有玉芝寶座及仙人跡，二柱屹立，色甚潔白。

漁泉洞。在新城縣西三十五里。山前石門屹立，通西天目，中有龍池。

石燕洞。在昌化縣西四十五里。洞門高丈餘，中如巨室，可容數十人。有清泉，四時不竭。昔有石燕飛出，故名。

泥塢。在於潛縣東三十里，與臨安縣接界。東關溪水出此。

小石門。在昌化縣西北五十里。雙崖並峙，峻絶不可登。

三生石。在錢塘縣下天竺寺後山。唐李源與僧圓澤善，同至三峽，期後世見于杭州葛洪川畔。後十二年，如期再生，相遇於此。本朝乾隆四十五年、四十九年，高宗宸輿經過，俱有御製咏三生石詩。

海。在海寧州南。元和志：在鹽官縣南七里。舊志：在縣南十里，東連海鹽，西接浙江，潮汐往來，衝擊不常。沿海有塘，自唐以來歷代修築。詳見後海塘下。

浙江。在府城東南。自嚴州府桐廬縣流入富陽縣，爲富春江。經錢塘、仁和兩縣界，爲錢塘江。又東至海寧州界海門入海。史記：秦始皇三十七年，至錢塘，臨浙江，水波惡，乃西百二十里，從狹中渡。虞喜志林：今錢塘江口，浙山正居江中，潮水投山下，折而曲，故名浙江。水經注：浙江水，自新城東北逕富春縣南，又東北逕亭山西，江北即臨安縣界。又東逕餘杭縣。又東北至錢塘縣，縠水入焉〔六〕。又東流於兩山之間，江川急濬，兼濤水晝夜再來，來應時刻，常以月晦及望尤大，至二月、八月最高，吴越春秋以爲子胥、文種之神也。元和志：浙江在錢塘縣南十二里。江源自歙州界東北流，經界石山。又東北經州理北，又東北流入于海。江濤晝夜再上，每年八月十八日，數百里士女共觀，舟人漁子，泝濤觸浪，謂之弄潮。通志：錢塘江即浙江，亦名曲江。枚乘七發云「觀濤於廣陵之曲江」是也。以其風波險惡，又名羅刹江。海潮由鼈子門入，爲龕、赭諸山所束，拗怒不洩，起而爲濤，奔騰衝激，逆流數百里，至富春江始平。江岸受嚙，易致衝潰，故歷代築塘以捍之。本朝乾隆十六年，高宗純皇帝巡幸，有御製錢塘江詩。按：江有三源，西曰新安江，亦曰歙港，爲正源，自安徽徽州府流入嚴州府，經淳安，入建德縣界。東南曰東陽江，水經謂之吴寧溪〔七〕，亦曰婺港，源出金華府東陽縣，西流經義烏、金華至蘭溪。西南曰信安江，漢志謂之穀水〔八〕，亦曰衢港，源出衢州府江山縣，東北流經西安、龍游、湯溪，至蘭溪縣西而會東陽江，二江合流，北至建德縣東南二里，而合新安江並流，東北經桐廬、富陽，至錢塘縣南而爲錢塘江，又東北至紹興府，北與錢清、曹娥二江匯爲三江海口。今蕭山西峯，皆築堤捍江，不復與錢清、曹娥二江相匯。又金華府之浦陽江，北流逕諸暨縣，舊入錢清江以至海，今爲麻溪壩所隔，亦全趨錢塘江，其大不減婺、衢二港。

富春江。在富陽縣西南。自桐廬經富春入錢塘，水經謂浙江之源，西自嚴灘，東通海道是也。

鼂江。在新城縣南五里。其上流曰葛溪，有三源，一出縣西漁洲山，曰漁洲溪；一出縣西七十里之回源池，曰釜源溪；一出縣西六十里靈隱洞，曰盤石溪。至南新鎮合流，又東合分水縣之宗源水，爲三溪口。又東南受湘溪水。又東出青雲橋，名鼂江。經雙江口，會松水。又至縣東南十里，匯爲緑渚。又十里，匯爲深浦。又南至峴口入大江。

西湖。在錢塘縣西。水經注：錢塘縣南江側有明聖湖，父老傳言湖有金牛，古見之，神化不測，湖取名焉。舊志：西湖即古明聖湖。三面環山，溪谷諸水匯而爲湖，周三十里。以在郡西，故名西湖。一名錢塘湖，亦名上湖。又有外湖、裏湖、後湖之稱。唐大曆中，刺史李泌以江水鹵惡，開六井，鑿陰竇，引湖水灌之。長慶初，刺史白居易重修六井，甃函筧，以蓄洩湖水，溉田千頃。又引入運河，以利漕。吴越時，湖葑蔓合，乃置撩湖兵千人，專一開濬。又引湖水爲湧金池，以濟運河。宋初，稍廢不治。天禧中，王欽若奏爲放生池。元祐五年，蘇軾知杭州，取葑泥積湖中爲長堤，以通人行，夾道雜植花柳，中爲六橋，今稱蘇公堤。紹興九年，從張澄請，招置廂軍兵士二百人，專一濬湖。淳祐中，守臣趙與𥲤因湖水旱竭，引天目山水，桔槔運之，仰注西湖，以灌城市。明正德三年，郡守楊孟瑛大加濬治，毁民田蕩三千四百餘畝，湖始復舊。又于裏湖西岸築堤，名楊公堤。堤各開六橋以通水。自北新路第二橋入靈竺路，爲趙公堤，以宋趙與𥲤所築也。自斷橋至孤山，爲白公堤，相傳唐白居易築。舊稱西湖十景，曰「平湖秋月」、「蘇堤春曉」、「斷橋殘雪」、「雷峯落照」、「南屏晚鐘」、「麯院荷風」、「花港觀魚」、「柳浪聞鶯」、「三潭印月」、「兩峯插雲」，其山川秀發，景物華麗，邦人士女，四時嬉遊，簫鼓之聲不絕。本朝康熙三十八年，聖祖仁皇帝南巡，駐蹕西湖，並賜題咏，建亭勒石，更「麯院荷風」爲「麯院風荷」，「雷峯落照」爲「雷峯西照」，「南屏晚鐘」爲「南屏曉鐘」，「兩峯插雲」爲「雙峯插雲」。雍正二年，奉旨疏濬西湖，驛鹽道王鈞捐資助濬，至四年告成，督臣李衛奏置海寧田千畝以供歲修之費。乾隆十六年，高宗純皇帝臨幸，有御製泛舟西湖、西湖晴泛、題西湖十景、西湖嬉春詞六首諸詩。二十二年，有御製西湖十景疊舊作韻、泛舟西湖即景雜咏諸詩。二十七年，有御製曉晴泛舟西湖作、題西湖十景再疊舊作韻諸詩。三十年，有御製西湖雨泛五首、題西湖十景三疊舊作韻、西湖晴泛五首諸詩。四十五年，有御製題西湖十景四疊舊作韻、西湖咏南宋事諸詩。

臨平湖。在仁和縣臨平山東南五里。張勃吴録：赤烏十二年，寶鼎出臨平湖。三國吴志：天璽元年，吴郡言臨平湖開，自漢末草穢壅塞，今更開通。長老相傳，此湖塞，天下亂，此湖開，天下平。又於湖邊得石函，中有小石，青白色，長四寸，廣二寸餘，刻上作皇帝字。於是改年大赦。俄而晉武帝平吴。通志：湖在縣東長樂鄉，周迴十里，南宋爲運道所經。中有白龍潭，風波最險。紹定中築塘捍之，曰永和。後湖日淤，多廢爲桑田漁池，僅存小河，今上塘河所經也。

像光湖。在仁和縣東北十五里長樂鄉。咸淳志：唐神龍元年，湖有五色光明，掘地得石佛，因名。

御息湖。在仁和縣東北十八里。一名詔息湖。水經注：浙江北合詔息湖。湖本名阼湖，因秦始皇巡狩所憩，故有詔息之名。

硤石湖。在海寧州東北六十里。廣三十二丈，源出茶湖，南通麻涇港，西南流入洛塘河，東達海鹽縣界。

彭墩湖。在海寧州東北七十里。西南通硤石湖，東北至白茆港入海。

黃道湖。在海寧州東北八十里彭墩湖北，北接海鹽縣界。舊名鸕鷀湖，上有黃道神祠，因名。硤石湖水所注也。

小謝湖。在富陽縣南二十里。溉田二千餘畝。又湧泉湖，在縣西二十五里，溉田四百餘畝。

陽陂湖。在富陽縣北十四里。唐書地理志：貞觀十二年，令郝硃開。通志：湖周十六里，溉田萬畝。明末湖涸，本朝康熙五年修築，二十二年重濬。

南湖。在餘杭縣南。唐書地理志：縣南五里有上湖，西二里有下湖。寶曆中，令歸珧因漢令陳渾故跡置。舊志：苕溪自天目乘高而下，縣地平衍，首當其衝。漢熹平二年，縣令陳渾始築兩湖以瀦水，其並溪者曰南下湖，環三十二里；並山者曰南上湖，環三十二里。于湖西北爲石門函以納溪水，又于湖東南五畝塍立滾壩。其派别北出爲黄母港，流十二里，與苕溪會。于其會處節以石埭，曰西函。西函在縣東十三里，後堙廢，唐令歸珧因舊重修。宋、明以來，相繼修築十餘里。本朝康熙初，知縣宋士吉于滚壩上更築輔壩。十年，巡撫范承謨又濬。

北湖。在餘杭縣北三里。唐書地理志：北湖亦歸珧所開，溉田四千餘頃。舊志：北湖在縣北五里，周六十里，引苕溪諸水以灌民田。又有查湖，在縣北三十五里，匯諸山之水，溉田甚廣。

龍山河。在錢塘縣南。自鳳山水門至龍山閘，接錢塘江，舊有河計十二里，置閘以限潮水。宋時濱江綱運由此入城。後以近大内，不通舟楫。元延祐三年，行省丞相托克托濬之，立上、下二閘。明時以河高江低，改閘爲壩，後仍置閘。本朝康熙二十四年，巡撫趙士麟重濬。雍正五年，又濬。

大河。在錢塘縣治西。舊爲鹽橋運河，有渾水閘，承龍山閘水，自鳳山水門入城，亦名茅山河，北與小河合，復北合西河，出武林水門。小河，一名市河，在縣西南鹽橋西。南通茅山河，北合西河，亦名便河。

清湖河。在錢塘縣治西。亦曰西河。引西湖水自西南清波門入，曰流福溝，東北流與湧金池水合，又北與曲阜橋河合，又東與市河合，出武林水門。

外沙河。在仁和縣東。即東運河，亦名菜市河。自永昌門北流，繞城與外河合，循城西折，合前沙河、後沙河而爲艮山河，西入泛洋湖，又轉北與運河合。

前沙河。在仁和縣慶春門外。其東南接外沙河，北達後沙河，可通湯鎮、赭山、仁和鹽場。

後沙河。在仁和縣艮山門外。南接城内運河，東北流爲蔡官人塘河。又歷縣東北三十五里，赤岸嶺南，爲赤岸河。又至桐扣山下，爲施何村河。又東北至臨平鎮前，爲方興河，東達海寧之長安壩。宋時運道也。舟楫。

餘杭塘河。在仁和縣北。水由餘杭縣南，會南渠、南湖諸水，東流七十里，至江漲橋，合下塘河，即府界運河之上流，可通舟楫。

上下塘河。在仁和縣北。自武林水門接城内大河、西河諸水，過清湖上、中、下三閘，東與外沙河、菜市河、泛洋湖諸水合，分爲兩派：一派由東北上塘至長安壩，曰上塘河；一派由西北至江漲橋，與子塘河合，又餘杭塘河亦西來會焉，又出北新關橋，曰下塘河。西北接新開運河，至塘西鎮，入石門縣界。元末，張士誠以舊河窄狹，自塘棲南五林港開河至江漲橋，因名新開運河，亦名北關河。本朝康熙四十七年重濬。雍正五年又濬上塘河，自艮山門施家橋至施家堰止，長七千七百七十九丈；濬下塘河，自驛橋至清河閘，長三百二丈。

宦塘河。在仁和縣西北三十五里。南接北新江漲橋河，北達奉口河。奉口河在縣西北四十五里，迤南接錢塘奉口大溪，北入德清縣界。本朝雍正七年重濬。

市河。在海寧州城内。上流自二十五里塘河由城北門入，又出西水門，合淡塘河。本朝順治十年濬，雍正七年又濬，可通舟楫。

六十里塘河。在海寧州東。自市河抵黄灣六十里，入減水河，通鹽艘、民船，并資灌溉。

袁花塘河。在海寧州東五十里。源自州城濠，東流通海鹽縣澉浦。

淡塘河。在海寧州城西北二百步。北通運塘河，東抵縣城濠。宋嘉定間，邑南海岸傾陷，築隄以障潮水，約長六七里，其西湮塞。

運塘河。在海寧州西北三十餘里莊婆堰。自仁和縣流入，又東北入石門縣界，宋時運道所經也。自後改由新開河由德清入石門，而此河漸淤。

二十五里塘河。在海寧州西北。舊名湖塘，以通湖水也。源自西湖，達運河，至長安壩，東流二十五里，經縣西北通市河。宋陳恕浚河築塘，加廣一丈，民甚利之，號甘棠堤。

郭店塘河。在海寧州北十二里。其派自新江塘河而南曰止溪，溪南曰胭脂涇，相傳范蠡載西子泛舟處。東經横塘，南抵縣城。

洛塘河。在海寧州北三十里，新江塘之北。東流入硤石南湖，旁有支港小河，經硤石鎮爲市河，迤北注嘉興境之長水塘河。

新江塘河。在海寧州東北二十里。一名滓江塘。源自德清縣大麻溪，流入運河，其東南流通袁花塘河。

慶春河。在富陽縣東門内。自觀山達後河，西通莧浦，東合大江。

西溪。在錢塘縣靈隱山西北。自松木場水口，沿山十八里，匯餘杭塘河，合新開運河。曲水灣環，羣山四繞，居民以梅爲業，樹多臨水，花時瀰漫如雪。本朝康熙三十八年，聖祖駕臨，御製五言詩一章。乾隆十六年，高宗臨幸，有御製五言古詩一首。

九溪。在錢塘縣西南十二里風篁嶺。衆山之泉環流於此，東流入江。稍西爲十八澗。

横溪。在仁和縣北二十五里獨山之北。旁多小池，産菱芡、蒲魚之屬，流達新開運河。

白洋溪。在富陽縣北二十里。會開化諸山之水溉田數頃。又錦溪，在縣南五十里。舊名善政溪，以波紋若錦，因名。

停辭溪。在餘杭縣東二十一里。亦名東溪。源出青障山，東北流入錢塘縣界，又北流入德清縣界，合苕溪。

苕溪。在餘杭縣治南。源出臨安縣天目山之陽，亦名南溪，東南流至縣東獨山下，合石鏡溪。又東流百五十里，經本縣南。又東北流二十七里，入錢塘縣界，過縣西北四十五里奉口，亦名奉口溪。又東北流入德清縣界，此爲東苕水。故老相傳，夾岸多苕花，每秋飄散水上如飛雪，故名。

雙溪。在餘杭縣北三十五里。有二源，一出天目山，一出高陸山，至雙橋合流，又東入徑山港，達於苕溪。徑山港在縣西北三十里，源出徑山，東流合苕溪，可通舟楫。

仇溪。在餘杭縣東北二十里。有二源，一出臨安縣九仙山，經高陸山，東流八十六里，至仇山之北；一出獨松嶺，東流八十里，亦至仇山下合流，又東流十里至苕溪。

錦溪。在臨安縣南石鏡山下。一名石鏡溪。發源乾塢，東流至獨山，合苕溪。

東關溪。在於潛縣東。源出泥塢，其流迂遠，下流合虞溪入西溪。又雙清溪，源出天目山南麓。正清溪，源出蓮花峯，皆流入西溪。

藻溪。在於潛縣東南二十里。源出落雲山西，北流合周冕、横塘諸小水，又西入浮溪。其周冕、横塘二水源俱出落雲山。

紫溪。在於潛縣南三十里。源出昌化縣南，東流經縣南，又西南合桐溪。水經注：紫溪水出於潛縣西百丈山，東南流名爲紫溪。中道夾水有紫色盤石，長百餘丈，望之如朝霞。又名爲赤瀨，蓋以倒影在水故也。又東南流至白山，一名廣陽山，甚峻極，北臨紫溪。又東南連山夾木，兩峯交峙反顧，樹石往往相捍，十餘里，下積石磊砢，相挾而上，澗下白沙細石，狀若霜雪，水木相映，泉石争暉，名曰棲林。唐書地理志：於潛縣南三十里有紫溪水，溉田。貞元十八年，令杜泳開。舊志有上溪，在昌化縣西北六十里，東流十七里爲巨溪。又東爲雙溪，中有洲，水分南北，過此復合爲一。又南十五里，至下阮村，名下阮溪。又南至柳相山下，爲柳溪。又東入於潛縣界，至縣東南四十里合西溪。

桐溪。在於潛縣西。東南流入分水縣界。水經注：桐溪水出於潛縣北天目山。東面有瀑布，下注數畝深沼，名曰蛟龍池。池水南流，逕縣西爲西溪。又東南與紫溪合，名爲紫溪。流逕白山之陰，至桐廬縣東爲桐溪，縣志謂之西闕溪。源出翔鳳林之尖頂，經細荆口，有潭形如仰箕，名曰箕潭，瀑布又從峻壁下注，匯爲蛟龍上、中、下三池。又東與東闕溪合。又南與雙清、正清二溪合。又南至雙溪口，與虞溪合。又南經縣西岸嶨山，名爲錦江。又南流，名浮溪。又南合藻溪水。又南合交溪水。又東南與昌化紫溪合，因通名紫溪。又東南流經白山之陰。又西南流復折而東，周旋盤迴，是爲印渚。又南入分水縣界。

交溪。在於潛縣西十五里。有二源，一出縣西南浪山塢，曰浪溪；一出縣西北白沙關，曰柳源。二水合流名交溪。又東南合昔溪水入西溪。

虞溪。在於潛縣北。有二源，一出豪千關，一出千秋關。南會桐嶺關水，至縣北七里合流。又南至雙溪口，入西溪。

宗溪。在新城縣西二十五里。源出嚴州府分水縣界，至巖石嶺，東流與葛溪合，爲三溪口。

松溪。在新城縣北五里。源出臨安縣錦溪，分流匯諸山谷之水，由縣西北三十里之依嶺入縣界，東南流入罏江。

伽溪。在昌化縣南二十五里。源出縣西南峽川，東流入柳溪。又上博溪，在縣南三十里。源出縣西南五十里貢嶺，東南流入伽溪。又覽溪，在縣南三十里。合蕭、蒲二源之水，迂回九曲，入上博溪。

奥溪。在昌化縣西六里。源出安徽寧國縣界，東南流入晚溪。又董溪，在縣西二十五里，源出百丈山。歷溪，在縣西十五里，源出千頃山。皆東流入晚溪。又平度溪，在縣西南一里，源出佛子嶺。濾溪，在縣東一里，源出黄蘗山。皆流入雙溪。

雲溪。在昌化縣西七十里。源出昱嶺，東流入巨溪。又仁里溪，在縣西北百里，源出安徽寧國縣界，東南流入巨溪。㔶溪，在縣西六十里，源出淳安縣界。楊溪，在縣西八十里，源出龍塘山。頰口溪，在縣西五十里，源自石門之西。下流皆入雲溪。

五泄水。在富陽縣東南八十里，接諸暨縣界。有泉自紫閬發源，匯爲溪，兩山夾之，壁立二百餘丈，歷五級下注絶壑，故名五泄。上三泄地屬富陽，下二泄地屬諸暨。

湖洑水。在富陽縣西南九十里。源出湖洑山，自金沙而來，東入浙江。

步溪水。在富陽縣西三十里。源出貝山，一名步橋水。分爲二派，又合流會莧浦南入江。又有私水，在縣西北三十里，源出天目山，伏流百六十里復見，東流合步溪，入莧浦。

白水。在臨安縣東北。源出縣北二十里大錢山。飛瀑燦爛，亦名燦水。流經縣東北二十五里，合徑山水入仇溪。

柳浦。在仁和縣鳳凰山下。六朝時謂之柳浦埭。劉宋泰始二年，吴喜擊孔顗等於會稽，喜至錢塘，進軍柳浦，又自柳浦渡趨西陵。隋時嘗移州治此。

百尺浦。在海寧州西四十里。輿地志：越王起百尺樓望海，故名。

莧浦。在富陽縣西一里。一名闞浦，即恩波橋浦。濶六十步，東合步橋諸水入浙江。唐書地理志：登封二年，令李濬時築堤，東自海，西至於莧浦，以捍水患。貞元七年，令鄭早又增修之。

漁浦。在富陽縣東南四十里。自朱坑岡而來，七里爲前溪，下流入江。五代錢鏐拒劉漢弘水軍，由漁浦出，即此。

蛇浦。在富陽縣西南三十五里。相傳常有巨蛇渡江而南，沿山而下。其徑尚存，俗稱蛇路灣，或號龍溪。北流入江。又剡浦，在縣西南四十里，源出龍門山，其流深廣，巨舟可入。

王洲。在富陽縣南五十里。周五百步。元和志：王洲出橘，爲江東之最。

孫洲。在富陽縣西南四十二里。周二十三里。寰宇記：縣前江中有沙漲，孫堅爲郡吏趨府，鄉人餞之洲上。父老曰：「此沙狹而長，君其爲長沙太守乎？」後如其言，因名孫洲。

桐洲。在富陽縣西南五十里。有瀨，世傳爲子陵垂釣處。

梅梁潭。在富陽縣東。與潮消長。旁有山，唐咸通中會稽建禹廟，嘗伐梅木爲梁。一夕風雨晦暝，梁忽不見。數日風雨又作，梁復在焉，視之赤萍滿腹，遂謂此梁爲梅潭之龍也。宋嘉泰中，禱雨有應。

岩嶨潭。在於潛縣岩嶨山下。潭有石如磨，下有三趾，見於水面。

天井潭。在於潛縣石柱山南。深不可測。

羊頭潭。在昌化縣西北七十里。有石壁對峙，舊名龍門。中有瀑布百尺，下注深潭，潭底有石如羊頭，故名。

明星瀆。在餘杭縣東一里。外接南湖之西函。宋時投龍簡於大滌洞，必先祭此。

湖山碑。在富陽縣南善政里。廣二里許，溉田二千餘頃，水利甚渥。

湧金池。在府城湧金門內。相傳吳越將曹杲引西湖水注此。

獅子池。在餘杭縣東南五里，獅子山西。水色瑩潔，蠶月邑人取以澡絲。

虎跑泉。在錢塘縣大慈山虎跑禪寺。唐元和中，釋性空居此，苦無水，忽神告曰：「明日當有水。」是夜二虎跑地，泉湧出，故名。本朝康熙三十八年，聖祖南巡，有御製七言詩一首。乾隆十六年、二十二年、二十七年、三十年、四十五年、四十九年，高宗六次巡幸，俱有御製題虎跑泉及虎跑泉用蘇韻諸詩。

參寥泉。在錢塘縣西湖智果寺。宋僧道潛，號參寥子，能詩。蘇軾在黃州，夢與賦詩，有「寒食清明都過了，石泉槐火一時新」之句。後七年守杭州，參寥居智果院，軾於寒食之明日訪之，汲泉鑽火，烹黃蘗茶，忽悟所夢，作應夢記。本朝乾隆四十五年、四十九年，高宗純皇帝宸輿經過，俱有御製參寥泉用宋韓淲韻詩。

六一泉。在錢塘縣孤山下。宋歐陽修自謂六一居士，與西湖僧惠勤善。後蘇軾守杭州，有泉出惠勤講堂後，因懷修，名曰六一泉。本朝乾隆二十七年、三十年、四十五年、四十九年，高宗純皇帝宸輿經過，俱有御製詩，並御書「六一泉」額，上建堂，名述古。乾隆四十五年、四十九年，俱有御製題述古堂詩。

淳泉。在錢塘縣孤山麓聖因寺。寒碧一泓，澄澈可鑒。康熙四十六年，聖祖御書「淳泉」二字勒石。

玉泉。在錢塘縣西净空院。南齊建元中，釋曇超説法，龍君來聽，撫掌出泉。今龍池前小池，深不尋丈，清澈可鑒，異魚遊泳其中，吳越建寺，詳下。

冷泉。在錢塘縣飛來峯下。昔時深廣可通舟，宋紹興中曾建石閘蓄水。泉上有亭，唐刺史元藇建，白居易有記。本朝乾隆十六年、四十九年，高宗純皇帝宸輿經過，俱有御製題冷泉亭子詩。又白沙泉，在靈隱西菩院方丈右。泉從白沙流出，上有亭，亦唐刺史元藇建。

子午泉。在錢塘縣東南十八里五朝山顛。惟子午二時發泉，土人按時汲取。

噴玉泉。在仁和縣東北皋亭山崇光寺後。其味清甘，石壁舊鐫「噴玉」二字。

撫掌泉。在餘杭縣大滌山洞霄宮前。深三尺許，清冷可鑑。舊傳錢武肅王至宮，有雙鶴飛舞其上，因撫掌招之，鶴下泉湧，故名。

丹泉。在餘杭縣大滌洞。泉源最高，歷天柱而下，隱隱若雪，至洞西百餘步乃出，甘冽不竭，有方池瀦焉。

寒泉。在新城縣西六十里庵頭山石巖下。泉湧如輪，冬夏不竭，灌田數百畝。

東坡泉。在昌化縣治南，雙溪西數十步。石竅中出，蘇軾始尋源得之。後人鑿石爲泓，因名。

六井。在府城内。唐李泌所鑿，引西湖水。其最大者在清湖中，爲相國井。其西爲西井。北爲金牛井，即金牛池。又北而西，附城爲方井，爲白龜池。又北而東，至錢塘縣治之南，爲小方井。嘉祐中，郡守沈遘以金牛井廢，乃作南井。今相國井及西井尚存，餘堙廢。

吳山井。在府城内。寰宇記：吳山泉在吳山北，寒泉迸溢，清甘不竭。咸淳志：吳越時開，水味爲錢塘第一。淳祐丁未大旱，城中諸水皆涸，獨此井如常。安撫趙與簒奏立祠，以旌異之，又爲亭覆井上。

**龍井**。在錢塘縣風篁嶺。本名龍泓，産茶最佳。宋元豐中，僧辨才即其處爲亭，率其徒環而咒之，俄見大魚自泉中躍出。秦觀有記。本朝乾隆二十七年，高宗純皇帝臨幸，御題扁額曰「篁嶺卷阿」。其中八景曰過溪亭、滌心沼、一片雲、風篁嶺、方圓庵、龍泓洞、神運石、翠峯閣，御製初遊龍井誌懷三十韻、龍井八咏、雨中再遊龍井、龍井上作、再遊龍井、坐龍井上烹茶諸詩。三十年，有御製龍井六首、龍井八咏、雨中遊龍井、再遊龍井諸詩。四十五年，有御製遊龍井作、龍井八咏、展龍井所弆臨蘇東坡書和過溪橋詩卷仍疊舊韻諸詩。四十九年，有御製遊龍井疊庚子詩韻詩。

**煉丹井**。在錢塘縣天竺山下。晉葛洪嘗煉丹於此。

**金沙井**。在錢塘縣孤山下。唐白居易常酌此泉，甘美可愛，視其地沙光燦如金，因名。

**杜公井**。在新城縣城內。唐乾寧中，杜稜鎮東安，董昌圍急，城中乏水，穿土百尺不得泉，稜虔禱之，泉立至，民賴以活，目爲杜公井。

**黄金灣井**。在新城縣南二十里。地界新城、桐廬之間，荒僻險遠。宋淳祐中，縣令趙崇侅開鑿以濟行者〔九〕。

**彭家井**。在新城縣北門内。大旱不竭，城中人多賴之。

## 校勘記

〔一〕陳屬錢唐郡　「錢唐」，原作「錢塘」，據乾隆志卷二一六杭州府建置沿革（下同卷簡稱乾隆志）及讀史方輿紀要卷九〇浙江改。

按，唐始改錢唐爲錢塘。

〔二〕縣東有定巳諸山　「巳」，乾隆志作「包」。按，戴震校水經注，改作「包」。楊守敬謂包山即蘇東坡奏疏中「浮山峙於江中，犬牙錯入，以亂潮水」之浮山。

〔三〕詠排衙石詩　「詠」，原作「永」，據乾隆志改。

〔四〕昔海鹽令周顒至此　「顒」，原作「容」，據乾隆志改。按，本志避清仁宗諱改字也。今回改。

〔五〕後棲保寧寺　「寧」，原作「安」，據乾隆志改。按，本志避清宣宗諱改字也。今回改。

〔六〕穀水入焉　「穀水」，乾隆志作「穀水」。按，戴震校水經注，改作「穀水」。漢書卷二八上地理志會稽郡大末下云「穀水東北至錢唐入江」，水經注蓋本此，作「穀水」當是。

〔七〕水經謂之吴寧溪　「寧」，原作「安」，據乾隆志及水經注卷四〇漸江水改。按，本志避清宣宗諱改字也。今回改。

〔八〕漢志謂之穀水　「穀水」，乾隆志同。按，今傳本漢書地理志作「穀水」。

〔九〕縣令趙崇侅開鑿以濟行者　「崇」，原作「宗」，據乾隆志改。咸淳臨安志卷五一秩官縣令新城縣有趙崇侅，即其人。

# 大清一統志卷二百八十四

## 杭州府二

### 古蹟

錢塘故城。在今錢塘縣西。秦置。始皇三十七年，東遊過丹陽，至錢塘。漢爲西部都尉治，後漢省。中平二年，封朱儁爲錢塘侯，蓋是時復置也。孫策入會稽，以程普爲吴郡都尉，治錢塘。水經注：靈隱山下有錢塘故縣，浙江逕其南。元和志：錢塘記云，昔一境逼近江流，縣理靈隱山下，今餘址猶存。郡議曹華信立塘以防海水，乃遷理此地。隋平陳以後，縣頻遷置。貞觀四年，定於今所。寰宇記：隋開皇十年，自餘杭移州理錢唐。十一年，復移州於柳浦西，依山築城，即今郡是也。咸淳臨安志：古州城，隋楊素創。周迴三十六里，九十步。唐大順元年，錢鏐築新夾城五十餘里。景福二年，鏐又築羅城，自秦望山由夾城東亘江干，洎錢塘湖、霍山、范浦，周七十里。宋紹興二十八年，增築内城及東南之外城，附於舊城。内城亦曰皇城，周九里。府志：元至正十九年，張士誠更築府城，周六千四百丈有奇。東自艮山門至螺螄門，視舊城拓開三里，而絡市河於内。南自候潮門迤西，則縮入二里，而截鳳凰山於外。城之東西，視舊差廣，即今城是也。通志：錢塘舊治有四，一在靈隱山麓，一在錢湖門外，皆漢魏時治也；一在錢塘門内，今爲教場地，唐縣治也；一在紀家橋華嚴寺故址，宋縣治也。按：靈隱山下並無錢塘之跡，亦萬無可作縣治之理。漢書地理志於錢塘西部都尉治下，係以武林山，武林水所出，蓋言都尉治在錢塘，非謂錢塘治在武林山也。劉真道作錢塘記〔一〕，誤以漢志「武林山」三字連上都尉治作句，因有縣治在靈隱山下之説。酈道元注水經，復沿其誤，至今俱莫能定。通志所云，錢塘舊縣有四，實則止有三也。

**鹽官故城**。今海寧州治。本海鹽縣地。漢書地理志：海鹽縣有鹽官。三國吳志：陸遜始仕孫權幕府，出爲海昌屯田都尉，并領縣事。裴松之註：「陸氏祠堂像贊曰：海昌，今鹽官縣也。」宋書州郡志：吳記云：「鹽官本屬嘉興，吳立海昌都尉，治此，後改爲縣。」陳書高祖紀：永定二年，割吳郡鹽官、海鹽、前京三縣，置海寧郡。隋書地理志：鹽官縣屬餘杭郡。不云置郡，蓋郡尋廢也。元和志：鹽官縣西南去杭州一百二十里。元史地理志：元貞元年，以户口繁多，升爲鹽官州。天曆二年，改海寧州。東南濱巨海，自唐、宋常有水患。泰定四年，害尤甚，命都水少監張仲仁往治之。文宗即位，水勢始平，故改海寧。舊志有海昌城，在今縣南二十里，古海昌都尉治。又有海安舊城，在縣西北四十一里，隋大業十三年築。或以爲鹽官縣治此，誤。

**富陽故城**。在今富陽縣治西北隅。漢置。元和志：縣東北去杭州七十三里，本漢富春縣，晉孝武太元中，避鄭太后諱，改「春」爲「陽」。舊志：唐咸通十年，令趙訥築城，周十二里。吳越時，以其地逼江，壘以磚石，元燬。又有東安郡城，在縣北十八里，吳黄武四年，分置東安郡，治富春，以全琮爲太守，七年復廢，此其故址也。

**餘杭故城**。今餘杭縣治。水經注：浙江東逕餘杭故縣南、新縣北。秦始皇南遊會稽，途出是地，因立爲縣。漢末，陳渾移築南城，縣後谿南大塘，即渾立以防水也。元和志：縣東南去杭州七十里。秦始皇捨舟杭於此，因以爲名。縣志：舊城在苕溪南，漢陳渾徙溪北。唐末，吳越王復徙溪南，號青平軍城。宋雍熙中，軍廢，再徙溪北，自後因之。

**臨水故城**。在臨安縣北。後漢建安十六年，賀齊討破郎稚，表分餘杭爲臨水縣。晉改曰臨安。水經注：縣因岡爲城，南門尤高。謝安涖郡遊縣，逕此門，以爲難爲亭長。元和志：臨安縣東南去杭州一百二十八里。隋亂，廢置無准。垂拱四年，巡撫使狄仁傑復奏置。五代史吳越世家：光化元年，改錢鏐素所居營曰衣錦營，升爲衣錦城。天祐四年，升衣錦城爲安國衣錦軍。縣志：舊治在今縣北四里。宋景定中，移西墅。元末燬。明初移治東市太廟山右，即吳越衣錦軍治。

於潛故城。在今於潛縣治北。吴越春秋：秦徙大越鳥語人置之曆。即此。漢置於曆縣，後漢始加「水」曰「潛」。元和志：縣東去杭州二百里。舊志：隋開皇中，楊素始築縣城，周一里有奇，久廢。元至正十七年，行省參政楊鄂勒哲重築，自金鵝嶺由石龍口直抵縣抵山，周五里。明洪武初，以縣非控要之地，且岡陵重複，遂不置城。又潛州城，在縣東七里，唐武德中築，今其地名城嶺。「楊鄂勒哲」舊作「楊完者」，今改正。

紫溪故城。在於潛縣南三十里。唐垂拱三年，析於潛置縣。萬歲通天初，改曰武隆。其年又析置武隆縣，復曰紫溪，聖曆三年省。

新城故城。在今新城治東。三國吴析富春縣置。元和志：新城縣，東北去杭州一百三十二里。府志：古城，唐徐敬業築。大順二年，吴越都將杜稜領兵鎮東安，因山而城之，築爲保障，羅隱有記。後楊行密遣將盡鋭來攻，稜拒却之，因謂之杜稜城。

錢江故縣。在仁和縣治北武林門内，梅家橋南。吴越割錢塘、鹽官二縣地置。宋改曰仁和，徙今治。舊志：宋太祖自陳橋驛入仁和門，受周禪。及高宗南渡，見縣名仁和，曰：「此故都城門名也。」遂決遷都之計。

武隆故縣。在昌化縣治南。唐武后萬歲通天初，析紫溪置武隆縣，以爲己讖。神龍元年，改曰唐山。元和志：縣東去杭州二百四十八里。咸淳志：縣因山爲城，北負唐山，不設門，南憑溪，歲久盡圮。

南新廢縣。在新城縣西。寰宇記：在杭州西一百六十里。乾德五年，錢氏割臨安縣地，置南新場，以便徵科。元豐九域志：淳化五年，以南新場爲昭德縣。六年，改南新縣。熙寧五年，省爲鎮，入新城。縣志：南新鎮，在縣西五十里。元至元十三年置巡司，明初廢。

管城。在海寧州西北，距石門縣界。舊志：吴王夫差築以拒越。今有管城廟，即其遺跡。

舊倉城。在餘杭縣東南二里安樂山。唐永貞五年，刺史張綱置，吴越時廢。

**營盤城**。在餘杭縣南一里苕溪南。元至正十六年，楊鄂勒哲命部將築以守禦，後廢。「楊鄂勒哲」改見前。

**越王城**。在於潛縣東十五里。夏少康之後封於越，其支庶居此築城。又名平越城，今平越村即其地。

**吴越西府**。在仁和縣鳳凰山右。唐光化二年，吴越王錢鏐即杭州治擴而大之，依山阜以爲宫室，名曰鎮海軍使院。梁開平元年，始建國，外城門十，子城門二，屯營六所，居殿曰握髮，曰仁政。有八會亭，晉天福時建，以平吴定越，八會於此也。後更名都會堂。碧波亭，忠懿王閲兵處。功臣堂，紀功也。仙居堂，忠獻王即位處。天册堂，忠遜王即位處。又有疊雪樓，武肅王架强弩射潮處。又有思政堂、武功堂、大慶堂、瑶臺院。

**牧馬監**。在餘杭縣南上下湖。宋命守臣梁汝嘉提舉。每馬五百匹爲一監。

**南宋故宫**。在仁和縣鳳凰山。即唐以來州治也。咸淳志：建炎三年，詔以杭州治爲行宫。紹興元年，詔守臣徐康國措置草創。二年，南門成。二十八年，增築禁城，以文德殿爲正衙，垂拱殿爲常朝。後殿有四，曰延和，曰崇政，曰福安，曰復古。孝宗建射殿曰選德，理宗闢講殿曰緝熙。度宗改東宫益堂曰熙明，置經籍其中。舊志：元至元十四年，宋宫室悉燬於火。後西僧楊嘉木揚喇勒智請即故宫址建報國等五寺。至正之亂，五寺亦廢。「楊嘉木揚喇勒智」舊作「楊璉真伽」〔二〕，今改正。

**德壽宫**。在府城内望仙橋東。宋紹興末，即秦檜舊第改築新宫，名曰德壽。孝宗受禪，高宗移御於此。後孝宗内禪，亦居於此，改名重華。咸淳間，改爲道院，賜額宗陽宫。石有苔梅久萎，明藍瑛畫梅鐫於碑上。本朝乾隆十六年、四十五年，高宗純皇帝臨幸，俱有御製題德壽宫梅石碑詩。

**開元宫**。在府城内泰和坊。宋寧宗潛邸也。嘉泰初，詔改爲開元宫。元時，即宫之左爲行中書省。

**龍翔宫**。在府城内後市街。宋理宗潛邸。淳祐初，詔改爲龍翔宫。元末燬。

**宋壇廟**。明統志：圜壇在府城南八里，社稷壇在府治北，皆紹興十三年築。先農壇在府東南十里，紹興十五年築。高禖壇亦在府東南十里，紹興十六年築。九宫壇在府治東故青門外，紹興十八年築。太廟在府城内瑞石山之東，紹興四年建。十三年，又建景靈宫，以奉祖宗神御，在城内西北隅。十五年，又建神御殿，在大内。今皆廢。

聚景園。在錢塘縣清波門外。咸淳志：孝宗致養北宫，拓圃西湖之東，亭宇皆孝宗御扁。西湖遊覽志：園有會芳殿，瀛春、攬遠等堂，花光、瑶津〔三〕、翠光、桂景、灩碧、涼觀、瓊芳、彩霞、寒碧等亭，柳浪、學士等橋。今惟柳浪橋尚存。

玉津園。在錢塘縣龍山北。宋紹興十七年建。淳熙中，孝宗與羣臣燕射之所，錢象祖誅韓侂胄於此。又翠芳園，在錢塘門外，面南屏山，舊名屏山園。玉壺園，在錢塘門外。集芳園，在葛嶺，前臨湖曲，後據山岡，理宗以賜賈似道。

湖曲園。在錢塘縣西。咸淳志：安撫趙與篹建。南山自南高峯而下，皆趨而東，獨此山自淨慈右轉起爲雷峰，少西而止，西南諸峯，若在几案，柳隄梅嶼，左右映帶，有賀監一曲之義，因名。

小有天園。在錢塘縣南屏山。汪氏所建。本朝乾隆十六年、二十二年、二十七年、三十年、四十五年、四十九年，高宗純皇帝六次臨幸，俱有御製詩并御書「勝閣入雲」扁額。又漪園，亦汪氏所建。乾隆二十二年、二十七年、三十年、四十五年，高宗純皇帝四次臨幸，俱有御製詩并御書「香雲法雨」扁額。又巢居閣，在孤山。竹素園，在金沙澗後。留餘山居、聽泉亭，俱在陶莊。吟香別業，在巡撫范承謨園内。節次添建諸勝，俱有御製詩。

富景園。在仁和縣東崇新門外。宋孝宗嘗奉母遊幸，規模略仿湖山。按：府城内外，唐、宋以來舊園凡五十餘處，兹載其著者。

安瀾園。在海寧州北。本朝大學士陳元龍別業，中有竹堂、月閣諸勝。本名隅園，乾隆二十七年，高宗純皇帝南巡，躬閲海塘，駐蹕於此，因賜今名，有御製即事雜詠五律六首詩。三十年、四十五年、四十九年，俱有御製疊前韻六首詩，又有御書「水竹延清」、「筠香館」各扁額。

鎮海樓。在府城内吴山東麓。即吴越舊城南門也。初名朝天門，元改爲拱北樓，明改今名。樓甚壯麗，眺望江中，遠近畢見。

聚遠樓。在府城内德壽宫。宋高宗題額。又香遠樓，在府治。咸淳七年，安撫潛説友建，最爲郡治佳處。十三間樓，在石佛院。蘇軾守杭，治事於此。望湖樓，一名看經樓，乾德五年建。他如湧金樓，在豐豫門。映江樓，在候潮門。俱宋建有名者。

豐樂樓。在府城湧金門外。咸淳志：舊名聳翠樓，據西湖之會，淳祐九年，安撫趙與𥲅徹新之。瑰麗宏特，爲西湖壯觀。

望海樓。在府舊治中和堂之北。唐武德七年建。一名望潮樓，又名東樓，白居易詩「東樓勝事我偏知」。蘇軾有望海樓詩。又觀潮樓，在仁和縣候潮門。本朝乾隆年間新建，額係高宗純皇帝御書，敕祠潮神其内。乾隆十六年、二十二年、二十七年、三十年、四十五年、四十九年，高宗宸輿六幸，俱有御製錢塘觀潮歌、觀江潮作歌、觀潮樓紀事、觀海潮作歌、觀潮四首，并疊乙酉詩韻諸詩。

清暉樓。在舊府治。唐郡守嚴維建，白居易有詩。

天開圖畫樓。有二，一在海寧州東北硤石西山廣福院，宋天禧間建，元趙孟頫書額。一在錢塘縣吴山梓潼廟。又翫江樓，在餘杭縣治東，面瞰苕溪，宋柳耆卿建。

大觀臺。在吴山頂。石面砥平，方廣如削，下有龍神廟。本朝聖祖仁皇帝嘗駐蹕於此，有御製七言絶句一首。乾隆十六年，高宗純皇帝臨幸，有御製吴山大觀歌。二十七年，御賜龍神廟「靈佑安瀾」扁額。

琴臺。在錢塘縣慧日峯西。怪石聳秀，上有石壁，刻米元章「琴臺」二大字。本朝乾隆十六年、二十二年，高宗純皇帝南巡過此，有御製琴臺詩。

竹閣。在錢塘縣孤山。唐白居易建。又有四照閣，在山巔，後廢，本朝雍正八年建亭於上。

虚白堂。在府城内舊治。唐白居易有詩，刻石堂上，後爲錢氏都會堂。又有因巖堂，在郡圃，居易亦有詩。

有美堂。在府城内吴山最高處。宋嘉祐二年，梅摯出守杭州，仁宗賜詩，有「地有湖山美」之句，摯因作堂名之，歐陽修爲記，蔡襄書。

柏堂。在錢塘縣孤山。陳天嘉二年建廣化寺，有昔時所植二柏。宋熙寧中，僧志詮作堂其側，與白居易竹閣相連，蘇軾作孤山二詠紀之。本朝乾隆二十七年、三十年、四十五年、四十九年，高宗純皇帝四次經過，俱有御製柏堂竹閣用蘇軾韻詩，並御書扁額。

中和堂。在仁和縣鳳凰山下。本錢鏐閱禮堂，宋時爲郡治。至和二年，郡守孫沔建堂，易名中和。建炎三年，高宗臨幸，改爲偉觀。

清暑堂。在府舊治左。宋治平三年，郡守蔡襄建，自爲記及書，刻石堂上。

三瑞堂。在昌化縣治後。宋景定中，邑中産瑞麥、嘉禾、嘉粟，令劉宗憲獻於朝，理宗賦詩記之，以賜輔臣，因建堂。

夢謝亭。在錢塘縣靈隱山。晏殊類要：謝靈運父居會稽，因不宜子息，乃於錢塘杜明師舍寄養。師夜夢東南有賢人來訪，及曉，乃靈運至，因以名亭。陸羽記：一名客兒亭。客兒，靈運小字也。

冷泉亭。方輿勝覽：在錢塘縣飛來峯下，唐刺史元萸建，白居易有記。

翠微亭。在錢塘縣靈隱山飛來峯半。宋紹興十二年，韓世忠建，即跨驢行遊處。時岳飛死，岳曾有登池州翠微亭詩，故名此亭以憶岳也。

放鶴亭。在錢塘縣孤山北。宋林逋舊廬。逋性愛梅，又嘗蓄兩鶴，時泛小艇遊西湖，客至，童子開籠縱鶴，逋即歸。元至元間，提舉余謙葺其墓，復置梅數百本於山，搆梅亭其下。本朝康熙三十四年重建，聖祖御書「放鶴」扁額，又書舞鶴賦，勒石亭中。

乾隆十六年、二十二年、二十七年、三十年、四十五年、四十九年，高宗宸輿經過，俱有御製詩。

湖心亭。在錢塘縣西湖中。舊有湖心寺，寺外有三塔，明弘治中，寺與塔俱燬。嘉靖中，即北塔遺址建亭。本朝康熙三十八年，聖祖御題「静觀萬類」扁額，御製詩二首。乾隆十六年、二十二年、二十七年、四十五年、四十九年，高宗純皇帝巡幸，俱有御製詩，並御書「光澈中邊」扁額。

過溪亭。在錢塘縣西風篁嶺。宋僧辨才居龍井，蘇軾訪之，辨才送至嶺上，因舉慧遠過溪事，作亭名之。亭爲我朝高宗純皇帝龍井八詠之一。乾隆二十七年、三十年、四十五年、四十九年，高宗宸輿過此，俱有御製詩。

樟亭。在仁和縣南五里。今爲浙江亭，孟浩然有登樟亭望潮詩。

介亭。在仁和縣鳳凰山，對排衙石。宋熙寧中，郡守祖無擇作。蘇軾有登介亭餞楊次公詩。

泗水亭。在海寧州北洛塘。唐許遠讀書處。又州東三十六里，宋賈氏義塾，元至正間改爲黄岡書院。

傳心亭。在富陽縣觀山。宋紹興中，楊簡館陸九淵於此，師事之，故名。後改爲祠。

嗥亭。在餘杭縣南五里。明統志：晉郭文隱大滌山〔四〕，嘗出市貨藥，伏虎於此，歸晚則虎嗥，故名。以其在南湖中山上，亦曰鼇亭。舊志以鼇嗥爲聲之訛，理或然也。咸淳志：又名南亭。

祥光亭。在餘杭縣大滌洞。舊傳錢鏐微時，嘗卧巨石上，指洞而言曰：「異日或富貴，當建亭覆此石。」及衣錦回，頗盛飾其石，後瘗石亭下。宋祥符五年，有五色雲出洞中，因名。又稽亭，在縣南九里。上有亭基，秦始皇築以望會稽。

翠蛟亭。在餘杭縣西南八十里。明統志：宋高宗嘗步月至此，建亭，摘蘇軾詩「庭下流泉翠蛟舞」句爲名。

三休亭。在臨安縣西玲瓏山絶頂。名九折巖，巖間有亭名三休，蘇軾詩「三休亭上工延月，九折巖前巧貯風」，即此。

野翁亭。在於潛縣西一里。宋熙寧中，縣令刁璹建，蘇軾有野翁亭詩。

合溪亭。在昌化縣治前雙溪之西。又名雙溪亭，宋建。開禧三年，建東坡祠於上。

高齋。在府舊治内清署堂之後。距城闉下，瞰虚白堂，超出州宅，唐嚴維有高齋詩。又損齋，在城内。宋高宗建，於宫中置經史，嘗作記以自警。莫能名齋，在寶蓮山，宋楊簡建。雪齋，在方家峪西林法慧寺，宋僧法言建，東坡題額，秦觀爲記。

桂芝館。在臨安縣北舊治南。唐大中時建，咸通間天降桂子及瑞芝，因名。

借竹軒。在錢塘縣吴山舊瑞龍院傍。宋秦觀曾宿軒中，夢天女以維摩像求贊。又學士軒，在保叔塔右。元集賢學士黄溍遊杭〔五〕，僧某築此舍之。

吴慶忌故宅。在仁和縣倉橋之東，即豐儲倉基。按郎瑛七修類稿載，褚家塘土地祠掘得古碑，云瓊花園即慶忌舊宅。是慶忌宅當在城内，今志有稱在錢塘門外霍山者，乃慶忌塔，非宅也。

張道陵故宅。在於潛縣天目山南峭壁間，闊五丈，高二百餘丈，即漢張道陵隱室。傍有張公小舍，相去半里，登者捫蘿而入，可坐數人。其西麓爲洪載宅。

申屠蟠故宅。在富陽縣西南申屠山。時蟠晦黨錮之名，結廬於此，今其子孫家焉。又許彧宅，在桐洲。謝絳宅，在小隱山，子景初、景温築書室山半，今雙松尚存。

諸葛起故宅。在餘杭縣岑山。又吴筠宅，在石室洞。

郭文故宅。在臨安縣臨安山南。水經注：宅傍山面谿，東有文墓。晉建武元年，文自王導西園逃此而終。

許邁故宅。在臨安縣天目山下。邁修真之處，址尚存。

褚遂良故宅。在府城内褚家塘。相傳遂良故宅在此。

褚無量故宅。在海寧州西。寰宇記：無量家近臨平湖，年十二時，湖中龍鬭，傾里巷觀之，無量晏然不動。

羅隱故宅。在新城縣東五里雞鳴山下。後爲東白禪院。又有凌準宅，在縣西五里。

岳飛故宅。在府治北。宋紹興中改爲太學，元改建爲肅政廉訪司，即今按察司治。相傳飛被害時，有幼女挾銀瓶投井死。今有銀瓶井，在司左側。

韓世忠故宅。在仁和縣。有二，一在清湖橋西，一在新莊橋西，又有別業在縣西馬塍，名梅莊園。有静樂堂、清風軒，皆宋高宗御書。

楊沂中故宅。在府城内清湖洪福橋。引湖水以環之，中有風雲慶會閣。又宋沈崧宅，在北關。郎簡宅，在府城北。徐復宅，在萬松嶺。鮑當、周輝宅，俱在清波門。喬行簡宅，在吴山之陽，後捨爲寶奎寺。元貫雲石宅，在鳳凰山下。黄公望宅，在筲箕泉側。王蒙宅，相近黄鶴山，因號黄鶴山樵。

張九成讀書臺。在海寧州東菩提山上。相近有晉干寶故居。又臨安縣有分經臺，在東天目山，梁昭明分梵本金剛經處。晝錦臺在縣治旁，錢武肅王築。昌化縣有捲雪臺，在中洲南屏之麓，宋淳熙六年建。

吴越王里。在臨安縣南石鏡鎮。錢鏐以平董昌功，昭宗名其鄉曰廣義，里曰勳貴。

東坡庵。在錢塘縣西北六里。咸淳志：蘇軾於六一泉之後，鑿巖築室，自名曰東坡庵。

馬塍。在錢塘縣西。有東、西馬塍，在溜水橋北，以河分界。並河而東，抵北關外，爲東馬塍；河之西，有上泥、下泥二橋，爲西馬塍。吴越時，爲蓄馬之所，故名。土細宜花，南宋時，都城花卉皆出於此，每日市於都城。

鐵幢。在仁和縣南。咸淳志：吴越王厲强弩射潮，箭所止處，立鐵幢識之。

鐵井欄。在錢塘縣西南六和寺南。昔有蛟龍自井而出，攻損江岸，錢氏鑄鐵欄以鎮之，刻八卦於上，以象八方。

梁昭明放生碑。在臨安縣西北石屋嶺石函内。字剥蝕不可讀。又洗眼池，在天目山，泉出巖罅，相傳昭明以洗目。蘇軾詩「問龍乞水歸洗眼」，即指此。

## 關隘

北新關。在仁和縣北武林門外十里。商旅輻輳，附關有橋。明成化中，設户部分司駐此。本朝初，遣滿漢部員監督，後令巡撫管理。雍正七年，歸織造兼管。乾隆五十八年，仍歸巡撫兼管。

南新關。在仁和縣候潮門外。明成化中建，設工部分司駐此。本朝雍正七年，歸織造兼管。乾隆五十八年，仍歸巡撫兼管。

東新關。在仁和縣東北艮山門外十里。有橋，舊建敵樓，爲扼要處。

觀山關。在富陽縣治東。明洪武十九年置關，杭州衛撥軍戍守，尋革。

獨松關。在餘杭縣西北獨松嶺上。詳見山川。

白沙關。在於潛縣西北。其東又有桐嶺關，俱接昌化縣界。

千秋關。在於潛縣西北千秋嶺上。北接安徽寧國境。宋南渡後，置戍守。元至正間，董摶霄拒賊於此。今亦爲要害。

豪千關。在於潛縣西北六十里天目西麓。又東有孔夫關，路通孝豐及安徽寧國縣。又有西關，在西天目東麓。東關，在東天目西麓，路出孝豐。

蘆嶺關。在昌化縣東十里。路出於灊，爲往來衝要之地，明崇禎末築寨於此。其南又有陽嶺關。

昱嶺關。在昌化縣西昱嶺山下。明太祖克徽州，道出昱嶺，取建德路，即此。

千頃關。在昌化縣西北七十里。又馬頭關，在縣西北九十里。相近又有嶠嶺關，俱安徽寧國、績溪兩縣往來衝要之路。

黄花關。在昌化縣北六十里，與安徽寧國縣接界。最稱險要之地。

西溪鎮。在錢塘縣西北二十七里。又安溪鎮，在縣西北五十里。明洪武中設西溪及安溪奉口税課司，本朝因之。又有船廠，在縣北二十五里板橋，明嘉靖中建。

江漲橋鎮。在仁和縣北九里。有橋跨官河，明洪武中設税課司。又有城北税課司，在縣東北艮山門内。城南税課司，在鳳山門外。本朝因之。

臨平鎮。在仁和縣東北四十里。唐置臨平監，明置横塘臨平税課司，本朝因之。

德勝橋鎮。在仁和縣東北六里。本名堰橋，宋建炎中韓世忠敗苗傅、劉正彦於此，因改名。舊有遞運所，在橋東。

塘棲鎮。在仁和縣北五十里，與湖州府德清縣接界。明設郡佐駐此，今有巡司，爲商民輳集處。

湯鎮。在仁和縣東少北五十里，與海寧州接界。宋蘇軾嘗開湯村運河，今城東前後沙河皆達湯鎮，接蕭山縣赭山海口，有鹽課司駐此。

長安鎮。在海寧州西北二十五里，與仁和縣接界。舊爲運道所經。宋德祐二年，元巴延軍至長安鎮，進屯臯亭山，其後設税課務並置驛於此。明初改税課局，嘉靖中驛廢，今爲商旅聚集、舟車衝要之地，有州判駐此。「巴延」改見山川門臯亭山註。

硤石鎮。在海寧州東北五十里，與秀水、桐鄉二縣接界。元置税務於此，明初改税課局，兼置河泊所。

石墩鎮。在海寧州東南六十里。明洪武中自硤石鎮徙巡司治此。嘉靖中築土城，爲戍守重地。本朝初裁巡司。

閑林鎮。在餘杭縣東南十八里。有閑林塘，宋時置閑林酒庫。明初鄧愈略臨安，破張士誠兵於閑林寨，即此。

石瀨鎮。在餘杭縣東北三十五里。宋時有酒庫，並設巡司，明因之，本朝初裁。

青山鎮。在臨安縣東十五里青山下。元置桃花務，明置税課司，正德中廢。

石鏡鎮。在臨安縣南二里有奇。唐乾符五年，邑人董昌以土團討叛將王郢有功，補石鏡鎮將，錢鏐爲石鏡都知兵馬使。光化二年，改石鏡鄉爲廣義鄉。

西墅鎮。在臨安縣西四里保錦坊。宋末嘗爲縣治，元末燬。明初設税課局，正德中廢。

東安鎮。在新城縣東，近富陽縣界。通鑑：唐光啓三年，錢鏐爲杭州刺史，遣東安都將杜稜等將兵討薛朗。九域志：新城縣有東安鎮。縣志：今縣東去富陽四十五里，富陽嘗置東安郡，故鏐以此名鎮。

手窐嶺鎮。在昌化縣西三十里。舊志：巡司在嶺上，元末移於縣西南株柳村，明移置於湛村，仍曰窐口巡司，後廢。

武林驛。在府治東南四里。明洪武七年置，有驛丞，今裁。

吴山驛。在府城北武林門外。明洪武九年置，有驛丞。本朝乾隆二十一年，裁歸江漲務大使兼理。

浙江驛。在錢塘縣南十里龍山閘左。明洪武中置驛丞，本朝乾隆二十一年裁歸城南務大使兼理。

會江驛。在富陽縣觀山東。宋嘉定中，建於通濟橋。明洪武三年徙置，以據閩、廣、江、浙之會，故名。有驛丞，今裁。

范村市。在錢塘縣南，瀕浙江。爲富陽及嚴、衢通道。

留下市。在錢塘縣西北。地形爽塏，宋南渡將築行宫於此，高宗覽圖曰：「且留下。」後遂以此名。

黄灣市。在海寧州東六十里。宋時置寨，明嘉靖中築土城，今廢。

漁山埠。在富陽縣東三十里。明初設税課局於觀山東，成化間移此，總富陽、新城商税，後革。

湯家埠。在富陽縣西南二十里。明初設河泊所，後廢。

許村場。在海寧州西四十五里。東北至長安鎮三十里。又西路場，在黄灣市。俱有鹽課司。

## 津梁

錦雲橋。在府城内。宋名六部橋，元名通惠橋。西湖遊覽志：東通候潮門，大河之水自龍山閘入鳳山水門，從南而北，首過此橋。

通江橋。在府城内。本名慶元橋。宋淳熙二年，漕臣趙蟠老欲於通江橋置版牐，即此。

望仙橋。在府城内，跨大河上。宋史河渠志：隆興二年，守臣吴芾言，望仙橋以南至都亭驛一帶地勢高峻。遂自望仙橋以南，開河至都亭驛，以通徹積水。

登雲橋。在府城内。舊名西橋。貢院在其北，取登青雲之義，故名。

西湖六橋。在錢塘縣西湖蘇隄上。宋蘇軾建，曰映波、鎖瀾、望山、壓隄、東浦、跨虹，凡六。又裏湖亦有六橋，明正德中知府楊孟瑛建，曰環璧、流金、卧龍、隱秀、景行、濬源。

玉帶橋。在錢塘縣金沙港。本朝雍正九年，督臣李衛通裏湖六橋路，築隄三十六丈，中建石橋，覆亭於上。又有西泠橋。

俱見本朝乾隆十六年高宗純皇帝南巡題董邦達西湖畫册御製詩。

斷橋。在錢塘縣孤山側。本名寶祐橋，唐時呼爲斷橋，張祜詩「斷橋荒蘚合」。一稱段家橋。又涵碧橋，在西湖，宋建，陳堯叟爲記。處士橋，在孤山林和靖故居前。本朝乾隆十六年高宗南巡，有御製出錢塘門由段橋至聖因寺即景近體二律詩。

諸橋。在錢塘西南二十餘里。富陽諸山之水由此入江，爲濱江要路。又有徐村橋，通富陽驛道。本朝雍正五年，改木橋爲石。

拱辰橋。在仁和縣北新關外。西湖、苕溪諸水匯流於此。明末建，後圮。本朝雍正四年重建，乾隆四十年修，並近橋一帶塘路均加修葺。

桂芳橋。在仁和縣東北六十里永和鄉。明統志：舊名茅橋，宋時里人徐宣與弟寅、垓同太學生數十人伏闕上書，攻賈似道，後昆季皆第進士，垓居榜首，鄉人榮之，因名桂芳。

勝安橋。在海寧州東，跨市河。宋建。一名昇仙橋。

海昌橋。在海寧州東南一里。隋大業二年建，跨城南小河。

恩波橋。在富陽縣治西。舊名莧浦，宋嘉定中改名。明嘉靖間易以石，更名永濟，長百餘丈。

望仙橋。在富陽縣南三里。世傳董雙成於此昇仙。

秦望橋。在富陽縣西北隅。咸淳志：秦始皇嘗昇此橋，故名。

通濟橋。在餘杭縣治東，跨苕溪。漢熹平中建。舊名隆興，五代改名安鎮。明初易木以石，袤二十五丈。又縣北蓮花橋，熹平二年建，夏月池蓮盛開，故名。

部伍橋。在餘杭縣東三里。橋北有部伍亭，舊傳吴凌統募兵於此，故名。

丁公橋。在餘杭縣西八里，跨山澗。梁天監初丁遵爲臨安令，後築室隱居，爲橋於此。

竹林橋。在臨安縣西三里。南北諸山夾峙，有九水合流於此。

惠泉橋。在於潛縣治西浮溪上。宋建，舊名浮溪。

飛來橋。在於潛縣西岸崿山半。鑿崖嵌石，下臨深淵，勢若飛動，故名。

雙江橋。在新城縣東二里雙江口。

歲寒橋。在新城縣北五里松溪上。宋紹聖初建。

長春橋。在昌化縣東一里。舊名光化橋。

## 隄堰

海塘。在海寧、仁和兩縣交界〔六〕。唐書地理志：鹽官縣有捍海塘隄，長二百二十四里。開元元年，重築。宋史河渠志：嘉定十二年，臣僚言：「鹽官去海三十餘里，舊無海患，鹽竈頗盛。去歲海水泛漲，沙岸潰裂，浸入鹵地，今潮勢深入，逼近居民，乞下浙西諸司，條其築捍之策。」十五年，浙西提舉劉垕言：「鹽官東接海鹽，西距仁和，南瀕大海，元有捍海古塘，亘二十里。今東西並淪，止存中間古塘十餘里，宜築土塘以捍鹹潮。所築塘基址，在縣東近南則爲六十里鹹塘，近北則爲袁花塘。在縣西近南，亦曰鹹塘，近北則爲淡塘。當東就袁花塘，西就淡塘修築，可禦縣東鹹潮盤溢之患。」元史河渠志：大德三年，塘岸崩。延祐六年，陷地三十餘里。泰定四年，衝捍海小塘，壞州郭四里。因建議沿海三十餘里下石囤木櫃爲隄。天曆元年，海岸沙漲，東西長七里餘，南北廣或三十步，或數十百步，漸見南北相接，石囤木櫃並無傾圮。於是改鹽官州曰海寧州。通志：明洪武迄萬曆海凡五變，塘凡五修。本朝康熙三年，颶風海溢，修築石塘，並尖山石隄五千餘丈。五十四年，風潮陡發，塘潰，乃築海寧老鹽倉北岸石塘，又開中小亹淤沙，以復江海故道。雍正三年、十一年、十三年，屢以寧邑塘工重大，命大臣察勘定議，發給重帑，興建鉅工。乾隆二十七年、三十年、四十五年、四十九年，高宗純皇帝四次南巡，躬親閲視，不惜數百萬帑金，興建修築，爲海濱生民計安久遠，洵爲萬世永賴之至計。謹考高宗純皇帝御製集，二十二年有閲海塘作詩一首。二十七年有觀海塘誌事、閲海塘疊舊作韻、題土備塘及塘上四首諸詩，又閲海塘記文一首。三十年有命建海寧縣城石塘前坦水石及塘上三首、閲海塘再疊舊作韻諸詩。四十五年有閲海塘三疊舊作韻詩，命老鹽倉上下相地仍建石塘詩以誌事詩。四十九年有閲海塘四疊舊作韻詩，命於新建石塘尾柴塘内接築石塘越范公塘直抵烏龍廟即以范公塘爲外護之土塘詩以誌事詩。按：浙江海潮經由之門户有三，在龕、赭兩山之間曰南大亹，在禪機、河莊之間曰中小亹，在河莊之北、海寧海塘之南者曰北大亹。惟中亹南北適中，潮行可保無事，而其地狹隘，不徙而南，即徙而北。近來南岸沙壅，潮不輕至塘根。北岸海塘自錢塘之江塘起，至江南金山界，袤延三百餘里，跨連錢塘、仁和、海寧、海鹽、平湖五州縣界。乍浦諸山，突出海口，南與鹽邑之秦駐山相對。山趾角張，潮不得展，海鹽塘工遂有坍潰。迨尖山一束，激起潮頭活土浮沙，難施樁橛，仁、寧二屬在在皆屬險工。高宗純皇帝御極之初，命閣臣總理塘務，繕柴塘，築石壩，修盤頭，加簍坦，改建百里魚鱗大石塘。壬午三月，高宗純皇帝莅浙，親詣海寧尖山，周圍相度，於老鹽倉一帶舊柴塘四千二百餘丈，諭令疆吏力繕，定歲修以固塘根，置坦水石簍以資擁護，於尖、塔兩山之間海塘扼要關鍵，所有石壩改築條石。乙酉春，宸輿再莅閲視，以海寧繞城大石塘五百三十餘丈，係全城保障，添建三層條石坦水。至庚子春，高宗三巡，並於老鹽倉一帶柴塘之内添築石塘四千餘丈，爲一勞永逸之計。甲辰春，石塘工竣，親臨閲視，並命添築迤南一帶石塘。仰見大聖人旰食宵衣，精詳籌畫，數十年來，金隄兀峙，鞏固億年，太平清晏之庥，永無極矣。

江塘。在錢塘、仁和兩縣境。水經注：錢塘記曰：防海大塘在縣東一里許，郡議曹華信家議立此塘以防海水。始開募有能致一斛土者即與錢一千，旬月之間，來者雲集。塘未成而不復取，於是載土石者皆棄而去，塘以之成，故名錢塘。咸淳志：江挾海潮爲杭人患，其來已久。梁開平四年，錢武肅王始築捍海塘，在候潮、通江門之外，潮水晝夜衝激，版築不就，因命强弩數百以射潮頭，既而潮水避錢塘東擊西陵，遂造竹絡積巨石，植以大木，隄岸既成，久之乃爲城邑聚落。舊志：宋大中祥符五年，浙江潮逼州。七年，發運使李溥用錢氏舊法，實石於竹籠，倚疊爲岸，固以椿木，環亘可七里。景祐四年，轉運使張夏作石隄十二里。慶曆六年，漕臣杜杞復築錢塘隄，起官浦至沙涇。又俞獻卿知杭州，鑿兩巖作隄，長六十里。皇祐中，漕臣田瑜疊石數萬爲龍山隄。政和七年，知杭州李偃言，湯村、巖門、白石等處，請用石砌疊。從之。乾道九年，復修築廟子灣石巖。嘉熙二年，江決，守臣趙與懽於近江處所先築土隄於內，更築石塘，水復其故。明洪武十年，江水大溢，特命修築。成化八年，江決，乃命工部侍郎李顒相度經理〔七〕，隄岸一新。自後淺河漸積，江潮稍緩。本朝康熙四十年、五十五年及乾隆年間，屢加修築。按：錢塘係秦縣〔八〕，至唐時始名錢塘，漢後諸史地理、州郡志中所載甚明。方輿紀要謂唐以唐爲國號，因加「土」爲「塘」是也。水經注所引錢塘記，乃紀築之始，與縣之得名及改名無涉。至五代錢氏之捍海塘，亦止修築，並非創始。咸淳志乃謂隄岸既成，久之乃爲城邑聚落，竟似杭之爲杭，方從此始，未免沿訛，因爲訂正於此。

南湖塘。在餘杭縣西二里。後漢熹平二年，陳渾築，唐、宋修治，元、明增築。本朝康熙元年，縣令宋吉士於滚壩上更築輔壩，廣袤高厚與滚壩等。十九年，復濬縣境塘堰、陡門及壩凡九十餘處。乾隆三十二年又濬，並加設堰閘，更資蓄洩。

官塘。在新城縣北五里。堰水溉田有九澳，唐永淳元年開，宋、元俱修治，明嘉靖中復濬。

湖塘。在昌化縣東南五里。又雲老大塘，在縣南十里。泥畠坡塘，在縣東五里。赤源西塘，在縣南十五里。俱明洪武間濬。縣境塘堰，凡七十餘處。

春江隄。在富陽縣南臨江。自莧浦至觀山，三百餘丈，皆壘以石。唐登封六年，令李濬築。歲久圮。明正統四年，令吴堂重築，民感其惠，名吴公隄。

曹家堰。在仁和縣東北臨平鎮南。其地有曹家渠，腴田數千畝，去海僅數里，屢遭漂没，因於運河之底甃石爲筧，溢則洩於下河，歷代修葺。

長安堰。在海寧州西北長安鎮。宋時建，至正七年復置新堰於舊堰之西，今名長安壩，旁有三閘。

莊婁堰。在海寧州西北三十里長安鎮北。元至大二年建石橋於上，長四十丈，其堰開而不閉，以通苕溪水。

白石堰。在富陽縣南五里。北瀕大江，剡浦之水自龍門來，二十七里爲白石、新壩二堰，遏於下流，溉環山田無算。又縣境壩堰凡八十餘處，皆灌溉民田，爲利甚溥。

千秋堰。在餘杭縣東南二里。唐會昌中建，後廢。宋景德中，令章得一復置，以防苕溪泛溢。

上横堰。在臨安縣南。灌雙溪田。縣境塘堰多至百有餘處，皆資苕溪支委之利。

塔山堰。在新城縣西二里。明天順間，郡守胡濬鑿溝引水入城濠，至南門置閘，放水至縣東雞鳴山入溪。今名胡衕壩。

劉公堰。在新城縣西五里魚池山下。明永樂十年，縣令劉秉開築。

天柱堰。在新城縣西十里天柱山下。明萬曆初築。

新堰。在新城縣北八里金井潭。唐末杜稜創築，導水入濠，分流灌田，大爲民利。

東關埭。在於潛縣治東。發源天目，流入洗馬埭。舊志：於潛最磽确，春潦夏涸，每鄉置埭堰陂塘〔九〕，凡數百處。

化灣閘。在錢塘縣西北。接上塘爲苕溪下流，宋淳熙中建，明萬曆中重築。

石函橋閘。在錢塘縣西北錢塘門外。西湖漲溢則開此閘，瀉水於下湖。唐白居易有石函記。

龍山閘。在錢塘縣南十里浙江驛龍山口。瀕江有上下二閘。迤北爲跨浦閘，有壩，去縣五里。又北爲渾水閘。又北爲清水閘。

清湖閘。在仁和縣北武林門外二里。有上、中、下三閘，相去各二里。

小林閘。在仁和縣東北。其相近有小林大閘，明天順中重築，溉田數千頃。

臨平閘。在仁和縣臨平鎮。亦名臨平陡門閘，明末塞，本朝康熙十年重開濬。

永昌壩。在仁和縣東永昌門外。南通錢塘江。

德勝壩。在仁和縣東北武林門外五里。其東有石灰壩，壩旁有鎮，有閘。

雋堰壩。在仁和縣東北五里艮山門外。有閘。

南鍾壩。在海寧州北。東屬海寧，西接桐鄉，北通太湖，明末填塞，本朝順治二年復修築。

## 陵墓

### 漢

孫鍾墓。在富陽縣陽平山。

### 三國 吴

孫策墓。在富陽縣亭山。

暨豔墓。在餘杭縣由拳山東。吴志：豔字子休，吴郡人。爲選曹尚書。

凌統墓。在餘杭縣西北六十里。

晉

杜子恭墓。在錢塘縣北。南史：齊孔靈産東過錢塘北郭，於舟中遥拜之。

陳項墓。在仁和縣臯亭山下。咸淳志：項，會稽人，仕東晉，嘗使北，羈留三年，仗節不屈。歷青、揚、荆、廣四州刺史，葬於臯亭山，因廟焉。

郭文墓。在臨安縣西南十五里郭山上。

隋

陸知命墓。在富陽縣西。

吴筠墓。在餘杭縣天柱山西麓。

唐

褚無量墓。在仁和縣臨平山。

許遠墓。在海寧州東北五十里洛塘。唐大曆二年遠子玫招魂葬此。

## 五代

吳越王錢鏐墓。在臨安縣東安國山。又文穆王元瓘、忠獻王弘佐墓在錢塘縣龍山。

羅隱墓。在錢塘縣定山鄉。

杜稜墓。在新城縣北三里官塘。又有祠，在縣西。稜，新城人，武肅討董昌，昌乞師淮南，淮南勇將田頵、安仁義率衆攻東安，稜憑城自守，隨機應敵。累官潤州刺史。

孫陟墓。在新城縣南五里百丈村。有祠，在縣南。陟，新城人，仕錢氏爲尚書，任常州防禦，調兵督戰，歿於陣。

## 宋

林逋墓。在錢塘縣孤山陰。本朝雍正九年重修。

胡則墓。臨安志：在錢塘縣風篁嶺之麓，范仲淹作墓誌銘。則，永康人，仁宗時再守杭，有惠政，移葬於此。建炎間，以滅方巖賊有神應，敕建廟，封爲顯應墓。

儀王仲湜墓。在錢塘縣西湖顯明寺。宋二帝北狩，六軍欲立王，王仗劍却之，高宗嘉歎。卒葬此。

周格墓。在錢塘縣北山。咸淳志：格，處州人，爲浙西提刑。建炎元年，討叛卒陳通，與子肇丕俱遇害，敕葬此地，其子祔焉。

宗澤墓。在仁和縣臨平鎮宗家橋。

岳飛墓。在錢塘縣棲霞嶺。初瘞九曲叢祠，孝宗復飛官，以禮改葬今處。子雲死時年二十三，亦以禮附葬，贈安遠軍承宣使。墓木枝皆南向。又張憲墓在東山衖口。牛皐墓在劍門關畔。本朝乾隆十六年，高宗純皇帝南巡，有御製題岳武穆墓詩。

劉錡墓。在錢塘縣南。咸淳志：在定山北鄉，敕賜功德院，額曰「旌忠」。

朱弁墓。在錢塘縣西湖智果寺後積善峯下。弁卒於臨安府白龜池之寓舍，遺命歸葬不果，權厝西湖智果院。後四十年，其從孫熹官浙中，葬積善峯下。

洪皓墓。在錢塘縣葛嶺，有祠。

張九成墓。在海寧州西五里。

陳剛中墓。在錢塘縣風篁嶺沙盆塢。

洪咨夔墓。在於潛縣北三十五里。

濟王竑墓。在錢塘縣西九里松東。

李宗勉墓。在富陽縣小隱山。

章鑑墓。在昌化縣南二十五里。鑑，昌化人，嘉定進士，端平時爲講官，兼掌内外制，極論時相專政蠹國，乞罷職。

趙景緯墓。在於潛縣北五里唐公山。

徐應鑣墓。在錢塘縣方家峪。明弘治八年建祠祀應鑣及其子琦崧、女元娘，額曰「忠節」。

陳文龍墓。在錢塘縣西智果寺旁。文龍於德祐末北兵入閩不屈，生縛至杭，病卒，葬之次日即生竹，竹俱有刺，人不能登，衆謂忠義所感。

## 元

葉李墓。在富陽縣東北謝墓碑灣。

張雨墓。在錢塘縣靈石山玉鈎橋。雨字伯雨，錢塘黄冠，工書善詩歌，文益奇古，嘗修茅山志，因號句曲外史。

丁鶴年墓。在錢塘縣清波門外。

陳斗龍墓。在昌化縣西四十里義干山。

貢師泰墓。在海寧州黄岡湖塘里。

## 明

鄒濟墓。在餘杭縣南鳳山。子幹祔。

于謙墓。在錢塘縣西十二里三臺山麓。明成化二年，建祠曰旌功。每秋月杭人蠲潔於祠中祈夢最驗。

王琦墓。在錢塘縣仙芝嶺。

祝萃墓。在海寧州東妙果山。

胡世寧墓〔一〇〕。在錢塘縣五雲山岡。

邵鋭墓。在仁和縣東北超山。

邵經邦墓。在錢塘縣玉泉山左。

許相卿墓。在海寧州妙果山。

方廉墓。在新城縣西天柱山下。

徐石麒墓。在海寧州妙果山。

張煌言墓。在西湖西泠橋南屏山麓。

本朝

吴涵墓。在仁和縣臯亭山之佛日塢。

陳斆永墓。在錢塘縣慈雲嶺。

許文岐墓。在錢塘縣三台山。

高咸臨墓。在錢塘縣玉泉山。

項景襄墓。在錢塘縣北高峰下。

黄機墓。在錢塘縣靈鷲山。

嚴沆墓。在錢塘縣西山之麓。

徐旭齡墓。在錢塘縣荆山。

徐潮墓。在錢塘縣小和山。

徐本墓。在錢塘縣茶坊嶺。

董邦達墓。在富陽縣包圻山。

楊雍建墓。在海寧州峴山。

## 祠廟

海神廟。在海寧州南門。本朝雍正七年建，世宗憲皇帝御製碑文，並書「福寧昭泰」扁額。乾隆二十七年、三十年、四十五年，高宗純皇帝三次臨幸，有御製瞻禮海神廟詩、御製浙海神廟碑文，并御書「保障東南」、「澄瀾保障」扁額。又有潮神廟，在小尖山之麓。康熙六十一年，敕封運德海潮之神。乾隆二十七年，高宗純皇帝臨幸，御書「恬波孚信」扁額。又有風神廟，乾隆四十五年，御書「揚和厎績」扁額。四十九年，御製老鹽倉一帶魚鱗石塘成命修海神廟謝貺並成是什誌慰用壬午觀海塘誌事詩韻詩、謁海神廟瞻禮三疊舊作韻詩。

英衛公廟。在府城内吴山。古名胥山廟，祀吴伍員。唐景福二年封廣惠侯，宋時賜額忠清，累加封號。本朝雍正三年，敕封英衛公，歲時致祭。乾隆十六年，高宗純皇帝御賜「靈依素練」扁額。

忠節祠。在府城内寶月山下。祀吴伍員、唐褚遂良、宋岳飛、明于謙。

兩浙名賢祠。在錢塘縣孤山之陽。祀漢嚴光、唐陸贄、宋林逋、趙抃、王十朋、吕祖謙、張九成、楊簡、明宋濂、王琦、章懋、陳選。

嚴先生祠。在富陽縣觀山。祀嚴光。

皇甫君祠。在於潛縣東戴石村。祀漢皇甫嵩。

陸司空廟。在海寧州治東。祀吴陸遜。

三賢祠。在昌化縣儒學左。祀晉許邁、唐羅隱、宋蘇軾。

昭忠祠。在府城内忠清里。祀唐褚遂良。其地即遂良故居，舊有祠，明成化中入祀典。

東平忠靖王廟。在府城内秀義坊。宋建炎二年建，祀唐張巡。又有廟在富陽縣恩波橋西。

許公廟。在海寧州治西。祀唐許遠。

雙仁祠。在海寧州治西北。祀唐顔真卿，以其從兄杲卿配。

嘉澤廟。在仁和縣涌金門北城下。祀唐李泌。宋嘉定五年敕額。按：嘉澤廟有三，一在安東橋東香餅園巷，亦祀泌；一在錢塘門外，祀錢塘龍君。

四賢祠。在錢塘縣孤山。初杭人祀唐白居易於竹閣，後增宋林逋、蘇軾，名三賢堂。紹興後廢，徙寄水仙王廟廡後。明正德中復建，增祀唐李泌，爲四賢祠。

陸宣公祠。在錢塘縣孤山之陽。祀唐陸贄。本朝乾隆十六年，高宗純皇帝宸輿經過，賜「内相經綸」扁額，有御製五言詩一首。二十七年、四十五年皆有御製題陸宣公祠詩。

石姥祠。在仁和縣東北。晏殊輿地志：祀唐石瑰。瑰嘗築隄捍潮，功未就死於海，咸通中立廟，封潮王。

錢武肅王祠。在錢塘縣涌金門外。舊名表忠觀，在縣南龍山。宋熙寧中，趙抃建，祀吴越錢氏諸王，蘇軾撰碑文。元廢。明嘉靖中，以靈芝寺改建祠。本朝康熙四十四年，聖祖仁皇帝御書「保障江山」四字勒石。雍正四年，敕封誠應武肅王，重建。乾隆十六年、二十二年、二十七年、三十年、四十九年，高宗純皇帝五次臨幸，俱有御製表忠觀詩，並賜「忠順遺庥」扁額。

昭節廟。在錢塘縣保安坊。其神曰喬亢、陸執，仕周爲殿侍三班，宋祖受禪，亢、執閉門拒之，太祖自他門入，二人自殺，命祠祀之。南渡復立廟於杭。後祐護郡城火災，事聞，孝宗賜額「昭節」。

昭貺廟。在仁和縣渾水閘東。祀宋張夏。夏景祐中爲兩浙漕使，作石隄捍江，人感其功，立祠隄上。本朝雍正三年，敕封静安公，春秋致祭。又安濟廟，在錢塘縣馬坡街。亦祀夏。

正學祠。在富陽縣北三十五里。祀宋周、邵、二程、張、朱及明薛、胡、陳、王十先生。

三忠祠。在仁和縣豐樂橋東。祀宋高永能、景思誼、程博古三忠，皆元豐五年死事銀州。

靈衛廟。在錢塘縣西北慶忌塔後。祀宋縣令朱蹕及尉曹將金勝、祝威，皆建炎三年力戰死難者。

安化王祠。在海寧州三管墩，去縣五十里。祀宋王稟。稟，青州人，守太原，金兵破城，赴水死。高宗賜其家孫沆第於鹽官，爲立祠。明天啓中，移建州東偏。

岳忠武王廟。在錢塘縣棲霞嶺墓側。宋孝宗時，以舊智果院建祠，曰褒忠演福寺。元曰精忠廟，明曰忠烈。本朝屢加修葺，歲時致祭。乾隆十六年，高宗純皇帝宸輿經過，賜「偉烈純忠」扁額，並御製七言詩一首。二十二年、二十七年、三十年、四十五年，俱有御製岳武穆祠詩。

忠烈祠。在仁和縣衆安橋南。祀宋封繼忠侯岳雲、烈文侯張憲。又翊忠祠，在忠烈祠西，祀宋施全、劉允升。全殿司小校，憤秦檜，手刺之，不遂，磔於市。允升建州布衣，聞岳飛被逮，詣闕訟冤，檜怒，下棘寺論死。因並祀之。

洪忠宣祠。在錢塘縣葛嶺。祀宋太師洪皓。皓自使金歸後，賜第西湖葛嶺，遂建祠焉。久圮，本朝雍正九年重建。

四賢祠。在富陽縣觀山。本宋雙明閣，祀宋陸九淵、楊簡。明嘉靖中，復以韓邦奇、焦煜同祠。

龜山祠。在餘杭縣治南。祀宋楊時。時知縣事，去官，立祠以祀，舊名龜山書院。

姚開府祠。在新城縣西北三十里。祀宋姚興。

耿侍郎祠。在新城縣北二里。祀宋縣令耿秉。

朱行人祠。在錢塘縣九里松。祀宋朱弁。

褒忠祠。在錢塘縣學東。明萬曆二年建，祀建文時死事王叔英、方孝孺、程本立、陳性善、盧原質、戴德彝、龔泰、卓敬、盧迥、劉璟、鄭恕、鄭華、鄭公智、林嘉猷十四人，皆浙人。按：是時浙人中死事諸臣尚有楊在、向樸、葉惠仲、韓永，士民有黄墀、陳子方。其隱遁而死者，職官有梁田玉、良玉、良用、中節，士民不知姓氏者有台州樵夫、樂山樵夫、雲門僧、若耶溪樵、王山樵者，俱於本朝乾隆四十一年分别賜謚入祠。

忠肅祠。即旌功祠，在府城内。祀明于謙。本朝乾隆十六年敕賜「丹心抗節」扁額。

忠節祠。在府城内按察司署内左偏。祀明按察司王良。

同仁祠。在仁和縣武林坊。祀明都御史孫燧、兵部尚書胡世安、新建伯王守仁。

勳賢祠。在錢塘縣正陽門外玉龍山。祀明王守仁。祠爲南齊天真禪院廢址，故初名天真精舍，萬曆年間賜名勳賢。本朝乾隆十六年，賜御書「名世真才」扁額。

數峯閣。在錢塘縣孤山。舊廣化寺基，祀明末死事倪元璐、施邦曜、凌義渠、周鳳翔、陳良謨、吴麟徵六人，皆浙人。

范公祠。在錢塘縣孤山麓。祀本朝浙江巡撫范承謨。

賢良祠。在仁和縣學西。本朝雍正十三年建，祀浙江總督李之芳、巡撫趙申喬等有功封疆者。

## 寺觀

海會寺。在府城内吴山。吴越時建，本朝雍正九年重修，御書「寶月清光」扁額。

雲居聖水寺。在府城内雲居山。宋建雲居寺，元建聖水寺，明併爲一，賜額。

永壽寺。在府城東園。舊名永壽庵，本朝康熙四十三年敕賜額。

潮鳴寺。在府治東北。吴越時建，舊爲歸德院，宋高宗幸寺，夜聞潮聲，因賜額。

仙林寺。在府城内安國坊。宋紹興年間建。

相國寺。在府城内淳祐橋東北。南齊建，唐時燬爲鄭景宅園，景雲初，復爲寺，值睿宗由相王即位，賜名相國。

慈雲寺。在府城内羊市巷。唐李泌興元二年開井，建寺名甘露，宋大中祥符年間改賜額。

天長浄心寺。在府城内竹竿巷。吴越時建，舊名天長，宋祥符初改賜今額。

大佛寺。在錢塘縣西北寶石山麓。宋宣和中建，僧思浄鐫石佛半身，名大石佛院。明永樂間改今名。本朝乾隆三十年、四十五年，高宗純皇帝臨幸，有御製大佛寺題句。

聖因寺。在錢塘縣孤山南，即江、浙臣民所建聖祖仁皇帝行宫。雍正五年改寺，恭奉聖祖神御龍牌，御書「聖因寺」額，及「澤永湖山」、「慈雲徧覆」扁額。乾隆十六年，高宗純皇帝南巡，就寺址界爲二，復建行宫，御書寺額曰「超諸有境」。二十二年、二十七年、三十年、四十五年、四十九年，俱有御製詣聖因寺瞻禮皇祖神御殿詩。二十七年、四十九年，俱有御製澄觀齋詩。又二十七年詩注云：「澄觀齋，皇祖御筆，聖因寺中精舍也。」嘉慶初，增奉高宗神御龍牌。

**浄慈寺**。在錢塘縣南屏山。吳越時建，號慧日永明院。宋南渡時，僧道容重修，塑五百阿羅漢，以田字殿貯之。本朝康熙三十八年，聖祖南巡，賜御書浄慈寺額。四十九年，有御製重修浄慈寺碑記，勒石寺中。乾隆十六年、二十二年、二十七年、三十年、四十五年、四十九年，高宗臨幸，俱有御製詩，並賜御書「正法眼藏」扁額。

**雲林寺**。在錢塘縣武林山。舊名靈隱寺，晉咸和間建。本朝康熙二十八年，聖祖南巡，敕賜雲林寺額。三十八年，聖駕再巡，有御製過鷲峯七言詩，御書「禪林法紀」額，並對聯一副。乾隆十六年，高宗純皇帝臨幸，御書額曰「鷲嶺龍宮」，曰「湧翠披雲」，有御製自韜光度竹逕至雲林寺及雲林寺二十韻、雲林方丈小憩諸詩。二十二年、二十七年、三十年、四十五年、四十九年，宸輿屢幸，皆有御製恭依皇祖靈隱寺詩韻詩、再遊雲林寺詩，復有靈隱寺用宋之問韻及再疊宋之問韻、又用李紳杭州天竺靈隱二寺詩韻、題靈隱寺諸詩。

**天竺寺**。有三：一在錢塘縣飛來峯南，曰下天竺寺。一在稽留峯北，曰中天竺寺，隋建，本朝康熙中御書「靈竺慈緣」扁額。一在北高峯麓，曰上天竺寺，吳越建，有大士像，水旱必禱。又有白雲堂。本朝康熙三十八年重修，雍正九年重建，俱有御製碑記。乾隆十六年、二十二年、二十七年、三十年、四十五年、四十九年，高宗純皇帝六次臨幸，俱有御製詩，又賜上天竺寺額曰法喜寺，中天竺寺額曰法浄寺，下天竺寺額曰法鏡寺，俱有御製詩。又有用白居易天竺寺七葉堂避暑詩韻及七葉堂口號諸詩。

**雲棲寺**。在錢塘縣五雲山西。吳越建。宋治平二年改名棲真院，後廢。明隆慶五年，僧袾宏結庵於此，掘地有碑，即古雲棲寺也。詳見袾宏自作寺記中。本朝康熙中，聖祖仁皇帝臨幸四次，有御書「棲雲」扁額，又賜「松雲間」三字，建亭崇奉，並御製詩二首。寺有大竹一竿，賜名皇竹，今建皇竹亭。乾隆十六年，高宗純皇帝臨幸，賜正殿額曰「香門浄土」，後殿額曰「修篁深處」，殿後有亭，額曰「悅性」，有御製雲棲及重訪雲棲即景雜詠諸詩。二十二年，有御製雲棲寺及雨中遊雲棲即景雜詠四首、再題雲棲寺諸詩。二十七年，賜「西方極樂世界」、「安養道場」扁額，有御製雲棲寺疊舊韻一首及坐雲棲寺靜室復得四絕句、再至雲棲題句諸詩。三十年，有御製遊雲棲得四絶句及雲棲寺再疊舊韻一律、再遊雲棲諸詩。四十五年，有御製遊雲棲七絶四首及雲棲寺三疊舊作韻七律一首諸詩。四十九年，有御製雲棲寺四疊舊作韻詩。

**清漣寺**。在錢塘縣玉泉山。吴越建，宋名玉泉寺。本朝康熙中賜今額。乾隆十六年重修，高宗純皇帝臨幸，有御製五言排律一首。二十二年、二十七年、三十年、四十五年，俱有御製清漣寺觀魚疊舊作韻詩。

**理安寺**。在錢塘縣西。吴越建，古湧泉禪院，亦名法雨寺，宋理宗改今名。本朝康熙五十二年重建，御書寺額。雍正中御書「慈悲自在」扁額。乾隆十六年，高宗純皇帝臨幸，賜額曰「樹最勝幢」，有御製七律一首。二十二年、二十七年、三十年、四十五年、四十九年，俱有御製詩及御書「識安心境」扁額。

**法雲寺**。在錢塘縣北。晉天福年間建。本朝乾隆二十七年，高宗純皇帝臨幸，有御製詩並賜「慈雲深處」扁額。

**昭慶寺**。在錢塘縣西湖上。吴越建，內有戒壇。本朝乾隆十六年，高宗純皇帝臨幸，賜御書「深入定慧」額。二十二年、二十七年、三十年、四十五年、四十九年，俱有御製詩。

**虎跑寺**。在錢塘縣大慈山。唐建，名廣福院。宋改今額。本朝雍正九年重修。寺外有虎跑泉，乾隆二十七年，高宗純皇帝臨幸，有御製雨中至虎跑寺詩三首。

**開化寺**。在錢塘縣南高峯下里赤山南。舊名六和寺，宋開寶中，建塔以鎮江潮，太平興國中改寺名。塔於本朝雍正十三年重建。乾隆十六年，高宗純皇帝臨幸，寺賜「浄宇江天」扁額，塔賜「初地堅固」、「二諦俱融」、「三明浄域」、「四天寶網」、「五雲扶蓋」、「六鼇負戴」、「七寶莊嚴」七扁額，有御製開化寺及開化寺再作、登六和塔作歌諸詩，又御製登開化寺六和塔記。二十二年、二十七年、三十年、四十五年、四十九年，俱有御製開化寺及瞻禮六和塔諸詩。

**法相寺**。在錢塘縣南高峯下。舊名長耳院，五代晉時建。

瑪瑙寺。在錢塘縣葛嶺東。碎石如瑪瑙，名瑪瑙坡。舊有瑪瑙石院，晉開運三年錢氏建。宋治平二年賜額寶勝寺。本朝乾隆四十五年，高宗純皇帝臨幸，賜「香雲普觀」扁額，御製詩五律一首。四十九年，有御製題瑪瑙寺用庚子韻詩。

鳳林寺。在錢塘縣葛嶺西。俗稱喜鵲寺，唐鳥窠禪師道場。

普明寺。在錢塘縣西馬塍。唐太宗時建，名普曜院，後更今名。明天順間復賜額。

圓照寺。在仁和縣天開河。本朝順治間建，敕賜寺額。雍正十一年奉旨重修，御書「法輪宏轉」扁額。

勝果寺。在仁和縣鳳凰山右。隋建，有排衙石、石洞、郭公泉、月巖，唐僧處默有詩。本朝乾隆三十年，高宗純皇帝臨幸，賜「阿閣禪枝」扁額（一一），御製五言律詩一章。四十九年，有御製題勝果寺詩。

化度寺。在仁和縣江漲橋。梁天監間朱異捨宅爲寺，名衆安。宋治平初改今額。

安國寺。在海寧州治西。唐建，名鎮國海昌院。宋大中祥符間改今額。內有大悲閣，宋蘇軾記。本朝乾隆二十七年，賜「法海安禪」扁額。

真如寺。在海寧州東黄灣菩提山。晉干寶捨宅爲寺，宋治平初賜今額。

碧雲寺。在海寧州沈山東北鉢盂嶺下。竹樹森密，泉石幽峭，擅一方蘭若之勝。唐大曆間創，本朝順治間重建。

慈修寺。在富陽縣治西。唐建。寺近江，潮汐可觀，往來者多遊息焉。

興聖萬壽寺。在餘杭縣西北徑山。唐代宗時，僧法欽居此。本名徑山寺，宋孝宗賜今額。寺門有蘇軾題句。

昭明寺。在臨安縣東天目山。梁建，昭明太子修禪處。本朝雍正中御書「普照大千」扁額。

禪源寺。在於潛縣天目山獅子巖右。元建，名獅子正宗寺。本朝康熙初僧玉琳重建，後燬，雍正十一年重建，賜今額。

寂照寺。在於潛縣南二里。唐大中間建，中有緑筠軒，蘇軾有詩。

碧沼寺。在新城縣南七里。即安國院，晉郭文嘗隱於此，咸和二年，人爲立祠。吴越時，因碧沼清澈，遂題額曰碧沼寺。

治平寺。在昌化縣治西。唐建，寺後有山磅礴，爲武隆支岡，松竹蒼翠猶屏障，秀絶可觀。

韜光庵。在錢塘縣靈隱山。唐僧韜光所居，白居易名其堂曰法安。内有金蓮池。本朝乾隆十六年，高宗純皇帝臨幸，賜「靈岑日觀」扁額，有御製韜光及再至韜光詩。二十二年，有御製韜光庵及過靈隱至韜光坐金蓮池上用白居易寄韜光禪師韻諸詩。二十七年，有御製韜光庵及金蓮池詩。三十年，有御製韜光庵疊舊作韻及韜光庵雜詠諸詩。四十五年，有御製韜光庵及韜光庵再疊舊作韻詩。又近有普圖院，乾隆四十五年賜「香界霏春」扁額，有御製遊普圖院詩。四十九年，有御製韜光庵詩二首，又韜光庵三疊舊作韻詩。

壽星院。在錢塘縣葛嶺。晉天福八年建，内有寒碧軒、盃泉、觀臺、此君軒四景，宋蘇軾皆有詩。本朝乾隆四十五年，高宗純皇帝臨幸，有御製用蘇東坡韻詩四首。

紫陽庵。在錢塘縣瑞石山。宋嘉定間建，舊名集慶堂，元改今名。本朝雍正十二年敕修。又有重陽庵，在吴山之右青衣洞。

洞霄宫。在餘杭縣西南大滌洞。漢元封三年，於大滌洞投龍簡爲祈福所。唐弘道初建天柱觀。乾寧二年，錢鏐重建。宋祥符中改今名，凡宰執大臣去位者，咸以提舉洞霄宫繫銜。元末燬，明初重建。

紫陽宫。在臨安縣東天目山。梁大同間建，名太清宫。宋宣和間賜今額。相傳張紫陽修煉於此。

集慶宫。在於潛縣南三十里。舊志：漢張道陵所生之地。

三茅觀。在府城内瑞石山。宋建。

佑聖觀。在府城内興禮坊。宋孝宗爲普安郡王時外第，淳熙中改爲道宮。元大德中燬，後重建，改爲觀，有趙孟頫書碑。内有洗藥井，有虞集作天一泉銘。

葆真觀。在海寧州東二里。唐馬自然得道之所。

天柱觀。在餘杭縣。吴梁筠記：自餘杭郭泝溪十里，登陸而南，巖勢却倚，襟鎖環聯，而清宮闢焉。昔高士郭文常隱於此。

## 校勘記

〔一〕劉真道作錢塘記　「劉真道」，乾隆志卷二一七杭州府古蹟（下同卷簡稱乾隆志）同，初學記、太平御覽等引錢塘記皆署作「劉道真」。咸淳臨安志卷五一秩官錢塘縣令有劉道真，注云「一本作真道」。蓋史傳異文，由來已久。

〔二〕楊嘉木揚喇勒智舊作楊璉真伽　「璉」，原作「連」，據乾隆志及元史卷一六世祖紀改。按，本志避乾隆皇太子永璉諱改字也。

〔三〕瑶津　「瑶」，原作「摇」，據乾隆志及西湖遊覽志卷三、增補武林舊事卷三改。

〔四〕晉郭文隱大滌山　「郭」，原作「部」，據乾隆志及明一統志卷三八杭州府宮室改。

〔五〕元集賢學士黄潛遊杭　「黄潛」，乾隆志及雍正浙江通志卷三九古蹟同，疑當作「黄溍」。黄溍，義烏人，元史卷一八一有傳，歷官江浙等處儒學提舉，升侍講學士，卒謚文獻。明人吴之鯨武林梵志卷五云「學士軒，元學士黄文獻公嘗寓此」，明汪珂玉西子湖拾翠餘談亦謂「元黄文獻公嘗寓此，故名」。則其人黄溍是也。

〔六〕在海寧仁和兩縣交界　「縣」，原脱，據乾隆志補。

〔七〕乃命工部侍郎李顒相度經理　「顒」，原作「容」，據乾隆志及明史卷一三憲宗本紀改。按，本志避清仁宗諱改字，今改回。

〔八〕錢塘係秦縣　「塘」，乾隆志同。按，味文意，字當作「唐」。

〔九〕每鄉置埭堰陂塘　「陂」，原作「坡」，據乾隆志改。

〔一〇〕胡世寧墓　「寧」，原作「安」，據乾隆志改。按，胡世寧，仁和人，明史卷一九九有傳。本志避清宣宗諱改作「安」，今改回。

〔一一〕賜阿闍禪枝扁額　「枝」，乾隆志作「林」。

# 大清一統志卷二百八十五

## 杭州府三

### 名宦

#### 漢

陳渾。熹平二年爲餘杭令，開上、下湖，溉田一千餘頃。

#### 三國 吴

虞翻。餘姚人。爲富春長。孫策薨，諸長吏並欲出赴喪，翻曰：「恐隣縣山民或有奸變，遠委城郭，必致不虞。」因留，制服行喪，諸縣效之，咸以安晏。

陸遜。吴郡吴人。爲海昌屯田都尉，并領縣事。縣連年亢旱，遜開倉穀以賑貧民，勸督農桑，百姓蒙賴。會稽山賊潘臨歷年不擒，遜招兵討治，所向皆服。

## 晋

范甯。順陽人。爲餘杭令。在縣興學校，養生徒，潔己修禮，志行之士莫不往宗之。期年之後，風化大行。

## 南北朝　宋

張祐。高平人。元嘉中，歷臨安、錢唐令，並著能名。

劉真道。彭城人。爲錢唐令。元嘉十三年東土饑，帝遣揚州治中從事史沈演之巡行在所，演之表薦真道及餘杭令劉道錫有美政，帝嘉之，各賜穀千石。

蕭赤斧。南蘭陵人。大明中，爲錢唐令。治政爲百姓所安，遷正員郎，吏民請留之，時議見許。

## 齊

孫謙。東莞莒人。建元初爲錢唐令，御煩以簡，獄無繫囚。及去官，百姓以謙在職不受餉遺，載縑帛追送之，謙辭不受。

王籍。臨沂人。爲餘杭令。政化如神，善於擿伏，下莫能欺。後又爲錢唐令，下車布政，咸謂數十年來未之有也。

丘師施。吴興人。爲臨安令，以廉潔稱。罷還，惟有二十籠簿書，並是倉庫卷券帖，當時以比范述曾。

何洵。永明三年任富陽令。定寇亂，集散亡，邑以治稱。

## 陳

蕭濟。蘭陵人。世祖即位，授侍中，歷守臨安等郡，所在皆著聲績。

## 唐

宋璟。南和人。神龍中，歷杭州刺史。政清毅，吏下無敢犯者。

李泌。京兆人。天寶末爲杭州刺史，有風績。引西湖水入城爲六井，民利之。

杜泳。貞元中爲於潛令。開紫溪水溉田，又鑿渠三十餘里，以通舟楫。

白居易。下邽人。穆宗時爲杭州刺史，始築隄捍錢塘湖，蓄洩其水，溉田千頃，復浚李泌六井，民賴以汲。

歸珧。寶曆中爲餘杭令。因漢令陳渾故蹟置上、下湖，復開北湖，溉田千餘頃。又築甬道通西北大路，高廣徑直百餘里，行旅無山水之患。

## 宋

鞠詠。開封人。淳化間爲仁和令，有聲績，郡守王化基入朝，首薦之。

張去華。襄邑人。咸平初知杭州。兩浙自錢氏賦民丁錢，有死而不能免者，去華建議請除之。

張詠。鄄城人。咸平二年出知杭州，屬歲歉，民多私鬻鹽以自給，捕獲數百人，詠悉寬其罰而遣之。有民家子與姊壻訟家財，壻言妻父臨終此子纔三歲，故見命掌貲産，且有遺書，令異日以十之三與子，餘七與壻。詠覽之，索酒酹地曰：「汝妻父智人也。以子幼，故託汝。苟以七與子，則子死汝手矣。」命以七給其子，三給壻，人皆服其明斷。

薛映。成都人。景德時知杭州。臨決鋒鋭，庭無留事。

王濟。饒陽人。景德中知杭州。郡西有錢塘湖，歲久堙塞，濟命工濬治，增置斗門，以備潰溢之患，仍以白居易舊記刻石湖側，民利之。

馬亮。合肥人。真宗時知杭州。先是，江濤大溢，調兵築隄而工未就，詔問捍江之策。亮禱伍員祠下，明日潮爲之卻，出横沙數里，隄遂成。

李及。鄭州人。真宗時知杭州。惡杭俗輕靡，不事宴遊，一日冒雪出，衆謂當置酒召客，乃獨造林逋清談，至暮而歸。居官數年，未嘗市吴中一物，比去，惟市白樂天集。

張若谷。沙縣人。真宗時知杭州。會歲饑，出餘廪爲糜粥，民賴以濟。

戚綸。楚丘人。大中祥符三年知杭州。江潮爲患，乃立埽岸，以易柱石之制。

孫錫。真州人。天聖間知仁和縣。籍取兇惡，戒以不改必窮極案治，其餘一待以仁恕，邑人畏而愛之。

俞獻卿。歙人。景祐中知杭州。暴風，江潮溢決隄，獻卿大發卒鑿西山石作隄數十里，民用便之。

張方平。睢陽人。仁宗時知杭州。下車時，訟庭肅然，修救荒之政，人無失所。又清郡城溝瀆，乘潮納新水，錢塘人德之。

李紘。麓丘人。知於潛縣，有惠政。

鄭戩。吴縣人。慶曆初知杭州。錢塘湖溉田數千頃，錢氏置撩湖軍以疏淤填水患，既納國後，不復治，葑土堙塞，爲豪族僧坊所占冒，湖水益狹。戩發屬縣丁夫數萬闢之，民賴其利。事聞，詔本郡歲治如戩法。

楊偕。中部人。慶曆中知杭州。有能績，上太平可致十象圖。

方偕。莆田人。慶曆中知杭州。有能聲，杭訟牒素煩，偕决遣無留事。

孫洙。廣陵人。仁宗時爲於潛令。歐陽修、包拯、吴奎三人交舉洙，應賢良方正科。

范仲淹。吴縣人。皇祐初知杭州。會大饑，仲淹發票及募民存餉，爲術甚備。俗喜競渡，好佛事，乃縱民讌游湖上。又諭諸寺僧興工作，給直以惠貧者。是歲兩浙惟杭州晏然，民不流徙。

李兑。臨潁人。出知杭州，仁宗書「安民」二字以寵之。爲政簡嚴，老益精明。

錢顗。無錫人。仁宗時爲寧海節度推官。守孫沔用威嚴爲治，屬吏奔走聽命。顗當官而行，無所容撓，遇不可必争之。

余良肱。分寧人。通判杭州。江潮屢溢，漂官民廬舍，良肱壘石隄二十里障之，潮不爲害。

趙抃。衢州人。熙寧中知杭州。政多惠利。

陳襄。侯官人。熙寧中知杭州。善撫人民，修復唐李泌六井，民獲其利。

蘇軾。眉州人。熙寧中通判杭州。時新政日下，軾每因法以便民，民賴以安。元祐初，知杭州。會大旱，饑疫並作，軾請免本路上供米三之一，復得賜度僧牒易米以救饑者，又減價糶常平米，多作饘粥藥劑，遣使挾醫分坊治病，活者甚衆。時唐李泌所作六井、白居易所浚漕河皆久廢，西湖葑積爲田，水亦無幾。軾復浚茅山、鹽橋二河以通漕，造堰牐以爲湖水蓄洩之限，以餘力復完六井。又取葑田積湖中南北徑三十里爲長隄，以通行者，杭人名蘇公隄。軾二十年間再莅杭，有德於民，家有畫像，飲食必祝，又作生祠以報。

蘇頌。南安人。熙寧中，吴越饑，選知杭州。一日出，遇百餘人哀訴曰：「某以轉運司責逋市易緡錢，夜囚晝繫，雖死無以償。」頌曰：「吾釋汝，使汝營生，奉衣食之餘，悉以償官，期以歲月可乎？」衆皆謝不敢負，果如期而足。嘗燕客有美堂，或告將兵欲亂，頌密捕渠領十輩付獄中，迨夕會散，坐客不知也。

崔遹。元豐時爲於潛令。興築元豐塘，爲利甚溥，人呼爲崔長官塘。

孔文仲。新喻人。調餘杭尉。恬介自守，不事請謁。轉運使在杭，召與議事，事已馳歸，不詣府。人問之，曰：「吾於府無事也。」

張閣。河陽人。徽宗時知杭州。浙部和買絹，杭獨居十三，户有至數百匹者，閣請均之他郡。杭久闕守，閣經理有敘，去惡少年之爲人害者，州以理聞。

楊時。將樂人。知餘杭縣，有惠政。

毛注。西安人。徽宗時知富陽縣，以治辦稱。

曾孝藴。晉江人。徽宗時知杭州。時方臘已破杭，孝藴單車至城下，城克復，軍士多殺人，孝藴下令從者得自首，無輒殺，皆束手不敢驁。

王昞。華陽人。政和七年令鹽官。吏畏民安，詞息鹽饒，政有條理，葢吏之以敏幹著者。

章誼。浦城人。建炎初通判杭州。時陳通寇錢塘，城閉，誼聚七縣弓兵以張聲勢，賊平，旋加撫定，人皆德之。

朱蹕。安吉人。知錢塘縣。建炎三年，金人陷杭州，初犯餘杭，守臣康允之退保赭山。蹕白允之，率弓手土軍前路拒敵，使杭民爲逃死計。行二十里，遇金兵，蹕兩中流矢，左右挾至天目山，猶能率鄉兵禦敵，後數日遇害。

梁汝嘉。麗水人。紹興中知臨安府。時火與盜屢作，汝嘉修火政，嚴巡徼，盜發輒得，火災亦息，風績最著。

李彦穎。德清人。紹興中主餘杭簿。守曹泳豪敚酒家業爲官監，利其貲具，彦穎争之。泳怒，戒吏煅煉，不得毫髮罪。

趙子潚。宋宗室。高宗時知臨安府，吏不能欺。禁權家僦人子女爲僕妾。調三衙卒修都城，不擾而辦。

葉衡。金華人。紹興中知於潛縣。户版積弊，富民多隱漏，貧弱困於陪輸。衡定爲九等，自五以下除其籍，而均其額於上之四等，貧者頓蘇。徵科爲期限榜縣門，俾里正諭民，不遣一吏而賦自足。歲災，蝗不入境。治爲諸邑最。

邵文炳。紹興間爲於潛令。大興水利，又減山鄉折米之直。民懷其德政，與葉衡同祀，號二賢祠。

吴芾。仙居人。孝宗時知臨安府。内侍家僮毆傷酒保，芾捕治之，徇於市，權豪側目。

李祥。無錫人。隆興中爲錢塘主簿。時姚憲尹臨安，俾攝録參。邏者以巧法爲能，嘗誣告一武臣子謗朝政，鞫於獄。祥不使邏者入門，既而所告無實，具以白尹，尹驚曰：「上命無實乎？」祥曰：「即坐譴自甘。」憲具論如祥意，帝遂賜憲爲諫大夫，調祥濠州録事參軍。

周淙。長興人。乾道中知臨安府。上言風化必自近始，陛下躬履節儉以示四方，而貴近奢靡，殊不知革。乃條上禁革十五事，帝嘉納之。臨安駐蹕歲久，居民日增，河流湫隘，舟楫病之。淙請疏濬，工畢，授秘閣修撰。

楊簡。慈谿人。乾道中授富陽主簿。富陽民多服賈而不知學，簡興學養士，文風遂振。

張杓。綿竹人。孝宗時知臨安府。奏除逋欠四萬緡、米八百斛。都城浩穰，奸盗聚匿，杓畫分地以警捕，夜户不閉。張師尹納女掖庭，恃以恣横，杓因事痛繩之，徙其家信州，其類怗服。修三牐，復六井。

婁機。嘉興人。孝宗時調於潛丞。輕賦税，正版籍，簡獄訟，興學校。

耿秉。江陰人。乾道中知新城縣。有額外横加米絹銀，民不堪命，力請蠲其半。後官户部侍郎，復以爲請，詔悉除之。

蔡戡。晉陵人。紹熙四年知臨安。歲澇糴艱，急請發倉，民賴以濟。

趙希言。惠王元孫。嘉定中知仁和縣。闢學宫地四百餘畝。臨平塘隄決，希言督役，親捧土投石，兵民争奮，隄成，因築重隄，後不復決。民病和買絹折錢重，乃節公費代其輸。

袁韶。慶元人。嘉定十三年爲臨安府尹。幾十年，理訟精簡，道不拾遺，平反冤獄甚多。

趙與懽。宋宗室。理宗時知臨安府、浙西安撫使。剖決明暢，罪者咸服。後以潮汐齧隄，復命知臨安府。江隄事竣，獄空，力丐罷。會饑民相攜溺死，帝仍付府事，與懽上則祈哀公朝，下則推誠勸分，甘雨隨至，米商來集，流移至者有以濟之。與懽三爲府尹，盡力民事，都人稱趙端明，必以手加額，曰趙佛子也。

吕沆。歙人。理宗時知於潛縣。重囚逸，聞沆至，自歸。

馬光祖。金華人。理宗時知臨安府。歷陳京師艱食、和糴增價、海道致寇三害。後再知臨安，歲饑，勸榮王發粟。剸治浩穰，風績凜然。

文天祥。吉水人。開慶初，元兵伐宋，宦者董宋臣説上遷都，人莫敢議其非者。天祥時爲寧海軍節度判官，上書乞斬宋臣以一人心，不報。後知臨安府。

常楙。臨邛人。理宗時爲簽書臨安府判。不爲權勢撓，主管城南廂，聽訟嚴明，豪右憚之。

李芾。衡州人。咸淳元年知臨安府。賈似道當國，前尹事無鉅細先關白始行，芾獨無所問。福王府有迫人死者，似道爲營救，芾往復辨論，竟寘諸法。嘗閲火具，民有不爲具者，問之，似道家人也，立杖之。

唐震。會稽人。咸淳中通判臨安府。時潛説友尹京，恃賈似道勢，甚驕蹇。會府有具獄，將置辟，震力辨其非，説友争之不得，上其事，刑部卒是震議。

## 元

申屠致遠。壽張人。至元中爲杭州路總管府推官。宋駙馬楊鎮從子玠節，家富於貲，守藏吏姚溶竊其銀，懼事覺，誣玠節陰與宋廣、益二王通，有司榜笞誣服。致遠讞之，得其情，溶服辜，玠節以賄爲謝，致遠怒絶之。

臧夢解。慶元人。至元中知海寧州。剛直廉慎，門無私謁，差役皆當其貧富，而吏無所預。增民户七百六十有四，闢田四百四十三頃，桑柘榆柳，交蔭境内，政平訟簡，爲諸州縣最。

梁曾。蔡人。大德初除杭州路總管。政事文學，皆有可觀，户口復者五萬一千四百户。請禁暮夜鞫囚遊街酷刑，朝廷是之，著爲令。

常濟。大德十一年爲餘杭縣尹。歲饑，濟請以本縣儲糧賑之，活民數萬。

趙璉〔二〕。甘陵人。至治中除杭州路總管。杭爲劇郡，長吏多不稱職，璉爲人强毅開敏，吏不敢欺。浙右病於徭役，民充坊里正者皆破家，璉議以屬縣坊正爲雇役，里正用田賦以均之，民咸以爲便。踰年召拜吏部侍郎，杭人思之，刻其政績於碑。

納琳。河西人。天曆元年除杭州路總管。鋤奸去蠹，吏畏民悦。「納琳」舊作「納麟」，今改正。

張傑。濟南人。爲於潛縣尹。至元間有賊兩抵縣境，傑以義結民爲伍乘法，統衆殺其魁，餘皆遁去，縣獲安堵。

常野先。至正中爲餘杭縣尹。增築南湖塘及縣西官塘十八里，民免水溢之患。

## 明

王興福。隨州人。洪武初知杭州府。時杭初附，人心未安，興福善撫輯，寬簡不苛，民甚德之。秩滿，郡人遮道攀留，興福諭遣之，曰：「非余能惠父老，父老善守法耳。」太祖嘉之，擢吏部尚書。

楊卓。南昌人。洪武中爲杭州通判。杭民有兄弟争田，累歲不決，卓至垂涕不欲訊，兄弟感悟，遂相讓。卓精吏事，吏不能欺，而爲治尚寬恕，民悅服焉。

黄信中。餘干人。洪武中知錢塘縣。愛民勤政，九載課最當遷，部民詣闕請再任，帝嘉之，即擢杭州守，俾得治其故縣。

葉宗行。華亭人。永樂中知錢塘縣。縣爲浙江省會，徭重，豪有力往往搆黠吏得財役貧。宗行令民自占甲乙，書於册，以次簽役，役乃均。嘗視事，有蛇升階，若有所訴，宗行曰：「爾有冤耶？」遣吏尾之，入餅肆爐下，發之得屍，乃肆主利其財而殺之者，遂伏辜。按察使周新重之，一日伺其出，潛入其室，惟見笠澤銀魚腊一裹，新歎息去。時呼爲「錢塘一葉清」。

劉秉。獲鹿人。永樂中知新城縣。邑之折桂鄉有魚池潭，水不常蓄，每旱，田無以溉。秉相度地勢，鑿山通道，築堰二十餘丈，爲閘以備蓄洩，溉田二千餘畝，民立祠以祀。

吴堂。樂平人。宣德九年知富陽縣。宿弊盡釐，庭稀訟牒。嘗繪楊震卻金故事於退所以自勵。在任築春江隄，復東觀山闕，奏減白綿貢，尤政績之最著者。秩滿，民立報功祠以祀。

陳復。懷安人。正統時知杭州府。廉静無私，獄訟大省，日端坐，與曹掾講讀律令。遭喪，部民乞留，詔起復，未幾卒。巡撫軒輗倡僚屬助之，乃克歛，吏民相率致賻，其子盡卻之，稱貸以歸。

張敏。蠡縣人。天順五年知餘杭縣。惠庇善弱，威制豪强，居二年，邑治民安。

陳讓。大河衛人。成化中知杭州府。海寧瀕海，潮逼城下，讓於城外里許開支河，築内隄，延袤十里，水勢漸殺，及隄而止。海寧人德之，立祠以祀。

楊孟瑛。酆都人。弘治中知杭州府，多便民政。西湖爲豪右所占，孟瑛力行浚復，俾水有蓄洩，下塘諸田，皆獲灌溉。

梁材。南京金吾右衛人。清修勁節。正德中知杭州府，有惠政。杭屬縣田租科例不一，材爲酌輕重，立畫一之法，民甚便之。

張應亮。高淳人。嘉靖間知餘杭縣，廉明若神。時倭告警，督撫命以戎務，應亮奏凱而還，擢御史。

蘇湖。泰和人。萬曆中知海寧縣。值海決，塘盡圮，湖參用坡陀式、縱橫式，擇官民之廉幹者分任丈尺，酌量其難易，尅期興作，懸賞格以課督之，三月工竣。

朱光祚。江夏人。萬曆中知錢塘縣。善聽訟，片言立決。勸墾荒地數千畝，皆成良田。建築七坊以資蓄洩，溉田無算。

聶心湯。新淦人。萬曆中知錢塘縣。南湖水溢，諸鄉被災，心湯建化灣塘，築閘爲啓閉，且濬湖渠，歲乃大稔。又建復捍江塘以禦潮。

蔡懋德。崑山人。萬曆中杭州推官。山東白蓮賊起，浙中奸人亦殺長興知縣，時調浙兵援遼，兵不樂行，謀爲變。懋德籌畫之，事乃定。

周宗建。吴江人。萬曆末知仁和縣。有異政，入爲御史，忤魏璫，詔獄瘐死。

顧咸建。崑山人。崇禎末知錢塘縣。甫之官，聞京師陷，人情洶洶，咸建戢奸宄，嚴警備。巡按御史彭遇颽貪殘激變，賴咸建調護，事定而民免株連。南都失守，馬士英、方國安擁兵至，所過淫掠，咸建先期犒師，請駐城外，城中得無擾。時監司及郡邑長吏悉逋竄，咸建散遣妻子，獨守官不去。大兵至，被執，死之。

林坙。侯官人。崇禎末知海寧縣。邑有妖人，以劍術惑衆，聚千人，坙捕殺之。南都覆，杭州亦不守，卒乘饑乞餉，環署大譟，坙罪爲首者而如其請，乃定。

唐自彩。達州人。崇禎末知臨安縣。嚴明廉介，杭州失事，死之。

本朝

嚴正矩。孝感人。順治中知杭州府。大兵初駐，正矩調御有方，民得不擾。有誣巨室以大獄者，反坐之，告訐頓息。

李人龍。深澤人。順治三年知昌化縣。縣爲賊所踞，人龍至，寄署臨安西墅，馳檄宣布德威，人心翕然，賊遂遁，人龍率兵民追擒之。又請免被賊時逋賦，民賴以安。

費國暄。無錫人。順治初知餘杭縣。時南北鄉賊黨數千爲害，國暄部置丁壯入鄉，互爲聲援，賊所往輒預知，逆擊之，賊遂散。

洪有度。山西人。順治中授新城尉，勤於職事。辛丑三月，白頭賊自淥川抵縣掠劫，有度聞警出追，至母子嶺，賊竄匿，夜復擁圍，有度奮力禦敵，被害。其妻撫棺痛哭，不食死。

朱永盛。城固人。順治中知富陽縣。開北城河，立永濟渡，修恩波橋，築三墩捍之。又諭降山寇萬餘人，績最著。

許三禮。安陽人。康熙中知海寧縣。濬城隍，立社倉，建義塾，疏四境塘河，創莊婆堰塘路，至石門界，以通輓運，公私賴之。

孫毓珩。奉天人。康熙中知新城縣。治廉惠，開永昌鄉新渠，築堰以資灌溉。歲旱，步禱數十里，雨立澍。因感寒疾卒，民肖像祀之，至今舁像禱雨，無不應者。

田嘉種。臨潼人。乾隆己丑進士，知餘杭縣。勤慎治事，謝絶苞苴，興學校，勸農桑，聽訟以化導爲主，民不忍欺。值歲歉，捐廉勸賑，全活無數。去官日百姓遮道泣送，至今稱頌之。

## 人物

### 漢

轅終古。錢唐人。元封元年，樓船將軍楊僕入東越，東越使徇北將軍守武林，敗樓船軍數校尉，殺長吏，僕率終古斬徇北將軍。爲禦兒侯。

孫鍾。富春人。其性至孝，以種瓜爲業。嘗有三少年詣鍾曰：「予司命也。以君孝感於天，故來耳。」遂指山曰：「此堪爲墓。」鍾志之。及卒，葬焉。墳上嘗有紫雲曼延數里，人謂孫氏其興矣。鍾即堅之先也。

### 三國 吴

徐琨。富春人。隨孫堅征伐有功，拜偏將軍。隨孫策討樊能、于麋等於横江，擊破張英於當利口，策表琨領丹陽太守。復以督軍中郎將領兵破李術，封廣德侯。後從討黄祖，中流矢卒。子矯嗣侯。矯弟祚，俱有戰功。

凌統。字公績，餘杭人。父操，從孫權討江夏，中流矢死。統年十五，拜別部司馬。後復征江夏，統爲前鋒，大獲，以爲承烈都尉。與周瑜等破曹操於烏林，遷校尉。雖在軍旅，親賢接士，輕財重義，有國士之風。從往合肥，魏將張遼奄至，統陷圍，扶扞權出，還戰，左右盡死，身亦被創，所殺數十人，度權已免，乃還。拜偏將軍。及卒，權爲流涕。

全琮。字子璜，錢塘人。父柔，漢靈帝時爲尚書郎右丞。董卓亂，棄官歸。嘗使琮齎米數千斛到吴市易，琮至，皆散用，空船而還。柔大怒，琮曰：「士大夫方有倒懸之患，故便賑贍，不及啓報。」柔更奇之。後權以爲奮武校尉，擊敗魏師，封錢塘侯。赤烏中，遷右大司馬左軍師。琮爲人恭順，善於和顔納規，謙虚接士，無驕色。子緒，亦知名，官至鎮北將軍。

丁諝。錢塘人。出於役伍，顧邵拔而友之，爲立聲譽。仕至典軍中郎，世以邵爲知人。

## 晉

范平。字子安，錢塘人。研覽墳索，遍該百氏，姚信、賀邵之徒皆從受業。吴時舉茂才，累遷臨安太守，政有異能。太康中，頻徵不起，卒謚曰文貞先生，賀循勒碑，紀其德行。三子：奭、咸、泉，並以儒學至大官。泉子蔚，關内侯。家世好學，有書七千餘卷，遠近來讀者恒百餘人，蔚爲辦衣食。蔚子文才，亦幼知名。

孫晷。字文度，富春人。吴伏波將軍秀曾孫。恭孝清約，有學識，父母起居嘗饌，不離左右。富春車道既少，動經山川，父艱於風波，每行乘籃輿，晷必躬自扶侍。兄嘗篤疾經年，藥石甘苦，必經心目。見人飢寒，並周贍之，鄉里贈遺，一無所受。三公交辟，並不就。卒時年三十八歲，朝野嗟痛之。

孫惠。字德施，富春人。吴豫章太守賁曾孫。好學，有才識。永寧初，從齊王冏討趙王倫，以功封晉興縣侯。冏驕矜僭侈，惠諷以五難四不可，勸令歸藩，辭甚切至。冏不納，惠辭疾去。頃之，冏果敗。成都王穎以陸機爲前鋒都督，惠憂其致禍，勸機辭讓，及機兄弟被戮，惠甚傷恨之。後爲東海王越軍諮祭酒，每造書檄，應命立成，皆有文采。以迎駕功，封臨湘縣公。

孫拯。字顯世，富春人。能屬文，仕吴爲黄門郎。孫晧世侍臣多得罪，惟拯與顧榮以智免。吴平後，爲涿令，有稱績。後爲陸機司馬，機爲孟玖等所誣，收拯考掠，兩踝骨見，終不變辭，曰：「吾義不可誣枉知故。」竟死獄中。

褚陶。字季雅，錢塘人。少而聰慧，以墳典自娱。年十三，作鷗鳥、水碓二賦，見者奇之。吴平，召補尚書郎。張華謂陸機曰：「君兄弟龍躍雲津，顧彦先鳳鳴朝陽，謂東南之寶已盡，不意復見褚生。」仕至中尉。

## 南北朝　宋

卜天與。餘杭人。元嘉中，爲廣威將軍。元凶劭之變，事起倉卒，舊將皆望風屈謝。天與不暇披甲，疾呼左右出戰，手射劭於東室，幾中，逆從擊之臂斷，遂見殺。孝武即位，贈益州刺史，謚壯侯。子伯宗，殿中將軍。泰始初，擊南賊於赭圻，戰殁。

吴喜。臨安人。少涉經史，從沈慶之征蠻，爲孝武所知，遷河東太守。明帝時，四方反叛，喜假建威將軍，性寬厚，人並懷之。及東討，所至克捷。五年，大破魏兵於荆亭，封東興縣侯。

范叔孫。錢唐人。少而仁厚，周窮濟急，鄉曲貴其義行，莫有呼其名者。孝建初，除竟陵王國中軍，不就。

## 齊

顧歡。字景怡，一字元平，鹽官人。家世微寒，歡獨好學，鄉中有學舍，貧無以受業，於舍壁後倚聽，無遺忘者。夕則然松節讀書，或然糠自照，篤志不倦。母亡，水漿不入口者七日，廬於墓次，遂隱不仕。於天台山開館聚徒，受業者常近百人。高帝輔政，徵爲揚州主簿，自稱山谷臣，進政綱一卷，東歸。歡口不辨，而善於著論，又注王弼易二繫，學者傳之。

顧黯。字長孺，鹽官人。爲散騎侍郎。有隱操，與顧歡俱不就徵。

褚伯玉。字元璩，錢唐人。少有隱操，往剡居瀑布山三十餘年。王僧達爲吴郡，苦禮致之，停郡信宿，纔交數言而退。寧朔將軍丘珍孫與僧達書，欲致之，僧達答曰：「褚先生從白雲遊舊矣。」高帝手詔吴、會二郡，以禮迎遣。又辭疾，帝不欲違其志，敕於剡白石山立太平館居之。

杜京產。字景齊，錢唐人。少恬静，閉意榮宦，專修黄老，於會稽日門山聚徒教授。建武初，徵員外散騎侍郎，京產曰：「莊生持釣，豈爲白璧所回？」辭疾不就。子棲，字孟山，善清言。豫章王嶷聞其名，辟議曹從事，後爲學士，以父老歸養。京產亡，晨夜不罷哭，嘔血數升。至祥禫，暮夢見其父，慟哭而絶，人稱其孝。

杜文謙。錢唐人。仕廢帝爲博士、溧陽令。時明帝知權，蕭諶用事，將圖篡弑，文謙與綦毋珍之謀諶，珍之不能用其計，爲明帝所誅。文謙有學行，善言吐，其父聞其死，曰：「吾所憂者恐其不得死地耳，今以忠義死，復何恨哉！」

## 梁

范述曾。字子元，錢唐人。幼好學，仕齊爲太子步兵校尉。爲人謇諤，在官多所諫諍。建武初，除永嘉太守，累拜中散大夫，還鄉里。武帝踐祚，徵至，仍辭還。下詔褒美，以爲大中大夫。生平所得俸禄，皆以分施，及老，壁立無資。有易文言注及雜詩賦數十篇。

范元琰〔二〕。字伯珪，錢唐人。祖悦之，以太學博士徵不至。父靈瑜，居父憂，以毁卒。元琰時童孺，哀慕盡禮。及長，好學，博通經史。祖母患癰，恒自含吮。家貧，惟以園蔬爲業。嘗出行，見人盜其菘，元琰遽退走。或有涉溝盜其筍者，伐木爲橋以渡之。自是盜者大慙，一鄉無復草竊。齊、梁間，累徵辟，皆不就。

朱异。字彦和，錢唐人。七歲，外祖顧歡謂此兒非常器。遍治五經，兼通雜藝。年二十，都尚書沈約甚重之，尋以明山賓薦，高祖召見，使説孝經、周易義，召直西省，俄兼太學博士。自周捨卒後，代掌機謀，每四方表疏，當局簿領填委，异縱横敏贍，筆不暫停，頃刻便了。著有禮、易講疏及儀注、文集百餘卷。

褚修。錢唐人。父仲都，善周易，爲當時之冠，歷位五經博士。修少傳父業，武陵王紀爲揚州，引爲記室。性至孝，父喪，毁瘠過禮，及丁母憂，水漿不入口者二十三日，每號慟輒嘔血，遂以毁卒。

戚衮。字公文，鹽官人。受三禮於國子助教劉文紹。年十九，武帝敕策孔子正言，并周禮、禮記義，衮對高第。除揚州祭酒從事史。簡文在東宫，召衮及諸儒講論，次令中庶子徐摛質難，摛辭辯縱横，諸儒懾氣，衮精采自若，領答如流，簡文深加歎賞。敬帝立，爲江州刺史。撰禮記義四十卷。

褚冕。錢唐人。南康王會理謀誅侯景黨王偉，被收，冕與會理有舊，亦囚於官。問事之所起，考掠千計，終無所言。偉害會理等，冕竟以不服釋之。

陳

杜之偉。字子大，錢唐人。家世儒學，以三禮專門。之偉幼精敏，有逸才，年十五，遍觀文史及儀禮故事，時輩稱其早成。仕梁爲東宫學士兼太學博士。及武帝受禪，除鴻臚卿，敕撰梁史。有文集十七卷。

杜棱。字雄盛，錢唐人。少落泊，不爲時知，頗涉書傳。武帝鎮朱方，以棱監義興、琅琊二郡。文帝嗣位，以預建立功，封永城縣侯。仕至侍中，尋加特進、護軍將軍。卒，謚成，配享武帝廟庭。

駱文牙。字旗門，臨安人。文帝爲吴興太守，引爲將帥，從平杜龕、張彪，每戰陷陣，勇冠衆軍。又北拒王琳有功，封臨安縣侯。歷遷散騎常侍、豐州刺史。

顧越。字思南，鹽官人。所居新坡黄岡，世有鄉校，祖道望、父仲成，家傳儒學，並專門授教。越幼明慧，勵精學業，遍該經藝。仕梁，累遷國子博士。歸鄉，棲隱於虎丘山。天嘉中，詔侍東宫講讀，遷給事黄門侍郎〔三〕。時朝廷草創，疑議多所取决。所著喪服、毛詩、老子、孝經、論語等義疏四十餘卷。

## 隋

全綬。字弘立，錢唐人。幼受業於博士褚仲都，篤志研翫，得其精微。太建中，位始興王府諮議參軍。

陸知命。字仲通，富春人。好學，識大體，以貞介自持。高智慧等作亂於江左，晉王鎮江都，以其三吴之望召令諷諭反者。知命説下賊十七城，得其渠帥三百餘人，以功拜儀同三司。煬帝嗣位，拜治書侍御史。侃然正色，爲百僚所憚。卒，贈御史大夫。

許善心。字務本，新城人。初爲新安王法曹。陳亡，高祖拜散騎常侍，於座間製神雀頌奏之，高祖甚悦，除秘書丞。大業十四年，化及弑逆，隋官盡詣朝謁，善心獨不至。化及曰：「此人大負氣。」遂害之。母范氏撫柩曰：「能死國難，我有兒矣。」亦不食而終。按：隋書本傳稱善心高陽北新城人。考隋書地理志，高陽隸河間，並無新城縣。而舊唐書許敬宗傳稱敬宗杭州人，善心子。是高陽乃在北之郡望，南渡後居新城無疑矣。因從浙江舊志載入。

顧彪。字仲文，餘杭人。明尚書、春秋。大業中，爲秘書博士，撰古文尚書疏二十卷。

魯世達。餘杭人。煬帝時爲國子助教。撰毛詩章句義疏四十二卷。

## 唐

褚亮。字希明，錢塘人。少警敏，博覽圖史，在陳、隋時已顯名。入唐，授秦王文學。高祖獵，親格虎，亮懇愊致諫，高祖禮納之。太宗每征伐，亮在軍中，常預秘謀。貞觀中，累遷散騎常侍，封陽翟縣侯。太宗既平寇亂，乃命鄉儒官城西作文學館，收聘賢才，亮與杜如晦等並以本官兼學士，命閻立本圖像，使亮爲之贊，號十八學士，時在選中者人謂之登瀛洲。

凌準。字宗一〔四〕，富陽人。以孝弟聞，有謀略，尚氣節。年二十，以書干丞相，丞相以聞，試其文，日萬言，擢崇文館校書郎。官至尚書，後降知連州以没〔五〕。著有六經解圍、後漢春秋二十餘萬言。

褚遂良。字登善，亮子。博涉文史，工隸楷。貞觀中，爲諫議大夫兼知起居事。帝曰：「朕有不善，卿必記耶？」對曰：「臣職載筆，君舉必書。」高宗即位，封河南縣公，拜尚書右僕射。帝將廢王皇后立武昭儀，遂良力諫，不聽，因致笏殿陛，叩頭流血。後累貶愛州刺史。卒，德宗追贈太尉。

褚無量。字弘度，鹽官人。幼刻意典墳，尤精三禮、史記，擢明經第，累遷國子司業、修文館學士。中宗南郊，祝欽明等建言皇后爲亞獻，無量據禮固爭。明皇爲太子，兼侍讀，撰翼善記以進，及即位，遷左散騎常侍兼國子祭酒，封舒國公。頻上書陳得失，請採天下遺書，不數年，四庫完治。卒，贈禮部尚書，謚文。所撰述百餘篇。

許遠。鹽官人，善心曾孫。寬厚長者，明吏治。安禄山反，明皇召拜睢陽太守，會張巡拔衆至，與遠合兵拒賊。賊將尹子奇將十餘萬再圍睢陽，食盡援絶，城陷被執，至偃師，不屈死。贈荆州大都督，官其子玫婺州司馬，立廟睢陽。大中時，圖像於凌煙閣。

章成緬。於潛人。家貧篤學，性至孝。貞元中，喪母，廬墓十五年，有紫芝、烏鵲、麋鹿馴擾之異，敕表其閭。大和中，爲山南東道從事。

## 五代　吴越

羅隱。字昭諫，新城人。本名横，凡十上不中第，遂更今名。能詩，與族人虬、鄴齊名，號三羅。光啓中，爲錢塘令，有善政。錢鏐辟爲從事。朱全忠篡唐，以諫議大夫召隱，隱不行，且勸鏐舉兵討梁。鏐雖不能用，心甚義之。累官鹽鐵發運使、著作佐郎，遷諫議大夫、給事中。卒年七十七。隱爲文章多氣力，而性傲睨，所著集多散失不傳。

成及。字弘濟，錢塘人。爲杭州團練副使。與錢鏐同事攻討，密謀多出於及。鏐巡衣錦城，武勇右都指揮使徐綰叛，及與綰戰，鏐得踰城入。累官保大、彰義等軍節度。

杜建徽。字延光，新城人。父稜，爲錢鏐將，鎮東安，有克敵功，拜潤州刺史。建徽少强勇，有大志，從錢鏐征伐，輒單衣入陣，累立大功。自武安都將，累遷昭化軍節度使、吴越國丞相。

林克己。錢塘人。忠懿王時，官通儒院學士。博學，善文章，宋隱士逋即其孫也。

宋

盛度。字公量，世居應天府，後徙餘杭。舉進士，歷屯田員外郎。從幸大名，數上疏論邊事。奉使陝西，繪西域圖及河西隴右圖以獻，因言形勢備禦之道，帝稱其博學。累遷知樞密院事。卒，謚文肅。度精於爲文，常奉詔編續通典、文苑英華。子申甫，爲福建轉運使，以修潔稱。從兄京，有吏能。

楊大雅。字子正，錢塘人。素好學，日誦數萬言。進士及第，累官集賢院學士、知亳州。大雅樸學自信，無所阿附，直集賢院二十五年不遷。天禧中使淮南，循江按部，遇風覆舟，冠服盡喪，時丁謂鎮金陵，遣人遺衣一襲，大雅辭不受。所著有大隱集、西垣集、職林、兩漢博聞。

林逋。字君復，錢塘人。少孤，力學，恬淡好古，弗趨榮利。結廬西湖之孤山，二十年足不及城市。自爲墓於廬側，臨終有「茂陵他日求遺草，猶喜曾無封禪書」之句，仁宗賜謚和靖先生。逋善行書，喜爲詩，多奇句。不娶無子，教兄子宥成進士。宥子大年，介潔自喜，英宗時爲侍御史。

盧縝。字叔微，杭州人。幼穎悟，及長，曉五經大義。端拱初，游京師，徐鉉奇之，延譽於朝，登進士第，調東鹿主簿，未赴官卒。嘗著五帝皇極志、孺子問、翼聖書數十篇。

錢惟演。字希聖，吴越王俶之子。博學能文辭，真宗時獻咸平聖政録，命直秘閣，知制誥。祥符中，爲翰林學士，與楊億、劉筠齊名。家儲文籍，侔於秘府。在館閣，與修册府元龜，著典懿等集及金坡遺事録諸書。從弟易，字希白，以才藻知名。舉賢良方正科，累遷翰林學士。有金閨、瀛洲、西垣制集百五十卷，青雲總録、青雲新録、南部新書、洞微志百三十卷。易子彦遠、明逸，相繼皆以賢良方正登科。彦遠字子高，爲右司諫，知諫院〔六〕，數有建明。

郎簡。字叔廉，臨安人。進士及第，知寧國縣，累調隨州推官。及引對，真宗曰：「簡歷官無過，而無一人薦達，是必恬於進者。」特改秘書省著作佐郎。歷官刑部侍郎。簡性和易，喜賓客，即錢塘城北治園廬，自號武林居士。嘗從學朱頔、沈天錫〔七〕，二人没，訪其子孫，爲主婚嫁。平居宴語，惟以宣上德、救民患爲意。孫沔知杭州，榜其里曰德壽坊。

謝絳。字希深，富陽人。父濤，以文行稱，累官太子賓客。絳舉進士甲科，歷官州縣，雖在外，猶數論事。遷兵部員外郎，請罷内降，凡詔令皆由中書、樞密然後施行。進聖治箴五篇。後知鄧州卒。絳以文學知名，爲人修潔醖藉，所至大興學舍，好施宗族，喜賓客。卒之日，家無貲。有文集五十卷。子景温，字師直，登皇祐進士，官禮部侍郎，歷知鄆州、河陽。博學洽聞，歷事四朝，與范仲淹、歐陽修友善。弟景初、景平。景初工詩。景平善著書，撰詩書傳説數十篇，終秘書丞。

陸滋。字元象，世家於杭。通毛、鄭二詩，易、春秋。舉於鄉，母病不行。博極羣書，皇祐四年，詔録先朝遺士，郡以滋應，得杭州文學。著有詩賦、文論二十卷。

元絳。字厚之，錢塘人。登進士第，歷知上元、永新縣、台州，皆有能績。神宗時，拜參知政事。絳所至有威名，工文辭，爲流輩推許。蕃夷書詔，多出其手。

陸詵。字介夫，餘杭人。進士起家，知桂州，親往邕州，閱簡武備，軍聲大振，交人遂遣使入貢。改知延州，諒祚寇慶州，聲言復攻大順，詵留其使，移牒問故，諒祚始謝罪，共貢職。後知成都，陳青苗法不便，願罷四路使者，詔獨置成都府一路。

强至。字幾聖，錢塘人。慶曆六年登第。爲文簡古不徇俗。舉進士，宰相韓琦屢薦充館閣，未及用而卒。官祠部員外郎。

虞策。字經臣，錢塘人。登進士第。元祐中，爲監察御史，進右正言。數上書論事，遷左司諫。帝親政，條所當先者五十六事，後多施行。累官吏部尚書、知潤州，卒。

虞奕。字純臣，策之弟。第進士。徽宗時，遷户部侍郎。内侍總領内藏，予奪顓己，視户部如僚屬。奕白宰相曰：「計臣不才，當易能者，不可使他人侵其官。」即自劾不稱職，詔爲罷内侍。集慶守張湀請登封，東平守王靚諫，執政將罪之，奕言：「靚憂民愛君，奈何反爲罪？」靚罪獲免。

沈遘。字文通，錢塘人。舉進士第二，通判江寧府。歸奏本治論，仁宗嘉之，除集賢校理，尋知越州，徙杭州。爲人疏雋博達，明於吏治。民或貧不能葬，給以公錢，嫁孤女數百人，倡優養良家子者，奪歸其父母。令行禁止，奸猾屏息。累官翰林學士。弟遼，字睿達，少好學，不喜進取。熙寧初，爲西院主簿。王安石更張法令，遼議論拂意，遂罷去。遼文章奇麗，尤長於歌詩，曾鞏、蘇軾、黄庭堅皆與唱酬。遘孫晦，字元用，宣和間進士廷對第一。紹興中，累官廣西經略。膽氣過人，議論激昂，趙鼎嘗稱之。

錢藻。字醇老，吴越王五世孫。舉進士，又中制科，爲秘書校理。三上書請光獻太后歸政天子。歷遷侍讀學士。刻厲於學，爲人清謹寡過，人稱其長者。

周邦彦。字美成，錢塘人。博涉百家書。元豐初獻汴都賦，神宗異之，自太學諸生一命爲正。益盡力於辭章。累遷徽猷閣待制。邦彦好音樂，製樂府長短句，詞韻清蔚，傳於世。

沈括。字存中，遘從弟。擢進士第。神宗時，爲河北西路察訪使。遼蕭禧來理河東黄嵬地，遣括往聘，凡六會契丹，知不可奪，遂舍黄嵬。歷知延州。元祐中，以光禄少卿分司居潤，卒。括博學善文，於天文、方志、律法、音樂、醫藥、卜算無所不通，有筆談傳於世。

錢勰。字穆文，彦遠子。五歲日誦千言，以廕知尉氏縣。神宗召對，將任以清要官，以不附王安石，命權鹽鐵判官。奉使高麗，凡餽饋皆不納。元祐初，知開封府，有能名。歷翰林學士，與章惇不合，罷知池州，卒。

孫諤。字叔静，錢塘人。微時與蔡京善，常曰：「蔡子貴人也，然才不勝德，恐貽天下憂。」徽宗時，累官顯謨閣待制、知鄆州。邑人子爲草祭之謡，指切蔡京，諤以聞，京怒，誣以他謗，遂致仕。諤篤於行義，在廣東時，蘇軾謫居惠州，極意與周旋。二子娶晁補之、黄庭堅女，黨事起，家人危懼，諤一無所顧，時人稱之。卒，謚通靖。

吴師禮。字安仲，錢塘人。爲秘書省正字，以預餞鄒浩免。徽宗時，改右司員外郎。師禮工翰墨，帝訪以字學，對曰：「陛下御極之初，當志其大者，臣不敢以末伎對。」兄師仁，字坦求，篤學厲志，喪親廬墓。後爲吴王教授。

錢即。字中道，吴越王諸孫。第進士，歷知慶州，徙延安府。童貫宣撫陝西，欲力平錢弊，及行均糴法，即抗章極陳其害，坐貶。睦寇作，起知宣州，以功進龍圖學士。卒，謚忠定。

徐奭。杭州人，居大隱坊。又嘗居萬松嶺下。徽宗朝，賜號冲晦先生。

鞠嗣復。錢塘人。宣和初，知休寧縣。方臘黨破縣，欲逼使降，面斬二士以怖之，嗣復駡曰：「何不速殺我！」賊曰：「我縣人也，明府宰邑有善政，我不忍殺。」乃委之而去。朝廷知之，加直秘閣，擢知睦州，爲賊所傷，自力渡江，乞師於宣撫，未及而卒。

按：宋史本傳失載籍貫，今據萬曆杭州府志採入。

滕茂實。字秀穎，臨安人。政和進士。靖康元年，假工部侍郎，副路允迪出使，爲金人所留，遷之代州。聞欽宗將至，自爲哀詞，且篆「宋工部侍郎滕茂實墓」九字，以授友人董詵。欽宗及郊，茂實具冠幘迎謁，拜伏號泣。金人迫令易服，不從，請從舊主共行。金人不許，憂憤成疾，卒雲中。詵歸言於張浚，浚上其事，贈龍圖閣直學士。

唐恪。字欽叟，錢塘人。以廕登第。大觀中，牂牁内附，尚恫疑，衷甲以迎，恪持節招納，盡去兵衛，敵望見懽呼，投兵聽命。靖康初，拜同知樞密院事。金兵薄城下，何㮚爲相，京城不守，車駕至金營，恪曰：「計失矣。」及金人逼百官立張邦昌，令吴幵、莫儔入城取推戴狀，恪仰藥而死。

王稟。海寧人。官建武軍節度使。當靖康之阨，以孤軍守太原，敵九攻而九拒之，援兵不至，糧絶城陷，與其子荀入告原廟，抱太宗御容同赴汾水死。建炎四年，追封稟安化郡王，謚忠壯。荀贈右武大夫、恩州刺史，召其孫沆襲封。

何鑄。字伯壽，餘杭人。政和進士。高宗時，拜御史中丞。秦檜主和議，逮岳飛繫大理獄，命鑄鞫之。鑄察其冤，白之檜，檜不悦。鑄曰：「鑄豈區區爲一岳飛者！强敵未滅，無故戮一大將，非社稷之長計。」檜諷万俟卨論鑄私岳飛，謫徽州。嘉定初，謚恭敏。

李瓊。仁和人。以鬻繒爲業。事母孝，母喜食時新，瓊百方求市得之，必十倍酬其直。

張九成。字子韶，錢塘人。游京師，從楊時學。紹興二年，對策直言，擢第一，授鎮東軍簽判。忤提刑張宗臣，投檄歸。趙鼎薦於朝，累遷權刑部侍郎。金人議和，九成爲趙鼎陳十事。鼎既罷，秦檜誘之，九成不從，又對高宗言敵情多詐，不可不察。檜惡之，謫守台州，再居南安軍，凡十四年。檜死，起知温州。九成研思經學，多有訓解。寶慶初，追封崇國公，謚文忠。

葉時。字秀發，仁和人。淳熙中登第。操履端凝，博學善屬文，尤邃周禮。累官龍圖閣學士。卒，謚文康。所著有禮經會元、竹雅集。

黄黼。字元章，餘杭人。少遊太學，第進士，累遷太常博士。輪對言用人之道，帝嘉奬之，除兩浙轉運副使。毘陵民饑，取草根以充食，郡縣不以聞，黼取民食以進，乞賑濟，全活甚衆。官至權刑部侍郎。

關注。字子東，錢塘人。紹興五年進士，嘗教授湖州，與胡瑗之孫滌裒瑗遺書，得易解、中庸義，藏之學宮，意在美風俗、新人才。有集二十卷。

趙汝談。字履常，餘杭人。淳熙中進士第。佐丞相趙汝愚定大策，汝愚去國，汝談與弟汝讜上疏乞斬韓侂冑，聞者吐舌。累獻備邊計，歷江西提舉常平。理宗初，入對，言多剴切。兼直學士，權吏部侍郎，復疏邊事諸法，帝稱歎。進權刑部尚書。卒，謚文恪。汝談天資絶人，自少至老，無一日去書冊。所著有書經及孟、荀、莊諸子、通鑑、杜詩注。按：汝談宋史本傳缺系籍，據咸淳臨安志云「太宗八世孫，居餘杭，嘉熙四年卒，景定四年謚文恪」。今增入。

趙汝讜。字蹈中，汝談弟。少俶儻有軼材，折節讀書，與兄齊名。以訟汝愚冤坐廢，後登嘉定初進士，歷知温州，卒。

洪咨夔。字舜俞，於潛人。嘉定進士，歷金部員外郎。應詔直言，爲史彌遠所惡，鐫秩去。理宗親政，召爲禮部員外郎，拜監察御史。上疏指陳時弊，又乞罷樞密使薛極以厲大臣之節，章三上，出之，其他得罪清議者相繼劾去，朝綱大振。拜翰林學士，加端明殿學士，卒。子勳，字伯魯，登淳祐進士第，人稱其有父氣骨。仕至兵部尚書。卒，謚文清。

李宗勉。字强父，富陽人。開禧進士，累遷監察御史。時謀出師汴洛，宗勉力言宜修内治、合人謀，以飭邊防。嘉熙中，同僉書樞密院事。深陳和議之非，屢條邊事，皆切時弊。拜左丞相，守法度，抑僥倖，不私親黨，召用老成，尤樂聞讜言。卒，贈少師，謚文清。

章樵。字升道，昌化人。嘉定進士，歷海州、高郵、山陽教官。習知海徼事，再上時宰書，力陳李全必叛。全果亂，郡縣官多被禍，樵率諸生盛服坐堂上講誦，賊至，斂刃而退。擢宰吴，判常州，皆以廉著，終知處州。著有集。

趙景緯。字德文，於潛人。少勤學，弱冠得周程諸書讀之，恨不及登朱子之門。與葉味道諸人相往來，研索益精。淳祐初，登進士第，知台州，有惠政。進考功郎，兼崇政殿説書。時彗出於柳，應詔上封事。咸淳中，兼權中書舍人，封還濫恩詞頭。進權禮部侍郎，進聖學四箴。卒，謚文安。景緯天性孝友，雅志冲淡，親没，無意仕進，故其立朝之日不久云。

孫守榮。富陽人。生七歲病瞽，遇異人教以風角鳥占之術，其法以音律推五數，播五行，測度萬物始終盛衰之理。凡問者，一語頃輒知休咎。寶慶間，名大顯，淮南帥薦諸朝，爲丞相史嵩之所忌，貶死遠郡。

趙卯發。字漢卿，昌化人。淳祐中，以上舍登第，通判池州。元兵渡江，守王起宗棄官去，卯發攝州事，繕壁聚糧，爲守禦計。都統張林陰降敵，卯發與妻雍氏同縊死。贈華文閣待制，謚文節。妻贈順義夫人。

謝緒。錢塘人。理宗皇后謝氏之族，世居邑之安溪。德祐二年，帝北狩，謝太后以病請留，元兵突入宫，舁之而去。緒大慟，與其徒訣，遂赴水死。時苕水陡湧高丈餘，緒尸立而逆流，舉葬於金龍山之側。

汪元量。字大有，錢塘人。爲詩感慨有氣節，善鼓琴。宋亡，從三宫北去，留燕甚久。至文天祥所作，拘幽十操。元祖聞其名，召之，乞爲黄冠歸，自號水雲子。有水雲集。

葛天思。字號及，仁和人。仕宋甫半載，爲元兵所執，勒降，不從，遂割其耳，旋自縊。無子，妻妾二人協志守貞。其里門在縣梅東巷口，名割耳巷，又名葛巷。妻妾没，朝封「雙夫人」，即以所居爲廟。

## 元

葉李。字太白，一字舜玉，杭州人。宋景定間，以太學生伏闕上書攻賈似道，竄漳州。宋亡，歸隱富春山。世祖聞其名，徵爲浙西道儒學提舉。至元中，召見，詢以治道，李歷陳古帝王得失成敗之由，請復立各道儒學提舉及郡教授。累擢尚書左丞。始定至元鈔法。又請立太學，薦周砥等十人爲祭酒等官。帝皆從之。官至平章政事，卒，謚文簡。

凌緯。字景文，昌化人。篤學能文。大德中，以才薦爲雪江書院山長，尋棄去。著唐山紀事、董子雅言、壽者録、冰室集事、偶韻語等書。年九十三卒，縣令表之曰康德先生。

朱清。字元之，富陽人。自幼力學，以氣節自許。宋末，與葉李爲同門生，甚契。已而李以攻賈似道投漳州，友朋莫敢往省，清獨往與之訣，且具酒食服用之需，親護送出二千里外。及似道罷，李免歸，清候之江上，相見無一語相勞，第勉之以風節自終。元至元間，李居左揆，士趨附恐後，清獨漠然，若未始有一日之雅者。李數遣人迎致之，卒不往，終以布衣居邑之東山，鄉人稱東山先生。

鄧文原。字善之，一字匪石，其先綿州人，父漳徙錢塘。至大中，由修撰授江浙儒學提舉。科舉制行，文原校文江浙，慮士守舊習，大書朱子貢舉私議揭於門。延祐中，僉江浙肅政廉訪司事。折獄有聲，遷集賢直學士兼國子祭酒。文原爲文精深典雅，當大德、延祐時，與袁桷、黄溍輩振興文教。有文集若干卷。謚文肅。

楊載。字仲弘，杭州人。少孤，博涉羣書，年四十不仕。延祐初，仁宗以科目取士，載首應詔，遂登進士第。歷寧國路推官。載爲文以氣爲主，而詩尤有法，凡所撰述，人多傳誦之。

錢惟善。字思復，錢塘人。至正元年，省試羅刹江賦，惟善據枚乘七發辨錢塘江爲曲江，由是得名，號曲江居士。官副提舉。張士誠據吴，遂不仕。

陳斗龍。字南仲，昌化人。父天澤，娶盛氏無子，又娶妾王氏，生斗龍，遺去。後天澤與盛卒，斗龍哀毁感泣，有羣烏集其舍，飛鳴不去。儒學提舉孫朝端舉其孝行，爲宗晦書院長。後棄官尋生母，凡六年，乃得之。負母過百丈山，遇徽寇，泣求以身代，賊義之，舍去。

俞全。杭州人。幼被掠賣爲劄糕家奴，後獲爲良。自汴步歸杭，尋其母及姊，得之，事母以孝聞。

## 明

鄒濟。字汝舟〔八〕，錢塘人。博學强記。永樂初以平度知州預修太祖實録，除儀制郎中。累官左庶子、少詹事，輔導東宮，多所裨益。時宫僚多得罪死，濟以憂卒。仁宗立，贈太子少保，謚文敏。子幹，字宗盛，正統進士。景帝初由兵部郎中超擢本部右侍郎，以才爲于謙所倚。終禮部尚書。卒，謚康靖。

王洪。字希範，錢塘人。八歲能文，十八舉進士。永樂中，累擢翰林侍講。帝頒佛曲於塞外，命洪爲序，不應詔，罷去。洪有逸才，與閩人王偁、王璡、王達稱「四王」，偁最自負，獨推重洪，不敢與齒。

陳鏞。字叔振，錢塘人。永樂進士，由庶吉士授祠祭司主事。楊士奇稱其清介端確，表裏一出於正。宣德初，從安遠侯柳升征交阯，升恃勝輕賊不爲備，鏞亟言於尚書李慶，慶以告升，不聽，遂敗，鏞死之。

夏時。字以正，錢塘人。永樂進士，授户科給事中。洪熙元年，議改鈔法，時力言其不便，議卒寢。宣德初，一日三上封事，稱旨，命署尚寶司兼吏、禮、兵、刑四科。身視七篆，事無愆滯。擢江西僉事，終廣西布政使。時廉潔好義，親殁廬墓有異徵。殁而鄉人祀之，名其祠曰孝廉。

于謙。字廷益，錢塘人。永樂進士，宣德初授御史。以才超遷兵部右侍郎，巡撫河南、山西，在任十九年，大著聲績。正統末，召爲兵部左侍郎，值額森入寇，英宗北狩，郕王監國，遷兵部尚書。侍講徐珵倡議南遷，謙厲聲折之，守議遂定。時中外洶洶，獨倚重謙，景帝遂敕謙提督各營軍馬。額森逼京師，謙身督諸軍，力戰卻之，論功加少保。額森見中國無釁，因遣使議和，卒還上皇，謙力也。謙秉性忠孝，忘身憂國，不避嫌怨。徐珵後改名有貞，及石亨輩忌嫉之，英宗復位，亨等誣謙謀迎立襄世子，遂棄市，籍没，家無餘貲。成化初復官，弘治初加贈太傅，謚忠愍。萬曆中改謚忠肅。子冕，字景初，屢上書訟父冤，官至應天府尹。「額森」舊作「乜先」，今改正。

柴車。字叔輿，錢塘人。永樂中，以舉人官至職方郎中。宣德五年，擢兵部右侍郎。正統初，西京不靖，以車廉幹，命協贊甘肅軍務。劾總兵劉廣等喪師冒賞罪，帝旌其忠直。在邊章數十上，悉中事宜。終本部尚書。

王琦。仁和人。永樂中，由舉人歷御史、山西僉事、四川副使。居官方潔，一介不取。致仕歸，家無擔石儲，衣敝，綴之以紙。杭州守奏聞於朝，賜之金，再拜固辭，竟凍餓而死。

葉文榮。海寧人。性孝友，弟酗酒殺人論死，母日悲泣不食。文榮患之，謂母曰：「兒已有子，請代弟死。」遂詣官服罪。

楊寧〔九〕。字彦謐，錢塘人〔一〇〕。宣德進士，授刑部主事。正統己未，隨征麓川，師至境上，賊遣人約降，寧請嚴兵以待，衆以爲迂，賊衆果奄至，士卒多陷。辛酉，總督王驥仍以寧行，寧督戰渡江，不避矢石，士卒用命，遂克之。又語驥令諸道俱奮，乘勢搗賊巢，賊死者無數。還，升刑部右侍郎。奉命參贊雲南軍務。時麓川賊首逸於緬，寧簡鋭師，先遣使責緬，緬人懼，求出賊自效，遂誅大憝，函其首以獻。景泰初，晉禮部尚書，調南京刑部。天順改元，致仕。

夏誠。字克誠，仁和人。宣德舉人。正統初，擢御史。英宗北征，誠上疏力諫不聽，扈從至土木遇難，以身捍衛，冒矢石，身被數創，血濺御衣，殁於陣。天順初，賜卹，官其子。

夏時正。字季爵，仁和人。正統進士，景泰中以刑部郎中録囚福建，多所平反。累擢南京大理卿。成化六年，巡視江西災傷，除無名税十餘萬，汰諸司冗役數萬，增築南昌瀕江隄及豐城諸縣陂岸。乞歸，貧甚，僦居民舍。布政使張瓚爲築西湖書院居之。時正雅好學，閑居久，多所著述，於稽古禮文事尤詳。

江玭。字用良，仁和人。景泰進士，授禮科給事中。諫濫度僧道，訟按察使陳璇冤，劾武清侯石亨罪，聲震一時。成化中，官至山東參政。致仕歸，囊篋蕭然，世業悉以讓兄弟。子瀾，字文淵，性孝友，成化進士，歷官南京禮部尚書。卒贈太子太保，謚文昭。瀾子曉、暉，皆進士。曉字景熙，嘉靖中爲工部右侍郎，歷官以清慎稱。暉字景孚，庶吉士。武宗南巡，抗疏諫，受杖闕下。官至河南僉事。

蘇平。字秉衡，海寧人。永樂中舉賢良方正，不就，與弟正遊京師，並有詩名，在景泰十才子之列。

項騏。仁和人。景泰中，舉授南京禮部司務。憲宗初，應詔陳言，謂李賢、王翱當曹欽作亂，不能奮身死義，屈節求免，廉耻謂何，並請内豎毋干政，皆人不敢言者。歷南京刑部郎中，謝病歸，寄居於人，甘貧屢空，巡按御史高其節，築室居之。

姚文。仁和人。爲京衛軍，父早喪，每晨出赴操，拜母而往，歸亦如之。母歿，擇葬地於玉泉山，虎跑成穴。天順中旌表。

洪鍾。字宣之，錢塘人。成化進士，爲刑部主事。曉習律令，尚書林聰器之。弘治初，遷四川按察使。馬湖土知府安鼇恣虐，鍾捕送京師，一方始靖。歷右副都御史，巡撫順天。整飭薊州邊備，建議增築邊牆千餘里，繕復城堡二百七十所，悉城緣邊諸縣，因奏減防秋兵，歲省費數萬。正德中，湖廣飢，盗起，命鍾以左都御史總制軍務討之，陝西、河南、四川皆隸焉。以功進太子太保。卒，謚襄惠。

祝萃。字惟貞，海寧人。成化進士，授刑部主事。劉概妖言獄起，萃論救之。改工部，從侍郎徐貫治水蘇松，以功進員外郎。尋告歸，即家授徒，布衣蔬食，泊然無求於世。正德時，歷廣東左布政，乞歸，日事著述以終老。

何訥。富陽人。父喪廬墓，蛇虎不爲害，成化中旌表。

陳璋。仁和人。以歲貢生入國學。父卒，廬墓。妻錢氏，值姑患疽，以口吮之而愈。弘治中，並被旌。

胡世寧〔一一〕。字永清，仁和人。弘治進士，累官南京刑部主事。上書極言時政闕失，再遷郎中，與李承勛、魏校〔一二〕、余祐稱「南都四君子」。歷太平、寶慶知府，遷江西副使。宸濠驕横，有異志，世寧上疏極言，宸濠賄用事者誣以罪，謫戍瀋陽。居四年，宸濠果反。起戍中，累擢四川巡撫。嘉靖初，召爲兵部侍郎，遷左都御史。持大體，上憲綱十餘條，以清庶獄，肅官方。改刑部尚書，每重獄，必別白爲帝言之。轉兵部，陳兵政十事，又上備邊三事。以疾乞歸。世寧風格峻整，居官廉，疾惡若仇，而薦賢士如不及。卒贈太保，謚端敏。

邵鋭。字思抑，仁和人。正德三年，會試第一，由編修出爲寧國推官，歷福建提學副使。刻意奮厲，以嚴苦自持，日食惟菜羹糠飯。歷官皆有惠澤，比去，士民多涕泗追送。嘉靖中遷太僕卿，得疾告歸，以門廕予兄子。生平恥近名，學以程朱爲鵠。卒之日，囊無餘金。贈右副都御史，以篤學有行，特謚康僖。

邵經邦。字仲德，仁和人。正德進士。嘉靖初，歷刑部員外郎。張璁與經邦爲同年生，屢招致之，經邦薄其人不應。已，以日食上言：「陛下復召張璁、桂萼輔政，人言籍籍。今天變若此，安可弗畏！」帝大怒，立下鎮撫拷訊，謫戍福建鎮海衛。久之，卒。隆慶初復官。子重生，字古菴，建白閣於靈鷲山呼猿洞，祀許由及唐、宋名賢。爲樓二楹，中祀其父經邦。足跡不入城市，過節序歸家信宿，事已即還。嘗送其友抵城，即辭曰：「吾不入此久矣。」如是者二十年。

徐江山。字六橋，錢塘人。正德進士，官尚寶卿。性直敢言，夏言與曾銑受禍，無敢白其冤者，江山首上疏申救。陶仲文、段朝用以方術得幸，江山力辨其奸。又馮恩繫獄中，子行可刺血寫疏，自縛闕下，江山力贊通政爲引奏，得末減。其好義如此。

許相卿。字伯台，海寧人。正德進士。世宗立，授兵科給事中。宦官張鋭、張忠有罪論死，帝復寬之，又議加興獻皇號，相卿皆疏爭。又李賢以中官義子襲錦衣指揮，崔文以左道罔上，林俊以正人被譖，前後論奏，詞甚切直，帝卒不聽，謝病歸。

田汝成。字叔禾，錢塘人。嘉靖進士，爲禮部主事。上言衣冠之侣，流竄窮荒，望悉加寬宥，忤旨切責。歷廣西參議，分守右江，與翁萬達討平土酋趙楷、李寰及努灘賊侯公丁之亂。終福建提學副使。汝成博學工古文，撰炎徼紀聞、西湖遊覽志，見稱於時。子藝蘅，亦有才名。

張瀚。字子文，仁和人。嘉靖進士，歷大名知府。諳達犯京師，詔遣兵部郎中徵畿輔民兵入衛，瀚立簡八百人，馳至真定，請使者閲之，若素練者。累擢右副都御史，巡撫陝西。隆慶初，提督兩廣，皆有聲。萬曆初，擢吏部尚書。瀚爲張居正所引，及居正遭喪，中旨令瀚諭留，瀚持不可。居正怒，嗾言官劾之，勒致仕，士論重之。卒贈太子少保，謚恭懿。「諳達」舊作「俺答」，今改正。

陳洪濛。字元卿，臨安人。嘉靖進士，授刑部主事，兵備九江。盜起，必洗其窟。巡撫貴州，時施州蠻黄中叛，詔洪濛偕楚、蜀二鎮討之，自川東率大軍入深箐，破洞砦百餘，蜀兵從西北躡之，黄中迫，入楚叩軍門請死。時貴與蜀有戰功，而楚坐得酋首，蜀、楚争功不能決。洪濛曰：「皆天威也，三省安得徼之？」疏上，稱洪濛能讓。屬疾，疏請骸骨。當候代，復輿疾剗平鎮遠、邛水、巴狼等叛苗。御史上前後功，賜白金、文綺加等。

查秉彝。字性甫，號近川，海寧人。嘉靖進士，擢禮科給事中。定莊敬太子冠禮，轉户科。會大計羣吏，條吏弊七事以上。後以劾嚴嵩父子杖闕下，謫雲南定邊尉。嵩敗，起官，終順天府尹。

童漢臣。字重良，錢塘人。嘉靖進士，擢御史，巡按山西。諳達薄太原，爲設方略，督諸將擊敗之。以劾嚴嵩被謫，嵩敗，起知泉州府。倭寇犯境，有保障功，終江西副使。「諳達」改見前。

高儀。字子象，錢塘人。嘉靖進士，選庶吉士，授編修，累官禮部尚書。穆宗即位，諸大典禮皆儀所酌定，事有不可，必力争。掌禮部四年，每歲暮類奏四方災異，遇事秉禮循法，居職甚稱。進文淵閣大學士。卒，贈太子太保，謚文端。儀性簡静，寡嗜好，室無妾媵，及殁，幾無以殮。

孫商偉。富陽人。嘉靖中歲貢生，授福建寧德教授。倭寇陷城，入學宫，欲挾以行，商偉曰：「吾學官也，職當死學中。」遂遇害。

方廉。字雙江，新城人。嘉靖進士，歷禮部郎中。尚書徐階知其賢，言於吏部，以爲松江知府。數年大治，累升蘇松巡撫，總督漕運。長於應變，所至辦治。終南京工部侍郎。

孫枝。字敬身，錢塘人。嘉靖進士，歷給事中。疏言納級指揮，實壞軍政，宜罷。又言崇文門商課例皆收錢，自每錢七徵銀一分，錢法遂壞，請徵錢如故。悉從之。巡視光禄，多所釐定。改巡京營，詔遣中官吕用等典京營軍，枝力諫乃已。善能因事爭執，後至山西右參政。

宋應昌。字桐岡，仁和人。嘉靖進士，累官山西副使，巡撫山東。上海防事宜，預策倭爲患，進選將、練兵、積粟三策。已而語驗，廷議服其先見。拜兵部右侍郎，經略朝鮮，假便宜行事，與李如松襲取平壤，進收開城、黄梅、平畿、江源，四道悉下。時兵部尚書石星惑於封貢之説，議撤兵，應昌請留兵協守，星不聽。應昌度事難辦，引疾乞休。後敘平壤功，加右都御史。子守一，亦有名。

應明德。字養虚，海寧人。嘉靖進士，授刑部主事。時楊繼盛奏劾嚴嵩十罪五奸，有旨先下鎮撫司榜問究主者，嗣發緹帥杖一百，送刑部擬罪。瀕死再蘇，提牢皆奸黨也，明德獨檢湯藥，視飲食者十四日，復説尚書出之老監，遷於外庫，或怵以重禍，勿懾也。

江圻。字子望，曉子〔一三〕。隆慶進士，歷南京刑部員外郎，終廣西提學僉事。性純孝，父母疾，嘗舐糞，衣不解帶，居喪哀毁，泣血寢苫，食淡三年，經寢室，必俯其首，目不流視。妻化之，經夫廬亦然。當事欲奏聞於朝，力辭曰："奈何因父死爲名？"既卒，門人私謚孝端先生。

江鐸。字士振，圻子。萬曆進士，歷山西按察使。播酋楊應龍叛，擢僉御史，巡撫偏沅，帥師破瑪瑙、長坎諸囤，苦竹、三渡等關，乘勝及海龍囤，應龍縊死。又討平皮林八洞諸蠻。以勞疾歸，卒贈兵部右侍郎。

洪曜祖。字詔孫，鍾孫也。萬曆進士，由庶吉士除給事中。疏請撤礦内臣，劾本兵田樂納賄骫法，語侵閣臣沈一貫，降級，家居十年。起嘉定縣丞，累升都御史，巡撫汀贛。平流賊蘇俊等，功未敘，被劾歸。卒年七十九，贈兵部尚書。

黄汝亨。字貞父，仁和人。腦後稜稜有奇骨，目如曙星。萬曆戊戌進士，知進賢縣。邑多浮賦，汝亨上書臺司力争之，寬其征。又爲建倉水次，不病輸輓。暇則與諸生論文。奏最，以忌者左遷。久之，起南京工部主事，升禮部郎中，視學江西。力持風格。進參議，備兵湖西。踰年謝病歸，結廬南屏。著有寓林集三十卷、詩六卷。

鍾化民。字維新，仁和人。萬曆進士，歷儀制郎中。帝命並封三王，化民與顧允成面詰王錫爵於朝。瀋王請封其庶子爲王，化民持不可。進光禄丞。河南大饑，奉命往賑，全活數十萬人，擢太常少卿。尋以右僉都御史巡撫河南，討平南陽礦盜及夾河賊，以勞瘁卒官。敕建忠惠祠祀之。

卓爾康。字去病，仁和人。萬曆舉人，爲大同推官。遷兩淮分司，罷歸。賊陷京師，悲憤卒。爾康究心經濟，作河渠議十篇。他若禮樂、郊廟、財賦、轉運、錢法、官制，各有成書。其於兵事尤善。官大同時，盧象昇方爲總督，延之上坐，咨兵事，爾康抗談，漏下乃已，象昇用其策多效。所著有易説、詩學、春秋辨義諸書。

章希義。富陽人。天啓中，浙東大饑，盡發儲粟以賑宗族，有不能婚嫁者爲之擇配，不能就學者設義塾以教之。里中咸曰：「但爲刑罰所加，毋爲章公所短。」又崇禎中，昌化王錫衮、餘杭嚴武順、錢塘陸奇，本朝初俱以義行旌。

王道焜。字昭平，錢塘人。天啓舉人，崇禎時以邵武同知知光澤縣。平賊有功，升兵部職方主事。方待命，都城陷，南還，及杭州失守，遂投繯死。本朝乾隆四十一年，賜謚節愍。

許文岐。字我西，仁和人。崇禎進士，授南京兵部主事，進郎中，出知黄州府。賊大擾江北，佐尚書范景文治戎備，景文甚倚之。歷遷下江防道副使，守蘄城，拒張獻忠，城陷被執，不屈死，贈太常卿。又參將崔文榮，海寧人。並於本朝乾隆四十一年賜謚忠烈。

陳潛夫。字元倩，錢塘人。崇禎舉人，十六年除開封推官。時屬邑多從賊，潛夫結副將劉洪起大破賊將陳德於柳園。福王立，擢監軍御史，巡按河南。尋入朝，陳中興之策甚悉，馬士英佯應而陰絀其言。南都陷，從魯王於紹興，計恢復，及江上師潰，走山陰化龍橋，偕妻妾二孟氏赴水死。又同縣同知翁之琪，並於本朝乾隆四十一年賜謚忠節。

顧王家。字翊明，仁和人。崇禎時，爲汝州吏目，撫賊有功，當遷。會賊復來寇，汝人乞留之，助郏城知縣李貞佐拒賊。城陷被執，大聲叱賊，亂刃斫死，子國亦死之。本朝乾隆四十一年賜謚烈愍。

姚奇允。字有僕，錢塘人。崇禎進士，授南海知縣，有聲。入爲兵部主事，改御史，巡按廣東。未任，聞贛州圍急，與郝維經分道募兵，入城拒守，城破死之。子端，字以式，亦死節。又提學副使翁鴻業、知州趙景和，俱同縣人，並於本朝乾隆四十一年賜謚節愍。

徐慶餘。字兆穀，新城人。崇禎中以舉人授四川珙縣知縣，有惠政。流賊陷蜀，慶餘堅守孤城，力盡城陷，被執不屈。子文斗，請以身代，並遇害。本朝乾隆四十一年，賜謚慶餘節愍。

俞起蛟。字芝雲，錢塘人。以明經授魯藩長史。時肅王欲廢世子，起蛟力持不可。歲饑，勸王廣加賑恤。泰山盜起，勢張甚，起蛟力戰，破其衆。崇禎十五年，兖州破，魯王死，起蛟力戰死之，一門殉節者二十三人。又湖東道姚生文，仁和人；知縣郁廷諫，杭州人；監軍俞元良，海寧人；都司許當宸，餘杭人；並於本朝乾隆四十一年賜謚節愍。

陸培。字鯤庭，錢塘人。父運昌，初名鳴動，崇禎進士，與弟舉人鳴時、鳴煃並馳名藝苑，有「三鳳齊鳴」之稱。運昌知永豐、吉水二縣，有治績。培少負俊才，有文名，行誼修謹。舉進士，爲行人，奉使事竣歸省，南都覆，謀結壯士保鄉土。聞潞王降，遂自縊死。兄圻，亦有才名，國變後遁入武當，不知所終。培於本朝乾隆四十一年賜謚忠節。

周宗彝。字五重，海寧人。崇禎舉人，城陷殉節死。妻卜氏與二妾朱氏、柴氏從死，弟啓琦巷戰力竭被殺。同邑佘元良，字仲驤，崇禎進士，與兄元禮俱殉難死。並於本朝乾隆四十一年賜入祠。

祝淵。字開美，海寧人。崇禎舉人，會試入都，適都御史劉宗周削籍，淵未識宗周，抗疏争之。帝下禮官議，逮下詔獄，尋被釋。都城陷，吳麟徵殉難，淵親爲含殮，扶柩而還，遂師事宗周。嘗有過，閉門長跪，流涕自撾。杭州失守，淵方葬母事畢，投繯而卒。又千户蔣心赤、劉璿璣、蕭文璽，俱海寧人；生員諸復、方天眷，俱仁和人；並於本朝乾隆四十一年賜入祠。又有賜謚節愍之左長史鄭安民，給事中陳士京，賜入祠之主簿陸介祚、經歷鄭元俊，俱係浙江人，因未詳其縣籍，今姑附杭州府之下。

朱朝瑛。字美之，海寧人。崇禎進士，除旌德知縣。歸，專事窮經。初，漳浦黄道周精易象天文之學，以授時令分配三百八十四爻，驗古今治亂，詞旨深奥。朝瑛受業其門，獨能通之。編釋五經，多破前儒成説，名五經略記。同邑張次仲，方八歲，母疾封股而愈。舉天啓鄉薦，詩、易並有著述，其持論間與朝瑛殊，然歸趣一也。

## 校勘記

〔一〕趙璉　「璉」，原作「連」，據乾隆志卷二一八杭州府名宦（下同卷簡稱乾隆志）及元史卷一九四趙璉傳改。按，本志避乾隆皇太子永璉諱改字，今改回。

〔二〕范元琰　「琰」，原作「炎」，據乾隆志及梁書卷五一范元琰傳改。按，本志避清仁宗諱改字，今改回。

〔三〕遷給事黄門侍郎　「事」下原有「中」字，乾隆志同，據陳書卷三三顧越傳删。

〔四〕凌準字宗一　「宗」，原作「崇」，據乾隆志及新唐書卷一六八王叔文傳附傳改。

〔五〕後降知連州以没　乾隆志同。按，新唐書卷一六八王叔文傳附凌準傳謂準貶連州司馬，死於貶，舊唐書王叔文傳亦言凌準坐叔文貶連州司馬。清一統志作「知連州」，不知何據。

〔六〕知諫院　「諫院」，原作「諭院」，乾隆志同，據宋史卷三一七錢惟演傳附傳改。

〔七〕嘗從學朱頔沈天錫　「錫」，原作「鈞」，據乾隆志及宋史卷二九九郎簡傳改。

〔八〕鄒濟字汝舟　「舟」，原作「周」，據乾隆志及明史卷一五二鄒濟傳改。

〔九〕楊寧　「寧」，原作「安」，據乾隆志及明史卷一七二楊寧傳、雍正浙江通志卷一七一人物改。按，本志避清宣宗諱改字，今改回。

〔一〇〕字彦謐錢塘人　「謐」，原作「謙」，乾隆志同，據雍正浙江通志卷一七一人物及明史卷一七二楊寧傳改。「錢塘人」，浙江通志同，明史本傳作「歙人」。

〔一一〕胡世寧　「寧」，原作「安」，據乾隆志及明史卷一九九胡世寧傳改。按，本志避清宣宗諱改字，今改回。

〔一二〕魏校　「校」，原作「拔」，乾隆志同，據明史卷一九九胡世寧傳改。

〔一三〕江圻字子望曉子　「望」原作「堅」，「曉」原作「曉」，據乾隆志及雍正浙江通志卷一八三人物改。

# 大清一統志卷二百八十六

## 杭州府四

### 人物

本朝

黄機。字次辰，錢塘人。順治進士，由庶吉士歷禮、户、吏三部尚書，晉文華殿大學士。端厚清謹，公忠體國，兩任吏部，抑奔競，疏壅滯，會陳時務，言皆剴切。立朝四十餘年，廉潔自愛，不名一錢。卒，謚文僖。

項景襄。字去浮，錢塘人。順治進士，選庶吉士，歷官兵部侍郎。凡國家大建置，輒據成例以進。刑部疏請改五流之應徙邊者，無遠近皆戍烏喇，景襄力争之，卒從其議。山東濱海民多捕魚爲業，巡撫以民舟篷桅具者議坐以通海，景襄曰：「海濱漁船，率容二百石，非篷桅不可行，奈何以重法陷之？」由是皆免，且著爲定例。

吴道煌。錢塘人，順天籍。順治己丑進士，任武康令。邑多盜，道煌飭保甲，詰奸宄，民賴以安。尋擢蘇州守。故事，郡財賦分解諸部寺，道煌建議專歸户部，法始畫一。在任五年，嚴絶苞苴，屢剖冤獄，郡人德之，立祠於虎丘。

高咸臨。字與侯，仁和人。順治初以選貢爲永安知縣。山寇陷建寧，擁衆來犯，咸臨率親戚防禦，從弟其翰、從子顯宗、中表吳之璜先後捍賊死。咸臨數獲賊，磔之，相拒五閲月而救不至，城陷，被執遇害。贈僉事。同邑錢法裕，知蒲州，姜瓌之亂，死難，贈參議。

吳允焞。仁和人。順治三年貝勒博洛定杭州，允焞與邑人潘際昌、胡萬鎰、錢塘沈孚建並投效。博洛俱挈入閩，疏以允焞知壽寧，際昌知永春，萬鎰爲其訓導，孚建知政和。時海寇連陷諸縣城，允焞被執，拷掠無完膚，罵不絶口而死，妻瞿氏殉焉。際昌、萬鎰同守永春，凡四閲月城破，並死之。孚建亦罵賊死。同時死難者，有漳平知縣戴真學，海澄教諭周祖唐。又順治二年，諸生王業犖負父避寇，賊殺其父，業犖憤罵，賊斷其舌死。四年，死粤寇之亂者，有長寧知縣顧德濟、吳川縣丞徐啓連。五年，死姜瓌之亂者，有高家營遊擊鄭世英、大寧典史徐士鶚。康熙間以勦捕海賊陣歿者，有把總王一彪、許文爵。雍正間以烏蒙新平倮彝之亂死者，有巡檢葉祚徽、丁鈺，典史沈洪，鈺妾吳氏亦殉焉。乾隆五十四年，以平安南委辦臺站被害者，有經歷張誠。皆浙人，因縣籍俱無考，附記於杭州府下。

王起彪。字虎子，錢塘人。順治進士，知德興縣。時饒州巨寇雖平，餘賊時發，涖任一月，賊董三等來攻，起彪拒守，被執不屈死。雍正六年賜廟祀。

鄔象鼎。字符九，仁和人。順治進士，備兵羅定。猺獞反，象鼎提師深入，殲其魁，諸砦厎定。粤寇破桂林，逼羅定，象鼎率子元祼、從子聯珠、元珦力拒之，擒斬二千餘人。賊遁旋集，攻圍累月，城陷，俱不屈死，家屬五十七人咸殉難。贈象鼎光禄卿。

王萬鎰。字人玉，錢塘人。順治中，以鄉貢知萬年縣，有政聲。康熙甲寅，耿逆倡叛，饒、廣二郡偏將俱應之。萬鎰率衆力戰，與家僮六人俱死。贈參議。

宋人望。錢塘人。以貢生知連江縣。順治三年，海寇攻城，人望嬰城守，糧盡城陷，死之。同邑生員汪士嵋，康熙十二年，耿逆之亂，獻策軍門，以功授同知，奉檄招撫賊黨，被戕。潼川通判汪時，乾隆二十七年從征緬甸，被害。先後詔卹如例。

錢嘉倫。仁和人。順治三年，知順昌縣。土寇攻城，嘉倫固守不能下，賊穴城陷之，被執，大罵，賊斷其舌，猶罵不絶聲，賊支解之。同邑蔡相國，官定安典史。順治九年，流賊犯瓊州，死之。倪霖，官四川縣丞。程應桂，官大足知縣。俱乾隆二十七年從征緬甸死難。王雋，官福建同知，乾隆五十一年，臺匪據鳳山，雋解餉至石佛頭，罵賊死。俱先後贈卹如例。

鮑之奇。餘杭人。順治五年，以貢生官恩平知縣。方之任，城已爲賊據，之奇單騎往諭，被戕。

周文煜。海寧人。官黔陽知縣。順治十年，土寇犯境，文煜禦之於金橋，被執，至洪江，脅降不從，殺之。妻施氏自經，妾王氏投井死，幼子及賓從同殉者八十餘人。

楊雍建。字自西，海寧人。順治進士，知高要縣。時師行絡繹，供億煩重，雍建減費恤役，有持軍符下縣者，語不遜，雍建撻之。帥以愬總督王國光，國光曰：「賢吏也。」乃杖持軍符者，而薦雍建於朝。授兵科給事中，數有建白。歷副都御史，巡撫貴州。綏輯有方。召爲兵部侍郎，尋乞歸。

嚴沆。字子餐，錢塘人。順治進士，選庶吉士，改給事中。典試山東。故事，聖裔無舉者，四氏子不得獨售。沆疏請得歲舉二人，著爲令。累官總督倉場侍郎，通贏絀，剔侵蠹，歲省金錢數萬。乞養歸。

趙燾。仁和人。順治中，由武進士歷象山右營參將。康熙乙卯，勦賊至貓頭洋，斬僞都督周貴，旋因風勢失利，力戰死。贈副將。

陸承祺。陸承祚。仁和人。父夢蘭，客死鬱林，時方用兵，踰年，凶問始至。承祺、承祚年尚幼，皆號慟，辭母王氏，走萬里，道乞食至鬱林，徧求不得。忽遇父故人導之入蕭寺，見棺，一慟而殞。承祚甦，而承祺竟死。承祚乃負父兄骸骨還家。先是，承祚道遇鄉人，寄書歸母，母見書慟哭曰：「夫柩已歸，吾復何戀。」絶粒而死。

徐旭齡。字元文，錢塘人。順治進士，授刑部主事，擢御史。遇事敢言。視鹾兩淮，會黄淮水決，旭齡恤流民，全活甚衆。擢僉都御史，巡撫山東。下車劾墨吏數人，嚴禁倉糧河夫之最病民者，豪猾斂跡。進工部侍郎，總督漕務。有籌三便、釐三害等疏，悉見施行。卒，謚清獻。

柴紹炳。字虎臣，仁和人。性孝友，稍長，博極羣書。爲諸生，七試冠軍。居西湖南屏山，究心象緯、輿地、兵農、禮樂諸書，著古韻通考、古經濟類編、省軒集。

沈昀。仁和人。從劉宗周學，以誠敬爲本，力排佛老。清苦自守，嘗累日絶糧，采階前馬蘭草食之。以喪禮久廢，輯士喪禮説。年六十三卒，無以爲殮，應撝謙經紀其喪，涕泣曰：「吾不敢輕受賻襚，以玷先生。」其生平介潔如此。

應撝謙。字嗣寅，仁和諸生。性孝友，殫心理學，以不自欺爲本，六經多所發明，尤精於易。殁後，河陽趙士麟、儀封張伯行刻其遺集行世。其周易彙解，尤爲精詣。

毛先舒。字稚黄，錢塘人。八歲能詩，與陸圻、張綱孫、沈謙諸人稱西泠十子。尤精韻學，著韻學指歸及唐韻四聲表。綱孫一名丹，字祖望，有從野堂詩集。謙字去矜，有東江集及臨平記等書。

顧豹文。字季蔚，錢塘人。順治進士，知真陽縣。以治最擢御史，出按湖北。請捐漢、安、荆、襄等州縣逋糧，復蘆洑口舊隄，建義倉一百四十餘所。病歸，研究經史，至老不倦。

吴任臣。字志伊，仁和人。耽書玩古，多所論著。廣郭璞山海經注，及刺取五代諸霸國事爲十國春秋。康熙中，試博學鴻詞，授檢討。同時試博學鴻詞者，錢塘則汪霦，由進士官行人，授編修。海寧則沈珩，由進士官中書，授編修。仁和則沈筠，由進士授編修。邵遠平，由進士官光禄寺少卿，授侍讀。

馮景。錢塘人。太學生。性嗜讀書，見聞淵博，善屬文，下筆纚纚千言。康熙間遊京師，會有司營宮室，需楠木，有請易國子監彝倫堂梁者。景致書於尚書魏象樞，極陳不可，事得寢。於是京師咸知有太學馮名。景嚴氣正性，師友風義，以責善爲事。生平著述甚富，多散失，有幸草十二卷、樊中集十卷、解春集十四卷行世。

徐潮。字青來，錢塘人。康熙進士，選庶吉士，授檢討。歷官刑部侍郎，巡撫河南。潔己奉公，自布政司以下，舊時加徵於民者，皆革除之。又奏除南陽辦鉛、衛輝辦漕之弊，開溝渠以資灌溉，杜發馬以安驛遞，革牙行以恤商民。擢户部尚書，聖祖仁皇帝以高寶水患，與潮面論形勢，指授方略，命董其事。百日工竣，晉吏部尚書，致仕卒。雍正十一年，特命入賢良祠。乾隆元年，追謚文敬。十六年，御賜「清慎可風」匾額。

謝廷謨。於潛人。官雲和訓導。康熙十二年，耿逆黨陷處州，廷謨募鄉勇勦賊，被執，絶粒死。又臨安諸生洪恩宣，以應募招撫耿逆賊黨，與邑人余煜並遇害。又俞峻，臨安人，官彰化知縣。乾隆五十一年，以勦臺匪林爽文戰歿。俱卹如例。

王一麟。錢塘諸生。少孤力學，母邵氏，哭夫失明，一麟舐目復開。母亡廬墓，枯柏復茂。康熙十二年旌表。

王愚叟。錢塘人。不知其名。誠心待人，受人欺或負其錢物，終不校，再求輒應，人以謂愚，叟亦自謂愚，故號愚叟。閲世百年，無一妄語，嘗爲詩云：「吾心如秋月，爲鏡不爲鈎。雨過浮雲浄，清光到處流。」

盧必陞。錢塘人。叔無子，以必陞嗣，本生父病，思食蟛蜞，非其時，莫致，必陞攜筐採取，風潮忽至，歿於海，漁者救之，猶手蟛蜞不釋。嗣父遇流賊相失，必陞躬冒鋒鏑，尋父以歸。及卒，廬墓三年。事聞，旌表。

趙啓裕。錢塘人。十歲喪父，哀慟不欲生。事母孝謹，不離左右者數十年。母卒，執喪盡禮，廬墓三年。兄患惡疾，近者輒染，啓裕扶侍起居，與同寢食，兄瘳，己亦不染。雍正四年旌表。

吴修齡。錢塘人。年十四，父士培疾，籲天求代。及歿，寢苫若成人。事祖母張極孝養，有偷兒夜入其室，罄取所有，舉火焚其廬，修齡赴烈焰負祖母出，毛髮爲焦。母錢氏，孀居卧疾，親奉湯藥，衣不解帶者三年。歿後，喪葬盡禮。雍正八年旌。又同縣孝子莫美章、施嘉穀、田世容，仁和孝子鮑光郎、汪天石、鮑增、孫人偉，富陽孝子胡謙，新城孝子淩鴻磐，俱於乾隆年間旌。

桑天顯。字文侯，錢塘人。幼失恃，年十三，父病反胃，天顯百方求醫，父得延五年乃卒。康熙十三年，耿逆反，官令海壖各團練爲保。天顯爲鄉長，率其鄉人，極力備禦。賊退，辭薦賞，惟施醫教子而已。乾隆七年，以孝行旌。子調元，字弢甫，博學能文，雍正癸丑特賜進士，授工部額外主事。

王起凡。仁和人。居江干，販蔬養母，甚孝謹。一日入市，屋爲鄰起火延燒，起凡急歸，冒煙焰入負其母，不得出，抱母同斃。里人爲立王孝子祠。

陳詵。字叔大，海寧人。康熙舉人，由中書累遷左副都御史，巡撫貴州。地多山峒，不事農桑，詵教之開墾。又令善蠶者即署旁浴種治繭，民始知織紝。調湖北，時江浙歲歉，廷議弛米禁濟一時，商賈皆東下，而省城米價騰湧。詵立假藩庫銀五萬兩，貴糴賤賣，江浙米價平，而楚民亦得不病。榷使請於白螺磯設關，詵奏不可，乃止。晉工部尚書，轉禮部，致仕。卒，謚清恪。

許汝霖。字時庵，海寧人。康熙進士，選庶吉士，歷贊善，督江南學政。所取士拔其尤。累遷禮部尚書。性篤孝友，律躬謹飭，致仕歸，讀書課士，恂恂如諸生時。

湯右曾。字西崖，仁和人。康熙進士，選庶吉士，授編修，改户科都給事中，累遷吏部右侍郎、兼翰林院掌院學士，卒官。右曾少穎敏，工詩，晚年益歸蒼老。兼工行楷，尺牘華贍，人争重之。

查慎行。字夏重，海寧人。康熙進士，選庶吉士，授編修，入直南書房，告歸。慎行天資穎異，五歲能詩，十歲作武侯論，同邑范驤稱爲曠世才。既長，遊黄宗羲之門，所學益進，於經史無所不窺，而尤深於詩。所著有敬業堂詩集及周易玩辭集解、蘇詩補注等書。慎行弟嗣瑮，字德尹，康熙庚辰進士，官侍講。工詩，與慎行齊名。又同里查昇，字仲韋，康熙戊辰進士，官少詹事。工詩文，尤精書法，片楮隻字，人争寶之。

沈近思。字位山。康熙進士，知臨潁縣。潁與許接壤，許有孔家口，水勢衝激，爲潁患。近思出夫十之七，助許築隄，俄水發，安堵無恙。遷南寧同知，力行保甲，山盜斂跡。雍正元年，爲文選郎中，擢本部侍郎。盡職奉公，門無私謁。晉左都御史，風紀肅清。卒贈禮部尚書、太子少傅，謚端恪。

陳元龍。字廣陵，詵同祖弟。康熙乙丑第二人及第，授編修，入直南書房。後由吏部侍郎巡撫廣西，有惠政。内升工、禮二部尚書，雍正元年授文淵閣大學士。十一年致仕，加太子太傅。乾隆元年，特賜在家食俸，卒時年八十有五，謚文簡。

陳世倌。字秉之，詵子。康熙癸未進士，選庶吉士，授編修。督學順天，謝絶苞苴請託。雍正初由内閣學士巡撫山東，興利除害，多有善政。未幾以被劾罷職。乾隆元年起副都御史，歷遷左都御史、工部尚書、文淵閣大學士。戊寅冬，以衰老告休，加太子少傅，將就道卒，謚文勤。

徐本。字立人，潮子。康熙戊戌進士，選庶吉士，授編修。雍正初，督學貴州，授按察使。越二年，巡撫安慶。宿、亳向多萑苻，壽州更甚，本廣設偵邏，密計擒治，盜藪一清。内擢左都御史、工部尚書、協辦大學士。乾隆元年，晉東閣大學士，入直南書房。八年乞休，加太子太傅。卒贈少傅，謚文穆。

商盤。錢塘人。雍正進士，初以知縣用，特旨改庶吉士，授編修。尋外補同知，終雲南元江府知府。盤幼工詩，出入元、白、蘇、陸間，樂府歌行，尤瑰麗縱恣，才情富贍，篇什甚多，删汰之餘，尚三千首，集三十二卷。

梁詩正。字養仲，錢塘人。雍正戊戌第三人及第，授編修，入直上書房。乾隆二年，以侍讀入直南書房。歷官内閣學士，刑、户、吏三部侍郎，户、兵、吏、工四部尚書，東閣大學士，加太子少傅。卒贈太保，謚文莊。

董邦達。字孚存，富陽人。雍正癸丑進士，選庶吉士，授編修。歷官至工部尚書。邦達端謹老成，兼工書畫，入直南書房。卒，謚文恪。

厲鶚。字太鴻，錢塘人。康熙庚子舉人，乾隆丙辰舉博學鴻詞。放歸，讀書不輟。遺文秘牒，無所不窺，發爲詩文，以清和爲聲響，以恬淡爲神味，考據故實之作，寓正論於敘事中。尤工長短句，入南宋諸家之勝。著有樊榭山房詩文集行世。

沈廷芳。字椒園，仁和人。幼穎異，立志卓然。乾隆丙辰舉博學鴻詞，授庶吉士，官編修，改山東道監察御史。奏毀智化寺明閹王振像，請免各關米豆稅及米船船料。東南米貴，兩請截留漕運，並蒙溫旨允行。授山東登萊青道，擢河南、山東按察使。所歷剔弊除奸，並著善績。致仕終。著有十三經注疏正字、續經義考、鑒古録及隱拙齋詩文集。

杭世駿。字大宗，仁和人。博聞强識，於學無所不貫。藏書千萬卷，目睇手纂，詩文宏肆而奥博。中雍正甲辰鄉試，乾隆初年，舉博學鴻詞，授翰林。落職歸，杜門奉母，暇則與里中耆舊結南屏詩社，歌詠太平。著有道古堂集行世。

陳兆崙。字星齋，錢塘人。雍正庚戌進士，以縣令舉博學鴻詞科，授檢討。官至太僕寺卿，直上書房十三年，恪恭盡職。尹順天府時，適調索倫兵赴西陲，短衣策馬，護送出居庸關，民不擾。又免派富民之充車户者，人德之。學淹博，著作甚富，制藝外有紫竹山房詩文集行世。

汪由敦。錢塘人。雍正進士，由庶吉士授編修，洊升侍讀。乾隆初，入直南書房，擢内閣學士，歷官至吏部尚書、軍機大臣，署協辦大學士，加太子少師，晉太子太傅。由敦學問淵純，文詞雅正，屢掌文衡，俱稱得士。供奉内廷，贊襄樞禁，夙夜在公，勤勞匪懈。數奉命勘永定、天津河工，凡疏濬建築事宜，悉如所議行。卒後贈太子太師，謚文端，祀賢良祠。上親臨奠醊，御製詩悼之，並以由敦書法秀潤，命勒石，名時晴齋法帖。四十四年，御製懷舊詩，及五詞臣，由敦列刑部尚書張照之次。

金德瑛。字汝白，仁和人。乾隆丙辰第一人及第，授修撰。官至都察院左都御史。五典鄉試，三任學政，取士極公明。立朝二十七年，多所建白，俱奉旨允行。

孫志祖。仁和人。乾隆進士，官御史。著有讀書脞録七卷，考論經子雜家，折衷精詳，不爲武斷之論。家語疏證六卷，證王肅之僞。又有文選考異、文選補註及補正姚之駰輯謝承後漢書若干卷。同邑吴廷華，康熙舉人，官興化同知，譔儀禮章句十七卷，於喪禮尤爲精審。

金甡。仁和人。乾隆壬戌第一人及第，授修撰，官至禮部左侍郎。性清介，直上書房前後十七年，竭忱啓導，唱酬題詠，皆寓意納箴。學淹貫，長於論文。三典鄉試，兩視學，所至稱得士。以疾歸。高宗純皇帝南巡，召見慰問。年八十餘卒。

盧文弨。仁和人。父存心，乾隆初年舉博學鴻詞。文弨乾隆十七年第三人及第，授編修，入直上書房，累官至侍讀學士，提督湖南學政。以條陳失當，部議降三級調用，乞養歸。文弨孝謹篤學，好校書，所校諸善本，皆鏤板惠學者。又苦鏤板難多，校經史子集三十八種，名之曰羣書拾補。所自著有抱經堂集、儀禮注疏詳校、鍾山札記、龍城札記、廣雅注等書。卒年七十九。

姚成烈。錢塘人。乾隆乙丑進士，由吏部主事擢臺諫，請於聖躬祈雨時緩決重囚，引證經史，言甚摯。外任司道、巡撫。在粵西時，修仁令獲訟猾，因病死，有指爲濫刑斃命者，成烈以實聞，嚴旨切責，堅執不移，命下刑部推勘，事得白。成烈適召見，極蒙宸獎。官至禮部尚書。

王際華。字秋瑞，錢塘人。乾隆乙丑第三人及第，授編修，入直南書房。歷官户部尚書。時修四庫全書，際華爲總裁，並兼武英殿事，綜覈勤勱。卒，謚文莊。

趙佑。字啓人，仁和人。乾隆壬申進士，由庶吉士授編修，官至都察院左都御史。性儉約，授徒資朝夕。四典鄉試，五視學。長於論文，每卷必署其得失，視學所至，嚴行月課，訓士以孝友大本，士論稱其愛人如慈父，誨人如嚴師。試武生童，取其騎射出衆者編入行伍，約束之，至今放行焉。

胡高望。字豫堂，仁和人。乾隆辛巳第二人及第，授編修，官至都察院左都御史。歷掌文衡，有清望。直上書房三十年，竭誠啓導。嘉慶元年與千叟宴，敕旨命在南書房行走。卒後特旨補行賜卹，謚文恪。

董誥。字雅倫，邦達子。乾隆癸未二甲一名進士，授編修，歷官工、户二部侍郎，户部尚書，加太子少保。嘉慶元年，晉東閣大學士、太子太保。母喪服除，授文華殿大學士，晉太子太師，再晉太保。卒，謚文恭，晉贈太傅。誥在樞禁垂四十年，臺灣、廓爾喀平，圖形紫光閣者再，兩朝恩遇之隆，罕有倫匹。然其抑然自下，清節不滓，接物以和，處事以慎，固不可及也。善書畫，石渠寶笈編中收入畫本甚夥。

費淳。字筠浦，錢塘人。乾隆癸未進士，授刑部主事。歷官巡撫、總督，加太子少保，召爲兵、吏二部尚書，晉體仁閣大學士。緣事降補兵、户二部侍郎，擢工部尚書。淳持躬醇謹，立品端嚴，時論推之。卒後特恩賞還大學士，謚文恪。

梁同書。字元穎，詩正子。乾隆壬申進士，授編修。歷官侍講。嘉慶丁卯科重赴鹿鳴，加侍講學士銜。同書退居鄉里，雅尚貞修，翛然塵壒之外。尤工書法，年九十餘，猶作楷不倦，遒媚深穩，神明於規矩之外，先後與大學士劉墉、學士翁方綱齊名。

吴錫麒。字聖徵，錢塘人。乾隆乙未進士，授編修。歷官國子監祭酒，入直上書房。著有有正味齋集行世。博采閎覽，其爲詩詞，清峭婉雅，駢體文字則濃思縟采之中，風骨蒼然，彌與古會，尤爲學者推重云。

項朝槐。仁和人。官長安主簿。嘉慶二年，楚匪擾華陰，朝槐身先入賊陣，格殺多人，以馬陷水田，受矛傷陣殁。同縣張宁陽，知東鄉縣，嘉慶元年教匪犯縣境，宁陽擊賊陣殁。均議卹如例。

汪之萼。錢塘人。嘉慶十五年旌表孝子。

## 流寓

### 晉

郭文。河内軹人。洛陽陷，步擔入餘杭大辟山中，窮谷無人之地，倚木於樹，苫覆其上而居焉。時猛獸爲暴，文獨宿十餘年，卒無患害。區種菽麥，採竹葉木實，貿鹽以自供。人或酬下價者，亦即與之，有餘穀，輒恤窮匱。人有致遺，取其粗者，示不逆而已。王導聞其名，迎置西園七年，後逃歸臨安，結廬山中。臨安令萬寵迎至縣中。及蘇峻反，破餘杭而臨安獨全，人以爲知機。

許邁。句容人。立精舍於餘杭縣霤山，往來茅嶺之洞室，放絶世務，以尋仙館。永和二年，移入臨安西山，登巖茹芝，眇爾自得，有終焉之志。

陳

徐孝克。東海郯人，陵第三弟也。少爲周易生，偏通五經，博覽史籍。性至孝，值侯景之亂，京邑大饑，孝克養母不能給，薙髮爲沙門，乞食充給。後東遊，居錢塘之佳義里。又陵第三子儀，以周易生舉高第，累官至東宫學士。陳亡，隱於錢塘之赭山。

唐

丁飛。字翰之，濟陽人。讀老莊書，居錢塘龍泓洞，蓄妻子，事耕稼，如常人。夜半取琴彈弄，少睡寡言，與人相接，禮簡情至。嘗曰：「修身治心之外，復有何物？」

宋

潘閬。太谷人〔一〕，寓居錢塘。通易、詩、春秋，尤以詩知名。所交遊皆一時豪俊。

徐復。建州人。仁宗時居杭州十數年。

周輝。海陵人〔二〕。紹熙間居錢塘清波門之南。嗜學工文，隱身不仕，撰清波雜志十二卷。

## 元

貫雲石。元功臣阿爾哈雅之孫。生而神采秀異，膂力絶人。及長，折節讀書，吐辭爲文，出人意表。少因廕爲萬户府達嚕噶齊，讓與其弟，後以文行洊至翰林院侍讀學士。稱疾還江南，賣藥錢塘市中，詭姓名，易服，人無有識之者。自號酸齋。「阿爾哈雅」舊作「阿里海涯」，「達嚕噶齊」改見統部名宦「策丹」註。

吾丘衍。太末人，寓居仁和。能詩，工篆隸。性簡傲，常自比郭忠恕。居生花坊一小樓，廉訪使徐琰來見〔三〕，衍從樓上呼曰：「此樓何敢當貴人登耶？願明日謁謝。」琰笑而去。所著有尚書要略、九歌、説文續解等書。

## 明

孫一元。字太初，不知何許人，或云安化王子。工詩，築室南屏山，顧璘慕之，不可得見。道衣幅巾，放舟湖上，月下見小舟泊斷橋，一僧一鶴，一童子煮茗，笑曰：「此必孫也。」移舟就之，遂往還無間。

薛侃。字尚謙，揭陽人。操行醇固。嘉靖間進士，官行人司司正。素慕餘姚王守仁學，遂出其門，精思力踐，以勇鋭見稱。徙家於杭，築天真精舍祀守仁。

# 列女

## 三國　吴

孫翊妻徐氏。富春人。翊領丹陽太守，爲嬀覽、戴員所殺。覽欲取徐，徐紿乞晦日設祭除服，潛與翊舊將孫高、傅嬰圖之。至期，覽入，徐出户大呼，高、嬰共出殺覽，並殺員。徐乃衰絰奉覽、員首，祭翊墓前。

## 晉

虞潭母孫氏。富春人，孫權族孫女。適潭父忠，有婦德。忠亡，誓不改節。潭自幼便訓以忠義。永嘉末，潭爲南康太守，討杜弢，孫傾貲産以餽戰士，遂克捷。及蘇峻亂，潭守吴興，假節征峻，孫戒以舍生取義，仍發家僮助戰，貿環珮以爲軍資。拜武昌侯太夫人，加金章紫綬。潭立養堂於家，王導以下，皆就拜謁。

## 南北朝　陳

駱文牙母。臨安人。梁太清末，文帝避地臨安，文牙母睹帝儀表，知非常人，賓待甚厚。及帝爲吴興太守，引文牙爲將帥。帝即位，母卒，贈臨安國太夫人，謚曰恭。

唐

馮孝女。居錢塘。少孤，不嫁以養母。母病，刲股和藥以進。母死，號慟嘔血。既葬，結草廬墓下，焚香疏食，刺臂血寫經以薦母。長慶初，詔賜束帛。

孫娟容。錢塘人。父孫戬迎濤死，女娟容巡江哭，自投江水，抱父屍出。縣司以爲純孝，立碑。此與曹娥事同，而得不死更異。

莫生妻何氏。於潛人。夫死，年尚少，養姑至孝。黄巢亂，鄰里皆走匿，氏以姑病不去。賊至，號泣哀請，願代姑死。賊舍其姑，掠氏將污之，詭請櫛沐更衣，得間，解繻自縊死。

元

輝和爾三女。錢塘人。諸兄遠仕不歸，母思之成疾。三女欲慰母意，乃共斷髮，誓終身不嫁以養母，同力侍護四十餘年，母竟以壽終。事上，並賜旌異。「輝和爾」舊作「畏吾氏」，今改正。

姚氏。餘杭人。居山谷間，夫出刈麥，姚居家執爨，母何氏往汲澗水，久而不至，俄聞覆水聲，亟出視，則虎銜其母以走。姚倉卒往逐之，即以手毆其脅，鄰人競執器械以從，虎乃置之而去。姚負母以歸，求藥療之，奉養二十餘年而卒。

黄仲起妻朱氏。杭州人。至正十六年，張士誠寇杭州，賊驅諸婦至其家，且指朱氏及其女臨安奴曰：「爲我看守，日暮我當至也。」朱氏聞之，懼受辱，遂與女俱縊死。妾馮氏歎曰：「我生何爲，徒受辱耳。」亦自縊死。繼而仲起弟妻蔡氏抱幼子與乳母湯氏，皆自縊。

華氏女。名妙清，杭州衛千户榮女。榮戍彭城，累功得官，臨歿語女以子震幼弱，後母年又少，恐族人利吾官，將不利於震。女哭應曰：「請得事吾母，長我弟，嗣我父勳，終不從婚媾去。」榮卒，從兄逼之嫁，女翦髮碎面自誓，竟育震襲父官。

劉烈女。錢塘人。少字吳嘉諫。鄰富兒張阿官屢窺之，一夕緣梯入，女呼父母共執之，俟旦訟官。張之從子倡言劉女誨淫，縛人取財。女泣告父曰：「賊污我名，不可活矣。我當訴帝求直耳。」即自縊。盛暑待驗，暴日下，無屍氣。嘉諫初惑人言不哭，既知其誣，伏屍大慟。女目忽開，流血淚數行。阿官延訟師丁二執前説，女傅魂於二曰：「若以筆污我，我先殺汝。」二立死。有司遂杖殺阿官及從子。

姜縉妻胡氏。錢塘人。縉歿，族人利其貲，逼胡改嫁，訟之官，讞者欲試之，語曰：「爾少，二子幼，盍早決？」胡即拔骨簪刺雙目，流血盈階，目遂瞽。

秦某妻顧氏。錢塘人。夫甚貧，病瘵垂死，謂顧曰：「同餓死無益，孰若更適他人，吾亦得須臾無死。」顧飲泣不答。一日，舅姑攜酒肴來，與夫相耳語，顧度其將市己，投井死。

潘氏女。仁和人。許字孫登名。登名卒，女年十八歲，欲奔喪，父母不許，遂蓬髮垢面，閉户不出。富室争求聘之，輒欲自殺。久之登名母死，女聞，哀毁幾絶，密於室中置飯一盂，遥奠之，遂裂衾自縊。

許釗妻潘氏。海寧人。年十六，生子淮，甫期歲，釗卒。釗族兄欲潘改適，夜率勢家僕數十人推門入，潘抱子奔避至河濱，忽有木浮至，憑之以渡，達母家，遂止不歸。及淮長，釗族兄來，潘命淮酌酒飲之，北向拜曰：「未亡之强生者，以淮故耳。今幸成立，復何恨！」語畢，入室自縊。

沈華區妻潘氏。海寧人。明末，杭破被掠，語兵曰：「妾與若去，願釋我夫。」兵釋華區，驅潘登舟，至梅溪，躍起投水。兵驚捽其髮，潘没以入，髮爲斷，如是者三。兵怒殺之。

吴正宗妻許氏。海寧人。崇禎末，爲兵所掠，擁上馬，投地大駡，復擁以行，至沙河隄，於馬上奪刀，拽兵墮河，兵被淹幾死。同伍者怒，攢刺殺之。

黄烈婦。仁和人。兵亂被掠，舟出陡門，投水死。越五日屍出，其夫扶屍而慟，婦忽兩目淚溢。

潘之庠妻凌氏。新城人。夫亡，遺腹生一子。翁病姑盲，凌事之盡孝。亂兵躪郡邑，凌被掠，投河死。同時沈登榜妻陳氏亦殉節死。

翁善妻陳氏。昌化人。明末，爲兵所執，脅之不從，被殺。時有陳錦妻翁氏、陳大忠妻章氏，並被執不受污，乘間赴水死。童時聘妻王氏，引頸受刃，遂遇害。

## 本朝

李士鈐妻蔡氏。錢塘人。士鈐痛母喪，嘔血死。蔡晝夜悲號，扼喉以殉。順治中旌表。

仲升妻曾氏。仁和人。少寡，順治初，奉姑避兵於鄉。值姑卧病，賊至，鄰婦呼曾同行，曾曰：「吾義不可舍姑去，惟守死以待耳。」蓬垢侍湯藥榻前，賊至不爲動。賊曰：「孝婦也。」舍之去。守節五十餘年。女適費，亦少寡，依母居，母亡，女痛母隨死。

楊氏二烈婦。富陽人。楊友松妻朱氏，生子愈奇，娶宋氏。順治初，山寇竊發，姑婦走匿叢薄間，賊搜得，遂相抱躍入池中，賊抽矢射之而去。翼日家人出之，矢貫宋項，面色如生。雍正中旌。

周甸妻陳氏。新城人。早喪母，遇歲歉，以麪食其父與弟，而已啗糠粃。甸父聞其賢，聘爲子婦。順治二年，與姑避難山中，寇至，將刃其姑，氏直前救護。寇豔其色，曰：「能從我，釋爾姑。」氏紿曰：「諾。」遂釋姑去。度已遠，乃抱路旁大樹，號哭不肯行。寇拔刃逼之，氏奪刀自剄死，時年二十二。雍正中題旌。又同縣鍾時飛母羅氏，遇寇被獲，不從，引頸受刃死。

袁啓元妻葉氏。新城人。遇賊雙江口之墳山，義不辱，投水，賊怒，射殺之。同縣沈尚珍妻袁氏，被執，至富陽，亦投水死。

盧貞女。錢塘人。仝人聘爲繼室，未婚，仝人死，盧往行三年喪，守志以歿。康熙中旌。

李士謀妻胡氏。錢塘人。夫亡，事舅姑孝，撫幼叔幼姑，爲之婚嫁。比鄰失火，胡號泣籲天，風反火滅，人以爲孝感。康熙中旌。

李氏女。仁和人。名婃，許字張仕莘。姑及夫先後死，時年十八，請視殮，父不許，乃辟一室，中立兩主，歲時祀姑及夫，守志四十年。康熙中旌。

朱安九妻徐氏。海寧農家婦。美姿容，性貞潔。康熙四十年四月，採桑湖畔，有漁人章四欲犯之，徐厲聲大呼，章怒，搤其吭而死。事聞，旌表，建坊水側。後有舟經其地者，語涉褻狎，忽風浪湧起，覆其舟，往來者咸相戒弗敢犯。

孫秀姑。錢塘人。年十五，歸楊文龍。未婚，隨父販衢州，秀姑與姑侯氏家居。鄰有闞士積者，素横里中，伺姑卧病，突入將犯之。秀姑嚙其指，負痛逸去。後再至，秀姑懼不免，遂飲滷死。方酷暑，顔色如生，數日不變。事聞，旌表，而寘士積於法。秀姑冢在西湖棲霞山麓，有坊曰「貞烈留香」。

楊德宏妻余氏。錢塘人。適德宏方一載，姑亡，德宏患病死。氏勺水不入口，晝夜哀號而死。

潘周嘉妻沈氏。海寧人。年十歲，父客死潯州，哭幾殞。及十五，歸周嘉，終身茹素淡服。周嘉以羸疾歿，遺孤纔一週，氏大慟撫孤曰：「我不能顧汝矣。」視殮畢，即自絶以殉，距夫死纔六日。

陸禮妻徐氏。海寧人。年十六歸禮。禮父以事陷獄，母又喪明，驚憂成疾，氏朝夕舐姑目，數月復明。御史巡方至，乃匍匐赴水鳴舅冤，得釋。夫亡，事舅姑益謹。舅姑歿，喪葬皆經理無憾，人稱孝婦。

莫孝女。錢塘人。年十三，父病，侍湯藥不離左右。及歿，哀毁如成人。聞者争欲娶之，女以母傅氏無倚，誓不嫁，布衣操作以供母食。母卒，遂絶粒，既而曰：「父母未葬，我何可死？」乃晝夜紡績，銖積數年，擇地葬父母而卒。雍正中旌。

張所修妻汪氏。錢塘人。年二十四，所修病不起，目汪曰：「吾死汝何如？」汪泣，即舉刀斷一指，曰：「設有不虞，以此指先殉地下。吾當忍死教孤。」所修乃瞑。守節三十年而卒。又同縣生員姚垣妻陸氏，垣歿，氏年二十三，撫子洙成立，以壽終。

邵周書妻陸氏。錢塘人。周書卒，陸抱孤泣曰：「天如不絶邵氏，我當作未亡人十五年。」及孤年十五，出應試，陸謂曰：「汝可自立，我將報汝父地下矣。」詰旦自縊死。

吴錫妻戴氏。錢塘人。居父喪，以孝稱。歸吴六年，夫病歿，戴巾絞刀刺，凡求死者七。家人環伺不得死，乃密懷琉璃瓶吞之，嘔血數升卒。

解烈女。錢塘人。解仲良女。母亡，仲良他出，鄰惡少伺間謔之，遂服毒死。

徐嘉謨妻金氏。錢塘人。年九歲，母疾，籲天求代。及歸徐，孝於舅姑，姑患癰，金吮膿奉藥，衣不解帶者四十日，姑遂瘳。舅貧而好施，見有鬻子者，心憐之而不言。金典衣飾贖之。嘉謨卒於京，金紡績積貲以歸其喪。

林邦基妻曾氏。仁和人。年二十七，夫病不起，曾許以身殉，家人阻之不得，告於官，曉之曰：「舅在且老，不當代夫供子職乎？」曾即從之。逾三年，舅歿，既葬，曰：「吾今乃可踐吾言矣。」賦詩一章，不食而死。雍正中旌。

王端姑。仁和人。父湘，病危，與友宋英倩榻前訂姻。踰六年，宋子殤，端姑甫七歲，聞之嗚咽。及長，有議婚者，遂絶食卒。同縣嚴貞女，許嫁柴際洛。際洛亡，女年十五，聞訃，陰以縞繩束其髮，却繡綺不御。父爲改婚，女不食死。

徐氏女。錢塘人。許字施士標，未婚夫歿，徐歸施成服，經理八喪，備諸荼苦。雍正中旌。

唐之坦妻曹氏。海寧人。夫亡，曹服滷吞錢，投水絶食，皆以救勸不得死。會歲除，内外倥偬，遂乘間縊柩側。

王敬姑。海寧人。許字屠氏子，納聘請期，以母疾侍奉乏人，翦髮而辭曰：「俟髮長乃可加笄耳。」潛割臂奉母。逾年病劇，復刲臂，而母已不能進飲食矣。父悲悼成疾，又刲臂進，不效，女赴舍北止水中以死。

曹氏女。餘杭人。許字錢塘洪珽，未婚夫歿，曹欲奔喪不得，久之母病，刲股以進，不效，乃泣曰：「昔夫亡不死者，以有母在。今母又死，何用生爲？」遂經於母柩側，年三十一。

翁學賢妻施氏。餘杭農家女。夫亡守節，歲歉，自食糠粃而養其姑。姑病痿十年，侍奉不稍懈，人咸以孝稱之。

許志獻妻章氏。昌化人。年十六適許，未一載夫亡，父命改嫁不從，嘗佩刀自誓。奉舅姑誠敬，教子孫有義方，守節六十餘年。

監生姚廷錫妻趙氏。錢塘人。夫亡守節。又同縣房聖章妻陳氏，夏兆龍妻張氏，濮人玉妻王氏，監生滑桂妻楊氏，監生錢綸妻滑氏，冷耀妻金氏，監生馮宏綸妻王氏，姚魯玉妻陳氏，考授州同孫士驥妾胡氏，杜公遠妻馮氏，貢生費錫駿繼妻朱氏，沈服周妻蔡氏，葛紹雍妻翁氏，倪燾妻徐氏，許儒妻鄭氏，生員程良棟妻趙氏，邱肇昌妻方氏，霍兆昌妻宋氏，章士進妻沈氏，俞七豪妻張氏，汪純繼妻沈氏，監生孫敕妻魏氏，陳天濤妻方氏，徐昂發妻吴氏，生員張九疇妻沈氏，汪原熹妾鄔氏，王時禧妻謝氏，陳輔卿妻成氏，監生仲謀妻樂氏，陳六吉妻朱氏，邱良杞妻吴氏，史子傳妻郭氏，生員馬浤妻顧氏，唐啓周妻姚氏，吕之榮妻沈氏，沈育萬妻方氏，沈勇天妻周氏，張玘妻傅氏，監生朱兆定妻許氏，許有聲妻楊氏、妾范氏，生員張卜年妻黄氏，監生費錫麟妾顧氏，馬榮妻陳氏，畢介臣妻程氏，河南輝縣知縣滑彬妾許氏，焦昇國妻吴氏，吴又虞妻王氏，陳甄侯妻方氏，候選訓導謝琨成妻沈氏、妾錢氏，傅耀公妾黄氏，監生汪棠妻吴氏，汪紹辰妻張氏，馬元斌妻陳氏，吴甫臣妻王氏，吴廷翰妻姚氏，沈寓惟妻吴氏，賴四吉妻歸氏，馮宗立妻黄氏，戴連登妻周氏，王宣妻葛氏，盧廷相妻李氏，程聖妻吴氏，武舉吴聚庚妻余氏，蔣文況妻洪氏，蔣美成妻俞氏，吴聖徵妻管氏，馬肇永妻包氏，生員吴景烈妻金氏，陳經綸妻張氏，顧君德妾汪氏，生員王太美妻屠氏，楊肇開妻沈氏，毛友生妻夏氏，潘依仁妻俞氏，聞聖日妻費氏，丁珮玖妻陸氏，章士奇妻毛氏，監生邵懋建妻沈氏，倪文耀妻楊氏，陳敘妻邵氏，徐萬鍠妻曹氏，葉介燦妻趙氏，吴如林妻陳氏，陳鴻妻周氏，施正宜妻程氏，候選吏目劉在宣妾徐氏，監生余懋桓妻袁氏，王金蘭妻汪氏，俞文魁妻潘氏，張駿妻毛氏，陳文奎妻王氏，何兆麒妻駱氏，錢應麒妻汪氏，金天祥妻張氏，翁天禄妻王氏，方光煩妻吴氏，王子倫妻蕭氏，金德宣妻周氏，方廷楷妻錢氏，潘兆成妻徐氏，吴顯祖妻胡氏，徐安侯妻姚氏，張文生妻徐氏，王源妻嚴氏，劉兆儒妻陳氏，張洽淵妻李氏，劉人文妻鍾氏，劉必榮妻朱氏，陳文彩妻衛氏，余崐妻王氏，周瀛洲妻倪氏，袁若愚繼妻陳氏，生員陳琮妻方氏，馮時發妻吴氏，趙忠登妻陸氏，沈德臣妻何氏，胡光宗妻沈氏，盧潤章妻魏氏，翁鼎吉妻羅氏，方叔招妻江氏，監生吴延熊妻陳氏，袁奇妻徐氏，任建行妻吴氏，錢士恒妻于氏，張敬敷妻駱氏，戴暎辰妻姜氏，生員陳士修妻胡氏，郭璜妻黄氏，江天池妻俞氏，吴果繼妻高氏，王惟學妻汪氏，候選知縣湯在藻妾馮氏，姚馭周妻胡氏，程世翰妻吴氏，徐國英妻陳氏，范上治妻俞氏，何玉衡妻郭氏，蔣大德妻駱氏，祠生張景良妻洪氏，汪辛師妻許氏，鄭尚公妻沈氏，蔣朱啓妻秦氏，孫源濂妻曹氏，李小峯妻吴氏，畢聯珍妻邵氏，生員沈鴻烈妻吴氏，陳日孜妻許氏，何青臣妻徐氏，戴之瞻妻朱氏，項左之妻劉氏，馬汝常妻沈氏，錢聖甫妻來氏，張九允妻王氏，林盛懷妻王氏，潘開賜妻翁氏，林懋英妻楊氏，張維善妻馮氏，吴世模妻葉氏，魏繩武妻陶氏，王國佐妻黄氏，張維賢妻吴氏，周文魁妻葛氏，書吏顧啓明妻梁氏，周禹詒妻洪氏，沈朝棟妻盛氏，生員汪然妻黄氏，范配章妻徐氏，貢生周鑣妻張氏，鍾斗南妻陸氏，謝國相繼妻王氏，楊世榮妻馬氏，馮行果妻吴氏，袁瓚妻潘氏，錢克上妻馬氏，陳九臯妻東氏，孫廷宰妻蔣氏，候選州同周霫妻應氏，陸琰妻尹氏〔四〕，生員蘇彭妻施氏，嵇璉妻沈氏〔五〕，張辰妻馮氏，李培妻孫氏，徐昌年妻張氏，何澗蒼妻鄭氏，戴承綸妻孫氏，生員吴嗣韓妻查氏，生員葉曦繼妻沈氏，生員湯泓妻鄭氏，費其祉妻周氏，謝國治妻戴氏，胡巨臣妻盛氏，生員蕭元錫妻程氏，汪天榮妾孫氏，周灝妻沈氏，范江妻周氏，謝學宏妻沈氏，巡檢朱文煥繼妻淩氏，監生吴一治妻錢氏，陸曾封妻王氏，汪廷枚妻戴氏，錢子朝妻高氏，生員姚世守妻王氏，屠聖符妻李氏，沈宮嗣妾張氏，許作霖妻曹氏，王金川妻何氏，王行其妻楊氏，生員姚龍生妻朱氏，監生張昌裔妻趙氏，蕭元璨妻沈氏，生員裘璋妻吴氏，湯魯臣妻祝氏，張元正妻孔氏，沈宮嗣妻申氏，方永茂繼妻陳氏，余國柱妻虞氏，陳元功妻金氏，姚天福妻杜氏，潘智妻陳氏，鄭之琦妻翁氏，章文光妻吴氏，吴世縉繼妻徐氏，陳廷相妻王氏，許元望妻陳氏，周邦俠妾陳氏，馬奇妻孫氏，何士麟妻李氏，黄潤章妻徐氏，許宏遠妻陳氏，監生方儀臣妻胡氏，陳惕庵繼妻徐氏，張天傑妻鄔氏，夏禹培妻楊氏，陳文干妻潘氏，謝東麓妻費氏，吴兆飛妻張氏，葉洪妻沈氏，錢子昭妻郭氏，馮彦貴妻許氏，龔錀妻陳氏，潘文進妻郭氏，吴尚志妻程氏，徐寅妻柯氏，酈文恒妻劉氏，王國安妻郎氏，生員朱潮妻葉氏，把總褚大倫妻張氏，梁康侯妻陳氏，金世英妻王氏，翁政宣妻朱氏，宋文遠妻陳氏，汪士杰妻張氏，袁文鼎妻宋氏，傅存仁妻田氏，金禹章妻郎氏，陳芝亭妻汪氏，裘於順妻查氏，陸子正妻夏氏，張漢侯妻方氏，湯聖先妻蔡氏，包御臣妻趙氏，沈文魁妻葉氏，陳翼千妻沈氏，伍聖襄妻黄氏，朱世斌繼妻俞氏，馬仲璠妻陳氏，程錫璜妻王氏，張宏綸繼妻尹氏，蔣萬升妻黄氏，姚士林妻邵氏，李杲妻王氏，州同傅慎廉妻錢氏，張珏妻林氏，張殿臣妻何氏，范惟誠妻方氏，周謂卜妻朱氏，吴廷網妻虞氏，汪浩妻袁氏，項必俊繼妻陳氏，莫家棟妻沈氏，金廷瑜妻邵氏，王恭極妻吴氏，錢上九妻王氏，李永錫妻曹氏，汪立統繼妻吴氏，孫浩妻馬氏，俞廷顯妻洪氏，周甸梁妻張氏，杜瑞卿妻耳氏，朱天昇妻劉氏，王惟崧妻吴氏，魯彩玉妻趙氏，駱亮德妻蔣氏，錢源妻翁氏，段元章繼妻張氏，梁文焜妻雷氏，生員許天錫妻章氏，楊倬妻徐氏，何奇陽妻李氏，周世卿妻鍾氏，吴卓雲妻朱氏，梅玉彩妻葉氏，張立田妻孫氏，陳衷亮妻朱氏，陸繼忠妻俞氏，陸若然妻湯氏，候選州同李世泰妾王氏，方南妻楊氏，沈季士妻金氏，陳燮文妻沈氏，聞君選妻林氏，李雲龍妻鍾氏，汪廷彬妻唐氏，江士玉妻程氏，王載凝妻汪氏，方國相妻沈氏，袁兆魁妻支氏，陳王謨妻鄭氏，潘景高妻陳氏，丁寅亮妻楊氏，柴兆熊妻姚氏，張文魁妻吴氏，葉洪中妻王氏，翁霈霖妻高氏，范德安妻曹氏，周爲熾妻顧氏，談兆麟妻朱氏，邵御之妻陳氏，監生王邵鼎妻王氏，陳彩榮妻潘氏，生員林瑄妻徐氏，周殿侯妻王氏，陸楚玉妻方氏，許折妻汪氏〔六〕，沈宏章妻朱氏，生員金仲良妻陶氏，沈夢正妻方氏，虞梓奇妻吴氏，潘茂千妻梁氏，張德高妻孟氏，張孚一妻許氏，洪永成妻鮑氏，何受皇妻陳氏，監生陳昌文妻朱氏，錢宏經繼妻金氏，潘廷爵妻馮氏，周可貞妻沈氏，張象和妻汪氏，王昌忠繼妻陸氏，宋鳳彩妻董氏，俞㚖妻戴氏，王廷佐妻吴氏，費漢章妻倪氏，徐錫蕃妻周氏，蔡岐妻陳氏，江宗琬妻陳氏，江皓妻何氏，劉貞妻王氏，吴繼傳妻沈氏，顧邦榮妻朱氏，邱學季妻張氏，周玉涵妻王氏，姚鵬翼妻趙氏，邱世瑞妻沈氏，陸士傑妻莫氏，曹仲文妻許氏，倪九錫妻黄氏，湯世榮妻張氏，戴理妻沈氏，陳經思妻張氏，李增榮妻湯氏，張錦書妻戴氏，生員施祝妻金氏，汪曾祚妻吴氏，陳學武妻鄭氏，張廷臣妻金氏，吴天駟妻計氏，許廷煌繼妻任氏，生員楊玉達妻汪氏，薄偉元妻沈氏，敦文妻張氏，章景衡妻任氏，王傅舟妻吴氏，陸宗灝妻錢氏，沈禮瞻妻范氏，沈天章妻裘氏，沈灝妻高氏，沈肇文妻馮氏，吴德容妻裘氏，生員程士龍妻奚氏，杜萃濱妻潘氏，朱厚存妻許氏，金文昭妻陳氏，張坤載妻屠氏，錢湄妻羅氏，潘汝玉妻曹氏，吴宗湯妻汪氏，馬猶龍妾平氏，孫元龍妻徐氏，吴惟勳妻程氏，章介山妻張氏，朱元驥妻王氏，汪起嵛妻趙氏，王涵妻藍氏，王映川妻陳氏，陳金禄妻錢氏，周起乾妻何氏，王家聖妻方氏，李仁苑妻盛氏，吴星符妻陳氏，生員錢條理妻宋氏，孔翼清妻嚴氏，陳瑄妻季氏，徐兆圻妻俞氏，吴廣霖妻葉氏，冷南枝妻胡氏，沈慶倫妻傅氏，舉人諸駘妻范氏，强懋修妻陳氏，程鳴山妻阮氏，生員沈嶐妻朱氏，黄禹九妻陸氏，温世佐妻黄氏，鄭廷璽妻趙氏，計應通妻薛氏，安大宗妻于氏，陳士榮妻繆氏，沈士福妻俞氏，高興彩繼妻張氏，金大有妻何氏，錢鉞臣妻丁氏，姜廷燿妻沈氏，汪有璣妾李氏，戴景堂妻俞氏，張黄甲妻方氏，湯宏經妻余氏，楊聖文妻潘氏，監生錢徵先妻王氏，王建槐妻吴氏，吴惟梓妻陸氏，生員傅元臣妻孫氏，王珏妻吴氏，生員周世琛妻程氏，楊宏仁妻江氏，沈世熛妻周氏，趙沆妻吴氏，徐楷妻張氏，陳如松妻祝氏，戴覲光妻范氏，沈榮妻茅氏，沈如燧妻張氏，姚升葵妻趙氏，朱鼎元妻范氏，梁九成妻周氏，劉啓周妻宣氏，吴昌祐妻周氏，吴熺妻周氏，丁謙妻王氏，李惟裕妻孫氏，陶學松妻宋氏，吴爲金妻翁氏，王際豐妻朱氏，陸宏聲妻周氏，王彦鴻妻唐氏，胡蘭皐妻傅氏，周之鑑妻邵氏，祝文達妻尤氏，范相槐妻葉氏，馮昆泉妻聞氏，沈耀祖妻周氏，沈耀宗繼妻朱氏，詹信遠妻施氏，邱肇城妻王氏，趙某妻汪氏，陸文熹妻倪氏，楊道光妻汪氏，許康臣妻陳氏，沈殿扶妻朱氏，陳本妻周氏，倪某妻周氏，章澍妻孔氏，章溥妻朱氏，陸懷績妻顧氏，穆超士妻袁氏，蔣德山妻俞氏，周官妻唐氏，周健明妻沈氏，鄭雲川妻沈氏，殳澤普妻葉氏，殳茂章妻俞氏，王御天妻蔣氏，鈕松巖繼妻朱氏，吴豐年繼妻陸氏，鮑光漢妻宋氏，顧秀升妻陳氏，夏綸妻陸氏，莫晴苫妻黄氏，朱宗然妻杭氏，楊心鑑妻葉氏，屠維翰妻李氏，駱一德妻陳氏，張良樞妻潘氏，曹士偉妻陸氏，高諟言妻姚氏，趙連妻徐氏，黄紹成妻王氏，謝憲亮妻陳氏，鎖宗潮妻鄭氏，吴國錦妻陸氏，李錫康妻謝氏，金玉山妻曹氏，龔武師妻黄氏，鮑廣文妻武氏，陳東山妻吴氏，沈麗成妻李氏，舉人張文濤妻鄧氏，武舉孫元璐妾王氏，周青山妻馮氏，陳寶田妻袁氏，施錦妻許氏，杜廷緯妻嚴氏，張佑進妻汪氏，邵志隆妻方氏，羅大紱妻符氏，陸震妻方氏，武舉朱仁妻汪氏，張宏人妻郭氏，張宏道妻朱氏，孔興光妻鄭氏，徐觀湘妾許氏，章肇城妻周氏，薛進三妻武氏，金禱妻許氏，林衡久妻王氏，蘇隲妻查氏，姚必達妻謝氏，郁成與妻顧氏，黄德淵妻范氏，俞鴻繼妻葉氏，王珩妻夏氏，武侃繼妻金氏，黄基妻施氏，朱學綵妻王氏，周世球妻陳氏，闕之聖妻唐氏，葉崑林妻桂氏，施元勳妻張氏，湯有涵妻沈氏，張彭妾黄氏，張顯祖妻蔣氏，方嶽妻孫氏，葉靄繼妻陳氏，俞志禮妻談氏，吴仁標妻汪氏，沈德涵妻金氏，趙大槐妻楊氏，湯岸千妻查氏，馮秀鍾妻張氏，周甸方妻鄭氏，戴春林妻章氏，顧應龍妻燕氏，許嗣採妻張氏，金以潢妻孫氏，周鼎山繼妻莫氏，王方城妻謝氏，葉耀妻金氏，桂毓妻史氏，周維璿妻程氏，陳載滄妻姚氏，莫正庭妻張氏，袁秉綬妻葛氏，黄書升妻徐氏，姚沈榮妻王氏，顧聖占妻汪氏，洪兆龍妻韓氏，王雲驄繼妻洪氏，凌世菁妻汪氏，翁士成妻周氏，程棹繼妻刁氏，陸士源妻方氏，陳鎮西妻章氏，徐爾熾妻汪氏，徐維康妻藍氏，胡崙妻馬氏，魏潮妻陳氏，張國連妻王氏，顧天德妻汪氏，吴澂繼妻周氏，邵禮存妻杜氏，姚維寅妾戎氏，汪治妻錢氏，嚴志和妻陳氏，徐震明妻沈氏，盧鳳麟妻武氏，沙亦聯妻顧氏，金以淦妻胡氏，張廷偉妻沈氏，嚴鏞妻吴氏，戴嵩年繼妻翁氏，吴葉妻戴氏，朱存義妻戴氏；又烈婦稟生曹兆説妻褚氏；貞女何肇魁未婚妻陸氏，沈纘成未婚妻陳氏，唐宏業未婚妻高氏，畢濟安未婚妻傅氏，湯有亮未婚妻王氏，方錫周未婚妻張氏，監生張南宫未婚妻范氏，黄南隱未婚妻顧氏，徐廣志未婚妻吴氏，汪爍未婚妻江氏，吴穀潮未婚妻汪氏，張廷敬未婚妻鄭氏，王志霖未婚妻章氏，邵嵩年未婚妻張氏，于琇未婚妻蔣氏，章璿未婚妻徐氏，徐德𨻶未婚妻傅氏，陸琪未婚妻朱氏，方本未婚妻李氏，沈備端未婚妻陳氏，顧存章未婚妻夏氏；孝婦莫氏、蔣氏；貞孝顧四姑。俱於乾隆年間旌。

錢之崧妻汪氏，陳大剛妻何氏，阮敬孚妻翁氏，汪南妻鍾氏，郁履增繼妻江氏，沈昭遠妻金氏，徐宫禄妻何氏，任兆昌妻張氏，楊成儒妾沈氏，陳榕妻范氏，王超妻韓氏，湯大用妻吴氏，朱吴珍妻徐氏，諸滌妻錢氏，朱澄妻陸氏，吴繼昌繼妻姜氏，沈方城妻孔氏，吴士發妾馬氏，汪潮妻吴氏，吴元治妻徐氏，相廷松繼妻陳氏，張峘繼妻吴氏，張明遠妻胡氏，張瑞瞻妻莊氏，楊廷璧妻翁氏，鄭紳妻吴氏，包蓋臣妻蔣氏，方德昂繼妻王氏，莫廣義妻谷氏，徐極妻方氏，邵玉麟妻胡氏，陳世俊妻沈氏，董光澐妻仇氏，施元枝妻范氏，宣桂妻沈氏，王廷極妻吴氏，孫毓麟妻王氏，王炳妻陳氏，孟廷策妻孫氏，王大成妻俞氏，丁兆增妻王氏，任邦基妻陸氏，邵文忠妻談氏，蔡棨妻李氏，陳沛崗妻樊氏，潘光祖妻陳氏，孫景祉妻戴氏，胡志學妻陳氏，項世福妻姜氏，汪駿繼妻項氏，諸以淳妻邵氏，黃北海妻孫氏，許枚妻王氏，邵乾一妻王氏，吳同瑛妻王氏，吳同瑗妻夏氏，吳同璠妻汪氏，沈遷妻黃氏，徐杲妻舒氏，丁世魁妻汪氏，胡士伯繼妻鍾氏，姚雲□妻陳氏，金世楷妻汪氏，王烈妻沈氏，姚濂妻黃氏，莫桂森妻嚴氏，吳濬川妻王氏，潘環中妻沈氏，胡汝枚繼妻沈氏，張天麟妻錢氏，戴承徵妻朱氏，雷汪度妾韓氏，胡德鎬妾沈氏，方煒妻朱氏，潘宗濤妻陳氏，王宗俊妻汪氏，徐檠妻沈氏，汪邦基妻田氏，劉之燦妻洪氏，范至剛妻沈氏，汪文煜妻周氏，蕭宗璜繼妻沈氏，徐聲振妻林氏，范大本妻朱氏，姜邦彥妻曹氏，吳文正妻賴氏，呂學謙妻張氏，沈灝繼妻李氏，邊聖麟妻張氏，吳復心妻趙氏，邵又曾妻錢氏，邵日永妻張氏，包括妾張氏，徐玉鳴妻沈氏，曹肇裔妻王氏，范煐妾畢氏，范濬源妻裘氏，沈光顯妻陳氏，顧潤遠妻王氏，王大振繼妻倪氏，滕永安妻鄭氏，沈照妻劉氏，潘秀珊妻章氏，朱立本妻李氏，張晉階妻江氏，費長仁妻楊氏，范士杰妻周氏，俞杞妻楊氏，湯允功妻周氏，沈濬川妻余氏，丁有煜妻林氏，闞清妻范氏，高嘉樹妻葉氏，項紹祖妻江氏，喻光國妻沈氏，吳龍甲妻唐氏，周卜年妻翁氏，吳建封繼妻葉氏，聞禹調妻方氏，武倬妻唐氏，張淳妻錢氏，傅安遠妻張氏，王煜妾邵氏，沈雲瞻妻姚氏，姚殿文繼妻陸氏，杜世昌妻沈氏，沈之瀛妻魏氏，吳大成妻盧氏，姚世俊妻汪氏，黃鎬繼妻沈氏，李志高妻高氏，王世法妻鮑氏，祝懋覲妻王氏，闞倫高妻陳氏，沈樹山妻程氏，黃彭庚妻張氏，王大川繼妻汪氏，吳淇妻龔氏，蔣毓奇妻朱氏，何鳴山妻張氏，李楚珩妻吳氏，虞秉植妻沈氏，虞景燿妾錢氏，朱鳳麟妻胡氏，單攀龍妻應氏，莫瀾妻馬氏，沈茂昌妻郁氏，蔡士良妻方氏，朱家徽繼妻孫氏，張笠泰妻黃氏，譚登五繼妻陳氏，盧用成妻葉氏，湯福淮妻馬氏，傅元祐繼妻楊氏，張學敏繼妻楊氏，謝世宏妻王氏，楊坤妻周氏，余餘慶妻童氏，王思學妻許氏，陳際華妻丁氏，錢兆穎妻諸氏，李書紳妻方氏，邵日杲妻陳氏，沈大經繼妻夏氏，馬上第妻方氏，夏允升妻姚氏，顧天培妾周氏，談鶴騰妻何氏，袁應佳妻朱氏，姜龢妻李氏，李時萼妻汪氏，滑夢麟妻左氏，沈飛黃妻姚氏，王世枚妻陳氏，許嗣煌妻汪氏，吳錦川妻成氏，黃軼凡妻李氏，沈世英妻顧氏，朱士郴妻羅氏，施位三妻費氏，丁嵩祝繼妻許氏，汪家陶妻冀氏，曹光輝妻葛氏，羅學海繼妻徐氏，李蓮妻汪氏，高鵬飛妻劉氏，殷璿妻孫氏，謝錦芳妻張氏，沈萬采妻姚氏，丁嗣宗妻吳氏，錢士椿妻梅氏，錢喆妻鍾氏，勞以聘繼妻李氏，李浩然妻汪氏，李一騰繼妻陳氏，杭世端妾吳氏，沈王庭妻王氏，章承茂繼妻沈氏，沈子成妻朱氏，沈文林妻王氏，薛廣宸妾沈氏，沈瀛妻朱氏，劉本乾妻黄氏，江福之妻章氏，沈兆元妻夏氏，張文暉繼妻汪氏，王錦瀾妻江氏，許焕妻鄭氏，徐紹垣妻方氏，徐友德妻梁氏，余之埰妻姚氏，姚静思妻王氏，吴澍妻楊氏，蕭光斗妻田氏，馬煓繼妻陳氏，陸朝綱妻章氏，沈禹九妻江氏，許宫南妻文氏，吴一驊繼妻孫氏，徐堯章妻錢氏，盧樹楠妻趙氏，沈如川妻夏氏，沈鑫妻李氏，楊繼良妻孟氏，許鉁妻鄭氏，徐兆基妻楊氏，洪履吉妻沈氏，徐光組妻陳氏，吴一恂妻葉氏，潘宗安妻陸氏，顧承齋妾馬氏，蘇楷妻王氏，雷岱松妻劉氏，陳輔庭妻周氏，孫維中妻蕭氏，田永豐妻戴氏，施顯宗妻吴氏，陳廷詠妻沈氏，王御和妻汪氏，史先渠妾林氏，楊天爵妻胡氏，謝翰如妻楊氏，費聖高妻魯氏，楊殿斌繼妻高氏，丁文宏妻汪氏，吴邦瑞妻胡氏，汪承敬妾陸氏，謝士本妻王氏，張正棫妻鄭氏，李慶榮妻沈氏，項鎔妻張氏，許天柟妻李氏，魏兆濬妻錢氏，李光典妻許氏，陳尚松妻李氏，范肇能妻蔡氏，俞錫妾沈氏，邵烈妻韓氏，王登選妾馮氏，傅立人妻張氏，姚守田妻馮氏，陳蒂赤繼妻周氏，馮昆來妻陳氏，張聚占妻王氏，朱永康妻王氏，黄笈妻韓氏，張秉剛妻謝氏，胡望雲妻許氏，張德宏繼妻章氏，程起戀妻范氏，姚璐妻陳氏，許海門妻傅氏，吴安妾李氏、聞氏，吴同珠妻王氏，吴兆元妾丁氏、詹氏、陳氏，吴世諒妻金氏，楊青上妻沈氏，吴同璆妻程氏，王賓妻朱氏，徐思德妻諸氏，裘玉林妻田氏，范天擎妻邵氏，沈文顯妻劉氏，沈懷德妻孟氏，吴西珍妻沈氏，唐容若妻潘氏，俞昌圖繼妻王氏，楊巨木妻金氏，蔣嵩年妻王氏，徐耀先繼妻余氏，沈樹誠妻許氏，顧恒山妻陳氏，戴紹賜妻施氏，江聿修妻孔氏，嚴永芳妻王氏，葉啓文妻鄭氏，黄景韓妻李氏，沈明遠妻姚氏，孫希良妾吕氏、張氏，李玉麒妻孫氏，楊遇春妻嚴氏，李乾妻許氏，李駉妾王氏，郎位三妻郭氏，徐振妻謝氏，楊輔三妻朱氏，施德馨妻楊氏，楊郁如繼妻陳氏，柴廷璋妻鄭氏，馮朗初妻王氏，張本恕妻嚴氏，文啓周繼妻湯氏，盧禹成妻宋氏，錢德載妻鄭氏，汪樹德妻張氏，黄浩妻汪氏，戚佐廷妻潘氏，楊心傳妻王氏，葉汝純繼妻洪氏，李朗妻羅氏，陳德基繼妻柳氏、又妾蔡氏，項亦衛妻商氏，汪玉衡妻錢氏，盛履仁妻吴氏，金聚華妻顧氏，朱善魁妻衛氏，范至正妻趙氏，柯宏發妻俞氏，陳文湛妻方氏，鄭秀鍾妻徐氏，周曰庠妻李氏，周順繼妻湯氏；又烈婦周眼妻徐氏，丁鈺妻程氏，夫亡殉節；貞女高華宗未婚妻蔣氏，黄錫齡未婚妻朱氏，楊肇乾未婚妻范氏，孫嗣未婚妻褚氏，潘瑁未婚妻王氏；又貞女潘氏、沈氏；孝女任四姑、喬大姑、羅大姑。俱於嘉慶年間旌。

費廷樞妻陳氏。仁和人。夫亡守節。同縣王邦彦妻沈氏，俞清源繼妻吳氏，陳修元妻沈氏，余之璉妻張氏〔七〕，陳爲專繼妻吳氏，丁必華妻季氏，李彩生妻孫氏，張應魁妻王氏，吳仲飛妻程氏，葉肇元妻徐氏，趙汝德妻朱氏，柴世榮妻陳氏，生員金聲遠妻沈氏，沈大成妻朱氏，沈純祉妻胡氏，方鳳起妻曹氏，雲南府經歷謝有昆妾汪氏，顧震榮妻弓氏，監生高瑛妻福氏，沈士瑞妻張氏，候選州同周茂松妻沈氏，監生滑君浦妻徐氏，生員戴從喆妻滑氏，沈懷德妻章氏，陳志高妻汪氏，祝正庭妻周氏，考授州同馬宗周妻鎖氏，考授州同郎凱繼妻羅氏，費廷銓妻龐氏，曾象賢妻范氏，王國臣妻孫氏，李國榮妻謝氏，余應魁妻張氏，張國相妻陳氏，監生莊何妻蔡氏，汪光祐妻李氏，李德昭妻沈氏，俞權妻沈氏，顧天竹妻王氏，秦舜公妻葛氏，吳泰交妻陶氏，州同傅應曾繼妻張氏，黃思津妻沈氏，張邦泰妻沈氏，翁惟新妻夏氏，張大文妻陳氏，陳王忠妻俞氏，周朝蕃妻邱氏，周之暹妻翁氏，張世雄妻鍾氏，王家相妻陸氏，候選州同戴瑞麟妻管氏，范華松妻沈氏，孫子嘉妻陳氏，吳禹蒼妻靳氏，李君望妻施氏，陳建明妻張氏，錢士進妻朱氏，候選衛千總張時榮妻周氏，丁必榮妻喻氏，顧謂卜妻張氏，周爽妻沈氏，生員丁祖繩妻張氏，梁樹珍妻陸氏，韋儒榮妻王氏，吳開先妻楊氏，陸爾昌妻何氏，監生張俊彰妻程氏，顧君佐妻馬氏，河南陝州知州陳之聖繼妻程氏，曾斆妻朱氏，錢國相妻楊氏，鄭大本妻俞氏，吳鎬妻陳氏，潘德京妻羅氏，柳文震妻丁氏，生員汪爲琯妻葉氏，張洙妻陶氏，胡中達繼妻張氏，秦松妻葉氏，監生張我植妻郭氏，盧士彪妻韓氏，陳煥妻陸氏，沈士麟妻鄔氏，崔軼倫妻周氏，李應鳳妻陳氏，張宗藝妻楊氏，生員段志榮繼妻王氏，張錫蕃妻俞氏，虞之麟妻邵氏，周兆煜妻裘氏，李鑑繼妻俞氏，祝炳聚妻吕氏，姚瑞卿妻嵇氏，李鴻儒妻邵氏，李沆妻鮑氏，生員徐實妻陳氏，丁亮臣妾謝氏，沈汶妻王氏，張國柱妻陳氏，胡鼎中繼妻王氏，淳安縣教諭虞黃昊繼妻陳氏，監生黃倫妻王氏，陳國瑞妻吳氏，沈世相妻鮑氏，鄭瑞隆妻翟氏，生員陳嗣元妻高氏，李之淵妻羅氏，金芝之妻王氏，董宗埰妻沈氏，馬瑞龍妻袁氏，張俟瑞妻郁氏，陳謂珍妻程氏，郎元貞妻沈氏，路一鶚妻許氏，張耀生妻朱氏，吳君祥妻梁氏，戴廷憲妻朱氏，周聿修妻陳氏，蔣士貞妻王氏，生員汪光禔妻黃氏，監生江監榮妻周氏，金美生妻項氏，王公調妻康氏，王時妻倪氏，談永鈞妻蔣氏，龍泉縣教諭傅文鏞妾秦氏，朱維翰妻魯氏，楊錫章妻裘氏，沈錫蕃妻許氏，邵晉儒妻羅氏，舉人趙鐸妻李氏，楊文龍妻俞氏，丁裕宗妻趙氏，張御六妻馮氏，胡文明妻程氏，馬端亭妻張氏，陳宗詩妻楊氏，虞光麟妻俞氏，陳廣年妻楊氏，俞國林妻邱氏，王憲臣妻鎖氏，鍾美林妻沈氏，錢光瑜妻畢氏，楊景星妻嚴氏，吴華國妻陸氏，陳吉士妻潘氏，候選州同沈重芳繼妻潘氏，曹鼐妻王氏，程以誠妻鈕氏，虞君如妻郭氏，俞樸庵妻秦氏，王承芝妻陳氏，楊廷桂妻計氏，金子華妻單氏，蔡文觀妻吕氏，徐潢妻陳氏，高堯文妻宋氏，楊國柱繼妻沈氏，徐予彩妻楊氏，桂得時妻孫氏，陸君相妻薛氏，倪國儒妻陳氏，徐行豸妻戴氏，孫敬川妻王氏，瞿穎士妻汪氏，陳聖先妻沈氏，許聖益妻顧氏，沈國柱妻吴氏，陳朝儀妻王氏，金軼凡妻徐氏，沈應鳳妻鄭氏，于惠公妻吴氏，袁德聞妻田氏，徐爾昌妻陳氏，戴德聞妻徐氏，生員沈元瑜妻卓氏，朱仲昇妻沈氏，滑吉徵繼妻王氏，潘佃妻王氏，徐彦文妻魏氏，孫德揚妻周氏，吴邦彦妻張氏，姚繼龍妻凌氏，顧萃妻王氏，沈起昇繼妻宋氏，項端士妻劉氏，董殿臣繼妻俞氏，王亮功妻沈氏，吴元發妻王氏，李允明妻趙氏，朱景雲妻張氏，候選州同吴邦式妻倪氏，白汝枚妻卜氏，徐治國妻蔡氏，生員虞鳴鼇妻秦氏，宋元鶚妻趙氏，方顯廷妻張氏，貢生勞廷琮妻章氏，周子相妻聞氏，勞以治妻葛氏，孟華萃妻霍氏，孫公達妻胡氏，陳聖先妻梁氏，莫儒曾妻盧氏，陳君瑞妻姚氏，俞懷民妻程氏，姜應魁妻徐氏，屠爾昌妻楊氏，曹瑞徵妻張氏，李天延妻徐氏，張錫綸妻王氏，韓茂昌妻許氏，陳有方妻林氏，沈士昌妻王氏，徐繼龍繼妻吕氏，馬汝周妻朱氏，金龍翔妻鍾氏，王履恒妻池氏，許永槐妻沈氏，郭孟武妻程氏，沈樂山妻陳氏，孫文炳妻沈氏，郎元超妻顧氏，洪夫馭妻章氏，貢生鄭景浤妻蘇氏，沈基第妻凌氏，費用蕃妻宣氏，孫大成妻蔡氏，嚴士坦妻李氏，生員朱遵聖妻沈氏，生員朱祖修妻俞氏，卓純妻張氏，滑聖木妻梁氏，嚴容妻吴氏，程任敘妻張氏，程肇瑞妻闞氏，汪連妻吴氏，張宗瑚妻高氏，周翰修妻程氏，高瑞卿妻楊氏，姚日藻妻邵氏，陸開宗妻祝氏，沈天相妻徐氏，沈士貴妻徐氏，金元相妻周氏，馮嗣芳妻段氏，沈錫丁繼妻金氏，陳美生妻俞氏，邵文玉妻殳氏，吴行瑞妻夏氏，監生蔡森繼妻龔氏，王廷穩妻張氏，吴浩妻陸氏，錢起鼇妻徐氏，張祉發妻王氏，沈宗岐妻邵氏，高孚青妻劉氏，陳芳蘭妾江氏，王欽亮妻何氏，俞公叔妻劉氏，趙啓貞妻金氏，王萬元妻黄氏，任啓正妻陸氏，任珍妻王氏，俞奕遠妻莫氏，沈青臣妻顧氏，方慶雲妻周氏，陸蘭若妻陳氏，監生謝謙妻黄氏，董岐生妻張氏，龐以綸妻陳氏，張文焕妻翁氏，生員陳又遠妻劉氏，汪聿雯妻吴氏，張尚連妻馬氏，朱燮鼎妻錢氏，項子麟妻張氏，許德培妻鍾氏，儲應魁妻俞氏，儲兆吉妻梁氏，徐鉉妻向氏、妾濮氏，王信孚妻汪氏，陳廷策妻馬氏，方發祥妻沈氏，柳應辰妻蕭氏，錢增齡妻張氏，虞盛伯妻黄氏，俞朝相妻楊氏，陳四達妻許氏，顧鴻逵繼妻丁氏，生員虞政妻江氏，楊義鼇妻李氏，守備洪承祥繼妻王氏，姜成賢妻朱氏，陳弓叔妻崔氏、妾鄭氏，沈文選妻鈕氏，裘士綖妻趙氏，監生周從禮妻高氏，陸敘伯妻張氏，程尚德妻吳氏，江彩生繼妻柳氏，周元龍妻姚氏，陳天鏞妾范氏，蔣華妻翁氏，監生錢棨隆繼妻許氏，聞憲臣妻楊氏，金德宣妾許氏，方繩祖妻吳氏，周必貴妻毛氏，范漢臣妻施氏，畢爾華妻李氏，王祥生妻黃氏，陸次衡妻張氏，沈天一妻朱氏，陸相鉉妾王氏，陳松樂妻楊氏，朱廷梅妻高氏，閬中縣知縣王家駪妾吳氏，葉世芳妻朱氏，凌茂乾妻褚氏，張沛然妻周氏，莫彥昭妻楊氏，程載陽妻徐氏，吳尚仁繼妻李氏，姚子匡妻蔡氏，程仲仁妻徐氏，徐家駒妻孫氏，楊玉殿妻蔡氏，吳字鵬妻宋氏，江治妻王氏，鄭又昇妻張氏，聞鑑妻彭氏，張懷珍妻沈氏，范君輔妻許氏，張士楷妻魯氏，張煥妻湯氏，沈志懿妻顧氏，盛緯升妻何氏，程日元妻王氏，沈分妻邱氏，高庭植妻錢氏，王起鵬妻魏氏，鄭闕鼎妻潘氏，汪世榮妻孟氏，朱元楨妻姚氏，李貢九妻沈氏，知縣陳朝儼妾高氏，魯珏妻王氏，潘石公繼妻吳氏，監生宋之棟妻俞氏，貢生鄒夢熊妾郁氏，吳秉彝妻王氏，徐天植妻顧氏，胡中衡妻畢氏，朱振侯妻阮氏，趙良弼妻全氏，徐起元妻趙氏，朱五典妻孫氏，陳永亮妻周氏，徐蓋臣妻黃氏，沈子發妻戴氏，王敬川妻吳氏，喬友機妻張氏，生員張蘭臺妻高氏，妾沈氏，郁履培妻陳氏，朱四銘妻陸氏，顧緒思妻王氏，張建三妻金氏，陳煥然妻張氏，錢履廷妻王氏，錢有溶妻徐氏，汪士佐妻李氏，殷莘民妻徐氏，生員張崧妻皇甫氏，韓瑞章妻華氏，李宗干妻吳氏，方君甫繼妻毛氏，朱道臣妻李氏，俞道生妾陸氏，殷兆隆妻莫氏，候選州同崔天柱妻沈氏，張從先妾李氏，汪毓玫妻傅氏，生員孫襄妻陳氏，趙大經妻徐氏，徐承基妻王氏，監生章荆山妻朱氏，陳子宏妻吳氏，朱正敏妻馮氏，張廷玫妻顧氏，王允鏞妻張氏，蔣麟石妻王氏，生員葛禹繼妻周氏，舒高士妻蔡氏，姚殿倫妾蔡氏，陳爾人妻莫氏，潘兆恒妻鮑氏，張承烈妻郭氏，虞熹繼妻胡氏，歲貢生陸耀祖妻陳氏，馮大成妻周氏，葉璟妻柳氏，陳起龍妻李氏，王茂生妻俞氏，孫泗妻阮氏，陳世榮妻黃氏，蔡炘妻周氏，傅陳謨妻方氏，周得玉妻呂氏，賴嗣宗妻湯氏，俞又嵩妻周氏，沈廷煌妻孫氏，周宿妻王氏，姚光祚妻方氏，胡煥若妻陳氏，舉人陳偉妾周氏，潘學禮妻朱氏，候選州同蔡淇英繼妻程氏，監生孫陳謨妻胡氏，陳世增妻趙氏，孫寧宗妻胡氏〔八〕，朱克剛妻王氏，楊允恭妻柴氏，李城一妻沈氏，任夔妻朱氏，陸體乾妻呂氏，翁玉書妻胡氏，徐斌妾林氏，林必大妻錢氏，陳彪妻陸氏，阮爾錫妻高氏，阮佩章妻沈氏，生員金廷杰妻李氏，苻廷貴妻周氏，沈淳繼妻張氏，沈繼昌妻褚氏，孫楚瑞妻蘇氏，陳爾亮妻周氏，監生沈樹德妻趙氏，生員李學成妻倪氏，生員蔡雲龍妻呂氏，鍾文禄妻葉氏，宣德新妻楊氏，沈舜俞妻駱氏，郭必龍妻錢氏，鈕聖齡妻施氏，沈宏道妻郎氏，生員成雲妻錢氏，洪德妻屠氏，生員錢克甯妻魏氏，范殿臣妻景氏，胡德鏻妻俞氏，楊錫臣妻聶氏，陸世仁妻苻氏，監生徐瀚繼妻周氏，葛緯芳妻朱氏，監生徐廷枚妻顧氏，陸元珍妻徐氏，杜文進妻周氏，夏兆鼇妻陳氏，楊淞妻沈氏，計鳳彩妻邵氏，張之涵妾陸氏，曹美玉妻范氏，洪秉仁妻湯氏，方履中妻季氏，季鴻儒妻王氏，汪路妻周氏，趙子儀妻徐氏，顧雲卿妻俞氏，葉鳴鑾妻傅氏，張大純妻周氏，耳士超妻楊氏，陳功友妻嚴氏，舉人汪金城妻潘氏，余開明妻袁氏，貢生史大節繼妻張氏，楊國楨妻嚴氏，監生余五經妻陳氏，張學詩妻陳氏，施起龍妻許氏，施岱妻章氏，生員翁鎮妻陳氏，俞瑞生妻李氏，高有造妻楊氏，監生金璉妻楊氏〔九〕，錢文昭妻李氏，沈鈐妻居朱氏，顧汝玉妻徐氏，沈方來妻楊氏，沈焯妻仲氏，監生鄒士齡妻徐氏，姜商齡妻馮氏，張明鑑妻丁氏，潘毓珍妻高氏，徐子麟妻趙氏，項應士妻陳氏，趙兆鼇妻陸氏，吴惟翰妻丁氏，程盛妻余氏，徐卿妻吴氏，顧君榮妻王氏，汪宸妻程氏，張陛升繼妻黄氏，許坤妻氏，余汝成妻何氏，孫謀宏繼妻沈氏，陶翰臣妻余氏，鄭展邦妻章氏，陸文源妻于氏，陳應鳳妻田氏，王穎芳繼妻陳氏，陸宏先妻姚氏，梁子昭妻朱氏，趙錫藩妻胡氏，朱展成妻趙氏，高文謨妻張氏，高廷棟妻王氏，徐璽妻馮氏，徐之麟妻費氏，邵康賜妻陳氏，生員王維樾妻汪氏，龐吉生妻沈氏，楊天衡妻倪氏，蔡友尚妻吴氏，勞定正妻李氏，余天安妻童氏，嚴彩生妻張氏，貢生吴觀慶繼妻陳氏，倪長文妻馮氏，戚耀生妻畢氏，戴枚占妻姚氏，周如源妻鄭氏，周定武妻沈氏，馮尚卿妻徐氏，周秉文妻賈氏，王永齡妻黄氏，方爾聚妻趙氏，張若安妻余氏，茹昌濟妻朱氏，陳明宇繼妻何氏，余佩九妻胡氏，生員王惟本妻胡氏，王子興妻汪氏，謝君如妻黄氏，汪正標妻胡氏，生員郭維翰妻李氏，沈文敬妻湯氏，鄭聖祖妻楊氏，王景儀妻張氏，錢廷鏞妻張氏，王國柱妻許氏，毛斗樞妻陳氏，邵起賢妻陸氏，方士爾妻許氏，占士達妻楊氏，李煜妻梅氏，沈堯年妻周氏，金兆龍妻周氏，馮載雨妻黄氏，周漢公妻徐氏，潘子才妻王氏，生員王達妻趙氏，畢大章妻祝氏，吴敬廷妻孫氏，周二能妻曹氏，趙奕文妻汪氏，王家駃繼妻張氏，卓世雄妻金氏，魏忠相妻楊氏，錢雲生妻朱氏，屠行生妻平氏，馬君選妻李氏，潘吉人妻鄒氏，丁從龍妻李氏，沈再揚妻毛氏，馬君達妻康氏，平履思妻錢氏，章順昌妻姚氏，平漢沖妻任氏，張元灝妻孫氏，張季芳妻章氏，吴慶章妻郭氏，徐天祐妻錢氏，張學周妻陳氏，蔣允懷妻程氏，黄聲聞妻陸氏，胡玉璋繼妻陸氏，詹壽安妻陳氏，顧靳妻費氏，沈榮文妻朱氏，趙秉恕妻楊氏，張衡瞻妻沈氏，林泰文妻陳氏，邵舜儀妻李氏，胡卓雲妻沈氏，監生張增祐妻袁氏，湯健行妻俞氏，汪浦妾朱氏，王義來妻朱氏，陸瑞玉妻郭氏，吳佩周妻陳氏，楊成九妻金氏，王德成妻周氏，貢生邵宗元繼妻徐氏，汪國瑞妻王氏，監生倪宗海妻陸氏，文繼妻王氏，高聖書妻沈氏，舉人何瑾栗妻王氏，周亮彩妻施氏，舉人殳聞望妻王氏，孫銓妻章氏，江淵妻孫氏，夏山樽妻姚氏，朱學緒妻文氏，沈聞人妻魯氏，監生施玲元妻趙氏，生員胡之純妻陳氏，劉世浩妻陳氏，鄭邦華繼妻陳氏，王憲章妻葛氏，張維新妻趙氏，金士美妻洪氏，費見滄妻潘氏，唐又青妻陸氏，朱文煜妻費氏，施驪妻吳氏，汪俞綱妻俞氏，陳廷勳妻施氏，許承勳妻楊氏，李天玺妻潘氏，姚振公妻袁氏，黃玉錡妻范氏，生員王烈妻汪氏，謝肇彭妻俞氏，孟載揚妻徐氏，唐超宗妻毛氏，蔣應奎妻沈氏，姚聖章妻劉氏，周之蒼妻龐氏，王鼎榮妻馮氏，蔣達妻陳氏，范善長妻李氏，王次仁妻馮氏，周仁麟妻王氏，魏錦章妻朱氏，沈應庚妻殷氏，林尊五妻沈氏，王本方妻陸氏，沈紹宗妻邵氏，馬自康妻沈氏，沈鐘甲妻陳氏，馬治繼妻范氏，汪有連妾王氏，周近震妻王氏，馮東侯妻李氏，戴經綸妻裘氏，馮士順妻沈氏，俞汝高妻邵氏，監生高灤妻張氏，監生潘瑞芝妻趙氏，徐御天妻許氏，余宏祚妻許氏，徐元坊妻鄒氏，談端基妻張氏，丁緯彬妻馬氏，王天爵妻李氏，許聖章妻蔣氏，張延福妾尹氏，包松妻趙氏，馮尊三妻胡氏，楊日湘妻薛氏，生員陳潤妾薛氏，馮瑞雲妻沈氏，徐有庚妻袁氏，王源妻方氏，潘幹臣妻淩氏，舒毓棟妻顧氏，孔興濤妻陸氏，張奕采妾蔡氏，陸宗楫妻賈氏，沈淵妾陳氏，馬鳴蕭妻朱氏，沈蔚文妻朱氏，游洪遠妻薛氏，葛起蛟妻朱氏，徐育臨妻傅氏，張光軒妻葉氏，何鍾錫妾張氏，張汝成妻湯氏，楊在廷妻趙氏，孫禮中妻袁氏，楊文斌繼妻袁氏，胡廷謨妻汪氏，蔣師點妻桂氏，吏目陳文鎬妻柴氏，單文忠妻戴氏，余天聚妻孫氏，鮑元齡妻曹氏，于志高妻周氏，邵永相妻蔣氏，沈長臨妻汪氏，吳克繩妻秦氏，王士超妻孫氏，高步瀛妻陳氏，陸曉仁妻呂氏，沈之元妻湯氏，趙元度妻李氏，張元灝妻余氏，陸振家妻沈氏，潘汝能妻俞氏，朱紫誥繼妻濮氏，成埓妻王氏，魏應魁妻夏氏，劉昇妻丁氏，王錫妻徐氏，王乾祐妻周氏，顧惟翰妻劉氏，李承烈妻王氏，邵廷宣妻胡氏，朱善權妾沈氏，蔣殿惕妻楊氏，高士俊妻朱氏，李與蒼妻陳氏，顧麟裕妻汪氏，黃世連妻曹氏，詹佩嘉妻沈氏，陳濂妻沈氏，舉人呂衡齡妻鍾氏，朱紫樞妻溫氏，張廷瑞妻程氏，沈珍妻吳氏，金作人妻陸氏，沈曾麟妻陳氏，錢知嚴妻張氏，宋孚占妻唐氏，袁大成妻孫氏，沈開灃妻俞氏，袁建中妻王氏，陳旦華妻胡氏，方有坤妻朱氏，胡祈年妻陳氏，龔崗妻汪氏，王兆槐妻姚氏，孫熙昇妾姚氏，葉世濬妻畢氏，郭鼎妻顧氏，楊肇煦妻徐氏，翟樹妻王氏，張開遠妻余氏，李元耀妻袁氏，張鎮芳妻姚氏，楊志遠妻陳氏，錢青芝妻沈氏，周世大妻盧氏，王敷文妻張氏，張兆鏊妻李氏，吳潮妻錢氏，胡官山妻葉氏，翟文椿妻葉氏，吳朝品妻錢氏，張廷倫妻沈氏，張玉麒妻王氏，金世高妻黃氏，葉聲伯繼妻施氏，舒毓梓妻錢氏，呂恒德妻孫氏，戴猶龍妻陳氏，邵鈞妻陳氏，朱宸振妻邵氏，吳家信妻金氏，程鳳鳴妻魯氏，吳紫滄妾姚氏，吳世驥妻陳氏，柴尚林妻方氏，俞時鴻妻沈氏，王崇基妻汪氏，朱紫雲妻徐氏，馮維垣妻汪氏，黃登蕊妻湯氏，徐勛妻程氏，相康侯妻徐氏，邵王路妻謝氏，劉用章妻沈氏，徐南崗繼妻王氏，盧鏕妻胡氏，楊廷植妻陳氏，金天相妻鄭氏，王蔭槐妻趙氏，田尊德妻裘氏，姚成存妻邵氏，馮永芳妻金氏，項文珂妻薛氏，裘元亮妻陳氏，周至川妻鄭氏，佘淇妻沈氏，熊學曾妻羅氏，沈廷鈺繼妻潘氏，陳簡三妻沈氏，葉安遠妻鮑氏，陳文深妻孫氏，宋汝洵繼妻王氏，徐鈞妻汪氏，許培妻趙氏，許升元妻杭氏，黃棠妻馮氏，阮豈希繼妻丁氏，湯其相妻江氏，李宗烈妻胡氏。又烈婦，福建新化縣知縣朱瀾之媳魯氏。烈女，羣姑，因父被賊戕，恐爲所污，俱各投繯自盡。又貞女，孔衍棫未婚妻曹氏，曹公成未婚妻朱氏，周樫未婚妻盛氏，沈玖森未婚妻朱氏，袁徵吉未婚妻馮氏，羅德昭未婚妻鮑氏，生員黃銛未婚妻范氏，沈廷璧未婚妻王氏，監生徐景岱未婚妻盧氏，周斌未婚妻吳氏，生員凌世載未婚妻俞氏，夏世琨未婚妻汪氏，沈一宰未婚妻陶氏，陶日昇未婚妻沈氏，生員高永渭未婚妻程氏，郁鴻緒未婚妻蔣氏，王文宏未婚妻吳氏，周青蓮未婚妻王氏，宋大椿未婚妻邵氏，鍾世嚴未婚妻江氏，姚士芳未婚妻呂氏，趙世楷未婚妻孫氏，凌世安未婚妻邵氏，李勝漣未婚妻張氏，翁光麟未婚妻韓氏，陸受趾未婚妻俞氏，孫大有未婚妻汪氏，吳印堂未婚妻陳氏，孫三曾未婚妻趙氏，朱繡未婚妻汪氏。孝婦孫氏，汪氏，高氏。俱於乾隆年間旌。沈灝妻朱氏，沈炅妻趙氏，孫寶和妻方氏，錢士龍妻丁氏，汪尚齊繼妻鄭氏，邵駿妻沈氏，佘棟妻陳氏，佘彪妻楊氏，王錦熙妻黃氏，李廷翰妻陳氏，朱城妻盧氏，張宏基妻葉氏，張志雲妻孟氏，吳在郊妻周氏，葛紫梅妻陸氏，王世楷妻郭氏，鄭鏞文妻沈氏，陳師熊妻周氏，楊大垣妻湯氏，田嘉穗妻張氏，夏配湖妻陸氏，孫惟祖妻錢氏，袁躍鯉妻華氏，魏祥雲妻湯氏，龐兆賢妻王氏，魏學璘妻宋氏，丁世德妻顧氏，沈珍五妻鍾氏，劉克諧妻周氏，陳文桂妻潘氏，趙李望妻袁氏，潘本恕妻胡氏，施鳳喈妻王氏，吳士哲妻林氏，章維綸妻洪氏，戴季元妻方氏，李巨川妻林氏，陸宗潮繼妻顧氏，楊錦蒼妻蔡氏，沈恩溥妾張氏，高掄珏妻王氏，姚清妻王氏，程永齡妻章氏，胡士元妻金氏，胡士倫妻佘氏，鍾有條妻王氏，沈睿文妻羅氏，胡引年妻章氏，胡尚年繼妻王氏，方得禄妻陳氏，孫繼賢妻潘氏，木成龍繼妻鎖氏，王炳繼妻沈氏，金大綱妻程氏，鎖三泰妻朱氏，鄭基妻仲氏，温廷鈞妻陳氏，虞元陽妻沈氏，陳寅妻朱氏，魏祥旗妻胡氏，趙芳六繼妻陳氏，趙秉銓妻胡氏，黄德貴妻徐氏，湯霙采妻鮑氏，李時端妻葉氏，姚文海妻倪氏，姚天基妻周氏，錢掄元妻沈氏，馮學海妻沈氏，平孔書妻唐氏，張岷發妻俞氏，魏承遠繼妻殷氏，錢正元妻沈氏，姚德聚繼妻王氏，陳啓明繼妻吴氏，吴一恒妻陳氏，馮遇春妻俞氏，陳德瑲妻魏氏，劉廷楷妻皇甫氏，朱有浩妻吴氏，邱在辰妻張氏，錢觀其繼妻吴氏，高九錫妻徐氏，宗盛曾妻余氏，張拱余妻潘氏，黄堃妻邱氏，邱德新妻程氏，華棟繼妻阮氏，章道雍妻姜氏，項上暹妻曹氏，施學韓妻吴氏，李覲宸繼妻戴氏，章錫祺妻張氏，錢棡妻施氏，王咸妻葉氏，秦懋源妻施氏，傅昌妻皇甫氏，沈玉殿妻馮氏，沈玉書妻龔氏，周世潤繼妻葉氏，宋正椿妻季氏，周啓昌妻沈氏，金紹豐妻劉氏，平鶴鳴妻任氏，丁峻天妻李氏，陳汝昌妻余氏，諸以書妻楊氏，李廷相妻盧氏，楊望妻莫氏，馮望程妻周氏，章御州妻王氏，魏端士妻黄氏，朱士奇妻陸氏，張雲上繼妻潘氏，徐煜妻曹氏，湯士成妻萬氏，唐廷慶妻馬氏，朱子佩妻吴氏，徐馨谷妻朱氏，許公衡妻費氏，葛承九妻徐氏，符之棨妾黄氏，胡理妻吴氏，杭守仁妻鄒氏，朱美相妻郭氏，羅鵬生妻吴氏，王雲舒妻凌氏，吴樹本妻洪氏，戴兆公妻趙氏，趙尚志妻倪氏，宋鯨妻嵇氏，湯曙光妻俞氏，程錦堂妻何氏，沈佺妻朱氏，羅翌門妻王氏，夏尚忠妻張氏，鄭震亨妻柯氏，孫承元妻沈氏，汪魯瞻妻施氏，項雲生繼妻楊氏，柴茂華妻吴氏，陸景與妻王氏，章美斯妻袁氏，金蒼曉妻顧氏，張甬妻金氏，周森繼妻王氏，柴緝生妾周氏、党氏，毛雨香妻楊氏，葛肇圖妾譚氏，李澄泰妻鍾氏，沈縈懷妻王氏，葉起淮妻金氏，趙夢熊妻楊氏，朱元或妻鍾氏，施敬田妻桑氏，陸成吉妻徐氏，唐元英妻王氏，王學連妻唐氏，顧武妻陳氏，孫淮妻郭氏，徐雅懷妻林氏，朱金妻沈氏，鄭德三妻王氏，沈維仁妻周氏，計玉成妻吴氏，魏之亨妻顧氏，潘懋承妻薛氏，何信妻袁氏，姚景芳妻錢氏，黄繼龍妻孫氏，王炅繼妻顧氏，許晉三妻王氏，謝鴻元妻舒氏，王省三妻戴氏，林樂田妻趙氏，徐受人妻茅氏，汪錫嘏妻吴氏，胡緯昭妻錢氏，許子瞻妻沈氏，范禹鳳妻來氏，吴錫堂妻張氏，許和春妻程氏，沈植本繼妻王氏，炭應虎妻張氏，曹之盛妻丁氏，金恒妻盛氏，翁錡妻楊氏，吴體仁繼妻湯氏，吴竹友妻嚴氏，姚位東妻來氏，費元奎妻沈氏，孫肇人妻鄭氏，俞憲章妻張氏，周紹衣妻汪氏，姚鑛妻許氏，汪在師妻何氏，徐利川妻金氏，胡朝禎妻嚴氏，高樹本妻皇甫氏，金殿甲妻曹氏，周載勳妻翁氏，沈宏昌繼妻趙氏，趙家福妻黄氏，馬金祺妻鄭氏，戴章甫妾徐氏，許以澤妾吴氏，葉青藜妾吴氏，周邦達妻陳氏，沈永英妻曹氏，吴文濠妻孫氏，朱載安妻陶氏，魏祥鏕繼妻丁氏，趙起龍妻郭氏，汪明赫妻胡氏，薛兆麟妻嚴氏，鍾大本妻朱氏，沈椿妻勞氏，胡應培妻吴氏，金陛瞻妻馮氏，高樹達妻徐氏，孫匡圖妻周氏，陳象賢繼妻葉氏，趙爔妻沈氏，王士登妻高氏，王肇棫繼妻楊氏，郭坦齋妻施氏，胡勤昌妻沈氏，王嘉穀妻吴氏，杭禹占妻沈氏，陸觀成妻徐氏，孫安吉妻顧氏，項昭妻吴氏，吴道升妻陸氏，吴一愈妻許氏，范元勳繼妻徐氏，顧朗山妾張氏，王紹槐妻施氏，吴世鈞繼妻李氏，李亭妻吴氏，何燕朋妻徐氏，顧清浩妻馮氏，殳熙妻項氏，符秉文妻張氏，邵開宗繼妻駱氏，柳炳妻仇氏，嚴大進妻胡氏，何熺妻王氏，張嵎起妻馬氏，王洽書妻譚氏，劉國相妻郁氏，張浩如妻陸氏，邱燉妻顧氏，施鳳池妻丁氏，沈念祖妻饒氏，趙哲人妻徐氏，蔣文良妻葉氏，高松妻錢氏，倪師曾妾陳氏，費明甫妻施氏，盧大川妻孫氏，黃坤五妻趙氏，勞洙源妻馮氏，王錦妻吴氏，陳汝功妻李氏，沈爾輻妻詹氏，沈工文妻高氏，童淮妻陸氏，孫厦材妻沈氏，馬正治妻郎氏，周鼎妻俞氏，王源妻馬氏，項燕五妻章氏，陳日新妻許氏，曹大來妻佘氏，魏啓東繼妻郁氏，張嵩高妻王氏，戴陳詩妾吴氏，既覲揚妻潘氏，姚殿元妻周氏，朱大椿妻沈氏，嚴鳳山妻李氏，施陳英妻魏氏，朱煌妻胡氏，孫蘭臯妻林氏，孫純妻謝氏，吴縉妻葉氏，吴紀妻王氏，裘漣妻王氏，鄭筠妻潘氏，馬濟川繼妻朱氏，沈德輝妻楊氏，程彙瞻妻陳氏，何古峰繼妻舒氏，吴環溪妻章氏，戴廣生妻孫氏，佘寅朗妻李氏，倪聚山妻吴氏，闞森繼妻汪氏，楊聖章妻陳氏，葉林武繼妻馮氏，張晉蕃妻陳氏，金恂妻馬氏，陸肇基妻錢氏，邱舜田妻儲氏，曹介福妻魏氏，凌垂祺妻湯氏，張沛霖妻陳氏，謝漢妻孟氏，史明遠妻田氏，莊作明妻王氏，馬蔭桐繼妻章氏，孟建威妻陳氏，朱懋寬妻汪氏，江信純妻佘氏，錢倫表妻許氏，沈光宿妻龐氏，陳佩琳妻方氏，高棠妻陳氏，闞之溶妻吴氏，陳學斌妻張氏，徐東標妾張氏，湯聘妾魏氏，王清芳妻湯氏，陳景福妻胡氏，錢甡妻孫氏，俞廣棫妾熊氏，林開第妻許氏，高鳳詔繼妻許氏，張桂林妻楊氏，顧仁昭妻倪氏，邵世桂妻徐氏，沈光祖妻周氏。又烈婦，李胡氏，河南封邱縣主簿馮廉妻陳氏，生員顧慶敭妻丁氏。貞女，朱光斗未婚妻黃氏，范竹書未婚妻張氏，金步元未婚妻戴氏，姚大鸞未婚妻鄭氏，王僑未婚妻朱氏，孔誠未婚妻王氏，錢浪之未婚妻高氏。又貞女，蔡氏，徐氏。孝女莫四姑，張三姑。俱於嘉慶年間旌。

武舉郭廷妻許氏。海寧人。夫亡守節。同州徐子良妻張氏，監生張有成妻趙氏，鄔震滄妻陳氏，張光天妻朱氏，沈夏專妻朱氏，朱廷思妻郭氏，平亮臣妻金氏，生員朱奕昌妻王氏，張子宜妻朱氏，陳翼亭妻張氏，生員許汝夔妻陳氏，朱幹庭妻顧氏，邢垂龍妻湯氏，程煥章妻陳氏，沈子賢妻朱氏，許岳瞻繼妻柳氏，張元輝妻王氏，陳禹謨妻查氏，沈錫圻妻董氏，朱繼周妻范氏，祝方山妻許氏，張彥卿妻章氏，蘇文彬妾張氏，朱子成妻沈氏，楊守儒繼妻徐氏，生員曹禧妻陳氏，沈雲龍妻潘氏，監生董源妻朱氏，生員陳肅永妾莫氏，金羽儀妻張氏，張朱文妻許氏，董齊賢妻張氏，俞幹臣妻查氏，張卒文繼妻周氏，朱協臯妻馬氏，張晟妻陳氏，祝惟安妻陳氏，郭元標妻朱氏，吳士熊妻許氏，周士麟妻封氏，馮培元妻張氏，章漢卿妻張氏，生員張毓林妻陳氏，葛世熹妻孫氏，生員朱錫疇妻王氏，監生查安之妻周氏，查千峯妻周氏，張兆鵬妻陳氏，查莪山繼妻徐氏，汪兆麟妻王氏，生員許勉熙妻潘氏，胡子瞻妻查氏，生員王機妻陳氏，沈允臯妻宋氏，生員管士煒妻夏氏，施得仙妻朱氏，周大嵒妻董氏，沈觀明妻吳氏，監生陸舜繼妻楊氏，朱爾嘉妻施氏，生員許鵬妻查氏，沈景玆妻錢氏，趙慶生妻祝氏，祝聚源妻姚氏，范來章妻何氏，唐予宣妻史氏，生員范鮑繼妻張氏，沈介錫妻朱氏，陸介山妻蔣氏，胡昌仁妻孫氏，舉人王懋璠妻祝氏，生員葛思妻查氏，呂翰飛妻戴氏，原任宣平縣教諭祝秉貞繼妻陳氏，妾張氏，張漢俟妻許氏，賈遇泰繼妻查氏，生員朱濟時繼妻李氏，朱立禮妻沈氏，查克健妻許氏，金聖文妻盛氏，馬靜山妻鄒氏，陸文遠妻王氏，朱炳妻祝氏，莊茂元妻嚴氏，吳奇勝妻黃氏，查嗣楷妻孫氏，生員陸懷桂妻沈氏，鄂德恒妻朱氏，候選州判謝聖典妻徐氏，祝永叔妻胡氏，沈玉瓚妻黃氏，胡永祜妻查氏，沈祥雲妻張氏，俞錦光妻祝氏，顧聖符妻孫氏，許丕倫妻孫氏，許瑛妻吳氏，許璠妻李氏，唐龍生妻朱氏，周大年妻錢氏，吳建儀妻朱氏，李憲章妻薛氏，水大楠妻許氏，陳振妻朱氏，鄔方成妻湯氏，傅祖純妻虞氏，吳東侯妻許氏，朱大京妻查氏，毛省庵妻唐氏，查勤三妻朱氏，姚慶安妻周氏，王允公妻張氏，汪聖基妻洪氏，俞君玉妻陳氏，孫乾一妻范氏，顧德正妻查氏，何理問妻宋氏，許良甫妻沈氏，封玉連妻田氏，董世模妻陳氏，王士儀妻江氏，董光朝妻朱氏，盛懋祥妻祝氏，費子安妻蕭氏，賀升賢妻祝氏，查嗣鉉妻馬氏，王士傑妻許氏，張允展妻王氏，監生陳律永妻唐氏，李道章妻吳氏，監生朱樸妻金氏，吳德齡妻王氏，姜武思妻陳氏，許振妻沈氏，丁傅龍妻陳氏，高書升妻孫氏，萬德昭妻張氏，孫巨臯妻陸氏，梁階升妻沈氏，丁彥相妻朱氏，梁士遜妻孫氏，陳子達妻朱氏，鮑高文妻沈氏，生員朱雲繼妻何氏，吳子羽妻郭氏，生員黃龍池妻陳氏，陳克瓚妻朱氏，梁學聖繼妻陳氏，曹佐臣妻顧氏，貢生許瑛妻陳氏，沈文卿妻朱氏，賈子嘉妻陳氏，陳予三妻方氏，沈念劬妻賈

氏，虞敬修妻馬氏，徐文伯妻張氏，張于六妻莊氏，祝峯妻孫氏，陳令聞妻俞氏，祝宗復妻沈氏，祝崧繼妻陳氏，許遴琦妻沈氏，許觀
妻沈氏，蔣尊三妻許氏，許永修妻吴氏，葉斗三妻沈氏，倪廷鸞妻莊氏，高孔如妻鄒氏，朱立言妻許氏，張思詮妻莊氏，汪素爲妻張
氏，生員查洙妾李氏，陳鶴臯妻張氏，周在華妻潘氏，鮑立方妻董氏，沈見心妻吴氏，沈明澹妻張氏，蔣扶青妻沈氏，孫休安妻胡氏，
許善章妻趙氏，陳升文妻查氏，陳有倫妻董氏，江元標妻吴氏，錢奕山妻徐氏，徐茂生妻陸氏，毛子尚妻沈氏，張御天妻宋氏，范聖
廌妾沈氏，唐書正妻周氏，監生董敏公妻查氏，徐洪範妻祝氏，朱文榮妻姚氏，俞煌妻董氏，吴長人妻許氏，俞瑞安妻吴氏，沈建芳
妻陳氏，王見龍妻張氏，顧三錫妻王氏，吴士元妻陸氏，范恒章妻俞氏，戚志能妻馮氏，周君實妻馮氏，張佩璜妻許氏，王賓來妻楊
氏，范瑞儀妻朱氏，貢生沈緒延繼妻姚氏，查衡妻葛氏，監生羊泰妻祝氏，鍾正先妻杜氏，董鳳宇妻陳氏，柏天章妻俞氏，朱宏祺妻
趙氏，朱楚珩妻張氏，陳克鋙妻吴氏，錢介臣繼妻莊氏，葉洪文妻董氏，李時瞻妻朱氏，黄士豐妻馮氏，許遜三妻顧氏，陸之誾妻朱
氏，董岐山妻朱氏，賈元霖妻查氏，余維正妻張氏，陳廷表妻金氏，舉人盧鳳輝繼妻蔣氏，藍守愿妻蔣氏，金殿詔妻朱氏，戴大倫妻
祁氏，楊巨源妻張氏，錢天星妻徐氏，韓聖傳妻殳氏，宋尊三妻鮑氏，朱載周妻徐氏，沈啓明妻蔣氏，監生陳空羣妻朱氏，生員玉珠
妻徐氏，張樹聲妻高氏，張嵩臯妻周氏，張炳山妻陳氏，趙秀欽妻錢氏，監生朱協中妻湯氏，封元宰妻陳氏，汪北園妻董氏，吴掌衡
妻方氏，黄静三妻羊氏，周世德妻陸氏，羊崗妻陸氏，生員王陳林妻張氏，陸志宏妻黄氏，陳克蒓妻崔氏，監生楊守恕妻陳氏，張北
野妻許氏，薛愈干妻王氏，馮升山妻徐氏，高紫瞻妻楊氏，孫茂公妻姚氏，張參宇妻郎氏，毛庚如妻王氏，胡睿庵妻陳氏，曹治中妻
沈氏，朱藎忠妻祝氏，許升伯妻張氏，陸子臯妻楊氏，朱星羅妻沈氏，生員查克寅繼妻胡氏，趙聖章妻陳氏，舉人朱金魁妻吕氏，朱
敏忠妻董氏，沈季常妻曹氏，沈應表繼妻許氏，詹君祥妻談氏，生員朱蓮妻湯氏，朱家駿妻葛氏，莫子義妻丁氏，生員奕滋妻孫氏，
沈源妻褚氏，沈德銓妻鄭氏，朱宸榮妻周氏，褚翰如妻密氏，薛湧山妻李氏，祝咸澄妻周氏，錢韜庵妻張氏，朱協貞妻談氏，沈介飛
妻史氏，顧玢妻俞氏，監生王永錫妻陸氏，陸子嘉妻邢氏，張殿榮妻沈氏，王熊飛妻張氏，生員郭元凱妻張氏，徐廷緒妻楊氏，孫瑞
隆妻黄氏，陳楚揆妻朱氏，陳世炳妻許氏，褚詩朋繼妻朱氏，陸裕容妻夏氏，吴漢昇妻俞氏，蕭世文妻包氏，沈國勝妻尤氏，董君瑞
妻沈氏，貢生許惟禄妾朱氏，徐聖發妻卜氏，監生張叔賓妻丁氏，許天成妻張氏，賀載揚妻于氏，沈岷山妻郭氏，朱廷杰妻鮑氏，州

同王守之妻沈氏，殳德雲妻許氏，管朝妻鄒氏，史建新妻崔氏，高見滄妻葉氏，查奕止妻于氏，郭煒妻蔣氏，李如岡妻董氏，王兆麟妻章氏，監生周珠繼妻吕氏，倪于可妻管氏，監生陳球妻查氏，監生馬潮妻高氏，王源妻許氏，生員朱黄矢妻查氏，周元瑞妻郭氏，武生胡永清妻沈氏，監生陳濟生妻查氏，張楫妻倪氏，舉人張爲修妻許氏，生員祝維沆妻朱氏，生員陳梅繼妻祝氏，生員俞元英妻林氏，陳廷本妻沈氏，譚世龍妻鈕氏，金茹剛妻居氏，生員沈爾肩妻鮑氏，曹義彰妻王氏，張繼書妻楊氏，徐鶴聲繼妻陳氏，朱惇忠妻張氏，生員張峻妻封氏，錢炎妻夏氏，朱錫九妻張氏，監生葛藩妻顧氏，監生金廷楷妻凌氏，俞士英妻陳氏，曾文元妻嚴氏，邵玉術妻錢氏，生員周應期繼妻錢氏，查昌禮妻張氏，沈庭三妻李氏，監生王春輝妻葛氏，印世經妻沈氏，朱恭安妻張氏，王蔚秀妻陳氏，胡顯仁妻陳氏，許國楨妻湯氏，丁大忠妻王氏，黄昇高妻陸氏，鍾啓邦妻黄氏，張復安妻王氏，孫鼎調妻季氏，祝天順妻朱氏，郭雲瞻妻俞氏，李廷槐妻張氏，陳鳴臯妻張氏，金克昌妻顧氏，程維坤妻于氏，唐承書妻張氏，朱肇榮妻管氏，查用良妻殳氏，查端行妻金氏，鄭景韓妻張氏，施彦昇妻徐氏，金虹樞妻查氏，胡奕觀妻張氏，沈芳洲妻謝氏，朱德燨妻張氏，徐蘭臯妻陳氏，潘勉妻虞氏，周維新妻魏氏，陳瑛妻張氏，陳玿妻許氏，張溶妻周氏，蔡瑛妻陳氏，張模妻陳氏，沈熺妻賈氏，董珖妻張氏，陳克津妻朱氏，沈次才妻潘氏，張世宗妻朱氏，沈書傳妻王氏，顧岐鳴妻賈氏，朱文宣妻蘇氏，朱榮業妻吴氏，俞彙征妻沈氏，朱協琦妻蔣氏，陳錦文妻徐氏，孫應芳妻蔣氏，許薇宸繼妻張氏，祝雨蒼妻沈氏，陳孝感妻黄氏，宋維藩妻孫氏，江志誠妻畢氏，徐霞妻吕氏，嚴銓妻程氏，朱廷彬繼妻金氏，汪林章妻孫氏，沈東有妻張氏，俞德裔妻李氏，張崑源妻姚氏，馬啓宇妻沈氏，郭萬邦妻徐氏，沈諤妻楊氏，查洪範妻祝氏，孫永建妻錢氏，王靖周妻尤氏，顧之杏妻沈氏，嚴文德妻高氏，湯倬雲妻夏氏，宋兆均妻沈氏，張穀可妻俞氏，查陳齡妻錢氏，張汝爲妻朱氏，吴方中妻王氏，陳皞妻沈氏，張景韓妻陳氏，周大成妻馮氏，胡璜妻沈氏，許安基妻祝氏，朱履端妻查氏，李自昭妻張氏，汪相紀妾朱氏，李兆昌妻祝氏，江介維妻王氏，吴嶸繼妻沈氏，邵允武妻沈氏，張其憲妻錢氏，潘鶴臯妻全氏，楊開泰妻王氏，郭廷客繼妻沈氏，查龍雲妻馬氏，陳繼昌妻周氏，谷掌緯妻李氏，董敬儀妻張氏，陳洪祚繼妻顧氏，周鼎繼妻王氏，許式賢妾戴氏，黄明德妻張氏，谷方華妻曹氏，董繼曾妻朱氏，羊相周妻查氏，陳勉忠妻邱氏，徐世承妻鍾氏，范金聲妻張氏，沈廷聞妻顧氏，曹士賢妻王氏，楊聞文妻洪氏，楊開仕妻徐氏，黄族剛妾嚴氏，沈程繼妻鍾氏，錢有光妻郭氏，吴熾妻沈氏，趙樹敏妻陳氏，宋敦行妻李氏，王德文妻徐氏，張世楷妻池氏，潘洪疇妻陳氏，鄒樹椿妻陳氏，胡朗生妻沈氏，朱孔陽妻王氏，沈元郎妻徐氏，唐士鉉繼妻陳氏，祝懋復妻鮑氏，鍾玉璿妻陸氏，鍾思旦妻張氏，吴殿侯妻顧氏，董德耀妻孫氏，陳荆山妻范氏，朱諒忠妻吴氏，查星雲繼妻朱氏，沈楝妻馬氏。又列婦生員汪林妻吴氏，夫亡殉節。貞女查履祥未婚妻顧氏，沈犀雯未婚妻周氏，蔣宗魯未婚妻張氏，俞永繩未婚妻楊氏，董益之未婚妻沈氏，俞師庠未婚妻薛氏。俱於乾隆年間旌。鍾金妻盧氏，梁順叔妻裴氏，周德新妻施氏，范時夏妻楊氏，許惇妾張氏，陳惠疇妻蘇氏，陳宗禹妻杭氏，朱聲妻趙氏，朱恒妻許氏，朱炌妻郭氏，曹文龍妻曾氏，張沖妻朱氏，朱維章妻何氏，胡成楨妻沈氏，朱浩然妻楊氏，沈占六繼妻查氏，張明山妻趙氏，胡文奎妻祝氏，許芰妾朱氏，徐世賢妻郭氏，馮克升妻沈氏，朱世紘妻祝氏，查楚範妻程氏，楊杜朝繼妻唐氏，楊敦仁妻張氏，蔡南星妻俞氏，沈綸繼妻朱氏，毛世璋妻李氏，沈德風妻許氏，楊宗禹妻朱氏，陳杲妾平氏，陳應昴妻朱氏，徐永祚妻金氏，徐西成繼妻朱氏，金邦直妻馬氏，范連妻朱氏，何壽維妻談氏，錢默妻高氏，鄔道成妻程氏，蘇世檜妻吕氏，俞天球妻查氏，李永思妻蔣氏，許彩文妻陳氏，張錫三妾張氏，沈景山妻程氏，胡宇昭妻沈氏，徐九皐妻蘇氏，潘天掞妻張氏，曹國梁妻宓氏，曹維周妻陳氏，蘇世楷妻張氏，倪天眷妻沈氏，都承基妻李氏，吴墱妻曹氏，陳繼曾妻張氏，湯維良妻芮氏，馮人需妻吴氏，郭師輅妻王氏，沈韻文妻吴氏，應文鶚妻馬氏，都篁妻費氏，張志遠妻孫氏，金九皐妻曹氏，鄒士元妾楊氏，吴士亨妾孫氏，沈虞廷繼妻胡氏，潘友信妻阮氏，陳敬昌妻賈氏，高士英妻朱氏，張大銓妻張氏，丁嵩高妻應氏，吴正績妻胡氏，姚公佩妻周氏，曾星旋妻朱氏，陸天賓妻陳氏，張載陽妻許氏，梁昴庭妻沈氏，于治具繼妻張氏，錢宗巨妻徐氏，許維枚妾王氏，金大倫妻沈氏，張行中妻朱氏，張天錫妻徐氏，查磐繼妻陳氏，李殿英妻程氏，時象坤妻吕氏，馬鍾秀妻王氏，馬永錫妻顧氏，周法坤妻倪氏，杭承宗妻鄒氏，郭任鐓妻吴氏，杭光啓妻顧氏，沈大邦妻張氏，梁珏繼妻徐氏，徐毓珍妻孫氏，沈廷玉妻周氏，孫起鳳妻鮑氏，沈魯山妻湯氏，錢慕藺妻姚氏，鄒弘妻楊氏，胡澧妻吴氏，蔡泰來妻方氏，沈維基妾姚氏，蔣仁基妻歸氏，沈永錫繼妻陳氏，章繡成妻張氏，孟聖源妻錢氏，吴景雍妻杭氏，胡承基妻孫氏，又妾陸氏，徐世浩妻許氏，湯啓周妻陳氏，顧郁文妻程氏，馬簬妻胡氏，朱鑾妻沈氏，蔡保麟妻朱氏，顧爲琳妻張氏，梁渝妻楊氏，沈恂如妻秦氏，賈瑞明妻康氏，查兆呈繼妻朱氏，吴依宗繼妻褚氏，朱有九妻張氏，朱維經妻蔣氏，鄭占鼇妻沈氏，朱鳴佩妻張氏，程上珍妻李氏，陳守拙妻錢氏，胡耕蘭妻柏氏，沈紹文繼妻高氏，凌世德妻吳氏，朱長庚繼妻王氏，陳貞元妻張氏，許韶鈞妻周氏，賈寅妻金氏，查鶴鳴妻王氏，尤端妻俞氏，郭士鑑妻葛氏，錢純曾妻吕氏，金邦佐妻沈氏，高道傳妻應氏，孫圖球妻許氏，曹文相妻俞氏，羊思端妻范氏，陳治初妻查氏，錢煥章妻王氏，費德昌妻方氏，何錦雲妻朱氏，孫朝陽妻朱氏，馬憲廷妻顧氏，孫德基妻馬氏，李琦妻馬氏，葛成龍妻章氏，黄鳳翥妻唐氏，馬永鎮妻胡氏，張廷連繼妻吕氏，許士廉妻張氏，許士斌妻姚氏，許和鈞妻查氏，馬振潮妻汪氏，倪維申妻李氏，端木仁妻陸氏，金邦峻妻沈氏，俞思曾妻郭氏，曹焞妻王氏，馬聖侯妻歐氏，夏侯心容妻柏氏，汪思謨妻張氏，李卓然妻楊氏，周思旦妻唐氏，吳衷美妻崔氏，唐瑞龍妻章氏，張家聲妻陳氏，吕維椿妻許氏，倪景蘇妻范氏，張誠妻鍾氏，祝勳元妻沈氏，華國表妻鍾氏，華文彬妻俞氏，張言元妻王氏，朱家琳妻楊氏，朱家球妾吳氏，沈戒浮妻李氏，鄒廷楹妻李氏，杭世英妻陳氏，杭德瞻妻陸氏，杭德濬妻朱氏，鄒承衡繼妻陳氏。又烈婦查有伸妻朱氏，夫亡殉節。貞女吳銓未婚妻沈氏，王珍未婚妻楊氏，倪綺未婚妻朱氏，顧鼎明未婚妻周氏，高書傳未婚妻程氏，沈班史未婚妻胡氏。又烈婦平許氏。貞女孫許氏。俱於嘉慶年間旌。

**劉朝印妻俞氏。**富陽人。夫亡守節。同縣劉朝宗妻姜氏，陳今蕃妻鍾氏，屠文聖妻趙氏，趙嘉祉妻陳氏，何松齡妻華氏，何鋆妻俞氏，方允正妻陸氏，趙洪義妻沈氏，裘洪倫妻孫氏，生員周國榮妻劉氏，駱師緑妻孫氏，生員李憲章妻高氏，駱榮祚妻陸氏，何玉森妻華氏，鄭文順妻華氏，生員王邁妻葉氏，孫元榜妻葉氏，倪日憲妻張氏，王子桂妻洪氏，周文先妻孫氏，許汝榮妻陸氏，唐毓英妻孫氏，李廷宰妻臧氏，朱錫奇妻金氏，李廷參妻童氏，俞宗瑗妻許氏，陳嘉美妻許氏，党文宣妻陸氏，孫奕孝妻陳氏，周亮文妻曹氏，許學顏妻蔡氏，唐宗慶妻胡氏，楊志麟妻邵氏，俞公玠妻吳氏，徐安貴妾方氏，姚應廉妻陳氏，高日蕃妻楊氏，高承九妻周氏，金璧垣妻陳氏，生員周國鏵妻陸氏，唐宗華妻王氏，徐家宏妻潘氏，汪元茂妻倪氏，孫萬耀妻趙氏，孫允文妻葉氏，陸志奇妻金氏，徐乾源妻蔣氏，生員徐拊錦妻孫氏，屠秉彝妻陳氏，生員郁昌達繼妻張氏，鄭望祖妻孫氏，陳文炳妻章氏，陳于陞妻華氏，蔣學讓妻王氏，何師鏵妻包氏，楊有誠妻陳氏，周志能妻唐氏，華際榮妻陸氏，俞爾公妻華氏，董濤妻裘氏，趙元茂妻俞氏，華正恒妻俞氏，何錦抱妻張氏，周昌時妻鮑氏，貢生周發章妻徐氏，生員周福熹妻許氏，王學義繼妻沈氏，楊志韜妻董氏，何玉蘭妻薛氏，訓導高鳴鶴妾穆氏，朱軫妻葉氏，葉本宏妻俞氏，生員施之模妻章氏，駱朝清妻江氏，何廣齡妻徐氏，生員余鳳翥妻孫氏，盛雲信妻倪氏，生員劉師旦妻張氏，許灝妻裘氏，葉時濟妻張氏，楊承鳳妻陳氏，何康彬妻孫氏，何天蘭妻聞氏，孫衍勳妻華氏，何大宗妻吴氏，杜文超妻陸氏，邵匡典妻吴氏，俞瑞昌妻胡氏。又貞女周型未婚妻蔣氏，監生徐公達未婚妻周氏，生員徐樹銑未婚妻董氏。俱於乾隆年間旌。徐樹基妻王氏，陸岳宗妻周氏，華大儒繼妻周氏，孫茂信妻李氏，曹初毓妻李氏，夏文翰妻江氏，胡鼎望妻裘氏，朱正國妻陳氏，金銘妻章氏，徐鼎仁妻汪氏，孫士均繼妻李氏，張源然妻徐氏，周全禄妻吕氏，周廷元妻鄭氏，周之璵妻葉氏，周兆雲妻王氏，韓廷珍妻王氏，何兆掌妻李氏，張湧然妻夏氏，鄭光寵妻華氏，鄭盛林妻汪氏，俞觀海妻夏氏，孫大金妻徐氏，夏耀雋妻朱氏，夏聿佩妻陸氏。又貞女馬氏，裘永昌未婚妻陳氏，俱於嘉慶年間旌。

李完妻楊氏。餘杭人。夫亡守節。同縣潘鍾祥妻許氏，金之鼇妻俞氏，魏元賓妻徐氏，葉廷芝妾蔡氏，陳勝公妻姚氏，丁玉望妻徐氏，宇秀甫妻蔣氏，張仲宣妻吴氏，鄭啓儒妻于氏，吴又卿妻方氏，管勝正妻金氏，丁錫璵繼妻徐氏，欽聖則妻翁氏，周典三妻章氏，吴天佐妻楊氏，貢生章心傳妻徐氏，吴彦玉妻徐氏，葉文焕妻管氏，朱政遠妻皮氏，孫乾若妻勞氏，林嵩年妻顧氏，生員嚴啓煌繼妻潘氏，陳近郊妻戴氏，生員沈廷勳妻楊氏，方殿揚妻楊氏，郲文達妻沈氏，姚德宣妻賈氏，徐佩繼妻駱氏，陳大斑妻吴氏，史邦楹妻章氏，金子厚繼妻錢氏，生員俞宏濤妻單氏，陳匡侯妻孫氏，吴沖妻徐氏，胡君佩妻俞氏，邵流芳妻苻氏，許漢泓妻董氏，程剡妻鮑氏，生員路惟垣妻鮑氏，陳洪年妻沈氏，董廷銓妻張氏，生員章德炳妻陳氏，熊殿章妻費氏，謝柏椿妻莫氏，陳國良妻費氏，楊定國妻鮑氏，盛疇九妻邵氏，沈棟繼妻鮑氏，鮑宸錦妻李氏，沈基妻俞氏。又貞女董錫爵未婚妻許氏，生員吴淇未婚妻褚氏，俱於乾隆年間旌。金遵妻王氏，蔣以觀妻史氏，張潮妻董氏，錢樹敏妻董氏，王正國妻董氏，何體仁妻王氏，章純修妻陳氏，蔣應楨妻章氏，王文耀妻沈氏，孫朝楨妻沈氏，郎棟妻李氏，姚映震妻鮑氏，葉廷榮妻金氏，鄭步蟾繼妻阮氏、又妾王氏，吴崑妻宇文氏，董鈞妻鮑氏，孫佩先妻董氏，孫尚爵妻董氏，沈宏道妻章氏，高登五妻景氏，姚映雷妻許氏，張德嘉妻秦氏，張迅濤妻朱氏，郎洽恭妻喻氏，王燦妻俞氏，史性天妻蔡氏，姚汝齡妻夏氏，孫國信妻李氏，胡鈺妻董氏，苻兆麒妻姚氏。俱於嘉慶年間旌。

生員汪士俊妻水氏。臨安人。夫亡守節。同縣鄭丹鳳妻汪氏，生員許豐妻張氏，俞鼎泰妻童氏，高五雲妻趙氏，盛尚貴妻何氏，夏文瀾妻阮氏，生員鄭之典妻夏氏，印公相妻王氏，陳鳳翔妻童氏，徐詢妻阮氏，生員童兆鼎妻章氏，監生鄭丹宸妻鄒氏，汪宏勳妻盛氏，胡璽妻郎氏，生員駱文彪妻鄒氏，趙子壽妻盛氏，趙孟儀妻周氏，盛令聞妻趙氏，趙鼎亨妻沈氏，盛時達妻吳氏，陳宏義妻張氏，沈有志妻溢氏，朱大才妻楊氏，徐爾調妻胡氏，周景錫妻錢氏，印廷榮妻張氏，俞啓嘉妻章氏，郭萬榮妻孟氏，鍾士錦妻胡氏，朱煜妻高氏，馮九韶繼妻吳氏，郎修齡妻盛氏。又貞女高恒三未婚妻楊氏，沈允昱未婚妻嵇氏，徐錫勇未婚妻黄氏。孝女胡秀姐，彩姑。俱於乾隆年間旌。徐毓珍繼妻洪氏，鄒錦山妻俞氏，盛茂彩妻徐氏，方曰基妻俞氏，高龍妻李氏，胡會誌妻周氏，董疏源妻汪氏，潘廷貴妻吳氏，姚世曇妻沈氏，盛志載妻王氏，柯永超妻徐氏，胡成棠妻陶氏，胡永春妻吳氏。又貞女胡氏。俱於嘉慶年間旌。

楊祐芳妻許氏。於潛人。夫亡守節。同縣謝必連妻周氏，沈元璧妻黄氏，金履厚妻錢氏，金題妻張氏，吏目陳世英繼妻王氏，陳士驥妻顧氏，童舜靖妻張氏，顧元妻張氏，尹名任妻何氏，何公鼎妻任氏，郎起茂妻湯氏，顧士魁妻潘氏，成安縣典史金文魁妻王氏，趙成妻駱氏，章國忠妻徐氏，阮鳴仁妻方氏，周友純妻何氏，凌高岐妻王氏，阮六相妻王氏，沈應臣妻黄氏，俞夢齡妻張氏，趙廷獻妻錢氏，潘楚珍妻方氏，生員盛俊源妻馮氏，何豹占妻盛氏，阮士炳妻謝氏，何養静妻袁氏，生員張廷謨妻謝氏，何廷煌妻鍾氏，傅士高妻陳氏，章榮修妻謝氏，伍起貞妻沈氏，湯起樽妻顧氏，張士毅妻方氏，生員方德章妻董氏，何克榮妻湯氏，朱錦和妻章氏，何渭占妻童氏，章隆昌妻姚氏，駱應虬妻趙氏，駱繹妻何氏。又貞女俞懋仁未婚妻戎氏。俱於乾隆年間旌。方斐章妻胡氏，羅良經妻張氏，駱廷元妻黄氏，潘際岳妻姚氏，黄瀛豪妻畢氏，趙玉田妻金氏，童玉賓妻趙氏，陳宏濟妻何氏，謝炅妻金氏，潘慧德妻章氏，王德榮妻張氏，胡士俊妻陸氏，周琛妻楊氏。又貞女羅氏。俱於嘉慶年間旌。

生員葉士隨妻徐氏。新城人。夫亡守節。同縣繆時玘妻何氏，生員潘琳妻陳氏，高時逢妻王氏，潘四一妻項氏，潘文之妻袁氏，汪學易妻潘氏，汪學詩妻馬氏，生員鍾志翰妻沈氏，童一翰妻魏氏，監生徐鐘協妻周氏，凌銘郿妻白氏，凌九成妻張氏，生員汪榮錫妻閔氏，吳清妻唐氏，楊廷元妻王氏，章登樞妻王氏，陳昌賢妻王氏，唐之玫妻徐氏，徐天相妻應氏，吳士美妻盧氏，徐尚衣妻盧氏，盧錫瓚妻袁氏，金潮妻黄氏，施永盛妻潘氏，陳元應妻鍾氏，洪棱妻高氏。又貞女凌士隆未婚妻袁氏，徐植未婚妻羅氏。俱於乾隆年間旌。羅育材妻陳氏、羅逢濤妻何氏、洪悟妻周氏、沈士豪妻徐氏，俱於嘉慶年間旌。

生員潘深繼妻程氏。昌化人。夫亡守節。同縣胡學光妻張氏，生員楊剛中妻姚氏，徐士壁妻鄭氏，童俊妻姚氏，呂英繼妻章氏，生員余鎮繼妻王氏，葛士毅妻何氏，生員徐嘉祚妻孫氏，陳文炳妻許氏，胡語御妻許氏，余人鶴繼妻葉氏，許家駿妻黄氏，胡有常妻鄭氏，朱允鎬妻方氏，胡承徵妻鄭氏，徐驥妻胡氏，王家迪妻潘氏，童名選妻黄氏，余彝進妻童氏，胡秉經妻方氏，王子會妻姚氏，胡尚新妻張氏，童兆周妾何氏，何維繡妻姚氏。又孝女倪蓋姑。俱於乾隆年間旌。姜士安妻徐氏，徐世彪妻方氏，章時澍妻童氏，胡國相妻許氏，潘仕瓚妻凌氏，潘應祖妻方氏，徐鳴梧妻嚴氏，孫必明妻夏氏，胡光樹妻許氏，童志烈妻章氏，姜元暘妻俞氏，程廷柏妻胡氏，汪鉅妻帥氏，王家倬妻汪氏，帥全陟妻梅氏，陳遇春妻李氏，梅廷桓妻帥氏，方和堯妻童氏，胡尚休妻楊氏，方召汝妻葉氏，胡正昌妻程氏，章鳳翽妻王氏，章世家妻姚氏，童浡妻許氏，顧維藩妻余氏，徐兆和妻胡氏。又烈婦汪鍾妻張氏，余士森妻程氏，夫亡殉節。俱於嘉慶年間旌。

## 仙釋

### 晉

杜子恭。錢塘人。通靈有道術，東土豪家及京邑貴望並事之爲弟子，執在三之敬。

## 齊

曇超。姓張氏，清河人。居錢塘靈苑山，常夜講經，有老人來聽，詰其姓，曰：「我龍也。」師曰：「吾此地無水，汝能致之乎？」老人撫掌，泉自湧出，今玉泉也。嘉定三年，賜號靈悟大師。

## 隋

貞觀。字聖達，錢塘范氏。世本顯仕。師出家，謁天台智者爲法兄弟，衆建南天竺寺，請居焉。時人語曰：「錢塘有貞觀，佛法當天下一半。」

## 唐

道欽。崑山人。入徑山，坐石牀，有白衣老人前拜曰：「我龍也。自師到此，吾屬皆不安，將挈家歸天目。願舍屋爲師卓錫之所。」又指大湫謂欽曰：「吾去，湫當漲，留一穴弗堙，當時至衛師。」今此穴尚存，謂之龍井。代宗賜號圓一大師。

## 五代

暨齊物。一作濟物，字子虛，杭州人。師玉清觀朱君緒，受法籙神符，後隨入大滌山中，依巖洞爲室，東西各置一隙，采日月光華。忠懿王欲爲賜度弟子，對曰：「樂静已久，不願有也。」久之忽語左右曰：「吾將復往羅浮石樓間矣。」遂不知所之。

行修。號法真，泉州人。生而長耳垂肩，七歲猶不言，或問曰：「汝非啞乎？」忽應聲曰：「不遇作家，徒撞破煙樓耳。」後唐同光初，至杭之法相院，依石爲室，禪定其中。因乏水，卓錫巖際，清泉迸出。吴越王以生日飯僧永明寺，僧延壽謂王曰：「長耳和尚乃定光佛應身也。」王趣駕參禮，但云永明饒舌，即跏趺而逝。賜號宗慧大師。

延壽。餘杭人，王氏子。初説法雪竇，後移靈隱，又移居永明。著宗鏡録百卷。本朝雍正中，加封妙圓正修智覺禪師。

## 宋

馬湘。號自然，鹽官人。世爲小吏，湘獨好經史，攻文學，徧遊方外。嘗至湖，醉墮霅溪，經日而出，衣不沾濕。指溪水能令逆流。宋祥符間卒，葬於其家東園。明年東川奏梓潼縣有道士馬自然白日上昇，杭人發其冢，止存竹杖。

智圓。字無外，自號潛夫，生錢塘徐氏。八歲受具，後奉先源清師傳天台三觀之旨，問辨凡二年而清殁，遂居孤山。乾興元年二月十七日，自作祭文挽詞，越二日示寂，門人斂以陶器，合而瘞之後山。後十五年，積雨山頽，啓陶視之，真身不壞，爪髮俱長，脣微開，齒若珂雪。謚號法慧。

道潛。於潛人。通内外典，能文章，尤善爲詩。居杭州智果院，蘇軾與之遊，號參寥子。按：五代時僧道潛，河中人，武氏子。錢忠懿王署慈化定慧之號。周顯德初，建慧日永明寺居之，至宋，寺改名浄慈。

道濟。天台人，李氏子。初就靈隱落髮，狂嗜酒肉，人稱濟顛。後依浄慈，火發寺燬，濟行化嚴陵，以袈裟籠罩諸山，山木盡拔，浮江而出，報寺衆曰：「木在香積井中。」六丈夫勾之而出，蓋六甲神也。瀕湖居民食螺已斷尾矣，濟乞放水中，活而無尾。

## 元

明本。號中峯，杭州人。幼聰悟，博涉書史，爲文援筆立就。仁宗賜號廣慧禪師。

鄧牧。字牧心，錢塘人。與謝翺善，能通莊、列諸書，下筆追古體。後居餘杭洞霄宫之超然館，大德中無病而逝。所著有洞霄志、游山志，詩文集名伯牙琴，衆稱文河先生。

丁野鶴。錢塘人。棄家爲全真於吴山之紫陽庵。一日召其妻王守素入山，付書四句詩，坐抱一膝而逝，方外謂之騎鶴化。妻守素亦得道。見蔣一葵堯山堂外紀〔一〇〕。

## 明

慧日。天台人。嘗從柏子庭講台衡之學，住上、下天竺。洪武初，召至京師，以其年最高，有戒行，甚尊異之。一夕夢青蓮花生方池中，晨起説偈而寂。

周思得。錢塘人。少穎悟，從張宇初讀道書。永樂中，召至京，嘗扈從北征，屢著靈異。年九十二卒，贈通靈真人。

袾宏。號蓮池，錢塘沈氏子。先業儒，後爲僧，居雲棲塢，建道場，定爲十約，僧徒奉爲科律，晝夜梵唄不徹。本朝雍正中賜號浄妙真修禪師。

赤腳仙。不知何許人。常默然不食，一食則兼十人猶未饜。冬大雪，呼居停主掃雪，聚成小廬，居其中，須臾氣沸騰上，聚雪皆化。與之言，多中人隱。

# 土産

銅。唐書地理志：餘杭有銅。

鹽。仁和、海寧二屬出。

綾。地理志：杭州貢白編綾、緋綾。

羅。咸淳臨安志：杭之羅有花、素二種，染絲織者，名熟絲羅，尤貴。

紗。元和志：杭州貢白編紋紗。

黄芽菜。臨安志：冬間取巨菜覆以草，積久而去其腐葉，黄白纖瑩。

茶。臨安有天目茶，餘杭有徑山茶，産自錢塘龍泓山者，尤爲珍品。

漆。昌化縣出。

於木。陶穀清異録：潛山産善木，以其盤結醜怪，有獸形，因號獅子木。萬曆府志：白木産於潛者佳，稱於木。

黄精。餘杭、於潛兩縣出。

石膏。通典：錢塘有石膏山，敷用爲最。

薑。仁和臨平山出。

銀杏。俗名佛指甲，臨安縣出。

春笋。一名圓笋，錢塘、餘杭兩縣出。又鞭笋，夏月從土中掘得之。杭四時不乏笋，味特甲於諸蔬。

蓴。出西湖第三橋。初生無葉，名雉尾蓴，又名馬蹄蓴，葉舒長，名絲蓴。

藕。出西湖，扁眼者著名。

芡。一名雞頭，産西湖者最勝。

鰣魚。出富陽江，嘗充貢。又有篛魚。

紙。元和志：杭州貢黄藤紙。

鉛粉。錢塘、仁和兩縣出。

錫箔。虎林雜記：錫箔獨杭産，城内造者不下萬家。按：舊志據寰宇記載，杭州出乾地黄。又據元和志載，杭州貢黄連。本非土産之良，今並從删而附記於此。

## 校勘記

〔一〕潘閬太谷人 「太谷」，乾隆志卷二一九杭州府流寓（下同卷簡稱乾隆志）同。按，潘閬乃宋人，宋人晁公武撰郡齋讀書志著録潘逍遥詩三卷，注云「潘閬字逍遥，大名人」。同是宋人陳振孫所撰的另一部目録著作直齋書録解題在潘逍遥集下却注云「四門助教廣陵潘閬逍遥撰」。是潘閬籍貫在宋時即有歧見。一統志署作太谷人，不知何所據，疑是「大名」之形訛而已。

〔二〕周輝海陵人　「海陵」，原作「海寧」，乾隆志作「淮海」。考清波雜志有周輝自序，自署淮海人，此乾隆志所本。然淮海乃古稱，範圍頗廣，不宜視爲籍貫。又考清波雜志卷三，周氏自言：「煇家海陵，海陵昔隸維揚。」此本志改作所本，但誤「陵」作「寧」耳。海寧本屬杭州府，不得視爲流寓，其誤自不待言。

〔三〕廉訪使徐琰來見　「琰」，原作「炎」，據乾隆志及雍正浙江通志卷一九二人物隱逸改。按，本志避清仁宗諱改字，今改回。

〔四〕陸琰妻尹氏　「琰」，原作「炎」，據乾隆志改。按，本志避清仁宗諱改字，今改回。

〔五〕嵇璉妻沈氏　「璉」，原作「連」，據乾隆志改。按，本志避乾隆皇太子永璉諱改字，今改回。下同。

〔六〕許折妻汪氏　「許折」，乾隆志作「許㮝」。㮝，蓋「晰」之異體。

〔七〕余之璉妻張氏　「璉」，原作「連」，據乾隆志改。

〔八〕孫寧宗妻胡氏　「寧」，原作「安」，據乾隆志改。按，本志避清宣宗諱改也。

〔九〕監生金璉妻楊氏　「璉」，原作「連」，據乾隆志改。

〔一〇〕見蔣一葵堯山堂外紀　「蔣一葵」，原作「蔣揆」，乾隆志作「蔣騤」。考長安客話載蔣石原先生傳，云「先生名一葵，字仲舒，石原其別號也」，又云其父生二子，「長江南先生一梅，次即先生也」。製撰甚富，堯山堂外紀，「堂以堯山名，志永慕小山公也」。本志此條載堯山堂外紀卷七二。乾隆志及本志皆誤「葵」字，又脱「一」字，今據補改。

# 嘉興府圖

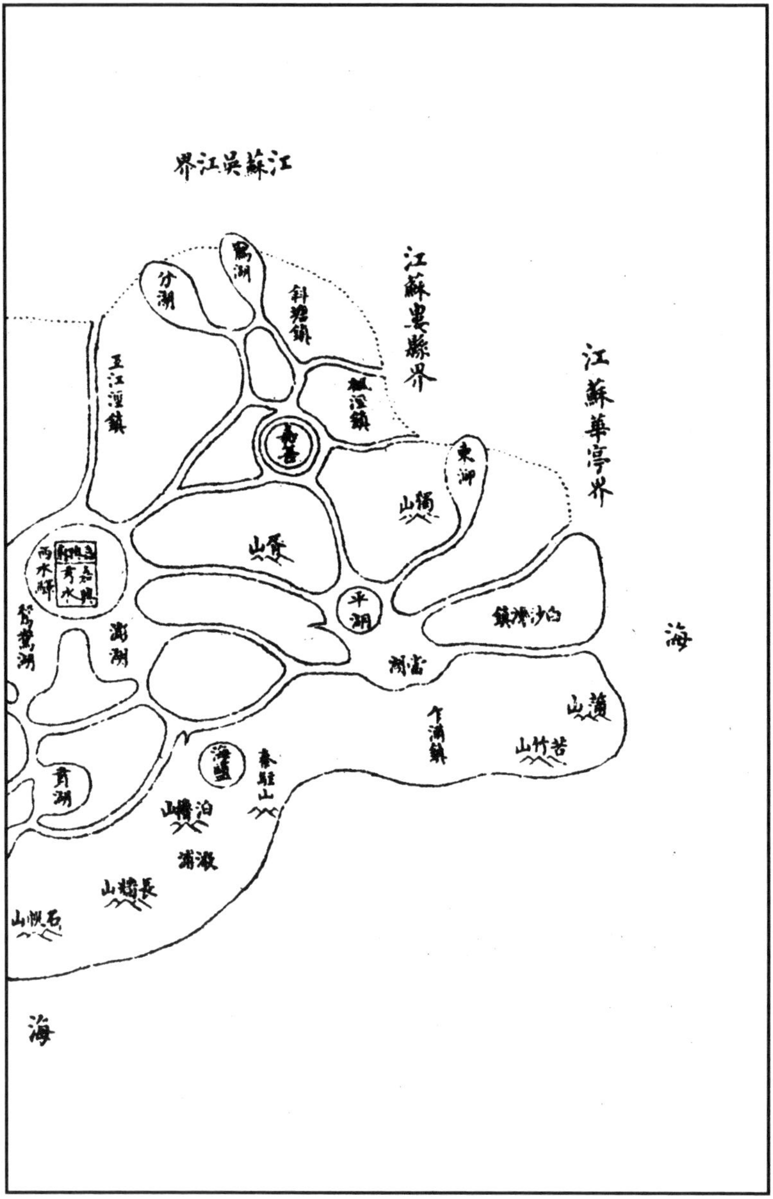
江蘇吳江界
江蘇婁縣界
江蘇華亭界
分湖
王江涇鎮
楓涇鎮
嘉善
東湖
獨山
西水驛
鴛鴦湖
南湖
平湖
白沙灣鎮
當湖
乍浦鎮
黃山
苦竹山
海鹽
秦駐山
澉浦
海
海

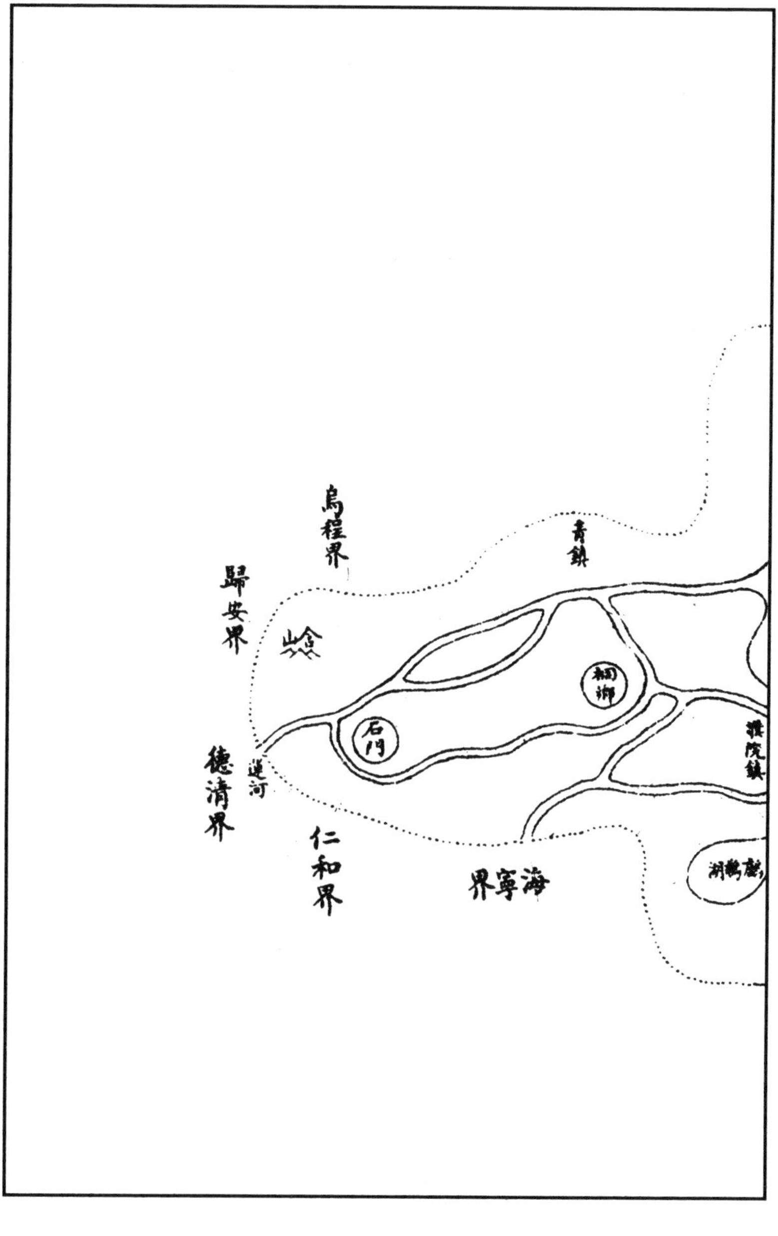
烏程界
歸安界
含山
德清界
運河
仁和界
海寧界
青鎮
桐鄉
石門
濮院鎮

# 嘉興府表



| | 嘉興府 | 嘉興縣 |
|---|---|---|
| 秦漢 | 會稽郡地，後漢屬吴郡。 | 由拳縣，屬會稽郡，後漢屬吴郡。 |
| 三國吴 | | 嘉興縣，黄龍四年更名禾興，赤烏五年又改。 |
| 晉 | | 嘉興縣 |
| 宋齊 | | 嘉興縣 |
| 梁陳 | | 嘉興縣 |
| 隋 | 吴、餘杭二郡地。 | 省入吴縣。 |
| 唐 | 屬蘇州。 | 嘉興縣，武德七年復，旋廢。貞觀八年又復，屬蘇州。 |
| 五代 | 秀州，晉天福五年吴越奏置。 | 嘉興縣，梁初屬杭州，後爲秀州治。 |
| 宋 | 嘉興府，屬兩浙路，政和中賜郡名嘉禾。慶元初升府，嘉定初又升嘉興軍節度。 | 嘉興縣，府治。 |
| 元 | 嘉興路，改路，屬江浙行省。 | 嘉興縣，路治。 |
| 明 | 嘉興府，復府，屬浙江布政司。 | 嘉興縣，府治。 |

續表

| 秀水縣 | 嘉善縣 | 海鹽縣 | 石門縣 |
| --- | --- | --- | --- |
| 由拳縣地。 | 由拳縣地。 | 海鹽縣地。 | 由拳縣地。 |
| 嘉興縣地。 | 嘉興縣地。 | | 嘉興縣地。 |
| | | 海鹽縣改置，屬吴郡。 | |
| | | 海鹽縣 | |
| | | 海鹽縣梁末侯景置武原郡，陳廢，仍屬吴郡。永定初屬海寧郡，尋省入鹽官。 | |
| | | | |
| | | 海鹽縣景雲初復置，屬蘇州。先天初廢，開元五年又復。 | |
| | | 海鹽縣唐改屬杭州。晉屬秀州。 | 崇德縣晉天福三年吴越析置，屬秀州。 |
| | | 海鹽縣屬嘉興府。 | 崇德縣屬嘉興府。 |
| | | 海鹽縣元貞初升州，屬嘉興路。 | 崇德縣元貞初升州，屬嘉興路。 |
| 秀水縣宣德四年析嘉興置，同爲府治。 | 嘉善縣宣德五年析嘉興置，屬嘉興府。 | 海鹽縣復縣，屬嘉興府。 | 崇德縣復縣，屬嘉興府。 |

續表

| 平湖縣 | 桐鄉縣 |
| --- | --- |
| 海鹽縣屬會稽郡，後漢廢。 | 由拳縣地。 |
| | 嘉興縣地。 |
| 海鹽縣地。 | |
| | |
| | |
| | |
| | |
| | 崇德縣地。 |
| | |
| | |
| 平湖縣宣德五年析海鹽置，屬嘉興府。 | 桐鄉縣宣德五年析置，屬嘉興府。 |

# 大清一統志卷二百八十七

## 嘉興府一

在浙江省治東北一百八十里。東西距一百五十里，南北距一百里。東至江蘇松江府華亭縣界六十里，西至湖州府歸安縣界九十里，南至杭州府海寧州界七十里，北至江蘇蘇州府吴江縣界三十里。東南至江蘇松江府金山縣界一百五里，西南至杭州府仁和縣界一百里，東北至松江府婁縣界六十里，西北至湖州府烏程縣界八十里。自府治至京師三千三百里。

### 分野

天文斗、牛分野，星紀之次。

### 建置沿革

禹貢揚州之域。春秋時爲吴、越之疆，戰國屬楚。秦爲會稽郡由拳、海鹽二縣，漢因之。後漢永建四年，分屬吴郡。朱長文吴郡圖經續記：漢順帝永建四年，分會稽爲吴郡，以淛江中流爲界，與吴興、丹陽號爲三吳。三國屬吳吳郡，晉及宋、齊以後因之。隋爲吳、餘杭二郡地。唐屬蘇州。五代梁屬杭州。晉天福五年，吳越錢氏始奏置秀州。府志：後唐同光二年，錢鏐置開元府，治嘉興，兼領華亭、海鹽二縣。長興三年府罷。按：唐制，非京尹不得稱府，鏐不敢置府於杭州，何由置府於嘉興？開元改府之名恐誤。宋因之，屬兩浙路。政和七年，賜名嘉禾郡。慶元元年，升爲嘉興府。以孝宗誕於此，屬浙西路。嘉定元年，升爲嘉興軍節度。元至元十三年，曰嘉興路，屬江浙行省。明洪武初，曰嘉興府，屬南直隸。十四年，改隸浙江布政司。本朝因之，隸浙江省。領縣七。

嘉興縣。附郭。治府東南偏。東西距五十三里，南北距八十二里。東至平湖縣界五十里，西至秀水縣界三里，南至杭州府海寧州界六十里，北至嘉善縣界二十二里。東南至海鹽縣界五十四里，西南至桐鄉縣界三十六里，東北至嘉善縣界三十里，西北至秀水縣界一里。春秋吳檇李地。秦置由拳縣，屬會稽郡。漢因之。後漢屬吳郡。三國吳黃龍三年改曰禾興，赤烏五年又改曰嘉興。晉、宋、齊、梁、陳俱因之。隋時省入吳縣。唐武德七年復置，八年廢。貞觀八年復置，屬蘇州。五代初屬杭州。吳越爲秀州治。宋爲嘉興府治。元爲嘉興路治。明仍爲嘉興府治。本朝因之。

秀水縣。附郭。治府西北偏。東西距三十八里，南北距四十五里。東至嘉興縣界三里，西至桐鄉縣界三十五里，南至嘉興縣界十五里，北至江蘇蘇州府吳江縣界三十里。東南至嘉興縣界五里，西南至桐鄉縣界三十里，東北至嘉善縣界四十五里，西北至桐鄉縣界四十五里。漢由拳縣地。三國吳以後爲嘉興縣地。明宣德四年，析置秀水縣，與嘉興同附郭。本朝因之。

嘉善縣。在府東三十六里。東西距三十六里，南北距四十二里。東至江蘇松江府婁縣界十八里，西至秀水縣界十八里，南至嘉興縣界十里，北至江蘇蘇州府吳江縣界三十二里。東南至平湖縣界三十六里，西南至秀水縣界三十六里，東北至松江府青浦縣界三十六里，西北至吳江縣界七十二里。漢由拳縣地。三國吳以後爲嘉興縣地。明宣德五年析置嘉善縣，屬嘉興府。本朝因之。

海鹽縣。在府東南八十里。東西距六十四里，南北距八十四里。東至海半里，西至杭州府海寧州界六十三里，南至海寧州界四十八里，北至平湖縣界三十六里。東南至海二里，西南至海寧州界五十里，東北至平湖縣治四十里，西北至嘉興縣界四十里。漢海鹽縣地。晉始徙置海鹽縣治於此，屬吴郡。宋、齊以後因之。陳永定二年，分屬海寧郡，尋省入鹽官縣。唐景雲二年復置，屬蘇州，先天元年廢，開元五年復置。五代後唐初割屬杭州。晉天福五年，吴越改屬秀州。宋屬嘉興府。元元貞元年，升爲州，屬嘉興路。明洪武二年復爲縣，屬嘉興府。本朝因之。

石門縣。在府西南八十里。東西距四十五里，南北距三十里。東至桐鄉縣界二十里，西至湖州府德清縣界二十五里，南至杭州府海寧州界十里，北至桐鄉縣界二十里。東南至海寧州界十里，西南至德清縣界二十五里，東北至桐鄉縣界三十里，西北至湖州府歸安縣界三十里。春秋時越崇德地。漢由拳縣地。三國吴以後爲嘉興縣地。五代晉天福三年，吴越析置崇德縣，屬秀州。宋屬嘉興府。元元貞元年升爲州。明洪武二年復爲縣，屬嘉興府。本朝康熙元年改曰石門，仍屬嘉興府。

平湖縣。在府東南五十四里。東西距三十九里，南北距五十六里。東至江蘇松江府金山縣界三十六里，西至嘉興縣界三里，南至海二十七里，北至江蘇松江府婁縣界二十九里。東南至海四十里，西南至海鹽縣治四十里，東北至婁縣治八十里，西北至嘉善縣界十五里。漢置海鹽縣，屬會稽郡。後漢順帝時屬吴郡，尋以地陷爲湖，故廢。晉以後爲海鹽縣地。明宣德五年，析置平湖縣，屬嘉興府。本朝因之。

桐鄉縣。在府西南五十五里。東西距四十三里，南北距六十二里。東至嘉興縣界十八里，西至石門縣界二十五里，南至杭州府海寧州界三十里，北至江蘇蘇州府吴江縣界三十二里。東南至海鹽縣界四十五里，西南至石門縣界二十七里，東北至秀水縣界三十八里，西北至湖州府歸安縣界三十七里。漢由拳縣地。三國吴以後爲嘉興縣地。五代晉以後爲崇德縣地。明宣德五年，析置桐鄉縣，屬嘉興府。本朝因之。

## 形勢

負海控江，土爲上腴。會浦河記。海濱廣斥，鹽田相望。吴郡記。介二大府，傍接三江，擅湖海魚鹽之利，號澤國秔稻之鄉。舊志。大海環其東南，震澤滙其西北。府志。

## 風俗

土膏沃饒，風俗淳秀。文賢人物之盛，前後相望。方輿勝覽。罕習軍旅，尤慕文儒，不憂凍餒，頗勤農務。古圖經。餉給於國，尺寸之土必耕；衣被他郡，機杼之聲不絶。府志。

## 城池

嘉興府城。周九里有奇，門四，濠南引鴛鴦湖水，西引漕渠，會於北門外，廣二十丈。明洪武中築。本朝雍正、乾隆中屢修。

嘉善縣城。周六里有奇，門四，水門五，濠廣六丈。明嘉靖三十二年築。本朝雍正、乾隆中屢修。

屢修。

海鹽縣城。周九里有奇，門四，水門三，東瀕海，西、南、北三面有濠，廣六丈九尺。明洪武十七年築。本朝雍正、乾隆中屢修。

石門縣城。周七里有奇，門五，水門五，濠廣三丈有奇。明嘉靖三十四年築。本朝康熙、雍正、乾隆中屢修。

平湖縣城。周九里有奇，門五，水門五，濠廣五丈。明嘉靖中築。本朝雍正、乾隆中屢修。

桐鄉縣城。周五里有奇，門四，水門四，濠廣六丈。明嘉靖三十二年築。本朝雍正、乾隆中屢修。

## 學校

嘉興府學。在府治西北。宋紹興中建。本朝順治、康熙中屢修。入學額數二十五名。

嘉興縣學。在縣治東。明嘉靖十四年遷建。本朝順治十三年修，康熙年間屢修。入學額數二十五名。

秀水縣學。在縣治東。明宣德五年建。本朝順治十四年修，康熙年間屢修。入學額數二十五名。

嘉善縣學。在縣治西。明宣德五年建。本朝康熙年間三次修。入學額數二十五名。

海鹽縣學。在縣治西南。元元貞中改建。本朝康熙初重修。入學額數二十五名。

石門縣學。在縣治東。元至正中改建。本朝順治十二年重建，雍正元年、六年修。入學額數二十名。

平湖縣學。在縣治東。明宣德五年建。本朝雍正五年重建，乾隆八年修。入學額數二十五名。

桐鄉縣學。在縣治東北。明宣德五年建。本朝康熙六年重建，十五年、三十四年修。入學額數二十名。

鴛湖書院。在府學東。本朝康熙五十五年建。

魏塘書院。在嘉善縣東南隅。乾隆三年建。

蔚文書院。在海鹽縣。

當湖書院。在平湖縣南門坊。乾隆十五年建。

觀海書院。在平湖縣乍浦鎮。乾隆三十七年建。

分水書院。在桐鄉縣東。又宣公書院，在府治北，元至正中建。觀成書院，在海鹽縣西關外，康熙五十八年建。傳貽書院，在石門縣治東北，宋建。又桐鄉縣舊有正心書院，今皆圮。

## 户口

原額人丁共五十六萬七千九百五，今滋生男婦二百八十萬五千一百二十名口，計五十一萬五千九百二十三户。

## 田賦

田地山蕩等共四萬三千五百六十四頃四十二畝三分零，額徵地丁銀五十六萬九千二百五十五兩六錢九分零，米五十五萬五千一百九十石九斗五升七合零。

## 山川

胥山。在嘉興縣東二十七里，去嘉善縣西南十三里。本名張山，相傳吴使子胥伐越經此，因名。右有吴王磨劍石。

按：酈道元水經注云：子胥死於吴，吴人立祠江上，名胥山。今杭州吴山名胥山，蘇州吴縣亦有胥山，并此而三矣。

白塔山。在海鹽縣東南二十里海中。上有白塔，舊有港通魯浦，曰白塔潭，海舟多泊於此。

望虞山。在海鹽縣東南二十二里。以隔海可望會稽上虞縣而名。

茶山。在海鹽縣東南海中。明嘉靖三十七年，俞大猷敗倭於茶山洋，即此。爲江南、兩浙官兵會哨之所。又許山，在縣東大海中，亦哨守要地。

秦駐山。在海鹽縣南十八里。濱海，周二十里。下有秦駐塢，相傳秦始皇東遊登此，一名秦望山，又名秦逕山。上有寨，明嘉靖三十四年官軍敗倭於此。

長墻山。在海鹽縣南三十五里，西去澉浦鎮三里。横截海濤，若堵墻然。下有石巖臨海，名穿山洞。其南有黄道山，下有龍眠潭，宋時番舶所聚。有水軍寨、造船場，立烽燧於山頂。明初沙漲潭塞，嘉靖中於山設東西諸寨，以防倭寇。

泊櫓山。在海鹽縣南三十五里。顧野王輿地志：始皇東遊，候潮渡海，泊櫓於此。

石屋山。在海鹽縣南澉浦西北五里。上有石壘成屋，舊傳黄巢時民避兵處。

大旗山。在海鹽縣南澉浦西八里。相傳劉裕勝孫恩於此〔一〕。

豐山。在海鹽縣西南十八里。上有石屋三所，相傳秦始皇屯兵於此。

石帆山。在海鹽縣西南三十二里，澉浦鎮南三里。屹立海中，如張帆然。山之東有鷹窠頂山，一名南陽山，絶頂可望日出。

葫蘆山。在海鹽縣西南三十五里海中，東北去澉浦鎮四里。潮汐消長，此山如葫蘆出没，故名。下有葫蘆寨。

青山。在海鹽縣西南三十五里，東去澉浦鎮三里。其山磅礴蒼翠，隱若龜形，一名龜山。舊有烽堠及青山寨。相近有金粟山，一名六里山，下臨澉浦。

紫雲山。在海鹽縣西南三十六里。舊志：唐德宗時，有村女出耕山下，有紫雲覆之。事聞，詔入宮。因名。

茶磨山。在海鹽縣西南三十七里。有港周迴山下，港外爲城塹，昔人避兵結寨於此。

鳳凰山。在海鹽縣西南三十九里，澉浦鎮西南二里。南臨大海，最爲衝要，有寨。又西南二里爲潭山，與寶家山、小山、澤山、颺山相近，列峙澉浦鎮西南。

馬鞍山。在海鹽縣西南四十五里，西北去澉浦所五里。明嘉靖中，參將盧鏜敗倭於此。

金牛山。在海鹽縣西南五十里，與金粟山相對。

含山。在石門縣西北三十六里。亦名涵山。上有寺，寺前有塔，縣境之水繞其下，爲嘉、湖兩府分界處。又有陳山，在縣西北二十五里，昔有陳氏居此，積土爲之。

雅山。在平湖縣東南二十七里。山多怪石，俗呼惹山，南涇塘繞其下。

故邑山。在平湖縣東南二十七里。以故邑城而名，西南去海鹽縣三十六里。

觀山。在平湖縣東南二十八里。一名官山。南一里曰高宮山。

龍尾山。在平湖縣東南高宮山之西。以形似名。

苦竹山。在平湖縣東南二十九里，去乍浦鎮二里。麓有磐石，當潮之衝，水師戰艦或泊其旁。上有天妃宮，宮後海口閘，元時番舶由此乘潮經聖堂關至廣陳鎮。

蒲山。在平湖縣東南三十里。有外、裏二山。相近者爲菜薺山，瀕海兩山如門，中有菜薺港，海舟出入於此。乍浦三關，此其一也。

獨山。在平湖縣東北三十里，獨立不與諸山接。上有防海烽堠，舊置鹽場於此。下有獨山塘。

湯山。在平湖縣東北三十里。上有烽堠，與乍浦所相接。

陳山。在平湖縣東北四十里。山半有白龍湫，一名龍湫山。深廣頂平，中多泉脈，舊置烽堠於上。

殳山。在桐鄉縣東南三十五里，與嘉興縣接界。昔有道士殳基隱此，故名。山有兩峯，其東峯亦名史山。

甑山。在桐鄉縣北十七里。山形如甑，爛溪繞其下。

走馬岡。在石門縣東北四十九里。相傳爲吴、越分疆處。下有洗馬池。

海。在海鹽、平湖兩縣境。西南接杭州府海寧州，東接江蘇松江府界。舊志：海鹽、平湖俱東臨大海，延袤一百七十里。舊去海鹽城東二里，今不及一里。其南去海四十里，海岸與寧波、紹興二府相對，有東海口、南海口、西海口諸處，皆爲海道咽喉。平湖東南至海三十里，在縣境者，乍浦尤爲衝要。

**運河**。自湖州府德清縣界，流經石門縣西北，穿濠北出，受左右諸涇之水，經石門塘，入桐鄉縣界。東北流二十里，經皁林鎮。又東二十里，至斗門。又東二十里，至嘉興西水驛，亦曰西漕河。又東分三支，西出者瀦爲鴛鴦湖，東流者貫城東出而爲市河，其北流者爲運河正道，東北出杉青閘，受穆溪水，爲北漕渠。又東北流二十三里爲王江涇，接江蘇吴江縣界。本朝康熙四十六年，經撫臣王然奏請疏濬。旁有土、石塘，石塘起杉青閘至王江涇，二十七里；土塘起西水驛，西至語兒，九十里。唐建，歷明屢修，本朝康熙十二年水溢塘圮，加石培土。雍正五年、六年，撫臣李衛增築。

**滮湖**。在嘉興縣東南二里。一名馬場湖，又名東湖，與秀水之鴛鴦湖相接。其西岸有放鶴洲，相傳唐裴休放鶴處。按：至元嘉禾志作陸宣公舊宅放鶴處。

**天星湖**。在嘉興縣東北二里。一名天心湖，舊傳秦始皇發囚所掘。

**相家湖**。在嘉興縣東北九里。昔有相氏居此，亦名相家蕩。其下流爲東郭湖。

**鴛鴦湖**。在秀水縣南三里。長水所匯也。一名南湖，宋聞人滋南湖草堂記云：檇李東南皆陂湖，而南湖尤大，計百二十頃。曹學佺名勝志：湖中多鴛鴦，或云東西兩湖相接如鴛鴦然，故名。又縣西南一里有范蠡湖，中產五色螺。

**幽湖**。在秀水縣西四十里。支流環錯，匯爲深淵。

**東郭湖**。在秀水縣東北五里。自相家蕩來，流二十五里，東入嘉善縣界，有長堤横亘三十里。俗謂之下塘，至城西會華亭塘。

**聞家湖**。在秀水縣東北三十三里。周千頃，爲衆水蓄聚之所，合於運河。

**麟湖**。在嘉善縣西十三里。有東、西二湖。東麟湖，俗名六百畝蕩。西麟湖，俗名千畝蕩。與秀水縣接界。

**鶴湖**。在嘉善縣西北三十里。多蓴菜，舊嘗產鶴，故名。又西北十里爲汾湖，亦名分湖，以其半入江蘇吴江縣界，故名。

鸕鷀湖。在海鹽縣西南四十里。周四十餘里。上有黄道神廟，俗名黄道湖。

永安湖。在海鹽縣澉浦鎮西六里。一名澉湖，周十二里，溉田甚廣。湖中之税均之於田，置閘啓閉，久雨瀰漫，則東南洩入於海。

上谷湖。在海鹽縣西南六十里。周五里，西受硤川之流，東北會鸕鷀湖。又東過横塘，會招寶塘而入官塘河。官塘在縣西二里，宋淳熙九年守臣趙善重濬。

當湖。在平湖縣東門外。周四十餘里，一名鸚鵡湖，俗呼東湖，即後漢時海鹽縣陷處。宋史河渠志：當湖之水，自月河、南浦口、澉浦口以達於海。括異志：湖南北十二里，東西二里，東南通故邑，西南近海鹽，東則廣陳，北則華亭，湖心有地一方，立塔於上，人呼之曰案山。

伍子塘。在嘉興縣東二十七里。北接魏塘，東接漢塘，長四十餘里，流經嘉善縣城中，西北入於分湖。相傳伍員駐兵時所鑿。又施洪港，在縣東二十六里，東北接伍子塘，有灌溉之利，明嘉靖後開濬。

長水塘。在嘉興縣南三里。源出海寧州硤石諸山，流經桐鄉縣東南，又東北入嘉興縣界，東接練浦塘，又東北合秀水縣鴛鴦湖東派及海鹽塘諸水，會爲滮湖。稍北而東折出，會龍橋水，分兩派：一爲漢塘，東入平湖縣界；一爲華亭塘，東北入嘉善縣界。

海鹽塘。在嘉興縣南五里。一名横塘，源出海鹽縣西南澉浦諸山，匯爲宋陂諸湖。引流而北，與秦溪諸水匯入嘉興縣境，經縣南五里，又西北合長水入滮湖。又招寶塘，在海鹽縣西南二十五里。長四十里，自縣南引諸水北過嶼城，入於横塘。又烏坵塘，在縣西三里。陶涇塘，在縣北一里。

練浦塘。在嘉興縣南二十五里。西接長水塘，東通横塘。相傳春秋時，吴王練兵處。其西北十里許有蕙壤，迴環八里，廣萬畝，傳爲吴、越戰場。

魏塘。在嘉善縣東十二里。自縣西華亭塘分流東北出，繞縣治後，又東流仍合華亭塘。又縣北二十四里爲斜塘。縣境塘凡二十餘處。

華亭塘。在嘉善縣南十二里。今名上官塘。上流自秀水縣長水塘分流三十餘里至此，又東合白水、大雲諸塘水，入江蘇華亭縣界。

章練塘。在嘉善縣東北四十五里。上承三白蕩，東流入江蘇青浦縣界。寰宇記：吴主權造戰艦於此，張帆以練水軍。後訛「張」爲「章」。舊志：三白蕩，縣西北五十里。

漢塘。在平湖縣治西二里。自府城東流五十餘里經此，一名平湖塘，亦名市西河。又東注當湖，又東北三十里入東泖。又鹽運河，在海塘内，長十二里。新開河，在鹽運河東，自新倉閘橋至舊街，計十二里。俱明嘉靖間修復，本朝康熙六十一年重濬。又秦河，在縣東三十里，康熙十七年里民秦九一倡議開鑿，計十里，荒蕩皆得栽禾，故名秦河。

秀水。在秀水縣北。即南湖之下流，北入運河。相傳水浮五色，見者獲慶，亦稱繡水，邑名因此。

雙溪。在嘉興縣東六里。以其近漢塘、魏塘而名，爲舟舶必經之地。又梅溪，在縣南四十里，溪傍村落多種梅，故名。藕溪，在縣東三十里，明時植藕花，名人多遊咏焉。

錢家溪。在秀水縣西北二十五里。水從毛家港來，分二道，一東北流爲沙村港，經縣西北二十五里之雁塘，又東北入運河；其東流者爲主城河、白虎港，抵江蘇吴江縣界，入洋溪。

穆溪。在秀水縣東北四里。上承海鹽縣上谷湖之水，西南入運河。水中多龍骨，俗傳龍蜕於此。

秦溪。在海鹽縣西南三十六里。秦駐山、豐山諸水所匯也。下流入横塘水，一名鹽塘河。

語兒溪。在石門縣東南一里。一名語兒中涇，又名沙渚塘，下入運河。春秋時爲吴棲兵之地。

車溪。在石門縣東北三十六里。流經桐鄉縣北，自皁林堰口抵青鎮。南北二十里，兩旁皆腴田，資以灌溉。又東北流經秀水縣北三十五里，合於爛溪。

爛溪。自石門縣流經桐鄉縣北二十里，合康涇、永新溪諸水，流經青鎮。又東經秀水縣西北四十三里，又北達鶯脰湖，入江蘇震澤縣界。

藍田浦。在海鹽縣南三里。浦口有藍田寨，因名。宋咸平六年，縣令魯宗道重開，引海潮入運河，以灌民田，因名魯公浦。紹熙三年，縣令李直養重濬，兼通鹽運，今淤。

澉浦。在海鹽縣南三十六里。縣西南境之水由此入海。水經注：谷水由縣出爲澉浦，以通巨海。舊志：唐開禧初，置澉浦水軍。今湮塞。

乍浦。在平湖縣東南二十里，與海鹽縣接界。舊有官河，匯諸水入海。元至正間，番舶皆萃於此，今爲海口重地。

蘆瀝浦。在平湖縣東北三十六里。縣北境之水悉匯於此。

白洋河。在海鹽縣東。沿海塘，南自澉浦，北抵乍浦，長七十里。明萬曆五年，巡撫徐栻重開，溉田甚溥。本朝雍正五年又濬。

東泖。在平湖縣東北三十里，與江蘇華亭接界。名勝志：長泖即谷泖，在當湖東北，爲三泖之上流。

王江涇。在秀水縣北三十里，漕渠之東。相傳以王、江二姓居此而名，亦名聞川，宋聞人氏家焉。

秋涇。在秀水縣東北六里。自嘉興縣界來，流出菜花涇，入北運河。

清風涇。在嘉善縣東二十四里。舊名白牛塘，相傳宋陳舜俞跨白犢往來處。又東達華亭之泖橋。

梧桐涇。在桐鄉縣東。即濮川所通處。五代時，鳳鳴其樹，縣名因之。

天荒蕩。在秀水縣東，西接毛頭、菜花等蕩，有菱芡之利。

祥符蕩。在嘉善縣西南二十里，與秀水縣接界。産荷芰、鵁鶄。又許巷蕩，在縣西北三十六里，旁多良田，資其灌溉。

查家蕩。在嘉善縣東北三十里。由分湖東出，又北而東，入章練塘。

白龍潭。在秀水縣西南五里。運河所經。相傳有白龍穴此，風濤時起，居人因作三塔鎮之，亦名三塔灣。

金魚池。王象之輿地紀勝：在嘉興縣西北一里。唐刺史丁延贊得金鯽於此，故名。今爲放生池。

清池。在石門縣西二里。其水清冽，旱潦如一。

含山泉。在石門縣含山下。滃然清絶。

## 古蹟

由拳故城。在嘉興縣南。秦置。三國吴志：黄龍三年，由拳野稻自生，改爲禾興縣。赤烏五年，立子和爲太子，又改禾興爲嘉興。水經注：吴記：谷水逕由拳故城下，本秦時長水縣也。始皇惡其勢王，令因徒十餘萬人掘汙其土，表以惡名，改曰囚卷，亦曰由拳也。寰宇記：故由拳縣，在今嘉興縣南五里。舊志：自唐乾寧三年，鎮將曹信改城嘉興，而故迹益湮。五代晉天福四年，錢元瓘拓秀州羅城，周十二里。元至正十六年，張士誠復營築未就，明初始竟其役〔二〕。即今城也。

**海鹽故城**。在平湖縣東南。漢置。漢書地理志：海鹽縣，故武原鄉。劉昭後漢郡國志註：「案今計偕簿〔三〕，縣之故治，順帝時陷而爲湖，今謂之當湖。大旱湖竭，城郭之處可識。」宋書：晉隆安五年，孫恩北出海鹽，高祖築城於海鹽故城。賊來攻，奮擊破之。宋魯應龍括異志：縣自陷爲當湖，又移治故邑城，爲故邑縣。後又移於海塘，爲海塘縣。後廢。舊志有故邑城，在故邑山下。一作顧邑，地近東顧，勾踐支庶所封，子孫因以爲氏，吴氏、顧氏其後也。後漢永建二年，移縣治於此。晉咸寧間，又徙馬嘷，即今海鹽縣。明宣德五年，巡撫胡槩奏分海鹽之武原、齊景、華亭、大易四鄉，於當湖鎮置縣曰平湖，言地與湖平也。

**檇李城**。在秀水縣西南七十里。春秋定公十有四年：於越敗吴於檇李。公羊傳作醉李。漢書地理志：由拳縣有柴辟，故就李鄉，吴、越戰地。杜預左傳注：「檇李，嘉興縣南醉李城也。」水經注：浙江自禦兒鄉，又東經柴辟南，舊吴、越戰地，備候於此，故謂之辟基。

**射襄城**。在秀水縣東北三十里。爲吴禦越之所，今謂射城里。又府境東有顧城，西有新城，南有于城，北有主城，皆吴、越爭戰時所築。

**吴禦城**。今海鹽縣治。漢置海鹽縣，在今平湖縣界。後陷，乃移治於此。水經注：谷水經鹽官縣，水之右有馬睪城，故司鹽都尉城，吴王濞煮海爲鹽於此。漢安帝時，武原之地，淪爲當湖，後乃移此。李吉甫元和郡縣志：海鹽縣西北至蘇州二百二十七里。開元五年，刺史張廷珪奏置。舊唐書地理志：縣治吴禦城。寰宇記：在秀州南九十里。府志：晉咸寧間，自古邑徙於馬嘷塘，後置於吴禦城。或曰吴禦即馬嘷也。

**何城**。在石門縣西三里。又萱城，在縣東南三十里，於海鹽縣界之管城、桐鄉縣界之晏城，皆春秋時吴所築以禦越者。

**嶼城**。在海鹽縣西北十八里。晉將軍袁山松築以禦孫恩。又縣南三十五里有望海城，唐開元五年築，爲瞭望之所。

**魏塘故鎮**。今嘉善縣治。宋置巡司，元爲魏塘務。明洪武三年，改税課局。宣德初，改巡司。四年，巡撫胡槩奏分嘉興之遷善、永安、麟瑞、思賢、奉賢、胥山六鄉置縣於魏塘鎮，移巡司於縣東二里。後裁。

義和市。今石門縣治。寰宇記：崇德縣在秀州西南八十里，吴越置州之時，析嘉興縣崇德等九鄉，於義和市置縣，以鄉爲名。通志：本朝康熙元年，以縣名同太宗年號，改名石門，以縣有石門鎮故也。

鳳鳴市。今桐鄉縣治。本嘉興縣地，宋熙寧十年割屬崇德縣。明宣德五年，巡撫胡槩以縣地大民夥，奏析募化、千金、保寧、清風、永新、梧桐等六鄉置縣，治於梧桐鄉之鳳鳴市，取鄉爲名。

語兒鄉。在石門縣東南，即古禦兒也。國語：勾踐之地，北至於禦兒。越絶書：女陽亭者，勾踐入臣於吴，夫人從，道産女此亭，養女於就李鄉。勾踐勝吴，更名女陽，更就李爲語兒鄉。史記建元以來侯年表：蘌兒侯轅終古，元封元年，以斬東越徇北將軍封。漢書功臣表作「蘌兒」，東越傳作「語兒」。孟康曰：「越中地，今吴南亭是。」水經注：浙江東經禦兒鄉。萬善曆曰「吴黄武六年，由拳西鄉産兒便能語，因詔爲語兒鄉」，非也。韋昭曰：「越北鄙，在嘉興。」張守節史記正義：「在嘉興縣南七十里，臨官道。」馬貴與文獻通考有禦兒亭。府志：語兒市在縣東南一里語溪邊，近漕渠左二百步。按：禦兒之名，見左傳、國語、吴越春秋等書皆然，逮西漢則易爲「語」，史、漢又作「蘌」。「蘌」字，後人疑之，因附會其説。竊意漢人以其名言之非順，類曾子回車之嫌，故取其音之相近者易之耳。

教義里。在海鹽縣西十八里。晉時里人李祥與内史袁山松築壘滬瀆以禦孫恩，山松被殺，祥冒白刃收屍葬之，鄉人因以名里。

生賢里。在石門縣西北二十七里洲錢市。宋趙汝愚生此，紹興中縣令范機題榜。

烟雨樓。在秀水縣滮湖洲中。吴越錢元璙建，嗣後相繼修葺。中爲岑樓，樓前有臺曰鼇磯，明守龔勉所作，後爲放生池，明董其昌題曰「魚樂國」。左有亭曰清暉，右有亭曰乘鳳，亭後爲凝碧閣。四面臨湖，浮青漾碧，晨烟暮雨，杳靄空濛，漁唱菱歌，與欸乃間發，爲城南最勝之境。本朝乾隆十六年、二十二年、二十七年、三十年、四十五年、四十九年，高宗純皇帝六次臨幸，俱有御製詩。

月波樓。在府西北城上。下瞰金魚池，宋元祐中知州令狐挺建。

景龍樓。在嘉興縣東六里。即東塔寺東廡鐘樓，宋孝宗幼時登樓墮地，左右失色，孝宗屹然不動。寺僧先夕夢金龍挂樓角，翼日有此，故名。

披雲樓。在府治東北子城上。宋知州方滋建，後改曰風月無邊樓。

春風樓。在石門縣治東北。宋建。

弄珠樓。在平湖縣當湖中。以當湖九水匯流，登眺如九龍弄珠於溟渤間，因名。

凌虚閣。在府治西南。面鴛湖之勝。

青瑣閣。在桐鄉縣青鎮。梁太子蕭統讀書處。

浩燕堂。在府治西北。宋郡守張德甫建，舊名山堂，李孟堅改今名，取沈括詩語。其詩曰：「太守浩燕觴九牢，門前過客羅百艘。」詩刻石於堂之東，米芾書。

六鶴堂。在府治後。宋郡守鄧根立。其後守徐藏又於堂北爲雪窗，外臨荷池。

三過堂。在秀水縣西南本覺寺中。宋蘇軾三過文長老於此，皆有詩，後人因建堂名之。

天籟閣。在秀水縣。項元汴號墨林，有鐵琴，因以名閣。本朝乾隆四十九年，高宗六巡浙江，有御製天籟閣詩。

竹野書堂。在嘉興縣東門外。宋龍圖閣學士葉時，晚號竹野愚叟，居此。咸淳六年，郡守文及翁建。

喜雨堂。在海鹽縣治。宋縣令李直養禱雨有應，故名。

思魯堂。在海鹽縣圃之西。輿地紀勝：以魯宗道作宰於此，故名。

椿桂堂。在石門縣城内五桂坊。宋莫元忠兄弟五人，奉親力學，俱登進士，郡丞周必正題其堂。

花月亭。在府治内。宋張先建。先嘗作詞，有「雲破月來花弄影」之句，後人因以名亭。

會景亭。在府城東二里。宋知州潘師旦建，以南塢及漁溆凡十一處會於此，故名。

河内亭。在府城西。東漢張武父爲郡門下掾，送太守妻還河内，爲盜所殺，武祭哭於此，因名。

深樾亭。在海鹽縣治内。旁依喬木，下瞰清池，宋李直養取韓愈詩「宰縣坐深樾」爲名。

柴辟亭。在石門縣東南。越絶書：語兒鄉故越界，名曰就李。吴疆越界，以爲戰地，至於柴辟亭。按：吴築石門以拒越，在今石門縣北二十里玉溪鎮。是則石門之北屬吴，石門之南故越地也。柴辟亭當屬石門縣。

秦駐館。在海鹽縣南。圖經：古有秦駐館，去縣西半里，後圮，長慶間縣令李諤於縣南立館，仍是名。又秦溪館，在秦駐山下，古津亭也。

何準故宅。在海鹽縣南三里烏夜村。輿地紀勝：晉何準居此。一夕羣烏啼噪，準適生女，他日復啼，乃穆帝立女爲后之日。

徐熙故宅。明統志：在府治北。熙仕晉爲尚書，因夜井發光，遂奏成帝捨宅爲寺，賜名靈光，即今精嚴寺。寺舊有祠祀熙。

陸贄祖宅。在府治西南。明統志：贄祖名齊望，仕唐爲秘書監。大曆中，因女誦法華經感天花墜，遂捨宅爲寺，有碑刻尚存。今廢爲寶花倉。

顧况故宅。在海鹽縣西南橫山禪寂寺側。唐劉長卿有過橫山訪顧山人詩，即此。

裴休故宅。在秀水縣南四里。休，唐宰相，後捨宅爲真如寺。

曹珪故宅。在府治西北。明統志：珪仕吳越守嘉興，後爲蘇州刺史，光啓中捨宅爲羅漢院，即今招提寺。

王希呂故宅。在府治西南二里。宋史本傳：希呂居官廉潔，由紹興歸，猶寓僧舍，帝聞之，贈錢造第。

岳珂故宅。在府城内。宋嘉定中，珂守嘉興，後寓居郡城金陀坊，著金陀粹編。

陳與義宅。在桐鄉縣青鎮廣福院後芙蓉浦上。與義自稱簡齋居士，扁所居曰南軒，元趙子昂榜其室曰「簡齋讀書處」。

陳舜俞别業。在嘉善縣清風涇白牛村。按：嘉禾百咏考，舜俞宅在嘉興縣東二里。崇寧三年，其孫捨基爲漏澤寺。

伯牙臺。在海鹽縣東門外二十步。臺側有聞琴村、聞琴橋，相傳伯牙鼓琴於此，臺址猶存。

宋濂讀書臺。在桐鄉縣濮院鎮梅花涇上。

昭明讀書園。在桐鄉縣北二十五里青墩鎮。一名昭明館，梁太子師事沈約於此。後捨館爲吳德寺，今之密卯寺也。

魯園。在平湖縣治東。宋魯宗道梅園故址，今遊橋尚存。

東西張氏園。在崇德石門塘。宋張子修嘗監石門酒税，因家焉。與邑人張汝昌並有園林之勝，戴敏詩有「東園載酒西園醉」之句，即此。

紀目坡。在石門縣東北十二里。舊有斷碑云，吳王夫差募兵教養於此。曰「紀目」者，立綱紀而有條目也。坡高十尋，周三百步，今置堠亭於其上。西北七里曰游屯涇，亦吳屯兵處。

嘉禾墩。在府城東北四里杉青閘後，即吳時生嘉禾之地。

讀書堆。在府城東七里。俗名顧節墩。相傳陳顧野王讀書處。宋唐詢詩「平林標大道，曾即野王居」，即此。

壕股塔。在府城南門外隍池中。其水灣曲如股，有塔七級，高十餘丈，制極工巧，屹然獨立於烟波之中。

憂歡石。在嘉善縣福源宫前。明永樂二年，夏原吉治水時，立石以測水。石長七尺有奇，横爲七道，道爲一則，最下一則爲平水之衡，鄉人視水則之高下爲憂歡，因名。

## 關隘

聖堂關。在平湖縣東南十五里。元時市舶從乍浦海道入者，此爲要津。又縣北七里有烏橋關，今俱廢。

王店鎮。在嘉興縣南四十里。亦名梅里。縣境又有新豐、鍾帶、新行三鎮，俱爲商賈湊集之所。

新城鎮。在秀水縣西二十七里。唐會昌初，嘗壘土爲城，謂之新城。舊有新城税課局，明嘉靖中廢。

王江涇鎮。在秀水縣北三十里。運河所經，爲往來衝要，有巡司。本朝雍正三年裁，移府同知駐此。乾隆七年復裁同知，以通判移駐。

濮院鎮。在秀水縣西南三十六里。其南接桐鄉縣界。舊爲濮氏所居，故名。今有府照磨駐劄。

斜塘鎮。在嘉善縣北二十里。西北諸水皆匯流於此。一名西塘，今有縣丞駐劄。

楓涇鎮。在嘉善縣東北十八里。舊名白牛村市，元改爲鎮，置巡司，并設白牛務。明洪武初，罷巡司，改務爲税課局。萬曆中廢。今有管糧主簿駐劄。

陶莊鎮。在嘉善縣西北三十六里。西南去府城五十四里。本名柳溪，宋紹興中因陶氏居此易今名。元置巡司，并置陶莊務。明洪武初罷司，改務爲税課局。正統十三年，改置於斜塘，仍因舊名，萬曆初廢。

澉浦鎮。在海鹽縣南三十六里。明初置巡司，後改建澉浦守禦千户所。築城周八里有奇，移司於秦駐山，仍曰澉浦鎮巡司。本朝順治十七年裁所，後巡司亦裁。

海口鎮。在海鹽縣東北十八里。唐時於縣東一里置寧海鎮，元置海沙巡司。明初在縣東門外，洪武十九年移於沙腰村，仍曰海口巡司。今裁，有把總防汛。

石門鎮。在石門縣北二十里。春秋時壘石爲門，爲吴、越二國之限〔四〕，或謂之石夷門。唐上元二年，劉展作亂，遣其將張景超攻杭州，敗李藏用將李疆於石夷門。宋紹興中，車駕往還，即驛基建行幄殿，又置榷酒課務。元置巡司，明初裁，分鎮之半屬桐鄉縣，今曰玉溪鎮。由石門而北三十里達湖州之烏鎮，北出吴江之徑道也。

乍浦鎮。在平湖縣東南三十里。舊在縣西南二十七里，吴越設鎮遏使。南宋置水軍，設統制領之。元置市舶司。明洪武十四年，自故邑城徙巡司於此，改今名。十九年，移於東北，改建千户所，築城周九里有奇，外有池，東援金山，西衛海鹽。又築捍海石塘，聯絡擁衛。三十六年，增置水寨，爲海道三關之一。隆慶三年，革海口、澉浦二關，止留乍浦一關，轄白塔港、西海口、許山、羊山四哨。本朝順治十七年所廢，仍設巡司及守備。雍正二年，增設水師營遊擊駐防。七年，又移杭州副都統及滿兵駐此。九年，改遊擊，設參將，爲海口重鎮，今理事、海防同知俱駐劄於此。

白沙灣鎮。在平湖縣東二十七里。距乍浦二十里。自獨山稍折而東，海勢一曲，爲泊帆舊地。明洪武十九年，自廣陳墅移置巡司於此，並築城周一里有奇，今仍設巡司。

廣陳鎮。在平湖縣東北二十七里。元曰廣陳鎮。明初置巡司於此，後移白沙灣。

皁林鎮。在桐鄉縣北八里。本在崇德市南，有寨，宋建炎中徙此。元燬。明初，常遇春破張士誠兵於皁林。舊設皁林巡司，及皁林驛，後移驛於石門縣，今俱裁。

青墩鎮。在桐鄉縣北二十五里。舊置鎮遏使於此，今有巡司，與湖州之烏鎮止隔一水。

爐鎮。在桐鄉縣西北十里。居民以冶鑄爲業，爲縣北通衢。又陳莊鎮，在爐鎮西北，去縣十五里，民居以竹器爲業。

南長營。在桐鄉縣東南二十五里。其旁有千人坡、范蠡塢，即越之北境，時蓋屯營於此以備吴。

梁莊寨。在平湖縣東四十里。明正統五年，巡按御史李魁以其地爲倭船最衝，奏建大寨，築城周四里有奇，設兵戍守。

西水驛。在府城西門外。明初置，今有驛丞。

皁林驛。在石門縣南門外。舊屬桐鄉縣，明嘉靖中徙此。本朝乾隆二十一年裁。

鹽場。在海鹽縣海濱，曰鮑郎，曰海沙。在平湖曰蘆瀝，曰横浦。俱設團竈，有鹽大使。

鮑郎市。在海鹽縣西南二十里。晋隆安中，孫恩作亂，縣令鮑陋遣其子嗣之禦之，追賊被殺於此。其地舊有鮑郎浦，宋、元時置税課司於此。

## 津梁

瑞虹橋。在府治前。

宣公橋。在嘉興縣東一里。相傳爲唐陸贄建，跨月河上。

檇李橋。在嘉興縣東五十里。入平湖界。

天馬橋。在府城東北。通宋参政吕喁植宅。宋史：淳熙初，秀州吕氏家冰瓦有文，樓觀、車馬、人物、芙蓉、牡丹、萱草、藤蘿之屬，經日不釋。即此。

五柳橋。在嘉興縣治西。又名慶豐橋。

百步橋。在嘉興縣東北三里，杉青堰之北。

跨塘橋。在秀水縣南，跨鴛湖上，望之如畫。

五龍橋。在秀水縣西南二里。又西麗橋，在縣西一里。北麗橋，在縣北一里。皆運河所經。

熙安橋。在嘉善縣治西。

還珠橋。在海鹽縣東門外。舊名聞琴橋。

萬歲橋。在石門縣東南。俗呼南橋，唐尉遲敬德建。又有永安橋，在縣東北。俱跨運河。

漢異橋。在平湖縣西南十七都。有馮異將軍廟。距橋里許，爲大樹村，多馮姓。

梯雲橋。在平湖縣治西。

萬春橋。在桐鄉縣西北。宋建。

茅家渡。在桐鄉縣皁林東四里。宋置官渡。

## 隄堰

海塘。在海鹽縣東半里，平湖縣東南三十四里。東與江蘇松江府金山縣，西與杭州府海寧州接界，長一百五十餘里。唐時築，曰捍海塘。元至正間，縣尹顧泳重修，改名太平塘。明初，易土以石。成化八年，副使楊瑄改舊塘爲陂陀形，凡二千三百丈。弘治中，縣令王璽繼修，石皆縱横相制，後遵其法，呼爲様塘。嘉靖中，僉事黄光昇增築，其法益備。萬曆五年及十六年，皆再築。本朝屢加修葺。乾隆四十五年，聖駕南巡，改建石塘，益昭完固。

孟宗堰。在嘉興縣東南。明嘉靖三十三年，官軍敗倭寇於此。又馬塘堰，在縣南七里。宋王存九域志：秦始皇東巡至此，改長水鄉爲由拳，遏水爲堰，斬馬祭之而去。今稱馬塘涇。

杉青堰。在秀水縣東北五里。運河所經，一名杉青閘。寰宇記：朱買臣妻改嫁杉青閘吏，後羞死。今城北四里有死亭灣，即買臣妻自溺處。宋史孝宗紀：建炎元年，生於秀州杉青閘之官舍。通志：舊有杉青閘巡檢，今裁。

石門堰。在石門縣北十八里。有渡。

五車口堰。在桐鄉縣北運河塘右。相近有永新堰。按：舊志海、平兩縣，古堰百有餘處，後亦漸廢，兹不具載。

## 陵墓

### 周

徐偃王墓。明統志：在府城西北復禮鄉〔五〕，今林木茂盛者即其處。按：韓愈偃王廟碑記云，偃王走彭城武源山下死，民鑿石爲室以祀偃王。則墓當在彭城。又稱「或曰：王之逃，不之彭城，而之越城之隅，棄玉几硯會稽水中」。今龍游有祠，象山有廟，而墓在嘉興，未知何據。

## 漢

嚴忌墓。在秀水縣西北新城鎮。子助墓，在天寧寺東北〔六〕，俗名後嚴墩。蓋以忌爲前嚴〔七〕，故以助爲後嚴云。

朱買臣墓。在嘉興縣東三里東塔寺後。其妻墓在縣北十八里，一名羞墓。按：隋唐嘉話，洛陽平鄉路北市東南得石銘：「漢丞相長史朱買臣墓。」又鳳陽府虹縣、歸德府夏邑俱有買臣墓。買臣爲會稽太守，由拳其屬縣也，則墓在嘉興爲是。又按：梁元帝時，有兩朱買臣，一武昌太守，一宣猛將軍，或别有屬耳。存之備考。

## 三國 吴

皇象墓。在平湖縣東南三十里。象江都人，善隸書。

## 晉

干瑩墓。在海鹽縣西南四十里。按：志怪録，吴散騎常侍干寶父瑩死，以婢殉葬，經十年而母喪開墓，其婢伏棺上不死，舁還家，經日而甦。寶嘗著無鬼論，至是撰搜神記。

## 唐

陸贄墓。在嘉興縣東三十六里新豐鎮。前有橋名陸墳橋。按：贄傳，順宗時召還，詔未至卒。今忠州有贄墓。

周都官墓。明統志：在府城北，與月波樓相對。其墓居水中，旱不加高，潦不加没，至今猶在。按：都官疑唐、宋時人，佚其名。

五代　吴越

屠瓌智墓。在海鹽縣南三十六里德政鄉。瓌智海鹽人，吴越時守湖州，死徐綰、許再思之亂，以衣冠葬此。

錢元弼墓。在石門縣西北三十七里洲錢村。武肅王子也。文穆王初置秀州，以元弼爲刺史。

婁機墓。在嘉興縣南五十里。

宋

輔廣墓。在石門縣西一里。

陸德輿墓。在石門縣西北六里。

常楙墓。在海鹽縣常墳橋。

顔復墓。在桐鄉縣石門鎮之北。

元

張伯淳墓。在石門縣西北十七里。

吴鎮墓。在嘉善縣治東梅花菴。

程本立墓。在桐鄉縣梧桐鄉。

## 明

吕原墓。在秀水縣南二十二里。

項忠墓。在秀水縣西南五里。

張寧墓〔八〕。在海鹽縣西關外順寧橋南。

屠勳墓。在平湖縣南鄂陽山。

潘蕃墓。在石門縣北石門鎮，有祠。

鄭曉墓。在海鹽縣嶼城南勾塍山。

陸光祖墓。在平湖縣北十里。

霍宗道墓。在桐鄉縣皁林秀溪橋東。明嘉靖中，宗道以裨將拒倭，戰殁於此。

魏大中墓。在嘉善縣胥五都。子學洢、學濂袝。

徐從治墓。在海鹽縣東南大蒲山。

徐世淳墓。在嘉善縣感化都。

吴麟徵墓。在海鹽縣西南鷄籠山。

本朝

杜臻墓。在嘉興縣東馬涇。

朱彝尊墓。在秀水縣百花莊。

彭孫遹墓。在海鹽縣西南六里。

陸隴其墓。在平湖縣泖上餘字圩。

高士奇墓。在平湖縣東門外善字圩。

## 祠廟

徐偃王廟。在府城西北二十里。至元志：偃王逃之會稽，王之宗族有散在邑者，爲立廟。

伍子胥廟。在嘉興縣東胥山上。又有尚胥廟，在海鹽縣西北十八里，祀子胥及其兄尚。

三賢祠。在秀水縣西南半里。元大德間建，祀漢朱買臣、唐陸贄、宋陳舜俞。

許侍郎祠。在府城内。祀晉黄門侍郎許安仁。

范公祠。在秀水縣西南金明寺後。范蠡嘗居嘉興，今稱陶朱公里，祠南臨范蠡湖。

陳司徒祠。在嘉興縣西南五里。唐咸通中建，祀隋司徒陳杲仁，唐封忠烈公。

陸宣公祠。在嘉興縣治北。祀唐陸贄，宋吕祖謙有記。又府城東鴛湖上有宣公書院，亦祀贄，明劉基有記。又有祠在嘉善縣東北十二里。

曹使君祠。明統志：在府治西北。祀吴越曹信及其子珪。信當錢氏時守嘉興，慈惠及人。珪爲嘉興都將，淮人圍城，珪與族人師魯拒之，後以功授蘇州刺史。

魯公祠。在海鹽縣南思魯橋之左。祀宋令魯宗道。

岳忠武廟。在海鹽縣澉浦所公廨左。明嘉靖中，以倭亂建。

蘇公祠。在秀水縣西本覺寺。祀宋蘇軾，明萬曆八年建。

趙龍圖祠。在秀水縣南真如寺。宋建炎初，趙叔近以龍圖待制知秀州，王淵以私憾害之，殯寺中，後爲立祠。

忠勳祠。在石門縣治東。祀宋趙汝愚。

程都御史祠。在桐鄉縣北門内。祀明僉都御史程本立。

楊副使祠。在海鹽縣白洋河上。祀明楊瑄。旁有三公祠，祀僉事陳詔、郡丞黄清、縣令饒廷錫，俱築海塘有功者。

喻楊二公祠。在嘉善縣北斜塘鎮。祀明治水參議喻良、知府楊繼宗。

丁清惠祠。在嘉善縣治東。祀明丁賓。

忠孝祠。在嘉善縣治東。祀明魏大中及子學洢。

忠烈祠。在海鹽縣西門外。祀明徐從治。

徐太僕祠。在府治東。祀明徐世淳。

旌忠祠。在海鹽縣治東。祀明吴麟徵。

陸公祠。在府學東。祀本朝御史陸隴其。

莊烈女祠。在平湖縣西鄉。

## 寺觀

覺海寺。在府治西南一里。舊名報忠寺，宋建。本朝雍正十一年重建，敕賜今額。

楞嚴寺。在府治西北二里。宋建，明萬曆中重建，賜藏經五千卷。本朝康熙四十四年賜藏海慈波寺。

興聖寺。在府城内東北。本嘉興縣丞廳，宋孝宗誕育於此，嘉定間賜額興聖院，理宗御書「流虹聖地，興聖之寺」八字，碑刻尚存。

東塔寺。在嘉興縣東三里。相傳漢朱買臣故宅，梁天監中建寺。

精嚴寺。在秀水縣治東。本晉徐熙宅，因井夜發光，遂請捨宅爲寺，賜名靈光。後名靈鼂，宋祥符中改今額。

本覺寺。在秀水縣西。古檇李亭地，舊名報本禪院，宋宣和中改爲玉清萬壽宫，建炎初復。本朝乾隆二十七年，高宗南巡，賜改今額。

真如寺。在秀水縣南四里。唐建，内有雪峯僧住菴及宋司馬光所作真如院法堂記石刻。

香嚴寺。在秀水縣北五里。舊名懶石菴，本朝康熙四十四年，聖祖南巡，敕賜今額。

**天寧萬壽寺**〔九〕。在秀水縣東北一里。舊爲施水菴，唐、宋以來，更名不一，明洪武二十四年定今名。按：寺本漢嚴助宅，内有嚴將軍井。

**茶禪寺**。在秀水縣西南四里。宋時名景德寺，寺有三塔，亦名三塔寺。本朝乾隆二十七年，高宗南巡，賜改今額，有御製詩，並御書「標示三乘」四字扁。

**保安寺**。在秀水縣西北五十里。舊爲通聖蘭若，東晉時建。梁時賜額保安，唐陸贄有記。

**慈雲寺**。在嘉善縣治西北。唐建，名保安，宋改今額。

**資聖寺**。在海鹽縣西。本光興寺，晉右將軍戴威之宅，捨爲寺，見吴郡陸崧塔記。宋天禧二年改今額。

**金粟寺**。在海鹽縣西南金粟山下。吴赤烏中建，明宋濂有記。寺有藏經，其頁内襯紙甚佳，書畫家皆珍之。本朝康熙五年修，雍正五年御賜聯對。

**法善寺**。在海鹽縣西南三十里。舊名通元寺，吴大帝孫權吴夫人捨宅置。宋祥符元年改今額，中有準僧塔。

**鹿苑寺**。在海鹽縣西北三十五里。輿地紀勝：魯宗道初宰是邑，夢胡僧來迎參政，及瞻羅漢像與所夢符合，後果參大政。

**崇福寺**。在石門縣西。本名常樂寺，梁天監二年建，宋天禧二年改今額。又縣東有廣福寺，縣西祇園寺，俱梁天監中置。

**棲心寺**。在平湖縣當湖。明建，名化成菴。本朝康熙四十一年賜今額。

**惠雲寺**。在桐鄉縣治西北。後周廣順初建，本名鳳鳴院，宋治平中改今名。有雙塔及龍眼池。

**崇道宫**。在府治西南二里。吴越武肅王建。俗稱南宫。

## 校勘記

〔一〕相傳劉裕勝孫恩於此　「孫恩」，原作「孫思」，據乾隆志卷二二〇嘉興府山川（下同卷簡稱乾隆志）及雍正浙江通志卷三一山川嘉興府改。按，劉裕破孫恩事，宋書卷一武帝本紀上載之甚詳。

〔二〕明初始竟其役　「初」，原作「出」，據乾隆志及讀史方輿紀要卷九一浙江嘉興府改。

〔三〕案今計偕簿　「簿」，原作「薄」，乾隆志同，據後漢書卷一一二郡國志「吴郡海鹽」劉昭注改。

〔四〕爲吴越二國之限　「二」，原作「一」，據乾隆志改。

〔五〕在府城西北復禮鄉　「禮」，原脱，據乾隆志及明一統志卷三九嘉興府陵墓補。

〔六〕在天寧寺東北　「寧」，原作「安」，據乾隆志及明一統志卷三九嘉興府陵墓改。按，本志避清宣宗諱改字，今改回。

〔七〕蓋以忌爲前嚴　「嚴」，原作「墩」，乾隆志同，據明一統志卷三九嘉興府陵墓改。按，下句云「故以助爲後嚴」，明非指其墓而言。

〔八〕張寧墓　「寧」，原作「安」，據乾隆志及雍正浙江通志卷二三六陵墓改。按，本志避清宣宗諱改字也。張寧，海鹽人，明景泰進士，官禮科給事中。本府人物有傳。下文「順寧橋」之「寧」原亦作「安」，同據改。

〔九〕天寧萬壽寺　「天寧」，原作「天安」，據乾隆志改。

# 大清一統志卷二百八十八

## 嘉興府二

### 名宦

三國　吴

步隲。淮陰人。除海鹽令。性寬雅，博研道藝，訓齊風俗。

南北朝　宋

沈演之。武康人。元嘉中，爲嘉興令，有能名。

梁

劉霽。平原人。天監中，出爲海鹽令，以和理著稱。

### 陳

徐份。郯人。爲海鹽令，甚有治績。

### 唐

朱自勉。廣德中，爲嘉禾屯田都知。嘉禾大田二十七屯，自勉畫爲封疆，濬其畎澮，朝巡夕課，自是屯無下歲，民始殷富。大曆間，爲長興令，士民頌之如嘉禾。

李諤。長慶中，爲海鹽令。開古涇三百，以禦旱潦。又創長豐閘二，節宣水利。

### 宋

魯宗道。譙人。真宗時，調海鹽令。縣東南舊有港，導海水至邑下，歲久堙塞，宗道發鄉丁疏治之，人號魯公浦。

劉師道。東明人。景德初，改知秀州。敏於吏事，吏民畏愛。

李餘慶。連江人。景德中，通判秀州。境多鹽盜，餘慶作華亭、海鹽監，俾業鹽者歲入常緡，以杜私販。又爲石隄，自平望至吴江，捍除水患。

葛宮。江陰人。真宗時徙知秀州。秀介江湖間，吏爲闗涇瀆上，以征往來，間有婚嫁趨期者多不免，宮命悉毁之。

柳植。真州人。知秀州。植畏慎寡言笑，所至官舍蔬果不輒採，家無長物，時稱其廉。

高覿。宿州蘄人。爲嘉興主簿。謙己愛民，有循吏風。

龐籍。武城人。仁宗時，知秀州。曉律令，長於吏事，持法深峭，治民有惠愛。

李惟幾。河内人。嘉祐中，知海鹽。歲洊饑，上書漕使，請官錢貸民糴種，濬溝洫，樹木閘，置鄉底堰三十餘所，水旱有備，民獲歲稔。

何執中。龍泉人。元祐中，知海鹽縣。爲政識先後，邑人紀其十異。

洪皓。鄱陽人。宣和中，爲秀州司録。大水，皓白郡守，以拯荒自任，發廩捐直以糶，民坌集，皓恐其紛競，乃別以青白幟，涅其手識之，令嚴而惠徧。浙東綱米過城下，皓復白守邀留之，守不可。皓曰：「願以一身易十萬命。」人感之切骨，號洪佛子。

趙叔近。宋宗室。建炎元年，守秀州。杭卒陳通反，詔辛道宗將西兵討之，兵潰爲亂，抵城下，叔近乘城諭以禍福，通斂兵去。

楊存中。崞縣人。爲閤門祇候。建炎二年，討賊徐明於嘉興，先登。主帥將屠城，存中力諫止之，戮其渠魁，郡賴以定。

朱良。吴人。爲海鹽尉。金兵入境，良被甲執戈，集所部百餘人，奮擊，衆爲披靡，力不敵死。事聞，官其子思孜等。

姚憲。剡人。知秀州。土豪舍匿亡命爲姦盜，州縣莫敢詰，憲擒之，並支黨悉置於法，焚其巢穴，州里遂安。浙西大饑，憲請輸粟萬斛以賑，朝廷賜書獎之。

程俱。開化人。建炎初，知秀州。金兵渡江，遣掠秀州，俱厲兵守禦。時朝議主和，遂乞病歸。

趙士醫。叔近族子。爲秀州兵馬都監。建炎四年，金兵入州，士醫乘城拒戰，城陷死之，贈武翼大夫。

黄灝。都昌人。建炎中，知秀州，兼提舉浙西常平。州大饑，莩殣相望，朝旨停夏税，灝更請停秋苗，不俟報行之。言者罪其專，削兩秩而從其請。

孫大雅。乾道二年，知秀州。奏請於諸港浦分作牐堰，或斗門，及張涇堰兩創築月河〔一〕，置一牐，其兩柱金口基址並以石爲之，啓閉以時，民賴其利。

丘崈。江陰軍人。乾道間，知秀州。時華亭捍海堰廢且百年，鹹潮歲大入，壞並海田，蘇、湖皆被其害。崈至海口，訪遺址已淪没，乃奏創築，三月堰成，三州潟滷復爲良田。

李直養。揚州人。紹熙間，爲海鹽令。興修水利，增置鄉底堰八十餘所。又自藍田廟開浦一十八里，至鮑郎場，以便鹽運。

黄幹。閩縣人。寧宗時，調石門酒庫。前此庫官律身不嚴，吏恣爲奸，積負上司錢以萬計。幹既至，纖悉必躬，歲入霈然。在官中酒庫利弊，見於請劄。

皮龍榮。醴陵人。淳祐時，知嘉興府。德政著聞。

陳仲微。高安人。嘉泰中，海鹽縣丞。隣邑有疑獄十年，郡命仲微按之，一問立決。

趙景緯。於潛人。咸淳中，知嘉興府。首以護根本、正風俗爲先務。

## 元

高仁。無棣人。爲嘉興路治中。時列郡方祠奉帝師，仁諭浮屠氏之籍於白雲宗者〔二〕，俾任其役，官無一粟之耗，民無半餉之勞，而祠事以儲，部使者以最聞。

陳春。至正中嘉興路推官。時私鹽獄興，繫千餘人不決，春一訊釋放誣者數百人。其時久旱，至是雨，號陳公雨。

高睿。河西人。世祖時除嘉興總管。境有宿盜，白晝掠民財，捕者積十數莫敢近。睿下車不旬日，生擒之，一郡以安。

褚不華。石樓人。泰定時，爲嘉興路治中。政事精明，奸猾屏息。傍郡寃滯者，多赴訴之。

## 明

呂文燧。永康人。洪武初，知嘉興府。松江民作亂，襲嘉興，文燧柵内署，率壯士拒守，而請援於李文忠，移兵擒之。諸將因欲屠城，文燧争曰：「據城者賊也，民何罪？」釋不問。

畢輝。洪武中，知崇德縣。與縣丞齊搏同心執法，不容奸慝，太祖遣行人賫敕奬勞，賜以醴酒。

戴尋。浮梁人。永樂中由鄉舉官嘉興教授。有學行，富人數輩，遣其奴子入學，尋不可，賄上官强之，執愈堅，見忤，坐他事去職。

田玉。内江人。正統中，爲桐鄉知縣。時閩浙盗起，軍需繁急，玉經畫有方，民以不擾。丁父憂，服闋，民乞還任，詔從之。

蔡楫。沛縣人。爲嘉興知縣。初至官，出滯囚二百餘人，勸率富民，納逋糧四十八萬有奇。置善惡兩牌，民皆感愧趨善。

黄懋。元氏人。正統間，爲嘉興府。築捍海隄，建濟衆倉，繕完澉浦、乍浦二城。好賢樂善，有古循良風。

楊繼宗。陽城人。成化中，知嘉興府。以一僕自隨，署齋蕭然，時集父老問疾苦，爲袪除之。興社學，遇學官以賓禮，文教大興。御史孔儒清軍，里老多撻死，繼宗榜曰：「御史杖人至死者，詣府報名。」儒銜之。瀕行，突入府署，發篋視，敝衣數襲而已，儒慚而去。中官過，繼宗與以菱芡，中官索錢，即發牒取庫銀曰：「金具在，與我印券。」中官咋舌不敢受。

郁綸。德州人。景泰六年，任崇德。自學校、壇壝至河渠、街巷之類，悉規畫善理。大盗章正等爲患，設方略擒之，民賴以安。

李翥。東光人。成化中，知平湖縣。時周家涇並獨山海塘衝圮，鹽水壞民田，翥以贖鍰計工修築，民不費而水患永息。

蕭世賢。桐城人。知嘉興府。歲革羡金千餘，減織造絹三百匹，立三館以造士。治行第一，擢去。

王璽。廬陵人。弘治中，知海鹽縣。築塘捍海，砥方石縱横相制，法最善，後稱爲樣塘。

洪範。金谿人。弘治末，知嘉興縣。會編賦役，呼里胥集庭中，焚香約誓，每區用里老二人，妄舉者無貸。庭中肅然，各以實舉，盡日而畢。太守嘆曰：「賢哉令乎！」終範之治，吏畏民德，縣以無事。其廉靖寡欲，有類嘉興守楊繼宗，時爲語曰：「洪令楊守，承前啓後。」

伍文定。松滋人。正德中，爲嘉興同知。時江西姚源賊王浩八等流劫浙江開化，都御史俞諫檄文定率兵進討，軍華埠，賊突至，文定擊敗之，追破其巢。諫上文定忠勇狀，詔所司奬勞。

洪異。龍溪人。正德中，知崇德縣。開天長河以灌田，邑之千乘鄉蕪地盡成沃壤。

何源。廣昌人。嘉靖中，知嘉興縣。雪郭杰十年冤獄，邑稱神明。杜造册詭寄，止鹽課增額，官舍蕭然。

顧廷對。泰州人。嘉靖中，爲平湖知縣。創均徭法以便民，龐尚鵬按浙，頒其制行之各郡。

蔡逢時。寧國人。萬曆中，知海鹽縣。行均甲法，以三百二十畝受一役，而户勿論。於是富者無詭匿，貧者無偏累，役法稱平。又革坊廂丁田役，立門攤雇夫法，至今便之。

黄希憲。金谿人。萬曆間，知嘉興府。以清白自矢，置天鑒簿登記，贖鍰毫不自私。聽訟必情理相參，勤於課士，小民水旱，步禱輒應。

鄭振先。武進人。萬曆間，知嘉興縣。馭下嚴，胥徒市魁，惴惴守功令。經理賦法，酌北運之宜，條上四款，皆曲中時弊，民困以蘇。會大祲，駕小船至村落，問民疾苦，發滯穀萬斛，民得更生。

## 本朝

史載。蘭陽人。順治中，知嘉興府。剛直不畏强禦，屬吏餽送，一無所受，吏民畏愛。

尹從王。山東人。順治中，爲嘉興推官。清嚴疾惡，豪右避跡。立漕糧交兑法，軍民不相見，至今遵行之。

鄭鈺。大興人。任嘉興守備。順治十七年，會勦石門賊，力戰陣亡。事聞，賜卹廕。

李見龍。蒙陰人。康熙初，知秀水縣。布衣蔬食，刻苦自勵，賦役驛遞，皆有條理，不以累民。

莫大勳。宜興人。康熙初，知嘉興縣。立官解白糧法，至今便之。在任七載，清介之守，始終不易。

梁徽。介休人。乾隆中，知嘉善縣。清嚴勤慎，邑支河多盜，募技勇者巡緝，盜斂跡。邑西北鄙地卑，田禾被淹，徽擇農隙時築圩岸禦水，至今便之。嘉慶五年，賜祀名宦。

李賡芸。嘉定人。乾隆進士，嘉慶元年知平湖縣。下車之日，首謁陸清獻祠，悉法其治，盡心撫字，訓士除奸，邑中稱神明。以治最擢同知，尋守嘉興，正己率屬，生辰令節，閉門却埽，莫敢以苞苴進。巡撫阮元理浙漕，持官、民、軍三者之平，多用其言，至今沿其法。郡屬水災，奉檄減糶，分廠賑民以粥，實惠徧及，全活數十萬人。

## 人物

### 漢

張武。由拳人。父業，郡門下掾，送太守妻子還鄉里，至河内亭，遇盜戰死，亡失尸骸。武年幼不及識父，後之太學受業，每節，持父遺劍至亡處，祭醊而還。太守第五倫嘉其行，舉孝廉。遭母喪過毁，傷父魂靈不返，因哀慟絶命。

嚴忌。本姓莊，避明帝諱改嚴，由拳人。與司馬相如俱好詞賦，受知梁孝王。子助，舉賢良，對策百餘人，武帝善助對，獨擢爲中大夫。

## 晉

韓績。字興齊，嘉興人。少好文學，以潛退爲操，布衣蔬食，不交當世，東土並宗敬焉。咸康末，會稽内史孔愉薦之，召拜博士，稱老病不起。

## 唐

丘爲。嘉興人。事繼母孝，嘗有靈芝生堂下。官至太子右庶子。及致仕，年八十餘而母無恙，詔給俸禄之半。善爲詩，與王維、劉長卿友善。

陸贄。字敬輿，嘉興人。十八第進士，中博學宏詞，又以書判拔萃，補渭南尉。德宗素聞其名，召爲翰林學士。從狩奉天，機務填總，書詔日數百，贄初若不經思，逮成，皆周盡事情，旁吏承寫不給，而贄沛然有餘。帝倚之，常居中參決可否，時號内相。嘗爲帝言，今盜遍天下，宜痛自咎悔，以感人心。故所下制書，雖武人悍卒，無不流涕。勸帝推誠納諫，及發瓊林、大盈二庫，以賜貧民。以勞遷諫議大夫，仍爲學士，爲權倖阻抑，久不得相。貞元八年，以中書侍郎同中書門下平章事。裴延齡以奸佞得君，贄苦諫，帝不懌，罷爲太子賓客，竟受延齡譖，貶忠州别駕。順宗立，召還，召未至卒，贈兵部尚書，謚曰宣。贄小心精潔，未嘗有過，遇事有可否必言之。或規其太過，贄曰：「我上不負天子，下不負所學，遑他惜乎？」所上論諫數十百篇，譏陳時病，皆本仁義，可爲後世法。族孫扆，光啓進士，爲中書舍人。工詞敏速，同僚皆遜不及。官至同中書門下平章事。朱全忠殺之白馬驛。

徐岱。字處仁，嘉興人。於學無所不通。大曆中，劉晏表爲校書郎。觀察使李栖筠欽其賢，署所居爲復禮鄉。貞元初，爲太子諸王侍讀，遷給事中、史館修撰。性篤慎不談人短，宗族孤儒者皆爲婚嫁。卒，贈禮部尚書。

顧況。字逋翁，海鹽人。長於歌詩。嘗爲韓滉節度判官，德宗時徵爲著作郎。後結廬茅山上，自號華陽真逸。子非熊，亦有名。

## 宋

謝炎。字化南，嘉興人。慕韓、柳爲文，與盧禎齊名，時謂之「盧謝」。端拱初舉進士，知華容、公安二縣，卒。著有文集二十卷。

婁機。字彦發，嘉興人。乾道進士，寧宗時爲秘書郎。皇太子就傅，以機兼資善堂小學教授，日陳正言正道，隨事開明，多所裨益。擢御史，蘇師旦怙勢妄作，獨憚機。韓侂胄議開邊，機極口阻之，遂以言去。後召爲吏部侍郎，進參知政事。時瘡痍方深，敝蠹紛然，機裨贊甚多。以資政殿學士致仕。機撫其弟模、棟，卒爲善士。居鄉以誠接物，稱獎人才，不遺寸長。深於書學，尺牘人多藏弆。

輔廣。字漢卿。父逵，本趙州人，乾道間官統制，居崇德。廣初從呂祖謙遊，祖謙殁，師事朱子，與黄幹並稱。時僞學禁興，蔡元定貶死，廣獨侍朱子不去。入京師，居太學之南，集同志講學不輟。堅忍篤信，終始不渝。嘗主崇德學事，以躬行倡率其徒，學者稱傳貽先生。所著有論孟答問、六經集解、通鑑集義、四書纂疏、日新録諸書。

常楙。字長孺。其先蜀人，曾祖少師同居海鹽，遂世爲海鹽人。舉淳祐進士，自常熟尉調臨安判，所至以公廉稱。知廣德，不候請，出社倉粟施賑。拜監察御史，知無不言。尋爲兩浙轉運使，捐己貲修築鹽新塘三千六百二十五丈，名曰海晏塘，邑人德之。知平江，奏蠲苗税五十餘萬，復以郡守例緡爲民食軍餉助。改浙東安撫使，值水災，捐楮請糴，民食不至乏絶。召爲刑部侍郎，除吏部侍郎、參知政事，卒。

陸德輿。字載之，崇德人。由童子科登第，有文名。官至吏部尚書。弟文輿，通經史，官按察司判官，宋亡，隱居不仕。

趙孟堅。字子固，海鹽人。系出安定郡王。登寶慶進士，歷官集英殿修撰，知嚴州。歲饑，賑五萬餘户。景定初，遷翰林學士承旨。孟堅修雅博識，善筆札，工詩文。宋亡不仕。

陳塏。字子爽，嘉興人。累官太府卿，權工部侍郎，以直言罷。未幾，進集英殿修撰，歷權吏、户、兵三部侍郎，端明殿學士。卒，謚清毅。塏屢歷麾節，軍民愛戴，而又樂薦士。所著可齋瓿稿二十卷。

陶菊隱。嘉興人，以號行。德祐末，元兵南下，菊隱聞勤王之詔，散家財招集義兵，謁文丞相於軍中。宋亡，遺士流寓者多以爲依。當時同邑有趙孟僴，華亭有殷澄，稱秀州三義。

## 元

張伯淳。字師道，崇德人。九歲舉童子科，至元中累官福建廉訪司知事。以薦召見，世祖問冗官、風憲、鹽筴〔三〕、楮幣，皆當時大議，所對悉稱旨，授翰林直學士。告歸，後又拜侍講學士，卒。有文集若干卷。

吴鎮。字仲圭，嘉興人。性高介，隱居不仕。工詞翰，善畫山水竹石，每題詩其上，時稱爲三絶。以愛梅，自號梅花道人。

戚敬。嘉興人。事母至孝，母殁，哀毁過禮。既葬，廬墓，以木刻母像，事之如生。張士誠掠秀州，敬散家財保鄉里，有司論其功，辭曰：「敬爲墳墓計，敢希賞耶？」

陸正。字行正，海鹽人，贄之後。讀書一覽，終身不忘，旁通律吕、象數之學。始名唐輔，宋亡，更名而隱。世祖平一宇内，訪之不起。

## 明

鮑恂。字仲孚，崇德人。受易於吴澄，有學行。元末爲温州路學正〔四〕。洪武四年，以科舉取士，召恂同宋濂爲考試官。十五年，用薦召對便殿，命爲文華殿大學士，輔道東宫。恂年已八十餘，固辭，遂放還。所著有易傳大義及西溪漫稿。

貝瓊。字廷琚，崇德人。篤志好學，博通經史百家言，善屬文。洪武初，聘修元史，既成，受賜歸。後舉至京，授國子助教，後改中都國子監，教勳臣子弟。瓊學行素優，雖將校武夫，皆知禮重。致仕歸，尋卒。所著有清江集。子翺，字季翔，官楚府紀善，亦能詩。

王嘉會。字原禮，嘉興人。洪武初，以薦徵，賦詩稱旨，授翰林院檢討，擢國子監司業。時方新太學，諸生常數千人，嘉會與祭酒宗訥嚴立學規，終日危坐，講解無虚晷。以老疾請，優詔留之，年八十卒官，賻卹者甚厚。

沈壽康。海鹽人。性至孝，與崇德程本立友善，期以聖賢實學。臺薦與官，辭不就，鄉人稱孝隱先生。洪武中旌其閭。

程本立。字原道，崇德人。少有大志，聞金華朱克修得朱子之學，往從之游。洪武中，以明經薦爲秦府引禮舍人，後改周府禮官，坐累謫雲南馬龍他郎甸長官司吏目。土酋煽亂，本立單騎往諭，悉感悦。後復叛，西平侯沐英等屬本立行縣典兵事，且撫且禦，本立不避艱險，往來綏輯，凡九年，民夷安業。建文初，徵入翰林，預修太祖實録。遷右僉都御史，出爲江西副使。未行，燕兵入，自縊死。福王時，贈太常卿，謚忠介。本朝乾隆四十一年，賜謚節愍。

楊任。嘉興人。洪武中，由人材起家，歷官袁州，致仕。靖難師起，引疾歸。後黄子澄至任家謀舉事，爲人告，被執磔死。福王時，贈太僕少卿。本朝乾隆四十一年，賜謚烈愍。

葉春。字景暘，海鹽人。起家掾吏，歷禮部郎中，遷福建右參政。與熊槩巡視應天、蘇、杭等八府，既還，復奉命涖浙西。

凡三治事於鄉，人無議其私者。官至刑部右侍郎。

吕原。字逢原，秀水人。正統時鄉試第一，廷試第二，授編修。歷左春坊大學士。天順初，改通政司參議兼侍講，尋入内閣。石亨、曹吉祥貴倨，獨敬原。原與岳正列其罪狀，疏留中。原在内閣，守正持重，與李賢、彭時相得甚歡，庶政稱理。進翰林學士，遭母喪歸葬，以哀毁卒，贈禮部左侍郎，謚文懿。子㦤，字秉之，以父廕累遷太常卿。採集歷朝祀典沿革爲條例，上本寺利便十二事，俱見施行。劉瑾用事，再疏乞罷歸。

項忠。字藎臣，嘉興人。正統進士，授刑部主事，進員外郎。從英宗陷北庭，乘間南還。景泰中，由郎中遷廣東副使，從征瀧水猺有功。天順初，以副都御史巡撫陝西，平洮、岷羌亂，疏鄭白渠，溉田七萬餘頃。成化四年，滿俊反，命忠總督軍務往討之，大小三百餘戰，親冒矢石，卒擒之，進右都御史。劉通黨李原作亂，復詔忠討平之。撫輯流民百萬，拜兵部尚書。時汪直開西廠恣横，忠倡九卿劾罷之，未幾爲直所中，落職。直敗，復官，致仕歸。卒，贈太子太保，謚襄毅。子經，字成之，成化進士，歷江西參政，居官亦有聲。

沈琮。字公禮，平湖人。正統進士，爲南京武庫主事。景泰中，弟珒亦舉進士，爲御史，父母歿，並廬墓終喪，瑄竟卒於墓所，天順中被旌。琮後爲廣州知府。

崔永。字彦齡，海鹽人。七歲而孤，母韓改適同邑桑慎，慎爲御史，坐事謫海南，攜韓往。永既長，徒步至瓊州求母，時慎已歿，有司以配屬不許歸。永復走京師，哀請於朝，得許。舟行遭風而覆，永入水負母，母得活，永竟感寒疾死。江西布政司以聞，予祭葬，仍給驛歸其母。

張寧〔五〕。字靖之，海鹽人。景泰進士，授禮科給事中。景帝得疾，適遇星變，詔罷明年元會，寧言四方來覲，不得一覩天顔，必至訛言相驚，帝疾不能從，而奪門之變作。天順中，曹、石竊柄，事關禮科者，寧輒裁損。朝鮮讐殺毛憐，詔寧偕都指揮武忠往解，遂釋兵。憲宗初，皇太后生辰，姚夔等請設齋醮，寧言無益，徒傷大體，乃止。後以論救王徽等與内閣忤，出爲汀州知府。尋乞歸。

屠勳。字元勳，平湖人。成化進士，歷刑部郎中。有疑獄，或事干權貴，尚書輒屬勳，勳剖決無滯。弘治初，爲大理少卿，應詔言十事。漳州温文進亂，勳往視，諭以禍福，誅其渠，一方遂靖。累遷副都御史，巡撫順天。整飭薊州邊備，聲績最著。歷右都御史，協理院事。武宗立，進刑部尚書。劉瑾亂政，引疾去，卒贈太保，謚康僖。子應埈，舉進士，歷官諭德，工於文。

潘蕃。字廷芳，崇德人。成化進士，歷刑部郎中。雲南鎮守中官錢能爲巡撫王恕所劾，詔蕃按，盡得其實。出守鄖陽，撫循流民，皆成土著。弘治時，以右副都御史巡撫四川，蠻人服其威信。進右都御史，總督兩廣，屢平劇賊。正德初，入爲南京刑部尚書，踰年致仕。劉瑾用事，詘以罪，與劉大夏俱戍肅，瑾誅，復官，歸無屋，税他人宅居焉。

吴昂。字德翼，海鹽人。少受學海寧祝萃，假牛棚讀書。登弘治進士，歷福建僉事。福寧有訟妻殺夫者，獄成，昂疑有冤，禱諸神，夢一兒據人腹，訪里有杜福子者，嘗與其夫行賈，捕訊之，遂伏。又與平古田賊，遷山東副使。後以福建右布政司致仕。

趙漢。字鴻逵，平湖人。正德進士，授建昌推官，擢給事中。嘉靖初，疏劾太監崔文興讒亂政，宜急賜譴逐，不聽。同廷臣哭争大禮，詔繫獄廷杖，尋以疾去。起遷工科都給事中，疏言「内閣桂萼、翟鑾曠職，張璁久專機政，未聞求賢共濟」，忤旨奪俸。終山西參政。

陸杰。字元望，平湖人。正德進士。父淞，光禄少卿，常以言事忤劉瑾，下詔獄。杰授兵部主事，武宗南巡，伏闕極諫，杖幾斃。歷廣東布政司、湖廣巡撫，俱有聲績。進工部侍郎。卒，贈工部尚書。

鍾梁。字彦材，海鹽人。正德進士，爲工部郎。諫武宗南巡，杖闕下幾斃。嘉靖初，慮囚江南，平反者數百人。出知濟南、南昌，俱有聲績。年四十即乞歸。

張徽。字德卿，秀水人。正德進士。嘉靖初，授大理評事。會議興獻大禮，忤旨廷杖，尋復官，進寺副。慮囚雲南，釋殊死以下百餘人。轉寺正，出知南雄府，有惠政。

鄭曉。字窒甫，海鹽人。嘉靖進士，博洽多聞，尤諳典故，授職方主事，嘗撰次九邊圖志。以争大禮廷杖，調吏部，歷考功郎中。會考察京官，大學士嚴嵩欲去素所不悦者，曉執不可。嵩欲以子世蕃爲尚寶丞，曉又争之。遂以事謫和州同知。後歷兵部侍郎，總督漕運，有破倭功，累擢刑部尚書，遷吏部，又改刑部。時嵩勢益熾，爲所扼，志不盡行，尋落職。卒，復官。隆慶初，贈太子太保，謚端簡。所著有吾學編。

陸坤。字秀卿，嘉善人。嘉靖進士。初任南刑曹，嚴嵩屢謁之，坤拒不見，曰：「此人雖有時名，實奸雄也。」歷岳州知府，有政績。先是，有巨木飄入境，前守不知爲殿材，以遺侍郎方鈍。督木使者誤論坤，或勸自白，坤曰：「二公皆賢者，辨則彼將獲罪。」竟自承之。巡按御史伊敏生薦於朝，擢太僕少卿。敏生亦以薦賢得增秩。坤仕至巡撫河南、右僉都御史。

錢薇。字懋垣，海鹽人。嘉靖進士，歷禮科給事中。先後論大學士李時、工部尚書温仁和、外戚蔣綸、禮部尚書夏言，又劾翊國公郭勳不法七事。既因星變，極言主德闕失所致，帝深銜之。及帝將南巡，又疏諫，會選宫僚，偕同官請集内閣九卿公舉，帝挾前憾，斥爲民。既歸，務講學，足不及公府。隆慶初，贈太常寺少卿。

鄭履淳。字叔初，曉子。嘉靖進士，歷尚寶丞。隆慶三年，上疏言羣小侮常，明良疏隔，自開闢以來，未有若是而可以永安者。語極剴切，帝大怒，杖之百，繫獄逾年，釋爲民。神宗立，起尚寶丞，遷光禄少卿，卒。

陸光祖。字與繩，平湖人。嘉靖進士，歷儀制郎中。議事識大體，改考功、文選，務汲引人才，超擢廉能，下僚競勸。累遷工部侍郎，與張居正不合，引歸。尋召補吏部，凡居正所擯老成名德，悉爲起用。帝知其清直，書名御屏，進尚書，舉許孚遠、顧憲成等二十二人，時論翕然。卒，贈太子太保，謚莊簡。

張應治。字體徵，秀水人。嘉靖進士，歷南京户科給事中。初，南京司禮監增造神帛，廣募工匠，徵派料價，甚爲民累。遂疏請一切停罷，報可。又以災異勸帝停内批，罷巡幸，撤織造内臣，語甚切直。應治居諫垣，力抗權倖，數進讜言，時號稱職。會高拱秉銓，憾應治嘗劾己，出爲九江知府。萬曆初，以治最遷南京兵備副使。

陸長庚。字元白，平湖人。萬曆進士，授廣德知州。條陳水兑、緞價、採煤三大事，民困以甦。入爲刑部主事，歷擢廣西桂平道參政。時猺賊爲亂，用兵三萬五千，費餉十三萬，長庚力請於制府，得撤兵，僅留三千守荔浦，賊果懈防守，遣兵夜襲之，擒其魁，諸洞悉平。累官兵部侍郎。

丁賓。字禮原，嘉善人。隆慶進士，擢御史。張居正誣劉臺以贓，屬賓往治，力辭，忤居正意，去官。久之，起南京大理丞，遷南京右僉都御史，兼督操江。率將校巡視江防，增兵戍守，部内晏然。妖民劉天緒事覺，兵部尚書孫鑛欲窮治，賓時攝刑部、大理事，力平反，論七人死，餘皆獲釋。擢南京工部尚書，致仕。賓官南都三十年，每遇旱潦，輒請賑貸，出家財佐之。撫按上其先後事，加太子太保。崇禎時卒，謚清惠。

沈思孝。字純父，嘉興人。隆慶進士，歷刑部主事。張居正父喪奪情，思孝與員外郎艾穆合疏極諫，廷杖八十，戍神電衛。後召復，歷大理卿。中官郝金，以矯懿旨下獄，刑部薄其罪，思孝駁正誅之。遷右都御史，協理戎政，極論内閣趙志皋、兵部石星誤主日本封貢之罪，引疾歸。卒，贈太子太保。

黄洪憲。字懋忠，秀水人。隆慶進士，授庶吉士。歷官至侍讀學士，會忌者以試事中之，遂乞歸。洪憲端謹淳厚，至取予尤嚴一介，使朝鮮歸，止攜圖書數卷，諸宰禮庭實皆籍記，遣譯者謝却之，朝鮮人爲立却金亭。所著有朝鮮志、學易詳説、學詩多識、碧山學士等稿。

馮夢禎。字開之，秀水人。萬曆會試第一，官編修。張居正奪情，夢禎詣其子嗣修，力言不可，忤居正，病免。後復官，累遷南國子監祭酒，與諸生砥名節，正文體。尋中蜚語歸。

陳泰來。字伯符，平湖人。萬曆進士，歷禮部員外郎。三王並封，詔下，泰來與郎中于孔兼疏争之。考功郎中趙南星削籍，又抗疏論救，忤旨，謫饒平典史，卒。天啓中贈光禄少卿。

**馬應圖**。字心易，平湖人。萬曆進士，歷南京禮部郎中，上疏譏切執政，又劾給事齊世臣等，忤旨，謫大同典史。久之，起刑部主事，進員外郎，疏請建儲，不報。尋卒。

**吴弘濟**。字春陽，秀水人。萬曆進士，擢御史，疏劾福建巡撫司汝濟、大理卿吴定、戎政侍郎郝杰等，不納。三王並封詔下，偕同官抗疏力争。已以論救高攀龍，語侵首輔王錫爵，斥爲民。天啓初，贈光禄少卿。

**朱國祚**。字養淳，秀水人。萬曆十一年進士，廷對第一，授修撰。進諭德，擢禮部侍郎，攝部事。時儲位未定，國祚争國本至數十疏，後因災異請修省，並陳安人心、收人望、通下情、清濫獄四事，其言剴切。會有讒者，遂乞歸里居。光宗立，拜禮部尚書兼東閣大學士，入參機事。天啓三年，進少保、户部尚書，改武英殿，累疏乞歸。卒，贈太傅，謚文恪。國祚居官廉慎，持大體，時稱長者。

**岳元聲**。字之初，嘉興人。萬曆進士，知旌德縣。以强項稱，遷國子監丞，諫止選良家女入宫。進工部郎中，争三王並封，又極論關白之亂，與政府忤，削籍歸。天啓初，起歷太僕卿，晉南兵部侍郎。劾魏忠賢不法事，罷歸。

**徐從治**。字肩虞，海鹽人。萬曆進士，除桐城知縣。累遷兖東副使，討擒妖賊徐鴻儒，録功進山東右布政使。崇禎初，以故秩飭薊州兵備，軍缺餉而譁，園遵撫，從治單騎往諭，亂遂定。孔有德反，擢右副都御史，巡撫山東，與登萊撫臣謝璉分守萊州，賊攻城七十餘日，從治隨方備禦，賊不能下。而尚書熊明遇惑於撫議，援兵不至，從治三疏争之不能得，閱兵城上，中礮死。贈兵部尚書，建祠曰忠烈。本朝乾隆四十一年賜謚忠愍。

**徐必達**。字德夫，秀水人。萬曆進士，知溧水縣，築石臼湖隄，奏除齊泰等姻戚子孫軍籍。遷光禄丞，陳白糧利弊十一事，從之。歷應天府尹。天啓初，以右僉都御史督操江軍，白蓮賊將窺徐州，必達募鋭卒，會山東兵擊破之，進兵部侍郎。

王允昌。字永叔，嘉興人。萬曆舉人，爲貴陽同知，分理永寧衛事。天啓初，奢崇明父子掠永寧反，允昌刺血草三揭，繳印上官，再拜自縊。賊焚其屍，一門十三人皆遇害。贈光禄寺卿。

魏大中。字孔時，嘉善人。萬曆進士，官行人。天啓初，擢工科給事中，彈劾無所避，邪黨爲之側目。遷吏科都給事中。楊漣疏劾魏忠賢二十四大罪，忠賢疑稿出大中，而大中又率同官繼之，遂削籍，尋逮下詔獄，與楊漣、左光斗同夕斃。崇禎初，贈太常卿，謚忠節。長子學洢，字子敬，爲諸生，好學工文，有至性。大中被逮，學洢晝伏夜行，隨檻車而北。營救不得，以喪歸，日夕號哭卒。詔旌爲孝子。次子學濂，崇禎癸未進士，改庶吉士，甲申國變，縊死。

胡震亨。字孝轅，海鹽人。由舉人歷合肥知縣、定州知州，皆有惠政。入爲職方員外郎。震亨雅知兵，嘗與宿將劉綎論兵，綎亦心折焉。性好學，家多藏書，所撰有唐音統籤、海鹽圖經諸書行世。同時有姚士麟，字叔祥，亦博洽，與震亨善。

費彥芳。字爾英，石門人。萬曆間，以舉人知隆德縣。崇禎中，流寇陷城，被執，罵賊而死。本朝乾隆四十一年賜謚烈愍。

彭期生。字觀民，海鹽人。父宗孟，爲御史有聲。期生舉進士，歷知濟南府，坐事謫。張獻忠亂江西，都御史李邦華薦爲江西兵備僉事，駐吉安。後偕楊廷麟守贛州，城破，冠帶自刎死。贈太僕寺卿。本朝乾隆四十一年，賜謚節愍。

項元汴。字子京，嘉興人。自號墨林居士。工繪事，精於鑒賞，其所藏法書名畫極一時之盛，以天籟閣項墨林印記識之。

吴麟徵。字聖生，海鹽人。天啓進士，崇禎中累官吏科都給事中。遇事敢言，流寇日熾，疏請撤寧遠兵，專力守關内。遷太常少卿，賊薄京師，麟徵守西直門，募死士縋城擊賊，多斬獲。城陷，遂自經。福王時贈兵部右侍郎，謚忠節。本朝順治間賜謚貞肅。

徐石麒。字寶摩，嘉興人。天啓進士，授工部營繕主事，筦節慎庫，忤魏忠賢，削籍。崇禎初，起南京禮部主事，累遷刑部侍郎，署部事。時帝以刑威御下，法官多深文附會，與重比，石麒以次審理〔六〕，多所平反。至封疆大案，又執法不少貸。尋推尚書，以輕擬姜埰、熊開元罪落職。福王時，召拜吏部尚書，與馬士英輩不協，遂歸。及郡城將破，朝服自縊，妻孫氏亦赴水死。本朝乾隆四十一年，賜謚忠懿。

徐一源。字宙盂，海鹽人。爲歸德衛經歷。崇禎十五年，流寇犯歸德，一源分防北門，殺賊甚衆。城破，猶巷戰，被執罵賊死。本朝乾隆四十一年，賜謚烈愍。

沈方。字大愚，桐鄉人。崇禎中以副榜授荆門州同知。李自成、羅汝才等亂河南，方甫至，巡撫宋一鶴檄使禦賊，方以舟師破之江上。川兵二萬應調過荆門，知州以疾去，州人惶竄，方馳還攝州事，詣營中勞問，開曉大義，軍皆肅然無犯。賊逼城，方率民兵死守，城陷不屈，遂遇害，一家十八人皆死之。本朝乾隆四十一年，賜謚節愍。

徐世淳。字中明，必達子。崇禎中，由舉人授永嘉教諭，再遷隨州知州。張獻忠陷襄陽，遂來犯，世淳曉夜固守，援絶，城陷，世淳勒馬巷戰，爲亂刀砍死。子肇梁慟哭罵賊，一家十八人皆死。事聞，贈太僕卿，肇梁贈國子監助教。本朝乾隆四十一年，賜謚烈愍。

湯芬。字方侯，嘉善人。崇禎進士，福王時爲史可法監紀推官，後分守興、泉。大兵至興化，城破，芬緋衣坐堂上，被殺死。本朝乾隆四十一年，賜謚烈愍。

陸清原。字嗣白，平湖人。崇禎進士，除增城知縣，擢御史，巡按福建，知漳州。賊梁良率衆萬餘攻城，清原計擒賊内應者，復從間道擊之，獲其渠魁，斬以殉。明亡，沉江死。本朝乾隆四十一年，賜謚忠節。

項嘉謨。字君禹，嘉興人。工詩畫，以武健授薊遼守備。後棄官歸，南都破，盡束所著詩文於懷，率其二子翼心及妾張氏，投天星湖死。本朝乾隆四十一年，賜謚節愍。

陸燦。字振玉，平湖人。崇禎進士，授濟南推官。己卯，城陷死之，妻孫氏、妾王氏及子凡同死者三十七人。又李毓新，字喬之，嘉興人。崇禎進士，授潮州司理。闖寇姜世英等犯肇慶，遂遇害。次子禎先，抱父屍死。又湯執中，嘉興人，廬陵縣丞。崇禎壬午，粵寇逼郡城。執中率民勇集鄉兵禦賊，被害。俱於本朝乾隆四十一年賜謚節愍。又訓導陸士鉉，字古雪，平湖人。甲申聞變，絶粒死。張貳德，秀水人。以鄉貢爲溧陽縣丞，轉湖都司經歷，罷歸。城破，與妻侯氏俱死。女適同邑徐世淳子肇梁，亦自縊。俱於本朝乾隆四十一年賜入忠義祠。

吴爾壎。字介之，石門人。崇禎進士，授庶吉士。時闖賊警逼，召對德政殿。明亡，拔佩刀斷一指授孝廉祝淵曰：「願寄吾家爲信。」間道依史可法，遂死之。

## 本朝

翁自涵。字仲升。順治初，以舉人歷官給事中。時膠州守將海時行驕恣，自涵疏劾之，繼而時行果叛。前後章疏凡十上，皆關大計。性至孝，以奔父喪，遂不起。

錢楞。字芃生，嘉善人。順治三年，隨征入閩，署將樂縣。山寇吴長文等圍縣城，城無兵，楞與丞方抗督鄉勇，登陴拒守，凡九月。城破，率家丁巷戰，手刃二賊，馬蹶被殺。雍正五年，楞孫以塏具陳前事請卹，追贈僉事。以塏，戊辰進士，官至禮部尚書，謚恭恪。

屠洪基。嘉興人。順治八年，知陽山縣。賊馬寶犯城，洪基固守，賊不能破，會援至，出城夾擊，斬獲甚衆。明年，賊復率步騎萬餘來攻，城陷，被執不屈，罵賊死。

曹溶。字潔躬，秀水人。明崇禎進士，入本朝累官户部侍郎，終山西副使。博學工詩文。又曹爾堪，字子顧，嘉善人。順治進士，由庶吉士授編修，累官侍講學士。有南溪集行世。

杜臻。字肇余，秀水人。順治進士，入翰林，累遷吏部侍郎。時耿、尚逆黨悉降，督撫議以海壖棄地處之，命臻往視形勢，徧歷沿海，區置有方，遷刑部尚書。舊制，獄囚月給米煤，獄吏率乾没，囚多瘐死。臻力清其弊，囚皆感泣。改兵部，時以兵冗耗餉議裁汰，臻以遽裁則衆無所歸，請自後缺伍勿補，數年自減，從之。轉禮部，致仕歸。

王庭。字言遠，嘉興人。工文詞。順治進士，歷官廣州知府，江西、山西布政。俱以清操稱。所著有秋澗詩等集。

陸隴其。字稼書，平湖人。康熙進士，知嘉定縣。潔己愛民，德教大行，忤上官罷歸。左都御史魏象樞再疏論薦，復職，補靈壽知縣。行取擢御史，上肅官方、扶名教等疏，天下傳之。隴其素行純粹，其學一本程、朱，以居敬窮理爲宗，點勘宋元以來諸儒之説，辨析是非，窮年矻矻，一言一動，充養自然。所著困勉録、三魚堂集、四書大全、松陽講義等書，皆有功聖道。雍正二年，詔從祀文廟。乾隆元年，贈内閣學士兼禮部侍郎，謚清獻。

張履祥。桐鄉人。幼孤貧，受論、孟於其母，母曰：「孔、孟即兩家無父兒也。」既長，從劉宗周聞慎獨之學，晚乃專意程、朱。立身端直，一以躬行爲務。居常親習農事。著補農書及楊園全書三十四卷。

沈瑱。字若水，嘉興人。諸生。潛心理學，見義必爲，敦孝弟，尚任睦，拯人急難不遺餘力，義行之稱，遠近無間言。訓課子孫，並登科第。著有均田平賦議。殁祀鄉賢。

葉燮。嘉興人。父紹袁，明天啓進士。燮幼穎悟，年四歲，紹袁授以楚詞，即能成誦。長工詩文。本朝康熙初成進士，知寶應縣。時三逆未靖，邑當衝劇，軍務匆促無少間。又值歲歉民飢，而境内運河數百里，且虞潰決。燮極意籌畫，百計補苴無懈，事無累民。以抗直不附上官意，與嘉定知縣陸隴其同罷歸。著有己畦文集。王士禎稱其詩古文能自成一家言。

彭孫遹。字駿孫，海鹽人。順治進士，授中書舍人。康熙十八年，試博學宏詞第一，授編修。累官吏部侍郎，乞歸。孫遹賦才敏速，尤工詩詞。同時徐嘉炎，字勝力；陸棻，字義山，平湖人。俱以薦試入翰林，官並至内閣學士。

朱彝尊。字錫鬯，秀水人。少穎悟，書過目輒成誦。肆力古學，客遊南北，必槖載經史百家以自隨。康熙十八年召試博學宏詞，授檢討，入直内廷，未幾罷歸。彝尊博極羣書，尤長於考據，爲詩清新贍麗，與新城王士禛齊名。所著經義考、曝書亭集、日下舊聞、明詩綜凡數百卷。子昆田，亦能詩，早卒。又同邑盛世佐，官龍里知縣。譔儀禮集編四十卷，集衆解而研辨之，持論嚴謹，諸家謬誤辨尤詳。

陸棻。平湖人。原名世枋。康熙初進士，尋舉博學宏詞，授編修，直南書房，歷官至内閣學士。嘗在閣奏勾決本，請出矜疑二十餘人。棻性簡易，尤孝友，居顯貴欿然不自足。年七十卒。著有雅坪文稿、詞譜若干卷。姪奎勳，性恬淡，不競榮利，年幾週甲，始成康熙六十年進士，選庶吉士，授編修。尋告歸，主廣西秀峰書院，創立學規，仿朱子白鹿洞遺意，成就甚衆。奎勳初於醫卜、術數、韜鈐、步算之書，靡不旁究，後乃篤志説經，著有陸堂易學、字音舉要等書。

譚吉璁。嘉興人。少有孝行。與朱彝尊、李良年同膺博學宏詞薦，報罷。以諸生試國子監第一，授宏文館撰文、中書舍人，出知延安府。吳逆之亂，吉璁守榆林城獨完，事平，論功優敘。著有肅松録、延綏鎮志、爾雅綱目、嘉樹堂集。

王翃。字介人，嘉興人。詩爲陳子龍所推許。同邑周篔，字青士，隱居市鄽；秀水李良年，字武曾；並好學能詩。朱彝尊少居梅會里，以三人爲師友，終身嚴事之。

吳涵。字容大，石門人。康熙進士，由編修歷官副都御史。疏請禁止湖南加派，安插四川流民。歷工、刑二部侍郎，進吏部，兼翰林院掌院學士。釐清銓法，一月前預列應選應補姓名次序，揭於通衢，吏不得上下其手。又念舉人揀選壅滯，疏請單月兼選，著爲令。升左都御史，以病告歸。

高士奇。字澹人。自錢塘徙平湖。遊京師，聖祖聞其名，召見，試詩文、法書皆第一，授中書，改翰林，歷詹事，直内廷二十年。以養母歸，即家拜禮部侍郎兼學士。卒，謚文恪。

馮景夏。字伯陽，桐鄉人。康熙癸酉舉人，知長安縣。嘗決疑獄，釋無辜。歷知膠州，築隄捍海，人稱馮公隄。轉蘇松糧儲道。嘗以吏藉斛爲奸，斛方口大，浮則已多，斛高口窄，雖浮亦少，議製小口斛，力請行之，他省取以爲式。雍正間，奉旨清查常州府屬積欠，悉心勘核，分立官侵、吏蝕、民欠三册，舊弊肅清。升安徽布政使，歷官刑部侍郎，致仕卒。

張行健。海鹽人。官安徽良禾巡檢。康熙十三年，饒州土寇犯祁門縣，城陷被執，不屈，賊斷其兩臂，駡益厲，納坎中，以刃剚其腹死，家屬咸同遇害。事聞，贈經歷。

陸紹琦。字景韓，秀水人。康熙己丑進士，授檢討。歷官太常寺少卿。清勤奉職，常視學粤西，禁絶飛撥之弊，士習一新。自言生平不妄交一人，不妄爲一事，不妄取一錢，聞者信之。子樹本，乾隆丁巳進士，授編修。掌教鴛湖書院二十年，魁人碩士，多出其門下。

錢陳羣。字主敬，嘉興人。康熙辛丑進士，選庶吉士，授編修，歷官至刑部侍郎。乾隆十七年乞歸，尋加尚書銜，賜在家食俸。再晉太子太傅，卒時年九十餘，贈太傅，謚文端，入祀賢良祠。陳羣素工詩，恩遇耄而逾渥。子汝誠，字立之，乾隆戊辰進士，選庶吉士，授編修，入直南書房，歷官至刑部侍郎，卒。次子汝恭，乾隆丁卯舉人，知沭陽縣〔七〕。課農桑，勵學校，務求實政，士民德之，終安慶府同知。

諸錦。字襄七，秀水人。雍正甲辰進士，選庶常，改教授。乾隆元年，試博學宏詞，授編修，重入翰苑，官贊善。著有絳樹閣詩文集。

程緒祖。字纘三，嘉善人。家貧力學，屢躓場屋，遂絶意仕進，訓課諸子，孝友任卹，敦本睦族。布衣蔬食，神明不衰，壽至一百三歲。乾隆三十六年旌表。子鍾彦，雍正癸丑進士，由庶常擢諫臺，多所建白。奏築西直門外至西苑石道，至今往來便之。終太常寺少卿。著有南村草堂集。

許椿。字董園，嘉善人。乾隆辛酉舉人，知内江縣。先是，王師征緬甸，灌縣令沈鵬督解騾馬，沈母老而病，椿請代行。嗣金川蠢動，司臺站轉輸不竭，六月賊突至，椿率站夫力戰，死之。事聞，賜祭葬，贈道銜，入祀鄉賢。又黄殿臣，秀水人。乾隆五十二年以温州營千總，檄赴臺灣，勦林爽文，擒獲甚衆，後力戰歿於陣。同時戰歿者，有澎湖營千總陳淮，平湖人。均卹如例。

馮浩。字養吾，桐鄉人。乾隆戊辰進士，官户科給事中。居臺省屏絶聲氣，以病歸，足不至公庭。子應榴，官江西布政使。浩就養，不見一屬吏。著孟亭詩文集及李玉溪詩文集詳註。嘉慶七年賜祀鄉賢。

錢載。字坤一，秀水人。以副貢生舉博學宏詞，再舉經學。乾隆壬申進士，改庶常，由編修官至禮部侍郎，入直尚書房。立身廉謹，有節概，五典鄉試，一視學政，所至稱得士。工畫，進呈所畫梅花，高宗題長律一首，士論榮之。

祁起元。桐鄉人。乾隆四十五年旌表孝子。又婁東，秀水人。張世昌，平湖人。俱以孝子於乾隆年間旌。吴元凱、方樹業，俱平湖人。謝觀瀾，嘉興人。陳元朗，秀水人。李應占，海鹽人。俱以孝子於嘉慶年間旌。

# 流寓

## 漢

施延。沛國蘄人。避地吴郡海鹽。家貧，嘗賃作由拳半路亭，食其力以養母。是時吴、會未分，山陰馮敷爲督郵，到縣，延持箒往，敷知其賢者，下車入亭，請與飲食，脱衣與之，餉錢不受。順帝時官至太尉。

宋

陳舜俞。烏程人。時青苗法行，棄官歸，居秀之白牛村，自號白牛居士。

錢顗。無錫人。熙寧初以論事貶，自衢徙秀州。家貧母老，至貸親舊以給朝餔，而怡然無謫官之色。蘇軾遺以詩，有「烏府先生鐵作肝」之句，世稱爲「鐵肝御史」。

顏復。復聖裔。歷官禮部尚書。建炎南渡，家石門鎮北，子孫自爲村落，號陋巷村。

趙汝愚。鄱陽人。孝宗乾道間魁多士。寓石門之洲錢。

李曾伯。覃懷人。七開大閫，儒而知兵，遠人聞風敬憚。後移居在嘉興。

元

顧阿英。崑山人。意氣自豪，僑居嘉興合溪，漁釣五湖三泖間，自稱金粟道人。

明

徐一夔。天台人。工文。元末避地嘉善，所居有獨柞軒，自爲記。

高巽志。蕭縣人。博學多文。元末，寓居嘉興。

夏允彝。華亭人，寄籍嘉善。官吏部考功主事。遭國變，自沉於河而死。

# 列女

## 漢

許升妻吕氏。名榮，由拳人。升少爲博徒，榮數勸修學，輒流涕，升感激自勵，遂以成名。赴本州辟，至壽春，爲盜所害。刺史獲盜，榮詣州，手斷其頭以祭升。後郡遭賊，義不受辱，被殺。

## 元

吴守正妻禹氏。名淑靖，紹興人，徙家石門。至正中，盜陷城，氏攜幼女登舟以避，盜入其舟，將犯之，乃抱女投水死。

柳烈女。嘉興人。至正末，紅巾賊陷嘉興，女年十八，同父母竄匿，賊得之，驅以行，至河滸投水死。

錢氏二女。嘉興人。紅巾之亂，賊至其家，二女義不受辱，相與結袂投河死。今名爲烈女河。

## 明

朱士廉妻董氏。名淑貞，海鹽董鎮女，贅士廉於家。年二十四，夫亡，生子甫九月，誓不改適，迎姑終養，洪武中旌。

蔡氏。石門人。許字何鶴齡。鶴齡多行不義，兩家父母俱議改婚，蔡誓死不從，遂歸鶴齡。夫日事淫博，蔡泣諫冀悔悟。

及翁死，鶴齡不爲理喪，蔡罄衣資經理殯葬。夫愈兇暴，逼以不義，蔡懼辱身，遂經死。

姚琎妻周氏。海鹽人。名福建。琎死，家甚貧，父議改適，投河而死。

張寧妾高氏、李氏〔八〕。高名寒香，李名晚翠，年皆十四五，相繼事寧。寧疾革，屬子必嫁之，二妾聞而悲慟，皆翦髮誓死，同居一樓者三十九年，家人罕見其面。有司以聞，詔旌雙節。

張貞女。秀水人，張組之女。年十四，許字劉伯春，未娶而卒。女號泣翦髮，自爲詩祭之。三年服闋，即絶粒旬日死，時年二十。

項貞女。秀水人。字周應祁。精女工，通列女傳，事祖母及母極孝。聞周病瘵，即持齋默祝，願以身代。及訃聞，父母欲秘其事，而女已喻，乃潛易縞素，而紉其下裳，大書於几上曰：「上告父母，兒不得奉一日歡，今爲周郎死。」遂自縊。兩家從其志，竟合葬焉。

朱貴妻范氏。石門人。貴爲寇所害，范厲聲奮臂，爪賊面，賊剖其腹，猶駡不絶口。又吴鸞妻戴氏，寇執將犯之，戴力拒被殺。

葉氏女。嘉興人。字錢氏子，未嫁。嘉靖中，母與女爲倭所執，欲辱其母，女時年十七，紿以身代，求釋母，母得脱，遂駡賊投吴家塘水死。時曾巖妻張氏，遇倭不辱，亦投河死。

袁焌妻吕氏。焌，嘉善諸生。明季兵亂，吕竊焌匕首佩之。一日舟行遇兵，遂赴水，兵以鈎攬其髮，吕出匕首截斷其髮，乃没。

錢淳妻曹氏。嘉善人。明季兵亂，隣婦勸俱逃，曹恐往遇辱，遂抱幼女赴水死。越五日，淳歸得屍，面如生，漳南黄道周傳其事。

沈氏。秀水人。年二十一，適張，未半載，遇亂被掠，持刀自殺，守者奪之，乘間投河而死。

徐世淳妾趙氏、倪氏。秀水人。崇禎末，從世淳官隨州。流賊害世淳，趙氏被執不從，罵賊而死。倪氏以匿得免，賊去，慟哭求世淳及趙遺骸，棺殮之，扶櫬以歸。苦節三十餘年，世淳死難血衣，什襲如故，每展對輒嗚咽流涕。又世淳子肇梁，同父死難，妻張氏在家亦自經。

徐爾穀妻孫氏。嘉興人。爾穀爲尚書石麒繼子，以父殉節圍城，冒險求骸歸葬，遂遁跡湖泖。遭禍繫獄，知不免，以書報孫，使早爲計。孫方飯，得書閱畢，微哂，婢詢之，太息曰：「夫復何言。」時一女在抱，棄之，赴水死，立而不仆。

趙氏女。平湖人。字嘉興戴裕津，未婚戴卒。女脱簪投繯，母救之，不食，但以手扣胸，呼往嘉興者三，遂絶。時秋暑，就殮顔色如生，歸戴合葬。

李氏女。嘉興人，李夢康女。性至孝，四歲喪母，哀如成人。事後母以孝聞，嘗告其父曰：「母早世，兒何忍去膝下！」父悲其志，聽之。父病，禱於天，有青鳥啣朱實墜藥鐺中，人稱爲孝感。卒年四十有七，黄道周題其墓。

黄一卷妻崔氏。海鹽人。明末，避亂石馬山。聞兵至，先投幼女於池，與長女躍入水死。一卷受創危急中，忽見崔撲面迎刃，得不死。越七日屍浮水出，面傷刀痕宛然，人咸嘆其靈異。

劉濂妻馬氏。平湖人。歸劉一年而寡，翁貧利其再適，氏閉户自經，救之蘇。翁陰納沈氏聘，其姑誘與俱出，令女奴抱持過沈舟。婦投河不得，呼天而號，須臾，風雨晝晦，疾雷擊舟。沈懼，乃旋舟還之，苦節以終。

李士標妻孫氏。嘉興人。士標官山東寧海州州同〔九〕。崇禎壬午，冷口兵入，圍州城甚迫，士標疾篤，卧起於城上，督守益力，竟卒於雉堞間，城遂陷。孫氏率其妾婢僕凡二十三人，同日死之。又同縣徐石麒妻孫氏、項嘉謨妾張氏、秀水張貳德妻侯氏，俱明末城破，同夫死難。

本朝

夏承啓妻周氏。石門人。順治初，被兵掠，將逼之，堅拒不從，罵不絶口死。同邑金氏女，年十五，爲盜所執，峻拒之，投水死。

姚應鶴妻金氏。桐鄉人。夫亡，衆逼金嫁，金投繯，以救得免。匿母家，復脅之，金乃泣歸，縫紉周身衣，拊棺長慟，投河抱橋柱死。

潘文昇妻孫氏。海鹽人。夫亡，矢志撫孤。有叔與孫比屋居，潛許嫁鍾氏，孫瞯知，即績麻爲繩匿之。至期，叔告以故，孫默然不應，設盃羹奠其夫，自縊死。

邱永侯妻顧氏。秀水人。夫亡無子，紡織養姑十六年，里豪糾黨謀娶，顧佯許諾，閉户自經。

倪天池妻許氏。海鹽人。年十八歸倪，甫五月夫卒，翁繼逝，夫兄逼氏嫁，糾衆劫之，許號天投水，以救得免。後又至，許毁面據井以待，曰：「有入吾門者吾死此。」衆乃退。時内外無倚，饔飧不繼，族衆憐其苦節，月給米膳之。年八十二卒。

吴氏。桐鄉人。嫁桂某，未匝月夫亡，號慟欲殉，姑曰：「吾子夭而汝又死，吾將誰依？」乃勤紡織奉姑十餘年，姑卒，或勸之更適，吴曰：「吾所以不死者爲姑在耳。姑既葬，吾事畢矣。」遂自縊死。

莊烈女。平湖農家女。里有無賴，乘女父他出，夜操戈入室，强逼之，女守義不屈，自經死。同邑朱烈女，母亡居喪次，其姊婿突入欲犯之，遂自經死。

李載華妻徐氏。平湖人。舅姑逝，盡出衣飾營殮殯。載華哀毁身殞，徐年二十，飲泣撫孤，踰時孤又殤，徐託族人葬三喪畢，闔户自經死。

徐浤妾嚴氏。桐鄉人。浤病革，以嚴無子，令他適。嚴矢志自守，正室丁氏病，奉侍湯藥，數年不倦。及丁没，盡出所有營葬兩棺，絶粒七日而死，時年二十五。

生員戚維峻妻鍾氏。嘉興人。同縣四川學政曾王孫妾傅氏，監生王元震妻李氏，陳枚詹妻姜氏，監生王六符妻韓氏，蒯廷鑑妻沈氏，馮敬軾妻湯氏，陳士琦妻周氏，吴晉濤妻夏氏，生員曾郊妻李氏，貢生陸載之妻方氏，監生胡廷樞妻李氏，范聖宣繼妻沈氏，胡士榮妻徐氏，李如蘭妻方氏，張玉文妻王氏，生員馬迴瀾繼妻陳氏，沈維仁妻淩氏，繼妻高氏，梅雪賓妻陳氏，陸廷翼妻繆氏，王漢褒繼妻陸氏，湯紀剛繼妻石氏，支威遠妻張氏，朱松年妻吕氏，王聖與妻張氏，監生王士宏妻曹氏，周公遜妻俞氏，尤自憲妻韓氏，陸欽彦妻蔣氏，懷鼎臣妻石氏，施本定妻萬氏，李耕餘妻張氏，施光射妻朱氏，徐天英妻胡氏，杜百特妻張氏，沈敬南妾許氏，薛麟書妻吴氏，監生屠錫綬妻錢氏，費其淵妻宋氏，郭右元妻沈氏，馮星槎妻王氏，顧元春妻王氏，金大表妻李氏，程天瑞妻李氏，程仁瑞妻沈氏，孫祈斌繼妻胡氏，生員盛定遠妻虞氏，胡洪芳妻戴氏，沈二最妻厲氏，曹起鳳妻陳氏，生員周旭妻陸氏，崔沛妻陸氏，孫陞榮妻任氏，蕭焕文妻徐氏，張樹屏妻褚氏，褚言妻金氏，汪汝翼妻姚氏，金如梁妻盛氏，監生馮允和妻江氏，錢有蒼妻孫氏，鄧元瑛妻周氏，沈斌甫妻曹氏，鄭聖璋妻程氏，張茂德妻吴氏，生員孫衡世妻包氏，陳書雲妻蕭氏，吴士泰妻朱氏，高嶧桐妻張氏，生員趙埰妻陸氏，吴元行妻朱氏，高羽皇妻范氏，姚純所妻王氏，生員陳鏡妻吴氏，王震妻陳氏，生員陳坊琦妻朱氏，監生方奕清妻曹氏，生員金開雯妻俞氏，監生吴公裕妻盛氏，監生陸基妻江氏，生員沈善勝妻淩氏，監生沈元師妻龔氏，張震坤妻于氏，祝修齡妻周氏，沙殿威妻楊氏，唐國祚妻郭氏，貢生錢鳳妻任氏，生員陳文模妻路氏，倪維鳳妻周氏，陳遜修妻陸氏，鄭維典妻倪氏，生員錢杞妻陸氏，沈晉侯妻倪氏，徐亭偉妻成氏，黄錫宸妻郭氏，顧蕃圃妻張氏，張觀揚妻朱氏，沈鶴巢妻徐氏，監生馮學海妻莊氏，俞秀昌妻顧氏，戴源乾妻朱氏，曹世瞻妻陶氏，金佩成妻朱氏，僕允升妻柴氏，田培英妻何氏，沈榮杰繼妻錢氏，章錫皇妻孫氏，陸廣安妻沈氏，生員繆慈明妻鄭氏，生員褚銓妾沈氏，王用賓妻魯氏，趙仲韜妻管氏，陸瑞麟繼妻鄧氏，沈雲祥妻張氏，戴裔伯妻沈氏，吴君昇妻陸氏，金振玉妻徐氏，徐東郊妻高氏，錢觀得妻曹氏，高憶山妻姜氏，生員徐臣衡繼妻陶氏，項其章妻陳氏，夏彦耆妻項氏，陸兆鼇妻丁氏，貢生錢揵妾梁氏，顧禹籌妻錢氏，監生金燦繼妻陳氏，馬載安妻沈氏，沈季虞妻夏氏，孫濟航妻徐氏，吳友韓妻戚氏，貢生錢是式妾鄭氏，李思垣妻許氏，沈天韓妻張氏，甘肅參將許雲龍妾孫氏，舉人吳琮妻張氏，方象坤妻趙氏，江宏潮妻潘氏，懷懋昭妻李氏，姚禮園妻鍾氏，朱惟周妻吳氏，董廷遠妻范氏，許珉山妻鄭氏，李道衡妻沈氏，李泰妻方氏，王維正妻陸氏，都世珽妻繆氏，王浣石妻繆氏，盧賢書妻韓氏，生員陸汝翼妻唐氏，錢蓉復妻金氏，監生俞聲菴妻諸氏，朱岐昭妻包氏，董維翰妻許氏，厲天慧妻于氏，盧上偉妻吳氏，湯子正妻韓氏，錢國榮妻許氏，陳奠侯妻沈氏，生員李蓉房妻沈氏，監生徐雲從妻劉氏，生員徐鳴玉妻金氏，徐志妻凌氏，潘維新妻楊氏，陳蕃高妻包氏，武生梅廷璋妻唐氏，徐聖鋐妻倪氏，生員屠中妻孫氏，武生糜用霖妻楊氏，武生顧大業妻沈氏，職監湯承宗妻曹氏，徐吕望妻金氏，汪汝明繼妻陳氏，生員姜士熊妻萬氏，顧廷麒妻李氏，張用宗妻竇氏，吳兆麟妻陸氏，監生徐宏妻沈氏，朱御六妻陳氏，范世英妻施氏，聞汝珩妻徐氏，李行恕妻陳氏，壽夢蘭妻婁氏，監生鄭天錫妻錢氏，陸汝嘉妻顧氏，監生錢治妻陸氏，莊俊傑妻丁氏，莊濟之妻范氏，郭岐山繼妻張氏，江來儀妻陸氏，施國瑞妻蔣氏，杜永芳妻陳氏，陸朝佐妻沈氏，陸寶崖妻吳氏，徐元標妻郭氏，蔡慕韓妻彭氏，楊功懋妻沈氏，錢釪妻丁氏，張運中妻沈氏，倪松巖妻宓氏，楊天德妻胡氏，范璋妻李氏，張孝炎妻朱氏，鄭倬妻姚氏，周履本妻徐氏，張景陽妻王氏，沈飛熊妻李氏，張恒妻王氏，顧天惠妻屠氏，李恒久妻吳氏，俞景安妻濮氏，鮑爾爵妻吳氏，金世榮妻屠氏，葉荆山妻劉氏，陳御山妻金氏，李若愚妻張氏，蔣松亭妻沈氏，徐之彥妻姚氏，陳文彥妻張氏，管蘭階妻丁氏，姚邦傑妻王氏，顧光祖妻杜氏，姚琮妻朱氏，周介千妻諸氏，俞在明妻舒氏，徐玉符妻張氏，湯學相妻夏氏，沈大銓妻崔氏，葉向榮妻陳氏，薛亘千妻于氏，張旭昭妻曹氏，陳履剛妻馮氏，吳坤六妻錢氏，張超倫妻李氏，曹錦堂妻周氏，姚洽中妻俞氏，姚心耕妻王氏，馮雲韓妻虞氏，褚鳳儀妻莊氏，沈大鏞妻高氏，馬永安妻徐氏，黄光摺妻沈氏，沈大思妻陳氏，金有瓚繼妻楊氏，金濟成妻馬氏，張時御妻謝氏，莫樹德妻王氏，徐天錫妻鄭氏，金潤妻馮氏，王用舟繼妻劉氏，楊漢俊妻湯氏，顧鼎仁妻楊氏，胡拱辰妻沈氏，沈鑄顏妻李氏，張國棟妻程氏，莊榕妻屠氏，朱寶山妻邵氏，佘世勳妻何氏，吳元浩妻楊氏，邵昌麟妻周氏，吳與參妻邱氏，徐東山妻周氏。又烈婦王添南妻陳氏，徐宸烜妻吳氏。貞女趙鑑未婚妻張氏，沈本然未婚妻陸氏，樊璉未婚妻周氏〔一〇〕，顧樹棠未婚妻許氏，生員金世熊未婚妻諸氏，黄鶴鳴未婚妻屠氏，錢汝殼未婚妻馮氏，吳掌倫未婚妻殷氏，莊翰未婚妻王氏。俱於乾隆年間旌。曹榮元妻沈氏，王俊妻屠氏，李曉亭妻姜氏，李容三妻張氏，王肇奇妻汝氏，王肇誠妻張氏，張逢吉妻嚴氏，王庭槐妻夏氏，夏光祖妻魏氏，徐元愷妾姚氏，鄒全顯妻羅氏，褚雲軒妻倪氏，李旦華妻王氏，王聲遠妻蕭氏，蕭質夫妻嚴氏，王廣仁繼妻沈氏，王廣倫妻吴氏，張星黄妻邵氏，胡秀巖繼妻孫氏，王鑣繼妻胡氏，金裕哲妻魏氏，金立威妻王氏，沈德秀妻金氏，方鼎尤妻王氏，錢濬妻程氏，朱有芳妻石氏，濮沅妻姚氏，章巽巖妻許氏，俞星章妻江氏，姚禧繼妻張氏，金德聰妻姜氏，徐必達妾柴氏，張世楷妻顧氏，周景山妻周氏，沈清妻祝氏，徐峻天妻孫氏，金煊妻周氏，徐愈妻沈氏，周鶴書妻徐氏，許隰耕妻馮氏，濮秉恒妻周氏，金祖瑞妾魯氏，沈宸蛟妻陳氏，馬照妻曹氏，陳世榮妻張氏，吴維鏞妻袁氏，盧正邦妻朱氏，邵學禮妻金氏，倪錫蛟妻嚴氏，陸汝蓁妻錢氏，馬永原妻顧氏，金衛英妻徐氏，王景嚴妻沈氏，沈培增妻朱氏，劉庸載繼妻洪氏，黄瑜妻胡氏，孫廷魁妻顔氏，汪廷佐妻徐氏，李慎徽妻俞氏，胡斗光妻姚氏，朱廷元妻徐氏，高遇龍妻王氏，閔端妻陸氏，王大忠妻褚氏，施昌益妻徐氏，胡仲韜妻顧氏，李大忠妻馬氏，沈冠吾繼妻蔣氏，濮廷墉妻倪氏，陶維翰妻謝氏，譚孚遠妻潘氏，俞萬程妻施氏，陳晋妻李氏，吴書藻妻徐氏，張大中妻蔡氏，朱蘊隆繼妻沈氏，張淵妻沈氏，高祥百妻婁氏，錢立恒妻陳氏，高志鵬妻史氏，汪作霖妻陳氏，沈懷遠妻馬氏，萬瀛洲妻倪氏，褚鈞妻姚氏，張舜和妻鄭氏，姚祥鑛妻楊氏，邵宏遠妻李氏，吴守頤妻張氏，金三錫妻徐氏，李祖枘妻何氏，顧明德妻葉氏，徐維祺妾王氏，陳鴻逵妻謝氏，高天申妻顧氏，潘聖瓏妻沈氏，于耀曾妻郁氏，陳近賢妾卞氏，王如綸妻李氏，倪錫鯤妻張氏，謝漣妻褚氏，金成龍妻祁氏，徐逢住妻邵氏，張永貞妻蔡氏，褚順之妻胡氏，項映藜妻錢氏，沈震遠妻曹氏，陸賡堂妻徐氏，邱之溥妻周氏，朱景雲妻張氏，朱友三妻沈氏，陸振熿妻褚氏，王瑩妻朱氏，于錫祚繼妻張氏，貢生沈懷清妻胡氏，陸卓明妻張氏，莫鴻臯妻高氏，李朗妻陸氏，錢岱妻崔氏，曹其誠妻王氏，沈旦王妻吴氏，監生朱琪妻褚氏，生員朱邦禮妻沈氏，陶琬妻姚氏，監生陳浩妻彭氏，謝均妻王氏，孫銓妻汪氏，譚孚爵妻許氏，監生汪毓葵妻屠氏，貢生沈逵鴻妻陸氏，又妾滕氏，葛支妻鈕氏，戴復初妻戚氏，胡世培繼妻顧氏，江彝尊妻沈氏，胡元隆妻濮氏，顧佩金妻俞氏，楊濟川妻徐氏，主簿姚江春妻朱氏，金學衷妻賀氏，生員朱茂堂妻范氏，倪志滌妻吴氏，吕荃妻章氏，監生吕廷獻妻錢氏，吕銘妻吴氏，監生湯紹馨妻屠氏，王士明妻俞氏，濮錦妻范氏，吴銓妻張氏，州同陳贊煌妾金氏，陳敘元妻錢氏，陳維倬妻張氏，朱世瞻妻沈氏，朱聞聲妻朱氏，姚江宰妻杜氏，汪寶輪妻陳氏，莫永齡妻俞氏，監生潘鎬繼妻曹氏，劉士隆妻范氏，李恒昭妻倪氏，李明備繼妻吴氏，趙鴻妻朱氏，戴本周妻陸氏，吴楚英繼妻王氏，廩生李震妻沈氏，沈思仁妻歐氏，生員姚江徹妻陳氏，吴祐妻陳氏，許廷元妻蕭氏，楊閑中妻富氏，陸昌齡妻錢氏，俞秀村妻蔡氏，于掄元妻沈氏，柴藹吉妻蕭氏，監生張世俊妻錢氏，章寶傳妻朱氏，董亭書妻沈氏，廩生倪錫連繼妻何氏，張維梅妻金氏，盛躍天妻吴氏，湯紹元妻錢氏，陳楷妻劉氏，王麒林妻衛氏，金慎熙妻孫氏，監生吴晉康妻莫氏，莊如松妻徐氏，陸士榮妻吴氏，監生魏沈光妻徐氏，張寶興妻鍾氏，周亶生妻陳氏，孫仁祖妻懷氏，金載陽妻錢氏，許國正妻王氏，舉人吴士鏡繼妻鄭氏，監生褚鳳儀妾夏氏，王仁方妻沈氏，楊艮妻沈氏，高世鼇妾李氏，戴鼎元妻范氏，董其琛妻馬氏，武生張彪妻金氏，王硯亭妻戚氏，宋昭麟妻屠氏，汪查俊妻吴氏，吴欽妻曹氏，生員楊爲裘妾周氏，楊焕章妻劉氏，張衍疇妻沈氏，生員沈清漣妻孫氏，監生張元素妻沈氏，監生張世穀妻陳氏，王世德妻蔣氏，邱之瀛妻朱氏，毛之遂妻沈氏，徐光遠妻張氏，王昌齡妻方氏，祖鎔妻楊氏，監生沈寶傳妻胡氏，王驥妻徐氏，范文煜妻陶氏，陸覲天妻沈氏，丁世鳳妻朱氏，監生郁維錡妾姜氏，杭嘉琦妻范氏，鮑殿書妻范氏，生員施朝佐妾李氏，陸元麟繼妻楊氏，李占瀛妻姜氏，朱錦成妻張氏，監生蕭其璋妻孫氏，王萬英妻金氏，監生陳琦妾沈氏，顧錦堂妻張氏，監生金克成妻王氏，吴元貞妻曹氏，監生吴棟妾顧氏，洪源妾張氏，曹安瀾妻李氏，唐維垣妻張氏，陸汝夔妻石氏，陸汝茂妻倪氏，杭松望妻范氏。又烈婦繆陳氏、劉吴氏，因被穢詈捐軀。汪亨妻吴氏，顧御耽妻張氏，沈兆蓉妻錢氏，監生朱仁壽妻龔氏，監生徐福龍妻陸氏，生員汪載燕妻蔣氏，訓導張昌琳妻懷氏，監生鮑臨妻李氏，監生張廷本妻許氏，均夫亡殉節。貞女祝氏、莊氏、余氏、沈氏、富氏、仲氏、許氏、周氏。孝女卜大姑。俱於嘉慶年間旌。

生員朱崖妻徐氏。秀水人。同縣許德源妻陳氏，唐遜菴妻周氏，監生王殿秀妻馬氏，吴景山妻朱氏，金中和妻錢氏，王滄洲妻沈氏，生員許施榮妻陳氏，監生姚煜章繼妻唐氏，蕭起潮妻史氏，鄒洙妻胡氏，徐元圻妻陳氏，監生鄭士璉妻徐氏，鄭士珩妻馮氏，沈德彰妻王氏，潘禹侯妻史氏，張永康妻姚氏，顧錫祚妻張氏，周聖潮妻顧氏，陳禹升繼妻朱氏，張錫韓妻卜氏，監生張拱辰繼妻陳氏，沈永年妻周氏，貢生周之瀚妻于氏，生員朱雲曾繼妻凌氏，蕭升九妻張氏，虞茂卿妻沈氏，貢生曹士琦妻湯氏，王御卿妻姜氏，武舉朱彝璇妾沈氏，張伯成繼妻吳氏，生員姜渭潢繼妻吳氏，錢敷仁妻項氏，錢國楨妻程氏，生員鍾景泌妻沈氏，錢耀妻鍾氏，莊上林妻吳氏，邱均禹妻周氏，沈贊盧妻丁氏，成珂妻陳氏，許允恭妻馮氏，監生周源譽繼妻于氏，監生周天俊妻唐氏，郭之堅妻陳氏，周積如妻張氏，貢生錢燀妻沈氏，生員仲世隆妻吳氏，監生于珂妻曹氏，錢道山妻金氏，生員徐珖妻祝氏，生員沈春妻吳氏，監生莫琪妾李氏，生員吳順木妻朱氏，湯文卿妻鄭氏，周恬妾徐氏，陸紹瑜妻沈氏，吳令聞妻沈氏，生員張駕鴻繼妻沈氏，高維嶽繼妻趙氏，生員徐玉昱妻仲氏，仁和縣訓導曹嵋妻侯氏，陳鴻儒妻盧氏，張鎧妾莫氏，陳文玉妻宣氏，周元甫繼妻陶氏，繆應求妻唐氏，朱德是妻葛氏，鄒承湛妻朱氏，監生卜道豫妻徐氏，陶承恩妻趙氏，陳廷相妻陶氏，許與文妻王氏，吳天爵妻石氏，朱丕咸妻張氏，鍾應枚妻沈氏，麗水縣教諭葛天鶚妾朱氏，魯翼州妻孔氏，施楷妻張氏，曹德威妻張氏，何馨遠妻姜氏，吳永立妻張氏，姚載申妻張氏，朱承溪妻陸氏，朱順卿妻楊氏，黃仲仁妻潘氏，高天安妻張氏，高天昇妻王氏，朱樑妻婁氏，監生沈起武妻萬氏，仲軼羣妻徐氏，監生沈士奇妻嚴氏，高天奇妻周氏，李士進妻王氏，陸堅妻朱氏，候選通判胡樹筠妻范氏，聞恒言妻袁氏，張嘉謨妻孟氏，沈宗南妻李氏，張元福妻錢氏，陸邦祚妻高氏，歸朝妻邱氏，周秀山妻黃氏，楊愷如妻張氏，汪會義妻楊氏，王郁三妻李氏，監生沈堯章妻湯氏，錢大山妻富氏，姚聲宏繼妻沈氏，朱振先妻許氏，馬錫周妻鍾氏，監生張廷錫妻錢氏，俞廷元妻喻氏，生員唐納繼妻顧氏，趙倓妻吳氏，張定夫妻吳氏，馬懋和妻陳氏，沈容安妻周氏，監生朱舜臣妻鍾氏，王堯明妻梅氏，張載謨繼妻李氏，監生徐大成妻戴氏，張漢津妻章氏，許載衡妻顧氏，生員盛希榮繼妻劉氏，周新在妻胡氏，沈廷元妻王氏，王德麒妻余氏，陸廷泰妻殷氏，生員王春復繼妻蔣氏，許廷煥妻宋氏，雲南大理府知府汪上湇妾趙氏，葉芝山妻徐氏，張一珠妻吳氏，張廷隆妻曹氏，黃履全妻顏氏，濮采三妻李氏，顧益高妻朱氏，許允珏妻郭氏，金愷文妻潘氏，陳敬齋妻汪氏，萬光豫妻胡氏，朱篁妻史氏，張維祺妻鄒氏，王美東妻楊氏，金樹德妻王氏，曹撫宇妻王氏，沈畹妻滕氏，顧雲書妻李氏，顧偕行妻俞氏，馬名揚妻計氏，華如昭妻陳氏，殷立煥妻胡氏，卜體仁妻邱氏，汪紹昌妾吳氏、又妾李氏，諸天秀妻陳氏，董承祖妻盧氏，陳刑若妻楊氏，陳經仁妻湯氏，陳志鵬妻張氏，朱心一妻吳氏，陳經夏妻曹氏，沈學海繼妻盛氏，姚永增妻朱氏，崔德馨妻沈氏，胡焜妻孫氏，鍾衛妻徐氏，吳玠妻孟氏，吳露妻姚氏，沈英奇妻吳氏，陶世傑妻沈氏，卜聲遠妻錢氏，沈廷佑妻徐氏，陳融川妻王氏，王本晉妻陳氏，錢禹昌妻鍾氏，周廷璧妻唐氏，施師妻沈氏，楊鏔妻卜氏，吳金錫妻朱氏，朱國華妻陳氏，吳超增妻陶氏，朱振書妻許氏，徐洪文妻陸氏，葛芸妻張氏，諸象樞妻曹氏，吳汝爲妾周氏，陶世楷妻陳氏，陶世綱妻張氏。又烈婦吳雲海妻胡氏，王馨懷妻劉氏，生員周鼎鐘妻吳氏，均夫亡殉節。貞女薛壽圖未婚妻楊氏，沈世勳未婚妻徐氏，蔣在人未婚妻鄒氏，姚廷銓未婚妻曹氏，沈錫曾未婚妻萬氏，方塏未婚妻卜氏。孝婦朱氏，馬氏，王氏。俱於乾隆年間旌。張德洪妻沈氏，閔渭才妻顧氏，虞元芬繼妻徐氏，錢師衛妻沈氏，戴超倫妻李氏，顧力堂妻巴氏，李一夔妻孔氏，楊鑾繼妻王氏，盛國昌妻胡氏，謝映奎妻王氏，虞琨妻于氏，張文明妻嚴氏，陳鈺妻王氏，錢鈺妻凌氏，陳世鏞妻沈氏，沈光增妻孔氏，崔褚天麒妻高氏，朱泳年繼妻傅氏，高天塏妻朱氏，陳洪繼妻俞氏，卜通周妻崔氏，金聯誠妻沈氏，金廷標妻謝氏，徐錫衮妻崔氏，唐元吉妻增祚妻王氏，梅定增妻朱氏，龔堅妻王氏，金學源妻沈氏，張朝英妻陳氏，屠洪業妻鍾氏，顧樸國妻徐氏，金魯璠妾高氏，王氏，殷懋昭妻沈氏，諸爾梅妻邱氏，錢振龍妻朱氏，顧聲宣妻王氏，陳錕繼妻吳氏，費廷璜妻蕭氏，倪鴻寶妻趙氏，范光焕妻施氏，張黃中妻李氏，王名揚妻姚氏，李仁端繼妻胡氏，金王璋妻陳氏，陳羽亭妻汪氏，繆成宗妻陸氏，王大維繼妻蔡氏，唐永清繼妻沈氏，畢公禄妻姚氏，林中芳妻顧氏，林受書妻吳氏，李文水妻郁氏，章介安妻顧氏，梅廷坤妻陸氏，陶萬相繼妻陶氏，周鼎鑑妻姚氏，方休乾妻徐氏，張履祥繼妻孫氏，張孝思妻鍾氏，錢元福妻沈氏，辜爲光妻邵氏，楊主緘妻姚氏，韓敍蒼妻朱氏，沈銘禮妾張氏，邱大椿繼妻姚氏，魏珍國妻孟氏，江鳳起妻朱氏，岳含中妻王氏，陳孝本妻沈氏，項之柱妻陳氏，邵三讓妻聞氏，徐起豐妻仲氏，顧錦城繼妻胡氏，王效維妻杜氏，張應芳妻徐氏，褚鳴玉妻路氏，沈疇初妾樊氏，張宗豪妻張氏，張在兹妻李氏，韓上達妻石氏，沈任元妻顧氏，陳錫瓚妻王氏，陳統緒妻沈氏，沈永芳妻王氏，錢世祥妻張氏，殳客川妻錢氏，陳起鸞妻朱氏，張嘉瑶妻陸氏，徐觀光繼妻沈氏，范喻妻盛氏，李大恒妻黃氏，陳涵錡妻范氏，楊天章妻董氏，費瑞昭妻陸氏，范金妻史氏，項體仁妻張氏，楊文榮妻邱氏，陸名揚妻俞氏，裘南暘繼妻杜氏，朱約文妻翁氏，沈廣遠妻張氏，陳廷一妻吳氏，盛學海妻沈氏，陳肇林妻張氏，吳士英妻沈氏，章永思妻陸氏，梅定埈繼妻丁氏，徐御文妻沈氏，朱南陽妻王氏，張太祥妻徐氏，吳紹增妻陸氏，朱泰之妻懷氏，吳寶賢妻莊氏，沈世勳妻何氏，周鑒明妾王氏，周大賚妻計氏，監生陳起楨妻劉氏，曹端伯妻路氏，王嘉賓妾許氏，監生沈嗣昌妻楊氏，楊玉崑妻周氏，范有葛妻葛氏，錢嵩年妻張氏，朱三多妻王氏，監生屠見龍妻吳氏，周晴妻沈氏，監生沈廷柱妻張氏，生員汪源妻凌氏，生員汪大椿妻陸氏，潘聲木妻周氏，沈疏遠妻張氏，顧瑩秀繼妻朱氏，祝鳳音妻陳氏，潘廷懷妻沈氏，倪良玉妻吳氏，監生范大文妻王氏，馮廷書妻陳氏，陸洪聲妻仲氏，監生陶瑚妻陳氏，監生朱傅妻淩氏，楊士芳妻阮氏，陳廷和妻錢氏，職員卞景元繼妻吳氏，佘寶穀妻岳氏，仲國英繼妻郁氏，監生張鈞隆繼妻楊氏，監生張源遠妻馬氏，沈九成妻婁氏，沈洪遠妻張氏，監生潘勳妻高氏，張振凡妻徐氏，金遠聲妻董氏，沈惠芳妻徐氏，吕佐齡妻金氏，仇鳴玉妻王氏，袁鳴皐妻俞氏，沈振模妻周氏，王巨川妻江氏，馬嘉綸妻嚴氏，生員屠潮妻朱氏，毛秉忠妻彭氏，張楚白妻潘氏，傅寅妻周氏，吳嘉賓妻吳氏，沈文治妻鈕氏，沈文鼇妻李氏，監生顧應中妻陳氏，唐兆麒妻何氏，胡秀文妻周氏，吳嘉盛妻沈氏，生員王紹曾妻范氏，黄擊安妻項氏，顧隆舒繼妻沈氏，陳立倉妻孫氏，顧文英妻張氏，李聲遠妻朱氏，吳心怙妻沈氏，戴長發妻徐氏，陳永嘉妻俞氏，諸陛揚妻楊氏，陳銀海妻高氏，錢廷鑑妻劉氏，殷丹陛妻汪氏，陳惠堂妻張氏，胡君發妻莫氏，德瀜妻熊氏，監生許仰松妻莊氏，張正庸妻董氏，淩懷珍繼妻莊氏，陸嘉順妻吳氏，武生高玉麒妻楊氏，楊在安妻褚氏，劉峻妻俞氏，陸鳳朝妻沈氏，朱玉林妻郭氏，李御天妻毛氏，錢錦川妻沈氏，俞寶文繼妻顧氏，朱玉乾妻許氏，吳朝終妻李氏，徐大文妻郁氏，沈耀宗妻莫氏，卜德珍妻何氏，張汝熊妻楊氏，監生文士杰妾李氏，朱天倫妻沈氏，姚乘邦妻金氏，監生鍾飛鵬妻譚氏，諸玉禾妻陸氏，生員錢杞妻陸氏，陸寶傳妻吳氏，蒲廷宰妻朱氏，高御天妻許氏，慎廷陛妻趙氏，陸垂耀妻曹氏，沈元賓妻韋氏，王繼修妻朱氏，陶建三妻王氏，周殿安妻張氏，潘世稷妻高氏，廩生楊汝琦妻董氏，吳大林繼妻洪氏，徐觀臨妻陳氏，朱休順妻謝氏，吳上達妻鄒氏，徐天禮妻張氏，王承熹妻嚴氏，監生陳人傑繼妻袁氏，生員方璇妾朱氏，監生潘宏源妾郭氏，邵來賓妻文氏，邵培蒼妻徐氏，范思孝妻陸氏，項鸞妻陸氏，張坤山妻高氏，錢灝妻郭氏，薛厚堂妻王氏，周裕常繼妻姚氏，殳秉忠妻陳氏，蔡廷選妻姚氏，王又華妻史氏，生員陳起鳳妻郁氏，周仲昭妻宋氏，紀應祖妻陸氏，張立方妻史氏。又烈婦周鼎鎬妻張氏，孫鼎源妻王氏，盛承培妻周氏，翁城妻陶氏，生員汪承勳妻卜氏，陳向高妻虞氏，陳廷枚妻施氏。烈女楊浚未婚妻沈氏，濮廷松未婚妻陸氏，沈守堃未婚妻史氏，朱隴福未婚妻諸氏，均夫亡殉節。烈女章原姑。貞女陳氏、龔氏、陶氏、馮氏。俱於嘉慶年間旌。

貢生程國祥妻錢氏。嘉善人。同縣李翰妻卞氏，吳扶來妻孫氏，監生張鱗妻丁氏，生員蔡廷正妻李氏，候補中書錢熹妻葉氏，生員柯學炯妻孫氏，李思淑妻魏氏，張殿英妻姚氏，張介安妻陳氏，生員戈廷望妻曹氏，生員張培妾章氏，生員柯壽坤妻丁氏，生員陸世瓛繼妻張氏，生員馮立妻丁氏，考職州判張浚升繼妻丁氏，生員王國珍妻張氏，監生張象柳妻馮氏，生員王士超妻呂氏，王鳳翀妻丁氏，金爾榮妻王氏，蔣越妻顧氏，張美中妻錢氏，監生孫曰楓妻曹氏，生員李泰來妻沈氏，李前欽妻周氏，曹相龍妻陳氏，沈鴻業妻朱氏，金明宇妻周氏，生員朱揆妻汪氏，陸培甫妻金氏，楊扶九妻支氏，戴祝三妻吳氏，許大宗妻李氏，生員魏學泙妻嚴氏，薛翼妻朱氏，沈西安妻顧氏，范曇妻曹氏，沈彝敘妻錢氏，倪源妾李氏，監生陳廷敏妻黃氏，黃景蘧妻汪氏，貢生朱紹周妾徐氏，吳明達妻沈氏，王裕昆妻趙氏，黃士治妻趙氏，程國祥妻錢氏，馮淡菴妻戴氏，曹相慶妻孫氏，許廷□妻葉氏，張心培妻周氏，錢庭柯妻查氏，卓時泰妻顧氏，吳震南妻姜氏，吳士元繼妻許氏，張雲標妻孫氏，戴珍瑗妻孫氏，倪廷安繼妻徐氏，沈棣妻唐氏，毛學禮妻陸氏，費秉彝妻佘氏。又烈婦監生吳樹禮妻胡氏，夫亡殉節。貞女葉封唐未婚妻劉氏，馮學陳未婚妻徐氏，許端揆未婚妻陳氏，錢南岡未婚妻顧氏。俱於乾隆年間旌。徐錫祚妻孫氏，宋炳南妻陳氏，戴秉鈞妻錢氏，蔡以臺妾袁氏，孫學均繼妻薛氏，徐錫齡妻曹氏，龔觀驥妻李氏，倪景煥妻沈氏，倪均妻楊氏，李宏遠妻董氏，生員周宸勳妻汪氏，張惇五妻黃氏，黃紹銓妻楊氏，朱天中繼妻楊氏，生員魏正鏊妻顧氏，生員魏正鉞妻許氏，支世堂妻胡氏，監生錢星陳妻沈氏，丁會東妻陸氏。又烈婦何庭杜妻朱氏，以拒姦死。貞女姚氏、戴氏。俱於嘉慶年間旌。

吳元宣妻張氏。海鹽人。同縣許曼年妻陳氏，生員徐朱稼妻朱氏，生員俞煌妻許氏，滿洞妻徐氏，趙流謙妻孫氏，生員吳掄妻洪氏，陳在中妻沈氏，顧潮妻童氏，徐相柏妻萬氏，張立妻王氏，褚士煌妻張氏，潘懋昌妻劉氏，永德存妻錢氏，詹步青妻朱氏，監生周天元妻盛氏，崔立三妻錢氏，生員顧鳳翔妻朱氏，徐道含妻姚氏，吾增妻沈氏，王馨妻張氏，朱文年妻徐氏，監生淩承烈妻王氏，朱文忠妻崔氏，朱覲光妻吳氏，徐玉林妻馬氏，韓聲來妻董氏，李奇連妻俞氏，俞靜涵妻支氏，李宗文妻戈氏，湯汝訥妻朱氏，金茂元妻葉氏，顧鳴陽妻張氏，馬書田妻許氏，陳德安妻周氏，沈曾楠妻查氏，夏允昭妻沈氏，生員張師漢妾俞氏，吳端揆妻王氏，富奕山妻朱氏，朱若羹妻祖氏，吳紹曾妻張氏，張子珍妻董氏，王德中妻黃氏，黃順爲妻何氏，俞文光妻董氏，張之炳妻沈氏，朱英妻張氏，宋士玉妾朱氏，顧培妻張氏，陳言彰妻朱氏，曹陳倫妻李氏，監生俞廷芬繼妻陸氏，張星妻陳氏，黄有嚴妻顧氏，周廣文妻郭氏，王雲禪妻李氏，顧鳴陽妻陸氏，彭沛臣妻黄氏，謝延齡妻周氏，陳久菴妻詹氏，李在山妻許氏，崔隣哉妻徐氏，王汝臣妻唐氏，王汝璉妻朱氏，張肯堂妻祝氏，鍾徽妻裴氏，吴仲章妻沈氏，監生金叶辰妻陸氏，邵學文妻朱氏，徐開伯妻黄氏，鄭士則妻沈氏，徐堯章妻吴氏，莊永思妻俞氏，監生洪琦妻沈氏，又妾陸氏，夏啓賢妻顧氏，生員徐嶸年妻朱氏，生員陳雄飛妻周氏，劉大昇妻殷氏，生員陸阜妻趙氏，謝殿安妻韓氏，鄭錫齡妻陳氏，朱立三妻徐氏，嚴浩妻吴氏，施彦祥妻吴氏，吴堯仁妻凌氏，姚仲升妻許氏，黄懋吉妻吴氏，朱流光妻張氏，李天章妻許氏，郭襄臣妻沈氏，武生郭畿妻陸氏，徐鼎臣妻黄氏，潘林洲妻吴氏，楊守愚妻張氏，張皓妾陳氏，舉人朱謨烈妻徐氏，生員朱逢泰繼妻潘氏，張元鈺妻謝氏，富大椿妻吴氏，生員顧棨妻王氏，張然明妻黄氏，金昊衍妻朱氏，李榮昌繼妻陳氏，張舜光妻陳氏，陳吕其妻沈氏，陳奕增妻胡氏，生員王淮妻朱氏，王國炳妻錢氏，富聖彝妻葉氏，富俊升妻沈氏，徐我綏妻朱氏，支德潤妻彭氏，盛御天妻謝氏，監生俞和均妻黄氏，任銓妻朱氏，生員康作霖妻張氏，生員徐吉曾妻崔氏，徐應萊妻俞氏，張天宁妻陳氏，朱起元妻徐氏，徐行妻夏氏，徐元默妻趙氏，楊雝喈妻陶氏，生員徐陳素妻王氏，崔森妻朱氏，陸憲章妻史氏，陸屺瞻妻顧氏，生員張世培妻徐氏，趙坤玉妻廖氏，趙麟章妻張氏，盧瀛洲妻王氏，朱元昌妻沈氏，朱佐妻萬氏，監生王曾妻朱氏，姚宏緒妻陳氏，任輝發妻徐氏，黄紹堅妻沈氏，倪于門妻張氏，顧覲妻陳氏，季士宏妻馮氏，陳時略妻朱氏，徐宜妻任氏，監生張文淵妻萬氏，監生吴正泰妻馮氏，生員王大熹妻顧氏，楊寧安妻陳氏，生員朱拱乾妻劉氏，生員朱之濂妾陸氏，張振先妻胡氏，張振林妻吕氏，張宗棟妻朱氏，楊西崑妻胡氏，陸陛乾妻朱氏，許懋謨妻徐氏，顧黄妻夏氏，馬文達妻陳氏，殷大輅妻錢氏，蔣世楊妻姚氏，康日嚴妻尤氏，俞國良妻繆氏，陳廣智妻俞氏，徐上法妻朱氏，王彝尊妻陳氏，李尋千妻徐氏，徐煥然妻陳氏，崔廷棟妻陳氏，崔見龍妾俞氏，胡克榮妻張氏，葉朗安妻朱氏，沈載常妻賈氏，陳蘭森妻胡氏，鄭雄飛妻王氏，陸宏道妻陳氏，馬祖勳妻吴氏，錢永暘妻彭氏，王叔旦妻黄氏，歸廷楨妻顧氏，殷起龍妻俞氏，徐祖望妻沈氏，歸維翰妻張氏，葉升桓妻姚氏，張宗鼎妻萬氏。又貞女黄星河未婚妻張氏，吾紹先未婚妻施氏，劉西侯未婚妻胡氏，朱廷健未婚妻祝氏，汪蘭言未婚妻徐氏，陳應龍未婚妻朱氏，鄭調未婚妻許氏〔一一〕，俞汝諧未婚妻張氏，生員韓正塤未婚妻徐氏，沈榮未婚妻袁氏，賈達未婚妻朱氏，何顯業未婚妻馬氏，葉駕璜未婚妻張氏。俱於乾隆年間旌。徐應年妻金氏，徐岳謙妻千氏，張希曾妻許氏，徐雙柯妻陸氏，尤襄明妻王氏，王也良妻尤氏，王載安妻顧氏，張嗣齡妻徐氏，周復溪妻劉氏，崔淳妻陶氏，王佩安妻顧氏，錢夢蘭妻毛氏，蕭徵麒妻陳氏，朱文煥妻奚氏，顧雲翮妻俞氏，王世珍妻富氏，陳典文妻楊氏，陳榮先妻茹氏，李紫條妻陳氏，陳佩芬妻蔡氏，王在中妻錢氏，錢汝楫妻湯氏，馬行龍繼妻王氏，徐安貞妻何氏，仇應乾妻陳氏，徐廷璋妻吳氏，貢生陳疇妻楊氏，沈煊妻邵氏，周光海妻祝氏，生員王雯妻繆氏，生員顧聯妻許氏，朱肯堂妻張氏，監生呂祖渭妻張氏，甘輔文妻孫氏，張家玢妻朱氏，朱煥妻張氏，監生方升妻畢氏，王組妻祝氏，監生陳敬祖妻張氏，張仁天妻顧氏，沈全貞妻嚴氏，戴大仁妻沈氏，李元亨妻潘氏。又烈婦葉華初妻宋氏，方大玉妾姚氏，均夫亡殉節。貞女任增未婚妻許氏，徐沅未婚妻祝氏。俱於嘉慶年間旌。

顧元規妻姚氏。石門人。同縣吳璁繼妻朱氏，王襄宸妻范氏，鍾文瞻妻費氏，范道謙妻孫氏，范方廣妻姚氏，沈啓明妻費氏，馬德玉妻胡氏，馬開宗妻姚氏，生員馮連妻沈氏，生員莊鏞妻聞氏，生員吳永槐妻倪氏，范堅妻周氏，陳文曾妻王氏，聞學詩妻高氏，馬漢欽妻沈氏，胡燮妻蕭氏，舉人胡廷對妻顧氏，祝開用妻方氏，徐文明妻王氏，生員朱天綸妻倪氏，姚子齡妻夏氏，監生沈廷桂妻蔡氏，曹壘妻姚氏，張秉衡妻費氏，沈德威妻吳氏，沈溶繼妻范氏，監生鶴齡妾錢氏，陸允嘉妻謝氏，翰林吳爾壎妻徐氏，生員吳爾篪妻翁氏，吳昆池妻郭氏，朱兼二妻沈氏，陳永儀妻沈氏，生員徐允昇妻沈氏，吳玉賓妻朱氏，陳襄仲妻張氏，王嗣賢妻陳氏，唐世楷妻許氏，吳起麟妻鄭氏，生員曹諾金妻沈氏，張承三妻朱氏，蔡永熙妻勞氏，郭兆榮妻朱氏，監生徐學山妻沈氏，朱維熊妻鄭氏，監生莊錦妻張氏，姚寶珍妻鄭氏，蔡聖文妻陳氏，湯廷槐妻周氏，吳蘭光妻張氏，張國英妻周氏，周名鑣妻陳氏，沈宏妻張氏，胡國榮妻混氏，沈良佐妻鍾氏，吳廷獻妻沈氏，姚士魁妻張氏，姚建中妻李氏，陳嘉言妻范氏，陳德因妻施氏，徐廷傑妻沈氏，陳夢熊妾沈氏，吳廷桂妻盛氏，呂世萊妻封氏，王永增妻陳氏，沈井梧妻史氏，汪世梁妻蔡氏，姚永昌妻王氏，金鋒妻葉氏，孫南侯妻沈氏，范承恕妻夏氏，謝邦年妻沈氏，姚世騂妻陳氏，陳錕妾張氏，陳璹妻吳氏，蔡哲人繼妻葉氏，周瑞麟妻沈氏。又烈婦傅葉氏，以拒姦死，張張氏，以强搶逼嫁投河死。貞女范懋英未婚妻沈氏，祝昌宗未婚妻錢氏，錢念劬未婚妻陳氏，武生朱鑛未婚妻沈氏，莊冠南未婚妻孟氏。俱於乾隆年間旌。吳高棟妻張氏，胡鴻球妻沈氏，孫兆至妻談氏，蔡宏禧妻陳氏，沈秉良妻尤氏，沈學芹妻夏氏，徐方成妻許氏，監生胡榛妻朱氏，生員范文煥妾朱氏，生員顧瑛妻魏氏，許錦烽妻蔡氏，田敬初妻陳氏，曹壽年妻李氏，沈禹昌繼妻陳氏，楊修傳妻蔡氏。又烈婦張唐氏，以拒姦死。武生王煒繼妻方氏，監生徐耀妻胡氏，均夫亡殉節。貞女洪氏。俱於嘉慶年間旌。

**生員沈不負妾朱氏。**平湖人。同縣監生洪士良妻李氏，屠德允妻何氏，過澤洽妻時氏，監生陸潚源妻張氏，監生張兆牧妻嚴氏，張天佑妻朱氏，生員沈南英妻楊氏，楊炌妻沈氏，沈圻妻陸氏，監生姚宏遠妾黃氏，沈畿妻謝氏，鮑秉寬妻陳氏，趙文元妻周氏，徐孚吉妻王氏，生員沈宏昌妻陸氏，生員陸墉妻林氏，生員施堪妻倪氏，監生陸芳嶸妻沈氏，林勝先妻謝氏，唐學洪妻俞氏，張秋鑑妻楊氏，徐維垣妻沈氏，生員倪洵庚妻張氏，生員倪洵甲妻鍾氏，生員倪廷鳳妻金氏，曹念祥妻李氏，監生錢永昌妻馬氏，生員馮元鼎妻丁氏，張天裕妻劉氏，監生徐宗謂妻屈氏，監生施澇妻陸氏，生員施明焻妻陸氏，紀嗣龍妻朱氏，朱泗妻許氏，張嗣森妻徐氏，生員沈允玉妻張氏，監生陳秉祺妻林氏，朱士選妻張氏，徐德隅妻張氏，戴凌臯妻姚氏，徐秉文妻馬氏，馮搏始妻陸氏，楊聲垂妻劉氏，生員吳銓妻曹氏，生員洪允迪妻方氏，吳廷鏗妻唐氏，王茂昭繼妻李氏，戈洽枚妻呂氏，魯廷彥妻錢氏，倪熙曾妻馮氏，生員張東暘妻陸氏，監生趙啓妻紀氏，生員俞鍈妻陸氏，徐鶴林妻王氏，唐任之妻倪氏，劉永臣妻江氏，徐鼎妻韓氏，陸覲揚妻褚氏，陸郎亭妻沈氏，貢生陸其煥妻萬氏，馮光斗妻湯氏，陸瑩妻王氏，林守憲妻朱氏，張霄鶴妻羅氏，錢榮世妻俞氏，監生沈嶧繼妻陸氏，邵六陶妻孫氏，生員張陸珍妻王氏，袁鈁妻陸氏，曹廷瑞妻顧氏，沈文淇妻范氏，生員邵銓妻余氏，沈元洲妻孫氏，生員陸裕昌繼妻施氏，妾沈氏，監生吳宗僖妻陳氏，俞宗沬妻戴氏，監生吳鳳翥妻陸氏，黃如南繼妻高氏，張麟貞繼妻陳氏，曹元臯妻胡氏，監生陳斌妻孫氏，監生陳如琳妻張氏，監生陳煌妻陸氏，許宗蕃妻王氏，陸士俊妻洪氏，貢生陶兼才妻馬氏，張安妻馬氏，方泰妻莊氏，馬潮妻唐氏，張陸珍妻王氏，李點妻翁氏，倪雲龍妻陳氏，方湛妻劉氏，湯得型妻馮氏，沈承沛妻馮氏，沈廷樞妻陸氏，陸德錫妻王氏，王慶遐妻馬氏，錢本忠妻王氏，劉鍔妻胡氏，陳士芳妻朱氏，徐行妻陸氏，張友德妾沈氏，吳玉祥妻陶氏，邵鉥妻唐氏，何鎬繼妻耿氏，何觀濤妻王氏，吳廷美妾高氏，俞松妻施氏，吳文粱妻馮氏，邵有光妻王氏，又妾陳氏，楊維恭妻王氏，鮑青紆妻張氏，孫宗海妾王氏，魏武千妻于氏，方淮妾徐氏，張在衡妻郭氏，何濬妾趙氏，孫卓亭妻朱氏，何廷鋐妻施氏，又妾葉氏，陸堂年妾浦氏，錢浩妻沈氏，鮑讓妻程氏，陸殿招妻王氏，方鼎彝妾姚氏，徐愷誠妻顧氏。又烈婦張天恃妻姚氏，夫亡殉節。莊西成妻郁氏，以拒强被殺。汪南谷妻顧氏，以被謔自經。貞女孟麟未婚妻翁氏，盧儼思未婚妻沈氏，姚培善未婚妻王氏，何世培未婚妻陳氏，顧玉山未婚妻王氏，吴嗣荃未婚妻劉氏。俱於乾隆年間旌。徐鈞妻彭氏，辜超妻朱氏，辜士俊繼妻王氏，胡泰宗妻張氏，許昆妾嚴氏，張壎妻戈氏，陸心鑑妻邵氏，唐鼎雲妻徐氏，姚永孝妻陸氏，姚岱妻張氏，徐純楷繼妻倪氏，王謹藻妻張氏，王揆妻張氏，鍾繼善妻熊氏，徐鎔妻馬氏，楊瑞山妻周氏，徐載旗妾張氏，謝鼎妻朱氏，郭元勳妻奚氏，俞鼇妻馮氏，馬鎌妻俞氏，俞心融妻李氏，徐榮先妻沈氏，何鍾敏繼妻沈氏，張寶林妻孫氏，俞垣妾沈氏，李鳳來繼妻王氏，李鑾妻陸氏，馬邦憲妻鄭氏，馬達之妻鄭氏，監生陸學洲妻屈氏，張芸暉妻謝氏，陶士奇妻吴氏，王鳳昌妻方氏，羅玉堂妻張氏，生員朱鴻猷妾石氏，陸鴻昇妾金氏，屠鎔妻王氏，生員陸希曾妾馮氏，監生曹永紹妻蔡氏，李光遠妻費氏，生員倪存培妻周氏，黄然妻高氏，楊左峯妻馮氏，林兆惠妻馬氏，林秉誠妻俞氏，沈查基妻張氏，李洵芳妻吴氏，監生楊思儼妻嚴氏，費淮妻謝氏，監生顧芳庭妻何氏，張榛妻朱氏，吴棟繼妻薄氏，吴喻德妻張氏，監生馮鎬妻胡氏，生員陸廷瑚妻邵氏，監生龔文煜妻顧氏，職員吴涵妻張氏、又妾方氏，監生陸泰鋆妾沈氏，韓仲華妻方氏，陳桐喈妻楊氏，王留妻汪氏，監生倪世培妾朱氏，屈曰檪妻蕭氏，金宏基妾陸氏，監生殳克讓妻沈氏，監生倪世培妾褚氏，生員屈應麟妻周氏，屈長源妾孫氏。又烈婦朱瀚妻郭氏。烈女張曰楣未婚妻沈氏。均夫亡殉節。貞女郭氏，孫氏，張氏，葉氏，郭氏。俱於嘉慶年間旌。

吴廷枚妻唐氏。桐鄉人。同縣生員鈕興周妻張氏，監生陳雲驎妾倪氏，郭之瀚妻柴氏，生員沈維新妻丁氏，生員嫪兆熊妻沈氏，吴佑宜妻姚氏，王佩臣妻張氏，潘體乾妻朱氏，輔臣妻夏氏，輔贊侯妻沈氏，張承武妻王氏，沈瑞生妻趙氏，監生戴文光妻程氏，孔紹賢妻張氏，趙廣生妻茅氏，潘紫綸妻毛氏，黄煓妻張氏，朱殿章妻周氏，施荆山妻趙氏，生員高文標妾羅氏，嚴丹宸妻楊氏，沈鳴吉妻陸氏，徐君明妻沈氏，錢季昇妻沈氏，曹文典妻沈氏，施日良妻胡氏，陳元音妻朱氏，陳永瑞妻張氏，黄鍾妻楊氏，柴商陳妻嚴氏，趙登雲妻魏氏，夏延祚妻姚氏，吳道清妻沈氏，吳元龍妻陸氏，蔣子御妻汪氏，王禮庭妻周氏，趙龍光妻沈氏，徐美生妻胡氏，沈來臣妻韓氏，殳聖期妻胡氏，生員鍾朱鼎妻莊氏，李秉文妻許氏，程黼安妻馮氏，毛禹煌妻許氏，畢襄文妻朱氏，監生蔣國祺繼妻張氏，朱覲文妻沈氏，沈秉文妻蔡氏，蘇幹臣妻楊氏，張起豪妻張氏，朱乾貞妻周氏，張廷輔妻陳氏，張昌言妻王氏，生員方奇妻潘氏，毛承六妻沈氏，鄭國英妻毛氏，朱天階妻莊氏，朱繼芳妻楊氏，程銓儒妻毛氏，曹汝諧妻沈氏，徐景潮妻葉氏，監生鍾潘妻于氏，舒廣陵妻崔氏，周曰庠妻沈氏，莊肇域妻王氏，陳又舒妻張氏，葉守勤妻皇甫氏，張星煜妻錢氏，任之濤妻嵇氏，周佩芳妻施氏，莊肇元妻范氏，楊際昌妻姚氏，張舜揚妻錢氏，張元愷妻毛氏，潘之松妻朱氏，生員沈震妻夏氏，沈元雄妻嚴氏，馬麟祥妻沈氏，沈人倫妻莊氏，曹廷泰妻潘氏，沈秉珍妻錢氏，施伯龍妻倪氏，孟宿達妻沈氏，金天祥妻魏氏，王魯臣妻孫氏，周瑞珍妻吳氏，孔毓璞繼妻陸氏，孔繼高妻勞氏，舉人吳鴻振妻曹氏，貢生皇甫澐繼妻張氏，章名山妻錢氏，錢穎寰妻馬氏，黃楚來妻邱氏，鄭爾嘉妻曹氏，茅樹檖妻徐氏，生員曹甸妻徐氏，曹廷瑀妻蔣氏，沈秉良妻孫氏，朱載安妻錢氏，程鎮妻張氏，曹瑾妻張氏，蔣士功妻李氏，沈天珮妻陸氏，丁彥臣妻姚氏，孔繼章妻朱氏，貢生施曾錫妻金氏，濮炎妻沈氏，鍾塤妻阮氏，沈蕙森妻章氏，王培周妻姚氏，金維詩妻朱氏，沈欽妻蔣氏，張以貞妻畢氏，徐觀成妻陳氏，吳繼邦妻喬氏，朱仁本妾陶氏，都森玉妻陸氏，陸費峑妻鍾氏，陸鎮宗妻沈氏，沈廷璋妻貝氏，王君如妻董氏，趙鳴玉妻張氏，董韓公妻蔣氏，楊庭堅妻王氏，嚴大德妻吳氏，錢尚謨妻錢氏，楊士發妻項氏，魏廷賢妻馮氏，皇甫楙妻周氏，徐中璜妻王氏，施見龍繼妻沈氏，汪鍇妻程氏，金際堃妻王氏，張懋元妻朱氏，張福元妻周氏，蔣晉奚妻黃氏，顧機妻陳氏。又烈女孔繼光未婚妻張氏，程之梁未婚妻沈氏。烈婦嚴師顏妻沈氏。均夫亡殉節。貞女蔡升猷未婚妻施氏，張世綸未婚妻朱氏，生員陳寀之未婚妻濮氏。俱於乾隆年間旌。江國瑞妻孫氏，金奏三妻莊氏，張景潮繼妻汪氏，張景溶妻徐氏，蔣汝魁妻劉氏，楊可南妻施氏，范光嶽妻朱氏，施承祖妻胡氏，黃大成繼妻吳氏，葉文獻妻蔣氏，許敬安妻錢氏，陸景賢妻沈氏，張廷模妻沈氏，沈見陶妻魏氏，劉鑑妻李氏，于廷彬妻錢氏，鍾銓妻管氏，楊際時妻王氏，鍾之源繼妻賈氏，姚申錫妻孫氏，潘玉堂妻姚氏，金廣聲妻章氏，黃棟妻程氏，周大成妻沈氏，邱志賢妻俞氏，祁文惠妻邱氏，姚承耿妻皇甫氏，朱鈖妻歸氏，監生沈孝祥繼妻沈氏，于通瀛妻朱氏，陸世封妻趙氏，孫錫祚妻程氏，錢錦章妻葛氏，生員于廷銑妻卜氏，甯東序妻蔣氏，沈啓豐妾沈氏，金以執妻朱氏。又烈婦蔣陸氏，因逼嫁捐軀。金鑅妻周氏，金紹豐妻陳氏，均夫亡殉節。貞女汪氏。俱於嘉慶年間旌。

## 仙釋

### 唐

徐轡。海鹽人。少有道術，能役鬼神。錢塘杜氏女爲妖所憑，轡作法袪之，見白衣人入門，轡叱之，即成白龜。後登石崎山不返，兄弟往尋之，見轡在山上倚樹不動，抱下如蟬蛻，蓋尸解云。

光範。爲童子時，師事靈祐，學通經記。居嘉興靈光寺，言百流會歸之説。著釋會章句十五卷。

### 五代

文偃。嘉興人。姓張氏。少時徧遊方外，遂得道於雪峯禪師。宋太宗朝，賜號國真弘明禪師。本朝雍正中加號慈雲。

### 宋

李道人。紹興初，劉延仲寓秀州，道人過門，自號爲李鼻涕。或從求藥，則以鼻涕和垢膩爲丸與之，病立愈。一日詣劉别云，後二十年某日月，當於真州相見。至期，劉卒於真州。

寶安。姓夏氏，蘇州人。親運土石於嘉興精嚴寺立五臺院，時僧臘八十餘歲，不衣絲縷，寢卧亂草中。深明宗旨，示寂後，肉身不壞。

唐介壽。嘉善西塘人。得異術，能役使鬼神。咸淳二年，海潮衝齧錢塘，介壽用朱符投之江，患遂息。詔授道録，以其所居爲福源宫。

## 元

張與材。字國梁，别號廣微子。元貞間，潮齧鹽官、海鹽兩州，與材以術治之，一夕大雷電以震，明日，見有物魚首黿形，磔於水裔，潮患遂息。又與材善畫龍，晚年懶於舉筆，人有絹素，輒呼曰：「畫龍來。」頃之，忽一龍飛上絹素，即成畫矣。

## 明

冷謙。秀水人。洪武初爲協律郎，以術出庫金，濟其貧友，事發被逮。道中求飲，遂躍入瓶中。持瓶至御前，呼其名輒應，碎之，片片皆應。後有人見之蜀中。

# 土産

銅。漢書食貨志：吴東有海鹽章山之銅。

鹽。海鹽縣出。

絲。各縣出。唐土貢絲及絲綿。

綾。各縣出。唐、宋俱土貢。

紬。府志有素紬、花紬、綾地花紬、輕光紬、王店紬數種，出濮院者佳。

李。府境出。越絶書作「就李」，核小如豆，味最甘。

梨。秀水縣出。縣志：禦兒産玉乳梨。侯鯖録：語兒梨，果實之珍，因其地名。

薹心菜。各縣出。冬種春生，收子擣作油，民利之。

石首魚。海鹽縣出。又出蝤蛑、白蜆。

蟹。汾湖出。陶振汾湖賦注：各處蟹皆白須，惟汾湖紫須。

鴛鴦。秀水出。名勝志：南湖多鴛鴦，故名鴛湖。

黄雀。出陶莊馬疃。有二種，一名蘆雀，味最劣。

秋烏。海鹽縣出。味腴美。

## 校勘記

〔一〕及漲涇堰兩創築月河　乾隆志同。按，此源自宋史卷九七河渠志文。中華書局點校本據宋會要輯稿食貨八之四二「於張涇堰傍兩岸創築月河，置閘一所」之記載，改「漲」爲「張」，補「岸」字，是。

〔二〕仁諭浮屠氏之籍於白雲宗者　「籍」，原作「藉」，乾隆志同，據雍正浙江通志卷一五〇名宦改。「宗」，乾隆志、浙江通志作「中」。

〔三〕鹽筴　「筴」，原作「篋」，顯誤，據乾隆志改。

〔四〕元末爲温州路學正　「學正」，原作「學士」，據乾隆志及明史卷一三七鮑恂傳改。

〔五〕張寧　「寧」，原作「安」，據乾隆志改。參上卷校勘記〔八〕。

〔六〕石麒以次審理　「麒」，原作「麟」，據乾隆志及上文改。按，徐石麒，明史卷二七五有傳。

〔七〕知沭陽縣　「沭陽」，原作「杰陽」，據乾隆志改。考光緒嘉興府志卷五〇錢汝恭傳載「乾隆丁卯舉順天鄉試，挑發河南，補沭陽令」，乾隆志與之合。

〔八〕張寧妾高氏李氏　「寧」，原作「安」，據乾隆志改。按，本志避清宣宗諱改字，今改回。

〔九〕士標官山東寧海州州同　「寧海」，原作「海寧」，據乾隆志及雍正浙江通志卷二〇四列女乙。

〔一〇〕樊璉未婚妻周氏　「璉」，原作「連」，據乾隆志改。按，本志避乾隆皇太子永璉諱改字，今改回。

〔一一〕鄭調未婚妻許氏　乾隆志「調」下有「元」字，疑此脱。

# 湖州府圖

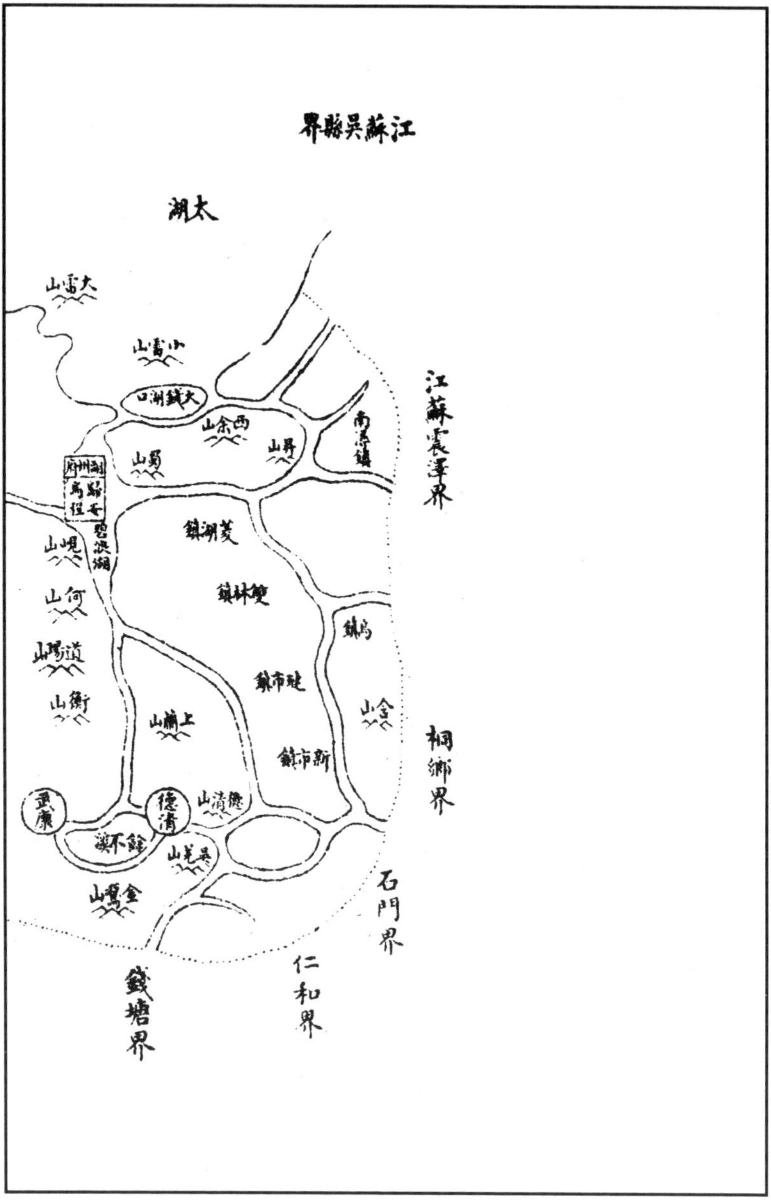
江蘇吳縣界
太湖
大雷山
小雷山
大錢湖口
西余山
昇山
蜀山
南潯鎮
江蘇震澤界
湖州府
歸安
烏程
碧浪湖
菱湖鎮
峴山
何山
道場山
衡山
雙林鎮
烏鎮
璉市鎮
上柏山
含山
新市鎮
桐鄉界
武康
德清
德清山
餘不溪
吳羌山
金鵞山
石門界
仁和界
錢塘界

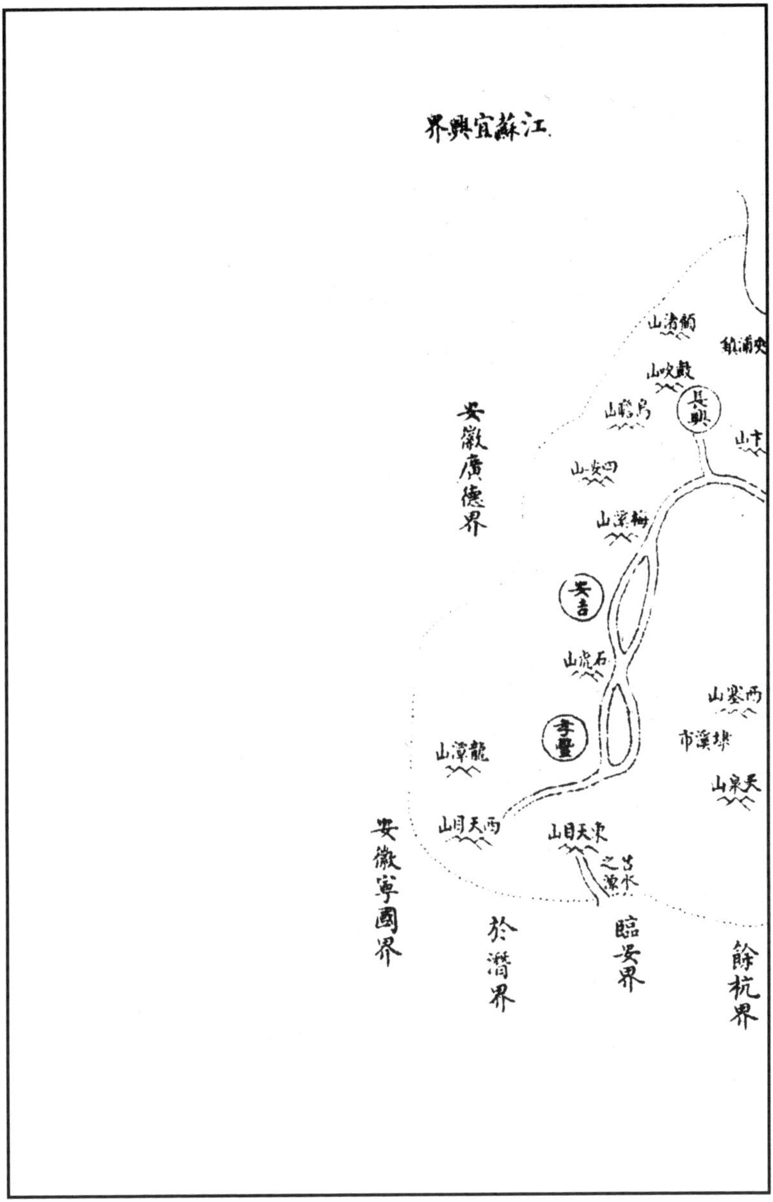
江蘇宜興界
顧渚山
夾浦鎮
長興
卞山
四安山
梅溪山
安徽廣德界
安吉
石虎山
西塞山
埭溪市
孝豐
龍潭山
天泉山
西天目山
東天目山
苕水之源
安徽寧國界
於潛界
臨安界
餘杭界

# 湖州府表

| | 湖州府 | 烏程縣 |
|---|---|---|
| 秦漢 | 秦會稽及鄣郡地。漢屬會稽及丹陽郡，後漢分屬吴郡。 | 烏程縣 秦置，屬會稽郡。漢因之。後漢屬吴郡。<br>興平二年分置永縣。 |
| 三國吴 | 吴興郡 寶鼎初置。 | 烏程縣 郡治。<br>廢。 |
| 晉 | 吴興郡 | 烏程縣<br>東遷縣 太康初分置，屬吴興郡。 |
| 宋 | 吴興郡 | 烏程縣<br>東遷縣 元徽四年更名東安，昇明初復。 |
| 齊梁陳 | 吴興郡 梁紹泰初置震州，太平初廢。 | 烏程縣<br>東遷縣 |
| 隋 | 初廢郡，仁壽二年置湖州，大業初又廢。 | 烏程縣 仁壽二年爲湖州治，後屬吴郡。<br>省入。 |
| 唐 | 湖州 武德四年復置。天寶初復郡，屬江南東道。乾元初復爲州，屬浙江西道。 | 烏程縣 州治。 |
| 五代 | 湖州 屬吴越，周時改軍曰宣德。 | 烏程縣 |
| 宋 | 湖州吴興郡 屬兩浙路，景祐初升昭慶軍節度，寶慶初改州名安吉。 | 烏程縣 |
| 元 | 湖州路 至元中復州名，升路，屬江浙行省。 | 烏程縣 路治。 |
| 明 | 湖州府 屬浙江布政司。 | 烏程縣 府治。 |

續表

| 歸安縣 | 長興縣 | |
| --- | --- | --- |
| 烏程縣地。 | 烏程、故鄣二縣。 | |
| | | |
| | 長城縣 太康三年分置,屬吴興郡。 | |
| | 長城縣 | 義鄉縣 永興初置,屬義興郡。 |
| | 長城縣 | 義鄉縣 |
| | 長城縣 初省入烏程,仁壽二年復置,屬湖州。大業初屬吴郡,後沈法興置長州。 | 義鄉縣 |
| | 長城縣 武德四年改長州爲綏州,又改雉州,旋廢,屬湖州。又置原鄉縣,尋廢。 | 廢。 |
| | 長興縣 吴越更名。 | |
| 歸安縣 太平興國中析置,同爲州治。 | 長興縣 屬湖州。 | |
| 歸安縣 路治。 | 長興縣 元貞初升州,屬湖州路。 | |
| 歸安縣 府治。 | 長興縣 初改長安州,洪武二年復降縣,屬湖州府。 | |

續表

| 德清縣 | 武康縣 | 安吉縣 |
| --- | --- | --- |
| 烏程縣地。後漢末爲永安縣地。 | 烏程縣地。後漢初平中置永安縣，屬吳郡。 | 故鄣縣 秦置鄣郡。漢廢郡爲縣，屬丹陽郡。後漢中平初分置安吉縣。 |
| | 永安縣 屬吳興郡。 | 故鄣縣 屬吳興郡。 |
| 武康縣地。 | 武康縣 初名永康，又改名武康。 | 故鄣縣 |
| | 武康縣 | 故鄣縣 |
| | 武康縣 | 故鄣縣 |
| | 武康縣 初廢，仁壽初復置，屬餘杭郡。 | 省入綏安。 |
| 德清縣 天授二年置武源縣，屬湖州。景雲二年更名臨溪，天寶初又改名。 | 武康縣 初李子通置安州，尋曰武州。武德七年廢縣，屬湖州。 | |
| 德清縣 | 武康縣 梁初吳越改屬杭州。 | |
| 德清縣 屬湖州。 | 武康縣 屬湖州。 | |
| 德清縣 屬湖州路。 | 武康縣 屬湖州路。 | |
| 德清縣 屬湖州府。 | 武康縣 屬湖州府。 | |

續表

| | 孝豐縣 |
| --- | --- |
| | 故鄣縣地。後漢中平二年置原鄉縣，屬丹陽郡。 |
| 安吉縣 屬吴興郡。 | 原鄉縣 屬吴興郡。 |
| 安吉縣 | 原鄉縣 |
| 安吉縣 | 原鄉縣 |
| 安吉縣 陳分屬陳留郡。 | 原鄉縣 |
| 初省入綏安，義寧二年沈法興復置安吉縣。 | 省入綏安。 |
| 安吉縣 初屬桃州，尋省入長城。麟德初復屬湖州。 | 初復置縣，屬雉州，旋省入長城，後爲安吉縣地。 |
| 安吉縣 | |
| 安吉縣 | |
| 安吉縣 屬湖州路。 | 孝豐縣 |
| 安吉州 正德元年升州，仍屬湖州府。 | 孝豐縣 成化二十三年析置，屬湖州府。正德初改屬安吉州。 |

# 大清一統志卷二百八十九

## 湖州府一

在省治北少西一百八十里。東西距一百八十二里，南北距一百三十八里。東至江蘇蘇州府吴江縣界七十二里，西至安徽廣德州界一百十里，南至杭州府仁和縣界一百二十里，北至太湖十八里。東南至嘉興府桐鄉縣界九十里，西南至安徽寧國府寧國縣界二百四十里，東北至江蘇蘇州府吴縣界六十里，西北至江蘇常州府宜興縣界七十里。自府治至京師三千二百里。

### 分野

天文牛、女分野，星紀之次。

### 建置沿革

禹貢揚州之域，防風氏之國。春秋屬吴，後屬越。戰國屬楚。秦爲會稽及鄣二郡地。漢屬會稽及丹陽郡。西南境郡爲丹陽地〔一〕。後漢分屬吴郡。三國吴寶鼎元年，始於烏程置吴興郡。晉及宋、齊因之。梁紹泰元年，改郡爲震州。太平元年，州廢，復爲吴興郡。

隋平陳，郡廢。仁壽二年，改置湖州。大業初，州廢，縣屬吴郡。隋末爲沈法興、李子通所據。唐武德四年，復置湖州。天寶初，復爲吴興郡，屬江南東道。乾元初，復爲湖州，屬浙江西道。文德元年，於州置忠國軍節度。見唐書方鎮表。府志作乾寧三年置，誤。五代屬吴越國。周時改宣德軍。吴任臣十國春秋：顯德六年升湖州爲宣德軍。宋曰湖州吴興郡，屬兩浙路。景祐元年，升昭慶軍節度。寶慶元年，改安吉州。元至元十三年，爲湖州路，屬江浙行省。明洪武初，爲湖州府，屬南直隸。十四年，改隸浙江布政使司。本朝因之，隸浙江省。乾隆三十八年，改安吉州爲縣。府共領縣七。

烏程縣。附郭。治府西北偏。東西距一百七里，南北距八十一里。東至江蘇蘇州府吴江縣界七十二里，西至長興縣東三十五里，南至歸安縣界六十三里，北至太湖十八里。東南至歸安縣界一里，西南至歸安縣界五十里，東北至吴江縣界六十里，西北至長興縣界二十里。秦置烏程縣，屬會稽郡。漢因之。後漢改屬吴郡。三國吴爲吴興郡治。晉太康三年，析置東遷縣，屬吴興郡。宋元徽四年，改東遷曰東安，昇明初復。梁屬震州，尋屬吴興郡。陳因之。隋復併入，仁壽二年爲湖州治，大業初仍屬吴郡。唐復爲湖州治。五代、宋因之。元爲湖州路治。明爲湖州府治。本朝因之。

歸安縣。附郭。治府東南偏。東西距八十三里，南北距六十二里。東至嘉興府桐鄉縣界八十二里，西至烏程縣界一里，南至德清縣界六十里，北至烏程縣界二里。東南至嘉興府石門縣界一百二十里，西南至安吉縣界一百二十里，東北至烏程縣界四十里，西北至烏程縣界五里。漢烏程縣地。宋太平興國七年，始析東南境置歸安縣，與烏程俱治州郭下。元、明不改，本朝因之。

長興縣。在府西少北六十里。東西距一百三十五里，南北距一百二十里。東至烏程縣界三十五里，西至安徽廣德州界一百里，南至安吉縣界六十里，北至江蘇常州府宜興縣界六十里。東南至烏程縣界三十五里，西南至安吉縣界一百五里，東北至太湖二十五里，西北至宜興縣界七十里。漢烏程、故鄣二縣地。晉太康三年，分烏程縣地置長城縣，屬吴興郡。宋、齊以後因之。隋平陳，省入烏程。仁壽二年，復置，屬湖州。大業初，屬吴郡，後沈法興於縣置長州。唐武德四年，改爲綏州，又改爲雉州。七年，州廢，仍屬湖州。五代吴越避梁諱，改曰長興。宋因之。元元貞元年，升爲長興州，屬湖州路。明初改長安州。洪武二年，復改長興縣，屬湖州府。本朝因之。

德清縣。在府南少東九十里。東西距九十三里，南北距六十里。東至嘉興府石門縣界九十里，西至武康縣界三里，南至杭州府仁和縣界三十里，北至歸安縣界三十里。東南至杭州府海寧州界九十三里，西南至仁和縣界十五里，東北至歸安縣界五十四里，西北至歸安縣界三十五里。漢烏程縣地。後漢末爲永安縣地。晉以後爲武康縣地。唐天授二年，析置武源縣，屬湖州。景雲二年，改曰臨溪。天寶元年，始改曰德清。五代、宋因之。元屬湖州路。明屬湖州府。本朝因之。

武康縣。在府南少西一百十里。東西距九十七里，南北距六十五里。東至德清縣界二十七里，西至安吉縣界七十里，南至杭州府餘杭縣界三十里，北至歸安縣界三十五里。東南至杭州府錢塘縣界三十六里，西南至餘杭縣界三十五里，東北至歸安縣界四十里，西北至安吉縣界八十四里。古防風氏國，漢爲烏程縣地。後漢初平五年，始分烏程、餘杭二縣，置永安縣，屬吴郡。三國吴屬吴興郡。晉初改爲永康，太康元年，改曰武康。宋、齊以後因之。隋平陳，縣廢。仁壽二年，復置，屬餘杭郡。唐初，李子通於縣置安州，尋改曰武州。武德七年，州廢，縣屬湖州。五代梁初，吴越割屬杭州。宋太平興國四年，還屬湖州。元屬湖州路。明屬湖州府。本朝因之。

安吉縣。在府西南一百二十里。東西距七十五里，南北距六十五里。東至武康縣界三十五里，西至安徽廣德州界四十里，南至孝豐縣界二十里，北至長興縣界四十五里。東南至杭州府餘杭縣界四十五里，西南至孝豐縣界三十里，東北至歸安縣界四十三里，西北至廣德州界四十一里。春秋時吴地，秦置鄣郡。漢廢郡爲故鄣縣，屬丹陽郡。後漢分置安吉縣，屬丹陽郡。三國吴寶鼎元年，分屬吴興郡。晉及宋、齊、梁因之。陳分屬陳留郡。隋平陳，并二縣入綏安縣。義寧二年，沈法興復置安吉縣。唐武德四年，改屬桃州。七年，省入長城。麟德元年復置，屬湖州。五代、宋因之。元屬湖州路。明正德元年，升爲安吉州，屬湖州府。本朝乾隆三十八年改爲縣。

孝豐縣。在府西南九十里。東西距七十里，南北距七十五里。東至武康縣界三十里，西至安徽廣德州界四十里，南至杭州府臨安縣界五十里，北至安吉縣界二十五里。東南至杭州府餘杭縣治一百十里，西南至杭州府於潛縣治七十里，東北至安吉縣界二十五里，西北至廣德州界七十里。漢故鄣縣地，後漢中平二年，分置原鄉縣，屬丹陽郡。三國吴分屬吴興郡。晉及宋、齊以後因之。隋平陳，省入綏安縣。唐武德四年，復置原鄉縣，屬雉州。七年，又省入長城縣，後爲安吉縣地。明成化二十三年始分安吉縣地置孝豐縣。正德二年，屬安吉州。本朝屬湖州府。

## 形勢

江表大郡，山澤所通，舟車所會，物土所產，雄於楚越。唐顧況刺史廳壁記。山水清遠，宋蘇軾墨妙亭記。震澤之陰，幅員千里。弁山屈盤而爲之鎮，五溪叢流以導其氣。宋李直方白蘋亭記。蒼峯北峙，羣山西迤。元趙孟頫吴興賦。天目分秀，雙溪合流。金蓋諸峯峙其陽，蒼、弁、具區亘其陰。元宇文公諒府治記。

## 風俗

吴興山水，發秀人文。自江左而後，清流美士，餘風逸韻相續。張方平湖州學記。其民足於魚稻、蒲蓮之利，寡求而不争。蘇軾墨妙亭記。蠶桑之富，甲於浙右。土潤而物豐，民信而俗阜。李心傳報國寺記。家有詩書之聲，户習廉恥之道。元趙孟頫吴興賦。民力田作勞，樹藝蠶絲被天下。明府志。

## 城池

湖州府城。周十三里，一百三十八步，門六，濠周其外。元末築。本朝順治十五年修，雍正、乾隆中屢修。

長興縣城。周五里五十八步，門六，水門二，引箬溪水爲濠，廣七丈。明初築。本朝雍正、乾隆中屢修。

德清縣城。周四里一百六步，門五，水門六。明嘉靖中重築。本朝雍正、乾隆中屢修。

武康縣城。縣舊無城，惟累土爲繚垣。本朝雍正中建，乾隆中修。

安吉縣城。周六里，門四，瀕大溪，引水爲濠。元末築。本朝雍正、乾隆中屢修。

孝豐縣城。周三里二百七十八步，門四。明萬曆中築。本朝乾隆中修。濠自西跨北廣三丈，其南溪水環繞至東門，滙爲三公潭。

## 學校

湖州府學。在府治東北。明洪武初因元址改建。本朝順治、康熙間修，乾隆三年重修。入學額數二十五名。

烏程縣學。在縣治東北。明成化十四年建。本朝康熙二十年重建，乾隆四年修。入學額數二十五名。
歸安縣學。在縣治東南。元泰定中建。本朝康熙八年修，乾隆三年重修。入學額數二十五名。
長興縣學。在縣治西。明嘉靖十年建。本朝康熙三十一年修，雍正十二年重修，乾隆九年重建。入學額數二十五名。
德清縣學。在縣治東。明正統六年建。本朝順治十二年修，雍正十年重修。入學額數二十五名。
武康縣學。在縣治東。明弘治九年建。本朝康熙、雍正年間修，乾隆六年重修。入學額數十六名。
安吉縣學。在縣治西。明洪武初建。本朝順治十六年重建，雍正十一年修，乾隆十二年重修。入學額數十六名。
孝豐縣學。在縣治東北。本朝康熙七年重建。入學額數十二名。
愛山書院。在府治西偏。本朝乾隆十九年郡守李堂建。
箬溪書院。在長興縣。
清溪書院。在德清縣學東。本朝乾隆十八年建。
前溪書院。在武康縣東。本朝乾隆十八年建。又安定書院，在府治西北。宋淳祐六年建。又古桃書院，在安吉縣城内。今皆廢。

## 户口

原額人丁三十二萬一千五百六十五，今滋生男婦二百五十六萬六千一百三十七名口，計五十九萬六千五百户。又屯運男婦一千七百八十五名口，計三百五十七户。

## 田賦

田地山蕩等共六萬八千四百六十一頃四畝一分零，額征地丁銀三十一萬四千九百四十五兩三分零，米三十八萬八千七百六十四石一斗一升二合零。

## 山川

蜀山。在烏程縣東十里。元末徐賁居此。又有別鮮山，一名烏山〔二〕，在縣東十三里。爾雅曰：「小山別，大山鮮。」此山孤秀不相連屬，故名。

西余山。在烏程縣東十八里。沈元華輿地志：漢文帝封東海王搖之子期視爲顧余侯，即此。舊志：余山下有西余港。

昇山。在烏程縣東二十里。寰宇記：一名歐餘山，一名歐亭山。王羲之爲太守，嘗昇此山，顧謂賓客曰：「百年之後，誰知王逸少與諸卿遊此乎？」因有昇山之號。

孺山。在烏程縣東二十八里。太平御覽：東遷縣有孺子山，徐孺子入吴常登此，因名。

峴山。在烏程縣南五里。寰宇記：本名顯山，晉太守殷康於山下起顯亭，以唐廟諱改。山上有唐相李適之石罇。舊志：

山有浮玉泉，其右有鑿嶺。相傳秦時以其地有王氣，故鑿之以斷其脈。

浮玉山。在烏程縣南五里碧浪湖中，與歸安縣接界。湖水雖滿，山頂常露，若浮玉然，故名。其南二小峯曰上、下釣魚山，相傳晉幼度嘗釣於此〔三〕。

車蓋山。在烏程縣南七里。形如車蓋。山東舊有晉殷康所立亭，矚望極佳。

道場山。在烏程縣南少西十二里。舊名雲峯，後建僧舍，因改名。山頂有塔，下有伏虎巖、一掬泉、虎跑泉、瑶席池。其山峯巒秀鬱，水石森奥，殊爲佳絶，遊覽者皆萃焉。爲吴興衆山之勝。本朝乾隆四十五年，聖駕五巡浙江省，御製寄題道場山用蘇東坡遊道場山何山詩韻七古一首。

何山。在烏程縣南少西十四里。寰宇記：何口山，昔曰金蓋山，晉何楷居此修儒業，後爲吴興太守，改金蓋爲何山，今曰何口山。王象之輿地紀勝：山與道場山相接，最爲吴興勝遊。然道場之勝在山巔，何山之勝在山下，故蘇軾詩有「道場山頂何山麓」之句。舊志：山上有何氏書室。

衡山。在烏程縣南少西十八里。左傳襄公三年：楚子重伐吴，克鳩兹，至於衡山。杜預注：「衡山在吴興烏程縣南。」寰宇記：一名横山。衡，古「横」字，通用。舊志：在金蓋之東，兩山夾立，中通溪流，俗呼爲衡山門。其北爲錢山。

菁山。在烏程縣南少西四十里。産黄菁，故名。又十里爲葛仙山。

小敷山。在烏程縣西南二十里。一名福山，唐沈亞之居此。

西塞山。在烏程縣西南二十五里。有桃花塢，下有凡常湖，唐張志和遊釣於此，作漁父詞曰：「西塞山前白鷺飛，桃花流水鱖魚肥。」

石城山。在烏程縣西南三十里。寰宇記：昔烏程豪族嚴白虎於山下壘石爲城，與吕蒙戰，今山上弩臺、烽火樓之迹猶存。

舊志：山在縣西，接長興縣界。廣四十五里，平衍可城可耕。頂有池曰洗馬池。

杼山。在烏程縣西南三十里。寰宇記：昔夏后杼巡狩之所。上有古城曰避蛇城。舊志：舊名東張，又名稽留山，以其山勝絶，遊者忘歸也。山有梁時妙喜寺，亦名妙喜山。

九乳山。在烏程縣西南三十一里。山有九峯，狀如乳。

黄檗山。在烏程縣西南三十五里。寰宇記：梁江淹賦詩之所。

吴嘐山。在烏程縣西南六十六里。談鑰吴興志：嘐，燒田也。吴時於此燒山爲田，土人始有耕山田者。

棲賢山。在烏程縣西二十里。一名西崦，上有石洞，名仙人頂，絶頂爲妙高峯。

仁王山。在烏程縣西北九里，卞山東盡處。以有仁王寺，故名。亦名鳳凰山。其南一小山曰厲山。

法華山。在烏程縣西北十八里。蘇軾有與胡祠部遊法華山詩。

卞山。在烏程縣西北十八里，接長興縣界。隋書地理志：長城縣有卞山。寰宇記：卞山，郡國志云卞和採玉處，非也。周處風土記云，當作冠弁之弁。徐陵孝義寺碑云：「高弁蒼蒼，遥聞天語。」山東麓有一石篢，高數尺，晉太康中人開之，風雨晦冥，遂止，歷代莫知所封。舊志：山高六千尺，周一百二十里。其西北半屬長興，惟南面屬烏程，爲縣主山。上有三巖，曰碧，曰秀，曰雲，而碧巖爲最勝。巖傍有瀑布泉二道。山之西曰避洞，廣五尺，深不可測，相傳唐末黄巢之亂，居人多避於此，故名。

玲瓏山。在烏程縣西北卞山之陰。石皆嵌空，有歸雲洞，亦曰大玲瓏山。去山二里有賽玲瓏山，石竅滴泉，懸巖繡壁，沈氏抉剔爲之，亦名沈家洞。又有小玲瓏山，在長興縣東三十里。

白鶴山。在烏程縣西北二十六里。寰宇記：昔烏程人姚紾化爲白鶴，遊於此山，因名。山石堪爲碑版。

聾山。在烏程縣北五里。寰宇記：山有紫石英。東臨大溪，西帶長瀆，山上有亭，臨眺四曠，名聾山亭。舊志：一名隆山，在鳳凰山東麓。

西陵山。在烏程縣北二十一里。寰宇記：即卞山之别嶺也。孫晧改葬父和於此，號曰明陵。舊志以其山在西，名西陵。山在縣北，郡在山南，故亦曰陵陽。

小雷山。在烏程縣北三十六里太湖中。詳見下「大雷山」。

昆山。在烏程縣東北五里。山海經云：浮玉之山，北望具區，東望諸毗。郭註云：「諸毗，水名。」言東望溪浦，槎牙相毗，並滙於太湖，因名。梁吴均有和柳惲昆山亭詩。舊志：山在大溪上，府城水口也。下有昆山漾。

戴山。在烏程縣東北十八里。徐獻忠吴興掌故：昔戴顒遊吴〔四〕，太守張劭爲築室於此，因名。

厥山。在烏程縣東北七十里。吴均入東記云：吴有文士陸厥，家於此山。

長超山。在歸安縣東南二十五里。一名湖趺山。明統志：漢蓟子訓隱於餘不鄉，卒葬於此。山側有湖，廣二百頃，名湖趺漾。

含山。在歸安縣東南一百八里。明統志：張玄之山墟名云：「震澤東望，蒼然芠葦，烟蔚之中，高丘卓絶。」謂此。

東林山。在歸安縣西南五十四里。突兀於溪泊中，峯巒蓊秀，上有浮圖。又名貝錦峯。

項山。在歸安縣西南七十四里。相傳項羽嘗經此，上有戰場。

陽烏山。在長興縣東七里。陳武帝祖道巨墓在此山。

獨姥山。在長興縣東五十里，踞太湖之濱。一名别峯山。

吕山。在長興縣東南二十里。一名程山，相傳吴將吕蒙、程普討山賊嚴白虎，屯兵於此，故名。山背有吕仙塘。

夏駕山。在長興縣東南三十六里。寰宇記：一名石鼓山。昔夏后杼南巡至此〔五〕，因名。山上有石鼓，高一丈，下有盤石爲足，諺云：「石鼓鳴，三吴有兵。」

吴山。在長興縣東南四十三里。周二十里。梁吴均卜宅於此，唐吴筠復居之，因名。

八座山。在長興縣西南四十里。吴興掌故：唐吴珙、吴頊、吴崧、皮光業、林鼎、羅隱、韓必、何肅居此，時號八友，因名。

浮雲山。在長興縣西南六十里，安吉縣東北四十里。周二十里，山上有七十二墩。久旱，山頂生雲即雨。苕水經其下，滙爲浮石潭。

四安山。在長興縣西南八十四里。四面平廣，故名。一名南方山，下有四安溪。

九龍山。在長興縣西南一百二十里。寰宇記：一名石郭山，一名章山。其山有九隴，悉作龍形，頂有古石城，城西北角有石竇，因名石郭山。吴興記云，石郭山在鄣南五里〔六〕，産楊梅貢御。輿地志云，昔吴採章山銅鑄錢，即此。舊志：山東南去安吉州三十里。

五峯山。在長興縣西一里。輿地紀勝：括地志云，仙人姚紾所居。舊志：山有五峯，有紫金澗水出此山下，入箬溪。

餘干山。在長興縣西七里。梁陳故事：梁武帝時童謡曰：「王氣在三餘。」又曰：「烏山出天子。」乃於餘干、餘姚、餘杭爲厭勝法，凡江左以烏名山者皆鑿之，不知此有餘干山。又縣南二十三里有餘罾溪，縣東北四十二里有餘吾浦，縣北五里有雉山，陳武帝果起於此，應「烏山三餘」之讖。

飛雲山。在長興縣西二十里。寰宇記：張玄之山墟名云，山南有風穴，故雲霧不得靄鬱其間。其上多産楓櫟，宋元徽五年置飛雲寺，有石泉、沙渚、松門、苦竹巖。

巖山。在長興縣西二十五里。一名白鹿山。

烏瞻山。在長興縣西三十里。曹學佺名勝志：五峯突出，若羣烏之瞻視雲表。又云：昔烏子瞻避難於此。有南北二嶺，絶頂爲彈子岡，相傳陳武帝放彈處。

方山。在長興縣西四十里。周三十里。吳興掌故：陳武帝爲信武將軍，自長城遣三千人夜下方山津，即此。上有龍潭，不盈尺，大旱不竭。山之東爲葡萄岕，下爲葛公鎮，土人善陶，號方山窑，造丹罐。

青峴山。在長興縣西六十里。山生箭筈，終冬常青。陸羽曰：硺木、青峴茶，味與壽州同。

龍目山。在長興縣西。寰宇記：龍目山在縣西北一百二里。石巖間有二目，光彩照人，因謂之龍目峴。舊志：在縣西百里，接安徽廣德州界。

戍山。在長興縣西北二里。一名夫槩山，相傳吳王使夫槩於此築戍城，故名。梁吳興太守張嵊等亦於此築壘以捍侯景。明初，元帥耿炳文於山上點軍，俗呼點軍山。環山十里悉産青松，又呼爲松墟。

鼓吹山。在長興縣西北二里。吳興掌故：陳文帝居鄉時，縣令到仲舉聞縣後鼓吹聲，則帝必至，因名。又縣西北三十五里爲横玉山，望之蒼蒼如玉。

鳳亭山。在長興縣西北四十里。陸羽曰：「茶生鳳亭山伏翼閣者，味與壽州同。」即此。相近有金山，土皆絳色，上有金沙嶺，下有金潭、金渠，北接江蘇宜興縣界。

堯市山。在長興縣西北四十里。上有池廣一畝，相傳堯洪水時，居民於此成市。唐皎然詩：「堯市人稀紫筍多。」皮日休詩：「來尋堯市山，遂入深深塢。」即此。

大官山。在長興縣西北四十五里顧渚之側。上有虎頭巖，下有石門，可通往來。相近又有小官山。

顧渚山。在長興縣西北四十七里。元和志：貞元以後，每歲以進顧山紫筍茶，役工三萬人，累月方畢。寰宇記：顧渚在縣西北三十里。昔吳王夫槩顧其渚次〔七〕，原隰平衍，可爲都邑之所，故名。舊志：顧渚山周十二里，西達宜興，旁有兩山對峽，號明月峽。石壁峭立，澗水中流，茶生其間，尤爲異品。

西顧山。在長興縣西北四十九里。寰宇記：一名吴望山，昔吴王闔廬登姑蘇，望五湖顧見此山，因名。

義鄉山。在長興縣西北六十里。晉置義鄉縣於山下，山因以名。

西嶝山。在長興縣西北六十一里。寰宇記：泉澗北流，西向峻狹，以其聲嗚咽而名。舊志：山北爲縣脚嶺，去縣治七十里，中與宜興縣分界。有景會亭，唐時每歲吴興、毘陵二郡太守分山造茶，宴會於此。

互通山。在長興縣西北七十里。山最高大，有四十八隴，四通八達，左右有烏山、羅岕、毛降庵、丁嶰、西徐嶺、柴家嶺、從漁岡、龍舌庵、鶯窠、羊子岕、丁字岕諸山，皆產茶，而羅岕爲最。

白峴山。在長興縣西北八十里。周二百里，山多白石，望之如雪。上有南北二嶺，產樎箭箬。

雉山。在長興縣北五里。山形如雉，唐置雉州以此。

藝香山。在長興縣北十五里。寰宇記：一名湖陵山，昔西施種香之所。又縣北一里爲金蓮山。三十五里爲香蘭山，東枕太湖，多生蘭蕙。

大雷山。在長興縣東北太湖中。楊修五湖賦：大雷小雷，湍激相逐。周處風土記：太湖中有大雷、小雷山，相距六十里。舊志：大雷山在縣北四十里，爲洞庭之西山，屬長興。小雷山在縣東六十里，爲洞庭之東山，屬烏程。

德清山。在德清縣東四里。本名烏山，秦時善釀酒者烏巾居此。唐天寶六載，改今名。前後兩峯，曰殿子，曰省山，相連者曰越山，有瀑布泉。

吴羌山。在德清縣東南一里。南史：沈麟士隱居吴差山教授，從學者數十百人，各營屋宇，依止其側，時爲之語曰：「吴差山中有賢士，開門教授居城市。」舊志引吴均入東記云：漢高士吴羌，避王莽之亂，隱居此山，後人因以爲名。今名乾元山，以山北有乾元寺也。按：「羌」、「差」二字相類，未知孰是。

市亭山。在德清縣南一里，即古舍亭山也。南史：王敬弘東歸，居舍亭山，林澗環周，備登臨之美。其孫秀之出守吳興，到郡復修舊山，移置輜重。寰宇記：市亭山在縣西南二百步。吳興記云，王逸少涖郡，嘗欲於此立宅，以其面谿背山也。

吳憾山。在德清縣西南一里。吳均入東記：昔吳王夫差憾句踐傷其父足，率兵伐越，築壘於此，故名。一名城山。

金鵞山。在德清縣西南五里，與武康縣接界。下枕溪流。寰宇記：在武康縣東二十里。山墟名云，漢海昏侯沈戎葬此，上有池，深五尺，冬夏不竭。吳時見山上金鵞翔集，故名。

方山。在德清縣西北十二里。山形方正，爲縣境羣山之宗。

上蘭山。在德清縣北五里。其西又有下蘭山，相距數百步。山陽平坦，唐初置臨溪縣於此。

東主山。在德清縣東北三里。梁末沈恪居此，以拒侯景功，封東興侯，里人因名此山曰東主。又名百僚山。下有東主泉。

石壁山。在德清縣東北三里。巨石直下，如峭壁然，故名。山有靈泉，亦名半月泉。宋蘇軾嘗遊於此，賦詩手書刻石。

茅山。在德清縣東北十五里。入東記云：昔三茅君隱此。相近有蠡山，因范蠡寓居得名。

葛山。在德清縣東北十八里。入東記云：葛仙公得道之所。上有葛公壇。

敢山。在德清縣東北二十一里。本名闞山，吳丞相闞澤居此，故名，後訛爲「敢」。有三峯，中曰敢山，左曰龍山，右曰鳳山，亦名敢三山。餘不溪經其下，爲敢山漾。

齊眉山。在德清縣東北三十五里。本名囚女山。寰宇記：女獄城在縣東三十五里。入東記云，後漢青州刺史姚恢與海昏侯沈戎過江陰争柯田山，恢女是戎子婦，密報戎，戎先居之，恢因囚女於此山。舊志：明萬曆中改今名。餘不溪徑東麓，曰囚女漾，今亦名齊眉漾。

封山。在武康縣東十八里。魯語：「防風氏在虞、夏、商爲汪罔氏，守封、禺之山。」韋昭注：「封、禺，二山名，皆在永安縣。」寰宇記：防風山在縣東十八里，先名封嵎山，唐天寶六年敕改焉。一名風公山，一名風渚山。風公者，以山上有風公祠。風渚者，以下有風渚水。封山者，以其禁採樵漁獵也。

禺山。在武康縣東南三十里。輿地志云：蓋古防風氏之都也。

計籌山。在武康縣東南三十五里。吴興記云：昔越大夫計然多才智，籌算於此。其地與餘杭縣分界，今俗謂之界頭山。

金山。在武康縣南三十里。一名金車頂。厥土赤埴，崖下有泉，產金色魚。

石城山。在武康縣西南三里。寰宇記：漢末赤眉之亂，邑人於山上壘石爲城，因名。

石橋山。在武康縣西南七里。寰宇記：七里橋山頂有石橋，長一丈六尺，甚峻滑。一名石橋山，一名石頭山。

覆舟山。在武康縣西南二十五里。上有巨石横亘，狀如覆舟。

馬頭山。在武康縣西南二十七里。寰宇記：晉咸和七年，石勒將韓雍寇吴興，中郎將趙弘攻敗之於馬頭塢。

銀山。在武康縣西五里。一名永安山，孫吴時名縣以此。

響山。在武康縣西八里。寰宇記：山下有水，謂之響潭。吴興記云，有人經響山，語無多少，響則隨聲應之。舊志謂之響應山，上有大響巖、小響巖，下有龍湫，曰碧玉潭。

招賢山。在武康縣西北七里。晉郭文隱於此。

白鵠山。在武康縣西北十里。隋書地理志：武康縣有白鵠山。

武康山。在武康縣西北二十五里。寰宇記：舊名銅官山，唐天寶六年敕改。輿地志云，銅官山下有兩坎，深數丈，方圓百丈，古採銅所。

計峴山。在武康縣西北二十五里。相傳計然所居，與烏程縣分界，亦名界峴山。

莫干山。在武康縣西北二十七里。舊傳吴王鑄劍之地，阜溪水出此。

天泉山。在武康縣西北三十五里，北接歸安縣界。寰宇記：上有長流泉，謂之天泉，傍有水田可耕植。一名唐鎚山。

烏回山。在武康縣北三里。突起平田中。又北一里曰突孤山。

几山。在武康縣北五里。寰宇記：山形似几，因名。亦名己山。縣志：山東有莊井，灌田百餘頃。

鳳咮山。在武康縣北五里。其山有三，一在縣北，首枕郭林溪，爲鳳咮；一在縣東北懷德里，爲鳳翅；一在縣東南千佛寺側，爲鳳尾。

石山。在武康縣北二十里。南史：沈道虔居縣北石山下，縣令庾肅之迎出縣南廢頭里，爲立宅臨溪，時復還石山精廬。

獅山。在武康縣東北五里。山形如獅，首枕大溪，東北接歸安縣界。

沈璧山。在武康縣東北十五里。山有九峯，逶迤相接。昔沈氏自東陽徙居於此，故名。又東北三里曰仙臺山，山頂有臺，望杭、湖之境，皆在目前。

獨倉山。在武康縣東北三十里。舊傳郡設永安倉，歲有水患，有異人指此山土取築之可免，果如其言。

鳳凰山。在安吉縣東三十里。中有隱塢，梁陶弘景嘗隱居於此。山下有水名玉帶，每日早暮有潮。

銅峴山。在安吉縣東三十五里。蕭德言括地志云：吴採鄣山之銅，即此。舊志：山在鳳凰山之東，東南去武康縣四十九里，東北去烏程縣八十五里，爲二縣接界處，周十二里，餘英溪水出此。

白楊山。在安吉縣東南二十里。山峻極，上有兩穴，舊嘗産錫。

芝山。在安吉縣東南二十五里。下有芝里，相傳梁時刺史柳惲進故鄣縣五色芝，出此。

三山。在安吉縣東南六十里。有三水，一水東出烏程，一水北出長興，一水西北入縣境。又名三水山。

仙人洞山。在安吉縣南四十里。洞深三十二丈。又十里爲天井山，山半有潭深峻，泉水傾瀉，四時不竭。

落石山。在安吉縣西三里。唐李衛公廟中有隕石，土人皆稱石大王，故名。或以爲即古玉磬山。又有金鐘山，在縣西三里，與此山相屬。

浮石山。在安吉縣北二十里。濱大溪，其旁有石，屹立溪中，下擁山根，其上如蓋而不續，相傳水漲則石浮，故名。

青峴山。在安吉縣東北二里。一名東晉山。入東記云：東晉時嘗議築城於此，故名。

玉磬山。在安吉縣東北十五里。本名崑山。寰宇記：山高五百尺。高僧傳曰，釋曇諦入故鄣之崑山，每夜間聞有聲，尋其發聲之所，掘得玉磬，因名。

邸閣山。在安吉縣東北二十五里。寰宇記：高二百七十六尺。吴志云，吴帝遣從弟孫奐修故鄣邸閣糧穀。舊志：山東北去長興縣七十里，爲接境處，下有邸閣水。其東南二里爲廩山。

梅溪山。在安吉縣東北三十里。寰宇記：隋圖經云，故鄣縣東三十里有梅溪山，山根直豎一石，可高百丈，四面斗絶，無登陟之徑。其上復有盤石，正圓如車蓋，常轉如磨，聲若風雨，土人號爲「石磨」，轉駛則年豐，遲則歲儉，候之無失。舊志：山下臨梅溪水，相近有純孝嶺，黄巢之亂，里民石昂負母避此。

青山。在安吉縣東北三十五里，接長興縣界。寰宇記：在長興縣南六十里。張玄之山墟名云，青山有石竇通洞庭，冬夏長暖，山如黛色。舊志：一名均山，以有梁吴均故宅，故名。均與施從事書云：故鄣縣東有青山，絶壁干天，孤峯入溪。即此。

石門山。在安吉縣東北四十里。上有兩石，對峙若門。梁吴均與顧章書：梅溪之西有石門山，森壁争霞，孤峯限日，遂葺宇其上。

東山。在孝豐縣東一里。峭立鬱葱，爲縣左輔。上有翠竹塢、白玉泉。

浮玉山。在孝豐縣東南十五里。山海經：浮玉之山，苕水出其陰。寰宇記：今亦謂之雲鳥山。舊志：山在縣東南。此爲大浮玉，在郡城南碧浪湖中者，小浮玉也。

靈巖山。在孝豐縣東南十五里。一名靈峯，舊稱爲北天目，有大雄、百丈、獨立、五蓮、二乳諸峯，龍樹、歡喜二泉。

南嶼山。在孝豐縣東南十七里。寰宇記：在安吉縣南六十二里，高三萬六千丈。括地志云，一名白水山，上有湖，其水色白，因名。舊志：在縣東南十七里，與浮玉山相接。

石語山。在孝豐縣南三里。上有仙人洞，下臨渚溪，有仙人石，水石相激，有如人語。

芙蓉山。在孝豐縣南十五里。俗稱南天目。又十里爲八貢山，上有天井、硃砂二洞。

八貢山。在孝豐縣南二十五里。磅礴鎮静，爲四山具瞻。山有尖峯，縣治、學宫皆面之。

廣苕山。在孝豐縣南三十里，當天目之陰，苕水所發。又南五里爲大溪山，周四十五里。又金石山，在縣西南三十五里，高一萬八千尺，長三十里，蓋皆天目之項背云。

桃花山。在孝豐縣西南五十里。山出桃花石，唐改安吉爲桃州，以此。

天目山。在孝豐縣西南六十五里，與杭州於潛縣接界。寰宇記：在安吉縣西南七十五里，高三萬六千丈。吴興記云，山極高峻，嶺上有泉水甚美，東南有瀑布，下注數畝。吴興掌故：天目東峯從臨安入，疏豁可行；西峯從孝豐入，深僻不易也。

佛子山。在孝豐縣西南七十五里。吴興記：石室中有小石，莊嚴如佛，故名。仙溪出此。

苦峴山。在孝豐縣西四十里，與安徽廣德州接界。高三千丈，周三十三里。一名苦山，以其登陟險阻也。

龍潭山。在孝豐縣西六十里。上有龍潭，潭頂復有小龍潭，其上又有石梁、石屋。

師高山。在孝豐縣西北五十里。與天目對峙，山中積雪，炎月不消。

大會山。在孝豐縣北一里。爲縣主山。

石虎山。在孝豐縣北三十里，與安吉縣接界。爲縣之控塞，昔時險峻不可越，明成化間，縣丞許芳鑿山開道，以便往來。

五山。在孝豐縣東北五里。寰宇記：在安吉縣西南四十六里。山有五峯，昔村人姚紾於此采樵，遇仙人對弈，故亦名弈山。舊志：山西蒼巖翠壁，俯臨大溪。亦名石壁山，又名小赤壁。

胭脂嶺。在長興縣西南六十里。唐吴筠煉丹處，土色如胭脂。

襄王嶺。在長興縣西七十里。有水爲若溪上源。相近爲蒼雲嶺。

餘英嶺。在武康縣西十五里。有五峯峻聳如屏，俗呼爲彝羊嶺。

董嶺。在孝豐縣西南四十里，接安徽寧國縣界。有水分二派，一西流入苕溪，一東流入寧國。

三鴟岡。寰宇記：在長興縣南六十五里。上有晉謝安墓。其岡中有斷處，梁時有童謡云：「鳥山出天子。」因鑿焉。舊志：有西溪澗出此，北入西安溪。

黄龍洞。在烏程縣北二十里弁山東麓。舊名金井洞，五代梁貞明初，有黄龍見此，吴越因立祥應宫，有龍祠，歲旱禱雨輒應。

松子洞。在孝豐縣南四十里玉屏山。溪厓嵌空如石樓，深廣不測。相近有觀音洞，在茅山，石室穹窿，由洞門歷級而上，有潄玉泉從石竇中出，滙爲小池。

苕溪。在府城西南。自孝豐縣南，北流經安吉縣南，又東北至府城西南，下流入太湖。山海經：浮玉之山，苕水出於其陰，北流注於具區。元和志：霅溪水一名大溪水，一名苕水，西南自安吉、長城兩縣東北流至州南，與餘不溪、苧溪水合，又流入太湖。寰宇記：苕溪在安吉縣西南七十五里。北流經長興縣東四十五里，烏程縣南五十步，以其兩岸多生蘆葦，故曰苕溪。明統志：苕溪有兩源，一源發自天目山，一源發自獨松嶺，合浮玉山水，至安吉州合流。至府城西又分二派，一自清源門入霅溪，一至臨湖門外合霅溪入太湖。舊志：苕溪亦名龍溪，源出孝豐縣天目山，東北流至縣西南三十里荻浦，合廣苕山、深景二水，繞縣城東南，又合佛子、董嶺諸水。北流至安吉州南二十里，分爲二，東曰龍溪，西曰旱溪，至石虎山南而復合。又北至城西南復爲二，曰外溪，曰裏溪，至浮石山南復合爲一。過梅溪鎮曰梅溪，東北經長興縣南，又名南溪。入烏程縣界，至凡常湖，合四安、若溪諸水爲西溪。自縣西入城，至江子滙，與德清縣餘不溪、北流水、武康縣前溪水合，至縣東北十八里大錢湖口入湖。又一支自縣西分流，至縣西北十八里入湖。又一支自江子滙分流爲運河。按：苕溪二源，一曰東苕，出天目山之陽，東流杭州府臨安、餘杭、錢塘縣，又東北經湖州府德清縣爲餘不溪，北至湖州府城中，謂之霅溪。一曰西苕，出天目山之陰，東北流經孝豐縣，又北經安吉縣，又東經長興縣，至湖州府城中。兩溪合流，由小梅、大錢兩湖口，入於太湖。

大溪。在孝豐縣東南。源出大溪山，東北流合烏山關水，又合幽嶺水入苕溪。又董嶺水，在縣西北，源出董嶺，東流至茹湖入苕溪。

東溪。在安吉縣東南。源出獨松嶺諸山，至城東南塔潭合西溪。

荆溪。在長興縣西南六十里。寰宇記：以其出荆山，故名。每日高二尺，倒流七十里，云是吴王送女潮。東北流入苕溪。

餘不溪。在府治北。自杭州府錢塘縣流經德清縣城中，又北入府城，與苕水合，即東苕溪之下流也。一名孔愉澤，一名龜溪，一名清溪，一名苧溪。晉書：孔愉嘗行經餘不亭，見籠龜於路者，愉買而放之溪中，龜中流左顧者數四。及愉以討華軼封餘不亭侯，鑄侯印，而印龜左顧，三鑄如初，印工以告。愉乃悟，遂佩焉。寰宇記：孔愉澤在德清縣南二百步，餘不溪在縣東南一百步。又苧溪在縣東二十五里，以貢苧爲名。李宗諤圖經：其水清澈，餘則不，故名。舊志：水自錢塘流至德清縣西南二十里奉口入境，合武康縣前溪南派入縣城，出東關，北入敢山漾、苧溪漾。又北入歸安縣界，經菱湖，又西北至縣東南十九里錢山漾，與北流水合。又北經碧浪湖入府城，至江子滙與苕溪合。又一支自碧浪湖分流，東過溪灣，又東北過迎春門，與苕溪合，爲運河。又有北流水，自德清縣城中，分餘不溪之水，北流至沙村，與武康前溪水合。又北歷歸安縣南，入烏程縣界，名山塘溪。又北仍會餘不溪水，入碧浪湖。

前溪。在武康縣治前。寰宇記：前溪在縣西一百步，古永安縣前之溪也。晉沈充家於此溪，樂府有前溪曲，即充所製。又餘英溪在縣西十二里，每春夾岸花開，通夏不歇。又阮公溪在縣西十五里，與餘英溪相接。梁元帝母阮修容之父居此，故名。舊志：餘英溪即前溪上流，源出縣西北銅峴山，東南流經縣西二十一里，曰阮公溪。又東經縣南百步，曰前溪。又東至縣東十三里，分爲二，一東北出曰沙溪，合德清北流水，入烏程界；一東南流入風渚湖。

後溪。在武康縣北一里。自新溪堰分餘英溪，流經縣治北，會前溪。歲久淤塞，宋淳熙末，邑令丁大聲浚治，公私便之。

新溪。在武康縣東北三里。自後溪東注於此。宋淳熙中，縣令蔡霖以沙磧漲塞，自汊溪口徙水道東北注五里，與長安溪合，邑人號爲蔡公溪。

施渚溪。在歸安縣西南五十四里。一名小溪，源出上强山，下入北流水。

霅溪。在府治南，即諸水所滙也。寰宇記：在烏程縣東南一里。自浮玉山曰苕溪，自銅峴山曰前溪，自天目山曰餘不溪，自德清縣前北流至州南興國寺前曰霅溪。凡四水合爲一溪，東北流四十里入太湖。字書云：霅者，四水激射之聲也。府志：霅溪，即江子滙也。其源從南來者，餘不溪、前溪、北流水，三水會於峴山漾，而入定安門。從西來者，曰苕溪，自清源門而入。四水總聚於江子滙，霅然有聲，故謂之霅溪，又謂之霅川。

四安溪。在長興縣西南三十里。一名周瀆。有二源：一出安徽廣德州諸山，流經縣西南九十里爲荆塘；一出縣西北石澗諸山，南流爲盤澗塘，又南爲善岸塘。二水合流，抵四安鎮，始爲四安溪，俗呼四安塘。又東至縣西南分爲二，一東入烏程縣界，合苕溪；一北歷呂山，爲呂山塘。又北至新塘，合若溪入太湖。

若溪。在長興縣南。亦作「箬」。元和郡縣志：長城縣若溪水，釀酒甚醲，俗稱「若下酒」。寰宇記：箬溪在縣南五十步，一名顧渚口，一名趙瀆，注於太湖。箬溪者，輿地志云：夾溪悉生箭箬，南岸曰上箬，北岸曰下箬，二箬皆村名，村人取下箬水釀酒醇美，勝於雲陽。縣志：源出西北諸山，合白峴、青峴諸水爲合澗，至合溪鎮曰合溪，又東至縣西七里曰罨畫溪。以上有朱藤花，遊人競集，如在畫中，故名。又東爲箬溪，舊穿城東注，明初，耿炳文開濠環城，遂分流於城外。又會南溪諸水入太湖。

顧渚溪。在長興縣西北三十里。又紫花澗，亦在縣西北三十里。寰宇記：兩岸長薄之下生朱藤，至三月，紫花滿澗，一名花瀨。縣志：顧渚溪，源出顧渚諸山，東南流爲紫花澗，出水口鎮，又東至縣東北二十里入太湖。

潯溪。在歸安縣東六十里，餘不溪之支流也。自德清縣分流入縣境，又東北經烏程縣之南潯鎮入運河。

練溪。在歸安縣東南七十五里。唐寶曆中，刺史崔元亮開以溉田，其水散入嘉興。又有花溪，在縣東南七十里。思溪，在縣東南四十五里。

餘罾溪。在長興縣南二十三里。溪上有餘罾村。又白溪，在縣東北三里。

梅溪。在安吉縣北三十里。溪上多紫梅，故名。其水北入苕溪。

運河。在烏程縣東。上源有二，一分餘不溪，一分苕溪。合流而東，過舊館，至南潯鎮入江南界。又東經震澤、平望二鎮，與嘉興之運河合。或曰即古荻塘也。其支流東南出烏鎮，曰米蕩，合於桐鄉之爛溪，亦曰荻港。

太湖。在府北烏程、長興兩縣界。元和郡縣志：太湖在州北三十五里。寰宇記：震澤在長興縣東三十三里。名勝志：

太湖，禹貢謂之震澤，周禮謂之具區，左傳謂之笠澤，亦名五湖。雖環繞江南數郡，以之名州者獨吴興爲然。舊志：在烏程縣北十八里。東接吴江，西接長興，北接江蘇吴縣、宜興二縣界。周五百里，古稱太湖三萬六千頃，而二萬頃屬烏程也。府界諸水，皆自縣東北大錢湖口入湖，其支流自縣西北小梅港口入湖。自小梅以北，瀉水之口有八，皆以港名。自大錢以東，瀉水之口凡二十有八，皆以漊名。諸口皆有斗門，制以巨石，各有牐版，以時啓閉，明初設泊官主之，後官撤而門牐亦漸湮廢。本朝康熙四十六年，撫臣王然疏濬諸瀆港，各建小牐。雍正八年，督臣李衛重修。

凡常湖。在烏程縣西二十七里。苕溪、四安溪、箬溪諸水俱會於此。

碧浪湖。在烏程縣南三里。羣山四匝，諸水滙聚。以在峴山前，又名峴山漾。其西曰玉湖，以浮玉山而名。

菱湖。在歸安縣東南三十五里。即古陵波塘也。唐書地理志：烏程縣有陵波塘。寶曆中，刺史崔元亮開。舊志：菱湖在縣東南，其地宜菱，故名。

西湖。在長興縣西南五里。唐書地理志：長城縣有西湖，溉田三千頃，其後湮廢。貞元十三年，刺史于頔復之，又呼于公塘。寰宇記：塘高一丈八尺，周迴七十里。山墟名云，一名吴城湖，昔吴王闔廬築吴城，使百姓輂土於此，浸而爲湖。吴興記云，西湖，吴王夫槩所立〔八〕，湖中出佳蓴，嘗貢。傍溉田三萬頃，有水門四十所，引方山泉注之。

風渚湖。在武康縣東南十七里。以在東南封、禺二山間，亦曰封渚，一曰巽渚。廣九里，亦名九里湖。左有上渚，亦名下渚湖。明洪武中，設河泊所於此，景泰中廢。湖傍土粘埴，浙右陶器多出於此。

楊子湖。在安吉縣北二十里。諸溪澗之水滙流成湖，又東會邸閣水入苕溪。又有四龍湖，在縣東二里。五龍湖，在縣東南七里。獲湖，在縣南九里。姚湖，在縣西南三里。西畝湖，在縣北二里。共謂之五湖，皆苕溪諸水所滙流處也。

黄浦。在烏程縣西南二十八里。寰宇記：一名黄蘗澗。其源出黄蘗山，因名。吴興記云，春申君黄歇於吴墟西南立菰城縣，青樓連延十里。後漢司隸校尉萬向於此築坂溉田〔九〕，宋鮑照有黄浦橋送別詩。括地志云，亦名庚浦，蓋康浦也，以其左右有上康村、下康村，晉殷康爲太守，百姓避其名，因改「康」爲「庚」。名勝志：黄浦水，北流入碧浪湖。

掩浦。在烏程縣東北二十六里。寰宇記：一名項浦。昔項羽觀秦王輿御，曰可取而代也，項梁聞而掩其口之處，因名。

貴涇浦。在烏程縣東南一百三十五步。寰宇記：霅溪西南岸有浦曰貴涇，梁時蘇氏女於此遇一道士，曰女後大貴，因遺一五彩龜，云三年當有徵。蘇氏後適章氏，生陳高祖宣后，因名。

餘漁浦。在長興縣東北四十二里。風土記云：一名餘吾浦，即陽羡之東鄉也。吴、越之間，漁、吾同音。

荻浦。在孝豐縣西南三十里。源出天目山。

仙人渚。在武康縣西四十里。寰宇記：昔沈羲得道之所。

釣漁灣〔一〇〕。在烏程縣北三里。唐張志和釣魚處。

蘇灣。在烏程縣南，碧浪湖之西。其堤爲蘇軾築，故名。

蘇公潭。在烏程縣東一里餘。寰宇記：從貴涇東流三百五十步，至駱駝橋下，曰蘇公潭，深不可測，中有蛟螭。唐開元初，蘇頲爲縣尉，嘗悮墜水中，直至潭底，聞有人語云：「扶尚書出。」遂冉冉至水上，略無損溺。杜牧移居霅溪館詩：「風定蘇潭看月生。」即此。

五花潭。在長興縣西北四十五里虎頭巖下。大旱不涸。又竹山潭，在縣西北十二里，深不可測。烏龍潭，在縣西方山頂，禱雨輒應。

仙潭。在德清東北新市鎮。晉道士陸修静嘗自此潭没，數月乃出，後人紀其異，因以名潭。

山公潭。在孝豐縣城東。一名三公潭。衆水會於其下，深不可測。

百花洲〔一一〕。在烏程縣南峴山寺左。宋熙寧中，郡守孫覺開闢，芰荷桐柳，環繞亭榭，遊者踵接。

邸閣池。在安吉縣北三十里。唐書地理志：邸閣池，聖曆初，令鉗耳知命置。寰宇記：邸閣水周迴二頃二十畝，灌田五百一十畝，鱗羽涵泳，芰荷交蔚。

真珠泉。在烏程縣西南二十五里。泉清澈，方丈餘。觀者以足震地，則泉中細泡連起如珠，故名。

金沙泉。在長興縣顧渚山。唐書地理志：湖州土貢金沙泉。輟耕録：唐時用此水造紫筍茶進貢。泉不常出，有司具牲牢祭之始得，事訖即涸。宋季屢加浚治，泉迄不出。至元十五年，一夕水溢，可溉田千畝，遂賜名瑞應泉。

半月泉。在德清縣東北石壁山下。泉出石罅，狀如半月，旱潦無盈涸。泉左有觀心亭，係宋高宗御書。

白蘋洲。在霅溪東南，去州一里。寰宇記：梁太守柳惲詩云：「汀洲採白蘋，日暮江南春。」因名。洲内有芙蓉池，池中舊有千葉蓮，今惟故址存焉。

烏程侯井。在烏程縣東北三里。寰宇記：孫晧爲烏程侯時所鑿，口圓徑一丈六尺。

石井。在武康縣東石脇山巖中。天欲雨時，井出雲氣。

温井。在武康縣西南十五里温村口。可灌田。

飲馬井。在武康縣北十五里。相傳錢鏐微時過此，飲馬坎中，水泉逆流，里人因浚治之，大旱不涸。

## 古蹟

故菰城。在州南二十五里。寰宇記：楚春申君立菰城縣，秦改爲烏程。晉義熙元年，始移今處。郡國志云，古烏程氏居此，能醖酒，故以名縣。又曰有五孤城，在烏程縣南十八里。蓋即菰城之訛也。舊志謂之下菰城。有内城、外城，故址猶存。又下菰村，在縣南三十四里。

東遷故城。在烏程縣東四十里。晉太康三年，分烏程縣東鄉置，屬吴興郡。宋元徽四年，更名東安。昇明元年，復曰東遷。隋平陳，併入烏程。唐開元二十九年，刺史張景遵置太湖館於此。大曆元年，顔真卿改曰東遷館。今爲東遷鎮。

永縣故城。在烏程縣西北。漢興平二年，吴郡太守許貢奏分烏程置。三國時廢。

長城故城。在長興縣東。晉分烏程縣置。元和志：縣東南去湖州七十里，昔闔廬使弟夫槩居此，築城狹而長，因以爲名。寰宇記：晉初置縣富陂村，咸康元年，徙箬溪北，今之重光觀即故地。隋大業十一年，徙於夫槩廢城。唐武德七年，始移於此。舊志：富陂村，在今縣東十八里重光觀。唐麟德三年建，宋改冲真觀，在今縣東一里。

義鄉故城。在長興縣西北。晉惠帝時，太守周玘舉義兵平石冰、陳敏諸賊。永興元年，因分長城縣北鄉置義鄉縣，屬義興郡。劉宋太始二年，吴喜擊晉陵東軍，克義興，進至義鄉，是也。隋廢。縣志：故城在縣西北義鄉山下。

臨溪故城。在德清縣北。元和郡縣志：德清縣北去湖州一百五里，天壽二年置，曰武原。景雲二年，改爲臨溪，以臨餘不溪也。縣志：舊城在縣北上蘭山南，唐天寶初，移今治。

永安故城。在今武康縣西。元和志：武康縣東北去湖州一百五里。本漢烏程餘不鄉之地，吴分餘不鄉置永安縣，晉改武康。縣志：縣城舊在餘英溪北，隋仁壽二年，中使蘇倫徙於溪南銀山之麓。唐廣德初，袁晁之亂，燬於兵。二年，左衛兵曹參軍慶澄重建於溪南。溪水三面環繞，濬爲濠塹，宋紹興中尚存，後廢。

故鄣故城。在安吉縣西北十五里。秦置鄣郡，漢廢郡爲故鄣縣，屬丹陽郡。三國吴分屬吴興郡，隋廢。通典：鄣郡故城，在長城縣西南八十里，今俗號爲府頭。州志：在州西北一十五里。又有後府城，在州西北二十五里，相傳孫權築。皆明弘治初自長興割屬本州。

**安吉故城**。在今安吉縣西南。劉昭郡國志注：吴興記曰，中平二年，分故鄣縣南置安吉縣，以光和末張角亂，此鄉獨守險助國，漢嘉之，故立縣。元和志：安吉縣東北去湖州一百四十里。州志：漢舊縣址在今州西南三十里，今猶謂之「舊縣」。唐開元二十六年，縣令孔志道移治玉磬山東南，後又移治今城東南四里，元燬。明初始遷今治。

**原鄉故城**。在孝豐縣北。漢置，以縣在山中高原而名。隋廢。明成化中，郡守王珣以安吉南境崎嶇險遠，有漢廢縣遺址猶存，因議割太平、金石、廣苕、浮玉、天目、孝豐、靈奕、魚池、移風凡九鄉，置縣曰孝豐，以鄉爲名，即今縣也。

**户城**。在烏程縣西北十九里。吴孫晧爲其父和置陵户於此，築城以居。又後府城在縣西二十五里，亦吴時築。今皆圮。

**卜城**。在烏程縣西南六十里。劉宋時將軍卜天與所築。又邱城，在縣北十八里，近太湖。本里民邱氏所居，吴越時築城屯戍於此，以拒南唐。今並圮。

**大騎城**。大騎城、小騎城並在長興縣西南一百二十里。吴地記云：吴王濞築此二城爲馬廄。

**吴王城**。在長興縣東南二里。吴夫槩築，亦名夫槩城。城倚雉山，亦名雉城。又西林城，在縣西南四十八里。東林城，在縣西南四十九里。俱三國吴築。四安城，在縣西南七十里，隋大業九年建，元時重築。

**三城三圻**。在長興縣東北，旁臨太湖。吴城，與斯圻連。彭城，與石圻連。邱城，與蘆圻連。皆春秋時吴王屯戍之地。步騎列於三城，水軍列於三圻。今石圻已没於湖。又有黄城，在縣東北二十五里。

**奉國城**。在德清縣西南吴憾山。唐李光弼偏將辛孜因夫差故壘築城，討平朱覃、姚廷諸賊，名將軍城。吴越時，復築爲屯戍，改名。

**金鵞城**。在德清縣西南金鵞山。唐廣德初，盗袁晁陷浙右，縣人沈皓等聚亡命應之。刺史獨孤問俗率將辛敬順築此城以拒賊。

吴羌城。在德清縣東南吴羌山下〔一二〕。相傳吴越時所築。

石城。在武康縣西南三十里石城山。漢末赤眉之亂，邑人壘石以拒暴寇，一名赤眉城。元至正間，燬於兵。

鳩兹城。在烏程縣南十八里衡山。春秋：楚子重伐吴，克鳩兹，至於衡山。

牙門城。在武康縣東北五里鳳凰山北。梁侯景亂時，牙門將軍沈子春築以禦寇，因名。

晏子城。在長興縣西南百二十里。明統志：齊晏子娶吴女，築此城。安吉州志：在今州西北二十里晏子鄉，本屬長興，明弘治元年，與荆溪、順靈二鄉共割屬州界。

穆王城。在安吉縣南二十里。宋建炎中，岳飛拒寇於此，壘土結營，寇不能犯。飛謚武穆，土人遂以穆王城呼之。有將臺遺址。

歐陽亭。在烏程縣東昇山南。漢書地理志：烏程縣有歐陽亭。舊志：昔越王無疆之子蹄封於歐餘山之陽，爲歐陽亭侯，子孫因以爲氏。

長城宫。在長興縣治西北一里。故陳武帝宅，即大雄寺舊址。又有武帝别墅，在縣西南四十五里上池。武帝釣臺，在縣西二十七里，石壁高五十餘丈。

鎮霅樓。在府城譙門東。舊名消暑樓。唐貞元中，節度使李詞建，杜牧有詩。宋淳祐中，知州高衡孫改名鎮霅。又有清風、會景二樓，俱在子城上。

韻海樓。在府治。唐顔真卿建，於中著韻海鏡源三百卷。

苕溪草堂。在府城南。唐大曆三年建。

碧瀾堂。在府城東南。臨霅溪，唐刺史杜牧建。

三隱草堂。在長興縣西南六十里。唐鄭遨、羅隱、道士李道殷卜築泉口，故名。

六客堂。在府治圃中。宋元祐中，知州張詢作六客詩序曰：昔李公擇爲此郡，張子野、劉孝叔在焉，而楊元素、蘇子瞻、陳令舉過之，會於碧瀾堂，子野作六客詞。今僕守是邦，子瞻與曹子方、劉景文、蘇伯固、張秉道來過，與僕爲六，而向之六客，獨子瞻在，復繼前作。子野爲前六客詞，子瞻爲後六客詞，後人因以名堂。

東萊書堂。在德清縣北三里半月泉側。宋呂祖謙讀書處。本韓元吉宅，呂蓋韓壻也。

東堂。在武康縣治。舊名盡心堂，宋嘉祐中建。紹聖中，縣令毛滂復新之，改今名。又畫舫齋，在縣西圃池上，亦滂所建。

叢桂堂。在安吉縣東一里。吳興掌故：宋紹興間，朱三思、三省兄弟叔侄一門赴南宮試者二十有七人，鄉里榮之，以名其堂。

御書閣。在烏程縣南潯鎮明義菴。宋高宗南渡過此，留徽宗畫鷹及御書「清風明月」四字，元趙子昂書「明義菴」三字並畫滾馬圖留此。又怡雲閣，在弁山，宋朱子嵩建。

烏亭。在烏程縣昇山。王羲之建，以烏巾氏所居也。

夌亭。在長興縣西北六十里懸脚嶺下。三國吳志：建安二十三年，射虎於夌亭。

西亭。在烏程縣治南，跨苕溪。梁郡守柳惲建。又東亭，在縣治内池上，唐建，紀李紳墮水事。

五花亭。在烏程縣峴山。唐天寶中，太守韋景先建。

窪樽亭。在烏程縣峴山。山有石樽，可容斗酒，唐李適之爲湖州別駕，嘗飲於此。後顏真卿爲刺史，與門生弟姪來遊，作李相石樽聯句，大曆中建亭其上。

三癸亭。在烏程縣杼山上。唐大曆八年，顔真卿爲處士陸羽建，以癸年癸月癸日成，因名。真卿、李萼、陸羽、釋皎然皆有杼山三癸亭詩。

五亭。在府治東南白蘋洲上。唐白居易記云：大曆十一年，顔魯公始作八角亭。開成三年，刺史楊漢公疏四渠，濬二渠，樹三園，構五亭，曰白蘋、集芳、山光、朝霞、碧波。

墨妙亭。在府治内。蘇軾記：熙寧四年，高郵孫莘老守吴興，明年作墨妙亭於府第之北，逍遥堂之東，取凡境内自漢以來古文遺刻以實之。

溪光亭。在歸安縣治前。宋開禧初，縣令鄭昭光建，取蘇軾詩「溪光自古無人畫」爲名。

鷗波亭。在府城内江子滙上。元趙孟頫遊息之所，今爲旗纛廟。

愛山臺。在府治内六客堂之右。宋郡丞汪泰亨建，取蘇軾「尚愛此山看不足」句命名。登臺，則羣山一覽在目。

吴夫槩宅。在長興縣西南六十里，今曰上槩村。相傳夫槩築城時居此。

程林故居。在長興縣南程氏橋，即今平政橋。三吴土地記：秦時程林、烏巾二家善釀酒，程氏橋即林所居。

謝安故宅。在烏程縣東南。梁時太守蕭琛於此置白蘋館，唐時顔真卿改爲霅溪館。

謝靈運故宅。在烏程縣東南五十五里謝村。唐時改爲福田寺。

沈麟士故宅。在德清縣東南吴羌山南。

王文殊故宅。在安吉縣西北晏子鄉孝行里。

吴均故宅。在安吉縣東北青山。

蕭翼故宅。在烏程縣治北。梁大同二年，翼捨宅爲寶勝寺。宋祥符中，改名鴻禧寺。

裴子野故宅。在安吉縣永昌鄉。按：子野本河東人，寓居故鄣，著河東略。

徐賢妃故居。在長興縣北七里忻湖旁。今有賢妃井。

孟郊故宅。在武康縣西二里。有孟井。

沈亞之故宅。在烏程縣西南二十里福山。

陸龜蒙别業。在長興縣東五里陸涯。又陸羽别業，在烏程青塘門外。

葉夢得故宅。在烏程縣西北弁山，地名石林。

宋秀王故第。在歸安縣治西北。即今府學及織染局基。

趙孟頫故宅。在歸安縣治東南甘棠橋南。中有松雪齋。又有别業，曰蓮花莊，在月河西，四面陂水環繞，中多植蓮。

芳菲園。在府城西清源門内。吴越錢繩置。

南園。在府城南門内。宋寶元中，知州事滕宗諒於此立五亭，鑿三沼，復楊漢公蘋洲之舊。慶曆九年，郡守馬尋宴郎簡等六老於此，胡瑗爲之序，刻石園中。今廢。

烟霞塢。在武康縣東七里。名勝志：唐劉穎士别墅，林麓之勝號洞天，中有龜巖，巖前瀑布，聲激如雷，谷口梅花綿亘數十里，有藏春橋，亭曰柱雲。

貢茶院。在長興縣北水口鎮。唐貞元中於此造茶。宋初貢，後罷。元改爲磨茶所。明初改磨茶院，尋罷。

千金墟。在歸安縣東南四十里。相傳吴王濞鑄錢銅峴，置庫於此。

孔姥墩。寰宇記：在烏程縣西北二十八里。昔有孔氏之婦少寡，有子八人，訓以義方，漢哀、平間，俱爲郡守。亦曰八子墩。

## 關隘

姚塢關。在歸安縣西南六十里。相近有青山關，俱達武康縣界。

司馬關。在長興縣南六十里，路出烏程。一名大雄關。

筋竹關。在長興縣南六十五里，路出歸安，達武康。

馬頭關。在武康縣南三十里，路出餘杭縣。

獨松關。在安吉縣東南四十五里獨松嶺，接餘杭縣界。宋、元以來，置兵戍守。明洪武六年，置巡司，隆慶四年裁。相近有高塢關，在高塢嶺。又湛水關，在縣東四十里。銅關，在縣東四十五里。

幽嶺關。在孝豐縣東南三十里幽嶺上，接餘杭縣界，與獨松、百丈爲三關。又烏山關，在縣南五十里，與臨安縣接界。郎採關，在縣西南三十里，與於潛縣接界。

孔夫關。在孝豐縣西北六十里。又唐舍關，在縣西七十里。俱與安徽寧國縣接界。

五嶺關。在孝豐縣西北五十里。又苦嶺關，在縣西北四十里。俱與安徽廣德州接界。

大錢湖口。在烏程縣東北十八里。亦名大錢港，爲太湖要口。明洪武二年，即元舊址置巡司，并設河泊所，今所裁，而巡司如故。又設太湖營守備駐防。又烏程縣北之五浦，並設千、把總分防。

夾浦鎮。在長興縣東北四十里。爲商船進口入湖要路，舊設千、把總分防。乾隆三十九年，移縣丞駐此。

南潯鎮。在烏程縣東七十二里。以其南有潯溪，故名。元至正十三年，張士誠築城於此。明洪武三年城廢，十八年置官澤稅課局於此，後局廢。本朝置通判，及移後潘巡司治此。

烏鎮。在烏程縣東南九十里。唐乾寧二年，楊行密圍嘉興，錢鏐遣顧全武赴救，破行密烏墩、光福三寨兵。九域志謂之烏墩鎮，南宋時，避光宗諱止曰烏鎮。其地爲蘇、湖、嘉三府之交，明嘉靖十年，增置府同知於此，隆慶初裁。本朝復移府同知駐此。

璉市鎮〔一三〕。在歸安縣東南九十里，臨練溪水，與嘉興府桐鄉縣接界。元設巡司，後廢。明洪武中復置，今因之。

菱湖鎮。在歸安縣東南三十六里。以近菱湖而名。商賈四集，謂之水市。明洪武中，置千金稅課局，後廢。今有主簿駐此。

雙林鎮。在歸安縣東南五十四里，路通嘉興。相近有窑墩，今有守備駐防。

施渚鎮。在歸安縣西南。以臨施渚爲名。宋設稅課局，元置巡司。明洪武二年，移治於上沃埠，在縣西南三十餘里，尋廢。

四安鎮。在長興縣西南七十里四安山下，東去府城一百二十里，西去安徽廣德州六十里。以其保障吴興、宜興、廣德、安吉四處，故名。隋大業九年，置鷹揚府，築城於此。宋時爲鎮，設官以監商稅。元亦設稅務於此。明初改置巡司，今因之，並有守備駐防。又皐塘鎮，在縣東北三十里。傍臨太湖，舊亦有巡司，今裁。

和平鎮。在長興縣南五十里。舊名和平鄉，宋設税務於此。元更置巡司，明初廢，改名嘉會鄉。

合溪鎮。在長興縣西二十五里。宋設酒庫，元改設税務，又置巡司，明初俱廢。

水口鎮。九域志：長興縣有水口鎮。縣志：在縣北三十里，顧渚諸山之水從此出。

新市鎮。在德清縣東北四十五里。地有三潭九井，人物豐富，宋、元時設鎮將，并置屠家堡。明初設巡司，并置河泊所，今所裁，而巡司如故。

梅溪鎮。在安吉縣東北三十里。明初於城東關置批驗所，洪武三年徙於此，六年改爲税課局，并置河泊所，今皆裁。舊有州判，乾隆三十九年以安吉降縣，改爲縣丞，仍駐此。

遞鋪鎮。在安吉縣東南二十里。有遞鋪灘，當江、浙往來之陸道，舊嘗置巡司，今裁。

沿干鎮。在孝豐縣東北二十里。苕溪經此爲沿干渡，陸行達安吉縣，水行達府。

天目山巡司。在孝豐縣西南二十里。明洪武初置巡司，今因之。

後潘村。在烏程縣東五十里。元置巡司於此，後廢。明洪武三年復置，今移於南潯。

舊館村。在烏程縣東三十六里。有廢城址，舊嘗置館驛於此。明初，師趨湖州，張士誠遣兵屯舊館，築五砦以自固，爲徐達等所敗，舊館遂降，即此。

思溪村。在歸安縣東南三十五里。以臨思溪爲名。元設思溪酒務，明洪武十四年設思溪河泊所，嘉靖十年裁。

埭溪市。在歸安縣西南九十里。本朝乾隆三十九年，改湖州府照磨爲巡檢，移駐於此。

唐棲市。在德清縣東南三十五里，與杭州府仁和縣接境。南屬仁和，北屬德清，長橋跨跼，爲舟車之衝，居民極盛。

橋埠。在武康縣北七里。商賈輻輳，明初置税課局於此。

下塘寨。在德清東三十里，與仁和接界。宋紹興中，兩浙安撫使奏設寨官巡戍，曰下塘巡司。明隆慶三年，以縣東南三十里五林港口地當衝要，因置五林關，徙巡司治之，仍曰下塘司，今裁。

荷葉浦寨。在德清縣東北二十七里。宋嘉定間置，並設巡司。明初移治新市。

苕溪驛。在烏程縣南。明初置，嘉靖三十一年徙府城内。又有苕溪遞運所，今皆裁。

## 津梁

儀鳳橋。在府治西南，跨苕溪。唐儀鳳中建。本朝順治十五年重建，乾隆十年修。

駱駝橋。在府治西。一名迎春橋。寰宇記：橋在霅溪上，唐垂拱元年造，以形似槖駝之背，故名。劉禹錫送人之吴興詩曰：「駱駝橋上蘋風起，鸚鵡杯中箬下春。」即此橋也。

長橋。在府治東南。宋政和建，名甘棠橋。元末，郡人築渚中流，析橋爲二，南曰甘棠，北仍曰長橋。

人依橋。在府治東運河上。唐元和間，刺史辛秘建，以集商爲市，又建樓其上。今呼花樓橋。

望州橋。在府城東門内，跨運河。視衆橋獨高。

定安橋。在府城南門外。因定安門爲名。

鎖苕橋。在府城東門外。苕水自南來，至此一鎖，北入昆山溪。

喜晝橋。在長興縣治東北一里。分箬流爲光明河。
阜安橋。在德清縣治南，跨大溪。唐建。
平政橋。在德清縣東十五里，當杭湖往來之衝。
步雲橋。在德清縣東平政橋南。舊名雲塘橋。
望仙橋。在德清縣東南，跨麻溪。
三登橋。在德清縣東北四十里。明統志：宋袁説友、張巖、王大有皆寓居此，相繼登第，故名。
碧泉橋。在武康縣北。宋宣和三年建。
并全橋。在安吉縣北。初名浮塘橋，明崇禎初改名。
五山渡。在孝豐縣東北靈奕鄉。爲縣要津。

## 隄堰

蘇隄。在烏程縣南，峴山寺前。宋知州事蘇軾築。
張公隄。在武康縣東。明嘉靖間縣令張憲築，本朝雍正七年修。按：武康陂堰，據通志，舊有七十二，今存二十七處，咸資灌溉。
石鼓堰。在安吉縣北十七里。唐書地理志：石鼓堰，引天目山水，溉田百頃。聖曆初，令鉗耳知命置。又州有三十六壩，俱明洪武二十八年置。

東海堰。在安吉縣東北梅溪鄉。亦鉗耳知命所開。又朱塘，在州東北一里，宋嘉定中，陳季永築〔一四〕。皆有灌溉功。

東塘。在烏程縣東。以障西來諸水，且通往來。明萬曆十七年，縣令楊應聘修築。

南塘。在烏程縣南，碧浪湖西，以障郭西灣之水。明萬曆三十六年，郡守陳幼學修築。又有新塘，在縣西南，自康山壩至碧浪湖，首尾三十里，亦明時所築，以障苕水之入郭西灣者。

謝塘。在烏程縣西四里。寰宇記：晉太守謝安開。大曆中，刺史裴清於州西起謝塘館。

蒲帆塘。在烏程縣北二里。唐開成間，刺史楊漢公開。開時塘中得蒲帆，因名。又有柳塘，在縣北三里，孫吴時所開。本名青塘，梁太守柳惲重濬，因易今名。

荻塘。在烏程縣南一里。吴興記云：晉太守殷康所開，溉田千畝。隋録云：烏程沈恒居荻塘，家貧好學，每燒荻自照，因名其塘。西引霅溪，東達平望官河。

四安塘。在烏程縣西南三十里，西至長興縣四安鎮七十五里，由此登陸，趨廣德州。

吴興塘。在歸安縣東二十五里。元和志：吴興塘，太守沈嘉建，灌田二千餘頃。

連雲塘。在歸安縣東南七十五里，即連市塘。又有洪城、保稼二塘，俱唐刺史崔元亮築。

臯塘。在長興縣東北二十五里。漢元始中，吴人臯伯通築以障太湖。又官塘，在縣南七十里，晉謝安築，一名謝公塘。

武承塘。在德清縣東北十八里。餘不溪水所經，亦謂之石塘。東岸爲東石塘，西岸爲西石塘，連接數里。

險塘。在德清縣西南，即大溪之東滙也。溪水湍激，縣東南田數萬頃，賴此捍禦。又縣境壩凡十有四處。

廟山塘。在孝豐縣靈奕鄉。又龍塘，在西圩。前塘、蒲薺壩塘，在天目鄉。壩凡三十七處。

## 陵墓

### 三國　吴

明陵。在烏程縣西北西陵山。孫皓父和葬此。

### 南北朝　陳

壽陵。在長興縣東七里陽烏山。齊時太常陳道巨葬此，陳武帝追尊爲壽陵。又瑞陵，在縣西北五里，武帝父文讚葬此。

嘉陵，在縣北五里，武帝前夫人錢氏葬此。明陵，在縣西北五里，文帝父始興王道談葬此。

### 漢

丘騰墓。在烏程縣西十八里。騰，光武初起義，累遷大司馬。

姚恢墓。在武康縣西南石城山上。恢爲漢青州刺史。

施延墓。在烏程縣西二十四里。延爲漢順帝時太尉，詳見嘉興府流寓。

## 三國　吴

朱治墓。在歸安縣南十六里。

太史慈墓。在烏程縣西北十八里石斗山東石塢。按：顔真卿石柱記載有吴丹陽太守、蕪湖侯太史慈墓。然考洪容齋二筆云太史慈葬於新吴，今洪府奉新縣是也，邑人立廟敬祀。則墓不當在烏程。今依舊志存之以俟考。

施績墓。在歸安縣南十六里。

程普墓。在歸安縣南十九里。按：江西通志，程普墓在瑞昌縣安泰鄉桂林橋西南。舊志所載恐未足爲據，今存以俟考。

丁固墓。寰宇記：在武康縣東十五里。按：固，山陰人，爲吴司徒，今武康有丁墓村。

## 晉

潘尼墓。寰宇記：在烏程縣東十里。按：晉書潘尼本傳云，尼中牟人，卒於塢壁。他書中亦無卜葬湖州之説，舊志係據顔真卿石柱記及樂史寰宇記所載，今存以俟考。

孔愉墓。在德清縣南城山。有祠在餘不溪上。

沈勁墓。在武康縣東北三十里小山。

謝安墓。在長興縣南六十里三鴉村。安初葬建康之梅山，後被發，其裔孫夷吾爲長城令，遷葬於此。今其地曰謝公鄉，有謝太傅廟。

殷仲文墓。寰宇記：在長興縣東三十二里。仲文在晉爲吏部尚書。

## 南北朝　宋

沈演之墓。在武康縣小山。

殷景仁墓。在長興縣南五十里。景仁在宋爲尚書左僕射。

## 齊

沈驎士墓。在德清縣南吴羌山陽。有祠。

## 梁

沈約墓。寰宇記：在德清縣東五十八里。縣志：在蔺村。

丘遲墓。寰宇記：在烏程縣南十六里。

## 陳

沈恪墓。在德清縣北十五里。

姚察墓。在武康縣南三里。其父僧垣墓亦在焉。

唐

李紳墓。在烏程縣南三十里。

沈亞之墓。在烏程縣西南福山。

陸龜蒙墓。在長興縣東陸滙。有甫里先生祠。

宋

胡瑗墓。在烏程縣南何山。

陳舜俞墓。在烏程縣南車蓋山。

孝子曹清墓。在烏程縣東四十里西楊村。有祠在府學右。

沈與求墓。在德清縣西馬鞍山。

朱曎墓。在安吉縣東北安福鄉，即灣里。

葉夢得墓。在烏程縣西北弁山。

陳與義墓。在歸安縣西南上强里。

葛邲墓。在烏程縣西南五十里。

程大昌墓。在安吉縣東北梅溪鄉。

牟應龍墓。在烏程縣三碑鄉。

元

趙孟頫墓。在德清縣北十八里。子雍墓在縣西北。

宇文公諒墓。在歸安縣長超山。

明

郎理墓。在安吉縣東鳳亭鄉邵家溪。

嚴震直墓。在烏程縣西塞山。

徐階墓。在長興縣南石城山。

顧應祥墓。在長興縣西五里靈山。

孫一元墓。在烏程縣南道塲山。

潘季馴墓。在烏程縣北二十五里。

丁元薦墓。在長興縣西篠浦。

胡友信墓。在德清縣吴羌山之陰。

淩義渠墓。在烏程縣東五十里驥村北。

温璜墓。在烏程縣南道場山。

徐中行墓。在長興縣河泊所前。

孝鵞冢。在德清縣吴羌山下蔣灣。寰宇記：唐天寶末，邑人沈氏養母鵞一，母鵞死，其雛仰天號切，遂啄敗薦以覆其母，銜庭砌間芻草列於母所，若人之祭奠狀，長吁數聲而死。沈氏因作二函，埋於山中，土人呼爲孝鵞冢。

本朝

姚延儒墓。在烏程縣霅村。

嚴我斯墓。在烏程縣魚灣村。

孫在豐墓。在烏程縣陽山。

費俊墓。在烏程縣寶明山。

費金吾墓。在烏程縣長超山。

沈近思墓。在歸安縣埭溪。

徐尚介墓。在德清縣楊柳村。

徐倬墓。在德清縣青芝山。

蔡升元墓。在德清縣西三里。

胡會恩墓。在武康縣姚家墩。

徐元正墓。在武康縣球村。

## 祠廟

吴季子祠。在歸安縣東南射村。又有廟在長興縣西合溪鎮。

吴夫槩廟。在長興縣東一里。

項王廟。在府城北奉勝門内。舊在弁山，梁天監末遷此。

舞陽侯廟。在武康縣上柏里。祀漢樊噲。沈彬廟記：噲故上柏里人，今廟地尚名樊宅。

徐孺子廟。在烏程縣東孺山。祀漢徐穉。

郭尚書祠。在歸安縣治東文昌宫巷。晉太康間，郭璞有遷城之功，故祀之。

謝太傅廟。在長興縣西三鵶岡。祀晉謝安。

李衛公廟。在安吉縣西碧石山。祀唐衛國公李靖。

餘不亭侯廟。在德清縣餘不溪上。祀晉孔愉。

織簾先生祠。在德清縣吴羌山。祀南齊徵士沈驎士。

顔魯公祠。在歸安縣治西北府學左。宋紹興中，以守臣汪藻請，賜額曰忠烈。

沈將軍廟。在烏程縣東昇山。祀唐沈清。清烏程人，爲婺州刺史，大曆中李希烈陷汴州，清發兵逐逆黨，至汴口，力戰而死。

貞曜先生祠。在武康縣西二里孟宅保。祀唐孟郊。

胡安定祠。在歸安縣治東北。祀宋胡瑗。

曹孝子祠。在府學尊經閣右。祀宋孝子曹清。

三賢祠。在烏程縣峴山上。明正德中建，祀唐刺史顔真卿、宋知州事蘇軾、王十朋。又有三賢祠，在德清縣新市鎮，祀宋劉光祖、游佀、吴潛。

東萊先生祠。在德清縣東北石壁山慈相寺。

安吉太守祠。在府治愛山臺上。祀宋知州事趙良淳。

忠武祠。在長興縣治南。祀明將耿炳文、劉成、周淵，石有恒建。

三侯祠。在德清縣分司之右。祀明宋興祖、熊德陽、周宗建。三侯迭著循良，並著卓異。

三功祠。在安吉縣東北玉磬山。祀明巡撫張津、巡按解冕、金壇令劉天和，皆以正德中降孝豐廣苕山賊有功。

保濟顯佑侯廟。在德清縣溪東。祀宋戴繼元。侯保障一方，屢著靈應，元封顯佑侯，本朝雍正八年加封保濟。

## 寺觀

天寧寺〔一五〕。在府治東北。舊名隆興寺，陳永定三年，武帝后捨宅建，宋改今額。

飛英寺。在府治東北。唐咸通中建，寺西有舍利石塔，登之則川原城郭瞭如指掌。

天聖寺。在府治北。本沈亞之宅，唐中和二年捨爲寺。舊名景清禪院，宋天聖間改今額。

道場寺。在烏程縣南道場山。唐中和間，僧如訥居此〔一六〕。吴越時建妙覺寺，宋改今額。

峴山寺。在烏程縣南峴山。晉殷康建。舊名不一，明洪武三年改今額。

法華寺。在烏程縣西北法華山。梁時有尼道蹟得法於達摩，居卞山，晝夜誦法華經，有白雀之異。歸寂後，塔内現青蓮花，因建寺，今呼爲白雀寺。

祇園寺。在歸安縣西東林山。齊永明中建，舊名大乘寺，宋改今額。

大雄寺。舊在長興縣治西北。陳文帝建，名報德寺，宋治平中改今額。明初，遷縣治東南。

廣惠寺。在長興縣東九里。輿地紀勝：乃陳高祖故宇，光大初建爲寺，號天居，宋改今名。

八聖寺。在德清縣東三十六里。輿地紀勝：梁節度使沈子真居宅，一夕堂下井中有八龍升空，遂捨爲寺，武帝賜名。吴越王病目，聞此寺神異，取水洗之即愈，因賜旃檀香作井欄。本朝康熙四年重建。

延壽寺。在德清縣東北敢村。梁天監中，沈慶之捨宅建。唐太中初，賜今額。本朝順治十五年重建。

明因寺。在德清縣東新市鎮假山西北隅。吴越時建，舊名羅漢院，宋改今額。本朝順治間重建，蔚成叢林，爲一邑禪剎之冠。

寶華寺。在武康縣西南金車山麓。唐建，舊名報恩。明末，僧天隱卓錫於此，後玉琳、琇繼之，爲叢林最，有坊曰「金輪第一山」。本朝康熙四十四年敕賜今額，雍正十一年重修。

常樂寺。在安吉縣治西。宋建，有静蛙池。

回仙觀。在歸安縣東南東林村。宋熙寧時，里人沈東老隱此，能釀白酒，一日有客自稱回道人，求飲，因與對酌，至暮劈石榴皮題詩東老菴壁而去，遂捨宅爲觀。

元峯觀。在德清縣南吴羌山之陽。宋淳熙間建，内有石壺泉。

## 校勘記

〔一〕西南境郡爲丹陽地　乾隆志卷二二二湖州府建置沿革(下同卷簡稱乾隆志)同，疑「郡」字錯位，當移「丹陽」下。

〔二〕一名烏山　「一」，原闕，乾隆志同，據雍正浙江通志卷一二山川補。

〔三〕相傳晉幼度嘗釣於此　乾隆志同。按，此當指謝玄，避乾隆諱，故稱其字。然謝姓不當省，蓋誤脱。

〔四〕昔戴顒遊吴　「顒」，原作「容」，據乾隆志改。按，本志避清仁宗諱改字，今改回。

〔五〕昔夏后杼南巡至此　「夏后杼」，原作「夏侯杼」，據乾隆志改。按，太平寰宇記卷九四江南東道湖州夏駕山條作「帝杼」。帝杼即夏帝杼也。

〔六〕石郭山在鄣南五里　「鄣」，乾隆志及太平寰宇記引吴興記同。當作「故鄣」，脱「故」字。嘉泰吴興志卷二石郭山條引吴興記作「故鄣」，是也。

〔七〕昔吴王夫槩顧其渚次　「王」，原置「夫槩」下，據太平寰宇記卷九四江南東道湖州顧渚條移正。

〔八〕吴王夫槩所立　「王」，原置「夫槩」下，據乾隆志及太平寰宇記卷九四江南東道湖州西湖條移正。

〔九〕後漢司隸校尉萬向於此築坂溉田　「坂」，原作「板」，據太平寰宇記卷九四江南東道湖州黄浦條改。乾隆志作「阪」，同。

〔一〇〕釣漁灣　「漁」，乾隆志作「魚」。

〔一一〕百花洲　「洲」，原作「州」，據乾隆志改。

〔一二〕在德清縣東南吴羌山下　「吴羌山」，乾隆志同，本志上文山川作「吴差山」。按，羌、差形近，未知孰是，然本志上文取「差」，此處又取「羌」，義例似未純。

〔一三〕璉市鎮　「璉」，原作「連」，據乾隆志及讀史方輿紀要卷九一浙江改。按，本志避乾隆皇太子永璉諱改字，今改回。

〔一四〕陳季永築　「陳季永」，雍正浙江通志卷五五水利同，乾隆志作「陳季年」。

〔一五〕天寧寺　「寧」，原作「安」，據乾隆志改。按，本志避清宣宗諱改字。

〔一六〕僧如訥居此　「如訥」，原作「如納」，乾隆志同，據吴越備史卷一及嘉泰吴興志卷一三寺院改。

# 大清一統志卷二百九十

## 湖州府二

### 名宦

#### 三國 吴

駱統。烏傷人。年二十，試爲烏程相。民户過萬，咸嘆其惠理。

#### 晋

賀循。山陰人。以茂才爲武康令。俗多厚葬，及有拘忌，迴避歲月，停喪不葬者。循皆禁焉，政教大行，鄰城宗之。

顧祕。吴郡吴人。太安二年，爲吴興太守。時李辰起兵江夏，與南平内史王矩、前秀才周玘倡義，傳檄州郡以討之，賊黨悉降。

周玘。陽羨人。元帝初，爲吴興太守。時寇亂之後，百姓饑饉，盜賊公行，玘甚有威惠，百姓敬愛之，期年之内，境内安謐。

孔愉。山陰人。建興初，以駙馬都尉參丞相軍事。討華軼有功，封餘不亭侯，累遷吴興太守，有美政。

孔坦。愉從子。咸和中，爲吳興内史。歲饑，運家米以賑窮乏，百姓賴之。

陶回。丹陽人。咸和中，爲吳興太守。時人饑穀貴，三吳尤甚。回上疏請賑，不待報，輒便開倉，及割府郡軍資數萬斛米以救乏絶，由是一境獲全。既而下詔并敕會稽、吳郡依回賑恤，二郡賴之。

陸納。吳郡吳人。爲吳興太守，至郡，不受俸禄。頃之，徵拜左民尚書，將應召，外白宜裝幾船，納曰：「私奴裝糧食來，無所復須也。」臨發止被襆而已，餘並封以還官。

孔嚴。山陰人。太和中，拜吳興太守，加秩中二千石。善于宰牧，甚得人和，又甄賞才能之士，論者美焉。

謝安。陽夏人。廢帝時，除吳興太守。在官無當時譽，去後爲人所思。

王藴。晉陽人。補吳興太守，甚有德政。屬郡荒人飢，輒開倉賑恤。主簿執諫，請先列表上待報，藴曰：「今百姓嗷嗷，路有饑饉，若表上須報，何以救將死之命乎？」于是大賑貸之，賴藴全者十七八焉。朝廷以違科免藴官，士庶詣闕訟之，特左降晉陵太守。

謝邈。安從子。安帝初，爲吳興太守。孫恩之亂，爲賊胡桀、郜驃等所執，逼令北面，邈厲聲曰：「我不得罪天子，何北面之有！」遂害之。

殷康。爲吳興太守。開城南荻塘，溉田千頃，民飫其利。

裴松之。聞喜人。義熙初，爲吳興故鄣令，在縣有績。

## 南北朝　宋

袁湛。陽夏人。高祖時，爲吳興太守。莅政和理，爲吏民所稱。

朱齡石。沛人。武帝時，遷武康令。縣人姚係祖專爲刦掠，郡縣畏不能討。齡石僞與厚，召爲參軍，係祖恃强，乃出應召，齡石斬之，掩其家，悉殺其兄弟，由是一部得清。

江秉之。考城人。少帝時，爲烏程令，以善政著名東土。

張岱。吴人。泰始末，爲吴興太守，以寬恕著名。

傅琰〔一〕。北地靈州人。爲武康令，著能名，邑人稱爲傅聖。

齊

張瓌。吴人。建元中，出爲吴興太守。瓌以既有國秩，不取郡俸，高帝敕上庫别藏其俸，以表其清。

謝瀹。陽夏人。建元初，爲吴興太守，在郡稱爲美績。

孔琇之。山陰人。武帝時，出監吴興郡，尋拜太守，政稱清嚴。

徐孝嗣。東海郯人。永明中，出爲吴興太守，在郡有能名。

李安人。蘭陵承人。武帝時，爲吴興太守，於家載米往郡，時服其清。

何敬叔。東海郯人。爲長城令，有能名。在縣清廉，不受禮遺。夏節至，忽榜門受餉，數日中得米二千餘斛，他物稱是，悉以代貧民輸租。

袁昂。陽夏人。永元末，爲吴興太守。梁武帝起兵，州郡望風皆降，昂獨拒境。後帝使豫州刺史李元履巡撫東土，敕元履曰：「袁昂道素之門，世有忠節，天下須共容之，勿以兵威凌辱。」元履至宣旨，昂亦不請降。

## 梁

蔡撙。考城人。爲吴興太守。惟飲郡井，齋前自種白莧、紫茄，以爲常餌，詔褒其清。天監九年，宣城郡吏吴承伯挾妖道聚衆攻宣城，轉寇吴興，吏人並請避之，撙堅守不動，命衆出戰，斬承伯，餘黨悉平。

謝覽。瀹子。武帝時，爲吴興太守。時中書舍人黄睦之家居烏程，子弟專横，前太守皆折節事之。覽未到郡，睦之弟迎覽，覽逐去其船，杖吏爲通者，自是睦之家杜門不出。郡境多劫，爲東道患，覽下車肅然。與父瀹、東海徐孝嗣並爲吴興名守。卒于官。

張稷。瓌之弟。武帝時，爲吴興太守。下車存問遺老，引其子孫置之右職，政稱寛恕。

柳惲。河東解人。天監中，爲吴興太守。爲政清静，民吏懷之。於郡感疾，自陳解任，父老千餘人拜表陳請，事未施行，卒。

夏侯亶。譙人。武帝時，爲吴興太守。在郡有惠政，吏民圖其像，立碑頌美焉。

何遠。東海郯人。武帝時，爲武康令。厲廉節，除淫祀，正身率職，人甚稱之。太守王彬巡屬縣，諸縣盛供帳以待。至武康，遠獨設糗水而已。彬去，遠送至境，進斗酒隻鵝而别。高祖聞其能，擢爲宣城太守。

張纘。范陽方城人。大通中，爲吴興太守。治郡省繁苛，務清静，民吏便之。

張嵊。稷子。爲吴興太守。侯景圍建業，嵊遣弟伊率兵赴援，城陷，御史中丞沈浚勸舉義，於是收集士卒，繕築城壘。賊行臺劉神茂攻破義興，遣使説嵊，嵊斬其使，仍遣軍破神茂。侯景遣其中軍侯子鑒助神茂擊嵊，嵊軍敗，乃釋戎服坐聽事，賊臨以刃，終不屈，乃殺之。

殷不佞。陳郡長平人。承聖初，爲武康令。時兵荒饑饉，百姓流移，不佞撫循招集，襁負至者以千數。

到仲舉。彭城人。仕梁爲長城令，政號廉平。陳文帝爲吳興太守，以仲舉爲郡丞〔二〕。

唐

韋承慶。鄭州人。儀鳳中，爲烏程令。政化流行，民爲刻石頌德。

李適之。恒山愍王孫，始名昌。開元初，爲湖州判，儒雅清曠，決獄無滯。

獨孤及。洛陽人。天寶末，爲武康令。嘗作亭于烏回山，後人思其澤，因名其山曰獨孤山。

顔真卿。萬年人。代宗時，遷湖州刺史。

李清。大曆間，爲烏程令。任二歲，流民復者六百餘家，廢田墾者二百餘頃，種桑畜養溢數萬。

于頔。洛陽人。德宗時，爲湖州刺史。部有湖陂，異時溉田三千頃，久廞廢。頔行縣，命修復隄閼，歲獲秔稻、蒲魚無慮萬計。州地庳薄，葬者不掩柩，頔爲坎，瘞枯骨千餘，人賴以安。

辛祕。系出隴西。憲宗時，爲湖州刺史。李錡反，遣大將先取支州。蘇、常、杭、睦四刺史咸戰敗，或拘脅，獨祕以儒者，賊易之，未及至。祕召牙將丘知二夜開城，收壯士數百，逆賊大戰，斬其將，進焚營堡。錡平，賜金紫。

范傳正。順陽人。爲湖州刺史，有殊政。

杜牧。萬年人。大中間，爲湖州刺史，有惠政。嘗建碧瀾堂。

宋

刁衎。昇州人。太平興國中，通判湖州。上疏請定天下酒税額、修郡縣城隍、條約牧宰、除兩浙丁身錢、禁汴水流尸，凡五事。

滕宗諒。河南人。仁宗時，知湖州。宗諒倜儻自任，所涖州喜建學，而湖州最盛，一時學者，傾江淮間。

林槩。福清人。仁宗時，知長興縣。歲大飢，富人閉糴以要價，槩出俸米庭下，誘士豪輸數千石，以飼飢者。

胡宿。晉陵人。知湖州。前守滕宗諒大興學校，費錢數十萬，宗諒去，通判僚史皆疑以爲欺，不肯書曆。宿誚之曰：「君輩佐滕侯久矣，苟有過，盍不早正，乃俟其去而非之〔三〕，豈昔人分謗之意？」坐者大慚謝。其後湖學爲東南最，宿之力爲多。築石塘百里，捍水患，民號曰胡公塘。

胡瑗。海陵人。景祐中，爲湖州教授。瑗教人有法，科條纖悉備具，以身先之，雖盛暑必公服坐堂上，嚴師弟子之禮，從遊常數百人。慶曆中，興太學，下湖州取其法，著爲令。

高子潤。蒙城人。爲烏程主簿，疏三十二漊達于湖，復晉、宋舊蹟，民賴其利。

許遵。泗州人。知長興縣。水災，民多流徙，遵募民出米賑濟，竟以無患。益興水利，溉田甚溥，邑人便利，立石紀之。

錢顗。無錫人。知烏程縣，以治行聞。

滕元發。東陽人。英宗時，通判湖州。孫沔守杭，見而異之，曰：「奇才也，後當爲賢將。」授以治劇守邊之略。後神宗時復知湖州。

孫覺。高郵人。熙寧中，知湖州。松江隄没，水爲民患，覺易以石，高丈餘，長百里，隄下化爲良田。

蘇軾。眉山人。熙寧中，徙知湖州。到任謝表有云：「魚鳥之性，既自得于江湖；吴越之人，亦安臣之教令。」

陳師錫。建陽人。熙寧中，調昭慶軍掌書記。郡守蘇軾器之，倚以爲政。軾得罪，捕詣臺獄，親朋多畏避不相見，師錫獨出餞之，又安輯其家。

賴以濟。

文同。梓潼人。元豐初，知湖州。在任多善政，世稱文湖州。

葛勝仲。丹陽人。徽宗時，知湖州。時羣盜縱横，勝仲修城郭，作戰艦，閲士卒，賊知有備，引去。歲大飢，發官廩賑之，民

張燾。德興人。建炎初，通判湖州。明受之變，賊矯詔俾燾撫諭江浙，燾不受。

汪藻。饒州德興人。紹興二年，知湖州。以顔真卿盡忠唐室，曾守是郡，乞表章之，詔賜廟忠烈。又言古者有國必有史，今踰二十年，無復日曆，何以示來世，乞即臣所領州，許臣訪尋故家文書，纂集元符庚辰以來詔旨，爲日曆之備。

蕭振。平陽人。紹興中，知湖州。振至州，秦檜欲取羨餘，振遺檜書，謂財用在天下，如血氣之在一身，移左以實右，則病矣。檜屬以私事，不從。

趙師夔。秀安僖王後。隆興中，知湖州。時歸附從軍，而廩於湖者衆，師夔請增廩，仍别給僦屋錢，以安其心。帝稱善，詔諸郡行之。

王十朋。樂清人。孝宗時，知湖州。召對，劉珙請留之，上曰：「朕豈不知王十朋，顧湖州被水，非十朋莫能鎮撫。」至郡積霖，入境即霽。會户部責虚逋三十四萬，命吏持券往辨，不聽，即請辭去。去之日，老稚攀留涕泣，越境以送，思之如父母。

余端禮。龍游人。孝宗時，知烏程縣。民間賦丁絹錢，率三氓出一縑，不輸絹而折其估，一縑千錢，後增至五千，民不勝病。端禮自詣中書陳便宜，歲蠲緡錢六萬。

王信。麗水人。孝宗時，知湖州。據案剖析，敏如流泉。

薛季宣。永嘉人。孝宗時，知湖州。會户部以曆付場務，錙銖皆分隸經總制，諸郡束手無策。季宣言於朝曰：「自經總制立額，州縣罄空以取贏，若復額外征其强半，郡調度顧安所出，殆復巧取之民，民何以勝？」户部譙責愈急，季宣争之愈强，乃收前令。

呂午。歙人。嘉定中，授烏程主簿。郡守致之幕下，事一決于午。守張忠恕，丞相浚之孫，薦午尤力。時忠恕之母就養，而時時躬至簿廳，迎午二親入郡，與午皆衣彩衣，奉觴上壽，郡人榮之。

袁甫。鄞人。寧宗時，通判湖州。考常平弊源以增積貯，覈隱産，增附嬰兒局。

王霆。東陽人。理宗即位，差充浙西副都監，湖州駐劄。時潘甫等起兵，事甫定，霆因綏撫之。

趙與懽。燕懿王八世孫。知安吉州。郡計仰榷醋，禁網峻密，與懽首捐以予民。設銅鉦縣門，欲愬者擊之，冤無不直。有富民愬幼子，廉之，乃二兄强其父析業，與懽曉以法，開以天理，皆忻然感悟。又嫠媪僅一子，亦以不孝告，留之郡廳，日爲饌，俾親饋，晨昏以禮，未周月，母子如初。二家皆畫像事之。

李芾。衡州人。理宗時，知德清縣。屬浙西飢，芾置保伍賑民，活數萬計。遷主管酒庫所。德清有妖人煽民爲亂，至數萬人，遣芾討之，盜聞其來，衆立散。

趙良淳。餘干人。咸淳末，知安吉州。歲飢，民相聚爲盜，良淳以義諭之，衆投兵散歸。因勸富人出粟賑之，皆傾囷以應。元兵至，軍其東西門，良淳率衆城守，夜就茇舍陴上不歸。先是，朝廷遣將吴國定戍安吉，已而國定開南門納外兵，兵入城，衆悉散去。良淳歸府，閉閤自經。有兵士解救之，復甦，衆羅拜泣曰：「逃之猶可求生。」良淳叱曰：「我豈逃生者！」衆環守不去，大呼曰：「爾輩欲爲亂耶？」衆涕泣出，復投繯而死〔四〕。

## 元

史樞。永清人。至元中，署安吉州安撫使。時新附之民，所在依險阻自保，樞以威信招懷之，復業爲民者以千萬計。

宋文懿。真定人。至元中，爲烏程丞。首建學校，勵風俗，築青塘堤以捍民田。

干文傳。平江人。延祐時,授烏程縣尹。有富民張甲之妻王無子,張納妾于外,生子,王逐妾,殺兒焚之。文傳聞而發其事,王厚賄妾之父母,買鄰兒爲妾所生兒,初不死。文傳令妾抱兒乳之,兒啼不就乳,妾之父母吐實,乃呼鄰婦至,兒見之,躍入其懷,乳之即飲,王遂伏辜。文傳長于治劇,所至有善政。

楊景行。太和州人。轉湖州路歸安縣尹。奉行省命,理荒田租,民無欺弊。

## 明

高彬。洪武初,爲歸安丞,有德于民。以詿誤連坐,部民詣闕訟冤,帝遣還之。

趙登。祥符人。宣德間,爲湖州知府。勵清操,鋤豪横,勸大户納粟義倉,定出入之法,以備水旱。考滿去官,民乞留,增秩還任。在官十七年,政聲大著。

岳璿。與趙登同里。天順間,繼登爲知府,奏定官田正耗之則,遂爲定制。時爲之謡曰:「賢守趙岳,治行卓犖。」

梁材。南京衛人。弘治中,知德清縣。勤敏有異政,在任七載,遷刑部主事。

申良。高平人。正德中,知安吉州。錦衣葉瓊,倚錢寧勢〔五〕,奪民田,良讞還之民。瓊因嗾奸人誣奏良,事白,遷常州同知。

劉天和。麻城人。正德中,爲湖州知府。多惠政。

戚賢。全椒人。嘉靖初,知歸安縣。省厨饌,平徭役,躬行郊野,問民疾苦,悉知閭里奸豪,有犯輒窮治。縣有蕭總管廟,報賽無虚日,賢取木偶沈之河。一日舟過其地,木偶自水躍入舟,左右皆驚,賢笑命焚之。陰誡健隸,伺水中人出,械以來。已而果然,蓋奸民募善泅者爲之也。由是遠近畏服。

陶廉。曲靖人。嘉靖中，知德清縣，多善政。嘗籍廢寺田四百畝，給諸生廩餼。修楊灣塘以資灌溉，民甚賴其利。

歸有光。崑山人。嘉靖中，授長興知縣。用古教化爲治，每聽訟，斷訖遣去，不具獄。大吏令不便，輒寢閣不行，有所擊斷，直行己意，大吏多惡之。

石有恒。黄梅人。萬曆中，知長興縣。時葉天生餘黨竄入邑境，有恒捕之急，遂于元日詭裝入縣，執有恒，索印及庫餘不可得，挾之行，不從，被害。搜其橐，僅葛一疋、俸二兩，盗相顧驚歎。事聞，贈太僕寺少卿。

陳幼學。無錫人。萬曆中，知湖州府。奸豪爲民患者，論殺十數輩，疾惡如讐，而于細民，人人得進見言情，爲去煩苛，務求所以安全之。遇孝子、節婦、善人，悉爲旌揚，一郡大治。霪雨害稼，力舉荒政，活饑民三十四萬有奇。築南塘，障郭西諸水，旱潦有備。御史列其治行以聞，詔加按察副使，仍視郡事。

周宗建。吴江人。萬曆中，除武康知縣，以能調繁仁和。

譚元禮。景陵人。崇禎間，知德清縣。省追呼，簡訟牒，南糧折銀，爲巨蠹所蝕，申請十年帶徵。夏税絹疋，積欠萬餘金，力請大司農，得蠲免。

## 本朝

劉壐。朝邑人。順治四年，知烏程縣。寬以撫民，嚴以治盗。每歲暮，量賑貧士，必面給，士民建祠於便民倉。

王業久。平凉人。康熙十年，知歸安縣。政尚淳簡，徵收有方，請於上官，免門攤課鈔，編里均平，私派悉爲屏除。莅任二載，卒官，士民醵金以殮。

羅爲賡。南充人。康熙十年，授孝豐知縣。值歲荒，禁革煩苛，蠲賑饑民，存活甚衆。公餘集士子講明理學，性嚴謹，人無敢以私干者。

高必騰。奉天人。康熙十四年，知烏程縣。聽訟明允，不狥干謁。值編審，釐剔積弊，官民一則，徭役均平。涖任九年，擢守新寧，士民遮送，至填街巷。

潘麒甡。溧陽人。康熙中，知湖州府。政尚寬，而嚴治奸匪，催科有法，差役無擾，民甚安之。

蔣洪澍。貴州人。康熙間，知湖州府。不攜家眷，蕭然入署。讞決如神，案無留牘。自奉儉約，日供止蔬腐，爲兩浙循良第一。卒於官，湖人罷市巷哭。

韓逢庥。新城人。康熙中，知武康縣。剔蠹除奸，歲歉，設法捐賑，全活無算。溪東有盜百餘人，掠村落，逢庥腰弓矢，率兵擊之，斬三人，餘悉定，境内以安。

高崇徽。武威人。雍正十年，知安吉州。廉介安静，有長者風。初下車，禁一切餽遺陋規，胥役舞文，悉繩以法。涖任八載，有吏瘠民肥之頌。

劉守成。寧河人。乾隆中，知武康縣。愛民如子，時行村落，勸農桑，建前溪書院以課士，設孟東野、周季侯神主於中。前溪水迅激，濬後溪以通溝洫，灌田數千頃，民賴之。

## 人物

### 漢

沈瑜。烏程人。與弟儀少有志行。瑜十歲，儀九歲，居父喪，毁瘠過於成人。外祖盛孝章撫慰之曰：「汝兄弟黄中通理，終成奇器，何遽逾制，自取滅性耶？」瑜早卒。儀篤學有才，屬漢末，晦默守道，風操貞整。州郡禮請，二府公車徵辟，並不屈。

## 三國　吴

朱治。字君理，故鄣人。從孫堅討賊有功。已，勸孫策平江東，領吴郡太守。建安中，孫權表爲九真太守，征討夷越，佐定東南。擒獲黄巾餘類，拜安國將軍，封故鄣侯。治憂勤王事，性儉約，雖在富貴，車服惟供事。子才，字君業，少爲校尉，從征伐，屢建功。更折節爲恭，輕財尚義，聲名聞於遠近。

朱然。字義封，治姊子，本姓施。年十九，爲餘姚長，遷山陰令。權奇其能，以爲臨川太守。吕蒙病篤，權問誰可代者，蒙以然對，假節鎮江陵，拜征北將軍。魏攻圍然，六月不能克，退還，由是名震敵國。封當陽侯。赤烏中，拜左大司馬、右軍師。然内行修潔，終日欽欽，常在戰場，臨急膽定，雖世無事，每朝夕嚴鼓，兵在營者，咸行裝就隊，以此玩敵，使不知所備，故戰輒有功。子績，字公緒，以父任爲郎。歷遷至左大司馬。五鳳中，表還爲施氏。

姚信。字元直，武康人。精于天文、易數之學。三國吴時太常卿，造昕天論，有周易注十卷。按：阮孝緒云信字元直，陸德明云信字德祐。

吾粲。字孔休，烏程人。孫河舉爲曲阿丞，遷長史，治有名迹，累官參軍校尉。黄武初，與吕範等拒魏將曹休於洞口，值大風，諸船綆絶，軍多溺水，攀粲船請援。左右以爲船重必敗，粲曰：「船敗當俱死耳，人窮奈何棄之？」所活者百餘人。累遷太子太傅。遭二宫之變，抗言執正，明嫡庶之分，以譖被誅。

## 晉

戴洋。字國流，長城人。善風角，好道術，妙解占候卜數。吴末爲臺吏，知吴將亡，託疾不仕。後爲祖約中典軍，主簿王振以洋爲妖，白約收洋。約知其有神術，赦之而讓振，振後被收，洋爲力救，約甚義之。

沈勁。字世堅，武康人。父充，與王敦構逆，爲部曲所殺，勁當坐誅，鄉人錢舉匿之得免。勁少有節操，哀父死于非義，欲立勳以雪先恥。年三十餘，以刑家不得仕。郡將王胡之異之，疏薦勁參府事。升平中，慕容恪侵逼山陵，以勁爲冠軍長史，助陳祐擊賊。祐東赴許昌，留勁以五百人守洛陽。尋爲恪所攻，城陷被執，神氣自若，遂遇害。贈東陽太守。

王談。烏程人。年十歲，父爲鄰人竇度所殺，談陰有復仇志，日夜伺度未得。至年十八，乃密市利鍤若耕鋤者，卒殺度而自歸于有司。太守孔嚴義其孝勇，列上宥之。嚴諸子爲孫恩所害，無嗣，談乃移居會稽，修理嚴父子墳墓，盡其心力。後舉孝廉，不應，終于家。

聞人奭。吳興人。爲博平令。太元中，嬖人茹千秋等起微賤，竊弄威權，奭上疏切諫。

吳逵。烏程人。經荒飢疾病，合門死者十三人，逵時亦病篤，其喪皆鄰里以葦蓆裹埋之。逵夫妻既存，家極貧窘，冬無衣被，晝則傭賃，夜燒瓴甓，晝夜在山，毒蟲猛獸，輒下道避之。期年成七墓，葬十三棺。時有賻贈，一無所受。太守王韶之擢補功曹史，逵以門寒，辭不受。

## 南北朝　宋

潘綜。烏程人。孫恩之亂，綜與父驃走避賊。驃年老行遲，賊轉逼，驃語綜：「我不能走，汝走可脱，勿俱死。」綜迎賊叩頭曰：「父年老，乞賜生命。」賊斫驃，綜抱父于腹下，被斫四創。一賊從旁來謂曰：「殺孝子不祥。」賊乃止，父子並得免。廷尉沈赤黔以綜異行薦補左民令史，除遂昌長。歲滿還家。元嘉四年，有司奏改其里爲純孝里。

丘傑。字偉時，烏程人。十四遭喪，以熟菜有味，不嘗于口。歲餘，忽夢見母曰：「死止是分別耳，何事乃爾荼苦？汝噉生菜，遇蝦蟇毒，靈牀前有三丸藥，可取服之。」傑驚起，果得甌，甌中有藥，服之，下科斗子數升。丘氏世保此甌，大明七年，火焚失之。

孫法宗。吴興人。父隨孫恩入海澨，被害，屍骸不收，母、兄並餓死。法宗年十六，單身勤苦，霜行草宿，營辦棺槨，造立冢墓，葬母、兄畢，入海尋求父尸。聞世間論，是至親以血瀝骨當凝，乃操刀沿海，見枯骸則刻肉灌血，如此十餘年，臂脛無完皮，血脈枯竭，終不能逢。遂衰絰終身，常居墓所，終身不娶，餽遺無所受。孝武辟爲文學從事，不就，卒。

沈巑之。武康人。仕宋爲丹徒令。性疏直清廉，不事左右，浸潤日至，遂鎖繫尚方。上召問曰：「欲何陳？」對曰：「臣坐清，所以獲罪。」上曰：「清復何以獲罪？」曰：「無以承奉要人。」上曰：「要人爲誰？」巑之以手板四面指曰：「此赤衣諸賢皆是。若臣得更鳴，必令清譽日至。」上知其無罪，重除丹徒令。

沈道虔。武康人。好老易，居縣北石山下，與諸孤兄子共釜庾之資，困不改節。郡州府凡十二命，皆不就。文帝遣使存問，賜錢三萬，米二百斛，悉供孤兄子嫁娶。年老菜食，恒無經日之資，而琴書爲樂，孜孜不倦。帝敕郡縣隨時資給，卒。子慧鋒，修父業，不就州辟。

沈演之。字臺真，武康人。父叔任以平蜀功封寧新縣男，出爲益州刺史。家世爲將，而演之折節好學，以義理業尚知名。舉秀才，爲嘉興令。元嘉中，累遷尚書吏部郎。雅仗正義，與殷景仁盡心朝廷，帝甚嘉之。尋掌禁旅，參機密，歷位吏部尚書，領太子右衛率。性好舉才，申濟屈滯，而謙約自持。卒，贈金紫光禄大夫，謚曰貞侯。

沈慶之。字弘先，武康人。孫恩寇武康，慶之未冠，隨鄉族擊之，屢捷，由是以勇聞。永初二年，除殿中員外，將軍北侵，隸檀道濟，道濟稱其忠謹曉兵。元嘉中，命爲建威將軍，討平湖、沔蠻寇，威震諸山，羣蠻畏之，號曰「蒼頭公」。元凶劭弑逆，慶之佐孝武討劭，旬日間，内外整辦，時謂神兵。孝武即位，論功封始興郡公。竟陵王誕反，又討平之。進爵司空，歷侍中、太尉。廢帝凶暴，誅戮大臣，慶之盡言諫争，帝遣其從子攸之齎藥賜死。明帝即位，追贈侍中、司空，謚曰襄。長子文叔，位侍中，以父死凶暴，乃飲藥自殺。文叔子昭明，位秘書郎，聞父死，曰：「何忍獨生？」亦自縊死。

沈文秀。字仲達，慶之弟子也。遷青州刺史。太始三年，號右將軍，封新城縣侯。魏圍青州久，文秀外無援軍，日夜戰鬬，甲胄生蟣蝨。城陷之日，執至魏將慕容白曜前，令拜，文秀曰：「各二國大臣，無相拜之禮。」遂鏁送桑乾。文秀在桑乾凡十九年，病卒。

沈懷文。字思明，武康人。少好玄理，善爲文章。孝武時，爲侍中，前後多所陳諫，屢經犯忤，後以事免官，禁錮十年，仍收付廷尉，賜死。弟懷遠，頗閑文筆，撰南越志及懷文文集，並傳于世。

沈曇慶。武康人。初辟主簿，出爲餘杭令，遷尚書右丞。時歲有水旱，曇慶議立常平倉以救民急。世祖踐阼，遷祠部尚書，卒。曇慶謹實清正，所莅有稱績。

王文殊。字令章，故鄣人。父没于魏，文殊思慕泣血，終身蔬食服麻，不婚，不交人物。歲時伏臘，月朝十五，北望長悲，如此三十餘年。太守孔琇之表其行，詔榜門，改所居爲孝行里。

## 齊

丘靈鞠。烏程人。少好學，舉秀才，累遷員外郎。泰始初，黨錮數年，褚淵爲吴興，謂人曰：「此郡才士，唯有丘靈鞠及沈勃耳。」乃啓申之，領東觀祭酒。入齊，遷大中大夫。著江左文章録序，起太興，訖元熙。文集行世。

沈文季。字仲達，慶之次子。以寬雅正直見知。初，慶之之死也，沈攸之以被掩殺之。攸之反，高帝加文季冠軍將軍，督吴興、錢塘軍事，遂收殺攸之宗族，以復舊怨。仕齊，累遷侍中、左僕射。時東昏肆行殺戮，文季託老疾，不豫朝機。未幾，召入華林省，見害，朝野寃之。兄子昭略，字茂隆，累官侍中。與文季俱被召入華林省，茹法珍等進藥酒，昭略言笑自若，了無懼容。弟昭光，聞收兵至，家人勸逃去，昭光不忍捨母，入執母手悲泣，遂見殺。時昭明子曇亮，已得逃去，聞昭光死，乃曰：「家門屠滅，獨用生何爲？」又絶吭而死。時人嘆其累世孝義。

**丘冠先**。字道玄，烏程人。少有節義。永明中，位給事中。奉使蠕蠕，蠕蠕逼令拜，冠先執節不從，以刃臨之，辭色愈厲。冠先曰：「能殺我者蠕蠕也，不能以天子使拜戎狄者我也。」遂見殺。武帝以不辱命，賜其子雄錢一萬、布三十疋，雄不受，上書乞申哀贈，書奏不省。

**丘寂之**。字德玄，烏程人。年十七，爲州西曹，兼直主簿。刺史王彧行夜還，前驅已至，寂之不肯開門，曰：「不奉墨旨。」彧于車中爲教，然後開。彧嘆曰：「不意郅君章近在閤下。」即轉爲主簿。後爲故鄣令，以廉潔著稱。

**沈沖**。字景緯，武康人。舉秀才，建元初轉黃門郎。世祖即位，轉御史中丞。沖兄淡、淵，並歷御史中丞。兄弟三人，皆爲司直，晉、宋未有也。世祖方欲任之，而卒，惜之，詔曰：「沖貞詳閑理，志局淹正，誠著蕃朝，績彰出納。」追贈太保，謚曰恭。

**沈憲**。字彦章，演之從祖弟子。少有幹局。仕宋爲駕部郎，補烏程令，甚著政績。太守褚彦回嘆美，以爲方員可施。以吏能累遷少府卿，後爲晉安王冠軍長史、廣陵太守，當時稱爲良吏。憲同郡丘仲起，字子震，爲晉平太守，清廉自立，位至廷尉。

**丘國賓**。吴興人。以才志不遇，著書以譏揚雄。竟陵王子良開西邸招文學，國賓以善辭藻，及同郡丘令楷輩與焉。

**沈顗**。字處默，武康人。幼清静有至行，讀書不爲章句，著述不尚浮華。常獨處一室，人罕見其面。事母兄孝友，爲鄉里所稱。徵著作郎、太子舍人，俱不起。兄昂亦退素，以家貧爲始安令，兄弟不能分離，相隨之任。及昂卒，逢齊末兵荒，顗與家人并日而食，或有饋粱肉者不受，惟樵採自資，怡怡然不改其樂。

## 梁

**沈麟士**。字雲禎，武康人。幼俊敏，長博通經史。居貧，織簾誦書，口手不息，鄉里號爲織簾先生。常苦無書，因游都下，歷觀四部畢，歸，不與人物通。養孤兄子，義著鄉曲。隱居餘干吴羌山，講經教授，從學者數百人，時爲之語曰：「吴羌山中有賢士，開門教授居城市。」齊永明中，沈約表薦不就。著周易兩繫、莊子内篇訓註、孝經喪服、老子要略數十卷。天監初，與何點同徵，又不就，卒于家。

沈約。字休文，武康人。篤志好學，博通羣籍，善屬文。武帝受禪，爲尚書僕射，遷尚書令。卒，謚曰隱。約歷仕三代，該悉舊章，善爲詩，又工于筆，所著有晉書、宋書、齊紀、梁武紀，及文集百卷。又撰四聲譜，窮其妙旨，自謂入神之作。孫衆，好學有文才。梁武帝創千字詩，衆爲注解。召見文德殿，令爲竹賦，帝手敕答曰：「卿文體翩翩，可謂無忝爾祖。」

丘仲孚。字公信，烏程人。令于湖，有能名。遷山陰，長于撥煩，善適權變，吏民敬服，號稱神明，治爲天下第一。擢爲衛尉卿儀，遷豫章内史，在郡更勵清節。卒，贈給事黄門侍郎。

沈瑀。字伯瑜，武康人。父昶坐罪繫獄，瑀詣臺陳請，得免，由是知名。齊竟陵王子良引爲參軍，轉揚州部從事。齊明帝使修湖熟縣方山埭，就作三日立辦。復築赤山塘，減費數十萬。後仕梁爲尚書右丞，累遷潯陽太守。瑀性倔强，忤刺史蕭穎達，後于路被殺。子績，累訟不白，乃布衣蔬食終其身。

丘遲。字希範，靈鞠之子。遲八歲善屬文，謝超宗、何點並見而異之。仕齊歷殿中郎。武帝踐阼，遷中書侍郎，尋出爲永嘉太守。遲辭采麗逸，時有鍾嶸著詩評云：「范雲婉轉清便，如流風迴雪。遲點綴映媚，似落花依草。」

沈峻。字士嵩，武康人。家世農夫，至峻好學，師事宗人沈驎士，遂博通五經，尤長三禮。仕爲國子助教，時吏部郎陸倕與僕射徐勉薦峻精于周官，大開講肆，羣儒劉喦、沈弘之徒，並執經下坐。尋補西省學士，奉敕助賀琛撰梁官儀。書成，入兼中書舍人。出爲武康令，卒官。

太史叔明。烏程人。吴太史慈之後。少善莊老，兼通孝經、論語，而尤精于三禮。每講説，聽者常五百餘人。爲國子助教，邵陵王綸好其學，及出爲江州，攜叔明之鎮，所至輒講授，江州人士皆傳其學。

吳均。字叔庠，故鄣人。好學有俊才。天監初，柳惲爲吳興，召補主簿，日引與賦詩。均文體清拔有古氣，好事者斅之，謂爲吳均體。武帝召見，賦詩悦焉，待詔著作。累遷奉朝請，卒。

沈崇傃。字思整，武康人。六歲丁父憂，哭踊過禮。及長，家貧，傭書以養母。母卒，行乞經年，始完葬事，廬于墓側，自以初行喪禮不備，葬後更行服三年。久食麥屑，不噉鹽酢，坐卧單薦，因虚腫不能起。梁武帝聞，遣使慰勉，詔令釋服，擢補太子洗馬。崇傃涕泣固辭。乃除永寧令，哀思不自堪，未至縣，卒。

沈浚。字叔源，憲孫。少涉學有才幹。太清中，歷山陰、建康令，累遷御史中丞。時臺城爲侯景所圍，外援並至，景表請和，還江北。及許盟，景復緩去期。簡文使浚往景所，景横刀瞋目叱之，浚乃正色責其翻背，徑去不顧。景嘆曰：「是真司直也。」然密銜之。又勸張嵊起義，卒被殺。

沈君理。字仲倫，吳興人。博涉經史，尚會稽長公主。高祖受禪，拜駙馬都尉，封永安亭侯，出爲吳郡太守。是時兵革未休，百姓荒弊，君理招集士卒，修治器械，民下悦附，深以幹理見稱。世祖嗣位，爲左民尚書，遷右僕射。卒，贈開府儀同三司，謚貞憲。

## 陳

沈洙。字弘道，武康人。少方雅好學，不妄交游，通三禮、春秋左氏傳，精識强記，五經章句、諸子史書，問無不答。仕梁爲尚書祠部郎。武帝受禪，累官至尚書左丞。

沈恪。字子恭，武康人。深沈有幹局。仕梁爲廣州參軍，除員外散騎侍郎。侯景圍臺城，恪晝夜拒戰，及武帝討景，恪起兵相應，賊平，監吴興郡。武帝受禪，令恪勒兵衛敬帝如別宫，恪謝曰：「恪身經事蕭家來，今不忍見此事。分受死耳，决不奉命。」帝嘉其意，不復逼。後官廣州刺史，綏懷安輯，嶺表賴之。卒年七十四，謚曰元。

章昭達。字伯通，武康人。性倜儻，輕財尚氣。文帝爲吴興太守，因委以將帥，討平王僧辯、杜龕、張彪。天嘉四年，討陳寶應，遂定閩中。累功授開府儀同三司、江州刺史，封邵陵郡公。宣帝即位，歐陽紇據嶺南反，又詔昭達督征，擒紇送都。廣州平，進位司空。太建初，征梁于江陵，卒于軍。昭達每出征，所剋必推功將帥，厨膳飲食，並同羣下，將士以此附之。

胡穎。字方秀，東遷人。偉姿容，性寬厚，隨武帝征伐，屢立戰功。武帝受禪，累官吴興太守。卒，謚曰壯。

錢道戢。字子韜，長城人。少以孝行著聞，及長有材幹。初從文帝平張彪于會稽，封永安縣侯。天嘉初，爲臨海太守。後以討賊功，累官都督郢州刺史。卒，謚曰肅。

沈炯。字初明，武康人。少有俊才，爲當時所重。梁元帝時，領尚書左丞。魏剋荆州，被虜，甚見禮遇。以母在東，恒思歸國，常經漢武通天臺，爲表奏之，陳己思鄉之意。尋獲東歸，歷御史中丞。武帝受禪，加散騎常侍。有集二十卷行世。

沈文阿。字國衡，峻子。少習父業，研精章句，又博采先儒異同，自爲義疏，通三禮、三傳。梁紹泰初，爲國子博士，兼掌儀禮。自太清之亂，臺閣故事，無有存者。文阿斟酌裁撰，爲當時所宗。文帝即位，文阿議諶廟禮，詔可施行。遷通直散騎常侍。所撰儀禮八十餘卷、經典大義十八卷，並行于世。

沈不害。字孝和，武康人。幼孤好學。天嘉初，除衡陽王記室參軍，兼嘉德殿學士。自梁季喪亂，至是國學未立，不害上書請崇建儒宫，又表改定樂章。後爲國子博士，敕修五禮，掌策文謚議等事，位終光禄卿。不害通經術，善屬文，博綜經術，而家無卷軸，每製文操筆立成，曾無尋檢。著五禮儀一百卷、文集四十卷。子志道，少知名，安東新蔡王記室參軍。

章華。字仲宗，吴興人。家本農人，至華獨好學，通經史，善屬文。侯景之亂，遊嶺南，居羅浮山寺，專精習業。後主時，除大市令，非其所好，乃辭以疾。禎明初，上書極諫，後主大怒，即日斬之。

## 後周

沈重。字子厚，武康人。博覽羣書，尤明詩及左氏春秋。事梁武爲五經博士。武帝奉禮徵之，累遷都官尚書。保定末，至京師，詔討論五經，并校定鍾律。天和中，復于紫極殿講三教義，聽者至二千餘人，授露門博士。建德末，表請還梁。重學業該博，爲世儒宗。著周禮義三十一卷、儀禮義三十五卷、禮記義三十卷、毛詩義十八卷、喪服經義五卷，周禮音、儀禮音各一卷，禮記音、毛詩音各二卷。

## 隋

沈德威。字懷遠，吴興人。少有操行，梁太清末，遁于天目山，築室以居，雖處亂離，而篤學無倦。隋天嘉初，徵至，累遷尚書祠部郎。開皇中，官至秦王府主簿。

姚察。字伯審，武康人。父僧垣，醫術高妙，遠聞邊服，仕周，位驃騎大將軍。察勵精學業，聞見日博。陳太建初，爲通直散騎常侍，報聘于周，沛國劉臻竊訪漢書疑事十餘條，並爲剖晰，皆有經據。臻謂所親曰：「名下定無虚士。」累遷度支吏部尚書。入隋，授秘書丞，敕成梁、陳二史，未畢，臨亡，戒子思廉續撰。

姚最。字士會，察弟。博通經史，尤好著述。年十九，隨父僧垣入關，開皇初，除太子門大夫。以父憂去官，哀毁骨立。既免喪，襲爵北絳郡公。兄察先在陳，及陳平，察至，最自以非嫡，讓封於察，爲蜀王秀府司馬。秀陰有異謀，文帝令公卿窮治，慶整、郝瑋等並推過于秀，最獨曰：「凡有不法，皆最所爲，王實不知也。」榜訊數百，卒無異辭，竟坐誅。論者義之。

沈光。字總持，吴興人。少驍捷，陳滅，家長安，慕立功名，不拘小節。大業中，徵天下驍果之士伐遼，光預焉。從帝攻遼，以衝梯擊城，竿長十五丈，光升其端，臨城戰，短兵接殺十數人。帝壯異之，以爲折衝郎將。及江都之難，潛構義勇，將爲帝復仇，語洩被害，麾下數百人皆鬥死，無降者。

## 唐

錢九隴。字永業，長城人。善騎射，從高祖起兵，征薛仁杲、劉武周，累擢右武衛將軍。又從平洛陽，佐太子建成討劉黑闥于魏川，力戰破賊，以功最封郇國公。卒，謚曰勇。

姚思廉。本名簡，以字行，察之子。察在隋，常修梁、陳二史，未就，死，以屬思廉。思廉表父遺言，有詔聽續。煬帝又詔與崔祖濬修區宇圖志。遷代王侍讀。高祖定京師，府僚皆奔亡，獨思廉侍王，帝義之，聽扶王至順陽閣，泣辭去。秦王爲皇太子，遷洗馬，改著作郎，弘文館學士，詔與魏徵共撰梁、陳書。

徐齊聃。字將道，長城人。八歲能文，太宗召試，賜所佩金削刀。高宗時，爲弘文館學士，修書于芳林門，進西臺舍人。在職屢進讜言，帝以其善文誥，命侍皇太子及諸王屬文。後坐貶，卒。睿宗時，贈禮部尚書。

沈千運。吴興人。攻苦詩文，力追作者。元結篋中集序云：「千運獨挺于流俗之中，强攘于已溺之後。窮老不惑，五十餘年，凡所爲文，皆與時異。」

徐堅。字元固，齊聃子。幼有敏性，舉秀才及第，爲萬年主簿。聖曆中，東都留守楊再思、王方慶共引爲判官。堅屬辭典厚，再思每目爲鳳閣舍人樣。與徐彦伯、劉知幾、張説同修三教珠英，書成，遷給事中。時太平公主用事，屢邀請，堅不許。又妻以岑羲女弟，固辭。後羲敗，不染于惡。玄宗改麗正院爲集賢院，以堅充學士。堅于典故多所諳識，凡七當撰次高選。卒，謚曰文。

沈景筠。烏程人。性至孝，母生前懼雷，及卒，葬宅西，每雷發，必奔至墓前號泣，云景筠在此。賀知章爲撰孝德傳。

錢起。吴興人。天寶中，舉進士。能詩，與郎士元齊名，時語曰：「前有沈、宋，後有錢、郎。」終考功郎中。

孟郊。字東野，武康人。少隱嵩山，性介，少諧合。韓愈一見爲忘形交。年五十，得進士第，調溧陽尉。鄭餘慶鎮興元軍，奏署爲參謀。卒，張籍謚曰貞曜先生。

錢徽。字蔚章，起子。中進士第，初辟樊澤、崔衍府，二人卒，俱賴徽以安其軍。歷翰林學士，三遷中書舍人，加承旨。懇諫罷無名貢獻，憲宗密戒，後有獻毋入右銀臺門，以避學士。後拜禮部侍郎。段文昌、李紳各以所善諉徽求第，徽不能如二人請，文昌奏徽取士以私，與紳共擠之，貶江州刺史。或勸出二人私書自直，徽曰：「苟無愧于心，安事辨證？」太和初，以吏部尚書致仕。

沈亞之。字下賢，歸安人。居小敷山下。學于韓愈之門，與皇甫湜詩文往來。太和初登第，官至殿中侍御史。

## 五代

沈韜文。烏程人。父攸，常州刺史。韜文性介潔，好學，能屬文。吴越時，爲元帥府典謁，參畫軍務，有所裨益。後爲湖州刺史，甚著清名。

沈顔。字可鑄，德清人。少有詞藻，時人爲之語曰下水船，言爲文精速，無不載也。

沈承禮。烏程人。吴越錢元瓘以女妻之，掌親兵。俶命知威武軍，充兩浙都鈐轄使。王師征江南，俶遣水陸數萬人，助平毘陵。李煜歸朝，録其功，授福州節制。太平興國初，俶盡獻浙右地，徙承禮鎮密州。卒，贈太子太師。

宋

劉述。字孝叔，湖州人。舉進士。神宗時，爲侍御史，授吏部郎中。常言去奢當自後宫始，章辟光宜誅，高居簡宜黜，張方平不當參大政，王拱辰不當除宣徽使。皆不報。王安石參知政事，述兼判刑部，與安石争謀殺刑名，述執奏不已，復偕率御史劉琦、錢顗等疏論安石姦詐專權之人，豈宜處之廟堂，以亂國紀，願早罷逐以慰天下。安石欲置之獄，司馬光與范純仁争之，乃貶知江州。紹興初贈秘閣修撰。

盧革。字仲辛，德清人。少舉童子，杭州守馬亮異之，秋貢士，密戒主司勿遺革，革聞，去弗就。後二年登第，年才十六。慶曆中知龔州，累官福建、湖南轉運使。神宗謂其廉退，宜與嘉郡，遂爲宣州。以光禄卿致仕。子秉，字仲甫，中進士甲科，爲兩浙淮東制置發運副使。奏請罷獻羡餘。後知渭州，討夏人有功，乞解官終養，帝數賜詔慰勉，時以爲榮。

張先。字子野，烏程人。康定初進士。詩格清麗，尤長于樂府。官至都官郎中。

俞汝尚。字退翁，烏程人。爲人議論不苟，澹于勢利。擢進士第，歷簽書西川判官。王安石當國，或言汝尚清望，可置之御史，使彈擊異己者，召詣京師。既知所以薦用意，力辭得免。還家苦貧，又從趙抃于青州，以屯田郎中致仕。蘇軾、蘇轍、孫覺等皆賦詩美之。元孫澂，字子清，以清介自持，官至刑部侍郎，求退，放意泉石間。

陳舜俞。字令舉，烏程人。博學强記。登進士，又舉制科第一。熙寧中，知山陰縣。青苗法行，舜俞不奉令，上疏自劾，謫監南康軍酒税。卒，蘇軾爲文哭之，稱其學術才能，兼百人之器。

朱服。字行中，烏程人。熙寧進士甲科，爲監察御史裏行。參知政事章惇遣所善者見服，道薦引意以市恩，服舉劾之。紹聖中，拜禮部侍郎。後坐與蘇軾游，安置蘄州，卒。

沈畸。字德侔，德清人。第進士。崇寧中，擢監察御史，詣匭上十事，言花石擾民，土木敝國，及論當十夾錫錢，最爲剴切。進殿中侍御史。蔡京興蘇州錢獄，陷章綖兄弟，遣御史鞫之，株逮至千百，罪死者甚衆。帝遣畸往代，京啖以顯仕，畸至蘇，即日决釋無佐證者七百人，歎曰：「爲天子耳目司，而可附會權要，殺人以苟富貴乎？」遂閱實平反以聞。京大怒，貶監信州酒税。建炎初，贈龍圖閣直學士。

費若。字如川，烏程人。少從胡瑗學，登進士第，直史館，闢林靈素，忤上意。適朱勔進花石綱，言湖州多奇石，若爭之，遂落職。高宗時，起直院學士，充崇政殿説書。以薦李綱、宗澤，忤汪伯彦，棄官歸。卒，謚文端。

曹清。烏程人。父嘗殺人，清詣吏自誣曰：「手刃者清也，非父罪。」遂代刑。有司上其事，詔旌之。

劉士英。字仲發，武康人。政和進士。宣和初，爲温州教授。方臘陷處州，士英治兵峙糧，拒守四十餘日，賊潰去。靖康初，通判太原。金兵入境，士英與郡將王稟力謀守禦，及賊陷，稟赴火死，士英持短兵接戰，死之。

盧知原。字行之，德清人。以父任累官梓州路轉運副使，忤王黼罷去。後爲江西轉運副使，過闕入奏，徽宗勉之曰：「卿在蜀道，功効甚休。」遂賜三品服。高宗即位，知温州。帝東幸，知原繇海道轉粟及金繒十餘萬，召見稱奬。官至徽猷閣待制。

盧法原。字立之，知原弟。自知雍丘縣積官爲吏部尚書，以官秩次第履歷，總爲一書，功過殿最，開卷瞭然，吏不能欺。紹興中，累進端明殿學士、川陝宣撫副使。金人攻闕輔，法原視山川險阻，分地置將，前後屢捷，上所倚重。與兄知原，皆以才見稱于世。

劉珏。字希范，長興人。登崇寧進士第。欽宗時，除中書舍人，陳十開端之戒。建炎中，遷吏部侍郎，以久雨求言，珏疏論消天變、收人心數事，并陳荆、陝、江、淮守禦之略。進尚書，同知三省樞密院事。紹興初，以朝散大夫分司西京，卒官。所著有吳興集二十卷、集議五卷、兩漢蒙求十卷。

沈與求。字必先，德清人。政和進士。高宗時，爲侍御史，請都建康以圖恢復。遷御史中丞。凡歷御史三院，知無不言，前後幾四百奏，其言切直，自敵己以下，有不能堪者。除參知政事，金人將入犯，贊高宗親征，且言和親不足信，當遣岳飛自上流乘虛擊之，彼必有反顧之憂。累官知樞密院事。卒，謚忠敏。

劉一止。字行簡，歸安人。登進士第。紹興初，爲監察御史，擢起居郎。極言堂吏宦官之蠹，執政植私黨，無憂國心。累遷給事中，封駁不避權貴，居鎖闥百餘日，繳奏不已，爲用事者所忌，奏罷落職。秦檜死，進敷文閣直學士，卒。一止性冲淡寡欲，博學無不通，爲制誥有體，一日數十輒辦，詩自成家，有類藁五十卷。

劉安止。字無虞，一止從弟。登宣和進士甲科。建炎中，爲兩浙轉運判官，累官顯謨閣直學士，提舉太平觀。安止有文名，慷慨喜論事，當艱難時，上疏言闕失，指切隱微，多人所難言。

朱蹕。安吉人。知錢塘縣。建炎三年，金人陷杭州，守臣康允之退保赭山，蹕率弓箭士軍前後拒敵，兩中流矢，左右掖至天竺山，猶率鄉兵禦敵，後數日遇害。

周淙。字彥廣，長興人。以父任爲郎，歷官通判建康。紹興三十年，金渝盟，邊事方興，淙守濠梁，有保障功。張浚視師，見淙謀，輒稱嘆，且曰：「有急，公當與我俱死。」孝宗即位，知臨安府，上言風化必自近始，陛下躬履節儉，而貴近奢靡，殊不知革。乃條上禁止十五事，上嘉納之。積階至右中奉大夫。

李彥穎。字秀叔，德清人。紹興進士，累官皇子恭王府直講，尋兼左諭德。首論建置官僚，録司馬光論讀講官奏疏以進。皇太子尹臨安，兼中書舍人，張說再登樞筦，彥穎論說無寸長，此命復出，恐六軍解體。又廷臣多以中批斥去，彥穎極言非盛世事。累除吏部尚書，參知政事。在東府三歲，實攝相事，内除繳回甚多。以觀文殿大學士致仕。家居自奉淡約，蕭然永日。卒，贈少保，謚忠文。

王克明。字彥昭，烏程人。紹興、乾道間名醫，精診脈，士大夫皆與游，名聞北方。張子蓋救海州，戰士大疫，克明時在軍中，全活者幾萬人。子蓋上其功，力辭之。克明頗知書，好俠尚義，常數千里赴人之急。

芮曄。字國器，烏程人。紹興進士，爲仁和尉。因和沈長卿詩，爲秦檜所忌，竄化州。乾道中，提舉浙西常平、江西轉運使。以右文殿修撰致仕。所著易傳、詩文、奏議若干卷。

莫濛。字子濛，歸安人。爲大理寺正，屢釋疑獄。嘗假工部尚書，使金賀正旦，金庭賜宴，濛以本朝忌日，不敢簪花聽樂。金遣人趣赴，濛堅執不從，竟不能奪。

葛邲。字楚輔，吴興人。高祖密至邲，五世登科第。大父勝仲至邲，三世掌詞命。邲登進士第，孝宗時，除正言，論征榷歲增之害，復條陳六事，皆切中時病。光宗受禪，除參知政事，勸上專法孝宗，正風俗，節財用。振士氣，恤民力，選將帥，收人才，擇監司，明法令，上嘉納之。紹熙四年，拜左丞相。專守祖宗法度，薦進人物，博采公論。卒，贈少師，謚文定，配享光宗廟庭。有文集二百卷，詞業五十卷。

倪思。字正甫，歸安人。乾道進士。光宗時，累官禮部侍郎。上久不朝重華宫，思疏十上，言多痛切。寧宗時，爲言者論去，復召還，試禮部侍郎。時赴召者未引對，先謁韓侂胄，思曰：「私門不可登，矧未見君乎？」逮入見，言士大夫寡廉鮮恥，匍匐權勢門竇，侂胄聞之大怒。思退謂侂胄曰：「人言平章騎虎不下，此李林甫、楊國忠晚節也。」及侂胄誅，史彌遠用事，思言樞臣獨班，恐陷往轍，宗社豈堪再壞，宜親擢臺諫，以革權臣之弊，並任宰輔，以鑒專擅之失。彌遠懷恚，思力請去，出知鎮江府，尋鐫職。卒，謚文節。

沈作賓。字賓王，歸安人。以父任入仕，所至有聲。慶元中，知平江府，招降盜黨，海道無警。召爲户部侍郎，時軍興力耗，見存金穀，僅支旬日，作賓考逋負，梔吏姦，閱三月，即有半年之儲。歷江西安撫，兼知隆興府，在郡撙錢二十餘萬緡，僚屬請獻諸朝，作賓謂平生未常獻羡，以半歸帥司犒師，半隸本府。以顯謨閣學士致仕。朱震。字震之，安吉人。幼穎異，從父官青陽〔六〕，朱子見而奇之。長學于袁潔齋之門，義理該洽，持敬存誠，有益泉集二十卷。子應元，右文殿修撰。朱泰。武康人。家貧鬻薪，常適數十里外，易甘旨以奉母。一日入山，遇虎搏攫，負之而去。泰已瞑眩，行百餘步，忽稍醒，厲聲曰：「虎爲暴食我，所恨母無託爾！」虎忽棄泰于地，走不顧。泰匍匐歸，不踰月如故。鄉里聞其孝感，率金帛遺之，人目爲朱虎殘。

## 元

牟應龍。字伯成，其先蜀人，後徙吴興。祖子才，仕宋，贈光禄大夫。父巘，爲大理少卿。應龍擢宋咸淳進士，宋亡，留夢炎事世祖，以書招之，不答。已而起家教授溧陽，晚以上元縣主簿致仕。初，應龍父巘退居時，一門父子自爲師友，討論經學，以義理相切磨。應龍爲文，長于敘事，以文章大家，稱于東南，學者稱曰隆山先生。趙孟頫。字子昂，宋太祖子秦王德芳之後，因賜第湖州，故爲州人。幼聰敏，讀書過目成誦，爲文操筆立成。至元間，程鉅夫奉詔搜訪遺逸，以孟頫入見。才氣英邁，神采煥發，如神仙中人，世祖顧之喜，使坐右丞葉李上。仁宗即位，官至翰林學士承旨。卒，贈封魏國公，謚文敏。孟頫所著有尚書注，有琴原、樂原，得律吕不傳之妙。詩文清邃奇逸，讀之使人有飄飄出塵之想。篆籀分隸，真行草書，無不冠絶古今。畫山水、木石、花竹、人馬尤精緻。史官楊載稱孟頫之才頗爲書畫所掩，知其書畫者，不知其文章，知其文章者，不知其經濟之學。人以爲知言云。妻管氏，子雍、奕，並以書畫知名。張復亨。字剛父，烏程人。力學博文，仕至泰州同知。與趙孟頫、牟應龍、蕭子中、陳無逸、陳仲信、姚式、錢選皆以能詩名，時號吳興八俊。

錢選。字舜舉，吳興人。景定間鄉貢進士。善畫，趙孟頫早歲從之問畫法。孟頫入朝，諸人皆附以取官，選獨流連詩畫以終其身。黄公望謂舜舉，吳興碩學，貫串經史，人品甚高。

宇文公諒。字子貞，吳興人。通經史百氏言，弱冠有操行。登至順進士第，爲國子助教。日與諸生辨析諸經，六館之士，資其陶成者，往往出爲名臣。官至嶺南廉訪使僉事。平居雖暗室，必正衣冠端坐，晝有所爲，暮則書之，其不可書者，即不敢爲也。所著有折桂、觀光諸集。門人私謚曰純節先生。

## 明

嚴震直。字子敏，烏程人。洪武初，以富民推擇糧長，歲部糧至京師，無後期。帝才之，特授通政司參議，累遷工部尚書。時朝廷事營建，集天下工匠于京師，凡二十餘萬户，震直請户役一人，人書其姓名所業于官，有役則按籍更番召之，役者稱便。坐事降御史，數雪冤獄。命修廣西興安縣靈渠，審度地勢，浚渠建閘，漕運悉通。歸奏，帝稱善，尋復爲工部尚書。已而致仕。成祖即位，命以故官巡視山西，至澤州病卒。

牟魯。烏程人。洪武初，爲莒州同知。青州民孫古朴等爲亂，襲州城，執魯欲降之，魯大駡不屈，遂遇害。賊平，詔恤其家。

郎理。字子中，安吉人。洪武中舉人，授户部主事。山西歲歉，多逋賦，命理往徵之。會赦，悉免天下逋賦，尋詔止免三分，理陛見言曰：「陛下布大信而復更之，如天下何？臣不敢奉詔。」詞甚切直。上怒，椎擊之，弗爲動。已復命往徵，辭益堅。上大怒，令棄市。尋悔之，賜祭葬。理妻沙氏，聞理死，哭曰：「夫爲忠臣，吾獨不能爲烈婦乎？」遂自經。事聞，上嘉歎，仍諭祭，給驛歸其喪。

閔珪。字朝瑛，烏程人。天順末進士，授御史，出按河南，以風力聞。成化中，巡撫江西，忤强宗，左遷廣西按察使。孝宗時，爲左都御史，以災異，與都御史戴珊共陳時政八事，又陳刑獄四事，多報可。珪久爲法官，議獄皆會情比律，歸于仁恕。帝之親鞫吴一貫也，將寘大辟，珪進曰：「一貫推案不實，罪當徒。」帝不允。珪執如初，帝怒，令更擬，珪終以原擬上，卒如珪議。及劉瑾用事，九卿伏闕固諫，韓文被斥，珪亦連章乞休。卒，贈太保，謚莊懿。

陳恪。字克謹，歸安人。成化進士，知宿松縣。以治行聞，授御史，歷按貴州、畿輔，皆有聲。正德初，遷江西副使，忤劉瑾除名。瑾誅，起故官，累進左布政使。數忤宸濠，至逮其胥吏，恪不爲動。擢大理卿。恪居官盡職，性篤實和易，而中有定守。天啓初，追謚簡肅。

陸崑。字如玉，歸安人。弘治進士，授清豐知縣〔七〕。以廉幹徵，拜南京御史。武宗即位，疏陳重風紀八事，尋劾中官李榮、高鳳等，因請汰南京增設守備内臣，廣開言路，屏絶宴游騎射，帝不能從。時八黨竊柄，朝政日非，崑偕十三道御史薄彦徽等上疏極諫，請屏太監馬永成、魏彬、劉瑾、谷大用輩，以絶禍端。疏至，朝事已變，劉健、謝遷皆被逐，復上公疏乞留之。瑾怒，逮下詔獄，榜掠除名。及瑾誅，復官，致仕，卒。

吴玧。長興人。家世高資，玧獨退約，不近聲利，隱蒙山五十餘年，窮獵經史百家，自號甘泉子。嘗輯三才廣志、史類文編凡千卷。

蔣瑶。字粹卿，歸安人。弘治進士，授行人。正德時，歷南京御史，陳時弊七事，被詰責，出爲荆門知府。有善政，調揚州。適帝南巡，所在大擾，瑶獨持正，嬖倖要求皆不應。中官用鐵絙繫瑶，數日始釋，民皆感泣。嘉靖時，累遷工部尚書。時京師營建，大工頻仍，歲募民充役，費二百餘萬，瑶因請停不急者，募值大減。以老致仕。瑶端亮清介，既歸，僻處陋巷，與尚書劉麟、顧應祥輩結文酒社，徜徉峴山間。卒，贈太子太保，謚恭靖。

臧應奎。字賢徵，長興人。正德進士，授南京車駕主事。進貢中官索舟踰額，應奎力裁損之。父所生母卒，法不得承重，執私喪三年。入爲禮部主事，以諫大禮，廷杖創重卒。應奎受業湛若水之門，見義必爲，以聖賢自期。常過文廟，慨然謂其友曰：「吾輩殁，亦當俎豆其間。」其立志如此。隆慶初，贈光禄少卿。

張永明。字鍾誠，烏程人。嘉靖進士，除蕪湖知縣，擢南京刑科給事中。首劾兵部尚書張瓚黷貨悮國，又偕同官劾大學士嚴嵩及子世蕃貪污狀，已又劾南京祭酒龔用卿、兵部尚書戴金等，中外憚之。出外，累遷刑部尚書，改左都御史。條上飭勵撫按六事，復吏部郎考滿報名庭謁禮，以整飭綱維爲己任，朝論重之。乞休歸，卒，贈太子少保，謚莊僖。

韋商臣。字希尹，長興人。嘉靖進士，授大理評事。時大禮初定，廷臣下吏貶謫者無虚日，商臣上疏諫，帝責以沽名賣直，謫清江丞。量移德安推官，遷河南僉事。討平巨寇，伊王虐殺其妃，商臣論如律，會以他事考察落職歸。言官戚賢、戴銑輩交章救，不納，卒于家。

蔡汝楠。字子木，德清人。兒時聽湛若水講學，輒有悟。舉嘉靖進士，授行人，尋進南京刑部員外郎，擢知歸德府，有惠政。以母憂去。歷江西布政使，巡撫河南，終南京工部侍郎。汝楠始好爲詩，有重名，中年好經學，及官江西，與鄒守益、羅洪先游，學益進。

唐樞。字惟中，歸安人。嘉靖進士，授刑部主事。妖賊李福達獄起，言官交劾郭勛，而不得獄辭要領。樞上疏千言，謂無可疑者六，乞明正其罪，以示天下。疏入，帝大怒，斥爲民。樞少學于湛若水，深造實踐，以自得爲宗，四方從游者衆，監司爲創一庵書院居之，學者稱一庵先生。又留心經世略，九邊及越、蜀、黔、滇險阻阸塞，無不親歷，躡蹻茹草，至老不衰。隆慶初復官。

潘季馴。字時良，烏程人。嘉靖進士，擢御史，巡撫廣東，行均平里甲法，廣人大便。萬曆中，累官刑部侍郎。時河決崔鎮，全河南徙，命季馴總理河漕，經營相度，條六事上之，詔如議。兩河工成，進太子太保、工部尚書。季馴凡四奉命治河，前後二十七年，習知地形險易，增築設防，置官建閘，總理纖悉，積勞成病，屢疏乞歸。所著河防一覽行于世。

徐中行。字子與，長興人。嘉靖進士，授刑部主事。入李攀龍、王世貞等詩社，稱七子。歷汀州知府，湖廣僉事，江西左布政使。中行性好客，無貴賤應之不倦。卒于官，人多哀之。所著有青蘿、天目二集。

沈節甫。字以安，烏程人。嘉靖進士，歷祠祭司郎中。詔建祠禁中，令黄冠祝釐，節甫持不可。尚書高拱恚甚，遂移疾歸。萬曆初，召爲尚寶丞，累遷工部侍郎，攝部事。疏請省浮費，覈虚冒，止興作，減江浙織造，停江西磁器，帝爲稍減織造數。中官傳奉，節甫持不可，且上疏言之。嘗曰：「朝廷有不可輕之大臣，則能重朝廷。」人以爲不愧其言。卒，贈右副都御史。天啓初，以子淮柄用，賜謚端清。

吴維嶽。字峻伯，孝豐人。嘉靖進士，授刑部主事。慮囚江西，得末減者萬五百人。累遷僉都御史，巡撫貴州，有平蠻功。維嶽在郎署時，與李先芳輩攻詩，甚有名。

許孚遠。字孟中，德清人。受學同郡唐樞。登嘉靖進士，授吏部主事，出爲廣東僉事。招降大盜，擒倭黨有功。萬曆初，知建昌府，尋擢陝西提學副使，皆以講學化導。擢僉都御史，巡撫福建，治績大著。終兵部侍郎，卒贈工部尚書，謚恭簡。孚遠學行高潔，居官所至有聲，從游者馮從吾、劉宗周、丁元薦，皆爲名儒。

茅坤。字順甫，歸安人。嘉靖進士。善古文，又好談兵，自負文武才。累官廣西兵備僉事，破猺賊十七砦，一方以安。遷大名副使，常提兵戍倒馬關，總督楊博視其營壘，嘆爲奇才，薦于朝，爲忌者所中，落職歸。坤論文，心折唐順之，所選唐宋八大家文鈔行于世，其集曰白華樓藏稿、玉芝山房藁、耄年稿。少子維，字孝若，能詩，與同郡臧懋循、吴稼竳、吴夢暘並稱四子。

胡友信。字成之，德清人。博通經史，學有根柢，尤工舉子業，著有天一山房稿。與歸有光、楊起元、湯顯祖先後齊名。舉隆慶二年進士，授順德知縣，有治績，卒官。

韓紹。字光祖，烏程人。隆慶進士，授寧德知縣。豁陷海虛糧數千石，調繁長樂。報最，擢給事中，出爲廣東兵備。府江五百里，夾岸山木叢密，猺獞出没，歲設戍兵。紹募商刊木，遂成坦途，省兵糧萬計，人呼韓公塘。遷蘄黄參政，衛兵掠販婦女，紹爲嚴禁，獲三百餘口，按籍給還其家。仕終太僕寺卿。

董嗣成。字伯念，烏程人。萬曆進士，歷禮部員外郎。時給事李獻可等以疏請豫教元子貶斥，嗣成特疏争之，帝怒，奪職歸。嗣成家世貴顯，重氣節，爲士論所稱。泰昌時，贈光禄卿。

章嘉禎。字衡陽，德清人。萬曆進士，知當塗縣，有惠政。歷文選主事，以會推閣臣失帝意，與顧憲成同罷。後起官至大理寺丞。嘉禎素行純粹，負經濟，惜扼于時，未竟其用。

丁元薦。字長孺，長興人。萬曆進士，爲中書舍人。甫期月，上封事萬言，極陳時弊，坐調外。起歷禮部主事，會尚書孫丕揚掌察典，爲邪黨所攻，元薦上疏力争，黨人惡之，交章論劾，移疾去。其後邪黨愈熾，至有以「六經亂天下」語入鄉試策問者，元薦家居，不勝憤，馳疏闕下論之，遂削籍。天啓初，起尚寶少卿，復罷歸。元薦初學于許孚遠，已從顧憲成遊，慷慨負氣節，遇事奮前。通籍四十年，前後復官不滿一載云。

朱國禎。字文安，烏程人。萬曆進士，累官禮部尚書、文淵閣大學士。魏忠賢竊柄，國禎佐首輔葉向高，多所調劑。及向高與韓爌相繼罷去，國禎爲首輔，復爲逆黨李蕃所劾，遂引疾去。卒，贈太傅，謚文肅。

沈儆炌。字叔永，歸安人。萬曆進士，官河南左布政使。以治行卓異，遷右副都御史，巡撫雲南。奏蠲貢金，討擒叛酋段進忠。安邦彦反，諸土目並起，儆炌遣將屢破賊兵，盡復諸陷地。遷南京兵部侍郎，晉工部尚書，爲魏忠賢黨石三畏所劾，落職閑居。崇禎初復官。卒，謚襄敏。

姚舜牧。字虞佐，烏程人。領萬曆鄉薦，慕唐一庵、許敬庵之學，自號承庵，撰四書五經疑問。令新興，再令廣昌，愛民如子。著家訓。劉中丞一焜、楊直指鶴造廬執弟子禮，爲建「羽翼六經坊」于會城。

蔡官治。字羽明，德清人。萬曆進士，歷南兵部郎中，知真定府。逆閹生祠偏海内，上官屢督之，官治持不可。冢宰趙南星忤璫免歸，璫欲殺之，多方周護得不死。轉衡永道，勦寇有功，遷按察使。召對平臺，晉右僉都御史，巡撫陜西。時闖賊寇西安，官治躬厲士衆，疾趨潼關，軍容大振，尋被讒罷歸。甲申聞變，號泣不食而卒。

嚴覺。字知非，歸安人。萬曆舉人，崇禎初，知巢縣。以最遷蘇州府同知，將行，流賊陷城，不屈死之。妻莫氏，亦投繯死。子有芑，年十七，身翼父尸駡賊，賊並害之。次子有穀，冒矢石，負骸歸葬，以孝稱。本朝乾隆四十一年，賜謚烈愍。

凌義渠。字駿甫，烏程人。天啓進士，崇禎初，官給事中。與温體仁同里，無所附麗。居諫垣九年，遇事敢言，策東江事，其後皆驗。同官劉安行排之，出爲福建參政，累遷山東右布政使，所至有清操。入爲大理卿，流寇陷京城，義渠聞變，取生平所閲書籍盡焚之，曰：「無被賊手污也。」冠帶望闕拜，復南向稽首，作書辭父，闔户自經。福王時，贈刑部尚書，謚忠清。本朝乾隆四十一年，賜謚忠介。

温璜。字于石，烏程人。爲諸生，有學行。年五十九，始舉進士，授徽州推官。甫莅任，京師陷，明年南京亦覆，知府及僚屬皆遁，璜攝其印，率士民固守，徙家屬于村民舍。城陷，璜趨歸村舍，手刃其妻茅氏與女，書遺令訖，即自剄。越日甦，復絶粒，閲五日，兩手自抉其創，乃死。本朝乾隆四十一年，賜謚忠烈。

吴士義。字以行，歸安人。長沙縣丞。崇禎中，流賊困城數月，城陷，賊舉刃相向，士義駡不絶口，遂遇害，全家殉焉。又江都縣丞王志端，孝豐人，乙酉殉節。推官吴世安，歸安人，明亡殉節。俱于本朝乾隆四十一年，賜謚節愍。

本朝

黎樹聲。字仲寶，烏程人。順治初，以舉人爲福州推官，攝興化府事。海寇陷城，不屈死，贈按察使。

徐尚介。字于石，德清人。順治初，由歲貢知靈山縣。地經寇亂，民皆逃散。值歲旱，尚介披髮徒跣以禱，民感其誠，稍稍來附。而兵力單弱，賊乘虛突至，譟而前，問縣令何在，尚介挺身格鬬，爲賊所殺。子修及僕朱貴俱被賊殺。贈廣東按察使僉事。

姚延儒。字爾真，烏程人。順治五年，由拔貢知南漳縣，有清惠聲。賊郝摇旗等陷城，被執，駡不絶口，遇害。贈按察使僉事。

車君乘。德清人。順治六年，以歲貢授武宣知縣。甫兩月，土寇來攻，君乘率弟君稷捍禦，力盡被執，不屈，俱死之。妾陸氏及幼子、童僕數人皆遇害。雍正六年旌表。

尹衡。字平之，歸安人。順治六年進士，授樂平知縣。土賊乘夜突入城，衡力戰死。祀忠節祠。

慎俶允。歸安人。任廣東羅定知縣。順治十年，查定國黨攻州城，俶允分設守禦，城陷被執，不屈，死之。妻莘氏殉焉。

嚴我斯。字存菴，歸安人。康熙三年進士，廷對第一，授修撰。官至禮部侍郎。文章操行，爲時所重。

蔡啓僔。字碩公，德清人。康熙庚戌進士，廷對第一，授修撰。遷贊善，典試京闈，英才畢舉。歸，以著述卒。

孫在豐。字屺瞻，歸安人。康熙庚戌進士，廷對第二人，由編修官至工部右侍郎。督修淮揚河工，相度原委，撫恤丁夫，人争趨役，大工次第告成。會緣事鐫秩，復任内閣學士。卒，賜祭葬。

徐倬。字方虎，德清人。十歲應童子試，即首列。受業倪元璐、劉宗周之門，學益進。康熙十二年成進士，選庶吉士，授編修，再遷侍讀，致仕。四十二年，聖祖南巡召試在籍諸臣，以倬詩爲第一，因進所輯全唐詩録，上嘉其老而好學，特進秩禮部侍郎。年九十卒。子元正，字子貞，康熙乙丑進士，由翰林歷官工部尚書。亦以操行端潔見重於時。

胡渭。字朏明，德清人。爲諸生入太學，博極羣書，兼工詩文，而尤邃於經學，考覈漢唐注疏，多所釐正。康熙四十四年，聖祖南巡，渭獻平成頌，并進所撰禹貢錐指二十卷。聖祖嘉歎，御書「耆年篤學」四字賜之。所著有周易圖明辨、周易揆方、洪範正論等書，而禹貢錐指援古證今，尤爲精覈，盛行于世。

沈三曾。字尹斌，歸安人。康熙丙辰進士，由庶吉士歷官贊善，應制詩文悉稱旨。丁艱歸，服闋未起，奉命赴揚州校定全唐詩，特令在籍補原官，一體食俸，蓋異數也。三曾恭謹恬退，不妄交一人。家居伏處荒村，經年不入城市，敦本睦族，子孫能守家法，人稱爲懷庭先生。

蔡升元。字方麓，德清人。康熙壬戌進士，廷試第一，授修撰。少禀異敏，讀書纘言，極根體要。入直館閣，含英羣籍，矢音六義，麗以則，清以越，言暢意美，卓絶一時。官至禮部尚書。

朱鼎。字冠英，長興人。少失怙，哀毀骨立，事大母及母以孝聞。祖、姑、父三柩在殯，值鄰舍火，鼎號泣籲天，風焰頓息。營窆山中，忽遇虎，奮袂前行，虎爲之斂跡。母歿，廬墓十年。巡撫朱昌祚表其門。

嚴廷瓚。烏程人，震直九世孫。父遜修，爲姪某所殺，瓚甫二齡，母朱氏撫之。稍長，爲述父冤死狀，瓚泣血噬指，即蓄利刃自隨。念力弱未能即報，徙居避之。家貧授徒養母，或勸之婚，以他故辭。間歸故里，佯與仇暱，共飲食。至康熙己未，瓚年二十八，會春社演劇，仇在儔伍中，瓚乃拔刃奮擊之，中腦，復斫其頭以死，遂入郡自首。縣官嘉其志，欲上聞宥之，未果，死獄中。

費金吾。字曉亭，烏程人。康熙癸酉舉人，授桂林府同知。芟除積弊，及筦榷陋規。歷升永昌、鳳陽知府，晉江西糧儲道。時養廉未有定識，向例日用取給漕項耗羡，及兑發餘平，弊竇百出，金吾悉除之。擢山東布政，署巡撫事。雍正四年，黄河衝齧民居，捐俸二千餘金，設法賑濟。疏排山左淤淺河道，如張孤山、十字河等處，不數月而訖工。升湖北巡撫，之任，中途疾卒。

沈涵。字度汪，歸安人。康熙丙辰進士，由翰林歷内閣學士，督學福建。入仙霞嶺，誓于神曰：「涵如徇一私，不能歸度此關。」既至，革除餽遺，杜絶請寄，以實學砥礪諸生，閩人服其教，肖像祀之。

吴浩。字天濤，歸安貢生。性孝友，四世百口同居。讀書淹貫古今，工詩古文，著書凡數十種。

胡會恩。字孟綸，德清人。康熙丙辰進士，廷對第二人，由翰林官至刑部尚書。以勤慎稱，歸葬其親并及親屬十七棺，人咸義之。卒，賜祭葬。

費俊。字慧先，歸安人。康熙戊辰武進士，任温州遊擊。賊王大順出没海上，爲民害，俊隻身招之，遂就撫，餘黨立散。累功至福寧鎮總兵。卒，贈左都督，賜祭葬。

沈炳震。歸安人。雍正間舉博學鴻詞，著有九經辨字讀蒙，排比文字，鉤稽訓詁，有裨經學。又進所著新舊唐書合抄，詔付書局，其精粹者已采入唐書考證中。同縣葉佩蓀，乾隆甲戌進士，官湖南布政使。著易守四十卷，於易中三聖人所未言者，不加一字，故曰「守」。

吴廣生。烏程人。嘉慶十六年旌表孝子。

## 流寓

### 晋

陳達。漢太丘長寔之後，世居潁川。達爲長城令，悦其山水，遂家焉，曰：「此地山川秀麗，後當有異人出，我子孫必鍾斯運。」

### 南北朝　宋

吴慶之。濮陽人，寓居吴興。江夏王義恭守揚州，召爲西曹書佐。及義恭誅，慶之自傷爲吏無狀，不復肯仕，終身蔬食。

後王焜爲吴興太守，欲召爲功曹，答曰：「走素無人世情，直以明府見接有禮，所以奔走歲時。若欲見吏，則是畜魚于樹，栖鳥于泉耳。」不辭而退。

## 唐

張志和。金華人。肅宗時，待詔翰林，後坐事貶南浦尉。赦還，居江湖，自稱烟波釣徒。顔真卿刺湖州，志和往來苕、霅間。

陸龜蒙。吴江人。嗜茶，置園顧渚山下，時號江湖散人。今長興有别業在。

陸羽。竟陵人。上元初，隱苕溪，自稱桑苧翁，闔門著書。嘗獨行野中，誦詩擊木，或慟哭而歸，時謂今接輿也。

## 宋

葉夢得。吴縣人。累官尚書左丞，以與宰相朱勝非議論不協，歸湖州，居弁山。紹興中起官，後以崇信軍節度使致仕，卒湖州。

姜夔。德興人。少從父宦古沔，時蕭千巖與夔相得，遂攜過苕、霅，以兄之女妻之，遂家武康。

牟子才。井研人。理宗時，謁告還安吉州寓舍。時相丁大全與宦官董宋臣以私怨誣劾之，帝密問安吉守吴子明，子明奏曰：「臣嘗至子才家，四壁蕭然，人咸知其清貧。」事乃解。又李文靖道傳、劉學士光祖，俱以蜀人寓居吴興。

## 元

敖繼公。長樂人，寓居烏程。日事經史，從游者甚衆，趙孟頫師事之。有儀禮集説十七卷。

張羽。潯陽人。元季領鄉薦，授安定書院山長。卜居吳興，遂家烏程之戴山。

明

劉麟。本安仁人，徙南京。正德初，以紹興知府罷歸，湖州人吳琉、施侃高其風，迎之，遂偕孫一元、龍霓爲苕溪五隱。後奉父柩卜葬湖州，遂家焉。嘉靖時，由工部尚書致仕歸，守令爲築堂臺，始有游息之所。晚好樓居，力不能搆，輒懸籃輿于梁，曲臥其中，名曰「神樓」，文徵明繪圖貽之。

孫一元。字太初，自言秦人，嘗據太白之巔，故號太白山人。善爲詩，風儀秀朗，蹤跡奇譎，烏巾白帢。攜鐵笛鶴瓢，遍游中原，涉江淮，歷荊楚，抵吳越。所至賦詩，談神仙，論當世事，往往傾其座人。鉛山費宏罷相，訪之杭州南屏山，值其晝寢，就卧内與語，送之及門，了不酬對。時劉麟、龍霓罷官，並客湖州，與郡人陸崑、吳琉相友善，因招一元入社，稱苕溪五隱。一元于是買田溪上老焉，卒葬道場山。

# 列女

南北朝　宋

羊緝之女。名佩任，烏程人。母亡，晝夜號哭，不食三日死。鄉里號曰「女表」。

齊

乘公濟妻姚氏。建武中，吳興乘公濟妻姚氏，生二男，而公濟及兄公願、乾伯並卒，各有一子，姚養育之。賣田宅爲娶婦，自與二男寄止鄰家。明帝詔爲其二子婚，表門閭，復傜役。

元

伊喇氏。耶律呼圖克布哈妻。夫歿，割耳自誓，既葬，廬墓側，悲號不食而絕。「伊喇氏」舊作「移剌氏」，「呼圖克布哈」舊作「忽都不花」，今俱改正。

朱甲妻郎氏。安吉人。朱任浙東，以氏從。至元間，朱歿，氏護喪還至玉山里，留居避盜。勢家柳氏欲强聘之，氏誓不從，夜棄裝奉柩遁。柳邀之中途，復死拒得免。家居養姑甚謹，姑常病，禱天封股肉進啖而愈。大德間，詔旌其閭。

邵某妻沈氏。德清人。至正間，張士誠兵亂，沈爲張萬户所獲，逼之不可，投于水。兵士急救之，閉之舟中，夜半俟守者稍懈，陰取束箸納之口中，力觸舟，箸入喉以死。

丘巖妻盛氏。烏程人。元末，寇盜充斥，巖挈家避于官澤沈家兜。寇至，氏與巖妹多奴、卯奴同赴水死。又同邑楊某妻吳氏，年二十五，爲兵所掠，攜二子自沈于苕溪。

明

蔡孝女。武康人。天順間，隨母入山採桑，有虎突至攫其母，女挺身赴之，攀樹枝格鬥，行三百餘步，女愈奮擊，虎舍其母傷女，血上噴高丈許，竹葉盡赤，虎竟舍之而去。尋病創死。

潘順妻徐氏。字守貞，烏程人。年十六，嫁順，未期而順病革，謂徐曰：「我母老，汝年少，奈何？」徐泣下，即引刀斷左手一指，以死誓。順殁，布衣長齋終其身。臨終，命取所斷指置棺中。

吴忠妻王氏。安吉人。家甚貧，正德初，夫疫死，氏無所依，有欲收之者，氏不應，乃爲麥飯瘞夫塚前，痛哭良久，以草簀裹身，沈溪而死。

錢欽妻茅氏。烏程人。嘉靖中，避寇安固村，遇寇刦之，茅不從，抱幼男自投于河。寇怒，復抽刀剖其腹。事聞，詔旌其閭。

路氏。安吉人。年二十，美姿容，其夫貌甚寢，多病，有富人欲買爲妾，厚賄其父，令諭意，路知勢不可止，佯許之。比來迎，路曰：「少緩須臾，當整容以待。」入卧内自經死。

匡霞妻汪氏。烏程人。嫁逾年，霞殁無子，獨與姑俱。族奪其夫遺産，氏不與争。父憐而召歸，氏以姑辭，躬紡績以衣食之。姑卒，持喪畢，謂父曰：「吾事畢矣。」遂絶食而死。

周貞女。長興人。許字姚光裕，光裕殁，女剪髪毁服，泣告父母，欲臨姚喪。父母知不可奪，乃治縞車，輂女歸姚。及門後，獨居一室，高牖深扃，蔬食十餘年，出其織紝所積，購巨材爲槨，葬光裕于唐興山。事竣請嗣，一慟嘔血，不藥而逝。又德清車氏女，許聘房焕如，焕如卒，女年十五，即奔喪，立嗣娶婦，後絶粒死。又武康沈氏，許聘盛某，未婚而盛夭，父母更字于章姓，女聞，亦不食而死。

嚴正度妻施氏。歸安人。早孀，里中有無行者，隔垣窺之，施大聲絶呼，遍告宗黨，自刎死。時方炎暑，越三日始殮，顔色如生。

范氏。湖州人。從夫張問達戍温州，問達挾惡少逼令從姦，范堅拒，問達笞之，身無完膚。一日設酒肉生祭，脅之曰：「不從且死。」范泣求速，問達大怒，持鐵錘奮擊死。三日顔如生，邑人葬于白塔山。

石門丐婦。湖州人，莫詳其姓氏。正德初，湖大飢，婦隨夫及姑走崇德石門市乞食。一日夫姑相失，婦有色，市人争挑之，與之食不顧，誘之財亦不顧。寓東高橋上，俟夫與姑不至，及二日，聚觀者益衆，婦乃從橋上躍入水中而死。

王氏二節。楊氏，孝豐人，王萬妻。年二十三，夫亡守節，足跡不踰户外。一子希賢，復早世，婦章氏，誓奉姑守志。楊曰：「汝年方艾，奈何以我累汝？不如他適。」章泣曰：「姑所仗惟一媳，忍離姑側耶？」姑婦抱持而哭。後楊卒，章治喪事畢，哀毁踰月而終。

嚴烈婦。烏程人。歸陸某，容貌莊妍，事姑以禮。苦家貧無以給，姑性頑狠，百計挫辱，里中年少瞰姑隙，欲私之，氏垢面毁容，愈拂姑意，日肆搒掠，遂夜半自沈于河。

李大元妻龍氏。長興人。年十六，歸大元，不數月，大元客死。氏聞訃歎曰：「我生不辰，安知夜臺非白日乎？」夜半，紉衣裳自經死。又德清沈萬鍾妻章氏、陳大章妻談氏、安吉李茂妻高氏、孝豐施之華妻吴氏、章雲祺妻潘氏，皆殉夫而死，以節烈稱。

馮聖源妻朱氏。長興人。值寇亂被掠，觸刀斷一臂，朱駡賊益厲，又斷一臂，遂寸臠以死。又同邑李世彩妻徐氏、欽授衮妻孫氏、楊發妻梁氏、孫昇妻濮氏、胡駿妻韋氏、胡端妻過氏、胡毓秀妾柏氏、馮遵祖妻陳氏，皆被掠不從，赴水死。又楊亨妻周氏、王撰妻孫氏〔八〕、劉國美妻施氏，並女秀大，俱不屈被殺。

汪逢源妻丘氏。烏程人。年二十餘，夫亡矢志，遭寇亂，扃户自縊。又同邑潘汝升妻趙氏，汝升被寇殺，氏奪刀自刎。

仲烈女。湖州人。隨父賈漢陽，崇禎中，漢陽陷，從羣婦將出城，賊守門者止之。有頃，賊大肆淫掠，見女色美，首執之，女務面被髮大罵，賊命二賊挾之上馬，連墜傷額，終不肯行。賊露刃迫之曰：「身往，何如頭往？」女曰：「頭往善。」遂被害。

温璜妻茅氏。烏程人。崇禎末，璜任徽州推官，徙家屬于村民舍。城破，璜趨村舍，語氏同死，氏無難色，乃匿幼子女他室，而急呼長女起。女方寢，問何爲，曰死爾。女即延頸就帨，未絶，復刃之。氏整衣以卧，璜刀截其喉，有頃，氏呼曰未也，再刃而絶。

## 本朝

王法妻沈氏。德清人。年二十，順治間寇亂，避匿林莽中，爲盜所迫，以手格刃，投河死。同邑吴允培妻沈氏，遇盜，以弓弦扣其頸，躍入深淵以死。又歸安茅允旗妻周氏，性至孝，順治初，羣盜入室，氏恐見汚，潛赴水死。長興姚雲妻金氏，遇遊騎牽其臂，恚甚，遽引刀自斷，投池中死。烏程張伯慶妻沈氏，爲强暴所逼，自縊死。

沈元復妻徐氏。德清人。適沈一載，夫卒，無子，舅姑皆亡，家貧，鬻女紅自給。常終日不舉火，或以富室諷之再行，氏憤而呼天，嚙指自誓。家人陰謀奪其守，氏聞，投清潭而死。又歸安孫龍行妻李氏，年十八，夫亡，絶粒而死。王熹妻吴氏，熹病，醫藥罔效，以言偵婦志，婦以死自誓。熹没，赴池水死。

嚴氏女。烏程人。名麒姑，許字盛世瑞，未婚而世瑞卒。訃至，即登樓自縊。父母救之甦，許令之盛，乃從容禮祖廟，辭母氏，與父偕往。至則登堂拜舅姑，畢，即易服扶柩哀慟，請立伯氏子宣和爲嗣。遂絶粒，吞磁而逝，時年十八。同邑沈秀姑，許字丁彦昭，彦昭亡，秀姑聞訃，坐卧一小樓，足不踰閾。期年，父母爲之改聘，遂投繯而死。又歸安姚氏，許字楊文爋，德清沈氏，許字阮淳，皆未婚而夫殁，聞訃自經。

張翼妻戴氏。烏程人。翼爲張韜側室子，憐其幼，爲聘同里王某女，以翼託婦家，委以資爲置産。後韜殁，翼長，婚未幾，王氏殁，續娶戴。王某子謀奪其産，誘翼至家，毆之垂斃，擠水中。戴在家心動，使人往求之，舁歸，已不能語，但瞠目視戴。戴泣曰：「君如不起，我一弱女子，勢不能爲君復仇，且無子，當以死從。」翼死，戴服滷吞磁，家人救之不死。作絶命詩三章，乘間自經，時年二十一。

夏開衡妻姚氏。烏程人。年二十三，歸開衡，生子女各一。開衡成進士，官翰林，氏在家奉舅姑。未幾，子痘殤，念夫無子，爲買妾同赴京，甫至，開衡病殁，氏視殮後，欲自經。既而瞿然曰：「吾死如夫柩何？」乃强起。既歸里，入拜舅姑訣别，俟家人防守稍懈，奠夫畢，從容自縊死。

蔡新婺妻韓氏。德清人。年二十，夫故，堅貞自矢。後姑逼之嫁，迎娶者至門，氏潛自縊。雍正四年旌表。

賈大姑。歸安人。年二十，許配高成龍，未嫁，浣衣水濱，惡少李二經過調之，大姑羞忿，歸訴其母，遂扃户自經。雍正十一年旌表。

沈文元妻吴氏。烏程人。夫亡守節。又同縣生員姚源妻歸氏，陳士斌妻俞氏，姚廉妻邵氏，生員吴宸妻葉氏〔九〕，潘穎新妻錢氏，朱世榮妻楊氏，李遜如妻曹氏，沈維新妻徐氏，簡宏如妻沈氏，孟怡臣妻沈氏，費庶鋹妻管氏〔一〇〕，吴武範繼妻郭氏〔一一〕，生員閔啓襄妻陳氏，沈益侯妻吴氏，邱文襄妻沈氏，張允平妻陳氏，胡東昇妻陸氏，副將陳武妾程氏，鄭波千妻鄒氏，時起渭妻唐氏，生員費顯允妻嚴氏，嚴應麟妻陸氏，潘逸維妻蔡氏，陸大成妻沈氏，生員徐宏毅妻陳氏，貢生嚴朝俊妻汪氏、又盛氏，錢鼎文妻沈氏，監生金叶蘭妻董氏，徐茂盈妻吴氏，監生陳萬象妻錢氏，生員閔揆妻潘氏，金公際妻周氏，葉天佑妻丁氏，潘肇新妻吴氏，沈宏亮妻韓氏，陸大忠妻潘氏，張軼羣妻沈氏，許宏治妻曹氏，監生陸仁用妻匡氏，潘夏盛妻戴氏，宗聖儒妻沈氏，吴鈞妻蔣氏，金聖臣妻閔氏，鍾鴻儒妻朱氏，孔傳珍妻吴氏，生員沈奕藩妻施氏，進士顧淶初妾張氏，徐紫綸妻王氏，焦天佑妻趙氏，鮑倬人妻沈氏，丁聖妻楊氏，徐行威妻陳氏，凌綸錫妻胡氏，閔似蘭妻李氏，蔣燮妻張氏，生員華鳳繼妻徐氏，沈之昌妻張氏，褚明甫妻費氏，楊起虬妻許氏，生員王藹吉妻劉氏，生員徐宏進妻施氏，生員姚世琨妻閔氏，王世華妻楊氏，張應鍾妻李氏，徐廷相妻沈氏，張在豐妻桂氏，柏方曾妻李氏，監生丁映妻戚氏，沈慶生妾卞氏，沈五芳妻楊氏，陳雲來妻沈氏，蔡式孟妻柏氏，楊德愚妻許氏，錢俊登妻潘氏，潘天斗妻張氏，胡非稚妻董氏，楊振先妻潘氏，徐惠公妻沈氏，王元相妻宋氏，高時青妻吴氏，陳肇祉妻沈氏，凌繩武妻陸氏，閔文璇妻程氏，卞章甫妻秦氏，徐天玉妻李氏，袁公輔妻王氏，生員張全斌妻錢氏，劉文通妻程氏，貢生孫參行妻徐氏，趙鈐妻費氏，監生沈之銓妻戴氏，沈廷樞妻顧氏，鹿思泉妻孟氏，周爾福妻雍氏，沈受茲妻胡氏，於芳聲妻陳氏，張聖佩妻沈氏，張憲卿妻林氏，監生潘世錡妻蔡氏，費位存妻謝氏，翁六言妻陳氏，監生李永芳妻鍾氏，楊永恭妻沈氏〔一二〕，徐玷妻姜氏〔一三〕，凌載錫妻費氏，鹿以均妻簡氏，錢謙臣妻鄭氏，董文中妻張氏，桃源縣知縣胡世貢妻周氏，嚴大始妻吴氏，孟鳳峩妻沈氏，王殿賓妻高氏，徐天宗妻趙氏，王雲御妾張氏，戴永樞妻吴氏，范士英妻史氏，吴甸宸妻崔氏，監生沈繩祖妻凌氏，徐大文妻周氏，于宗敬妻韓氏，楊賓發妻徐氏，倪錦章妻劉氏，王繼昌妻沈氏，楊鴻逵妻陳氏，臧光旦妻閔氏，錢肇興妻王氏，宋逸藩妻薛氏，邱文進妻楊氏，范元標妻韋氏，李維兵妻沈氏，張大成妻官氏，張鳳翔妻蔡氏，錢日昇妻相氏，王三錫妻陳氏，宋聘儒妻林氏，陳廷煌妻史氏，陳鳳池妻鄒氏，楊子榮妻邢氏，沈愷侯妻陳氏，祝封三妻陸氏，黄子高妻張氏，張嵩年妻譚氏，吴廷玢妻何氏，吴毅臣妾許氏，張朝貴妻高氏，劉漢文妻陳氏，張瑾玉妻朱氏，監生朱鏞妻費氏，生員閔勳妻凌氏，鄭鴻德妻曹氏，夏祖勤妻孔氏，陳超宗妻潘氏，包震芳妻宋氏，潘應壽妻吴氏，鄭光標妻姚氏，沈天麒妻費氏，鄭光禐妻邱氏，吴鼎安妻沈氏，王祚楫妻施氏，程國楷妻倪氏，傅襄臣妻徐氏，徐惠如妻陳氏，姚繼貞妻戴氏，潘顯睦妻鍾氏，李佑必妻沈氏，沈松年妻蔣氏，宋彬谷妾王氏，潘天祥妻邱氏，金紹三妻梅氏，戴文耀妻汪氏，嚴鳴在妻吴氏，張駿觀妻葉氏，倪載華妻沈氏，宋魯尊妻鍾氏，邱肇周妻費氏，鮑明德妻謝氏，姚在明妻許氏，沈紹廷妻朱氏，曹永睿妻沈氏，邵雲飛妻費氏，蔣汝權妻李氏，唐其相妻張氏，吴履謙妻邱氏，沈中美妻尤氏，徐德燦妻凌氏，盧雲標妻黄氏，屠養新妻計氏，張九相妻沈氏，徐左謙妻胡氏，沈思恃妻莊氏，徐朝珍妻楊氏，錢夔元妻朱氏，周端麟妻潘氏，李洪兆妻宋氏，李又白妻傅氏，沈彩五妻王氏，朱士豪妻范氏，葉尚質妻朱氏，陸羣瞻妻徐氏，陸禹功妻羅氏，陸玉峯妻孫氏，沈雍霽妻許氏，沈天池妻陸氏，邱兆羲妻祁氏，張楚玉妻丁氏，周雲飛妻王氏，王有珍妻施氏，潘文炳妻陳氏，楊豫妻李氏，李復年妻沈氏，鄭宗義妻高氏，陸鑑民妻江氏，沈可成妻沈氏，潘騰蛟妻章氏，凌鶴山妻閔氏，沈廷瑚妻金氏，沈國安妻王氏，鍾成芝妻朱氏，蔣翼飛妻董氏，吴大文妻陳氏，費登庸妻邵氏，温志存妻吳氏，周世德妾高氏，周維鎮妻鄭氏，潘肅妻胡氏，朱光煥妻吳氏，朱光炳妻程氏，周在天妻陸氏，陸春年妻沈氏，陳民望妻馮氏，繆瑞林妻沈氏，嚴卓文妻陸氏，陳廷秀妻陸氏，姚麟妻朱氏，陸加美妻徐氏，陸爾祺妻顧氏，吳元亨妻陸氏，傅孔銘妻沈氏，吳鏞妻董氏，閔玉麟妻温氏，凌欒周妻周氏，陳爾相妻沈氏，孫叨妻欽氏，蕭綺園妻費氏，沈兆元妻王氏，尤謙益妻江氏，閔受人妻盧氏，凌開來妻閔氏，施廷槐妻盧氏，陳鳳儀妻周氏，邱元文妻龐氏，邱九皋妻尹氏，陸永高妻姚氏，沈漢臣妻費氏，邵三友妻張氏，歸紹元妻沈氏，沈亨妻吳氏，宣天球妻童氏，閔鈕妻陳氏，陳繼章妻屠氏，陳廷柱妻欽氏，劉廷瑞妻史氏，唐孔昭妻胡氏，王錫嘏妻强氏，袁壽生妻丁氏，吳溶妻沈氏，周宗倫妻李氏，金韓妻范氏，紀友松繼妻秦氏，嵇星南妻張氏，施秉衡妻陳氏，施人傑妻嚴氏，凌晉錫妻閔氏，凌秀倫妻閔氏，沈廷玉妻屠氏，李信仁妻吳氏，高世鈁妻陳氏，戴士才妻姚氏，沈熊妾張氏，吳瞻屺妻錢氏，章文耀妻鍾氏，吳霜威妻馬氏，沈斗南妻陳氏，高應輝妻何氏，童經遠妻嚴氏，周值三妻吳氏，蔣九義妻葉氏，陳其源妻貝氏、又妾沈氏，童于聲妻金氏，黄世周妻許氏，沈肇椿妻鄭氏，沈肇榛妻吳氏，沈大椿妻凌氏，陳志清妻宋氏，丁維華妻李氏，姚世鏌妻金氏，張自胡妻王氏，曹廷瞻妻姚氏，沈霖妻吳氏，姚際荀妻周氏，朱朝楨妻潘氏，施天佩妻張氏，姚世琨妻章氏，秦武揚妻孫氏，邵禮行妻馮氏，姜倫魁妻王氏，俞紫蘭妻李氏，俞幹臣妻吳氏，俞兆發妻倪氏，潘祖德妻温氏，張南安妻孫氏，沈鳴珂妻王氏，倪士章妻丁氏，王雲御側室張氏，孫士標妻吳氏，唐世亨妻丁氏，唐世楓妻嚴氏，唐世耀妻潘氏，潘廷訥妻嚴氏，吳衣聞妻章氏，嚴安邦妻張氏，朱壽祺妻楊氏，汪世珍妻甄氏，王維行妻陳氏，胡彤表妻慎氏，歸魯山妻沈氏，王廷玉妻沈氏，嚴爲龍妻沈氏，温築西妻沈氏，唐世勳妻潘氏，陳天禄妻朱氏，沈德成妻費氏，費文樞妻胡氏，王國正妻章氏，宣維臣妻平氏，張履和妻潘氏，宋志道妻陳氏，嵇道南妻茅氏，周鑑妻錢氏，嚴吉宣妻徐氏，金士禎妻茅氏，侯起鰲妻陸氏，孫貽芬妻費氏，孫鑾妻章氏，閔雲鳳妻王氏，倪子發妻王氏，張甫臣妻沈氏，盧宇天妻陸氏，金璞妾宋氏，卞位天妻孫氏，温士琇妻嚴氏，金嵩年妻張氏，俞玉麟妻柴氏，周維垣妻沈氏，嚴鶴齡妻吳氏，温有章妻倪氏，閔羽儀妻嚴氏，李鳴陽妻沈氏，李鑑妻朱氏，汪以時妻胡氏，汪聞侯妻鄭氏，吳天源妻朱氏，董侶凰妻胡氏，吳元鼎妻鄭氏，陳書妻沈氏，錢文正妻陳氏，盧紹武妻高氏，嚴士華繼妻陳氏，嚴福齡妻徐氏，葉潮妻沈氏，沈廷旺妻陳氏，葉爾璇妻李氏，葉大位妻沈氏，沈維堅妻倪氏，許文煌妻閔氏，張廷耀妻計氏，陳加魁妻盧氏，張成交妻吳氏，楊冠佩妻王氏，潘敬安妻沈氏，莫振英妻謝氏，祁永齡妻黃氏，沈深安妻俞氏，何漣妻高氏，沈又可妻施氏，趙燦如妻吳氏，邱文光妻沈氏，宋望成妻詹氏，潘覲周妻沈氏，倪葆光妻蔡氏，嚴元鼎妻姚氏，王聚東妻閔氏，蔣爲光妻屠氏，談賢錡妻蔡氏，凌躍飛妻閔氏，徐家虬妻張氏，周國政妻程氏，楊光妻沈氏，王世名妻俞氏，吳國柱妻孫氏，鈕瞻湖妻戈氏，包心五妻許氏，沈世德妻姚氏，宋惠文妻陸氏，徐世銓妻姚氏，楊肇豐妻吳氏，沈成宗妻沈氏，吳錦山妻沈氏，王會清妻朱氏，屠兆雍繼妻徐氏，沈學泗妻高氏，吳鑾繼妻倪氏，又妾沈氏，徐錦元妻俞氏，朱鋆妻臧氏，蔡存忠妻許氏，潘禮敦妻馮氏，閔斐章妻沈氏，潘汝發妻嚴氏，趙岐山妻陳氏，錢嘉慶妻陳氏，楊廷尊妻柴氏，高照妻沈氏，嚴文耀妻沈氏，沈樹松妻孫氏。又烈婦張景毅妻沈氏、吳費氏，均夫亡殉節。貞女凌禄輝未婚妻孫氏，李九文未婚妻陸氏，張丹禾未婚妻吳氏，沈文未婚妻董氏，邱載航未婚妻徐氏，徐之濟未婚妻沈氏，范超之未婚妻孫氏，潘學錦未婚妻陳氏，沈壽高未婚妻陳氏，李映輝未婚妻潘氏。烈女沈齊義女沈二姑。俱於乾隆年間旌。張穎封妻費氏，馮作霖妻陳氏，徐雲階妻費氏，沈元妻陸氏，韋廷寵妻潘氏，黃學文妻丁氏，黃學海妻梅氏，凌錦章妻朱氏，邱玉加妻沈氏，費廷章妻夏氏，潘志俞妻陸氏，陳文相妻沈氏，吳仲玉妻沈氏，吳立峯妻沈氏，宋源妻吳氏，徐雲標妻劉氏，奚兆楨妻陸氏，邱玉龍妻高氏，施祥雲妻何氏，李象巽妻翁氏，錢廷彩妻馮氏，章秉恒妻陳氏，汪和濤妻王氏，蔣愼川妻朱氏，沈生高妻徐氏，鄒明青妻汪氏，閔振聲妻韓氏，李岳瞻妻凌氏，徐奉天妻李氏，錢湛妻吳氏，湯有良妻潘氏，嚴汝瑚妻張氏，孫宗渭妾沈氏，嚴浚妻韋氏，嚴夢齡妻金氏，嚴祖武妻姚氏，吳廷琪繼妻姚氏，俞時名妻李氏，王大圻妻凌氏，潘啓祥妻朱氏，張大賓妾吳氏，陳嗣灝妻張氏，嚴衡妻吳氏，沈元勳妻鄭氏，俞殿臣妻章氏，潘元龍妻徐氏，朱位南妻蔣氏，李江潮妻馮氏，吳起龍妻胡氏，李象元繼妻許氏，薛仲麟妻許氏，費詵和妻朱氏，嚴鳳周妻費氏，史文以妻卞氏，姚益涞妻楊氏，沈世恩妻戴氏，戴永南妻李氏，張美仁妻談氏，閔作梅妻張氏，許孔時妻沈氏，沈熊彪妻葉氏，潘敬三妻梅氏，王廷理妻錢氏，楊繼賢妻吳氏，丁魯望妻盧氏，王德懋妻毛氏，沈桂芳妻丁氏，張衛蘧妻徐氏，屠謂五妻吳氏，王雉升妻張氏，凌士文妻王氏，潘士碧妻沈氏，黃譽聲妻尹氏，張敦臨妻唐氏，韓肇英妻徐氏，朱一松妻貝氏，虞元相妻徐氏，馮德章妻屠氏，王銘玉妻潘氏，周志鵬妻王氏，邱世良妻邱氏，潘本震妻章氏，潘必發妻張氏，蔣薪傳妻姚氏，蔣引年妻邵氏，孫叔度妻宋氏，蔡思誠妻周氏，沈甫民妻顧氏，沈維祺妻張氏，費蕚元妻芮氏，莫魯安妻錢氏，凌蕙妻嚴氏，孫剛繼妻陳氏，楊德秀妻邱氏，范世傑妻高氏，沈遺直妻高氏，朱啓振妻王氏，陳明政妻方氏，吳愷曾妻張氏，桂健威妻吳氏，徐長發妻朱氏，鄭掞庭妻潘氏，沈宿章妻陳氏，沈羽豐妻吳氏，楊泗妻盧氏，嚴學詩妻潘氏，倪文龍妻潘氏，戴玉如妻蔣氏，桂子期妻王氏，屠汝楊繼妻紀氏，嚴邦興妻費氏，陳宗德妻沈氏，楊振麟妻嚴氏，嚴楚臣繼妻朱氏，周天祺妻馮氏，徐世琨妻馮氏，翁芳遠妻張氏，邵元瑚妻吳氏，楊聖元妻陳氏，姚廷鉉妻俞氏，嚴祥妻沈氏，李中和妻翁氏，黃清一妻汪氏，陳猷龍妻相氏，馮振飛妻顔氏，歸聲榮妻沈氏，宋志善妻邵氏，陸庭楓妻費氏，孫晸妻張氏，沈秀生妻施氏，徐啓元妻孫氏，崔文明妻董氏，吳廷標妻茆氏，沈廷發妻胡氏，唐玉巖妻陸氏，吳彦章妻尤氏，周男祥妾陸氏，俞元震妻鄭氏，沈勝和妻錢氏，費司烜妻唐氏，鄒元鈞妻鄭氏，閔發元妻沈氏，朱肇虬妻吳氏，劉璵繼妻楊氏，蔣士鈞繼妻閔氏，俞棠妻沈氏，徐戴榮妻楊氏，談澳妻施氏，閔焯妻嚴氏，施章山妻徐氏，閔孺本妻蔡氏，俞元愷妻金氏，張佐堯妻佘氏，潘肇文妻何氏，吳啓馨妻沈氏，續朝元妻楊氏，史應期妻潘氏，沈大烈妻許氏，談賢燨妻凌氏，許明發妻陳氏，吳元福妻李氏，范允嘉妻陳氏，許國梁妻程氏，金國治妻王氏，吳毓杏妻沈氏，慎文瓏妻凌氏，茅星海妻陳氏，章大勝妻姚氏，張志棟妻沈氏，談遵達妻陳氏，高逵妻楊氏，趙字範妻蔣氏，程士可妻陳氏，沈鼎卿妻蔣氏，周云南妻程氏，潘士瑞妻朱氏，錢炎妻沈氏，伊陞三妻陳氏，徐銓妻戴氏，錢宏義妻莘氏，溫啓元妻王氏，李師孟妻丁氏，高世鉉妻孫氏，蔣斗光妻屠氏，馮培千妻施氏，邵士一妾唐氏，周賢麟妻曹氏，陳應隆妻徐氏，張大友妻周氏，没增高妻錢氏，程廷禄妻王氏，馮仁妻徐氏，顧學山妻孫氏，倪龍瞻妻曹氏，陳世珍妻俞氏，楊躍龍妻鄭氏，張佩三妻吳氏，嚴繡天妻畢氏，張啓憘妻劉氏，張啓文妻水氏，邱世龍妻許氏，沈用周妻施氏，鄭永思妻張氏，李芳春妻陳氏，許亮祖妻洪氏，宣永昌妾陸氏，胡世恒妻沈氏，宋邦壎妻章氏，嚴禹門妻華氏，張廷榮妻喻氏，吳源妻王氏，俞丹書妻章氏，姚輔堂妻朱氏，潘鼎元妻俞氏，程健行妻汪氏，謝恒若繼妻徐氏，朱在恒妻嚴氏，沈傳德妻翟氏，邱元愷繼妻周氏，鄭松舟妻姜氏，嚴志安妻范氏，陸武遷妻陳氏，嵇彩章妻顧氏，張世榮妻何氏，宋廷猷繼妻方氏，姚加詩妻沈氏，金萬珍妾王氏，朱承武妻吳氏，姚世爵妻戴氏，伍維嶽妻楊氏，姚世元妻嚴氏，朱添吉妻沈氏，閔作山妻沈氏，童建業妻姚氏，王永亨妻匡氏，王永義妻周氏，卞鶴翔妻嚴氏，費經才妻吳氏，陳東友妻沈氏，孫守芝妻陳氏，張啓明妻沈氏，楊兆麟妻范氏，顧在明妻王氏，費起蛟妻張氏，戈士成妻王氏，卞宗洛繼妻沈氏，陳成妻董氏，閔詵妻徐氏，姚益豪妻邱氏，卞含芳妻姚氏，費朝初妻沈氏，鄭大田妻劉氏，錢雲漢妻胥氏，章勝德妻沈氏，李永佩妻金氏，沈鶴年妻陳氏，陳維新妻楊氏，徐三綬妻莊氏，丁允倫妻徐氏，盧封願妻姚氏，甯嵋賢妻佘氏，章爲璜妻朱氏，史積忠妻王氏，陳繼周妻唐氏，陳宏模妾沈氏，張本厚妻陸氏，張爔之妻閔氏，朱師謙繼妻張氏，陳錦洲妻方氏，陸雯鸞妻朱氏，沈廷柱妻倪氏，王宏浚妻沈氏，卞孝傅妻吴氏，沈甫昌妻施氏，閔志潛妻沈氏，黄文相妻李氏，丁朝楝妻臧氏，陸大醇妾馮氏，費冠羣妻邵氏，費彙吉妻潘氏，董尚恢妻吴氏，姚英繼妻沈氏，沈佺繼妻吴氏，錢之清妾徐氏，邱南珍妻陸氏，宋世霖妻顧氏，薛擎天繼妻蔣氏，薛松年妻顧氏，陳召南妻張氏，陳秋濤妻丁氏，陸士貞妻凌氏，陸廷龍妻吴氏，楊潮妻章氏，沈學文妻周氏，盧泗源妻王氏，沈正妻陳氏，施溶妻蔣氏，閔承家妻周氏，姚佐廷妻董氏，童時誠妻王氏，周顯賓妻沈氏，宋萬豐妻沈氏，沈躍妻何氏，謝會清妻葉氏，陸鳳翥妻沈氏，陳晉侯妻史氏，談諤妻嚴氏，范觀圃妻談氏，沈焕妻徐氏，吴廷機妻潘氏，張志模妻林氏，楊三畏妻沈氏，虞象賢妻淩氏，陸公義妾費氏，方載潢妻祁氏，談言中妻嚴氏，江兆鵬妻嚴氏，沈名揚妻徐氏，沈文肇妾郭氏，吴廷樞妻李氏，施安泰妻陳氏，潘宇鴻妻張氏，崔在榮妻朱氏，方昇妻陳氏，蔣行千妻桂氏，沈世瞻妻謝氏，高明德妻張氏，周乘龍妻姚氏，沈國忠妻何氏，郭聯珠妻柴氏，吴堯臣妻沈氏，王文光妻沈氏，韓大成妻張氏，陸應龍繼妻王氏，沈益生妻夏氏，張鳴和妻羅氏，王廷奎妻張氏，楊静山妻李氏，周明臺妻王氏，沈湛繼妻徐氏，鮑振鷺妻戴氏，張尚貴繼妻龐氏，計元夢妻吴氏，張穎封妻費氏，馮作霖妻陳氏，徐雲階妻費氏，沈元妻陸氏，韋廷寵妻潘氏，黄學文妻丁氏，黄學海妻梅氏，凌景章妻朱氏，邱玉加妻沈氏，費廷璋妻夏氏，費廷璉妻張氏，潘志愈妻陸氏，陳文相妻沈氏，吴仲玉妻沈氏，吴立峰妻沈氏，宋源妻吴氏，徐雲標妻劉氏，奚兆楨妻陸氏，邱玉龍妻高氏，李望勳妻朱氏，高添元妻徐氏，徐鉅良妻孫氏，王殿文妻沈氏，蔣懷忠妻周氏，馮友山妻施氏，監生嚴維鶴妻陳氏，徐兆元妻錢氏，錢倫元妻凌氏，錢寶書妻吕氏，生員張守毅妾邢氏，王志貴妻黄氏，朱永祥妻陳氏，朱世昌繼妻沈氏，王殿臣妾蔡氏，閔世禄妻潘氏，姚乾元妻潘氏，翁麟祥妻蔣氏，翁允祥妻慎氏，生員盧企曾妾顧氏，吴松林妻陳氏，吴亦周妻朱氏，龐元素妻鄭氏，龐朝滄妻沈氏，柴相德妻徐氏，柴相堯妻金氏，廪生姚世錦妻嚴氏，姚世名妻趙氏，姚世英妻潘氏，俞文巖妻潘氏，俞九明妻陳氏，許萬成妻蔣氏，胡永發妻蕭氏，費蘭谷妻陸氏，姚天鎰妻吴氏，蔣頡槎妻高氏，朱廷芳妻胡氏，范永裕妻費氏，倪廷銓妻徐氏，侯鳳飛妻鍾氏，陳一亭妻周氏，生員仇達繼妻吴氏，生員董上墉妾沈氏，徐廷元妻方氏，潘元慶妻施氏，錢人瓏妻許氏，費叔文妻潘氏，監生潘連璧妻吴氏，羅尚發妻成氏，王觀瀾妻沈氏，錢起龍妻盛氏，陸光焕妻吴氏，潘景熊妻張氏，生員沈谷懷妻嚴氏，范廷椿妻沈氏，費連奎妻王氏，王萬鍾妻程氏，吴紹魁妻張氏，薛雲飛妻戴氏，管兆鉞妻朱氏，費掄元妻施氏，沈永之妻張氏，徐昭融妻陳氏，劉鼎元妻陸氏，徐忠邦妻高氏，生員吴毓芝妾王氏，監生張本咸妻沈氏，胡文斌妻吴氏，胡松年妻蔣氏，陸天傑妻趙氏，閔天恒妻丁氏，陸焕妻沈氏，閔永錫妻周氏，吴堯廷妻王氏，吴漢扶妻周氏，姚世錡妻陳氏，姚世涵妻施氏，姚世期妻楊氏，姚益三妻鄭氏，施嵐若妻倪氏，鍾岳山妻唐氏，監生邢謨妻裘氏，蔡履亨妻陶氏，許振麟妻潘氏，倪應寬妻潘氏，監生吴大夔妻史氏，生員汪朝弼妻姚氏，徐鳳儀妻徐氏，徐鳳翔妻朱氏，潘廷華妻沈氏，屠廷揚妻張氏，閔望城妻彭氏，邵宗福妻沈氏，朱岐元妻沈氏，費桐妻徐氏，費宲妻董氏，生員吴奎勳妻姚氏，顧銓妻蘇氏，陸志鴻妻王氏，金啓賢妻吴氏，陳贏臯妻續氏，王裔昌妻姚氏，曹起東妻羅氏，姚理中妻陳氏，陸華祝妻沈氏，楊汝賢妻汪氏，閔世傑繼妻柴氏，閔蘭輝妻凌氏，陳紹登妻慎氏，監生陳崑波妻凌氏，李廷相妻吴氏，武生吴經邦妻沈氏，吴蘭馨妻劉氏，費國麟妻陳氏，吕允昌妻楊氏，吕建功妻伍氏，夏崧瞻妻閔氏，夏西廷妻沈氏，生員夏宗原妻沈氏，葉鶴年妻金氏，提督葉相德妾程氏，王鳳洲妻沈氏，周維高妻倪氏，楊雲天妻楊氏，倪松齡妻王氏，王樂初妻鄭氏，謝學添妻續氏，黄師韓妻魯氏，徐起龍妻錢氏，監生談遵均妻沈氏，監生章起人妻董氏，楊廷標妻張氏，沈大煜妻姚氏，監生黄景彝妻丁氏，生員潘永春妻唐氏，生員黄縉雲妻陸氏，相陛經妻王氏，沈芳球妾沈氏，陳偉功妻李氏，錢天秀妻馮氏，楊彙初妾胡氏，沈玉元妻陸氏，徐世英妻戴氏，貢生吴際昌妾凌氏，馮商南妾張氏，鍾華妻李氏，監生鍾蘭妻陸氏，施廷模妾張氏，高文巖妻郁氏，高春巖妻鄔氏，鄭遵光妻唐氏，計四維妻費氏，生員章法乾妻陳氏，沈潮妻張氏，閔元禮妻沈氏，張廷揚妻戴氏，沈天璇繼妻姬氏，吴葵芳妻孫氏，生員鄭汝霖妻張氏，施庭模妻潘氏，知府朱發妾潘氏，朱綸妻卞氏，知縣朱繡妾宋氏，沈如榮妻金氏，生員施道盛妻鄭氏，沈租耕妻徐氏，李世華妻程氏，茅秀廷妻陸氏，生員董九如妻丁氏，閔樹堂妻陳氏，生員徐月亭妻沈氏，嚴觀光妻紀氏，孫健行妻姚氏，閔桂森妻侯氏，徐掄元妻姚氏，閔鳴盛妻張氏，閔景維繼妻吴氏，杜憲章妻徐氏，錢體瑩妻楊氏，李冠羣繼妻陳氏，監生閔望之妻凌氏，王鳳岐妾葉氏，生員閔璘妻唐氏，生員汪昶妻歸氏，沈禹周妻張氏，孫季良妻陸氏，凌玉輝妻丁氏，楊德心妾羅氏，屠見龍妻歸氏，嵇雲鶴妻胡氏，金應鍾妻華氏，卞宗照妻朱氏，王珍妻董氏，舉人胡璉妻朱氏，孫廷模妻吴氏，監生閔晉元妾賀氏，錢瑚妻馮氏，監生沈集發妾潘氏，張星槐妻沈氏，張如山妻沈氏，俞維顯妻陳氏，施元標妻黃氏，張東昇妻費氏，職員張韶南妻許氏，職員朱秀松妻潘氏，生員沈德芳妻蔣氏，施介眉妻沈氏，朱振玉妻虞氏，生員朱瑤妻沈氏，蔣起駿妻陳氏，武舉沈從龍妻陳氏，施文天妻許氏，監生吳鶴年妻張氏，顧銜妻張氏，監生沈棟妾沈氏，沈翊平妻孫氏，茅朝宗繼妻邵氏，潘瑞榮妻吳氏，姚可立妻王氏，陳聖謨妻淩氏，朱敬天妻許氏，陳錦和妻戴氏，教諭姚廷元妾羅氏，沈鼎妻徐氏，陸又標繼妻潘氏，吳禮東妻董氏，吳潤章妻錢氏，生員吳林妻王氏，生員顧在妻王氏，監生王思芹妻吳氏，王思荃妻朱氏。又烈婦鄒治本妻邵氏，周文光妻黃氏，李龍光繼妻蔣氏，屠啓賢妻嵇氏，均夫亡殉節。貞女胡錦未婚妻王氏，宋忻未婚妻沈氏，嚴雲從未婚妻沈氏。貞女徐氏，朱氏，柴氏，俞氏。俱於嘉慶年間旌。

張淵妻嚴氏。歸安人。夫亡守節。又同縣監生沈洛原妻蔡氏〔一四〕，陳佶妻吳氏，生員倪權繼妻朱氏，周天倫妻淩氏，邵以麟妻沈氏，俞紫雲妻莫氏，崔世魁妻俞氏，沈堯文妻汪氏，沈涓妻王氏，范世標妻徐氏，王殿妻淩氏，監生楊起鳳妻沈氏，木錆妻吳氏〔一五〕，嚴采六妻臧氏，嚴見三妻趙氏，馮公俊妻江氏，楊右予妻徐氏，沈祉錫妻張氏，謝世周妻張氏，謝敬賢妻費氏，薛我開妻王氏，生員蔡亮妻鄭氏，生員張世垣妻馮氏〔一六〕，吳楷妻丁氏，吳材妻沈氏，姚淳顯妻張氏，姚國梁妻楊氏，章瑞徵妻鍾氏，溫庭光妻嚴氏，慎聖鎔繼妻淩氏，朱學詩妻張氏，茅心仁妻顧氏，慎彥珪妻潘氏，茅曾烷妾沈氏，吳慎修繼妻倪氏，朱允盛繼妻孫氏，生員周玉瓚繼妻茅氏，包維新妻馮氏，張廷杰妻胡氏，鈕連城妻呂氏，吳景琇妻夏氏，錢開泰妻沈氏，吳覲光妻錢氏，顧臣妻倪氏，吳永暲妻胡氏，吳永淇妻顧氏，陳來玉妻楊氏，邵修來妻張氏，潘兆禎妻趙氏，顧高瞻妻丁氏，施晉公妻茅氏，施學信妻丁氏，王永齡妻蘇氏，生員徐世楷妻王氏，沈三英妻章氏，金士奇妻馮氏，朱永思妻陳氏，監生費景昌妻沈氏，生員孫詒笏妻沈氏，姚端臣妻孫氏，屠永錫妻蔣氏，陸惠妻丁氏，莫禮臣妻王氏，貢生張耀妻董氏，吳淑妻嚴氏，范煥章妻沈氏，楊期緣繼妻鄭氏，張士魁妻於氏，生員吳椿齡妻洪氏，楊洪濤妻羅氏，監生吳昭咸繼妻丁氏，毛啓興妻陳氏，王居有妻陸氏，湯瑞明妻鍾氏，生員吳履道妻徐氏，吳芳銓妻陸氏，生員馮聲妻陸氏，姚漢融妻錢氏，包允中妻費氏，陳六藝妻盧氏，顧錫齡妻王氏，張公佩妻程氏，沈時瀜妻陸氏，陸仕先妻費氏，凌堯撰妻吳氏，金元德妻姚氏，生員吳楠妻鄭氏，宋彩章妻慎氏，胡青來妻陳氏，陳于謙妻馮氏，生員張元樞繼妻郎氏，宋宜昌妻邱氏，葉鳳紀妻沈氏，陳茂生妻姚氏，吳啓麐妻沈氏，沈洪學妻顧氏，吳宗甫妻何氏，姚公侯妻周氏，王師曾妻吳氏，費思衮妻施氏，孫貽妻朱氏，費軼倫妻史氏，生員楊禄妻許氏，吳自淇妻金氏，譚亮公妻楊氏，張天培妻沈氏，廩生吳雲妾孫氏，生員沈景煒妾張氏，潘汝璘妻江氏，潘汝淇妻朱氏，沈庭楷妻陳氏，朱漢源繼妻劉氏，張正芳妻沈氏，陳公亮妻于氏，姚汝業妻吳氏，生員俞飛龍妻莫氏，姚三達妻徐氏，嚴清臣妻宣氏，費永年妻朱氏，生員孫起正妻王氏，吳際熙妻徐氏，朱萬年妻施氏，吳森妻凌氏，吳廷詢妻施氏，陳兆龍妻王氏，王錫連妻羅氏，議敘主簿姚麐妻王氏，朱誠妻楊氏，潘鍾洙妻嚴氏，俞大英妻章氏，湯啓元妻周氏，顧德培妻沈氏，孫炳先妻吳氏，嚴淑孔妻程氏，譚士麟妻鄭氏，童象武妻沈氏，顧周行妻茅氏，朱有煥妻陸氏，倪右夔妻俞氏，凌耀圻妻徐氏，章崑源妻倪氏，王鳴球妻孫氏，楊雲從妻嚴氏，毛琢成妻龐氏，邱在浚妻張氏，汪允選妻胡氏，陳仁妻慎氏，戴文煌妻嚴氏，孫烈公妻丁氏，蔣掄元妻沈氏，吳錦妻姜氏，莫克家妻徐氏，任世鎮妻吳氏，趙國學妻邵氏，俞掄元妻徐氏，盛士秀妻朱氏，吳漣妻唐氏，沈乾元妻費氏，施玉成妻俞氏，吳沛三妻濮氏，陳率齡妻費氏，童集南妻馮氏，陸秉鑑妻費氏，唐應皐妻孫氏，王廷珠妻皐氏，沈春年妻施氏，孫貽福妻熊氏，慎懿行妻姚氏，慎萬年妻沈氏，楊如崧妻陸氏，蔡鶴齡妻童氏，孫貽謙妻胡氏，徐文秀妻金氏，徐起宸妻譚氏，陳肇汝妻卞氏，莫錫光妻沈氏，潘堯臣妻張氏，施維縉妻周氏，彭鳳池妻沈氏，沈國桂妻嚴氏，沈鼎龍妻童氏，朱鼎元妻施氏，宋應岳妻陸氏，徐文貴妻宇文氏，姚世榮妻陳氏，沈彬妻吳氏，朱堉妻凌氏，姚廷獻妻孫氏，陳述曾妻沈氏，陳森遠妻孫氏，王道岸妻黄氏，張豫和妻費氏，費桂馨妻姚氏，姚士俊妻倪氏，宋世耀妻楊氏，王大義妻杭氏，周聳青妻錢氏，施德妻費氏，章遹安妾施氏，沈世銘妻馮氏，費元承妻章氏，費思誠妻周氏，費我任繼妻朱氏，華尚德妻倪氏，倪文高妻許氏，畢霖繼妻江氏，陳學渭妻王氏，程以復妻葉氏，陳起亭妻沈氏，宋起元妻費氏，龐寶登妻陳氏，施來儀妻朱氏，王建周妻龐氏，童斗瞻妻程氏，龐幼安妻張氏，張奎妻楊氏，張昂青妻嚴氏，孫秀枝妻錢氏，周璞妻談氏，程敏中妻陳氏，周宗丹妻沈氏，沈邦圻妻陳氏，莫士琳妻高氏，又妾浦氏，吳瑶光妻張氏，王文融妻邱氏，王文元妻陳氏，沈諤堂妻潘氏，高師浘妻張氏，胡大年妻孫氏，程文赫妾陶氏，吳會奎妻孫氏，湯又彬妻王氏，邱士坤妻陳氏，朱彬妻潘氏，李學靖妻倪氏，潘步瀛妻莊氏，毛嘉榖妻姚氏，於廷輝妻章氏，顧鉉妾程氏，俞錦溥妻秦氏，徐國榮妻楊氏，邵旦平妻童氏，吳允坤妻孫氏，戴鶴鳴妻李氏，顔潮妻徐氏，陳紹予妻馮氏，宋灝妻姜氏，吳龍山妻洪氏，陳宏杰妻嚴氏，莊思九繼妻沈氏。又烈婦潘必達妻何氏，馬煒妻章氏，周凱妻沈氏，均夫亡殉節。貞女，生員吴在清未婚繼妻嚴氏，凌時泰未婚妻沈氏，俞大寶未婚妻楊氏，吴夢奎未婚妻徐氏，顧右皇未婚妻劉氏，談賢耀未婚妻鄭氏，沈錫三未婚妻李氏。俱於乾隆年間旌。陳大瑋妻王氏，蔡興宗妻沈氏，楊世珍妻錢氏，潘廷爲妻吴氏，楊瑞英妻唐氏，馮友桂妻沈氏，費永智妻徐氏，費永聖妻楊氏，吴芳松妻施氏，程以同妻陳氏，錢浚妻費氏，陳跂曾繼妻姚氏，沈殿公妻倪氏，陸大賓繼妻費氏，嚴雲龍妻沈氏，蔡雙衡妻石氏，錢振孫妻張氏，郎天偉妻趙氏，戴文默妻吴氏，潘殿揮妻徐氏，沈子蘭妻章氏，鄭學泓妻陸氏，孫聖瞻妻張氏，沈作梁妻嚴氏，陸雲山妻劉氏，吴統煜妻程氏，章有大妾蔡氏、孫氏、張氏，楊德相妻姚氏，尹世期妻潘氏，宋中興妻費氏，胡啓三繼妻卜氏，王廷琦繼妻嚴氏，錢自貴妻陸氏，章希曾妻王氏，周武楊妻姚氏，莊令聞妻張氏，高泳培妻沈氏，尹希曾妻孫氏，薄起龍妻張氏，吴瑞澄妻張氏，李世清妻沈氏，陳大忠妻沈氏，石承熙繼妻許氏，邱文炳妻孫氏，郭昌倍妻童氏，畢玉庭妻葉氏，沈邦培妻凌氏，胡世焜妻裴氏，陳湧芳妻邱氏，施屏周妻陸氏，施國賓妻曹氏，吴文達妻黄氏，朱品蘭妻許氏，史圜妾嚴氏、丁氏，吴樹玉妾王氏，沈應槐妻陳氏，錢天成妻宋氏，吴騰奎妻沈氏，龐仁麟繼妻周氏，陳丙吉妻吴氏，孫元發妻費氏，吴聞庭妻許氏，崔龍崗妻陳氏，沈永釗妻姚氏，吴必達妻李氏，慎精和妻周氏，沈雲波妻李氏，俞楠繼妻潘氏，朱文炯妻潘氏，詹聖鑑妻趙氏，葉明妻管氏，沈漢儀妻莫氏，施廷發妻費氏，沈榮暉妻方氏，章正頤妻吴氏，趙徵瑚妻沈氏，陳景蘭妻孫氏，姚金元妻宋氏，朱仕楷妻姚氏，楊御林妻汪氏，姚宗焜繼妻沈氏，童其藻繼妻孫氏，陳會雲妻楊氏，黄紹綸妻沈氏，陳韶妻楊氏，胡保滋妻沈氏，管鶴妻俞氏，華元龍妻湯氏，崔紹俊妻沈氏，宋振熊妻李氏，張雲鶴妻譚氏，沈延妻孫氏，吕冠山妻潘氏，徐兆豐妻嚴氏，沈廷尚妻莘氏，吴雲裁妻陳氏，吴臣輔妻潘氏，潘宗濂妻袁氏，芮慶元妻朱氏，孫樹棨繼妻王氏，王世佩妻王氏，莫啓照妻黄氏，潘理芳妻楊氏，戴培元妻陳氏，楊永林妻費氏，楊永昌妻羅氏，章寶年妻唐氏，丁文炯妻王氏，李言坊妻陳氏，吴舜選妻費氏，錢宏遠妻吴氏，生員孫令名妻凌氏，生員陸廣容妻徐氏，黄紹庭妻王氏，柴國柱妻吴氏，丁萬雲妻吴氏，朱振宗妻吴氏，生員朱起鉉妻姚氏，高芳世妻陳氏，貢生閔守愚妻嚴氏，舉人沈翔龍妻邵氏，沈方大妻程氏，奚雲龍妻宣氏，何虹如繼妻顧氏，莫雨膏妻倪氏，沈峻德妻王氏，陳維在妻朱氏，姚學牆繼妻蔡氏，張希賢妻史氏，朱世華妻沈氏，陳子開妻史氏，史瑞龍妻陳氏，胡如龍妻卜氏，李漢峰妻莊氏，孫繪妻陳氏，潘純妻倪氏，沈懿德妻徐氏，傅明遠妻楊氏，吴太孚妻費氏，姚維忠妻潘氏，盧國慶妻姚氏，祝士魁妻施氏，陳朝綱妻潘氏，李輔仁妻嚴氏，黃躍龍妻王氏，閔玉田妻侯氏，趙元愷妻馮氏，戴湛斯妻李氏，衛肇選妻張氏，監生林承業妻王氏，祝雷妻湯氏，李擎天妻邵氏，鄭漢猷妻陸氏，趙元愷妾蔣氏，陳蘊芳妻陸氏，許永明妻沈氏，陳萬鎰妻諸氏，俞士豪妻朱氏，吳濬川妻高氏，宋球妻陸氏，孫潮生妻周氏，葉龍光妻張氏，鍾永泰妻唐氏，錢希甫妻沈氏，徐行文妻費氏，監生王以信妻宣氏，祝瑞章妻談氏，陳秀山妻張氏，監生潘本侃妾陸氏，董賓萊妻沈氏，許永泰妻尹氏，羅文發妻陸氏，吳啓元妻孫氏，鈕聖傳妻羅氏，生員潘本仁妻嚴氏，羅廷楠妻湯氏，江啓韓妻孫氏，費榮妻柏氏，朱洪妻周氏，沈秀清妻朱氏，潘禮安妻孫氏，何鶴山妻馮氏，生員蔣維桂妻沈氏，姚霖廷妻龐氏，祝連妻施氏，陸聲蘭妻鄭氏，閔宣澤妻陳氏，孫榮本妻姚氏，生員沈鎬妻宋氏，凌繩祖妻閔氏，生員孫朝光妻丁氏，陸陞階妻徐氏，陸興祖妻蕭氏，沈利千妻嵇氏，貢生吳俊蛟妾嚴氏，嚴子英妻周氏，生員蔡心源妻凌氏，監生沈榮章妻張氏，生員孫祥珍妾王氏，談裕中妻沈氏，陳玉映妻吳氏，孫林妻卞氏，孫振鷺妻王氏，潘卓雲妻倪氏，陸士焜妻陳氏，莫桂發妻吳氏，監生楊潞妻譚氏，俞廷相繼妻張氏，張允臧妻周氏，楊仁占妻沈氏，高殿臣妻吳氏，張廷標妻施氏，孫維韜妻沈氏，謝世俊妻宋氏，汪大澤妻孫氏，生員沈景元妻章氏，胡起麟妻於氏，潘文鎬妻何氏，曹有莊妻施氏，莫起元妻施氏，王應耀妻唐氏，生員朱瀛妻姚氏，高家麟妻費氏，監生張炳曾妻錢氏，談遵志妻林氏，任贊璜妻胡氏，高鑾妻吳氏，生員沈和恭妻尤氏，王瑞芝妻姚氏，貢生沈其琛妾楊氏，朱世豐妻吳氏，施學古妻費氏，孫澄妻嚴氏，戴大均妻王氏，楊錫麒妻羊氏，陸美妻宋氏，徐注妻潘氏，莫上瑚妻沈氏，張玉佩妻王氏，盧國卿妻章氏，廩生陳敘功繼妻沈氏，楊炳章繼妻趙氏，金士福妻陳氏，監生沈尹堦妻張氏，唐允元妻倪氏，監生孫鴻業妻邱氏，費運添妻倪氏，費漢章妻楊氏，生員王文案妻嚴氏，生員王晨光妻沈氏，吳天益妻孫氏，吳天相妻宋氏，主事關思誠妾張氏，陸躬端妻姚氏，顧啓莘妻范氏，費世連妻章氏，從九吳芳馨妻費氏，生員袁天階妻潘氏，沈鶴年妻閔氏，潘大倫妻朱氏，鄭炳翼妻徐氏，王嗣亨妻黃氏，周錫璠妻李氏，陳聖傳妻邱氏，同知楊興邦妾羅氏，周元鳳妻趙氏，楊德璋妻沈氏，王如千妻沈氏，沈玉林妻張氏，陳復功妻高氏，汪文祥妻曹氏，沈輔臣妻朱氏，袁振朝妻陳氏，凌升卿妻陳氏，潘天裕妻施氏，孫潤妾姚氏，生員陳枚功妻張氏，貢生章奕璜妻胡氏，趙本立妻李氏，施鼎臣妻高氏，陶家霖妻倪氏，邱功偉妻尹氏，廩生宋南珍妻汪氏，潘順昌妻吳氏，閔士榮妻楊氏，查德卿妻蔡氏，監生朱桂榮妻童氏，監生馮翊蒼妻陸氏、又妾高氏，王綬三妻張氏，王鼎文妻潘氏，童漳妻楊氏，錢乘三妻周氏，孫大任妻倪氏，倪麟妻孫氏，陳亳三妻梅氏，王有福妻費氏，章世保妻盧氏，潘電峰妻趙氏，生員吳灝繼妻龐氏，潘象周妻朱氏，朱舉本妻孫氏，增生章桂生繼妻沈氏，苗長發妻俞氏，沈尚志妻陳氏，閔益謙妻沈氏，武生莘開妻徐氏，沈臨生妻鄭氏，閔立初妻嚴氏，潘廷甲妻陸氏，凌齊賢妻閔氏，楊運亨妻林氏，張天行妻周氏，同知陸勤穀妾郭氏，胡垠妻謝氏，朱厥貴妻孫氏，姚人駿妻朱氏，凌光宗妻嚴氏，邱魯瞻妻陳氏，邱世楓妻吳氏，監生潘本慤妾錢氏，姚三登繼妻姬氏，潘文明妻郎氏，金汝魁妻陳氏，施九飛妻陳氏，生員沈榮垣妻姚氏，俞廷美妻沈氏，嚴士溱妻陸氏，生員沈圻妻董氏，姚萬春妻蔣氏，談學曾妻吳氏，監生潘本震妾施氏，姚承廣妻鄭氏，潘國柱妻孟氏。又烈婦姚添明妻湯氏，施民久妻俞氏，俞學成妻陸氏，陳琦妻沈氏，生員鄭景瀾妻陸氏，周湧來妻張氏，曹世勳妻陳氏。貞女邱廷貴未婚妻周氏，孫世謙未婚妻陸氏。又貞女孫氏，周氏。俱於嘉慶年間旌。

賀日章妻葉氏。長興人。夫亡守節。又同縣臧錫三妻朱氏，韋翼文妻沈氏，韋受天妻孫氏，監生蔣天駒妻衛氏，朱豈儔妻周氏，監生江俊妻邵氏，高履厚妻李氏，朱文麟妻孫氏，包士榮妻張氏，臧錫鉉妻錢氏，張射斗妻施氏，徐文斌妻莫氏，生員錢侯岳妻張氏，潘右瞻妻張氏，臧謙吉妻蔣氏，盧元全妻邢氏，張德成妻陸氏，姚德新妻賀氏，生員徐行達妻鍾氏，徐舜臣妻陳氏，徐瑚妻高氏，周聖希妻王氏，生員臧宸垣妻王氏，霍起濤妻臧氏，趙宸瑚妻費氏，芮進炎妻孫氏，生員袁人中妻陸氏，徐元珙妻蔣氏，張學正妻吳氏，施成章妻吳氏，董章臣妻鍾氏，包文彬妻欽氏，臧承詔妻孫氏，沈元宰妻吳氏，倪有廉妻王氏，施秉良妻范氏，王汝衡妻吳氏，舉人李上林妻金氏，監生徐開之妻朱氏，王國儀妻曹氏，周澍妻錢氏，葉傳雲妻金氏，貢生朱履階妻潘氏，葉飛遵妻錢氏，宋秉璩妻周氏，王起雲妻胡氏，殷鼒妻高氏，沈進玉妻丁氏，張永齡妻臧氏，生員錢本餘繼妻姚氏，姚恒年妻徐氏，曹廷珏妻江氏，錢明傑妻王氏，陳偉熹妻沈氏，監生沈天與妻李氏，生員臧王佐妻孫氏，生員葉絛揚妻王氏，生員從紹龍妻陳氏，沈宏仁妻潘氏，殷維翰妻許氏，李美春妻盛氏，趙鼎盛妻施氏，吳蘭妻李氏，李資藩妻孫氏，李作霖妻丁氏，監生朱履翔妻吳氏，丁啓侃妻許氏，李友黃妻范氏，尹尚賢妻徐氏，貢生董培妻錢氏，陸慶曾妻吳氏，欽卓羣妻錢氏，許作安妻顧氏，貢生朱謙鎰妻王氏，欽占龍妻周氏，高思文妻王氏，費士傑妻丁氏，朱憲文妻李氏，王貽燕繼妻嚴氏，徐上麟妻江氏，曹振籛妻趙氏，徐觀源妻韋氏，計文昌妻高氏，許作聖妻韋氏，殷殿棟妻顧氏，臧竣之妻孫氏，盧廷珏妻殷氏，孫瑞霑妻昝氏，蔡鶴聞妻姚氏，胡家駒妻徐氏，胡耀祖妻陳氏，欽兆鼇妻周氏，吴大亨妻馮氏，邱壽山妻丁氏，許應倪妻陳氏，王汝翰妻馮氏，錢中愉妻許氏，朱謙泰妻汪氏，潘玉振妻姬氏，朱閬妻孫氏，金益高妻沈氏，徐鼎秀妻邱氏，曹永安妻周氏，金六雅妻董氏，毛聖揆妻孫氏，丁履泰妻李氏，鄒晉妻周氏，朱文芳妻錢氏，施際亮妻錢氏，王國儒妻華氏，葉西成妻淩氏，施鳳池妻周氏。又烈女潘妹。俱於乾隆年間旌。董峩妻周氏，徐榮大妻周氏，錢士奇妻張氏，許五飛妻錢氏，丁士虞妻臧氏，甯雲卿妻徐氏，施久綴妻欽氏，沈南金妻施氏，嚴人瑞妻許氏，韋兆泰妻潘氏，張德佩妻嚴氏，陳省山妻張氏，潘魁妻戴氏，朱瀾妻陸氏，施久榮妻張氏，宗文峯妻仇氏，周淩崧妻鄭氏，施錦祥妻王氏，唐康哉妻鄭氏，施良卿妻欽氏，許洪通妻高氏，許慎五妻施氏，鄭鳴臯妻張氏，施應鳳妻周氏，鍾維亨繼妻姜氏，趙長年妻臧氏，趙鼎周妻吴氏，王焕妻臧氏，生員葉有忍妻丁氏，監生徐明光繼妻錢氏，生員臧汾陽妻丁氏，臧如楨妻徐氏，余聖祥妻周氏，葉明貴妻姚氏，監生邱鳴繼妻朱氏，監生吴之誠妾陳氏，朱桂妻趙氏，監生邱華妻周氏，王鳳閣妻陸氏，武生邵錦妻王氏，監生許訓三妻芮氏，監生許增三繼妻吴氏，黄淪源妻李氏。又烈婦錢石氏，以拒姦死。又貞女嚴氏。俱於嘉慶年間旌。

張繼元妻戚氏。德清人。夫亡守節。又同縣費良妻邱氏，徐聖維妻吴氏，生員徐秉謙妻錢氏，生員胡瑋妻茅氏，沈赤文妻金氏，沈士英妻宋氏，于天吉妻楊氏，黄錫亮妻王氏，章明之妻丁氏，陳世烈妻屈氏，謝漢公妻姚氏，徐文卿妻茅氏，張元標妻侯氏，章英明妻黄氏，高國賓妻吴氏，張繼連妻陳氏，張聖來妻施氏，徐之麟妻陳氏，沈廷琇妻吴氏，沈廷璋妻章氏，蔡北晨妻楊氏，邱士昌妻蔡氏，朱聞義妻沈氏，王言如妻施氏，車世濟妻蔡氏，生員陳瑞麟妻姚氏，沈士秀妻楊氏，蔡景衡繼妻夏氏，沈爾元妻姚氏，王有義妻陸氏，何大生妻宋氏，生員徐兆張妻張氏，蔡用儼妻沈氏，施淩蒼妻張氏，祝有鰲妻沈氏，沈恪妻馮氏，生員錢宏圖妻沈氏，沈以成妻祝氏，宋文周妻沈氏，吴詩可妻沈氏，沈瞻五妻周氏，生員沈立時妻孫氏，周嘉謀妻姜氏，費大貴妻蔡氏，季元勳妻徐氏，嵇禹三妻賈氏，周爾繩妻沈氏，生員胡承祐妻沈氏，張杏千妻胡氏，沈以仁妻項氏，吴日燥妻姚氏，戚道生妻李氏，蔡鶴聞妻姚氏，胡家駒妻徐氏，胡耀祖妻陳氏，費如鏞妻李氏，徐景陽妻吴氏，蔡克嶷妻姚氏，姚聖榮妻江氏，沈尚志妻陳氏，戚大生妻沈氏，姬康妻胡氏，虞家麟妻陸氏，蔡錫丁妻仲氏，沈崧妻魏氏。又烈女姚琨未婚妻沈氏。烈婦莫兆益妻宋氏。貞女生員沈樹生未婚妻程氏，戴文燮未婚妻駱氏，沈自佑未婚妻邱氏。俱於乾隆年間旌。鄭松雲妻錢氏，陳時煥妻徐氏，吴學詩妻王氏，沈廷楷妻楊氏，沈廷機繼妻徐氏，又妾吴氏，姚人龍妻楊氏，杜士發妻邱氏，徐以謙妾吴氏，陳珍妻沈氏，程大鯨繼妻繆氏，楊承烈妻沈氏，仲景衡妻徐氏，沈振林妻姬氏，杜士華妻姚氏，程文起妻沈氏，張潮妻蔡氏，蔡一經妻吴氏，蔡懋忠繼妻嵇氏，朱泳齡妻姚氏，陳顯庭妻沈氏，黄肇域妻沈氏，蔡賜陛妻沈氏，江楝妻沈氏，邱遂妻茅氏，虞鶴翀妻陸氏，陳振宇妻范氏，姬丙章妻羿氏，陳如松妻童氏，王上達妻袁氏，王建朝妻黄氏，李承禧妾張氏，沈公彩妻周氏，高菜妻羅氏，嵇華延妾毛氏，程子銘妻沈氏，沈三槐繼妻程氏，高菘妻鄭氏，羅涵三妻蔣氏，沈培初妻蔡氏，徐以震妾唐氏，江楷妻王氏，王泳亨妻沈氏，嵇杰妾許氏，蔡黼廷妻徐氏，監生張師游繼妻高氏，姬永發妻邱氏，沈洪範妻汪氏，丁鳳儀妻邱氏，費大奎妻程氏，姜麟祥妻范氏，陳汝煌妻蔡氏，唐鳴崗妻沈氏，王建煒妻潘氏，生員沈龍翔妻胡氏，沈光遠妻姚氏，沈錫輅妻施氏，生員章彩妻童氏，生員王汝霖妻徐氏，沈韶九繼妻鍾氏，胡宇高妻徐氏，沈松鶴妻姚氏，沈鶴山繼妻王氏，蔡嵩高妻施氏，沈瑛妾劉氏，監生吴正椿妻陸氏，沈昌鋌妻吴氏，虞嘉會妻張氏，監生沈作霖妾尤氏，張永和妻沈氏，傅學詩妻李氏，生員陳廷讓繼妻王氏，陳賢宰妻姚氏，陳壽昌妻邱氏，曹廷輔妻陳氏，生員蔡玉柱妻姚氏，蔡宇煌妻潘氏，蔡新桂妻陳氏，孫大權妻丁氏，費璜妻羅氏，章宋元妻魏氏，章文煒妻陳氏，廩生曹瓚繼妻沈氏，監生費瑞繼妻沈氏，張端儀妻蔡氏，章士玉妻俞氏，生員程庭桂妻沈氏，監生沈堯年妻黄氏，吴德行妻高氏。又貞女沈楠未婚妻楊氏，張渭未婚妻錢氏，王謨未婚繼妻陳氏。俱於嘉慶年間旌。

生員沈明庶妻張氏。武康人。夫亡守節。又同縣楊有義妻謝氏，生員何勷妻俞氏，方雅公妻李氏，范玉英妻聞氏，生員何沆妻王氏，陳彦昌妻賈氏，徐景研妻馮氏，沈仁錫妻徐氏，駱大謨妻張氏，衛起龍妻蔡氏，宣文奇妻王氏，陳不羣妻施氏，章守志妻方氏，沈益芝妻吴氏，汪廷桂妻黄氏，陸士義妻陳氏，張霖妻方氏，生員徐壽愷妻潘氏，生員張亦韓妻韋氏，生員孫廷諫妻張氏，馮國華妻費氏，馮廷芳妻胡氏，胡若蘧妻須氏，潘鳳儀妻陸氏，生員葉文虬妻程氏，葉人麟妻駱氏，顧龍光妻曹氏，舉人沈起文繼妻徐氏，孫人智妻沈氏，俞成世妻吴氏，吴世法妻唐氏，徐南美妻王氏，孫永泰妻喻氏，徐權妻林氏，駱灝妻池氏，沈國富妻柏氏，徐紹安妻黄氏，駱爾臧妻唐氏，周傅如妻駱氏，費文韓妻駱氏，陳德謙妻項氏，俞珍妻姚氏，俞志莘妻錢氏，宣乾陽妻錢氏，方象瑛妻陳氏，朱宏葉妻陸氏，盛麟妻姚氏。又貞女駱騄英未婚妻沈氏，陳兆槐未婚妻周氏，唐晌未婚妻駱氏。俱於乾隆年間旌。潘志伊妾鄭氏，林裦妻童氏，林炳妻俞氏，陸上達妻章氏，朱元發妻胡氏，韓如璋妻王氏，駱鎔妻陳氏，駱釜妻高氏，駱錕妻徐氏，范德茂妻陳氏，周加禮妻席氏，姜俊升妻俞氏，章廷輝妻謝氏，錢履慶妾蔡氏，生員朱士偉妻梁氏，方遇林妻吴氏，生員胡錫章妻沈氏。又烈婦陸師閔妻柳氏，夫亡殉節。俱於嘉慶年間旌。

張全鮑妻王氏。安吉人。夫亡守節。又同縣張全忠妻方氏，陳貞鈗妻朱氏，生員陳巡妻張氏，張彩臣妻許氏，汪耀祖妻王氏，姚洪泰妻楊氏，生員嚴在庭妻張氏，生員馬存良妻俞氏，欽子興妻韓氏，童尚鏱妻徐氏，何啓元妻沈氏，生員童元愷妻莫氏，張世鑑妻陳氏，郎學妻吴氏，陳允驥妻王氏，嚴楷妻王氏，俞源妻馬氏，張宏深妻陳氏，徐有軻妻施氏，王天惠妻盛氏，俞玥妻潘氏，嚴鼎瓊妻謝氏，生員吴象熊妻張氏，李維風妻高氏，郎彦標妻潘氏，張思賢妻王氏，蘇順妻王氏。又貞女張昭未婚妻李氏。俱於乾隆年間旌。汪邦本妻畢氏，趙遠湘妻姜氏，王學坤妻紀氏，張文煥妻方氏，吴震元妻章氏，生員章學昌妻施氏。又貞女丁氏。俱於嘉慶年間旌。

施永仁妻陳氏。孝豐人。夫亡守節。又同縣萬咸鑰妻吴氏，江天秀妻鄭氏，監生章廷揚妻吴氏，施誠明妻萬氏，舉人姚遴玉妻陳氏，吴其相妻馮氏，貢生章宏桂妻吴氏，蔣紹榮妻郎氏，吴慶譯妻沈氏，生員吴哲妻沈氏，生員楊廷訓妻湯氏，王待行妻湯氏，監生王之僖妻章氏，俞詔欽妻王氏，方錫履妻俞氏，生員方炳妻章氏，梅國玘妻潘氏，滿一鳴妻章氏〔一七〕，楊翁家妻嚴氏，生員馬俊妻徐氏，王孔範妻姜氏。俱於乾隆年間旌。楊士奎妻施氏，陳錫耀妻章氏，王承祀妻湯氏，鄭啓魯妻汪氏，石銓妻王氏，湯廷衡妻王氏，施兆龍繼妻陳氏，王鶴妻吴氏，周元麟妻沈氏，鄭宏理妻李氏，荆紹基妻張氏，陳邦振妻黄氏，潘啓明妻王氏，王漢妻沈氏，陳建東妻金氏，吴欽規妻李氏，王思乾妻張氏，生員王謨繼妻章氏，沈賜侯妻郎氏，朱鼎魁妻夏氏，生員許堂妻諸氏，王觀妻朱氏，李宏遠妻王氏，貢生陳曰熊妻高氏，高成禮妻沈氏，章恩祖妻王氏，王顯昕妻吴氏，郎一選妻章氏，葉茂林妻成氏，武生郎振峰妻仙氏。俱於嘉慶年間旌。

# 仙釋

## 南北朝 宋

陸修静。字見寂，東遷人。生禀異相，目重瞳子，掌有篆字，背有斗文，博精象緯，好方外遊。嘗與陶淵明、僧惠遠結社廬阜。泰始中，詔江州刺史王景宗禮聘來朝，敕建傳經宗壇，因著齋法儀範百餘卷。一日若趣裝將行，忽然尸解。

## 隋

智永。王羲之孫，住吴興永福寺。積年學書，秃筆十甕。人來覓書者如市，所居户限，爲之穿穴，乃爲鐵葉裹之，人謂之鐵門限。後取筆頭瘞之，號退筆塚，自製銘誌。

## 唐

皎然。字清晝，姓謝氏，吴興人。靈運十世孫。居茅山，顔真卿爲刺史，集文士撰韻海，皎然預其論著。尤工詩，貞元中，集賢院取其集藏之，于頔爲序。

高閑。烏程人，寓湖州開元寺。具戒律，善草書。宣帝時召對，賜以紫袍，加大德號。爲韓愈所知，作序送之。

## 五代

韓必。吴崧。唐末兩人與吴珪、吴瑱、皮光業、林昇、羅隱、何肅同居長城八座山，號曰八友，已而稍稍散去。武肅王時，兩人偕隱於洛塢，日以煉丹爲事。遣羅隱招之，兩人隱入石壁中。至今名爲二仙石壁。

## 元

莫元鼎。名起炎，歸安人。濛子。幼習舉子業，三試有司不利，乃著道士服，更號月鼎，入青城山，見徐無極，授五雷法。自是召雷雨，治鬼魅，動無不驗。世祖遣中書舍人崔彧求異人，于江南得之，賞賚優異。

清珙〔一八〕。字石屋。得法于及菴信禪師，退居霅溪之西。至正間，詔賜金襴衣。有石屋詩集。

覺岸。烏程寶相寺沙門也。博通古今，嘗考釋氏事實，年經國緯，著爲手鑑，名釋氏稽古略。李桓序云：「實能補國史之未周，葺禪編之大備。」

## 明

沈野雲。名道寧〔一九〕，歸安人。幼有道術，大旱令祈雨，大雨隨至。成祖北征，仁宗監國，問事多奇驗。仁宗嘗御製道人傳，封爲至道高士。

# 土産

綾。唐書地理志：湖州土貢烏眼綾。明統志：各縣皆出。

綿。唐書地理志：湖州土貢綿。舊志：各縣出。武康有鵞脂綿爲最。

紬。唐書地理志：湖州土貢紬。舊志：出菱湖者佳。又出各色紗，雙林出包頭紗。

縐。湖縐起于明時，有花有素。

絲。明統志：各縣皆出。舊志：菱湖洛舍者爲第一。

米。唐書地理志：湖州土貢糯米、黄糧。

桑。郡城東多桑墟。吴興掌故：蠶桑之利，莫盛于湖。

苧。德清出。寰宇記：苧溪以貢苧得名。

茶。唐書地理志：湖州土貢紫筍茶。又長城縣顧山有茶，以供貢。舊志：今茶以長興羅岕爲最。

酒。張景陽七命：「酒則荆南烏程。」荆南者，荆溪之南也。又元和志：長城若溪水釀酒最釅，俗稱若下酒。舊志：今沈氏三白酒甲江南。

蜜。唐書地理志：湖州土貢。

木瓜。唐書地理志：湖州土貢木瓜、杬子。

乳柑。唐書地理志：湖州土貢。

楊梅。寰宇記：長城縣石郭山産楊梅，貢御。舊志：出弁山陽灣者佳。

栗。出安吉、孝豐。

菱。明統志：歸安縣菱湖出。

蓴菜。明統志：烏程縣蘇灣出。

鮆魚。烏程縣出。寰宇記：浮玉之山，苕水出其陰，中多鮆魚。又鱖魚，歸安縣出。

漆器。唐書地理志：湖州貢。

筆。明統志：歸安縣出。舊志：元時馮應科、陸文寶善製筆，其鄉習而精之，故湖筆名于世。今出歸安善璉村〔二〇〕。

石。白居易有太湖石記。方輿勝覽：州界土産也。舊志：武康石黑而潤，文如波浪，最奇勝。又安吉出桃花石。

炭煤。舊志：長興縣合溪鎮出。

鏡。舊志：郡城出。最知名者薛氏。

## 校勘記

〔一〕傅琰　「琰」，原作「炎」，據乾隆志卷二一三湖州府名宦（下同卷簡稱乾隆志）及南齊書卷五三傅琰傳改。按，本志避清仁宗諱改字，今改回。

〔二〕以仲舉爲郡丞　「舉」，原作「峯」，據乾隆志及上文改。

〔三〕乃俟其去而非之　「乃」，原作「仍」，意不協，據乾隆志及宋史卷三一八胡宿傳改。

〔四〕復投繯而死　「繯」，原作「環」，據乾隆志改。

〔五〕倚錢寧勢　「寧」，原作「安」，避清宣宗諱改字也，據乾隆志改回。

〔六〕從父官青陽　「青陽」，原作「清陽」，據乾隆志及雍正浙江通志卷一七五人物改。

〔七〕授清豐知縣　「清」，原作「青」，據乾隆志及明史卷一八八陸崑傳改。

〔八〕王撰妻孫氏　「王撰」，乾隆志作「王選」，疑是。按，雍正浙江通志卷二〇七列女湖州府長興縣有孫氏二烈，其一爲「孫枝茂妹，王選之妻」，乾隆志與之合。

〔九〕生員吴宸妻葉氏　「吴宸」，乾隆志作「吴宸陛」，疑此脱「陛」字。

〔一〇〕費庶鋹妻管氏　「鋹」，乾隆志作「鋠」。

〔一一〕吴武範繼妻郭氏　「武」，乾隆志作「式」。

〔一二〕楊永恭妻沈氏　「永」，乾隆志作「允」。

〔一三〕徐玷妻姜氏　「玷」，乾隆志作「玿」。

〔一四〕又同縣監生沈洛原妻蔡氏　「洛」，乾隆志作「潞」。

〔一五〕木錇妻吴氏　「木」，乾隆志作「朱」。

〔一六〕生員張世垣妻馮氏　「世」，乾隆志作「周」。「馮氏」，乾隆志作「馬氏」。

〔一七〕滿一鳴妻章氏　「滿」，原作「漏」，據乾隆志改。

〔一八〕清珙　「珙」，原作「琪」，據乾隆志及補續高僧傳卷一三清珙傳改。

〔一九〕沈野雲名道寧　「寧」，原作「凝」，據乾隆志及明一統志卷四〇湖州府仙釋改。按，本志避清宣宗諱改字，今改回。

〔二〇〕今出歸安善璉村　「璉」，原作「連」，據乾隆志改。按，本志避乾隆皇太子永璉諱改字，今改回。

# 寧波府圖

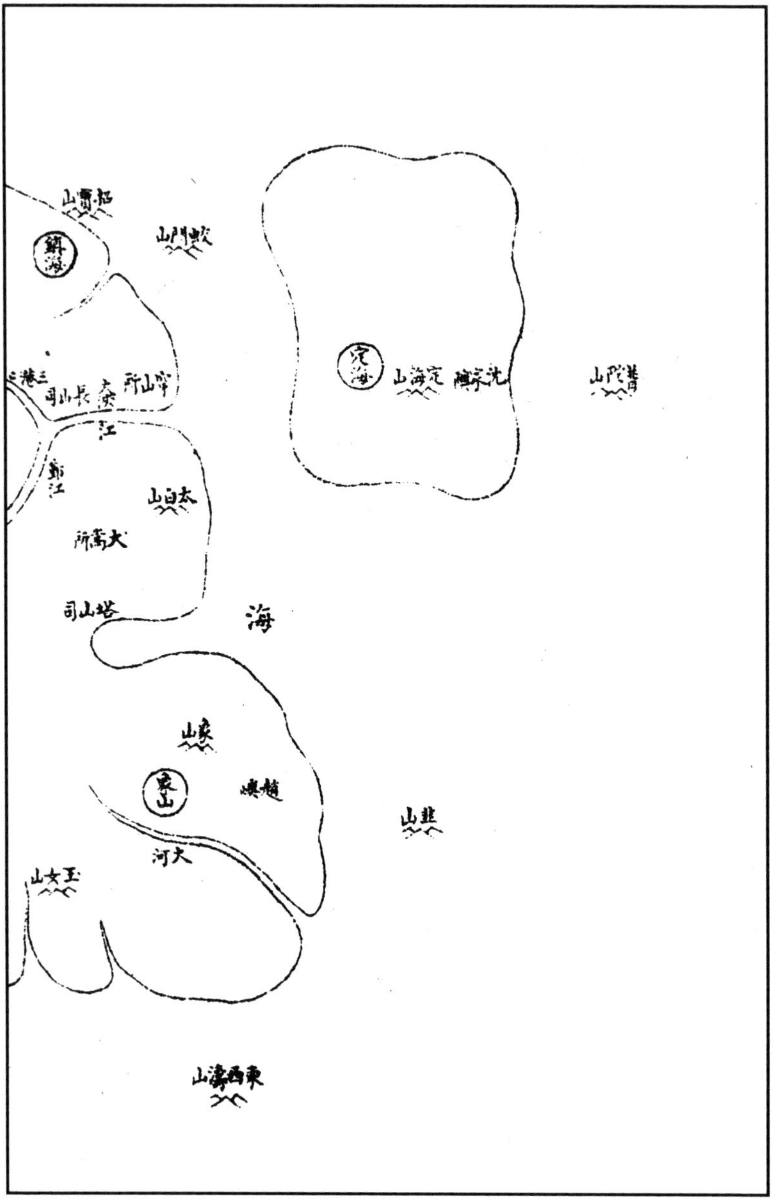
招寶山
蛟門山
鎮海
三港
穿山所
長山司
江
太白山
大嵩所
塔山司
海
定海
定海山
沈家門
普陀山
象山
象山
韭山
大河
玉女山

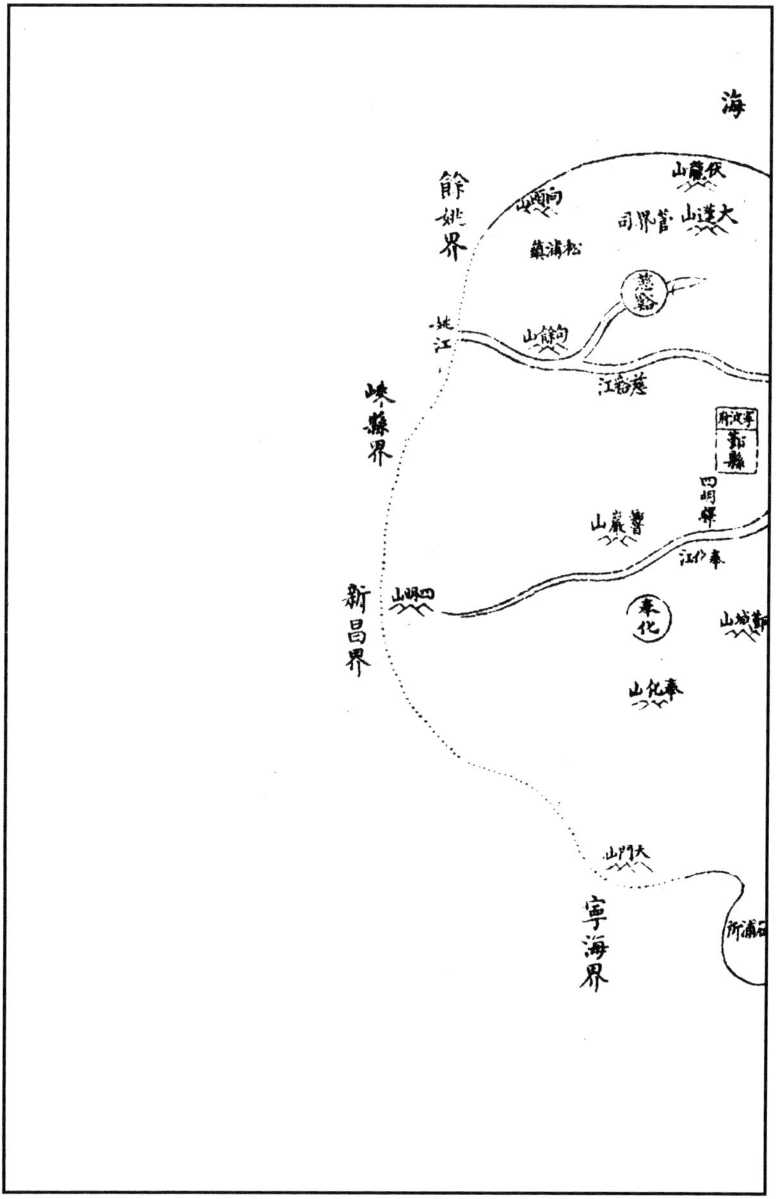
海
伏龍山
大蓬山
餘姚界
松浦鎮
慈谿
姚江
慈谿江
嵊縣界
寧波府
鄞縣
四明驛
奉化江
新昌界
四明山
奉化
奉化山
大門山
寧海界
石浦所

# 寧波府表

| | 寧波府 | 鄞縣 |
|---|---|---|
| 秦漢 | 會稽郡地。 | |
| 三國吳 | | |
| 晉 | | |
| 宋 | | |
| 齊梁陳 | | |
| 隋 | | |
| 唐 | 明州餘姚郡 武德四年置鄞州，治句章，旋廢。開元末改置明州，治鄮縣。天寶初改餘姚郡，屬江南東道。乾元初復屬浙江東道。 | 鄮縣 初於句章縣置鄞州，後與縣俱廢，改置鄮縣於句章故城，屬越州。 |
| 五代 | 明州 屬吳越，升望海軍節度。 | 鄞縣 梁開平二年更名。 |
| 宋 | 慶元府 初改明州奉化郡，兼置奉國軍節度，屬浙東路，紹興五年升府。 | 鄞縣 府治。 |
| 元 | 慶元路 改路，屬浙江行省。 | 鄞縣 路治。 |
| 明 | 寧波府 初復爲明州府，洪武十四年又改。 | 鄞縣 府治。 |

續表

| | 慈谿縣 | 奉化縣 |
|---|---|---|
| 鄮縣 秦置，屬會稽郡。 | 句章縣 漢置，屬會稽郡。 | |
| 鄮縣 | 句章縣 | |
| 隆安四年移置句章縣，屬會稽郡。 鄮縣 | 句章縣 隆安四年徙廢。 | |
| 句章縣 鄮縣 | | |
| 句章縣 鄮縣 | | |
| 句章縣 鄮縣 省入句章。 | | |
| 開元末爲明州治，長慶初又移治。 | 慈谿縣 開元二十六年析鄮縣置，屬明州。 | 奉化縣 開元二十六年析鄮縣置，屬明州。 |
| | 慈谿縣 | 奉化縣 |
| | 慈谿縣 屬慶元府。 | 奉化縣 屬慶元府。 |
| | 慈谿縣 屬慶元路。 | 奉化縣 元貞初升州，屬慶元路。 |
| | 慈溪縣 永樂中更「谿」曰「溪」，屬寧波府。 | 奉化縣 洪武中改縣，屬寧波府。 |

| | 鎮海縣 | 象山縣 | 定海縣 |
| --- | --- | --- | --- |
| 鄞縣 漢置，屬會稽郡，陽朔初爲東郡都尉治，後徙。 | 鄮縣地。 | 鄞、回浦二縣地。 | 句章縣地。 |
| 鄞縣 | | | |
| 鄞縣 | | 寧海縣地。 | |
| 鄞縣 | | | |
| 鄞縣 | | | |
| 省入句章。 | 句章縣地。 | | |
| | 鄮縣地。 | 象山縣 神龍元年置，屬台州。廣德二年屬明州。 | 開元二十六年析鄮縣置翁山縣，屬明州。大曆中廢。 |
| | 梁開平三年吴越置望海縣。 | 象山縣 | |
| | 定海縣 太平興國初更名，屬明州。慶元初屬慶元府。 | 象山縣 屬慶元府。 | 昌國縣 熙寧六年置，屬慶元府。 |
| | 定海縣 屬慶元路。 | 象山縣 屬慶元路。 | 昌國州 至元十四年升州，屬慶元路。 |
| | 定海縣 屬寧波府。 | 象山縣 屬寧波府。 | 初復爲縣，屬寧波府。洪武十七年廢，改昌國衛。二十五年改定海衛。 |

續表

# 大清一統志卷二百九十一

## 寧波府一

在浙江省治東南四百八十里。東西距二百二十四里，南北距二百八里。東至海岸一百四里，西至紹興府餘姚縣界一百二十里，南至台州府寧海縣界一百四十六里，北至海岸六十二里，越海即江蘇松江府界。東南至海岸一百十二里，西南至寧海縣界一百二十六里，東北至海岸七十二里，西北至餘姚縣界一百五里。自府治至京師四千六百四十里。

### 分野

天文斗分野，星紀之次。

### 建置沿革

禹貢揚州之域。春秋時越地。秦屬會稽郡。漢爲會稽郡鄞、鄮、句章三縣地，後嘗爲東部都尉治。會稽録：陽朔元年徙東部都尉治鄞，或有寇害，復徙句章。後漢亦屬會稽郡。晉、宋至隋皆因之。

唐武德四年始置鄞州。八年，州廢，還屬越州。開元二十六年，復置明州。唐書地理志：採訪使齊澣奏置，以境有四明山爲名。天寶元年改爲餘姚郡，屬江南東道。乾元初復曰明州，屬浙江東道。五代屬吴越國。梁開平三年，吴越升州爲望海軍。宋建隆元年改奉國軍。宋曰明州奉化郡，屬浙東路。紹興三年，置沿海制置使。紹熙五年，升慶元府。以寧宗潛邸也。元至元十三年，改置宣慰司，十四年改慶元路。明初復爲明州府，洪武十四年改寧波府。本朝因之，隸浙江省。領縣六。

鄞縣。附郭。東西距六十五里，南北距七十里。東至鎮海縣界三十五里，西至慈谿縣界三十里，南至奉化縣界五十五里，北至鎮海縣界十五里。東南至奉化縣界九十里，西南至紹興府餘姚縣界一百七十里，東北至鎮海縣界四十一里，西北至慈谿縣界三十五里。春秋越東界鄞邑地，秦置鄮縣，屬會稽郡〔二〕。漢因之。晉隆安四年，又徙置句章縣，亦屬會稽郡。宋、齊因之。隋平陳，并鄞、鄮二縣入句章。唐武德四年，於句章縣置鄞州。八年，州廢，復改置鄮縣，屬越州。開元二十六年，於縣置明州。五代梁開平二年，改鄮縣曰鄞縣。宋爲慶元府治。元爲慶元路治。明爲寧波府治，本朝因之。

慈谿縣。在府西北五十里。東西距一百四十里，南北距九十里。東至鎮海縣界六十里，西至紹興府餘姚縣界八十里，南至鄞縣界三十里，北至海六十里。東南至鄞縣界十五里，西南至餘姚縣界一百里，東北至鎮海縣界六十里，西北至餘姚縣界八十里。漢置句章縣，屬會稽郡。後漢因之。晉隆安四年移句章縣於今鄞縣界，爲句章縣地。唐初爲鄮縣地，開元二十六年析置慈溪縣，屬明州。五代因之。宋屬慶元府。元屬慶元路。明屬寧波府，永樂十六年改「溪」曰「谿」。本朝因之。

奉化縣。在府西南八十里。東西距一百七十里，南北距一百五里。東至鄞縣界七十里，西至紹興府新昌縣界一百里，南至台州府寧海縣界六十里，北至鄞縣界四十五里。東南至象山縣界一百里，西南至寧海縣界八十里，東北至鄞縣界六十里，西北至紹興府嵊縣界一百二十里。春秋越鄞邑。漢置鄞縣，屬會稽郡。陽朔元年，置東部都尉。後漢仍曰鄞縣。晉及宋、齊以後因之。隋平陳并入句章縣。唐初爲鄮縣地，開元二十六年，析置奉化縣，屬明州。五代因之。宋屬慶元府。元元貞初，升爲奉化州，屬慶元路。明洪武二十年，改州爲縣，屬寧波府。本朝因之。

鎮海縣。在府東北六十里。東西距二百五十里，南北距一百五十五里。東至海岸五里，至舟山可二百里，西至鄞縣界五十里，南至鄞縣界三十五里，北至海岸一里，海中界約百二十里。東南至烏碕山海洋一百十里，西南至鄞縣界三十五里，東北至海岸二里，西北至慈谿縣界一百里。漢鄮縣地。隋爲句章縣地。唐仍爲鄮縣地。五代梁開平三年，吴越置望海縣。宋太平興國初，改曰定海縣，屬明州。慶元初，屬慶元府。元屬慶元路。明屬寧波府。本朝康熙二十六年，別置定海縣於舟山，而改故定海爲鎮海縣，仍屬寧波府。

象山縣。在府東南二百七十里。東西距一百四十里，南北距二百六十里。東至海四十里，西至台州府寧海縣界一百里，南至寧海縣界一百九十里，北至奉化縣界七十里。東南至海六十里，西南至寧海縣界一百八十里，東北至海四十里，西北至奉化縣界六十里。漢爲鄞、回浦二縣地。晉爲臨海郡寧海縣地。隋開皇九年，省寧海入臨海，屬永嘉郡。唐神龍元年，析寧海及鄮縣地置象山縣，屬台州。廣德二年，改屬明州。五代因之。宋屬慶元府。元屬慶元路。明屬寧波府。本朝因之。

定海縣。在府東少北二百六十里海中。東西距八十三里，南北距一百四十里。東至海岸六十六里，西至海岸十七里，南至海岸三十里，北至海洋一百十里。東南至烏碕山海洋一百十里，西南至張家堰三十五里，東北出海洋至金塘一百五十里，西北至慈谿縣界一百二十里。春秋越甬東地。漢爲句章縣地。唐爲鄮縣地，開元二十六年，置翁山縣，屬明州。大曆六年廢。宋熙寧六年，以故縣地置昌國縣，仍屬明州。慶元二年，屬慶元府。元至元十四年，升爲昌國州，屬慶元路。明洪武二年，復爲縣，屬明州府。十七年，縣廢，改昌國衛。二十五年，改定海衛。本朝康熙二十六年，改置定海縣，屬寧波府。

## 形勢

四明與天台並高，東接滄溟，西連禹穴。穹隆盤薄，凡數百里。宋周鍔寶積寺記。對修眉於天姥，接五界於金庭。宋王應麟七觀。海道輻輳，南接閩、廣，北控高麗，商舶往來，物貨豐衍。東出定海，有蛟門、虎蹲天設之險，亦東南要會。方輿勝覽。抱負滄海，枕山臂江。四明圖經。四明廣袤，限隔台、越。陽堂、霞嶼，盤鬱蘢葱。舊通志。

## 風俗

山有金木鳥獸之殷，水有魚鹽珠蚌之錯。海嶽精液，善生俊異。會稽典録。火耕水種，不煩人力。舉鍤成雲，下鍤成雨。晉陸雲答車茂安書。海陸珍異所聚，人雜五方，俗類京口。隋書地理志。衣冠文物，甲於東南諸郡。成化志。鄞甬之東，山水清嘉，人喜種植務農功。明陸深集。

## 城池

寧波府城。周十八里，門六，水門二，北面濱江，三面爲濠。唐咸通中創築。本朝雍正、乾隆中屢修。

慈谿縣城。周九里有奇，門七，濠周三面，北半里倚山。明嘉靖三十五年築。本朝順治年間修，乾隆年間增修。

奉化縣城。周六里有奇，門四，水門二。明嘉靖三十一年築。本朝康熙、雍正、乾隆中屢修。

鎮海縣城。周九里，門五，北際海，餘三面有濠。明洪武中築。本朝順治、康熙、雍正、乾隆中屢修。

象山縣城。周五里有奇，門四，水門三。明嘉靖三十一年築。本朝順治、康熙中屢修，乾隆中重建。

定海縣城。周一千二百十六丈，門四，水門一。本朝康熙二十八年因昌國城故址重築，乾隆中修。

## 學校

寧波府學。在府治北。宋天禧二年建。本朝順治、康熙中屢修，雍正五年重建。入學額數二十五名。

鄞縣學。在縣治西南。宋嘉定十三年建。本朝雍正五年重建。入學額數二十五名。

慈谿縣學。在縣治東南。宋慶曆八年建。本朝康熙、雍正中屢修。入學額數二十五名。

奉化縣學。在縣治東北。宋治平初建。本朝康熙十二年修，雍正元年重修。入學額數二十名。

鎮海縣學。在縣治東北。宋紹興中建。本朝康熙十七年重建。入學額數二十名。

象山縣學。在縣治東南。唐會昌六年建。本朝順治十一年重建。入學額數十二名。

定海縣學。在縣治東。本朝康熙二十六年建，五十五年重修。入學額數十二名。

桃源書院。在鄞縣西三十里。宋王説隱居教授處，神宗賜額。

月湖書院。在郡治月湖西。本朝順治十年建，名義田書院，康熙二十五年改今名。

育才書院。在郡治醋坊橋西。

德潤書院。在慈谿縣北。

慈湖書院。在慈谿縣北二里。

錦溪書院。在奉化縣城内。乾隆十九年建。

鯤池書院。在鎮海縣梓山左。乾隆八年建。

崇正書院。在鎮海縣城北。康熙五十八年建。

丹山書院。在象山縣東。康熙六十年建。

纓溪書院。在象山縣西門。乾隆二十一年建。

蓉浦書院。在定海縣。又奉化縣舊有龍津書院，宋乾道中朱子奉使至此，與士子講學處。

廣平書院。在奉化縣東十里。

翁洲書院。在定海縣城内。今皆廢。

## 户口

原額人丁四十萬九千六百八十八，今滋生男婦二百三十五萬四千六百七十四名口，計五十六萬一千六百四十一户。又屯運男婦一千四百八十三名口，計一百六十八户。

## 田賦

田地共四萬六百六十頃五十九畝三分零，額征銀二十一萬六千九百九十一兩二錢三分零，米三萬六千七百石一斗四升五合零。

## 山川

四明山。在府西南一百五十里。爲郡之鎮山。唐六典：江南道名山曰四明山，山高一萬八千丈，周迴二百十里。樂史太平寰宇記：山在明州西八十里。四角各生一種木，皆不雜，山頂有池。池有三重石臺，道書以爲第九洞天，名丹山赤水之天。舊志：山由天台山發脉，向東北一百三十里，湧爲二百八十峯。中有三十六峯，周圍八百餘里，綿亘府之奉化、慈谿、鄞縣，紹興之餘姚、上虞、嵊縣，台州之寧海諸境。上有方石，四面如窗，中通日月星宿之光，故曰四明。山東七十峯，狀如驚浪，境接句章。山西連脊起峯，狀如奔牛，曰奔牛山。中有三朶峯，鼎足以立，漢張平子居焉，中有石室。西南有五朶峯，狀如芙蓉，五峯相望，各去六里，中爲四明山心。山南聳七十里，狀如驅羊，其峯蹲者曰蹲羊，有澗，南出一百二十里，歸於鄞江。山西南又有八峯，如罌囊，號八囊山。山北有兩陣山，如走蛇，梅福隱越，嘗遊焉。由鄞小溪而上，爲東四明；由餘姚而上，爲西四明；由奉化雪竇而上，則謂之四明山。按：四明支山凡有十：仗錫山、石棲山、松巖山、雷峯山、大雷山、鷄籠山、烽火山、樓山、峒山、鱉山皆是。

鄮山。在鄞縣東三十里。昔海人貿易於此，後加邑從鄮，因以名縣。又東二里爲横嶴山。又三里爲同谷山，以東西兩嶴同一谷口也。

大涵山。在鄞縣東三十五里。瀕水而秀，天霽風晴，山水相映，故名。又五里爲聖母山。又二十里爲朱長山。

阿育王山。在鄞縣東四十里，北去鎮海縣三十五里。明統志：舊名鄮山。晉太康中，并州人劉薩訶得阿育王舍利，建塔於此，因名。其前横陳如几者名玉几山，其南爲白雲山。

陽堂山。在鄞縣東四十九里。俗曰青山。四面懸絶，下有鮑郎廟。

太白山。在鄞縣東六十里。視諸山爲最高。山有龍池，曹學佺名勝志：山南懸崖瀑布，名水簾洞，上有鬼谷先生祠。

天童山。在鄞縣東六十五里。高秀與太白埒，有玲瓏巖、龍隱潭諸勝。

大慈山。在鄞縣東南十里東錢湖中。

霞嶼山。在鄞縣東南四十五里東錢湖中。西北有月波山，與霞嶼對峙。

大梅山。在鄞縣東南七十里。相傳漢梅子貞隱於此。有石洞、仙井、藥爐、丹竈遺跡。

姜山。在鄞縣南二十五里。平原崛起，有三石洞。又五里爲茅山。

塔嶺山。在鄞縣南四十里。環列二十三峯，遞引而南，岡嶺相接，最爲深險，與奉化縣接界。

它山。在鄞縣南五十里。即唐縣令王元緯爲堰之地。水南沿流皆山，北皆平地，至是始有小山，以其無山相接，故名。

金峨山。在鄞縣南八十里。爲府治案山。

響巖山。在鄞縣西南四十五里。壁立千仞，下瞰江水，每有聲響相答，相傳唐賀知章隱於此。

建嶴山。在鄞縣西南五十里。矗立十五峯，狀如列戟。

錫山。在鄞縣西南五十里。葱蒨插天，舊嘗産錫。又銀山，在縣西南六十里，舊産銀。

石臼山。在鄞縣西南五十五里。下有溪，其麓有石臼廟。

天井山。在鄞縣西南七十里。下瞰深淵，上有五井，俗傳神龍所居。由下井至中井、上井，逾入逾險，其二井人跡罕到。相近有灌頂山，直上二十里，宋時曾採鐵於此。

武陵山。在鄞縣西四十里。舊傳劉、阮采藥於此。桃花萬樹，春月盛開如錦綺。

驃騎山。在慈谿縣十五里。會稽典録：漢世祖時，張意爲驃騎將軍，其子齊方，歷尚書郎，曾隱此山，因名。舊名古靈山，又名馬鞍山。

塔山。在慈谿縣東南三里。俗呼爲東山。前臨兩江，西瞰城郭。舊嘗建塔其上，唐房琯爲令，因形家言廢，而至今猶存舊名。

城門山。在慈谿縣西南十五里。巉巖峭壁，孤立江濱，隋城門校尉陳詠葬此，因名。

蘆山。在慈谿縣西南二十五里。堆青擁翠。東南一峯，名烏石尖，上有龍湫，名烏石潭。

大隱山。在慈谿縣西南三十里。道書第六十三福地也。晉虞喜嘗隱此，三召不赴，故名。

戍溪山。在慈谿縣西南三十五里。晉劉牢之討孫恩，嘗戍兵於此，下有戍溪。

車廐山〔二〕。在慈谿縣西南四十里。越王句踐嘗置廐於此，遺跡猶存。明初，吴禎討方國珍，夜入曹娥江，出不意拔車廐，遂入慶元。

句餘山。在慈谿縣西南四十里，句章之西，餘姚之東。山海經：句餘之山無草木，多金玉。郭璞註：「今在餘姚縣南、句章縣北，故此二縣因以爲名。」

三過山。在慈谿縣西南五十里。輿地紀勝：山勢孤峻，臨江，潮水縈回，舟人理棹，雖一過猶三過焉。

鷄鳴山。在慈谿縣西二十里。一名仙鷄山。上有石井、石牀、石瓶，旁有石如鷄。又十里爲相山，盤鬱秀麗，形家以其地當産宰輔，故名。

漁溪山。在慈谿縣西五十里。石磯枕水，彷彿富春。

雨微山。在慈谿縣西五十里。舊名龍山，一名雨徵山。上有雲氣即雨，邑人以此爲徵，故名。宋避諱改「徵」爲「微」。又有夜飛山，在縣西四十五里，臨江。相傳自蜀飛來，一名蜀山。

五磊山。在慈谿縣西北四十五里。五峯磊磊，若聚米所成。南有崖如門，可通出入。

鳴鶴山。在慈谿縣西北六十里。山形如鶴，翅舒而喙張，有飛鳴之狀。下有鳴鶴場鹽課司。

浪港山。在慈谿縣西北七十里，觀海衛城負焉。山南有礦穴，明嘉靖間立廠開取，巖石壓死者無算，御史王紳奏止之。

向頭山。在慈谿縣西北八十里。舊志：亦名西龍尾。東望伏龍山，與龍頭相向，龍頭以東屬鎮海，龍尾以西屬餘姚。二山捍潮，其中漲塗漸與山相接。

大忌山。在慈谿縣西北八十里。下有暗石，爲舟航往來所忌。舊在海中，今近岸。相峙爲小忌山。又有泥横山，在縣西北百里。俗名掘泥山，舊亦在海中，今連岸。

浮碧山。在慈谿縣治北。形圓而小，三面瀦爲湖，山浮其上，故名。

大蓬山。在慈谿縣東北三十里。又名達蓬山。上有巖高四五丈，秦始皇東遊，欲自此入蓬萊，故名其支隴爲香山。

新嶺山。在奉化縣東二十里。有七十二曲，嶺狹而長，又有天然石磴，泉出甚洌，杯飲止給一人，行者以次取飲不竭。明嘉靖間，更嶺道於後隴，芟闢平坦，行人便之，謂之太平嶺。

鄞城山。在奉化縣東五十里。古鄞城在其下。舊志：即赤堇山，相傳歐冶子造劍處。國策「破赤堇而取錫」，即此。山有草曰赤堇，縣以此名而加「邑」焉。

九峯山。在奉化縣東六十里。九峯突兀，産多烏桕，秋霜葉紅，爛若春花。

奉化山。在奉化縣東南五里。一名瑞峯山。峯巒特起，周三十里，四面皆異名，東爲栲栳山，西爲龍潭山，頂有龍潭，南爲吴郎山，即後潭山，北爲南山。元史載奉化州山石裂，即此處。

結埼山。在奉化縣東南五十五里。以近古結埼亭而名。明嘉靖中，倭走横嶺阻水，奔入結埼，即此。又三山在結埼南，屹立裏港海中。

寶化山。在奉化縣南三里。爲邑之案山。

梅山。在奉化縣南三十里。舊志謂梅福嘗遊此。兀立衆山中，峯巒奇秀，北環大溪，下有龍湫。

蓬島山。在奉化縣南四十里。其脉來自四明，重岡複嶺，形勢雄壯兀然，爲諸山之冠。北爲安巖之翠峯，南爲石樓之赤巖，陟其巔，俯視數百里外。旁爲後萊山，山谷間有龍湫，名蝦魚潭。

天門山。在奉化縣南六十里，接象山縣界。漢書地理志：鄞東南有越天門山。陶弘景真誥：天門山在鄞縣南、寧海北，半亞于海。又象山縣南一百二十里，海中兩峯對峙，其狀若門，亦名天門山，一名蜃樓門，又名東門山。高二百丈，周二十五里。明初昌國衛置此。又南有大門、擔子、石壇等山，有南北磯売、萊藍等嶴，可避風泊舟。明嘉靖中，設軍哨守。

大雷山。在奉化縣西南四十里。四明支山也。山高千丈，盤踞數十里，脉接台州，起於華頂，而盡於象山。西去象山縣二十里。

石樓山。在奉化縣西南六十里。寰宇記：在鄮山南，一名石柱山。縣志：山高六百丈，與蓬島山相近。上有石如星，兩崖夾澗，飛瀑流下。

鎮亭山。在奉化縣西南百里。漢書地理志：鄮有鎮亭。縣志：山極高，南自天台，西連四明，綿亘數十里。中有龍湫，名石井潭。

鳳山。在奉化縣治西。岡巒秀拔，形如鳳翔。相連者爲印山。越五里爲華頂山，秀而尊，上有龍湫。

鯉湖塘山。在奉化縣西十里。高出衆山，有奇石。山嶺有龍湫，不涸，嘗出雲爲雨候。

石嶺山。在奉化縣西十五里。上有石高八九丈，如人屹立，十道四番志謂之新婦巖。其石五色，望之頗似花鈿，故名。又名烏峯。

小丹山。在奉化縣西五十里，四明山南。上有二洞，如廣厦，可容五六十人。巖罅水流，紫紺赤色，雲笈七籤所謂丹山赤水是也。

雪竇山。在奉化縣西六十里。四明山之別阜。奇勝錯列，宋理宗嘗夢遊此，賜名應夢山。又有桃花坑山，山巖壁立數仞，延袤數百尺，巖色紅白相間，狀如桃花初發，故名。中有平田數百畝。又有剡源山，夾溪而出，蓊然深茂，以其近剡，故名。

梨洲山。在奉化縣西百里。即四明之西峯。晉孫綽遊此，於沙上偶得梨數枚，以爲仙物，山因以名。

銅山。在奉化縣北十五里。由日嶺出，其山甚高，周回三十里。唐書地理志：奉化縣有銅。疑出此。

江口山。在奉化縣北二十五里。自四明分支雪竇東衍而來，至此始盡。上有塔，俯瞰大江。山之陽爲縣境，陰爲鄞縣境。

漢城山。在奉化縣東北二十里。山頂平曠，容數千人，相傳五代時屯聚保衛處。

虎蹲山。在鎮海縣東五里。屹立海口如虎。

金雞山。在鎮海縣東八里。與招寶山對峙。

蛟門山。在鎮海縣東海中，去岸約十五里。一名嘉門山。環鎖海口，吐納潮汐，出此即大海洋。古稱「蛟門、虎蹲，天設之險」，時興颶風怪浪，舟行避之。

青嶼山。在鎮海縣東南三里。舊志：青嶼隘爲戍守要地。

龍頭山。在鎮海縣東南十二里。下置甬東巡司，旁有胡蘆嶠，明嘉靖中，縣令金九成築塞嶠口，建樓其上，以防海。又竹嶼山，亦在縣東南十二里小浹江上。

盤嶴山。在鎮海縣東南七十五里。水繞太白山陰而出，凡三十六盤。

瑞巖山。在鎮海東南八十五里。有十二峯。宋大中祥符五年，有芝草生於青松峯之上，因名。

陳山。在鎮海縣南七里。絶頂有白龍潭，將雨，白雲起山巔作覆冒狀，將霽嵐繞出山腰如環帶，人以爲占候。

伏龍山。在鎮海縣西北八十里。一名箬山。首尾跨東西兩海門，蜿蜒如龍。中有千丈巖，南去龍山所十里，屹臨水際，爲番船必由之道。

施公山。在鎮海縣西北九十里。北瞰大洋，商舶往來，地極險要。元設巡司於此，明時置烽堠山上。

招寶山。在鎮海縣東北二里。本名候濤山，以諸番入貢停舶於此，改今名。南臨港口，屹然聳峙，最爲要害，舊設臺堠於此。明嘉靖間，築城堡。東南峙一小山，僅高尋丈，名昌國山，潮汐於此分流。

巾子山。在鎮海縣東北二里。山形卓立如巾幘，與招寶山相控峙，爲潮水出入之障。宋德祐二年，張世傑提師入定海，元遣都統下彪説降，世傑斷其舌，磔之於巾子山下。明嘉靖間，於山巔建越國公祠，以祀世傑。

鼓吹山。在象山縣東八里。峯巒崒嵂，巖壁空虛。天將雨，洞中有聲如鼓吹。

雙泉山。在象山縣東四十里海中。上有二穴，出泉，味甘冽。

西殊山。在象山縣東南海中六十里。又東南二十里爲東殊山。

韭山。在象山縣東南一百里海中。産大韭徧地。形勢巍峩，島嶴深遠。明嘉靖中，倭巢於岑港山，張四維以舟師擊之韭山洋，即此。又百里曰大薤山，山産大薤，卓峙大洋，直望日本，倭船往來，每視此爲準。

玉几山。在象山縣南十五里。縣治案山。

三萼山。在象山縣南六十里海中。上有三峯，一名三仙島。至春雜花盛開，綺麗絶勝。

東、西濤山。在象山縣南海中一百二十里。四面風濤，未嘗少息，因名。

大佛頭山。在象山縣南一百五十里。高出海中諸山數百丈，周百餘里，日本入貢，以此山爲嚮導。中甚平曠，地皆膏腴，宜耕稼。稍西爲台明嶼，兩山對峙，中流爲台、明二州分界處。

靈巖山。在象山縣西南四十五里。巖石奇怪，極其天巧，有瀑布倒流百餘丈。

玉女山。在象山縣西南九十里。又南去五里有石浦山，中爲石浦所。

蒙頂山。在象山縣西北四十五里。上有花氣巖，其絶頂又名天峯，盤鬱聳拔，爲邑之望。中多平衍，可耕稼。

鳥嶼山。在象山縣西北八十里。孤懸海中，圓小如珠，奉化、鄞縣俱分界於此。

象山。在象山縣治北。形如伏象，縣以此名。其峯圓聳，峯頂舊有望海樓。稍東有象潭山，其下爲東塘山，稍西有鳳躍山，俱環峙城郭。

鄭行山。在象山縣北十里。爲象山後擁，形勢聳拔，舊有鄭行居此䍐。

新羅䍐山。在象山縣東北二十里。舊傳暹羅人繫舟於此，以「暹」爲「新」，俗音之誤。

定海山。在定海縣治東。舊名舟山。明嘉靖四十二年，總兵盧鏜等降海寇汪直於此，督臣胡宗憲勒「受降亭」三字山上。

本朝康熙二十五年改今名。

甬東山。在定海縣東十里。史記所謂「吾置王甬東」之地，蓋東南之主山也。

翁山。在定海縣東三十里。亦曰翁洲，相傳葛仙翁嘗隱此。唐以名縣。元和郡縣志：翁洲入海二百里，即春秋所謂甬東地。其洲環五百里，有良田湖水。

雙髻山。在定海縣東，與翁山相近。有二峯如髻，矗立天表。

鼓吹山。在定海縣東四十里。山之陰有戰洋，相傳徐偃王逃至此，其拒戰處也。山巔平坦，容數百人。

沈家門山。在定海縣東九十里。外通蓮花洋，最爲要地。

石門山。在定海縣東海中。兩山壁立如門。

補陀洛迦山。在定海縣東一百五十里海中。一潮可到，爲海岸孤絶處。梵名「補陀洛迦」，華言「小白華」也。亦曰普陀山，又名梅岑山，相傳以梅福名。往時日本、高麗、新羅諸國皆由此取道以候風信。又有大、小洛迦山，與普陀接近。

石衕門山。在定海縣東南海中。數峯崛起，潮汐經流其中，旁爲十六門，亦名十六門山。

桃花山。在定海縣東南海中。石有紋似桃花，嵌空刻露，屹立巨浸中。元吴萊曰：此昌國絶勝處。

曉峯山。在定海縣西南六里。可望日出。

竹嶼山。在定海縣西南海中。兩山夾峙，上有叢竹。與竹嶼對峙者爲雲嶼山，雲氣常滃鬱。又有盤嶼山，與竹嶼隔海對峙，以山勢盤旋而名。

大謝山。在定海縣西八十里海中。寬廣百里，土沃民稠。其旁爲小謝山，西南二里即鎮海之穿山所，南臨黄崎港，北由大貓海洋，至金塘鹿山，最爲險要。

金塘山。在定海縣西八十餘里海中。周二百餘里，泉甘土肥，稱沃壤。舊爲昌國縣之金塘鄉，明洪武二十年，湯和徙民入内地。

烈表山。在定海縣金塘山西北，隔一小港相表裏，一名烈港。明嘉靖中，都督盧鏜獲倭於此，因名平倭港。

灘山。在定海縣西北海中，接江南松江府界。

東霍山。在定海縣西北海中。相傳徐市駐舟處。有石碁盤，修竹環之，清風披拂，常無塵垢。其對峙者爲西霍山。

鎮鼇山。在定海縣西北隅。山自北來，蜿蜒南走，屹然一峯。舊昌國縣治在山麓，今爲總兵署。

岱山。在定海縣東北海中，約一潮可到。有鷄子尖，其巔下岡巒秀拔，林樾蒼潤，時有雲霧抹其頂。相近有蘭山、秀山，皆可墾田。

躊躇嶺。在鄞縣南一百十里。山路險要。

稠嶺。在鄞縣西三十五里，與慈谿縣接界。明嘉靖中，設寨以禦倭寇。

聖公嶺。在鄞縣西七十里。明統志：千仞壁立，其中石室虚明。宋朱彦誠嘗遇仙於此。

長溪嶺。在慈谿縣西北六十五里。溪行可五六里，北出鳴鶴鄉，道通觀海衛。

栅虚嶺。在奉化縣東南六十里，南去台州府寧海縣亦六十里。宋建炎中立栅戍守於此，爲海道衝要。

毛巔嶺。在奉化縣西六十里，四明山南，接大、小晦山。巖谷崎嶇，行者艱阻。宋紹熙間，有毛姓者鑿山以便往來，因名。

石刺嶺。在慈谿縣北一里。石磴盤紆迤邐，接縣治。

六詔嶺。在奉化縣西百里。晉、宋間，曾有隱者六詔不起。通典「陸詔嶺與剡縣分界」，即此。

佛頭巖。在象山縣南二十五里。高十餘丈，上如佛首，中斷如蜂腰，岌然欲摇，亦名摇環巖。四面皆薝蔔花，夏月花開，彌望如雪，香聞十餘里。

平沙巖。在象山縣昌國衛南門海邊。羣石嶙峋，獨此一巖方廣數十丈，平如席，披曝海潮間，隨潮隱見。

龍洞。在象山縣東南二十五里。洞中有石室，廣可數丈，天將雨，水如雷鳴，聞十餘里，歲旱禱雨輒應。

鋸門洞。在象山縣東南三十里鋸門山巖壁中。濶三丈許，圓如規，内有二潭，石笋如柱，横石如閾。置戍於此，曰鋸門隘。

其外曰鋸門洋，爲海中要地。

盤陀石。在定海縣東海中。石平廣可立百餘人，下瞰大海，正扶桑日出之地，燭龍將駕，天光焕發。

海。府境東、南、北三面環海。東連日本，南通閩、廣諸番，北接江蘇崇明、上海。舊志云：大海自台州府寧海縣折而東，在象山縣東二十里曰錢塘，南三十五里曰大睦，西南二十里曰東門。自錢塘而北則定海，自東門而南則台、温。定海縣四面皆瀕海，東爲蓮花洋。東北爲灌門海，中有砥柱，屹峙中流，水滙於此，旋涌若沸，舟行必投一物殺其勢而後過。鎮海縣東、北兩面據海，由東而南接象山縣界，由北而西接慈谿縣界。慈谿縣北距海六十里，西接餘姚，北界海鹽，以黄牛、桑嶼二山爲界。

蕙江。在鄞縣南六十里。源出奉化縣大晦山，抵它山堰合鄞江，其西與蘭江相接。

鄞江。在鄞縣東北二里，即甬江也。奉化江自南來，慈谿江自西來，俱至縣東三港口合流而東，入鎮海縣界爲大浹江，經縣城南至縣東入海曰大浹口，即春秋所爲甬東。東晉時置浹口戍，隆安中孫恩爲劉裕所敗，自浹口竄入海，即此。

慈谿江。在慈谿縣南十五里。上流即姚江，自餘姚縣流入，至丈亭渡歧而爲二：大支由車廐歷西渡，經府城北，合鄞江入海；小支從丈亭分流，貫縣城而東出，凡四十五里，名管山江。舊因民田阻江回遠，旱無沾溉，潦水泛溢，宋寶祐五年，制置使吴潛市民田開江七百丈有奇，廣三丈六尺，自是水直抵慈谿縣東南之茅洲閘〔三〕。又東南流七里爲化紙閘，入鎮海縣境名中大河，至駱駝橋又分二派，南抵鄞縣，北會西河水入海。

奉化江。在奉化縣治北。其上流曰剡溪，源出嵊縣界嶺及六詔嶺，東北流凡九曲，至縣西四十里之公棠堰，受晦溪水，又東北至縣西北二十五里畸山，受上元溪水，又東至縣西十五里泉口，受棠溪水，又東至縣北二十五里江口，受范家河、趙河水，又東北至縣東北四十里北渡，合鎮亭水，名奉化江，亦曰北渡江，其流始盛。又東北入鄞縣界，合鄞江。

小浹江。在鎮海南十二里。自竹嶼山海口分流爲支江，蜿蜒西流四十里，過東岡碶，又西流五十里，至鄞縣三十五里之五鄉碶，合鄞江。

寶幢河。在鄞縣東四十五里。源出太白山，至江東碶閘，入奉化江。

范家河。在奉化縣北十里。一名萬家河，流至江口入剡溪，溉田四百餘頃。

趙河。在奉化縣北二十五里。唐元和二十二年，令趙察開，溉田八百餘頃，流至江口入剡溪。

西河。在鎮海縣西北四十里。源出慈谿縣香山，東流至縣西北五十五里澥浦入海。支流會斗澗水流十五里入中大河。

大河。在象山縣治南。又名舊河。源出縣治西鳳躍山，名鳳躍溪，繞流縣前，又南合三十六澗，灌上洋田六百餘頃，至潮宗碶，又南入海。

東大河。在象山縣東南九里。有二源：一曰沙溪，源出象潭；一曰錦溪，源出王家嶴。合流至應家浹，始名東大河，又南流十里至會源碶，入瑞龍河。

瑞龍河。在象山縣東南二十里。源出縣東南十里瑞龍山，舊受會源碶水，南流至慶豐碶入海，今淤。

西大河。在象山縣西南二里。上自大河分流，亦名唐家河，經縣西南九里，名西極河，入三港口以注於海。

煩河。在定海縣北境。東南流經縣東，入於海。

青溪。在鄞縣東五十里。源出水簾洞，上有鬼谷子祠。

光溪。在鄞縣西南五十里。隋并句章縣，唐改鄞州及鄮縣置明州，俱治其上。源出四明山，東經密巖，滙天象巖，至它山堰，分流桐橋，灌桃源諸鄉之田。

文溪。在慈谿縣東十五里。滙縣境東北諸溪澗水以洩於前江，明隆慶間開濬。

慈溪。在慈谿縣西南三十里。舊名大隱溪，漢孝子董黯母好飲此水，黯乃築石溪旁，汲以供母，因改今名。

縣溪。在奉化縣西南三十五里。源出鎮亭山之龍潭，東北流至縣西南十五里，會諸溪澗水，名西溪。歧爲二，一名龍溪，一名市河，俱繞縣東南流入奉化江。舊志：溪自鎮亭發源爲七十二曲，繞連山、松林、奉化、長壽四鄉，溉田甚廣。

大晦溪。在奉化縣西北六十里。又上元溪，在縣西北二十里。棠溪，在縣西南。下流皆入剡溪。

黄馬溪。在定海縣西北五十里。又九溪，在縣北十里。河溪，在縣東北二十五里。俱資灌溉。

東錢湖。在鄞縣東二十五里。唐書地理志：鄮縣東二十五里有西湖，溉田五百頃。天寶二年，令陸南金開廣之。王應麟曰：西湖即今之東錢湖也。舊志：東錢湖，一名萬金湖，受七十二溪之水，周八百頃。傍山爲固，疊石爲塘，亘八十里，中有四牐七堰。又於其旁各爲石碶，水溢則分洩之，使注於江。自宋、元至明，相繼修治。鄞縣、鎮海、奉化三境之田俱被灌溉之利。

日湖。在鄞縣治東南一里城中。一名細湖，周二百五十丈。又有月湖，在縣治西南二里，周七百二十丈有奇。二湖之源，俱出四明山，一自它山堰，經仲夏堰入南門爲湖，又名南湖；一自縣西南大雷山，經十字港，匯望春橋，入西門爲月湖，又名西湖。並從城北三里保豐碶洩入鄞江。

小江湖。在鄞縣西南三十五里。唐書地理志：鄮縣南三里有小江湖，溉田八百頃。開元中，令王元緯開。

廣德湖。在鄞縣西十二里。舊名鸎腰湖，唐大曆八年，縣令儲仙舟改名廣德。貞元二年，刺史任侗因故跡增修，溉田四百頃。宋熙寧初，知縣事張恂重築堤防，曾鞏爲記。政和八年，郡人樓异知郡事，奏罷爲田，西七鄉遂歲苦旱，今湖址僅存。

花嶼湖。在慈谿縣東南十里。舊有小塘瀦水，唐貞元十年刺史任侗勸民修築，計十七頃四十餘畝，溉田六千餘畝。中有小嶼，築塘以通往來，湖遂分爲東西。中多魚及蓴菱，民資以爲利。宋嘉祐間，主簿成立增堤置碶。後廢。

杜湖。在慈谿縣北五十里。舊淤塞，唐刺史任侗復浚築之，廣二千七百餘畝。相連者爲白洋湖，廣一千七百餘畝。唐景隆中，餘姚令張闢疆修築。鳴鶴一鄉方四十里，不通江湖，惟資二湖以灌溉。宋慶元初，主簿周常築塘修碶，爲利甚溥。後多廢。

慈湖。在慈谿縣東北十里。唐開元間，縣令房琯鑿以溉田，廣一百五十畝。因縣名曰慈，以吴太子太傅闞澤德潤舊居，故一名闞湖，亦曰德潤湖，又名普濟湖。本朝順治十二年，縣令王繡開濬。

萬壽湖。在奉化縣東五里。一名放生湖。又廣平湖，在縣東北五里，一名寺後湖。元至元十三年，并取資國堰水，瀦爲湖以溉田。

仁湖。在奉化縣東北十里。三面阻山，中環四五里爲平地。宋紹興中，置爲湖，瀦水四五尺，北爲塘，置閘洩水。

沈窖湖。在鎮海縣西北百里。周二十八里。又白沙湖,在縣西北七十里,周二里有奇。靈緒湖,在縣西北九十里,周二十餘里。四湖俱由慈谿縣界引流溉田,由澥浦通海。

白泉湖。在定海縣東北。周環三十里,瀦水溉田。源泉沸湧,舊名富都湖,又名萬金湖,今漸淤。

梅山港。在鎮海縣東南十里霩䨨所西。亦名梅山江,自崎頭海洋西北,流經烏崎山下,又經大嵩所,通於海港口,有梅山隘,爲戍守要地。

白龍潭。在奉化縣東南奉化山下。方闊十餘丈,分引數流,以資灌溉。

夏湖潭。在奉化縣五里西山下。雖大旱泉源沸湧,可灌田。

隱潭。在奉化縣西北六十里。潭有三,兩崖相抗,壁立數百仞,瀑下如雷。上有巨巖隆起,半覆潭上。旁有石筍,高七百丈,號石筆峯,旱禱輒應。

紫雲潭。在象山縣西四十里烏巖山中。兩巖對峙,飛瀑湍流。又雲谷潭,在縣東北,立廟祀龍神。縣境凡三十餘處,歲旱禱之俱應。

洩潭。在定海縣南定海山之腰。上有瀑布。宋宣和中旱,縣尉劉佖禱以詩,詩成而雨至。

東泉池。在鎮海縣治東。泉有二脉,東鹹而西甘,廣二十餘丈,長十丈,深五尺。

靈濟泉。在奉化縣西南一里。一名靈濟潭,宋元豐中,邑令向宗諤開濬,旱澇不盈涸,歲旱禱雨輒應。

聖井。在鄞縣東五十里阿育王山靈淵廟。環廟有聖井七,而中井有靈鰻,旱禱輒應。又慈谿縣西三十四里亦有聖井,源出剡嶴,大旱不涸。

招寶井。在鎮海縣招寶山巔。久旱不涸。

## 校勘記

〔一〕屬會稽郡　「郡」，原作「縣」，據乾隆志卷二三四寧波府建置沿革（下同卷簡稱乾隆志）改。

〔二〕車廐山　「車」，原脱，據乾隆志及明一統志卷四六寧波府山川補。按，本條下文亦作「車廐」。

〔三〕自是水直抵慈谿縣東南之茅洲閘　「洲」，原作「州」，據乾隆志及讀史方輿紀要卷九二浙江改。

# 大清一統志卷二百九十二

## 寧波府二

### 古蹟

鄮縣故城。在鄞縣東。元和志：鄮縣本漢舊縣，屬會稽郡。隋平陳，省入句章。唐武德八年再置，仍移理句章城。寰宇記：漢鄮縣居鄮山之陰。府志：故城在鄞縣東三十里，一名官奴城。相傳漢光武嘗賞田奴爲鄮令，故名。按：名勝志，句章城一名官奴城。舊圖經云，漢光武至越，嘗爲賊所困，因牧奴得免。既定天下，以奴爲鄮令，名鄮爲牧奴縣，城爲官奴城。又梁載言十道志云：宋武帝微時避吏於鄮，與人奴名桂者善，因匿之得免，後立官奴城以報之。其謂光武者，於史無據，而宋書劉裕曾戍句章，故疑爲宋武云。

句章故城。有二。一爲漢縣，在慈谿縣界。國語：句踐之地，南至句無。闞駰十三州志：句踐并吴，因大城之，以章霸功，故名句章。秦置句章縣。後漢爲東部都尉治。晉改築城於小溪鎮，此城遂廢。括地志：句章故城，在鄮縣西一百里。舊志：在今慈谿縣西南三十五里城山渡東是也。一爲晉縣，在今鄞縣南。晉隆安四年，孫恩作亂，劉牢之等討之，改築句章縣於小溪鎮，即此。元和志：句章城，在明州西一里。舊志：晉句章城，在鄞縣南四十里小溪鎮，即唐初鄮縣治。大曆六年，袁晁作亂，始移於今治。長慶初，始移州，亦於鄮縣治也。

鄞縣故城。在奉化縣東。國語「句踐之地，東至於鄞」，即此。漢置鄞縣，屬會稽郡。隋省入句章。縣志：故城在今縣南五十里。夏時有堇子國，以赤堇山爲名，後加邑爲鄞。又有鄞城，在今鄞縣東南白社里。

象山故城。今象山縣治。元和志：縣西北至明州，水陸相兼，一百六十里。本漢鄞縣地，神龍元年監察御史崔皎奏於寧海縣東界海曲中，象山東麓彭姥村置縣。東至大海二十里，南至大海三十五里，東北至大海四十里，正北至大海十五里，惟西南有陸路接台州寧海。舊志：今有縣基坪，在縣南二十五里。相傳舊欲於此建縣，因名。

翁山故城。在定海縣東三十里翁山下。春秋時越之甬東也。左傳哀公二十二年：越滅吴，請使吴王居甬東。杜預注：「句章縣，東海中州也。其州環五百里。」唐始置翁山縣，大曆中，以袁晁亂廢。宋熙寧六年，改置昌國縣。九域志：在明州東北一百七十五里。高宗建炎三年，航海幸此。元升爲州。明洪武十二年，重築昌國故城，明年，置昌國千户所。十七年，改置昌國衛。二十年，湯和以其懸居海島，外連倭寇，廢之，徙其民於内地，改置中千户及中左千户所。永樂十六年，增築所城。本朝康熙元年廢。二十六年，改置定海縣於此。

望海故鎮。今鎮海縣治。唐元和十四年，浙東觀察使薛戎奏：「望海鎮去明州七十餘里，俯臨大海，與新羅、日本諸番接界，宜增戍守。」寰宇記：定海縣，在明州東北七十里海壖之地。梁開平三年，錢鏐以地濱海口，有魚鹽之利，因置望海縣。後改名。

威遠城。在鎮海縣北招寶山上，聳峙海口。明嘉靖三十九年，胡宗憲築城山巔，周二百丈，置兵以扼海口，與縣城相唇齒。復於山麓西南展築靖海營堡，周二百四十丈。

宋王城。在象山縣南八十里。宋亡後，土人見海岸浮尸，衣繡龍黄袍，疑爲帝昺，收葬於此，外圍以牆，因名。

定海故衛。在鎮海縣治東北一里。明洪武二十五年置，今裁。

結埼亭。在奉化縣東南。漢書地理志：會稽郡，鄞有結埼亭。顏師古注：「結，蚌也，長一寸，廣二分，有一小蟹在其腹中。埼，曲岸也。其中多結，故以名亭。」舊志：在縣結埼山下。宋嘉泰中，置結埼塞。

南田。在象山縣南百五十里大佛頭山。舊設三里村落，有范嶴、林門、朱門、金砦〔一〕、下灣諸處，山多鶴鹿，水多海錯。海中十洲，以南田爲第一。明洪武初起發沿海居民，遂空其地。

甬江樓。在府治東南。宋楊芾建，吕祖儉爲記。

鎮海樓。在府治。宋寶慶二年郡守胡榘建。

經綸閣。在鄞縣治。宋王安石爲邑令，人思其政，即其燕休之所作此閣，徐度有記。

宸奎閣。在鄞縣東五十里阿育王山廣利寺。宋建，蘇軾爲記，碑尚存。

九經堂。在府治東。宋淳化中，詔頒九經，守陳充作堂藏之。元祐五年，守李閌重建，並作記。

稽古堂。在府學。宋郡守徐琛建。

衆樂堂。在府城内月湖中。一名衆樂亭，宋嘉祐間守錢公輔建。

叢碧軒。在府治後。宋建，米芾書扁。軒之前有平易、進思二堂。

鹿亭。在鄞縣四明山。梁隱者孔祐居昇仙祠側，有鹿中矢來投，祐爲牧豢而去，因建此亭。

碧沚亭。在府城内月湖中。宋樓鑰詩：「四面樓臺相映發，一川烟水自灣環。」

三江亭。在府治東。宋紹興間，守潘良貴建，有記。

圓嶠亭。在象山縣東三里東谷桃花溪之南。四山盤旋，前揖松蘿，下俯石澗。宋嘉定十二年，令趙善晉建。又有方壺亭，在鳳躍泉之南，亦善簪建。

朝暉軒。在奉化縣。元趙孟頫、戴表元、黄溍聚講之所〔二〕。凡戴、黄有作，趙書之。今爲法華寺。

西湖十洲。在鄞縣西月湖中。輿地紀勝：湖有汀洲島嶼凡十，曰柳汀、雪汀、芳草汀、芙蓉洲、菊花洲、月島、松島、花嶼、竹嶼、烟嶼。

太白莊。在府東五里。元學士程端禮與弟端學改爲讀書莊，即宋守胡椝所建太白樓也。

百花臺。在府城桃源洞前。宋郡守曹泳築。

鳧磯館。在慈谿縣東南二里。唐開元中，令房琯建。後改爲驛。

董黯故宅。在鄞縣治西南百餘步。今即其宅立純德廟。

史浩故宅。在鄞縣西一里月湖之東。宅乃賜第。

楊簡宅。在慈谿縣北二里。後爲慈湖書院。

趙善湘故宅。在鄞縣南握蘭坊左。

王應麟故宅。在鄞縣治南。應麟父撝，爲崇政殿説書，理宗御書飛白「汲古傳忠」四字扁其堂。

黄震故宅。在慈谿縣北五十里。地名古窰，爲震讀書處。

戴表元故宅。在奉化縣西坑村。

千人壇。在慈谿縣西南十五里。相傳秦始皇東遊會稽，望秩以求神仙，立壇於此。上可容千人。

## 關隘

定海關。在鎮海縣南門外。本朝康熙二十四年建，海船由此驗放。

湖頭渡關。在奉化縣東百二十里。東接象山，南距台州，西連塔山，北連鎮海。明初設官軍戍守，今有千總分防。

長溪關。在慈谿縣西北二十里長溪嶺。溪流其下。又杜湖關，在縣西北四十里杜湖嶺。路俱達觀海衛。

翁山關。在定海縣南二里。唐置，宋設兵守禦。今爲近郭險要處。

寧波衛。在府治西。明洪武初建明州衛，尋改寧波衛。

觀海衛。在慈谿縣西北六十里。宋於瀕海置向頭、鳴鶴兩水軍寨。明洪武二十年，湯和於兩塞間置衛，築城周四里，門四，西南去餘姚縣八十里，北去海五里，轄於紹興，而地屬慈谿。本朝順治十七年裁衛，今有千總分防。

昌國衛。在象山縣西南八十里。明洪武十二年，舟山置千户所。十七年置衛於故昌國縣。二十年，徙於縣之東門山。二十七年，因東門懸海，薪水艱阻，徙於後門山爲衛治，築城周七里，門四，外爲濠。本朝順治十七年裁衛。十八年，徙居民内地，城隳。康熙二十三年重築，二十六年設守備駐守，今改都司。

大嵩所。在鄞縣東南九十里。元置巡司。明洪武二十年，湯和改置千户所，築城周四里有奇，門四，自東南抵北爲濠，自西以北際石山。本朝順治年間裁，後設遊擊、守備駐防。

霩衢所。在鎮海縣南一百二十里。宋置霩衢驛。明洪武二十年，置千户所，築城周三里。今所廢，有千總分防。

龍山所。在鎮海縣西北伏龍山南。南去府城七十里。明洪武二十年，湯和因龍頭場石塘團舊址建，築城周三里。今所廢，有千總分防。

石浦所。在象山縣西南一百里。明洪武二十年改石浦巡司，建前後二千户所，築城周不及五里，門三，外有濠，西北阻山。今所廢，仍設巡檢，又有千總防守。本朝乾隆五十九年，又移守備一員駐此。

錢倉所。在象山縣東北四十里。明洪武二十年建千户所，築城周三里，門四。今改爲塞，有都司守備，逐年輪駐防守。

爵溪所。在象山縣東南二十五里。明洪武三十一年建千户所，築城周三里，門三，西北阻山，東南負海，孤懸海口，直衝韭山。今所廢，設兵防守。

小溪鎮。在鄞縣南四十里。唐曰光溪，元設巡司，後廢。今移杖錫巡司於此。

松浦鎮。在慈谿縣西北五十里。明洪武初置巡司，今因之。

向頭鎮。在慈谿縣西北七十里向頭山。宋置向頭寨，元改爲鎮。明初設巡司，洪武二十年他徙，正統十四年復還舊所。本朝康熙三十九年裁司。

塔山巡司。在奉化縣東百里。元置田下寨，設巡司。明初改今名，洪熙中廢。本朝仍置。

長山巡司。在鎮海南四十里。舊爲海内東寨，明洪武初徙置長山鹽場之右，曰長山巡司。二十七年徙今所，嘉靖中廢。本朝復置。又有甬東巡司，在縣東南十五里，舊置於府東五里甬東隅，明洪武二十年徙竹山海口，後廢。太平巡司，在縣南六十里，明正統十三年置，後亦廢。

管界巡司。在鎮海縣西四十里。宋曰水陸管界巡檢寨，在縣城内。嘉祐中，遷縣西北六十里澥浦山，改今名。明洪武二十年，徙今所，仍置巡司。今因之。

穿山所。在鎮海縣東南九十里。明洪武二十年，湯和徙大、小謝海口居民於此。二十七年，置千户所，建城周四里，門四。本朝順治十八年重築，城周二里。今所廢，改置巡司及千、把總，分防於此。

趙嶴。在象山縣東七里。舊隸寧海縣，明正統八年改置於此。有城，周六十八丈。今有巡司駐此。

石浦。在象山縣西南一百里。明洪武二年置。二十年，改置千户所，遷巡司於此。有城，周四十八丈，今仍設巡司。又有陳山巡司，在縣東南十三里。舊置於縣北陳山，明正統三年遷此。有城，周五十六丈。爵溪巡司，在縣西四十里。明洪武二年置，後改建千户所，而遷巡司於此。有城，周四十二丈。今皆裁。

沈家嶴。在定海縣東八十里。舊曰沈家門寨，番船往來，皆泊於此。内有趙嶴、南嶴、蘆花嶴、大嶴，去寨三五里，以大嶺口爲阻截要地，今置巡司及汛兵防守。又岑港，亦設巡司。

岱山隘。在定海縣東二十里海中。舊有巡司。又東南三十里有寶陀巡司，今皆裁。

碇礁隘。在定海縣西五十里。去岑港密邇，與外港相對，舊爲戍守要地。

應家棚寨。在奉化縣東七十五里。舊爲海口衝要，本朝順治十八年築城，設兵戍守，今有守備駐防。

結埼寨。在奉化縣東南六十里。以結埼山名。宋嘉泰中置監官，領土兵鎮守。元改設巡司，至元十三年廢。明初復置，洪熙初廢。

崑亭寨。在鎮海縣南一百四十里。北接穿山，東接霩霩，有官兵防守。

南堡寨。在象山縣西南三十里。有城，周不及半里。

遊仙寨。在象山縣東南十五里。即赤坎寨。明正統八年建，有城，周不及一里。

螺峯寨。在定海縣西南十五里。亦曰螺峯鎮。西去府城二百六十五里。舊置三姑巡司，明洪武二十八年改爲螺峯巡司，今裁。

四明驛。在鄞縣西南。水驛也，有驛丞。又車廐驛，在慈谿縣西南四十里。元置，以近車廐山名。本朝康熙三十九年裁。

鹽場。府境鹽場共六：大嵩場在鄞縣大嵩所，鶴鳴場在慈谿縣西北六十里，清泉場在鎮海縣南十里。又縣穿山所有穿山場，伏龍山西半里有龍頭場，長山司側有長山場。今併長山入穿山，俱有鹽課司。

## 津梁

平橋。舊名四明橋，在府治南。有亭。唐太和中建。宋開慶初，郡守吴潛立石爲水則，改今名。

東津浮橋。在府城東門外。舊名靈橋，跨鄞江上。唐長慶三年，刺史應彪置。凡十六舟，亘板其上，長五十五丈，闊一丈四尺，維以鐵絙，至今因之。

高橋。在鄞縣西南三十五里。宋建，建炎三年張俊拒却金兵於此。

百梁橋。在鄞縣西南五十里。舊名小溪江橋，宋元豐初建。長二十八丈四尺，架屋其上。

驄馬橋。在慈谿縣治南。唐開元中，令房琯建。以琯嘗爲御史，故名。

環碧橋。在慈谿縣西三里。

慶安橋。在慈谿縣東南十五里。

德星橋。在慈谿縣西南。唐建，以其近大寶山，亦名大寶橋。

慶登橋。在奉化縣東二里。劉宋元嘉中，謝鳳爲令置。舊名謝鳳橋，宋改今名。

惠政橋。在奉化縣東四里。一名善勝橋，又名通剡橋。宋乾德中建。

南渡橋。在奉化縣東北二十里。又名廣濟橋，宋建。元修南北二亭，上架屋十五間。

壽通橋。在奉化縣北二十五里。明成化初，知府張瓚建。凡二十四洞，北接鄞縣境。

東江橋。在鎮海縣東五里。又甬東橋，在縣東十五里。

長山橋。在鎮海縣東南二十里，跨小浹江。

虹橋。在鎮海縣北十里。

海口橋。在象山縣東北二十里。海潮汐經其下，宋建。

南濟橋。在象山縣南門外。大河合三十六澗之水於此。

太平橋。在象山縣東北四十里。明建文三年，倭賊犯境，千户易紹宗戰死於此，其裔孫易寧、易顯就此建橋〔三〕，以識殺賊之功，因名太平。

狀元橋。在定海縣治東南。宋紹熙三年，昌國令王阮建，遂以名橋。明初，邑人張信生此，後果第一及第。

大士橋。在定海縣補陀山潮音洞上。宋建。

桃花渡。在鄞縣東北三里。鄞江渡也。路達鎮海縣，渡北有天成高阜九十有九，獨一阜半入於江，謂之江北墩。又縣南二十五里有北渡，縣西二十五里有西渡。

丈亭渡。在慈谿縣西南四十五里，慈谿江分流處。舊建丈亭於其上，宋紹興中改爲丈亭館。

大浹渡。在鎮海縣東南一里。即大浹口爲水關，屯泊舟師處。

舟山渡。在定海縣東五里。

## 隄堰

大嵩塘。在鄞縣東南大嵩所。本朝雍正九年建，溉田甚溥。

江塘。在鄞縣。有二，一在老界鄉，一在鄞塘鄉，宋郡守吴潛增築。明隆慶間修，爲堰三，曰楊木，曰下堰，曰徐堰。又設碶閘，以時啓閉。

後海塘。在鎮海縣東北二里巾子山麓。宋淳熙十年，令唐叔翰建。

它山堰。在鄞縣西南五十里它山下。先是，四明山水注於江，與海潮接，鹹不可食，田不可溉。唐太和中，鄮令王元緯疊石爲堰於兩山間，南北闊四十二丈，石級三十有六，冶鐵灌之。渠與江截爲二，渠流入城市，繚鄉村，溉田數千頃。又唐志：縣西南四十里有仲夏堰，溉田數千頃。太和六年，刺史于孝友築。後廢。

長塘堰。在鄞縣南二十五里。一名百丈堰，江河夾流其下。

雙河堰。在慈谿縣西北七十里鳴鶴鄉，與餘姚縣上林鄉接境。上林地高，鳴鶴卑下，久雨則上林之水東注，以鳴鶴爲壑，舊置閘以限之。宋乾道九年，里民於閘之左右置堰以便舟楫。又利家堰，在縣西南六十五里。障藍溪之水，溉洪莊堡之田二十餘頃。

資國堰。在奉化縣南五里大溪東。元至治元年，知州馬稱德置，兼置碶閘，溉田三萬八千餘頃，萬壽、廣平二湖之水皆取於此。又戚家堰，在縣東南十里。斗門堰，在縣北一都。橫溪堰，在縣東北三十一都。孟婆堰，在縣北三十六都。宣家堰，在縣北三十五都。俱馬稱德置，溉田甚溥。

大石橋碶。在鄞縣東五里。天童、育王二山之水至此入江。宋淳祐二年，郡守陳塏於橋下作平水石堰，又於浦口置閘，內可洩水，外可捍潮。元末廢。明嘉靖三十九年，郡人張時徹因故道修復。

雲龍碶。在鄞縣東南三十里平界鄉。宋熙寧間創。襟江帶河，疏蓄有備。明天順五年，郡守陸阜修治，歷四載，張瓚完之。

行春碶。在鄞縣西南十五里。一名南石碶。

風堋碶。在鄞縣西南三十里。一名望碶。宋熙寧中縣令虞大寧置〔四〕，用却暴流，納淡潮，溉田五千五百餘頃。今廢。又有積瀆碶，在縣西南三十五里。烏金碶，在縣西南三十八里。

松浦碶。在慈谿縣西北四十里。舊有黃泥埭碶，在縣西北六十里。明永樂二年移置松浦，即舊碶建松浦閘。

方勝碶。在奉化縣東慶登橋南。宋元嘉中，令謝鳳置，縣南北諸溪水皆會於此。

進林碶。在奉化縣北三十六都。溉奉化、長壽、金溪三鄉田，東接鄞之茅山、鄞塘鄉，西接鄞之小溪，大江潮水所滙。又常浦碶，在縣北三十五都，東界於鄞，與進林互相接引。皆宋時所置。

考到碶。在奉化縣東三十二都。積奉化、連山、松林三鄉之水，溉田數千餘畝。又湖芝碶，亦在縣東。

東岡碶。在鎮海縣南二十里。明嘉靖中，知縣宋繼祖建，灌田萬三千餘畝。

長山碶。在鎮海縣南。溉田數萬畝。明嘉靖中，知縣何愈重修。

穿山碶。在鎮海縣南百里。宋慶曆七年，鄞令王安石建。

朝宗碶。在象山縣南十里。俗名大碶頭。又南三里有永豐碶，又二里爲慶豐碶。

靈長碶。在象山縣西南十五里。俗名胡家碶。境内之水，俱於此入海。

陳兆碶。在象山縣東北四十里。明成化間，令凌傅築塘建碶。

江東碶閘。在鄞縣東一里許。内通東湖水派，外障大江潮汛。宋淳祐中開濬，本朝康熙十五年海道副使史光鑑重建。

大嵩河閘。在鄞縣大嵩塘。本朝雍正六年，督臣李衛重濬建閘。

茅洲閘。在慈谿縣東南十五里。舊名茅鍼碶，宋建，以蓄洩管山河之水，鄞、慈、鎮三邑俱沾其利。元至正初，於舊閘東南三十丈改置，明初復故址。

詹家閘。在慈谿縣東南二十五里。舊爲堰，元至正二十六年改爲閘，瀦水灌德門鄉田一萬五千畝。

彭山閘。在慈谿縣西南五里。宋淳熙十三年邑簿趙汝積重建。

平水閘。在定海縣西南。明成化五年建，後圮，嘉靖中改建於教場浦，盡塞支港，民甚利之。

## 陵墓

### 漢

董黯墓。在鄞縣南五里。祔母墓側。

王修墓。在慈谿縣西十里。

晉

虞喜墓。在慈谿縣東北三十五里槽洲山。喜，餘姚人，晉懷帝徵拜博士不就，著述數十萬言。

南北朝　梁

虞茘墓。在慈谿縣西北杜湖山下。茘，餘姚人，梁武帝時官太子中庶子。

唐

虞世南墓。在鎮海縣北十里蟹浦鎮。按：唐書世南本傳云，世南陪葬昭陵，子孫皆居長安，則墓恐不應在此。但元豐九域志及四明舊志皆載有世南墓，今仍之，以俟考。

張無擇墓。在慈谿縣西北三十里。賀知章作墓銘。無擇，慈谿人，永隆進士，刺史和州。丁父憂，廬墓以終。

黄晟墓。在象山縣象山上。晟，鄞人，吴越時除明州刺史。府志：晟初葬鄞之隱學山，梁乾化二年吴越改葬於此。

宋

樓郁墓。在奉化縣東南五里龍潭山。羅適過墓下，植四檜祭之。

豐稷墓。在鄞縣西南六十里環村。

陳禾墓。在鄞縣東南五十里二靈山。

史浩墓。在鄞縣金家嶼。

楊簡墓。在慈谿縣西南四十五里。有祠，在慈湖濱。

舒璘墓。在奉化縣西公棠山。

袁燮墓。在鄞縣穆公嶺。子甫墓，在緑野嶴。

樓鑰墓。在鄞縣西南七十里天井山。

樓昉墓。在鄞縣東五十里闞水山。

趙善湘墓。在奉化縣銅山。

陳塤墓。在鎮海縣盤嶴山。

黄震墓。在慈谿縣西北杜湖山。

王應麟墓。在鄞縣東四十三里同谷山。

袁鏞墓。在鄞縣西三十里董嶴山。

元

戴表元墓。在奉化縣張村。

袁桷墓。在鄞縣横嶴山。

程端禮墓。在鄞縣陽堂鄉陶嶴。

明

桂彦良墓。在慈谿縣東三里。

錢唐墓。在象山縣南十里。有祠，在縣治西。

向朴墓。在慈谿縣東五里楊嘉山〔五〕。

戴德彝墓。在奉化縣西南四里許家塹嶴。按：德彝死靖難時，與兄弟德禮、德裕俱畢志聚寶門外。時禁方嚴，安得歸葬首丘？則此墳或其祖、父，非德彝墓也。

陳敬宗墓。在慈谿縣東南十里花嶼湖東。

張瑭墓。在慈谿縣北十里鄮山。

孫燧墓。在慈谿縣丈亭西十里。

姚鏌墓。在慈谿縣東北高嶺原。

楊守陳墓。在鄞縣光同鄉仲夏山。

屠滽墓。在鄞縣乳泉山。

馮涇墓。在慈谿縣西北二十里東嶴。

黄嘉雋墓。在鄞縣東陳野畧。

董志安墓〔六〕。在鄞縣北馬公橋。

周畏志墓。在鄞縣南石乳橋。

楊文瓚墓。在鄞縣南三十里聚奎坊之西。

屠獻宸墓。在鄞縣北一里陶家河之南。

本朝

史大成墓。在鄞縣東十一都。

仇兆鰲墓。在鄞縣東九曲河。

黄斐墓。在鄞縣西鄉湖白桃頭橋。

邵基墓。在鄞縣西山。

## 祠廟

董孝子廟。在府治南。又有廟在慈谿縣南門内，並祀漢董黯。

闞公廟。在慈谿縣治東北。祀吴闞澤。

張孝子廟。在慈谿縣治西。祀唐張無擇。
賀秘監祠。在府城内月湖中。祀唐賀知章。
遺德祠。在鄞縣西南它山堰。祀唐鄮令王元緯。
房張祠。在慈谿縣學。祀唐令房琯、宋令張穎。
靈佑廟。在奉化縣東北五里。祀唐令陸明允。
嘉澤祠。在鄞縣東錢湖北。祀唐縣令陸南金及宋郡守李彝庚。
北山廟。在奉化縣一里。祀宋節度使錢億。
正學祠。在鄞縣西南二里。祀宋儒楊簡、袁燮、沈焕、舒璘。
黄公祠。在鎮海縣西北靈緒鄉。祀宋轉運使判官黄恕。
景祐廟。在奉化縣北百里。祀宋義士祖域。域於建隆間由閩徙奉化，生平重氣節，樂施與，民廟報之，宋濂有碑。
張越國公祠。在鎮海縣東北二里巾子山。祀宋忠臣張世傑。
表功廟。在鎮海縣東城外。祀明信國公湯和。
向節愍祠。在鄞縣北。祀明靖難死事向朴。
顯忠祠。在奉化縣東。祀明靖難死事戴德彝。
陳文定祠。在慈谿縣西南。祀明祭酒陳敬宗。
張文定祠。在府治西。祀明兵部尚書張邦奇。

旌忠祠。在府城内。祀明御史陳良謨。

汪文毅祠。在慈谿縣清道觀東。祀明縣令汪偉。

仰德祠。在鄞縣行用庫西南隅。祀明郡守楊最。

忠烈廟。在象山縣東北四十里。祀明死事千户易紹宗。

成仁祠。在定海縣北門外。祀明末死節吴鍾巒、張肯堂等數十人。

龍神廟。在鎮海縣東十里海山洞口。本朝雍正五年建。

## 寺觀

天寧寺〔七〕。在府治西南惠政橋北。唐建，舊名國寧寺，宋政和間改今額。本朝康熙五十八年重建。

天封寺。在鄞縣治東南。唐建，有塔高十八丈，以鎮郡城。本朝順治十六年重建。

弘法寺。在鄞縣東太白山。本名天童寺，舊志：晉時僧義興結屋山間，有一童子日給薪水，後辭去，曰：「吾太白星也。」言訖不見。寺以此得名。明末，密雲悟禪師居此。本朝順治十六年，賜今額。雍正十一年御書「慈雲密布」扁額。

阿育王寺。在鄞縣東阿育王山中。晉義熙初建，梁武帝賜今名。寺有阿育王所造真身舍利塔，又有宸奎閣，藏宋仁宗御書，蘇軾撰碑記。

白龍禪寺。在慈谿縣東南。五代僧師訔結屋持戒，常有白龍聽經，因名。

岳林寺。在奉化縣東北三里。梁大同間建。本朝康熙十二年重建。

雪竇寺。在奉化縣西北雪竇山。晉建，宋淳祐中賜御書「應夢名山」四大字。

等慈寺。在象山縣城西北。舊名鳳躍院，宋元嘉初建。又大雷寺，在縣西二十里，舊名大雷庵。本朝康熙四十五年重建，雍正十二年改寺額。

普濟寺。在定海縣補陀洛迦山。梁貞明間建。宋名寶陀寺。世傳觀音現像於此，寺有善財洞、潮音洞、盤陀石、三摩地、玩月巖、靈鷲峯。明洪武中，徙居民入内地，寺燬。本朝康熙二十八年重建，賜今額。雍正九年重修，並有御製碑文。

法雨寺。在定海縣補陀山。明建，初名海潮寺。本朝康熙二十八年重建，賜今額。雍正九年重修，並有御製碑文。

棲霞觀。在象山縣治西蓬萊山下。一名蓬萊觀，中有陶弘景丹井。

## 校勘記

〔一〕金砦　乾隆志卷二二四寧波府古蹟(下同卷簡稱乾隆志)作「金巖」。

〔二〕元趙孟頫戴表元黄溍聚講之所　「黄溍」，原作「黄潛」，據乾隆志及雍正浙江通志卷四三古蹟改。

〔三〕其裔孫易寧易顯就此建橋　「寧」，原作「安」，據乾隆志及雍正浙江通志卷三五關梁改。按，本志避清宣宗諱改字，今改回。

〔四〕宋熙寧中縣令虞大寧置　「寧」，原作「安」，據乾隆志及讀史方輿紀要卷九二浙江改。

〔五〕在慈谿縣東五里楊嘉山　「楊嘉山」，乾隆志及雍正浙江通志卷二三七陵墓俱作「陽嘉山」。

〔六〕董志安墓　「安」，當作「寧」，蓋避清宣宗諱改字也。董志寧，鄞人，仕兵科給事中，明末與本志下文楊文瓚、屠獻宸等皆殉難節臣。小腆紀年等記載甚詳。

〔七〕天寧寺　「寧」，原作「安」，據乾隆志改。下文「國寧寺」，「寧」原亦作「安」，同據改。按，本志避清宣宗諱改字也。

# 大清一統志卷二百九十三

## 寧波府三

### 名宦

三國　吴

張舉。爲句章令。民有妻殺夫，因焚屋，詐稱夫死于火，其弟疑而訴官，妻拒不承。舉以猪二口，殺一生一，積薪焚之，視其口，死者無灰，生者有灰。因驗其夫口中無灰，鞫之服罪，人以爲神明。

唐

王元緯。開元中，鄮令。開小江湖，溉田八百頃，民立祠祀之。

陸南金。天寶初，鄮令。開東錢湖，七鄉民田不苦旱。

第五琦。長安人。寶應初，爲明州刺史，有異政。

裴儆。河東人。大曆中，爲明州刺史。適海寇侵掠，生民僅有存者，儆推心撫字，一年而鷩逋以復，田疇以闢，茨塾以興，三年，俗爲鄒魯。

李吉甫。趙人，栖筠子。貞元初，爲明州長史，有善政。

趙察。大梁人。元和十二年，授奉化令。鑿縣北河，溉田八百頃，因名趙河。十四年，又開白社湖，溉田四百餘頃。

任侗。貞元中，爲明州刺史。增修廣德湖，溉田四百頃。

于季友。太和中，爲明州刺史。築仲夏堰，溉田數千頃。

宋

燕肅。益都人。天聖中，知明州。俗輕悍喜鬬，肅下令獨罪先毆者，于是鬬者爲息。

張潁。端拱初，爲慈谿令。廉潔自持，邑人號爲張清清，太宗賜詔奬諭。

李彝庚。天僖中，守明州。徙建州學，賢才輩出。浚東錢、廣德二湖，大興水利，民立祠祀之。

陳太素。緱氏人。知明州，有治績。

范仲淹。吴縣人。仁宗時，知明州。

楊紘。浦城人。仁宗時知鄞縣。鄞瀕海，惡少販魚鹽者羣居洲島，或掠商人財物入海，吏不能禁。紘至，設方略，使識者致惡少船，及歸，始給還，且戒諭之，由是不敢爲盜。

錢公輔。武進人。嘉祐中，知明州。衙前法以三等差次，勞勤應格者聽指酒場以自補，富者足欲，而貧日困，充募益鮮，額有不足，至役鄉民，破產不供費。公輔取酒場官鬻之，分輕重以給役者，不復調民。

李承之。濮州人。仁宗時，爲明州司法參軍。郡守任情骫法，人莫敢忤，承之獨毅然力爭，守怒曰：「曹掾敢如是耶？」承之曰：「事既下有司，則當循三尺法。」守憚其言。

曾鞏。南豐人。神宗時，知明州。爲政務省疾苦，築州城，減冗費十之五六。浚西湖，作廣德湖記。

傅堯俞。濟源人。嘉祐末，爲監察御史。哲宗立，知明州。多惠政。

陳瓘。沙縣人。哲宗時，攝通判明州。州職田之入厚，瓘不取，盡棄于官以歸。

仇悆。益都人。高宗時改浙東宣撫使，知明州。以挫豪强、奬善良爲理，吏受賕，雖一錢不貸，奸猾斂跡。州罹兵火，悆斥廚錢助其費，買田行鄉飲酒禮。歲飢，發官儲損其直，民無死徙。

趙伯圭。孝宗同母兄。知明州，充沿海制置使。蕃商死境内，遺貲巨萬，吏請没入，伯圭不可，戒其徒護喪及貲以歸。以憂去，服闋，再知明州。新學宫，命宗子入學，閑以規矩。海寇亂，伯圭諭降之。在郡十年，政尚寬和，浚湖陂，均水利，辨冤獄，民不犯法。

趙善譽。宋宗室。乾道中，調昌國簿，攝邑事。勸編户裒金買田，以助嫁娶喪葬。捕得海盜，守欲上其功，善譽曰：「奈何以人命希賢？」守益賢之。

趙愷。孝宗子。淳熙元年，判明州。輟屬邑田租以贍學，得兩歧麥，圖以獻帝，詔曰：「汝勸課藝植，農不游惰，宜獲瑞麥之應。」七年，薨於官，父老乞建祠立碑，以紀遺愛。

傅伯成。濟源人。孝宗時，授明州教授。以年少，嫌以師自居，日與諸生論質往復，後多成材。

范成大。吳郡人。淳熙中，知明州。奏罷海物之獻。

李孟傳。上虞人。知象山縣，守薦爲邑最。

林大中。永康人。寧宗時，知慶元府。城南民田潮溢不可種，大中捐公帑，治石築之，民蒙其利。郡訛言夜有妖，大中謂此必黠賊所爲，立捕黥之，人情遂安。

李詔。吴縣人。嘉定中，調慶元教授。丞相史彌遠薦士充學職，詔不與。袁燮求學宫射圃益其居，亦不與，燮以此更敬詔。

胡榘。寶慶初，知慶元府。請發粟以浚東錢湖，命水軍番上迭休，且募七鄉人助役。又奏以贏錢二萬八千緡增置田畝，分給漁户，薙湖中葑茭，溉田數千頃。

孫子秀。餘姚人。理宗時，通判慶元府，主管浙東鹽事。先是，諸場鹽百袋附五袋，名五釐鹽。未幾，提舉官以爲正數，民困甚，子秀奏蠲之。

吴潛。寧國人。寶祐中，授沿海制置大使〔一〕，判慶元府。至官，條具軍民久遠之計，告于政府，奏皆行之。又積錢百四十七萬三千八百有奇，代民輸帛，前後蠲五百四十九萬一千七百有奇。

姚希得。潼川人。理宗時，知慶元府，兼沿海制置使。詔增沿海舟師，希得爲之廣水軍，造戰艦，蓄糧食。蠲米一萬二千石，舊逋百萬，去官庫餘羨，悉以代民輸。

葉夢鼎。寧海人。度宗初，知慶元府。肅清海寇，罪止首惡。建濟民倉以備飢寒，造驛舍以待賓旅。

劉黻。樂清人。咸淳中〔二〕，爲沿海制置使，知慶元府事。建濟民莊，以濟士民之急，資貢士春官之費〔三〕，備郡庠耆老緩急之需。又請建慈湖書院。

潘方〔四〕。平陽人。爲慶元府市舶。慶元降附，方不屈，赴水死。

## 元

富德庸。濟南人。至元二十五年，知慈谿縣。抑豪强，清狴犴，民樂耕商，士興孝弟。

干文傳。平江人。延祐時，同知昌國州事。監場官倚轉運司勢，虐使州民，家業破蕩。文傳語同列曰：「吾屬受天子命，以牧此民，可坐視而弗之救乎？」乃亟爲陳理，上官莫能奪，民賴以免。以恩信柔下，海島之民，雖頑獷不易治，亦爲之變俗。

哈尚特穆爾。蒙古人。至正中，爲昌國州達嚕噶齊。方國珍來攻，屢擊破之。國珍悉衆至，或勸之遁，特穆爾曰：「是我效死之日也。」城破，力戰而死。「哈尚特穆爾」舊作「高昌帖木兒」，「達嚕噶齊」舊作「達魯花赤」，「特穆爾」舊作「帖木兒」，今俱改正。

## 明

王璡。日照人。洪武末，授寧波知府。毁淫祠，興文教，貞廉强幹，庶政畢舉。自奉儉約，一日饌用魚羹，怒其妻曰：「若不憶吾啖草根時耶？」撤而埋之，時號埋羹太守。燕師臨江，璡造舟勤王，被執，廢于家。

易紹宗。攸縣人。洪武時，授象山縣錢倉所千户。建文三年，倭剽掠至境，紹宗大書于壁曰：「設將禦敵，設軍衛民，縱敵不忠，棄民不仁。」與妻訣而去。密令游兵間道焚賊舟，賊驚救，紹宗格戰殺賊，追至海岸，陷淖中，手刃數十賊，遂死。詔賜祭葬，勒碑旌之。

蔡海。閩縣人。永樂中，爲象山教諭。倭寇陷城，被執，駡賊而死。

宋真。和州人。永樂中，爲象山丞。倭寇侵縣，或勸其當避，真曰：「吾爲民牧，民被寇，吾將安歸？」與賊搏戰，援絶，死之。

鄭珞。閩縣人。宣德初，知寧波府。治績稱最。中使呂可烈無狀，奏劾之，可烈伏誅。以艱去，會海寇犯境，民數千詣闕，乞留復任。

張瓚。孝感人。天順間，歷知寧波府。有善政。成化初，市舶中官福住貪恣，瓚禁戢其下。住誣瓚於朝，瓚遂列住罪，住被責，其黨多抵法，瓚名震一時。

朱欽。邵武人。成化中，爲寧波推官。治最，徵授御史。

姜昂。太倉人。弘治中，知寧波府。其僚畏之，爲減騶從，屬吏相戒無敢犯。日本使横甚，過其地皆斂手。市舶中官怙勢，裁以禮，亦媿服。

馬思聰。莆田人。弘治末，知象山縣。復二十六渠，溉田萬頃。

寇天敘。榆次人。正德中，知寧波府。袪弊節用，佑弱鋤强。歲飢，白上官，秋糧得改折。治行爲天下第一。

徐相。江西人。正德九年，知象山縣。清介絶俗，自奉唯蔬素，內子不堪，曰：「爲清白吏歸，不愈于贓敗爲戍卒歸耶？」今里甲均徭之法，自相立法始。

翟唐。長垣人。正德中，知寧波府。市舶中官崔瑶假進貢名擾民間，爲唐所裁抑，且杖其黨王臣。瑶奏唐阻截貢獻，笞殺所遣使，唐被逮，軍民遮道涕泣請宥，左遷嵩明州。

鄭餘慶。閩人。正德中，知定海縣。歲大祲，陳荒政十事，不待命，先發廩以賑。建石坊、張鑑二碶及新興閘以溉田，爲利甚溥。

楊最。射洪人。嘉靖初，知寧波府。涖官止攜一蒼頭，旦暮舉炊，蔬菽而已。勤於聽斷，案無留牘。以恤孤弱、抑豪强爲務，去之日，父老遮留大慟，立祠祀焉。

宋繼祖。濮州人。嘉靖中，知定海縣。縣境崇丘鄉田，引鄞東錢湖以資灌溉。舊有蛇堰逼小浹江，一決則盡注江，河渠易涸。繼祖於東岡山下，去舊堰二十餘里，築堰以蓄水，又築碶以洩之，溉田數萬畝。

何愈。富川人。嘉靖中，知定海縣。修築千丈塘及五碶，浚諸渠，引以溉田。復修靈緒、舟山、平水諸閘，水利悉舉。

張可大。應天人。萬曆時，爲舟山參將。束軍伍，遠斥堠，治樓櫓，製大器，自岑港抵歷海三江，皆置戍。倭犯五罩湖、白沙港，連敗之。以功加副總兵。城久圮，躬親董築，兩月工訖。城内外田數千畝，海潮日害稼，乃築碶蓄淡水，遂爲膏腴，民稱爲張公碶。

沈猶龍。華亭人。萬曆末，知鄞縣。倣古社倉法以備凶荒。長春門外舊有泥塘，江流逼城，斥鹵易入，猶龍甃以石，爲鄞永賴。東錢湖日長葑茭，爲豪右私占，猶龍嚴禁之，令民取葑培田，湖益開浚。

陳瓚。漳浦人。天啓時，知慈谿縣。海寇劉香騷擾瀕海郡縣，瓚備禦有方，寇不犯境。斷獄，數言立辨。濬河渠以溉民田，民蒙其利。後歷湖廣參議，死獻賊之難。

汪偉。休寧人。崇禎時，令慈谿。歲祲，捐俸市米勸輸，全活甚衆。時邊事孔棘，偉設法征解，額外無增益。後行取授翰林檢討，與妻耿氏同死闖賊難。

## 本朝

王奐。南陵人。順治九年，知奉化縣。始至，治姦胥之乾没者。設綱簿，詳載里甲總數、田地山蕩丁口，按則科糧，瞭如指掌，上官頒其法于他縣。大兵平舟山，督造戰船，奐經畫有方，應期立辦。又擒捕山寇，勞績最著。

張秉乾。江寧人。康熙中，官象山協左營守備。海寇犯境，力戰卻之，賊再至，衆寡不敵，觸石死。

趙燾。杭州人。爲象山右營都司。康熙十四年，耿精忠黨自海道來犯，燾率衆出沈家門洋，奮力衝擊，追至毛頭洋戰死。贈副將。

蔡毓秀。錦縣人。康熙十六年，知奉化縣。值歲暮，鄉民以逋課滯獄者數十人，悉放還家，約以新正完課，民感泣如約。邑有盜魁二人，行刼横州里，毓秀擒磔于市。請免運象協兵米，民累得甦。

史鳴皋。如皋人。乾隆辛未進士，知象山縣。修築會源、朝宗、靈長等碶。又縣東南有賢昌碶，湮且百年，水無所洩，民田苦害，鳴皋親相度疏濬，計工以田，計田出力，不費官帑、傷民財，而事以蕆。又設田爲士子應試費，士民咸愛戴之。

# 人物

## 漢

夏黄公。四皓之一。會稽典録云鄞大里人。按：史記留侯世家注引陳留志云：公姓崔，名廣，字少通。隱居夏里，故號夏黄公。四明文獻志云：宋畢文簡以綺里季夏，後人誤將「夏」字屬「黄公」讀，如孟子讀樂正、裘牧仲之誤。宋潛溪非之，著論以夏黄公爲的。但考南史阮孝緒語及唐杜甫詩，俱稱黄綺，而不言夏綺，似畢説正非無據。今姑照舊志書之。至公之爲鄞人，既有典録可證，又晉書夏統傳云會稽土地風俗，其人有黄公之高節，今鄞大隱山有黄公墓，則其爲鄞人無疑。

董黯。字叔達，句章人。虞翻答王府君云：黯盡心色養，喪致其哀。單身林野，鳥獸歸懷。怨親之辱，白日報讎。海内聞名，昭然光著。

王修。句章人。順帝時，爲揚州從事。虞翻稱其委身受命，垂聲來世。

## 三國　吴

任奕。句章人。會稽典録：山陰朱育曰：文章之士，立言粲盛，則有御史中丞句章任奕。各馳文檄，蔚若春榮。

## 唐

孫郃〔五〕。字希韓，奉化人。自幼負氣岸，博學高才，唐末官左拾遺。朱全忠篡唐，即脱冠裳，隱奉化山，著書紀年，悉用甲子，以示不臣之意。

## 五代　吴、越

石延翰。明州人。恥事强藩，隱居沃州山白雲谷，以書史自娱。後贈白雲先生。

## 宋

沈起。字興宗，鄞人。進士高第，調滁州判官，監真州轉般倉。聞父病，委官歸侍，有司劾其擅去，仁宗謂輔臣曰：「觀過知仁，今由父病而致罪，何以厚風教而勸爲人子者？」乃特遷之，知海門縣，有惠政。包拯舉爲監察御史，書數十上。京東盗起，除提點刑獄，開首贖法，盗自相束縛惟恐後。歷知吏部流内銓。奉使契丹，其位著，乃與夏使等，起不就列，遂升東朝，使者自是爲定制。官至天章閣待制，知桂州。

周鍔。字廉彦，鄞人。元豐進士，當官桐城，辭不赴。益究治六籍、諸子百氏之説，悉論著其本旨。乃游潁昌，訪其舅范忠宣公純仁。過洛，見文潞公、司馬公，咸見器重。後知南雄，以言事入黨籍，退休于家。著文二十卷，雜集數卷。

樓郁。字子文，自奉化徙鄞。志操高厲，學以窮理爲先。慶曆中，教授郡學，一時英俊皆在席下。登進士，調廬江主簿。自以禄不及親，絶意仕進，以大理評事終于家。有遺集三十卷。

豐稷。字相之，鄞人。登第爲穀城令，以廉稱。嘗使高麗，海中大風，舟幾覆，衆惶擾，稷神色自若。擢監察御史，治章惇請託事，無所移撓。哲宗時，歷刑部侍郎，屢進讜言。徽宗立，除御史中丞。入對，即論蔡京姦狀，又乞辨宣仁誣謗之禍。時宦官漸盛，稷懷唐書仇士良傳，讀於帝前。曾布拜相，勸帝斥之。哲宗升祔，議功臣配享，稷謂當用司馬光、吕公著。稷盡言守正，積忤貴近，以樞密直學士守越。蔡京得政，除名，徙建州。卒，謚清敏。

陳禾。字秀實，鄞人。元符進士，擢監察御史。奏劾蔡京子儵、何執中壻蔡芝罪，皆罷之。遷右正言，首劾童貫及黄經臣怙寵弄權，論奏未終，上拂衣起，禾引上衣，衣裾落，上曰：「正言碎朕衣。」禾言：「陛下不惜碎衣，臣豈惜碎首。」貫等愬帝，謫監信州酒。後起知和州。卒，贈中大夫，謚文介。有易傳九卷、春秋傳十二卷，論語、孟子解各十卷。

俞充。字公達，鄞人。登進士第。熙寧中，遷成都路轉運使。茂州羌寇邊，充上十策禦戎。召判都水監，陳河防十餘事。擢天章閣待制，知慶州。山夷叛，舉户亡入西夏者且三百。充遣將耀兵塞上，夏人亟反之。充帥邊，屢言願得乘傳入覲，面陳攻討之略，未及行，卒。

王庭秀。字穎彦，慈谿人。與黄庭堅、楊時游，操持堅正。爲文俊邁宏遠。登政和上舍第，李光薦爲御史臺檢法官，遷殿中侍御史。論黄潛善賣官售寵，罷之。既與鄭瑴力争降封高宗事，出知瑞州。後累官至直祕閣。

鄭覃。字季厚，明州人。靖康中，貢于鄉。建炎四年，金人陷明州，縱兵大掠，覃爲兵所刦去，迫之降，覃厲辭駡不屈，躍入水中。其妻董哭曰：「夫亡矣，與其受辱以生，不如死。」亦自沈。後孫曾多舉進士，而清之最貴顯。

史浩。字直翁，鄞人。紹興進士，爲國子博士。因轉對，言普安、恩平二王宜擇一以係天下望。除祕書郎，兼王府教授，極盡輔導之功。隆興初，拜尚書右僕射，首言趙鼎、李光無罪，岳飛久冤，宜復其官爵，禄其子孫。時張浚欲請幸建康，浩陳三説不可，因奉祠歸。淳熙五年，復爲右丞相。將告歸，薦江浙之士楊簡、陸九淵等十五人，皆一時選。除太保致仕。卒，謚忠定。

汪大猷。字仲嘉，鄞人。紹興進士，歷官吏部郎。爲莊文太子侍講，多寓規戒。權刑部侍郎，孝宗每訪以政事，多所陳論。又言有司用新制，棄舊法，輕重舛牾，舞文之吏，得售其姦，請明詔編纂。書成上，帝大悦。累進敷文閣直學士，江西安撫。大猷與丞相史浩同里，又同年進士，未嘗附麗以干進。好周施，敘宗族外族爲興仁録，率鄉人爲義莊，衆皆欣勸。

高文虎。字炳如，四明人。紹興進士。聞見博洽，多識典故。遷太學博士，兼國史編修官，與修四朝國史。自熙寧以來，史事淆雜，文虎盡取朱墨本，删正謬妄，一一研覈。累遷兵部侍郎，知建寧府。以臺臣言，奪職，卒。

高閌。字抑崇，鄞人。紹興中，爲國子司業。時方興太學，閌奏宜先經術，於是條具其法，首六經語孟義，次詩賦子史論，又次時務策，凡太學課試，郡國科舉，盡以此爲法。且立郡國士補國學監生之制。中興以後，學制多閌所建明。官至禮部侍郎。著春秋集傳行世。

楊慶。鄞人。父病，刲股啖之，良已。其母病不能食，慶取右乳焚之，以灰和藥進焉，入口遂差，久之乳復生。紹興中，守仇悆爲之請，詔表其門。

陳居仁。字安行。其先興化軍人，父膏徙居明州。膏歷官御史，鄞僧王法恩謀逆事覺，或請屠城，膏力論多殺非聖世事，脅從者悉得寬宥。居仁登紹興進士，歷中書舍人。泛恩濫賞，封繳無所避。居仁風度凝遠，處己應物，一以誠信，臨事毅然有守。

出知鄂州，歷移鎮江、福州，所至號稱循吏。子卓，字立道，紹熙進士，累官至簽書樞密。平生不營産業。卒，謚清敏。

楊簡。字敬仲，慈谿人。乾道進士，授富陽主簿。陸九淵道過富陽，問答有所契，遂師事之。爲紹興司理，以朱子薦，差浙西撫幹，軍政大修明。歷知樂平，邑民呼曰楊父。召爲國子博士，以辨趙汝愚寃連斥。嘉定初，歷著作佐郎，輪對，極言弭災消變之道，北境傳誦，爲之涕泣。出知温州，治績大著。理宗即位，以寶謨閣學士致仕。所著有甲藁、乙藁、冠記、昏記、喪禮家記、家祭禮、釋菜禮記等書。

沈渙。字叔晦，定海人。入太學，從陸九齡學。乾道中，舉進士，爲太學録。以所躬行者教淑諸人，同僚忌之，調去。後通判舒州，卒。渙人品高明，嘗曰：「晝觀諸妻子，夜卜諸夢寐，兩者無媿，始可言學。」寶慶二年，追贈直文華閣，謚端憲。

舒璘。字元質，一字元賓，奉化人。初從學張栻，又從陸九淵游，朱子、吕祖謙講學於婺，璘徒步往謁之。爲徽州教授，丞相留正稱爲當今第一教官。後知平陽縣，通判宣州，卒。璘與沈渙友善，而樂於教人，嘗曰：「師教尊嚴，璘不如叔晦；若啓迪後進，則璘不敢多遜。」舉乾道進士。楊簡謂璘孝友忠實，道心融明。淳祐中，特謚文靖。

袁燮。字和叔，鄞人。淳熙進士，嘉定中，累遷國子祭酒。延見諸生，必迪以反躬切己，忠信篤實，是爲道本，聞者悚然有得。進寶文閣直學士，奉祠卒。燮師事陸九淵，每言人心與天地一本，精思以得之，兢業以守之，則與天地相似。學者稱之曰潔齋先生。後謚正獻。

袁韶。字彦淳，鄞人。父爲郡小吏，五十無子，其妻資遣之，往臨安置妾，既得妾，乃故趙知府女也，家四川，父殁家貧，故鬻女以爲歸葬計，既送還，且盡以囊中貲與之。明年妻遂生韶，登淳熙進士，爲吴江丞。蘇師旦姻黨在吴江，密以屬韶，不聽，改知桐廬，擢臨安府尹，並有惠政。紹定初，拜參知政事。胡夢昱論濟王事，當遠竄，韶獨以夢昱無罪，不肯署文書。李全叛，韶力言於史彌遠，乃討之。卒以言罷，奉祠。卒，贈太師、越國公。

樓鑰。字大防，鄞人。隆興進士，歷知温州。光宗時，擢起居郎，兼中書舍人。繳奏無所迴避，禁中或私請，上曰：「樓舍人朕亦憚之，不如且已。」遷給事中，乞正太祖東嚮之位。朱子以論事忤韓侂胄，除職與郡，鑰請還講筵，不報。彭龜年攻侂胄，出知外郡，鑰奏留不得，尋告老。侂胄誅，起翰林學士，歷同知樞密院參知政事。卒，贈少師，謚宣獻。鑰文辭精博，自號攻媿主人，有集百二十卷。

史彌鞏。字南叔，鄞人。彌遠從弟。好學强記，紹興中，入太學，彌遠柄國，淹抑十載。嘉定十年，始登進士。嘉熙元年，都城火，彌鞏應詔上書，謂修省之未至者有五。出提點江東刑獄，累著政績。官至直文華閣、知婺州，奉祠歸。真德秀嘗曰：「史南叔不登宗衮之門者三十年，未仕則爲其寄理，已仕則爲其排擯，皭然不污有如此。」

袁甫。字廣微，燮之子。嘉定進士，爲校書郎。輪對皆深切時政，出通判湖州，歷知徽州、衢州，提舉江東常平。前後持節江東五年，所全活不可數計。除中書舍人，繳奏不摘苛小。時相鄭清之以國用不足，行履畝之令，甫極論其害，帝爲惻然。累遷吏部侍郎，條上十事，至爲詳明，權兵部尚書。卒，謚正肅。

史璟卿。鄞人，嵩之從子。嘗以書諫嵩之，謂異日國史載之，不得齒于趙普勳臣之列，而厠于蔡京亂臣之後，爲今之計，莫若盡去在幕之羣小，悉召在野之君子，庶幾失之東隅，收之桑榆。居無何，璟卿暴卒，相傳嵩之致毒云。

應傛。字之道，昌國人。嘉定進士，爲秘書郎，請早建太子。入對，帝問星變，請修實德，以答天戒。又問藏書，傛請訪先儒解經注史，因及程迥、張根所著書，皆有益世教。遷起居舍人，直學士院。一夕詔傛草詔，夜四鼓，五制皆就，帝奇其才。累拜參知政事。

陳塤。字和仲，鄞人。登嘉定進士，師事楊簡。理宗即位，詔求言，塤上封事，直聲著天下。累遷太常博士，與舅史彌遠不合，通判嘉興。彌遠卒，召爲樞密院編修官。入對，首言天下安危在宰相，次言内廷當嚴宦官之禁，外廷當嚴臺諫之選。忌者陰中之，出知衢州，提點浙西刑獄。後遷國子司業，罷歸。塤輕財急義〔六〕，明白洞達，一言之出，終身可復。子蒙，年十八，上書萬言論國事。爲太府寺主簿。入對，極言賈似道爲相，國政闕失。官至淮東總領。

趙逢龍。字應甫，鄞人。嘉定進士。理宗時，歷知州郡。居官自常奉外，一介不取，究心荒政，以羨餘爲平糶本。遷宗正少卿，兼侍講，凡道德性命之藴，禮樂刑政之事，縷縷爲上開陳，疏奏甚衆，稿悉焚棄。家居講道，四方從游者皆爲鉅公名士。寡嗜慾，泊然不知富貴之味。或問何以裕後，笑曰：「吾憂子孫學行不進，不患其飢寒也。」

趙善湘。字清臣，濮安懿王五世孫，徙居明州。登慶元進士。紹定中，李全犯淮東，善湘以江淮制置使屢建討逆復城之功。淳祐二年，進觀文殿學士，致仕。所著周易約説、或問、洪範統論、中庸約説、大學解、論語大意、孟子解、春秋三傳通議等書。

張虙。字子宓，慈谿人。慶元進士，爲太學正〔七〕，輪對，言立國有大經，人主當以静制天下之動，帝嘉納焉。遷國子博士，以亢旱上疏，語皆切直。歷著作佐郎，陳邊事二病。出知南康，有惠政。端平初，召爲國子司業，兼侍講，以禮記月令進讀，分爲十二卷，乞按月觀之。官至國子祭酒。卒，謚文靖。

孫夢觀。字守叔，慈谿人。寶慶進士，歷知寧國府，遷司農少卿。輪對，言今内外之臣，恃陛下以各遂其私，而陛下獨無一可恃，可爲寒心。次論郡國當爲斯民計，朝廷當爲郡國計。帝善其言。進起居郎，抗論益切。以集英殿修撰知建寧府，卒官。夢觀退然若不勝衣，然義所當爲，奮往直前。其居敗屋數間，布衣蔬食，而重名節云。

吴從龍。字子雲，奉化人。官建康府統制。紹定初，李全犯揚州，從龍爲先鋒赴敵，援絶被擒。使至泰州城下誘降，從龍大呼曰：「我統制吴從龍也，馬中矢被執至此。揚州無恙，泰州城堅，宜死守。」賊怒，寸磔之。詔褒其忠，立祠祀之。

黄震。字東發，慈谿人。寶祐進士，擢史館檢閲。輪對，言事切直，出通判廣德軍，歷知撫州，善政畢舉。改提點刑獄，決獄如神。移浙東提舉，嘗進左侍郎及宗正少卿，皆不拜。震嘗告人曰：「非聖人之書不可觀，無益之詩文不可作。」居官，恒未明視事，事至立決。自奉儉約，人有急難，用之不少吝。所著日鈔百卷。卒，門人私謚文潔先生。子叔英，字彦實，長于經史百氏之書，著黷菴暇草三卷、詩文雜著二十卷。

王應麟。字伯厚，慶元人。九歲通六經，淳祐初舉進士，從王埜受學。閉門發憤，假館閣書讀之。復中博學宏詞科，累擢秘書郎。彗星見，應詔極論執政、侍從、臺諫之罪，積私財行公田之害。又言天變莫先回人心，回人心莫先受直言。時歷中書舍人，賈似道潰師江上，疏陳十事。日食應詔，論答天戒五事，陳備禦十策。皆不及用。官至禮部尚書兼給事中。所著有深安集、玉堂類藁、掖垣類藁、詩考、詩地理考、漢藝文志考證、通鑑地理考、地理通釋、通鑑答問、困學記聞、小學紺珠、玉海、筆海、漢制考、六經天文篇、小學諷詠等書。弟應鳳，與應麟同日生，開慶元年亦中博學宏詞科，詔褒諭之。

袁鏞。字天與。咸淳中，舉進士。元兵至，被執不屈，舉家十七人皆死。

史蒙卿。字景正，彌鞏孫。舉咸淳進士，歷江陰教授，遂不仕。淹博著書，時四明之學皆主象山，表章朱子之學者自蒙卿始。晚年設教于鄉，人稱爲果齋先生。

張漢英。奉化人。幼聘呂氏女，及請期，呂以女雙瞽辭，漢英曰：「聘時無恙，而今喪明，命也。」遂娶之。咸淳初，守樊城，元兵至，被圍四年，援絶城陷，終不屈死之。

## 元

臧夢解。慶元人。宋末進士。至元中，授海寧知州，副使王慶之薦其才德兼備。屬江陰飢，江浙行省委夢解賑之，所活四萬五千餘人。擢廣西肅政廉訪副使，改江西、浙東，除湖南宣慰副使，致仕。夢解博學洽聞，爲時名儒，敏于政事，其操守尤介特。

童金。字子丹，慈谿人。至元間，以才能薦，授進義副尉，歲督海運。秩滿，扁所居曰一間，築隄浚澤，興水利于鄉。築室百餘楹爲義塾，置田四頃，延師淑來學。又割田二頃，給貧不能養、死不能斂者。大德中，歲飢，發積以貸，全活無算，詔旌其門。

戴表元。字帥初，奉化人。七歲學古詩文，多奇語。稍長，從里師習詞賦，輒棄不肯爲。宋咸淳中，登進士乙科，教授建寧。大德間，拜信州教授，調婺州，以疾辭。初，表元閔宋季文章萎薾已甚，慨然以振起斯文爲己任。時四明王應麟、天台舒岳祥並以文章師表一代，表元皆從受業。至元、大德間，東南以文章大家名重一時者，惟表元而已。所著有剡源集。

袁桷。字伯長，韶之曾孫。爲童子時已著聲，大德初，已薦爲翰林檢閱官。時初建南郊，桷進十議，禮官推其博，多采用之。累遷侍講學士。桷在詞林，朝廷制册，多出其手。所著有易學春秋説、清容居士集。卒，謚文靖。

程端禮。字敬叔，慶元人。幼穎悟純篤，十五歲能記誦六經，曉析大義。慶元自宋季皆尊尚陸九淵之學，而朱氏學不行于慶元，端禮獨從史蒙卿遊，傳朱子明體達用之旨，學者及門甚衆。所著讀書工程，國子監取以頒示郡邑教官。仕爲衢州路教授。弟端學，字時叔，至治進士，歷國子助教，動有師法。著有春秋本義、三傳辨疑、春秋或問等書。

俞述祖。字紹芳，象山人。爲沔陽州推官。至正十二年，蘄黄賊迫州境，述祖領兵民守渌水洪，并力禦之。城陷，爲賊所執，械至其僞主徐壽輝所，誘之降。述祖罵不輟，壽輝怒，支解之。事聞，追贈象山縣男。

史公珽。字搢叟，鄞人。學通諸經，尤稽易理，隱居教授者數十年。程端學薦主甬東書院，棄去，寄興吟咏。廣平李堯民七喪不舉，公珽傾橐賙之。自號蓬廬處士。

陳桱。字學經，奉化人。官至翰林學士。祖著，宋時知台州，常本綱目撰書，紀歷代之統。桱思宏前業，乃續成二百卷，上自盤古迄有宋，比事較義，紀年師司馬公補遺，書法師朱文公綱目，名曰通鑑續編行世。

## 明

桂彦良。名德，以字行，慈谿人。元末爲平江教授。洪武初，徵授太子正字。每顧問，對必以正，帝嘗曰：「江南大儒，惟卿一人。」遷晉王府右傅，製格心圖獻王。改右長史。朝京師，上太平十二策，帝歎爲通達事體，有裨治道。告歸卒。

傅恕。字如心，鄞人。學通經史。洪武二年，詣闕陳治道十二策，太祖嘉納之，命修元史。事竣，授博野知縣。後坐累死。同郡鄭真，字千之，亦有文名。洪武初舉鄉試第一，入見，賦詩稱旨，除廣信教授。自號滎陽外史。

烏斯道。字繼善，慈谿人。與兄本良俱有學行。洪武中，斯道以薦授石龍知縣，調永新〔八〕，坐事謫役定遠，放還卒。工詩古文，兼精書法。所著有秋吟稿、春草齋集。子熙，亦善詩文。

錢唐。字惟明〔九〕，象山人。博學敦行。洪武初，舉明經，對策稱旨，特拜刑部尚書。時詔孔廟釋奠，止行于曲阜，天下不必通祀，唐上疏力争。帝覽孟子至「草芥」「寇讐」語，議罷其配享，詔有諫者以大不敬論。唐抗疏入諫，言臣爲孟子死，死有餘榮。帝鑒其誠懇，不之罪，其後配享旋復。唐爲人强直敢諫，終以忤旨謫壽州，卒。

陶垕仲。初名鑄，以字行，鄞人。洪武中，以國子生擢御史。尚氣敢言，劾刑部尚書開濟，濟坐誅，直聲動天下。擢福建按察司，至即誅贓吏數十人。興學勸士，撫恤軍民。爲人清介自持，禄入悉以贍賓客。未幾，卒官。

李孝濂。鄞人。與弟悌濂、忠濂并著孝友。洪武初，父仕開以督造戰艦不中程將執送刑部，孝濂、悌濂争請代往，有司遂囚孝濂去，罰令築城，期年赦歸。仕開復以充賦長米耗論死，忠濂荷械請代，竟戍遼東以殁。永樂中，孝濂舉明經，爲纂圖志總裁。所著有中林集、通鑑考證諸書。

戴德彝。字邦倫，奉化人。洪武時，以廷試第三人授編修，遷侍講，尋改御史。建文時，改左拾遺。靖難兵起，與方孝孺、黄觀輩日夕謀兵事。燕王即位，不屈死。福王時贈太常卿，謚毅直。本朝乾隆四十一年，賜謚節愍。

劉檏。字維素，慈谿人。洪武末，由太學生授獲鹿知縣。靖難師南下，井陘、平山諸邑望風降附，檏抗節不屈，死之。又張安國，定海人。建文朝爲工部郎，靖難師起，安國乘舟入太湖，聞金陵陷，遂與其妻鑿舟自沈。

向朴。字遵博，慈谿人。力學養親。洪武末，以人材召見，授獻縣知縣。靖難師起，縣無城郭，朴集民兵，與燕將譚淵戰〔一〇〕，被執，懷印死。福王時，贈太僕少卿，謚惠莊。本朝乾隆四十一年，賜謚節愍。

梁田玉。定海人。與族人良玉、良用、中節三人，俱同仕建文朝。會燕兵入京，田玉官郎中，髡髮爲沙門遁去。良玉官中書舍人，變姓名，踰嶺至海南，市肆賣藥以老。良用去爲舟師，死於水。中節素好讀老子、太玄經，入山爲道士。本朝乾隆四十一年，俱賜入祀忠義祠。

萬鍾。字榮禄。其先定遠人。父斌，字文質，太祖時以功遷龍驤衛千户，從征沙漠，戰阿魯渾河，陷陣死。鍾襲職，累功遷寧波衛指揮僉事，遂爲鄞人。建文中，拒燕師，戰死于大興花園。子武，字世忠，襲父職。永樂六年，從征交趾，戰于檀舍江，力竭而死。弟文，字世學，嗣兄職，率舟師禦倭，獲其巨艦。夜次桃渚，遇風溺死。萬氏祖孫父子，並死王事，時稱四忠。

俞士吉。字用貞，象山人。洪武末，舉於鄉，授兖州訓導。建文時，陳時政十餘事，擢御史，出按湖廣。辨釋疑獄，風紀肅然。成祖即位，擢左僉都御史，督浙西農政。奏除湖州逋賦六十萬石，偕夏原吉治水蘇松，有勞績。終南京刑部侍郎。

袁珙。字廷玉，鄞人。好學能詩，嘗游海外落伽山，遇異僧，授以相術，相人多奇中。姚廣孝薦于燕王，永樂初，官太常寺丞。爲人孝友端厚，待族黨有恩，自號柳莊居士。子忠徹，傳其術，後官至尚寶少卿。

金華。字宗實，鄞人。負志節。弟忠，爲燕王府紀善，守通州有功，欲推恩官之，辭不就，徙居東湖。忠卒，召賜金綺，伏闕辭謝，曰：「臣野人，不敢用此。」成祖目爲迂叟，放還里中，稱白雲先生。忠以善卜從燕王起兵，由紀善累官兵部尚書。帝初以高煦扈從有功，欲立爲太子，謀已定，獨忠力争，于是立世子爲皇太子，命忠爲輔導官，兼詹事府事。卒，謚忠襄。

應履平。字錫祥，奉化人。建文進士，歷吏部郎中，常德知府。宣德初，擢貴州按察使。所至袪除奸蠹，吏畏民服。終雲南左布政使。

陳本深。字有源，鄞人。永樂初，由鄉舉授刑部主事，遷員外郎，擢知吉安府。豪强巨猾，誅翦殆盡。久之，郡中無事，民恥爭訟。前後守吉安十八年，請老歸。

陳敬宗。字光世，慈谿人。永樂進士，選庶吉士，歷侍講。宣德初，轉南京國子監司業，遷祭酒。方嚴肅下，與北祭酒李時勉齊名，時稱爲南陳北李。考滿入京，王振慕其名，欲招致之，終不可得見。以故在太學十七年不調，景泰初致仕。卒，贈禮部侍郎，謚文定。

陳憲。字廷章，定海人。永樂進士，擢御史，巡按湖廣、江西，風紀肅然。吉安千户臧清貪淫不法，按其罪，械送京師。久之，憲坐累下獄，時清同在，夜竊至憲所，遭毆辱，忿恨死。一日宣宗問侍臣，聞御史陳憲能持身振綱紀，今安在？左右以實對，遂磔清于市。

黄潤玉。字孟清，鄞人。少有至性。永樂初，徙南方富民實北京，潤玉請代父行，官少之，對曰：「父去日益老，兒去日益長。」官異其言，許之。既至，築室治圃，粥蔬自給，閒輒力學。舉順天鄉試，授建昌府學訓導，以薦擢御史，出按湖廣。歷廣西僉事，提督學政，所至有聲。後謫含山知縣，以年老歸。其學以程朱爲宗，所著有儀禮戴記附注、經書補註〔一二〕、學庸通旨等，學者稱南山先生。

陸瑜。字廷玉，鄞人。宣德進士。正統中，以刑部員外郎録囚南畿，出重囚三百餘人，輕罪減免者又千餘人。歷山東布政使。天順二年，徵拜刑部尚書，以明允稱。卒，贈太子少保，謚康僖。

竺淵。奉化人。宣德進士。正統時，爲刑部主事。會葉宗留、陳鑑湖等爲亂，流入福安，擢淵福建參議，往撫諭之。淵率衆禦賊，被執，駡賊死。

張瑭。字廷玉，慈谿人。正統進士，爲刑部主事。同邑包良玉，字克忠，亦正統進士，授禮科給事中。英宗北征，俱扈蹕，死土木之難。

王來。字原之，慈谿人。宣德初，以會試乙榜授新建教諭，擢御史，巡按蘇、松、常、鎮四府。數抑巨璫，帝稱其賢。正統時，歷山西參政、河南布政使。景泰初，以右副都御史總督貴州軍務，平叛苗有功，進南京工部尚書。陳時政十二事，于曹司積弊，多所釐正。

劉煒。字有融，慈谿人。正統進士，爲南京刑科都給事中。景泰四年，户部以邊儲不足，奏令罷退官輸米二十石，給之誥敕，煒抗疏止之。都督黄竑，以易儲議得帝眷，奏求武清縣地。煒劾竑怙寵妄干，請明正其罪，直聲振中外。天順初，出爲雲南參政，改廣東，會大軍征兩廣，以勞瘁卒于官。

姚堂。字彦容，慈谿人。正統進士，累遷工部郎中，有清操。歷知廣信、蘇州、鎮江三府，終廣東參政。長于政事，所在著聲績，尤措意學校，養老恤孤，褒顯名德，三郡皆有遺愛。

豐慶。字文慶，鄞人。正統進士，授給事中。諫景帝南城及易儲事，言甚剴切，詔繫獄七年。英宗復辟，復官，累遷布政使，以清節著。

楊守陳。字維新，鄞人。祖範，有學行。守陳受教，作致知、力行、持敬三銘〔一二〕。登景泰進士，選庶吉士，授編修，歷侍講學士。官五品十六年，泊然退處。孝宗初，由少詹事擢吏部右侍郎。極言經筵常朝不宜祇循故事，百官題奏不宜付内臣調旨批答，願遵祖宗舊制，開大小經筵，日再御朝，以親庶政，接羣臣。帝深嘉納。後復午朝，召大臣晝議政事，由守陳啓之也。守陳學術純粹，操行潔白，諸經皆有論著，爲一時詞臣之冠。卒，贈禮部尚書，謚文懿。

王淮。字柏源〔一三〕，慈谿人。與劉溥、湯允勣等爲景泰十才子之一。嘗與允勣遇於湖州慈感寺，徵青陵臺事，淮歷歷口誦無所遺，允勣大歎服，語人曰：「真行秘書也。」好作長歌，下筆輒數十韻，造語奇麗，擅名江、淮間。有大塊集〔一四〕。

毛弘。字士廣，鄞人。天順初進士，授刑科給事中。憲宗頗事逸游，弘偕同官切諫，乞日御經筵，講求正學。慈懿太后崩，詔別葬，弘等抗疏諫，復合諸臣伏哭文華門，竟得如禮。在垣中多所論列，聲振朝宁。帝頗厭苦之，而弘慷慨議論無所屈。三遷至都給事中，卒。同縣章鎰，字元益，成化進士，選庶吉士，歷兵科都給事中。彈劾無所避，與弘齊名。

**楊守阯**。字維立，守陳弟。成化初，鄉試第一，入國學。祭酒邢讓下獄，率六館生伏闕訟冤。十四年，進士及第，授編修。弘治初，修憲宗實録，歷侍講學士，遷南京吏部右侍郎。常署兵部，陳時弊五事。武宗立，加尚書致仕。卒，贈太子少保。守阯博極羣書，師事兄守陳，學行相埒。

**楊守隨**。字維貞，守陳從弟。成化進士，授御史，巡按江西。所至以風采見憚。嘗疏陳六事，言郕王削平禍亂，功甚大，殁謚以戾，人心不平，亟宜改易。又因災異陳九事。擢應天府丞，尋以李孜省譖坐貶。弘治中，歷工部尚書，掌大理寺。遇事持法不撓。武宗立，八黨弄朝，守隨與户部尚書韓文等伏闕力争，文等既逐，守隨獨上章極論，攻劉瑾尤甚。瑾甚銜之，致仕歸。瑾憾未釋，逮繫獄，除名。瑾誅，復官。卒，贈太子少保，謚康簡。從弟守隅，由進士歷官江西參政，有政績。瑾惡守隨，并罷守隅官。後起官，終廣西布政使。

**屠滽**。字朝宗，鄞人。成化進士，弘治中歷右都御史，總督兩廣。討猺賊有功，召掌院事。疏陳時弊十二事，多見採納。轉吏部尚書。武宗初，劉瑾誣劉大夏往事爲罪，欲置之死。滽執不從，遂得減論。以忤瑾歸。卒，謚襄惠。

**朱瑄**。字廷璧，鄞人。成化進士，授工部主事。督通州倉，榷税蕪湖，羡入皆無所私。以兵部郎中分賑鳳翔，活飢民萬數。歷河南參議、參政、布政司，遷副都御史，巡撫江南，并著聲績。生平不言財利，歸之日饔飧不給。

**張昺**。字仲明，慈谿人。成化進士，知鉛山縣，多異政。擢南京御史。弘治初，偕同官極言時政，劾大學士劉吉等十餘人。奉命閲軍，因忤守備中官蔣琮，調南京通政使經歷。用薦遷四川僉事，進副使。威惠并著。引疾歸，環堵蕭然，擁經史自娱，炊烟屢絶，處之澹如也。及卒，含殮不具，知縣丁洪爲經紀其喪。

**孫紘**。字文冕，鄞人。成化進士，歷南京御史。劾大監郭鏞擅遊禁地，鏞愬于帝，會姜綰以劾中官蔣琮被貶，紘坐謫膠州判官。遷廣德知州，卒官。紘少貧，傭書市肉以養母。既通籍，終身不肉食。

周津。字文濟，慈谿人。成化進士，授行人，擢南京御史，監龍江、瓦屑二榷務。守備中官蔣琮求一見，爲治具邀之，不可得。遷九江知府，調瑞州，皆有惠政。終廣東左布政使。

楊子器。字名父，慈谿人。成化進士，知崑山、高平、常熟，皆有實政。擢吏部考功主事，陳邊務十二事，兵部尚書劉大夏深善其言。時孝宗大開言路，子器數有建白，多見施行。正德初，歷驗封郎中。劉瑾以張綵言，移貯部籍于千步廊，獨子器争之，自是累朝典制，惟驗封、考功二司猶存一二。遷湖廣參議、河南參政，屢著禦賊功。仕終布政使。

楊茂元。字志仁，守陳子。成化進士，歷刑部郎中，出爲湖廣副使，改山東。弘治時，河決張秋，茂元乞召還中官李興、平江伯陳鋭，而專委劉大夏治之，興、鋭連章劾茂元，逮付詔獄。父老遮路愬，會言者交論救，謫長沙同知。久之，遷廣西參政。正德中，劉瑾索賄不予，勒致仕。瑾誅，起官，終刑部侍郎。弟茂仁，字志道，成化進士，歷刑部郎中，按治中官梁玘之罪〔一五〕，終四川按察使。

余濬。慈谿人。成化進士，歷南京御史。弘治初，疏請永除納粟入監令。又言浙江鎮守中官張慶、廣東鎮守中官韋眷皆貪虐恣睢，乞召還論罪。因薦王恕、馬文升等可任吏部、内閣，已爲中官蔣琮所搆，貶平度州判官。

姚鏌。字英之，慈谿人。弘治進士，歷廣西提學僉事。方興文教，遷福建副使，改督學政，歷貴州按察使，皆有聲。擢右副都御史，巡撫延綏，撫循有方，軍政大飭。嘉靖五年，以右都御史提督兩廣軍務，討岑猛，大破之，進左都御史。爲霍韜、方獻夫所排，落職。尋復起兵部尚書，總制三邊軍務。鏌辭，乃罷。子淶，嘉靖初殿試第一，授修撰。争大禮廷杖。召修明倫大典，懇辭不與。累官侍讀學士。

豐熙。字原學，鄞人。弘治殿試第二，授編修，遷諭德。以不附劉瑾，出掌南京翰林院事。世宗即位，進翰林學士。大禮議起，熙偕禮官數力争。及將上恭穆獻皇帝謚册，熙等又抗疏諫，已而相率伏哭左順門。帝震怒，盡録諸臣爲首者，于是熙等八人並下詔獄掠治，復杖之闕廷，戍福建鎮海衛，更大赦不原。熙處之恬然，日以讀書爲事，竟卒于戍所。隆慶初，贈官賜卹。

聞淵。字静中，鄞人。弘治進士，授刑部主事。嘉靖中，累遷南京刑部尚書。每視爰書，至夜分不休，曰恐少年吏深文入人罪也。尋改北，進吏部尚書。嚴嵩殺夏言，勢益横，侵部權，淵獨不爲屈，乞歸。淵居官始終一節。卒，贈少保，謚莊簡。

張邦奇。字常甫，鄞人。弘治進士，選庶吉士，授檢討，出爲湖廣提學副使。嘉靖初，歷南京祭酒。以身爲教，規條整肅。累擢吏部右侍郎，掌部事，推轂善類，人不可干以私。帝屢欲用邦奇尚書，爲武定侯郭勳、大學士李時所沮。後遷南京兵部尚書。卒，贈太子太保，謚文定。邦奇性篤孝，以養親故，屢起輒退，學以程朱爲宗，躬修力踐，不少懈。所著有學庸傳、五經説，粹然一出於正。

王渙。字時霖，象山人。弘治進士，由長樂知縣擢御史。正德初，條上應天要道五事，語多斥宦官。出視山海關，都御史劉宇承劉瑾指劾之，下詔獄，予杖，斥爲民。瑾誅復官，致仕。子梴，嘉靖進士，爲工部員外。時大工繁興，議添雇役，梴力請獲罷。歷官湖廣參政。

汪玉。字汝成，鄞人。正德進士，歷湖廣僉事，分巡辰沅。地僻少文，建書院明山麓，聚生徒誦習，延遷謫御史周廣教之。再擢郴桂兵備副使，討平大盗王廷簡。嘉靖中，累進右僉都御史，巡撫順天，乞歸。玉剛介廉直，與同里聞淵、張邦奇、余本稱甬上四君子。

王應鵬。字天宇，鄞人。正德進士，知嘉定縣，以廉幹稱。擢御史，諫武宗微行。中官劉允迎佛烏斯藏，又極陳其妄，直聲大著。累遷僉都御史，巡撫畿内、山西。嘉靖中，進左副都御史，上言「當今國事未定，人心未一，綜覈之嚴，翻成操切」，時以爲至論，而帝深銜之。尋攝院事，條上職掌禮儀九十五事。方欲有所建樹，帝摘其微誤斥之，士論惜焉。

余本。字子華，鄞人。正德中，進士及第，授編修。乾清宫災，應詔陳時事，言皆剴切。出爲廣東提學副使，以正風俗、作人才爲己任。嘉靖時，爲山東副使，終南京通政。本清修實踐，篤信正蒙，立言制行，一以張子爲法。所著有皇極釋義、禮記拾遺、周禮考誤、春秋傳義、孝經刊誤諸書。

馮涇。字伯清，慈谿人。正德進士。武宗南巡，偕同官伏闕諫，罰跪午門外，日復廷杖，創重死。家貧不能還喪。世宗立，詔有司厚恤其家。

葉應驄。字肅卿，鄞人。正德進士，授刑部主事。偕同官諫南巡，予杖。嘉靖初，歷郎中，伏闕爭大禮，再下獄廷杖。劾奸人陳洸獄，奏其罪狀，忤桂萼。已遷吉安知府，萼益用事，反洸獄，謫應驄戍遼東。後赦歸，復冠帶。應驄敦行誼，好著書，數更患難，其慷慨至老不挫。

屠僑。字安卿，滽再從子。正德進士，授御史，巡視居庸諸關。武宗遣中官李嵩等捕虎豹，僑力言不可。世宗時累官兩京刑部尚書，改左都御史。僑遍歷中外，咸著聲績。卒，贈少保，謚簡肅。

楊言。字惟仁，鄞人。正德進士。嘉靖四年，擢禮科給事中，甫數日，即上章歷指時政得失，忤旨切責。奸人何淵請建世室，言抗章争之。張璁以特旨拜兵部侍郎，言極陳其不可。千户王邦奇借哈密事搆楊廷和、彭澤，言獨力辨其誣，帝怒收繫，親鞫于午門，備極五毒，無撓詞。謫宿州判官，稍遷溧陽知縣，歷南京吏部郎中，再謫知夷陵，終湖廣參議，所至著聲績。

孫懋。字德夫，慈谿人。正德進士，歷南京吏科給事中。請罷遊畋射獵，復御朝常儀，還久留邊兵，汰錦衣冗官。又言江彬梟桀憸邪，爲宗社憂，乞置重典，不報。駕幸南京，懋懇請北還，并急定平宸濠功賞，皆不省。世宗即位，疏薦建言貶謫諸臣周廣、范輅等，皆召用。已又乞倣宋文彦博故事，起大學士謝遷、尚書韓文，帝不能用。出爲廣東參議，終應天府尹。卒，贈右副都御史。

黄宗明。字誠甫，鄞人。正德進士，歷南京兵部員外郎。從王守仁論學。宸濠反，上防江三策。武宗南征，抗疏力諫。嘉靖中，累擢兵部右侍郎。編修楊名以劾汪鋐下獄，宗明論救，忤旨，謫官。尋召起，終禮部侍郎。

劉世龍。字允卿，慈谿人。正德進士，嘉靖初爲南京兵部主事。太廟災，應詔陳三事：一杜諂諛以正風俗，二廣容納以開言路，三慎舉動以存大體。多指斥言禮諸臣。帝怒，械至京，下詔獄，廷杖八十，死而復甦，斥爲民。穆宗登極，録用先朝忠諫，以老辭，詔進尚寶寺少卿致仕。世龍家居五十年，自養親一肉外，蔬食終身，卒之日，族人爲治衣冠葬之。

王鈁。字子宣，奉化人。嘉靖初進士，授工部主事，榷税荆州。課足，輒弛以利商。歷邵武知府，爲政簡静，御史以廉吏薦，擢福建鹽運使。累遷巡撫南贛諸府，提督兩廣軍務。數有功，仕至南京工部尚書。卒，贈太子太保，謚恭簡。

劉安。字汝勉，慈谿人。嘉靖進士，擢御史。時政尚綜覈，臣下救過不給。安疏諫，帝怒，逮赴錦衣衛拷訊，謫餘干典史。後歷鳳陽知府，治行卓異，賜三品服。安有清操，居官布衣蔬食，如未仕時。

陳束。字約之，鄞人。生而聰慧絶倫，好讀古書。登嘉靖進士，授禮部主事，復改編修。與王慎中、唐順之輩詩文齊名，有嘉靖八才子之稱。束出張璁、霍韜門，不肯親附，歲時上壽，望門投刺，輒馳馬過之。爲所惡，出爲廣東僉事，分巡辰沅。治有聲，改湖南提學副使，尋卒。所傳有後岡集。妻董氏，會稽董玘女，亦能詩。

陸銓。字選之，鄞人。嘉靖進士，除刑部主事。與弟編修釴争大禮，并廷杖繫獄。後累官廣西布政使。釴字舉之，正德中廷試第二，終山東提學副使。兄弟皆以文章知名于世。

范欽。字堯卿，鄞人。嘉靖進士，知隨州，升工部員外郎。忤武定侯郭勳，譖于上，杖之，出知袁州。嚴世蕃欲取宣化公宇，欽不許。巡撫南、贛、汀、漳諸郡，擒劇寇李之彪〔一六〕，又擒大盜馮天爵，升兵部右侍郎，卒。欽博雅好古，聚書天一閣，至數萬卷，多秘本，爲四明藏書家第一。

顔鯨。字應雷，慈谿人。嘉靖進士，擢御史，巡視倉場。論殺奸人馬漢，上漕政便宜六事。出按河南，發伊王典楧十大罪，王坐廢，兩河人鼓舞相慶。錦衣衛校尉爲民害，列侯使王府，道路驛騷，王府内官進奉駕龍舟，所過恣横，皆以鯨言得裁抑。改畿輔學政，以劾都督朱希孝忤旨，謫安仁典史。隆慶中，累遷山東參議，改行太僕卿。忤高拱，落職。萬曆中，以湖廣副使致仕。

向敘。字叔禮，慈谿諸生。嘉靖中，倭亂，掖母出避，遇賊，踣敘而斫其母。敘急起抱母頸大呼，乞以身代，賊遂殺敘，母獲全。事聞，旌表。

杜槐。字茂卿〔一七〕，慈谿人。倜儻任俠。嘉靖中，倭寇境，縣僉其父文明爲部長，令團結鄉勇。槐傷父老，以身任之，數敗倭。副使劉起宗因委槐守餘姚、慈谿、定海。遇倭定海之白沙，一日戰十三合，斬三十餘人，馘一酋，身被數創，墮馬死。文明擊倭鳴鶴場，斬酋一人，倭驚遁，稱爲杜將軍。無何，追至奉化楓樹嶺，戰殁。詔贈府經歷。贈槐光禄丞，建祠并祀。

丘緒。字繼先，鄞人。數歲，生母黄爲嫡母余所逐，適他所，不復聞問者二十年。及緒長，事余至孝，余感動，臨殁語之故，遂決意尋母。一夕夢神告曰：「若母在台州金鰲寺前。」因至台徧覓，始遇焉。遂奉母歸，孝養備至。嘉靖中旌表。

張謙。字子受，慈谿人。嘉靖進士，授刑部主事。治建昌侯張延齡獄，忤旨下詔獄，謫揭陽典史。累遷大名知府，治行爲畿輔最。歷福建副使、廣西參政，皆有討賊功。以按察使致仕歸。謙學得之鄒守益，踐履平實，處燕室肅若朝廟，鄉里多化焉。及卒，皆巷哭，爲罷市。

劉士逵。字伯鴻，慈谿人。嘉靖進士，歷御史，出按近畿，劾中官嚴綬等不法，又劾吏部尚書許讚，因備摘六部賄濫之弊。帝怒，斥爲臨淮知縣，終襄府長史。

萬表。字民望，襲寧波衛指揮僉事。中嘉靖中武科，累擢署都督僉事，充漕運總兵官，僉書南京中府。督漕久，國計絀贏，河溝通塞，靡不曉暢。嘗具疏極陳本折通融，爲國長利，又欲開河北、山東圻内荒地，重農薄賦，爲漸減歲漕之地，識者皆韙其言。表將家子，通經術，熟先朝典故，武臣中有儒學者，表爲著。子達甫，廣東參將。孫邦孚，福建總兵。皆名將。

沈明臣。字嘉則，鄞人。工詩文，與徐渭同入胡宗憲幕，負崖岸，以侃直見禮。宗憲嘗宴將士爛柯山上，酒酣樂作，請爲鐃歌十章，明臣援筆立就，宗憲起，捋其鬚曰：「何物沈生，雄快乃爾！」有豐對樓詩四千餘首。同邑吕時臣亦工詩，爲人貞介廉潔，所著有甬東野人稿。

趙參魯。字宗傳，鄞人。隆慶進士，選庶吉士，授給事中。抗直敢言，爲中官馮保所譖，謫高安典史。累擢右副都御史，巡撫福建。遷吏部侍郎，與尚書陳有年、郎中顧憲成同志銓敘，仕路一清。日本封貢議起，參魯持不可，因著東封三議，辨利害甚悉，後封事卒不成。終南京刑部尚書。卒，謚端簡。

李橒。字長孺，鄞人。萬曆進士，擢御史，累遷僉都御史，巡撫貴州。苗酋安邦彦與川酋奢崇明爲姻黨，橒知其必亂，屢請增兵益餉，不從。尋被劾乞休，而崇明反重慶，陷遵義，貴陽大震。遂留視事，與御史史永安、提學僉事劉錫元等援四川，屢捷。會邦彦亦反，貴州被圍，橒力爲守禦，賊屢攻不能克。大小七十餘戰，城中人相食，感橒忠義，堅守無二心。圍八月，援兵至乃解。去官歸，進兵部侍郎。卒，謚忠毅。

屠隆。字緯真，鄞人。生有異才，落筆數千言立就。舉萬曆進士，除潁上知縣，調繁青浦。時招名士，飲酒賦詩，縱遊九峯三泖，而不廢吏事。遷禮部主事，罷歸。家貧，賣文爲活。詩文率不經意，一揮數紙。有由拳、白榆、采真、南遊諸集。

姜應麟。字泰符，慈谿人。萬曆進士，選庶吉士，授給事中。時詔封鄭氏爲皇貴妃，應麟抗疏首争，且請建儲，忤旨，謫廣東典史。量移餘干知縣，父憂歸，家居二十年。光宗即位，起太僕少卿，爲魏忠賢之黨劾去。

薛三才。字仲儒，定海人。萬曆進士，選庶吉士，授兵科給事中。數論邊事，詆李成梁冒功欺罔，遷禮科。湖廣貢鮓不如制，布政以下俱貶官，給事中張濤言事被謫，三才并論救。累官宣府巡撫，薊遼保定總督，召爲兵部尚書。卒，謚恭敏。弟三省，字魯叔。萬曆進士，由庶吉士累官禮部尚書，忤魏忠賢落職。崇禎時，屢召起用，堅辭不赴。卒，謚文介。

劉憲寵。字抑之，慈谿人。萬曆進士，授吉安推官，治獄明恕。歷儀制司郎中。帝將立東宮，復以册寶未具，傳諭易期，舉朝駭愕。憲寵急詣閣臣沈一貫封還，大禮遂定。泰昌改元，遷太僕卿，引疾歸。憲寵清介，不附門户，魏忠賢指爲東林削奪，崇禎初復官。

馮象臨。慈谿諸生。天啓中，父任爲工部主事，邸舍火，象臨凡三入火，負父母弟妹出，灼爛而死。事聞，賜旌。

姜思睿。字顓愚，應麟從子。少孤，事母孝。舉天啓進士，崇禎初擢御史，疏陳天下五大弊，語極剴切。先後劾輔臣周延儒、温體仁，直聲大著。出視河東鹽政，代還，乞歸，卒。

馮元飂。字爾賡，慈谿人。崇禎進士，授都水主事，累遷蘇松兵備參議。與弟元飈並著直聲。忤温體仁，謫山東鹽運判官。官至右僉都御史、天津巡撫。元飈字爾弢，天啓進士，歷官至兵部尚書。

趙珽。字禹圭，慈谿人。崇禎進士，歷知南安、侯官，擢河間兵備僉事。大兵臨城，與知府顔孕紹等固守，城破，珽一門十四人悉被難。贈太僕卿。又同縣御史楊文瓚、主事屠獻宸、員外郎任斗墟，俱于本朝乾隆四十一年賜謚烈愍。

錢肅樂。字希聲，鄞人。崇禎進士，知太倉州，有政績。進刑部員外郎，以艱歸。杭州破，率士民守寧波。魯王航海，肅樂卒于舟。與同縣給事中董志安俱于本朝乾隆四十一年賜謚忠節。

高斗樞。字象先，鄞人。崇禎進士，授刑部主事，累遷長沙兵備。臨、藍賊起，破湘潭，圍長沙，斗樞擊走之。分守鄖陽，李自成來攻，屢不克而退。時湖南北十四郡皆陷，獨鄖屹然存。國變後，還家，卒。

陳良謨。字士亮，鄞人。崇禎進士，授大理府推官，尋擢御史，出按四川。會流賊犯成都，良謨親督諸將戰敗之。還朝後，賊勢益迫，良謨素有規畫，俱格不行。及京師陷，乃正衣冠望闕再拜自縊。福王時贈太僕卿，謚恭愍。本朝順治間賜謚恭潔。其妾時氏，同時殉節死。

沈宸荃。字友荪，慈谿人。崇禎進士，授行人。福王時擢御史，疏陳五事，皆切時病。又極論王永吉、張縉彦等失機罪〔一八〕，出爲蘇松兵備僉事。後從魯王泛海，遭風而殁。本朝乾隆四十一年賜謚忠節。從弟履祥〔一九〕，字其旋，崇禎進士，爲侯官知縣，死節台州山中。

劉振之。字而强，慈谿人。性剛方，敦學行，以名教自持。崇禎中，舉于鄉，署東陽教諭，遷鄢陵知縣。流賊大至，振之與典史杜邦舉集吏民共守，城陷，索印不與，縛置雪中三日夜，駡不絕口，亂刃交下，乃死。贈太僕少卿。

李振珽。字詔枋，鄞人。萬曆舉人，知寶慶府。獻賊忽以三萬騎薄城下，遂陷，珽被執，不屈，至衡江，奮身投急浪中死。弟振琔，同時被執，與僕李六鳳、周科、徐彩并死于難。又戴國柱，字殿材，慈谿人，官總兵。闖犯中州，血戰不支，遂被害。又陳值，字行之，慈谿人，天津副總兵。汴中流寇披猖，危急請師，值奉檄即行，陷陣而死。又知縣王士思，寧波人，亦死賊難。俱於本朝乾隆四十一年並賜謚烈愍。

應時盛。字泰宇，慈谿人。由諸生襲爵指揮同知，累功至總兵。蔡懋德巡撫山西，調時盛鎮太原。甲申，闖賊入太原城，時盛扶懋德至三立祠，解袍帶二，繫梁左右，懋德就左縊，身輕不死，時盛卸所衣鐵鎧被其身，懋德既死，乃就左縊，須臾氣絕。本朝乾隆四十一年賜謚忠烈。

張煌言。字倉水〔二〇〕，鄞人。崇禎甲午舉人，魯王時，授爲東閣大學士。金陵軍敗，避居海中懸嶴，爲降卒執至軍門，勸降不從，死之。其子萬祺，先三日死于鎮江。本朝乾隆四十一年賜謚忠烈。

黄嘉寯。字仲籲，鄞人。崇禎中，由恩貢知開州。奸民乘流寇之亂，引土苗千餘破城，嘉寯駡賊，觸階而死。子近衮、近宸俱殉焉。又王恒言，字仍默，慈谿人。崇禎舉人，知滎陽縣。流寇陷城，脅降不屈死。又鄞縣人參將袁斌，營繕所所正戴仲明，俱以死節于本朝乾隆四十一年賜謚節愍。

謝于宣。字宣子，鄞人。崇禎進士，授行人。闖賊破京師，于宣慟哭投繯，爲僕從所解，遂被執，不屈以死。又妻文焕，字象明，象山生員。聞明亡，徧别親族，拱坐海邊沙土上，潮至，隨水湧去，越數日，屍隨潮轉，顏色不變，人驚神異。本朝乾隆四十一年入忠義祠。

周畏志。鄞人。年少以氣節自高。登崇禎進士，任江都知縣。大兵破揚州，從史可法死之。本朝乾隆四十一年賜謚烈愍。又同里王纘爵，任揚州同知，亦同死。本朝乾隆四十一年賜謚節愍。

趙景麟。鄞縣諸生。聞紹興破，整巾服，懷所作文，謁先聖，赴泮池未死，復投于江。又定海貢生華夏，偕妻陸氏，寧波生員馬之驦、馬之騆，定海千户陳應鵾，俱以死節，本朝乾隆四十一年入祀忠義祠。

本朝

王顯謨。字裕如，慈谿人。隸籍天津，由拔貢授歸德府推官，升漳州府同知。順治九年，鄭成功入犯，顯謨親率軍捍禦之，力盡，遂赴水死。贈按察使副使。

陳貞。字吉人，鄞人。爲上饒縣丞。耿精忠亂，貞走南昌，平寇大將軍檄署廣昌縣，暫駐南豐。會賊衆來攻，力屈被執，囚於福州，後遇害。贈按察使司僉事。同縣鮑瑞魁，於康熙二年任鍾祥縣縣丞，死流賊郝摇旗之難。翁鳳翥，任石門巡檢，康熙十四年，耿逆黨陷饒州，鳳翥率家丁巷戰，力竭死之。俱贈經歷。又象山縣貢生謝逢，亦遭耿逆之亂，被執不屈，觸石死。

王天才。鄞人。爲象山協右營千總。康熙十三年，與賊戰于毛頭洋，奮身前進，手刃十七人，後賊舟聚圍，力戰不支，赴海死。

謝逢。字于荆，象山人。由貢生授知縣。罷官里居，耿逆攻象山，副將羅萬里叛降，逢被執不屈，賊擁至彭姥嶺，乘間觸石死。

陸崑。字華星，鄞人。性篤孝，順治己亥，父爲海寇所執，將刃之，崑奔救，乞以身代，遂遇害，父得釋。

李鄴嗣。字杲堂，鄞人。嘗侍父病，至嘔血數斗，遂絶意仕進，專事著述。所撰古詩文詞百餘卷，鄞人宗師之。其從兄弟文純、之纘，俱富著述，人稱三李云。

萬斯大。字充宗，鄞人。父泰，明崇禎舉人，以學行重于鄉。斯大邃於經學，尤精春秋、三禮，所著學禮質疑、儀禮商、禮記偶箋、周官辨非、學春秋隨筆，多先儒所未發。兄斯選，字公擇，躬行實學，爲劉宗周弟子。弟斯同，字季野，書過目不忘。年十四五，徧讀父所藏書，尤精經史。有明一代事實，能默識不遺。徐乾學纂禮書，徐元文、王鴻緒修明史，皆咨之。所著凡三十種。

史大成。字及超，鄞人。順治乙未進士，廷試第一人，授修撰。歷官禮部侍郎。有議裁孝子節婦廪給者，駁止之。知貢舉，嚴内外之防，略苛細，試歲貢不循具文，得卷必首尾披閲，聞者感之。卒，賜祭葬。

仇兆鼇。字滄柱，鄞人。爲諸生有聲名。登康熙乙丑進士，官編修，累擢吏部右侍郎，引疾歸。兆鼇少從黄宗羲遊，講切性命之學，恬淡自安。所著有四書説約、杜詩詳注等書。

姜宸英。字西溟，慈谿人。遊京師，用薦預修明史。康熙丁丑，廷試第三，授編修，時年已七十矣。宸英自少以古文知名，中歲研精經學，旁及諸史百家，爲文必先立意而後下筆，略無凝滯。兼善書法，行草尤入妙。所著有湛園文稿、葦間詩集。

陳汝咸。字莘學，鄞人。父錫嘏，字介眉，康熙丙辰進士，官編修，有文名。汝咸登辛未進士，選庶常，改漳浦知縣。捕海盜有功，調南靖。擢御史，都御史趙申喬薦其能，遷通政、參議，官至大理少卿。同縣陳鴻績，康熙舉人，以知縣試康熙十八年博學宏詞，授檢討。

黄斐。字雲襄，鄞人。康熙庚戌進士，由翰林改御史，疏劾廣平府知府某貪縱，又疏糾四川布政使家人之誣指良民爲盜者，直聲振一時。累官至左副都御史。卒，賜祭葬。

邵基。字學址，鄞人。康熙辛丑進士，由編修改御史，入直尚書房。洊擢吏部侍郎，請嚴懲屬員之誣上官者。出撫江蘇，疏請支河汊港俱聽民挑，又以孤貧銀米支給未均，請均分而預給之。又詳定州縣交代章程，及各衛養廉數目。部議俱允行。卒，賜祭葬。

全祖望。鄞人。學極博，於書靡不貫串。以選貢入都，與侍郎方苞論禮，苞大異之。乾隆元年，舉博學鴻詞，未試，成進士，改庶吉士，散館歸班外用，遂歸，主講蕺山、端溪諸書院。修南雷黄氏宋儒學案，校水經注，續選甬上耆舊詩。著有丙辰公車徵士小録、漢書地理志稽疑、經史問答諸書。

包幹鄭。鄞人。乾隆三十八年，旌表孝子。又慈谿縣孝子應允生、錢秉虔，並乾隆年間旌。定海縣孝子盧長庚，慈谿縣順孫張憲章，俱嘉慶年間旌。

藍嘉瑛。定海人。官龍門協副將。嘉慶十二年，追勦蔡牽，至黑水洋，遭風漂至夷洋，遇艇匪聚圍，嘉瑛督兵力戰，身受多傷，陣殁。同縣蔡得耀，以守備擊賊於玉環洋，殺獲首夥多名，擢遊擊。尋以出洋捕賊，遭風沈殁。雲騎尉蔡興福，千總施大發，把總鄭金、張大鯨，外委李文耀、郁廷彪、李永譽、鄭國太、嚴鎬、周宏恩，與鎮海劉成業官遊擊，柯介錫官把總，俱於嘉慶年間先後擊賊於海洋，力戰沈殁，均議卹如例。

## 流寓

### 宋

祖域。建隆中，由閩徙奉化。仕至殿前司統制。平居尚氣節，樂施與，歲飢發廩以賑，全活以千計。里中子弟不能學者，教之，貧不能婚喪者，助之。既歿，立廟宇以祀焉。

鄭鍔。由福州徙鄞。躬孝友之行，貫通經史，登紹興三十年進士。

## 元

任士林。其先蜀綿竹人，徙居奉化，再世又徙埼山。幼穎敏，六歲能屬文。既長，喪父，廬墓讀書，亹亹不倦。後講道會稽，至大初，以薦授安定書院山長。有松鄉文集及中庸、論語指要。

丁鶴年。西域人。年十七，通詩、書、禮三經。避地越江上，遂留四明。或旅食海鄉，爲童子師，或寓居僧舍，賣藥自給。

納顔。世居金山之西，隨其兄宦游江浙，卜居于鄞。以能文名，尤長歌詩。時浙人韓與玉能書，王子充善古文，納顔與二人偕至京師，人目爲江東三絶。以薦授翰林院編修。「納顔」舊作「迺賢」，今改正。

戴良。浦江人。至正間，儒學提舉。嘗從定海泛海至登萊，欲歸擴廓軍。元亡，變姓名寓慈谿之花嶼湖十餘年。明太祖欲官之，不屈死。

## 明

李善。東平人。父灝，仕元爲三江巡檢，遂家慈谿。篤志問學，處窮約，簞瓢自樂，居一室，日吟哦其中，人羨其所作豪放，目之曰小李白。

# 列女

## 宋

董八娜。鄞之通遠鄉建嶴人〔二二〕。虎銜其大母，女手拽虎尾，祈以身代，虎爲釋其大母，銜女以去。時林栗侍親官其地，嘗目覩之，已而爲守，以聞於朝，祠祀之。

## 元

金氏女。鄞人金良女，名汝安。父母多疾，女侍養維謹。及笄，里中大家争求聘，女謂父母老病，兄弟支持門户事，朝夕乏供養，奈何舍去。自是絶葷茹，夜則焚香籲天，祈親壽。後父母俱年八十餘卒，女居喪六年，遂不嫁。鄉人稱其孝，危素爲之傳其事。

江文鑄妻范氏。名妙元，奉化人。年二十一歸于江，及門未合巹，夫忽痼疾卒。范曰：「我既入江氏之門，即江氏婦也。豈以夫亡有異志哉！」遂居夫家，撫諸姪江森、江道如己子。卒年九十五。

程徐妻金氏。鄞人。徐仕元爲兵部尚書，至正末京城破，金氏謂女瓊曰：「汝父出捍城，我三品命婦，汝儒家女，又進士妻，義不可辱。」抱二歲子與瓊俱赴井死。

明

楊貞女。慈谿人。字鄭子淶。洪武中，子淶隨其父仲徽戍雲南，楊年甫十六，聞子淶母老弟幼，請于父母，適鄭養姑，以待子淶之返。子淶竟卒於戍所，楊與姑撫諸叔成立，以夫從子孔武爲嗣。守貞五十餘年。其後鄭焕妻張氏，嫁未旬日，夫亡守節。鄭泰然妻嚴氏，早寡，苦節撫孤。鄭栻妻王氏，事夫痼病中，八年服勤勿怠，夫亡後守節終身。三人皆貞女夫族，萬曆中，知府題鄭氏節門，以比浦江鄭氏義門云。

項氏。奉化戴德彝嫂。德彝死建文之難，項家居聞變，度禍且族，令闔室逃去，匿德彝二子山中，毀戴氏族譜，獨身留家。收者至，無所得，械項至京，榜掠備至，終無一言。戴族遂全。按：浙江省志及府縣各志俱稱項係戴德祐妻，德祐乃德彝之弟，舊統志稱項爲嫂，疑誤。德彝偕兄德禮在都，德祐往省之，遂同被難。德祐生二子，長允珏，五齡；次允瑚，三齡。項在家聞變，寄與外家避匿，後遇赦始挾歸，撫訓成立。則所云匿二子者，乃德祐之子，非德彝子也。項遇難時，年二十六，又二十二年而卒。事與統志所載稍異，當係傳聞不同，今附記于後，以備參考。

陳佳妻王氏。慈谿人。許聘于陳而佳病，其父母娶婦以慰之。及門，即入侍湯藥。未幾佳卒，氏年甫十七，姑張氏以未成禮勸之嫁，氏不從。姑乃使人邀其二弟諷之，氏截髪毁容自誓，姑終欲强之，窘辱萬狀，氏終無怨言，曰：「不逼嫁，爲婢亦甘也。」每夕寢，處小姑牀下，受卑濕，遂得傴疾。私自幸曰：「我知免矣。」鞠從子梅爲嗣，教之業文，成化初，領鄉薦，卒昌其家。

張維妻淩氏。慈谿人。弘治中，維舉於鄉而卒，氏年二十五，生子四歲亦卒。因歸省，其兄諷之改適，遂終身不歸。舅姑慰之曰：「吾二人景逼矣，爾年尚遠，何以爲活？」婦曰：「恥辱事重，飢死甘之。」乃出簪珥爲舅納妾，果得子，喜曰：「張氏不絶矣。」後舅病瘋，姑雙目瞽，婦紡績供養，二十年不衰。

萬義姑。名義顓，寧波衛指揮僉事萬鍾女。兩兄武、文，皆襲世職，戰死，旁無期功之親。繼母曹，兩嫂陳氏、吴氏，皆盛年孀居。吴遺腹僅六月，姑旦暮拜天哭告曰：「萬氏絶矣。願天錫一男，續忠臣後，我矢不嫁，共撫之。」已果生男，名曰全。姑喜曰：「萬氏有後矣。」乃與諸嫠共守，名閥來聘，皆謝絶之。訓全讀書嗣職，傳子禧、孫椿，皆奉姑訓惟謹。年七十餘卒。姑之祖、父先并死王事，母及二嫂俱守貞，姑更以義著，鄉人稱爲四忠三節一義之門。

葉貞女。定海人。許聘慈谿翁姓。父母殁，遂育于翁。翁家日落，姑已殁，舅待之如婢，又以子幼，欲鬻之羅姓者。女日夜哽咽，一夕逸出門外，投河死。及晨得尸，色如生，衣服上下連結甚固。

姜阿龍妻桂氏。慈谿人。嘉靖中，倭寇至，被逼不從，絶裾赴池水死。

竺欽妻陳氏。奉化人。嘉靖中，倭寇至，與夫扶姑攜女而逃，至徐家渡，賊漸逼，氏度不能脱，遂令夫負姑逸，自抱女投水死。

傅烈女。定海昌國衛傅梓女。年十七，未字，美姿容，爲倭所得。女以石自破面，流血塗地，賊怒磔之。

王憲維妻丘氏。象山人。嘉靖中，漳賊刼西山，入其家，欲污之，不從，梃擊賊中首，賊以刃刺其腹而死。

王仁益妻張氏。象山人。嘉靖中，島寇入城，氏適歸省，父爲賊所殺，氏抱父尸痛哭，賊欲犯之，不從，以刃脅之，即奪賊刃自殺。

沈氏六節婦。慈谿人。章氏，沈祚妻。周氏，沈希曾妻。馮氏，沈信魁妻。柴氏，沈維瑞妻。孟氏，沈宏量妻。孫氏，沈琳妻。里名沈思橋，近海，族衆二千人，多驍黠善鬭。嘉靖中，倭寇入數犯，屢殲其魁，賊深仇之。一日，賊大至，沈氏豪誓于衆，共死守，章亦誓于内曰：「男子死鬭，婦人當死義，無爲賊辱。」衆婦皆聽命，聚一樓以待。既而賊入，章先投河，周與馮繼之，柴自刃，孟與孫爲賊所得，皆詈罵奪刃自刺死。

茅氏女。慈谿人。年十四，父母亡，與兄嫂居。其兄病瘵，值寇入，嫂出奔，呼之同行。女曰：「吾室女也，去將安之？且俱出，誰爲扶兄者？」賊縱火，女扶兄避于空室，火延至，俱被焚死。

陳氏。鄞縣人。適于柴。其夫蕩廢家業，謀鬻女，陳聞大慟，赴水死。

陳襄妻倪氏。定海人。適鄞縣諸生陳襄。襄早喪，氏力女紅養姑，有慕其姿者，遣媒白姑，氏煎沸湯自潰其面，左目爆出，又以烟煤塗傷處，遂成惡狀。媒見之驚走，不敢復言。歷二十年姑卒，哀慟不食死。

甬上四烈婦。張氏，錢塘人，適鄞縣舉人楊文瓚。明亡，文瓚與兄文琦、友華夏、屠獻宸俱坐死。張紉鍼聯文瓚首，棺殮畢，題絶命詩自縊死。文琦妻沈氏，夏繼妻陸氏，皆自縊。有司聞三婦死，遣丐婦四人，至獻宸家防其妻朱氏甚嚴。朱陽爲懽笑以接之，數日，防者稍懈，因謂之曰：「我將一浴，汝儕可暫屏。」丐婦聽之，遂合户自盡。時稱甬上四烈婦。

## 本朝

趙文炳妻陳氏。鄞縣人。順治己亥，海寇入犯，獲氏，欲污之，大罵，賊斷其臂，赴水死。又有應烈婦者，鄞東鄉丐婦也。海寇亂時，避村廟中，遇官兵欲污之，力拒被殺。

江貞女。奉化人。名金姑，許字駱氏子。駱病篤，舅姑因迎氏入門，駱已垂絶，翌日卒。氏即爲行喪。或曰：「爾未爲婦，理得歸江，何自苦？」氏曰：「入門即婦，知行婦道而已。」至八十始歸省，年逾九十卒。

胡氏二烈婦。鎮海胡定隆妻應氏，定慶妻楊氏，娣姒也。並遭寇掠，加刃於腹，脅之不從，被殺。

謝應誥妻俞氏。鎮海人。同郡媪避寇宋安嶺，俞年最少，寇至欲犯之，氏抵死不屈，以槊貫其胸，罵猶未已。寇截其首，懸竹杖而去。

史登賢妻周氏。象山人。少寡，舅姑老，子甫三歲，邑遇寇亂，氏斷髮毁容，佯爲瘋疾以保身。歲祲，領賑粟以養舅姑，而已啗糠籺。又同縣錢拱妻林氏，俱雍正中旌表。

王孝女。慈谿人。名盧姐。性至孝，母歿，柩在室，夜半火起，家人倉皇走，女往柩前哭呼救舁，無應者，火漸逼，乃以身翼母棺，遂焚死。時年十七。

羅秀吉妻鄭氏。慈谿人。年二十三而寡，家貧無子，母欲令改適，氏曰：「有舅姑在，代夫奉養，職也。」已而舅姑相繼亡，母復迫之再三，氏不爲動。一日母潛受聘財，厲聲告鄭，鄭佯如平常，入夜，密紉其衣，及某氏輿至，已扃户投繯死矣。

沈三壽妻周氏。奉化人。年十八，夫病迎氏歸。沈故流寓爲傭，家赤貧，氏典衣以供醫藥，甫兩月，夫亡。父母與姑俱欲其改適，氏不可，其兄强之，氏哭于夫墓，歸著嫁時衣，闔户自經。

洪爾文妻史氏。鄞縣人。適定海洪爾文。爾文戚屬陳紹者，豔氏色，往來其家，一日爾文遠出，夜半，紹排闥入，欲强之。不從，則以兩手扼其吭，氏力脱呼救，紹急取繩纏氏頸，意其怖死從之也。氏拒益堅，且大駡，紹遂引繩絶之。有四子俱幼，紹并殺之。時康熙二十七年四月也。獄成，紹磔誅，氏被旌。

楊承祖妻沈氏。鄞縣人。夫亡守節。同縣范琬友妻徐氏，蒲文貴妻陳氏，生員舒再芬妻陳氏，董明妻郭氏，生員徐僑妻毛氏，李愛球妻繆氏，周應爵妻張氏，潘光捷妻陳氏，潘光榮妻楊氏，費國棟妻胡氏，李愛玉妻江氏，施公惠妻周氏，胡起幡妻陳氏，黄瑞妻陳氏，張明玉妻黄氏，生員徐基妻陳氏，谷簡臣妻高氏，張起鳳妻周氏，水大顯妻毛氏，樂遜鋭妻鍾氏，監生李昌授妻范氏，李思杰妻項氏，洪明任妻張氏，鮑承哉妻聞氏，生員吴世瑚妻俞氏，俞世卿妻馬氏，錢懿綱妻周氏，傅錫鉞妻林氏，湯廷茂妻周氏，監生鄭學夏妻何氏，張貴妻王氏，朱善增妻周氏，施廷梓妻吴氏，鄭本賢妻沈氏，蔣霨妻蕭氏，鮑廷清妻鍾氏，張瀛客妻樓氏，生員范鑄妻季氏，戚文才妻李氏，杜啓才妻邵氏，陳士俊妻舒氏，貢生陳元肇妻倪氏，李斐章妻戴氏，陳泰爵妻葉氏，沈越千妻劉氏，武生徐元士妻李氏，陸本洪妻盛氏，趙周京妻胡氏，陳祜妻唐氏，張士暹妻陳氏，孫廷顯妻聞氏，陳之和妻佘氏，趙濂妻屠氏，蒲應文妻周氏，張圖安妻鮑氏，監生陳振玉妻黄氏，朱士奇妻沈氏，張取新妻汪氏，李敬義妻胡氏，監生胡宗相妻孫氏，孫藝妻董氏，傅尚謙妻李氏，張尚珍妻范氏，監生毛忠藎妻柳氏，聞華章妻朱氏，王揆妻陸氏，應統成妻殷氏，應德峻妻徐氏，錢國定妻金氏，嚴立綱妻張氏，張守元妻王氏，錢美圭妻鮑氏，樓慶雲妻周氏，監生周云華妻金氏，生員朱彪妻柴氏，韓繼梅妻曹氏，生員張錫玠妻蔣氏，林一通妻孫氏，楊式林妻陳氏，蕭國柱妻朱氏，李德昌妻王氏，張國金妻凌氏，劉逢良妻陳氏，李世則妻徐氏，生員毛忠楨妻馬氏，洪振宇妻萬氏，孫美生妻王氏，殷時高妻柴氏，陳僑妻顔氏，張行仁妻邵氏，周志佩妻姜氏，夏廷武妻張氏，王錫禮妻余氏，陳起岳妻黄氏，鄭榮期妻崔氏，林名遠妻楊氏，方金侯妻徐氏，俞朝保妻鄭氏，董顯宗妻邱氏，高承義妻潘氏，戎之發妻忻氏，監生董至妻張氏，王之堦妻李氏，陳道源妻王氏，曹志德妻邱氏，監生張吉隆妻金氏，王日熇妻厲氏，生員萬敷前妻傅氏，范永清妻宋氏，王聖美妻周氏，監生陳自得妻林氏，朱富公妻徐氏，毛錦柱妻傅氏，王鳴皋妻侯氏，周嘉桂妻胡氏，陳德俊妻邵氏，李調楷妻陳氏，竺元瑾妻楊氏，孝子俞虬妻王氏，姚瀚妻魏氏，朱廷基妻楊氏，朱禹聞妻吕氏，陳士相妻董氏，錢鼎鎔妻范氏，馮殷重妻張氏，韓錫祉妻陳氏，陳德至妻史氏，戴仁則妻倪氏，監生俞麟妻戎氏，董允法妻屠氏，程良種妻黄氏，任秉彝妻湯氏，林德裕妻楊氏，程良鎔妻陳氏，洪遠妻范氏，王錫乾妻鄭氏，原任嘉興縣知縣袁宏益繼妻徐氏，俞南徵妻王氏，錢文學妻陳氏，儒士張友善妻吴氏，徐杏林妻王氏，生員程國柱妻童氏，章嗣盛妻繆氏，葛孝敬妻厲氏，應統道妻王氏，生員陳文鳴繼妻馮氏，李兆炎妻朱氏，吕大柱妻王氏，邵孫奇妻李氏，忻君招妻張氏，史在挺妻陳氏，柴存銘妻董氏，王國讓妻朱氏，孫文龍妻董氏，監生陳欽哉妻杜氏，孫漢佑妻楊氏，李士善妻陳氏，李調墉妻戴氏，俞錫几妻周氏，監生李省齋妻鄔氏，監生童簫妻朱氏，楊益清妻任氏，夏象永妻張氏，周明章妻袁氏，陳濟川妻史氏，生員王錦雲妻忻氏，任承聘妻葉氏，李昌治妻陳氏，生員張燕玉妻方氏，任經妻顧氏，李瑞杲妻俞氏，吕應鑰妻吴氏，石聖千妻鄭氏，俞文德妻顧氏，李和祥妻王氏，陳增陛妻汪氏，陶汰妻王氏，汪嘉會妻陸氏，張永譽妻范氏，徐燦如妻黄氏，戴宗海妻楊氏，張埴妻周氏，陳基妻鄔氏，陳開國妻王氏，李調卿妻金氏，王文熾妻湯氏，包鼎連妻袁氏，夏掄魁妻李氏，葉直言妻郭氏，陳文鳴妻馮氏，沈爾成妻俞氏，吕天樞妻楊氏，吕沛高妻陳氏，李世昌妻王氏，周志仁妻任氏，戴宗泗妻周氏，包宗鼇妻陳氏，杜仕珪繼妻俞氏，全宗祥妻蒲氏，石廷賴妻項氏，張聲聞妻程氏，范永思妻林氏，王忠熹妻陳氏，萬益之妻董氏，朱國珍妻陳氏，林炳揚妻蔡氏，孫兆璜妻張氏，林節文妻余氏，任嘉盛妻鄔氏，林孝先妻鄭氏，竺之綱妻鄭氏，張道貴妻石氏，張道茂妻朱氏，周永徽妻朱氏，孫調渭妻徐氏，方廷貴妻邱氏，包祖訓妻任氏，陳正則妻史氏，楊式理繼妻周氏，周永盛妻雀氏，周義章妻楊氏，林章妻戴氏，陳廷樞妻湯氏，陳軒妻吕氏，張廉潔妻余氏，董天培妻陸氏，包玉貢妻徐氏，張永固妻洪氏，應芳湞妻王氏，馮文安妻韓氏，柴思慶妻蔡氏，馬德成妻蕭氏，烏汝杞妻余氏，竺志玠妻張氏，計雅齋妻陳氏，張自振妻李氏，李君佩妻王氏，馮苹妻王氏，馮文炳妻周氏，王象正妻屠氏，俞邦彥妻王氏，石咸貴妻陳氏，毛忠燦妻洪氏，毛豐妻李氏，鮑春雷妻俞氏，馬顯瑜妻楊氏，戴義達妻周氏，盧堂妻董氏，柴立鯨妻范氏，陳貞嵩妻虞氏，薛昌珠妻陳氏，錢元翔妻周氏，張嗣顯妻朱氏，殷名琛妻蔡氏，李文榮妻陳氏，鍾龍德妻唐氏，翁子行妻黃氏，水孝肅妻范氏，李振基妻黃氏，楊一桐妻周氏，李廷相妻張氏，吴明鎬妻包氏，董懋傳妻周氏，俞智林妻董氏，董世楨妻張氏，鮑昌貴妻毛氏，宣國富妻虞氏，陳昌國妻張氏，姚嘉開妻李氏，吴濤妻鍾氏。又貞女林生楷未婚妻陳氏，應宗誠未婚妻徐氏。孝女王氏。俱乾隆年間旌。

童士宏妻陳氏，王啓渭妻阮氏，周裕後繼妻包氏，鄭聖佑妻陳氏，王涵妻厲氏，忻孝繩妻戴氏，李嗣昱妻陳氏，孫經邦繼妻范氏，余又顯妻陳氏，柳禮洪妻王氏，陳光燧妻趙氏，陳德尚妻黃氏，周本純妻吕氏，殷名霑妻徐氏，吕洪仁妻王氏，范雲濤妻金氏，張爾起妻王氏，張其孝妻王氏，包申侯妻余氏，胡名相妻陳氏，徐國忠妻童氏，吴諟倫妻錢氏，全德鐸妻汪氏，張庚開妻鮑氏，段廷楝妻葉氏，張承啓妻王氏，段廷炎妻林氏，陳昌裔妻周氏，王岑列妻忻氏，張嘉行妻李氏，張世顯妻錢氏，魏祖烇妻包氏，王存勇妻阮氏，王象春妻李氏，蔡臣祐妻王氏，俞鋒妻林氏，鮑近仁妻洪氏，張耀祖妻陳氏，王正誼妻崔氏，王真恕妻劉氏，毛德寬繼妻蔣氏，陳在惠妻趙氏，陳又龍妻虞氏，陳百贊妻范氏，朱禮治妻俞氏，張天祥妻方氏，應鎮妻張氏，錢濤妻陳氏，屠之鯢妻金氏，王光輝妻施氏，陳周輔妻楊氏，王士銓妻全氏，董元志妻趙氏，徐隆棡妻周氏，陳清湧妻應氏，周世勤妻謝氏，鄭啓陳妻王氏，方良佐妻鄭氏，孫崑源妻聞氏，李昌師繼妻邵氏，顧孝本妻張氏，李忠臣妻邱氏，陶濱妻范氏，聞塤妻史氏，邵誠立妻夏氏，俞熙聰妻周氏，朱希宗妻李氏，張學詩繼妻蕭氏，陳本和妻鄔氏，何天榮妻金氏，徐英偉妻邱氏，錢邦信妻鄔氏，應標妻盧氏，楊禮運妻張氏，王泗賢妻楊氏，陸法淳妻褚氏，魏必仁妻錢氏，董忠源妻邵氏，張元宰妻任氏，朱行倫妻舒氏，傅燦妻周氏，柳永華妻毛氏，顏源妻毛氏，謝梁立妻洪氏，傅盛唐妻鍾氏，趙克猷妻朱氏，全祖禹妻鍾氏，戚茂盛妻姚氏，宣廷良妻張氏，陳修德妻林氏，嚴廣業妻朱氏，陳清源妻徐氏，周懷章妻虞氏，張信豪妻華氏，董世熀妻王氏，董海妻莫氏，戴義鈆妻吴氏，徐大復妻孫氏，戴茂財妻李氏，范旭妻盧氏，趙淞妻洪氏，楊光美妻王氏，應宗蕙妻石氏，張承梁妻吳氏，戴禮從妻王氏，陳在序妻沈氏，黃定基妻盧氏，竺元雄妻彭氏，陳匡一妻孫氏，應欽安妻楊氏，楊永杰妻邵氏，又妾周氏，繆隆樑妻陳氏，張廣潮妻林氏，宋武安妻陳氏，畢禮昭妻張氏，王昌霖妻施氏，徐汝槿妻孫氏，徐光國妻舒氏，趙丕烈妻吳氏，沈永盛妻楊氏，朱善政妻鄭氏，張紹鑑妻陳氏，林永瀚妻錢氏，周志聖妻朱氏，紀堂妻王氏，周學文妻林氏，史善慶妻張氏，王其則妻孫氏，汪杰謨妻楊氏，丁旭旦妻謝氏，陳運樞妻石氏，方永泰妻張氏，陳維新妻胡氏，陳榮文繼妻王氏，金鍾宗妻陸氏，湯以熣妻仇氏，全孫棠妻林氏，李志學妻周氏，周有源妻王氏，馬德桂妻姜氏，余文斗妻丁氏，邵謙造妻陳氏，劉承祚妻杜氏，徐汝梓妻沈氏，陳雲晃妻陸氏，王士諤妻鄭氏，陸碗如妻蔡氏，丁邦槐妻曹氏，周昌洪妻陳氏，余起龍妻黃氏，胡榮先妻徐氏，林志元妻王氏，生員張炳妻毛氏，夏耀宗妻鄭氏，張君顯繼妻單氏，張秉乾妻陳氏，監生邵誠裕妻金氏，鍾大熾妻施氏，生員邵有恒妻柳氏，生員張位南妻畢氏，徐道明妻鄭氏，孫義敦妻李氏，朱之熊妻孫氏，方文林妻張氏，孫梃貴妻陳氏，馮文定妻王氏，勵生豐妻桑氏，王天木妻鄔氏，李萬建繼妻朱氏，王保江妻徐氏，俞萬培妻周氏，阮賢相妻錢氏，莫良佐妻汪氏，生員范徵獻妻孫氏，朱廷揚妻陳氏，莫之尚妻袁氏，韓明揚妻張氏，生員邱令淇妻張氏，張祖惠妻周氏，鄭經綸妻陸氏，陳大汶妻徐氏，監生殷文機繼妻沈氏，張紹彬妻王氏，史義賓妻陳氏，蔡沛臣妻方氏，毛德成妻朱氏，金琦妻徐氏，包禮經妻馬氏，鮑傳正妻鄔氏，韓予倡妻陳氏，監生周潮妻范氏，包尚道繼妻茅氏，王正質妻陳氏，監生王佐直妻任氏，戎順貞妻錢氏，王和華妻李氏，張士璜妻何氏，應欽思妻王氏，生員徐炳繼妻沈氏，林開禮妻劉氏，林仕璜繼妻周氏，生員王鴻妻陳氏，盧雲湘妻邱氏，鄭德益妻楊氏，貢生徐鰲妻應氏，董光愷妻鄔氏，陳大勇妻邱氏，生員李雲年繼妻范氏，監生徐岳一妻周氏、又妾沈氏，馮廷相妻孫氏，張尚彩妻葉氏，監生林嘉垚繼妻周氏，李必興妻張氏，水興濂妻董氏，楊擎一妻葉氏，聞順釗妻童氏，陳盈若妻楊氏，吳大清妻張氏，徐開國妻湯氏，虞天錫妻張氏，謝允恭妻童氏，程進渼妻石氏，吳書仁妻金氏，李雨如妻陳氏，又妾孫氏，董廣文妻朱氏，錢君鑣妻李氏，盧德祥妻宋氏，李成隆妻韓氏，郭載道妻李氏，石安濼妻程氏，監生孫淵妻楊氏，俞璇妻左氏，生員夏雲妻金氏，生員張燡妻蔡氏，孫調淵妻周氏，徐學鵬妻李氏，王光亨妻李氏，徐懋妻張氏，張宗明妻陸氏，余炳釗妻范氏，柳義富妻鄭氏，盧本倫妻孫氏，謝煥族妻吳氏，趙耀臣妻楊氏，陳岱賢妻王氏，全自道妻穆氏，王啓明妻葛氏，陳有斐妻虞氏，生員秦映川妻倪氏，袁光斗妻張氏，張積中妻孫氏，陳丕揚妻丁氏，水孝焜妻馬氏，朱祖惠妻徐氏，李其東妻范氏，周開忠妻陳氏，林士全妻陳氏，姚得勝妻林氏，忻自賢妻曹氏，殷文邦妻陳氏，張嘉鐸妻江氏，黄中規妻陳氏，李魯璠妻王氏，李忠泉妻張氏，史積孝妻周氏，鄭德滋妻邱氏，佘文高妻郭氏，毛德沛妻金氏，任聖功妻黄氏，黄敬忠妻陳氏，陳明睿妻徐氏，史義奎妻于氏，陳明睿妾謝氏。又烈女李邦憲未婚妻陳氏、把總李樊龍未婚妻王氏，均夫亡殉節。貞女王氏、金氏、林氏。孝婦鄭嵇氏。俱於嘉慶年間旌。

周鴻泰妻秦氏。慈谿人。夫亡守節。同縣沈維章妻黄氏，陳朝經妻馮氏，陳元惠妻劉氏，陸亮疇妻張氏，劉仲賢妻馮氏，王漢公妻岑氏，周爲龍妻王氏，孔貞勤妻應氏，岑士份妻王氏，徐斐妻金氏，董晉陛妻周氏，樂金型妻宓氏，監生姚廣鼎妻莊氏，葉上珍妻岑氏，佘挺生妻孫氏，監生應標妻周氏，生員馮啓運妻袁氏，袁公甫妻趙氏，莊學益妻陳氏，孫君元妻張氏，徐廷禄妻王氏，應紹宗妻汪氏，周佩蘭妻王氏，王亦傅妻顧氏，王時煦妻宓氏，時鳳翔妻王氏，陳丹生妻徐氏，張懋機妻周氏，童瑞英妻任氏，生員姜曾晟妻王氏，王慈濟妻周氏，馮鶴年妻錢氏，宓元臣妻葉氏，王遐齡妻秦氏，邵大壯妻洪氏，柳必達妻方氏，周耀文妻蔡氏，袁鑛妻董氏，姚與科妻邵氏，費文炎妻蘇氏，成俊生妻馮氏，姜光彪妻朱氏，生員陳日新妻劉氏，馮道宏妻周氏，馮道博妻俞氏，王琮妻程氏，馮景堨妻周氏，鄭竺妻張氏，周仲文妻袁氏，王恭萃妻馮氏，楊爾成妻周氏，鄭跕妻葉氏，鄭欽賢妻徐氏，應寬妻馮氏，應家忠妻姚氏，王宗杰妻何氏，方城繼妻顧氏，張俊標妻佘氏，向杭妻姚氏，陳彦佐妻羅氏，童仕俊妻葉氏，陳廷銓妻孔氏，張景新妻陸氏，姚志强妻王氏，馮廷玉妻陳氏，程國祥妻沈氏，魏祥祖妻戎氏，沈楚玉妻樂氏，魏沈榮妻徐氏，姚與仁妻王氏，馮明德妻應氏，姚景甘繼妻凌氏，馮旭妻應氏，羅士灝妻馮氏。又烈女張馨姊，未婚，夫亡殉節。烈婦張姚氏，夫亡殉節。貞女姜志洪未婚妻火氏。俱於乾隆年間旌。周仲武妻李氏，陳浩然妻馮氏，盛廷賀妻費氏，董文紀繼妻葉氏，王宏遠妻胡氏，葛宗潢妻劉氏，王啓文妻沈氏，魏元宗妻陳氏，沈鳴皋妻王氏，王廷國妻嚴氏，錢景先妻王氏，茅西岡妻俞氏，馮德文妻楊氏，何德馨妻朱氏，馮廷元妻應氏，俞惠錫妻王氏，周基繼妻楊氏，張世增妻沈氏，姚銘山妻張氏，裘一光妻馮氏，童振耀妻董氏，宓國良妻王氏，陳和妻裘氏，陳大鯤妻沈氏，翁守忠妻鄭氏，樓士芳妻沈氏，沈國良妻阮氏，劉堠妻周氏，馮元昺妻周氏，朱朝鳳妻孫氏，王承寵繼妻馮氏，向啓周妻陳氏，董大坤妻朱氏，汪嘉猷妻胡氏，孔廣聰妻姚氏，馮大烱妻沈氏，錢岱占妻馮氏，莊學湯妻邵氏，張國士妻黄氏，董玉成妻鄭氏，姚植三妻胡氏，翁國明妻袁氏，向陞升妻馮氏，陳萬全妻程氏，袁世泰妻董氏，王復旦繼妻洪氏，蘇子仁妻徐氏，陳天柱妻徐氏，徐承學妻郎氏，嚴登嶽妻厲氏，王朝棟妻陳氏，桂朝昇妻周氏，桂德懋妻錢氏，羅國球繼妻周氏，鄭國柱妻羅氏，鄭一楓妻林氏，宓大明妻沈氏，顧世昌妻宓氏，宓仲斌妻沈氏，裘升妻宓氏，劉克家妻周氏，宓汝鳳妻陳氏，宓毓秀妻陳氏，林汝璠妻馮氏，許德功妻王氏，姚朝覲妻應氏，葉國相妻陳氏，許鳳占妻錢氏，張蒂言妻鄭氏，馮彦挺繼妻張氏，沈在南繼妻俞氏，徐德俊妻沈氏，楊佐宜妻錢氏，宓廷秀妻俞氏，鄭印印繼妻張氏，陳沚妻翁氏，韓舜來妻宓氏，陳浮妻蔣氏，裘大用妻陳氏，王光禮妻傅氏，鄭際清妻王氏，宓文瀾妻張氏，陳大棟妻童氏，陳邦禮妻馮氏，鄭世純妻張氏，陸恒濟妻曹氏，洪起成妻童氏，宓東山妻陳氏，陳邦輅妻周氏，宓學海妻柴氏，袁其相妻沈氏，孫龍光妻韓氏，林大欽妻姚氏，林節之妻姚氏，陳華霄妻方氏，魏鑑妻葉氏，生員秦步洲妻姚氏，監生程敬亭繼妻洪氏，監生秦能義繼妻應氏，監生童慈高妻費氏，林良宰妻孫氏，林廷昌妻鄭氏，陳昂妻宓氏，王相名妻陳氏，戴瑜妻周氏，姚與祥妻劉氏，葉敬周妻董氏，生員張鵬騫妻王氏，葉聲宏妻洪氏，林承熹妻劉氏，應鳳妻陳氏，監生胡學麒妻王氏，周綱妻丁氏，孫志仁妻翁氏，錢登陛妻童氏，孔昭鎮妻蘇氏，監生王俠妻陳氏，繆吉成妻徐氏，羅文明妻朱氏，采日明妻嚴氏，馮雲梯妻林氏，武生徐立廷妻楊氏，監生陳宗和妻向氏，錢貫粱妻馮氏，生員王寅燮妻張氏，董肇邦妻袁氏，沈宗泗妻童氏，張象功妻嚴氏，姚銓妻馮氏，沈啓聰妻韓氏，馮世俊妻陳氏，王炳暘妻陳氏，廩生馮班香妻秦氏，鄭鵬鶴妻林氏，葉允佐妻倪氏，柳春喬妻葉氏，陳朝桂妻蔣氏，職員柳拱璧妾趙氏，孔毓仁妻莊氏，馮衆香妻姚氏，應治繼妻翁氏，王錫嘏妻方氏，錢繼周妻徐氏，傅奕昌妻樓氏，周克能妻王氏，羅大椿繼妻阮氏，徐安邦妻李氏，秦履平妻馮氏，魏大颺妻馮氏，馮繼盛妻方氏，裘贊可妻邵氏，裘育秀妻張氏，生員余翀妻裘氏，裘邦定妻張氏，徐應球妻夏氏，顔廷賢妻張氏，應昌會妻孔氏，王昇初妻馮氏，裘志信妻洪氏，桂啓明妻尹氏，裘世模妻嚴氏，裘開炳妻樓氏，虞之荆妻林氏，裘世豪妻翁氏，裘文璣妻徐氏，馮守基妻錢氏，鄭原放繼妻楊氏。又烈婦勵清顯妻周氏，以拒强被殺。裘廷選未婚妻章氏，錢秉貞妻桂氏，王壬妻欒氏，王步瀛繼妻羅氏，周晉階妻陳氏，均夫亡殉節。貞女杜氏。俱於嘉慶年間旌。

**徐鼎鼐妻竺氏**。奉化人。夫亡守節。同縣生員竺貞妻沈氏，孫如珊妻陳氏，俞傑妻沈氏，胡廷遴妻陳氏，董繼舒妻周氏，蔣德仁妻袁氏，鄔仲淵妻王氏，監生馬定國妻李氏，袁常盛妻陳氏，盛巖山妻王氏，王論升妻董氏，蔣高煒妻周氏，王其正妻鄔氏，應孔昭妻吴氏，鄔楨推妻董氏，卓自發妻莫氏，鄔鈞明妻袁氏，鄔炳文妻楊氏，陳揆先妻鍾氏，胡賢宰妻任氏，劉懋恒妻張氏。又烈婦仇永裕妻徐氏。俱於乾隆年間旌。鄔智奎妻李氏，卓能興妻王氏，卓能寶妻李氏，王安齋妻張氏，阮富顗妻陳氏，阮興初妻鄔氏，林義澄妻邢氏，王心欲妻胡氏，遊擊孫武臨妾舒氏，董在田妻李氏，董在魯妻任氏，鄔嗣乾妻顧氏，鄔緒洪妻葉氏，監生汪祖貽妻劉氏，王謨顯妻葛氏，監生周綱妻張氏，俞孝河妻劉氏，監生田龍飛妻鄔氏，監生王賢秀繼妻朱氏，應彬模妻殷氏，楊文浦妻周氏，廩生竺苞妻陳氏，單思超妻張氏，千總陳昌隆妻李氏。又烈婦鄔陳氏。俱於嘉慶年間旌。

**陳大本妻王氏**。鎮海人。夫亡守節。同縣江大安妻白氏，生員王咸吉妻陳氏，夏之錫妻金氏，謝緒正妻潘氏，貢生謝緒輝妻虞氏，金玉妻謝氏，薛垂裕妻謝氏，杜尊爵妻陳氏，馬士通妻陳氏，顧子宜妻袁氏，生員李國安妻樂氏，屈殿選妻王氏，薛守裕妻沈氏，金之所妻吴氏，生員劉昭麟妻張氏，生員舒相妻劉氏，崔子璜妻陳氏，毛正儒妻湯氏，陳旭顯妻朱氏，林汝泰妻徐氏，任琯瓚妻白氏，沈之義妻崔氏，林日三妻邵氏，余光隆妻陳氏，蔣允文妻楊氏，丁楚良妻胡氏，胡汝富妻李氏，虞廷仕妻余氏，徐士高妻汪氏，陳耀祖妻林氏，倪殿武妻莊氏，黄成鼎妻胡氏，歸士良妻傅氏，生員謝緒進繼妻阮氏，周維宣妻莊氏，唐順行妻陳氏，監生劉堯聘妻齊氏，金子連妻費氏，柯佐隆妻石氏，唐聖謨妻陳氏，倪慧狀妻鍾氏，丁紫綬妻邵氏，孫聖時妻鄭氏，劉世治妻張氏，周斯定妻陳氏，夏聖圭妻李氏，丁維明妻邱氏，柴德寬妻陳氏，林宗達妻王氏，顧文貴妻李氏，徐文美妻胡氏，賀士宰妻史氏，鄔昌隆妻王氏，張清潤妻吴氏，曹和錫妻傅氏。又烈婦林解氏、顧李氏。俱於乾隆年間旌。鄭修琮繼妻張氏，顧啓召妻胡氏，林廷式妻丁氏，包復初妻周氏，李生榮妻孫氏，王世甲妻周氏，劉元忠妻姚氏，陳聖與妻盛氏，陳斌妻童氏，陳孔嘉妻盛氏，楊繼賢妻范氏，葉兆亨妻王氏，周漢南妻葉氏，鄭勉傑妻張氏，陳邦彦妻梁氏，知縣胡維炳妾包氏，馮啓鵬妻樂氏，監生樊汝茂妻竺氏，楊成器妻方氏，監生張志雄繼妻費氏，胡成顯妻白氏。又烈婦馮張氏、屠可標妻潘氏。俱於嘉慶年間旌。

邵錫褒妻黃氏。象山人。夫亡守節。同縣林玉鼎妻葛氏，朱建侯妻俞氏，陳永禮妻王氏，朱丹佐妻董氏，馬應星妻李氏，生員王世醇妻馬氏，史鑒妻周氏，劉清望妻王氏，王世元妻戎氏，吳文祚妻林氏，應玉麟妻王氏，袁維敬妻葉氏，樓應龍妻孔氏，陳昌震妻浦氏，張仲武妻胡氏，張宗勳妻馬氏，黃時賓妻舒氏，勵左妻黃氏，生員沈兆龍妻鮑氏，監生黃嘉高妻余氏，駱仲和妻舒氏，生員朱君都妻黃氏，生員沈聯魁妻馮氏，徐子翰妻張氏，鄭家珂妻史氏，子婦王氏，袁壽妻胡氏，施漢英妻洪氏，周永富妻何氏，沈美武妻陳氏，沈錦妻鄭氏，沈美珩妻張氏，周獻妻陳氏，林建朋妻歐氏，倪克俊妻吴氏，錢武鈺妻周氏，周儔妻何氏，史壽龍妻王氏，袁珽妻史氏，馬嘉美妻吴氏，史龍錫妻謝氏，劉國相妻林氏，張文綸妻黃氏，麻必勝妻王氏，王嵩妻鮑氏，張邦妻潘氏，潘大貴妻林氏，吴嘉書妻張氏，張霳妻周氏，杜如麟妻史氏，蕭永昂妻朱氏，徐宗達妻李氏，邵于曾妻汪氏，林大器妻陳氏，錢繼爔妻陳氏，梁有禮妻杜氏，王有士妻鄭氏，黃霞妻仲氏，吴玶妻倪氏，郭兆璋妻陳氏，丁永祥妻李氏，邱道吾妻林氏，張錫璜妻勵氏，俞有祚妻陳氏，邱君瓚妻陳氏，俞錫榮妻胡氏，鄧純志妻姚氏，周斌妻錢氏，奚啓明妻史氏，沈德佩妻王氏，胡賢宰妻鄭氏。又烈婦林正芳妻樓氏，何如皐妻祝氏，均夫亡殉節。俱於乾隆年間旌。俞錫玹妻楊氏，奚開先妻葛氏，黃嘉猷妻孫氏，王學雲妻費氏，潘肇基妻戴氏，潘其潮妻林氏，潘于飛妻鄭氏，錢鴻圖妻張氏，戴宗華妻駱氏，戴宗望妻俞氏，王宮桂妻沈氏，謝天柱妻鄭氏，謝天樞妻朱氏，姜炳珏妾顔氏，吴元鎬妻史氏，潘其沛妻史氏，史彬妻吴氏，林維寅妻史氏，林應才妻吴氏，朱德成妻周氏，鄭太章妻賴氏，黃廷梓妻湯氏，史積栻妻朱氏，賴善良妻鄭氏，俞鳳丹妻史氏，王國彦妻徐氏，吴毓智妻姚氏，陳廷龍妻薛氏，姚天梅妻袁氏，鄭太良妻賴氏，袁尚模妻鮑氏，生員錢嘉妻宋氏，夏美渢妻沈氏，張元周妻黃氏，生員吴陛鏞妻沈氏，陳孔昭妻林氏，孔興隆妻俞氏，廩生周庠妻鄭氏，史義宗妻李氏，增生周杍妾包氏，監生張光學妻俞氏，陳光明妻林氏，金大成妻徐氏，監生奚允高妻薛氏，武生奚望先妻黃氏。又烈婦邵尚禄妻俞氏，因被穢詈捐軀。陳國嘉妻鄭氏，俞允熙妻賴氏，均夫亡殉節。俱於嘉慶年間旌。

包存錦妻陳氏。定海人。夫亡守節。同縣邵彩贍妻楊氏，洪耀南妻孫氏，武燕翼妻殷氏，董元章妻陳氏，唐叔祚妻張氏，宋景行妻余氏，舒象吴妻劉氏。又烈婦何胡氏。俱於乾隆年間旌。錢維熊妻周氏，孫宏恩妻何氏，包禮和妻王氏，陳宗裕妻翁氏，翁立顯妻張氏，劉之樾妻朱氏，王燮妻薛氏，包松齡妻徐氏，陳毓秀妻戴氏，劉成熉妻陳氏，張鑣妻高氏，劉成耀妻周氏，周振聲妻舒氏，舒永逵妻翁氏，王顯利妻周氏，張仁五妻錢氏，芮成龍妻欒氏，生員郭禮昌妾張氏，包禮敬妻劉氏，夏昌言妻干氏，陳元佐妻施氏，葉文濬妻曹氏，裘紹漢妻張氏，沈君侯妻俞氏，胡麟祥妻朱氏，傅正緒妻袁氏，陳如仁妻虞氏，周肇高妻王氏，祝松達妻趙氏，張志岳妻翁氏，生員胡勝千妻張氏，周益寬妻王氏，生員胡琳妻郭氏，胡秉全妻舒氏，賀錫元妻李氏，生員李嵩妻林氏，董守華妻夏氏。又貞女魏氏、楊氏。俱於嘉慶年間旌。

## 仙釋

### 三國　吴

劉綱。字伯經。任上虞令，與妻樊氏雲翹居四明山，皆得仙道。一日坐大蘭山上，登巨木飛昇。

### 唐

法常。姓鄭氏，襄陽人。初參大寂即契悟，遂之四明梅福舊隱處，縛茅以居。

葉靜能。有道術，常講經虛白觀。忽南海龍化一髯叟聽講，訴曰：「胡僧咒力甚大，欲喝海竭。」語甚哀切。靜能乃書朱墨符，遣門人持往海上救之，龍獲無恙。初，觀在原上，無井，汲水甚遠，一夕龍于觀左穿一渠，泉流不竭。

遂瑞。姓張，慈谿人。投師德潤寺，日誦法華經，至老不懈。咸通十二年，趺坐而化，須臾口吐蓮花七朵。窆東山之下，二十餘年，塚屢發光，衆開視之，形質如生。遂迎還寺，漆飾奉之，號青蓮法華尊者。

## 五代 梁

布袋和尚。在奉化岳林寺，常皤腹稱契此。以杖荷一布袋，凡供身之具，盡貯其中，偃卧雪中，體不濡，言人禍福輒應驗。梁承明中示寂。宋崇寧中，賜號定應大師。

## 宋

宋耕。號靈溪。世家雙流，紹興中，爲閬中令，後仙去。其孫德之，聞其在四明，親往訪焉。至雪竇山，有蜀僧言，聞諸者老，云山後爛平山有二居士，其一宋宣教也。德之攀躋至巔，果見丹竈，而終不得耕所在，乃置祠其上而歸。

重顯。姓李氏，字隱之，遂州人。住雪竇，宗風大振。皇祐中示寂，建塔山中。本朝雍正年間，敕封正智明覺禪師。

## 明

圓悟。號密雲，宜興蔣氏子。居天童，闡曹溪嫡派。著有天童語録。

# 土産

綾。唐書地理志：明州貢吴綾、交枝綾。

絹。寰宇記：色白緑匀者宜畫。

葛。慈谿縣出。

海肘子、紅蝦米、鯖子、紅蝦鮓、烏鰂骨。元和志：俱明州貢。

鮚。九域志：鮚，蚌也。鮚崎亭其中多鮚，故以名亭。

蝤蛑。雨航雜録：浙蟹有數種，一曰蝤蛑，形似蟹而大，生海邊泥穴中。

淡菜。海族志：似珠母，味美。唐書：憲宗時，明州歲貢淡菜、蚶蛤之屬，左丞孔戣奏罷之。

蚶。四明續志：殼上有似瓦壟，奉化縣出。

江瑶柱。陸游老學菴筆記：明州江瑶柱有二種，大者江瑶，小者沙瑶。定海、奉化、象山俱出。

鯗魚。海中出。一名鱭魚，一名彤魚，歲惟二月、八月有之。郭璞江賦：鯪鮆順時而往還。

石首魚。出洋山海中。海族志：腹中鰾可作膠。

吐鐵。屠本畯海味索隱：一名泥螺，出南田者佳。狀類蝸而殼薄，吐舌銜沙，沙黑如鐵。至桃花時鐵始吐，味乃美，醃食之。

海䲭。魚名，出海中。性喜鐙影，漁人俟夜把火照，則羣集而取之。

苔菜。左思吴都賦：「海苔之類。」注：「生海水中，正青色，産象山。」

紫菜。四明續志：生定海、昌國海岸。一云出伏龍山者著名。與鹿角菜俱生海中。

金豆。元和志：土貢名金豆橘，出海山。

金子瓜。四明續志：似西瓜而小，有紅、黄、黑三色。

青糯子。陳循寰宇通志：出鄞縣四明山。按：青糯子見陸龜蒙四明山九題詩，今無。

薯蕷、附子。唐書地理志：明州土貢。

紅木犀。四明郡志：象山所産，色深而香烈。

卷柏。寰宇通志：俗名長生不死草，出鄞縣四明山。

楮實。本草綱目：明州楮實。

## 校勘記

〔一〕授沿海制置大使　「制置」，原誤倒，據乾隆志卷二二五寧波府名宦（下同卷簡稱乾隆志）乙。

〔二〕咸淳中　「咸淳」，原作「咸熙」，乾隆志同，宋無此年號，據宋史卷四〇五劉黻傳改。

〔三〕資貢士春官之費　「士」，原作「仕」，據乾隆志及宋史劉黻傳改。

〔四〕潘方　原作「藩方」，乾隆志同，據宋史卷四五四忠義列傳改。

〔五〕孫郃　原作「孫郤」，乾隆志同，據延祐四明志卷四人物考改。

〔六〕埧輕財急義　「財」，原作「才」，據乾隆志改。

〔七〕爲太學正　「太學正」，原作「大學生」，乾隆志同，據宋史卷四〇七張宓傳改。

〔八〕調永新　「永新」，原作「水新」，據乾隆志及明史卷二八五烏斯道傳改。
〔九〕錢唐字惟明　「惟」，原作「維」，據乾隆志及明史卷一三七錢唐傳改。
〔一〇〕與燕將譚淵戰　「譚」，原作「潭」，據乾隆志及明史卷一四二向朴傳改。
〔一一〕所著有儀禮戴記附注經書補注　「戴」下原有「禮」字，「經書」原作「書經」，乾隆志同，據明史卷九六藝文志删、乙。按，儀禮戴記附注、經書補注今尚有傳本。
〔一二〕作致知力行持敬三銘　「持敬」，原作「持正」，據乾隆志及王防撰吏部侍郎贈禮部尚書謚文懿楊公神道碑銘（載明文海卷四五〇）改。
〔一三〕王淮字柏源　「柏源」，乾隆志作「伯源」，雍正浙江通志卷一八〇人物王淮傳引列朝詩集、朱彝尊編明詩綜卷二五及千頃堂書目卷一九皆作「柏原」。
〔一四〕有大塊集　乾隆志同，雍正浙江通志卷二四九人物、明詩綜及千頃堂書目「集」皆作「稿」。
〔一五〕按治中官梁玘之罪　「玘」，原作「圮」，據乾隆志及明史卷一八四楊茂仁傳改。
〔一六〕擒劇寇李之彪　「李之彪」，乾隆志同，雍正浙江通志卷一五九人物作「李之虎」。考諸明世宗實録及清雍正時所修福建通志、江西通志等，其人當是李文彪。阮元撰寧波范氏天一閣書目序亦稱范欽「擒劇賊李文彪，平其穴」。
〔一七〕杜槐字茂卿　「卿」，原作「鄉」，據乾隆志及明史卷二九〇杜槐傳改。
〔一八〕又極論王永吉張縉彦等失機罪　「永」原作「士」，「縉」原作「晉」，乾隆志「永」作「示」、「縉」亦作「晉」，據明史卷二七六沈宸荃傳改。
〔一九〕從弟履祥　乾隆志同。按，明史沈宸荃傳以履祥爲宸荃邑子。
〔二〇〕張煌言字倉水　乾隆志同。按，黄宗羲撰墓志銘、小腆紀傳、明季南略等均載張煌言字玄箸，號蒼水。此誤。
〔二一〕鄞之通遠鄉建嶴人　「遠」，原作「縣」，據乾隆志及宋史卷四六〇列女傳改。